Uwe Dietrich Adam
Judenpolitik im Dritten Reich

Uwe Dietrich Adam

Judenpolitik
im Dritten Reich

Droste

Unveränderter, mit einem Vorwort von Günther B. Ginzel
versehener Nachdruck der erstmals 1972 in der von Gerhard Schulz in
Verbindung mit Karl Erich Born und Klaus Scholder herausgegebenen
Reihe »Tübinger Schriften zur Sozial- und Zeitgeschichte« im
Droste Verlag erschienenen Originalausgabe.

Bibliografische Information Der Deutschen Bibliothek
Die Deutsche Bibliothek verzeichnet diese Publikation in der Deutschen
Nationalbibliografie; detaillierte bibliografische Daten sind im Internet
über http://dnb.ddb.de abrufbar.

© 2003 Droste Verlag GmbH, Düsseldorf
Umschlag unter Verwendung eines Fotos von AKG, Berlin
Satz: Fanslau Communication/EDV, Düsseldorf
Druck: Clausen + Bosse, Leck
ISBN-3-7700-4063-5

www.drosteverlag.de

Inhalt

Vorwort zur Neuausgabe

Die Arbeit von Uwe Dietrich Adam über die »Judenpolitik im Dritten Reich« hatte vor 30 Jahren eine neue Richtung in der zeitgeschichtlichen Forschung, wenn nicht eingeleitet, so doch maßgeblich mitbestimmt. Daher ist dieses Buch trotz der zwischenzeitlich in großer Fülle vorgelegten neueren Arbeiten immer noch lesenswert. Mehr noch: Adam hatte, wie angedeutet, einen neuen Ansatz in der Bewertung der Abläufe und der Verantwortungen für den Genozid am europäischen Judentum aufgezeigt. Für jeden, der über die Schoah, den Holocaust, forscht oder sich als engagierter Leser informieren möchte, ist es überaus sinnvoll und lohnenswert, Uwe Dietrich Adam zu lesen.

Die Festigung der Macht des NS-Staates, die Weltanschauung der Nationalsozialisten, die Kollaboration mit dem Dritten Reich, und die Rolle, die die »Judenpolitik« in diesem Kontext spielte, ist Gegenstand von Adams bahnbrechender Untersuchung: Es geht um die offizielle, staatlich angeordnete und mit den Möglichkeiten, die dem Staats- und Parteiapparat zur Verfügung standen, durchgeführte Entrechtung, Vertreibung und Ermordung des jüdischen Bevölkerungsteils zuerst in Deutschland und dann in allen von der deutschen Wehrmacht besetzten Gebieten. Jenseits der Frage nach der all dies vorwärts treibenden Ideologie, war die von den Nationalsozialisten organisierte »Endlösung der Judenfrage« unbestreitbar eines der zentralen Ziele des Dritten Reiches. Aber wann und in welchem Zusammenhang wurde aus der Vertreibungspolitik der systematisch betriebene Massenmord? Von Anbeginn an waren praktisch alle Bereiche der Verwaltung in die Judenpolitik des Dritten Reiches involviert. Der Versuch, die Verantwortung für den Massenmord auf die SS, die zweifelsohne Haupttäter war, zu konzentrieren, kommt einer Verharmlosung gleich. Was bewegte die nationalsozialistische Führung, selbst noch im Angesicht des drohenden Untergangs und zum Nachteil der Versorgung der militärischen Front und der Zivilbevölkerung, die Verfolgung und Ermordung von Menschen, die als jüdisch eingestuft wurden, mit allen zur Verfügung stehenden Mitteln zu betreiben? Und jenseits der Reichskanzlei fanden sich genügend Menschen, die trotz des zunehmend herrschenden Chaos an diesem Verbrechen mit-

9

wirkten, wie übrigens auch am Euthanasie-Programm, der Ermordung der so genannten Geisteskranken, bis sie buchstäblich von den Alliierten gestoppt wurden. Ein letzter Punkt: Es gehört zu den Geschichtslügen in Deutschland, wonach man lediglich den Befehlen gehorcht und dementsprechend mitwirken musste, um nicht selbst getötet zu werden. Dies ist falsch. Es hat Beispiele der Verweigerung gegeben, selbst in der SS, ohne dass die Betreffenden vor ein Erschießungskommando gekommen wären.

Wenn ich mich an die früheren Diskussionen zur so genannten »Endlösung« erinnere, dann bewegten mich vor allem drei Beobachtungen:

Erstens: Der kaum lösbare Konflikt unseres sprachlichen Umgangs. Die Opfer werden, oft unbewusst, verdinglicht, entpersonalisiert. Die verwendeten Termini haben zwangsläufig, wie die Tat selbst, etwas Unmenschliches: Endlösung, Deportation, Konzentrierung, Arisierung, um nur diese zu nennen. Allein ein sachlich zutreffender Begriff wie »Judenmord« oder auch »Judenpolitik« zeigt, wie wenig die Opfer, ihre Ängste, ihre Verzweiflung, ihre Schmerzen, ihr Leiden, gegenwärtig sind. Das ist es, was ich als unmenschlich empfinde. Und der bleibende Zweifel, ob man in der gleichen Zurückhaltung vom Tod jener Menschen sprechen würde, die einem nahestehen, die man liebt? Ich begreife durchaus, dass der historische Forscher in gewisser Weise eine Distanz zum menschlichen Elend, das hier letztlich der Gegenstand seines Forscherdrangs ist, schaffen muss, um überhaupt seine Arbeit leisten zu können. Es geht mir auch weniger um eine Anklage als um die Beschreibung eines Gefühls der Ohnmacht. Auch könnte ich keine Alternativen anbieten, die sinnvoll wären. Dennoch appelliere ich aus Erfahrung daran, sich dem Emotionalen, dem Gefühl des Mitleids und sicher auch dem des Entsetzens nicht gänzlich zu verschließen! In meinen Augen schulden wir das den Millionen unschuldiger Opfern. Ein Autor (sicher auch der Leser), der zum Beispiel die Bilder lachender, glücklicher Kinder verdrängt, die im nächsten Augenblick ermordet werden – nicht von einem psychopathischen Mörder, sondern weil eine Regierung im Namen des Volkes dies so beschlossen hat – der sollte sich fragen, ob er der Richtige ist, sich mit diesem Thema, der Schoah zu befassen. Und weil die Mörder im »Privatleben« meist biedere Beamte und Angestellte waren, Familienmenschen oft, bekannt auch für ihre Tierliebe, und dennoch tagsüber der Arbeit des Tötens nachgingen oder an der Mitwirkung und Vorbereitung zum Massenmord beteiligt waren, ohne zwangsläufig überzeugte Antisemiten zu sein. Wem dies nicht auch Alpträume bereitet, könnte er der Richtige sein, über die Schoah zu schreiben? Ich weiß von Uwe Adam, dass er diese Distanzierung zum Schicksal der Menschen weder wollte noch schaffte.

Daher empfehle ich dem Leser, der Adams wissenschaftlich (naturgemäß) nüchtern gehaltenes Buch über die organisierte Ermordung unschuldiger Menschen liest, von Zeit zu Zeit innezuhalten und den Versuch zu machen, sich von Zahlen und Paragraphen zu lösen, um sich an das konkrete Schicksal einzelner Menschen zu erinnern. Ein Beispiel: Im Rahmen einer Arbeit befragte ich Zeitzeugen, die im Kölner Arbeitervorort Ehrenfeld 1944 die »Evakuierung« des jüdischen »Alten- und Siechenheims« beobachtet hatten. Da schleppte sich ein Zug von Greisen und Greisinnen, teils auf Krücken, teils auf Bahren getragen, die Straße entlang zum nahegelegenen Güterbahnhof. Oder: 1944 wird die Deportation aller noch »vorhandenen« jüdischen Waisenkinder angeordnet. Sie werden, wie die Alten, quer durch Europa verschickt, um am Endpunkt »vergast« zu werden. Da kann man ein Leben lang über Antisemitismus und Drittes Reich, über Faschismus, Nationalsozialismus und Rassismus arbeiten, doch: wird man das je begreifen können? Auch diese Zweifel, die Akzeptanz, dass wir uns hier aufgrund der Einmaligkeit des Verbrechens trotz aller Aufklärung im Detail auf einem Gebiet bewegen, das vollständig zu erklären unmöglich sein wird, und das weit über das Feld historischer Forschung hinaus immer neue Fragen aufwirft. Dies ist sicherlich einer der Gründe dafür, warum auch nach Jahrzehnten, die Notwendigkeit der Beschäftigung mit dem Dritten Reich ebenso gegeben ist wie das Interesse einer größeren Öffentlichkeit.

Zweitens: Jahrzehntelang hieß es, schuld seien Hitler und Himmler, die Führung des Dritten Reiches. Die meisten Deutschen hätten nichts gewusst, hätten folglich nichts tun können. Hier nun liegt das große Verdienst von Uwe Adam. Er war einer der ersten, der die These von der alleinigen Verantwortung einer kleinen Führungsgruppe bezweifelte, die allein einen Plan der Vernichtung jüdischen Lebens mittels bestimmter Techniken des Massenmordes entwickelt und umgesetzt habe – und das auch noch weitgehend unter Ausschluss der Öffentlichkeit. Ohne die Verantwortung der führenden Akteure in Staat und Partei minimieren zu wollen, macht er deutlich: sie waren auch Getriebene von den Geistern, die sie geweckt hatten, von der eigenen Politik, der eigenen Propaganda. Die Folge war, dass auch von unten nach oben Druck zum Handeln entstand. Da trennten sich fast alle Verbände im vorauseilenden, liebedienerischen Gehorsam von ihren jüdischen Mitgliedern, vom Skatverband über das Rote Kreuz bis zu den Sportvereinen, ohne dass Gesetze oder Erlasse sie dazu gezwungen hätten. Später, nach Beginn des Zweiten Weltkriegs, forderten andere, etwa Ortskommandanten in den besetzten Gebieten, schnelle »Lösungen« für die jetzt entstandenen Probleme bezüglich der dort angetroffenen jüdischen Bevölkerung. Die Judenpolitik der Nazis stieß bei einem Teil der Bevölkerung auf Zustimmung. Adam zeigt die Mechanismen auf, wie aus deren Erwartungshaltung sich der Druck zum Handeln gegen jüdische Menschen verstärkte.

Drittens: Die Begeisterung für das Dritte Reich, die Akzeptanz seiner Judenpolitik bis in die Reihen der Nazigegner, das kaum zu begreifende Wegsehen, all das hatte auch sehr praktische Gründe: Sicher, es existierte auch Angst, nicht zuletzt die Angst vor Denunuzierung. Doch für Zehn- und Hunderttausende von Volksgenossen ging es um das Geschäft ihres Lebens! Die Verfolgung und Ermordung der jüdischen Nachbarn »rechnete« sich, wie das heute heißt. Vom Fabrikbesitzer über die freien akademischen Berufe bis zu den Handwerkern und Bauern. Für viele fiel viel ab.

Dazu kommt die vom Staat teilweise organisierte, teilweise provozierte, in jedem Fall geduldete Beraubung jüdischer Menschen und die Verteilung des gestohlenen Gutes an unterschiedlichste Empfänger. Man prügelte sich in einem Ausmaß um den jüdischen Besitz – von der frei zu machenden Wohnung, über das zu ergatternde Hab und Gut bis zu den frei werdenden Arbeitsplätzen – dass selbst innerhalb der NSDAP-Führung immer wieder Abscheu entstand. Über die Dimension der Ausraubung ist trotz vorliegender Arbeiten in der Öffentlichkeit nur wenig bekannt. Es scheint, dass hier noch ein Tabu zu brechen ist. Das möchte man nicht wissen, wie Opa und Oma, etwa in einem hessischen Dorf, per Leitern in den ersten Stock eines Hauses einstiegen, dessen Besitzer deportiert und dessen Eingangstür von der Gestapo versiegelt wurde. Die Nachbarn holten alles raus, was zu transportieren war. Keiner rechnete mit der Rückkehr der Besitzer. Noch heute, so eine damalige Augenzeugin, wüssten die Alten im Dorf, wo Betten, Sofas, Schränke und Bücher gelandet waren. Und der NS-Staat? Er ließ in Tausenden von Güterwaggons den beweglichen Besitz ermordeter Juden aus den besetzten europäischen Gebieten ins Reich schaffen.

Schlussbemerkung: So wie man die Leiden der Opfer nicht vergessen darf, sollte man die Begeisterung vieler Täter nicht verdrängen. Beides gehört heute zur deutschen Geschichte, wie denn auch der Widerstand und die Hilfe mancher, die ihr Leben einsetzten, um Verfolgten zu helfen.

Ich gehöre zu den Unverbesserlichen, die darauf hoffen, dass man trotz und alledem aus der erinnerten Vergangenheit lernen kann. Dafür muss man wissen, wie es angefangen hat, wie es dazu kommen konnte, dass so viele loyale deutsche Patrioten, oftmals Verliebte in die deutsche Sprache und Kultur, hier lebend seit vielen Generationen mit Stammbäumen, die oft Jahrhunderte zurückreichten, wie man diese Nachbarn, Kriegskameraden, Kollegen, Freunde systematisch ausgrenzen, verdrängen und ums Leben bringen konnte.

Dem Verlag gebührt Anerkennung, dass er seinen verstorbenen Autor Uwe Dietrich Adam durch eine Neuauflage verdientermaßen ehrt und damit das Buch dem interessierten Leser wieder zugänglich macht.

Januar 2003   Günther B. Ginzel

Vorwort des Herausgebers

Das Seminar für Zeitgeschichte der Universität Tübingen besteht nunmehr seit genau zehn Jahren. In der letzten Zeit konnten einige der wissenschaftlichen Arbeiten, die aus dem Seminar hervorgegangen sind, als selbständige Buchveröffentlichungen erscheinen; sie werden in einer Anzeige am Ende des Bandes aufgeführt. Dies hat den Verlag und den Herausgeber bewogen, künftig Arbeiten, die ein breiteres Interesse verdienen, durch diese Schriftenreihe bekannt zu machen.

Tübingen, Ende Juli 1972   Gerhard Schulz

Einleitung

In den letzten Jahren hat die Zeitgeschichtsschreibung das Phänomen des Dritten Reiches zusehends entschiedener auf zwei grundsätzliche Fragen reduziert, die in Anknüpfung an ältere Erkenntnisse der Politikwissenschaft neue Aspekte für die Eigentümlichkeiten der nationalsozialistischen Politik und Herrschaftsordnung eröffneten. Das insbesondere von einigen Vertretern der politischen Wissenschaft nach Ende des Zweiten Weltkrieges erarbeitete Modellgebilde eines aufs Höchste administrativ zentralisierten monokratischen, effektiv wirkenden »monolithischen Blocks«[1] wurde durch neuere Beiträge, die schwerpunktmäßig die innere Struktur und Funktionsweise des Hitler-Staates berücksichtigten, anschaulich widerlegt. Im widerspruchsvollen Gegensatz zu einer zeitweilig vorherrschenden Anschauung offenbarte sich das antinomistische Gebilde einer »autoritären Anarchie«,[2] ein nahezu undurchdringliches System rivalisierender Machtgruppen und Interessenkonstellationen.[3]

Dieser Forschungsstand bestimmt zweifellos die gegenwärtige Diskussion. In einem gewissen Gegensatz zu dieser Erkenntnis steht jedoch die Annahme einer Kontinuität der politischen Zielsetzungen. Überwiegend wird heute die Ansicht vertreten, dass die in Hitlers »Mein Kampf« niedergelegten Maximen und Forderungen im Sinn einer Kontinuität der Ziele und Absichten die Politik des Dritten Reiches bestimmten, wobei auf Hitlers Lebensraumtheorie und sein Antisemitismus als Schwerpunkte verwiesen wird.[4]

Nun ist allerdings die Erkenntnis von der Kompetenzen-Anarchie und der allgemeinen Direktionslosigkeit der einzelnen Staatsorgane zumindest äußerlich widerspruchsvoll zu der »monolithischen Interpretation«[5] einer über Jahrzehnte währenden Kontinuität. Denn ordnet man die ursprünglichen Absichten und die greifbaren Ergebnisse der Politik Hitlers kausal aufeinander zu, bezieht man weiterhin in eine derartige Betrachtung die eigentümlichen Ausprägungen des nationalsozialistischen Herrschaftssystems ein, so kann es nur zwei Deutungen geben: Entweder gelang Hitler die Verwirklichung seines »Plans« trotz der entgegenstehenden Hemmnisse einer zerfaserten Binnenstruktur oder die anarchistische Verfassungswirklichkeit war Produkt eines rationalen Kalküls, um innerhalb dieses Chaos mit Überlegung und Absicht die vorgegebenen Ziele anzusteuern. In beiden Fällen wird unwissentlich und ungewollt ein Bild Hitlers von überhistorischer Größe entworfen. Er wird zum alleinigen Zurechnungspunkt, auf den sich die Politik des Dritten Reiches und das Wesen des Nationalsozialismus letztlich verengt.

Dieser problematische Erklärungsversuch findet seine Entsprechung in der nationalsozialistischen Judenpolitik, wobei gerade der Kontinuitätsfrage eine herausgehobene Bedeutung zukommt. Die »Endlösung« erscheint so als der konsequente Schlusspunkt eines von Hitler planvoll betriebenen Entrechtungs- und Vernichtungsprozesses. Die Judenpolitik geriet aus der retrospektiven Betrachtung zur »verschwörerischen Planung«;[6] der äußerlich beobachtbare Vorgang wurde in eine Abfolge planvoll aufeinander aufgebauter Phasen zerlegt, deren logische Reihe lautet: Definition – Ausbeutung – Konzentration – Vernichtung.[7]

Die weitaus überwiegende Zahl der Arbeiten zum Thema des Judentums im Dritten Reich trägt der These einer Planung durch die Wahl der Mittel und der methodischen Durchführung auch unbewusst Rechnung, da man sich in ansonsten durchaus begrüßenswerten Einzelstudien auf die Schilderung der gegen die Juden ergangenen Rechtsvorschriften beschränkte. Somit wurde zwar das bedrückende Schicksal dieser Minderheit auf das Anschaulichste belegt, doch gleichzeitig durch die Aneinanderreihung der sukzessiv schärferen Maßnahmen der Eindruck eines vorgeplanten Ablaufs der Judenpolitik verstärkt.[8]

Erst in jüngerer Zeit ist der Komplex der Judenverfolgung unter dem übergreifenden Gesichtspunkt der nationalsozialistischen Herrschaftsstruktur zur Darstellung gelangt, was zu überraschenden Ergebnissen führte. So ergab sich auf dem Gebiet der Wirtschafts- und Erziehungspolitik ein widerspruchsvolles Mosaik antagonistischer Interessen und Richtungen, die ein vorgeformtes Konzept der Judenpolitik und damit die These einer Kontinuität sehr zweifelhaft erscheinen ließen.[9]

Diese Widersprüche haben die Wahl des vorliegenden Themas und den methodischen Ansatz bestimmt. Primär steht hier die Frage, ob die »Endlösung« das von vornherein eingeplante Ziel einer langfristig angelegten Politik darstellte oder ob andere Ursachen und Bedingungen für die Menschenvernichtung der Jahre 1941–1945 ausschlaggebend waren. Die Beantwortung dieser Frage erfordert neben der Schilderung des äußeren Ablaufs aller gegen die Juden gerichteten Maßnahmen[10] auch die Suche nach den Gründen für die getroffenen Entscheidungen. Der Gang der Ereignisse wird jedoch nur verständlich und·analysierbar, bezieht man die besonderen Ausprägungen des nationalsozialistischen Herrschaftssystems in die Betrachtung ein. So geht es dieser Arbeit letztlich um die Verknüpfung des historischen Prozesses der Judenverfolgung mit den dynamischen Umwandlungsvorgängen des Struktur- und Rechtsgefüges. Der methodische Ansatz, die Richtung der Antriebskräfte und den Ablauf der Bewegungen dieser historischen Entwicklung an den rechtlichen und strukturellen Wandlungen des Dritten Reiches durchschaubar zu machen, muss indessen auf begriffliche Schwierigkeiten stoßen, da die stoffliche Verbindung mehrerer Fachdisziplinen durch den Mangel eines einheitlichen Instrumentariums der Begriffssprache problematisch ist. Um dieser Schwierigkeit aus dem Weg zu gehen und gleichzeitig missverständliche Definitionsversuche zu vermeiden, wurden die überwiegend systematischen Ausführungen von den deskriptiven Abschnitten getrennt. In einer abschließenden Zusammenfassung wird dann der Versuch unternommen, durch eine allgemeine Betrachtung einige grundsätzliche Fragen zur Problemstellung dieser Arbeit zu beantworten.

Durch eine Anordnung Bormanns wurde kurz vor Kriegsende wichtiges Schriftgut der Parteibürokratie vernichtet, insbesondere die in diesem Zusammenhang wohl äußerst aufschlussreichen Aktenbestände der staatsrechtlichen Abteilung des Stellvertreters des Führers, der späteren Parteikanzlei. Anderes Behördenschriftgut ist teils durch Bombenangriffe vernichtet, teils noch heute unauffindbar. Dies gilt bedauerlicherweise auch für das Quellenmaterial des Reichsinnenministeriums, von dem allerdings ein Teil im Bundesarchiv Koblenz, ein Teil im Zentralarchiv Potsdam lagert. Da mir die zuständigen Behörden der DDR eine Benutzungsgenehmigung trotz mehrfacher Bemühungen nicht erteilten, mussten die Bestände des Zentralarchivs unberücksichtigt bleiben.

I. Kapitel: Von den Anfängen zum Durchbruch einer »völkischen Gesetzgebung«

A. Personen und Programme

1. Hitler und die NSDAP als Verfechter einer »völkischen Einheit«

»Antisemitismus ist gewissermaßen der gefühlsmäßige Unterbau unserer Bewegung.«[1] Diese Behauptung Gottfried Feders,[2] des offiziellen Kommentators des nationalsozialistischen Parteiprogramms, widerspricht dem nationalsozialistischen Dogma der Rassenlehre als »Wissenschaft« und verweist auf die Ebene der vernunftmäßig nicht widerlegbaren Glaubenssätze. In dieser Form wurde der im wesentlichen religiös motivierte Judenhass früherer Jahrhunderte[3] zum »Antisemitismus«[4] im »Zeitalter des Imperialismus«. Dieser »moderne Antisemitismus«, dessen neue und eigentümliche Ausprägung nahezu gleichzeitig in Österreich und Deutschland entstand,[5] war der überaus vielschichtige Niederschlag innerhalb der Wandlungen der kontinentaleuropäischen Staaten während des Umbruchs der Klassen zur modernen Industriegesellschaft.

Die Auflösung traditioneller Bindungen, die mit der Industrialisierung einhergehenden Umwälzungen der Produktionsprozesse und der damit verbundene soziale Umschichtungsvorgang bilden in dieser Entwicklung nur einzelne Komponenten. Die »Konkurrenzfreiheit wurde zur Brutstätte kollektiver Unzufriedenheit«,[6] wirtschaftliche Krisenstimmungen erzeugten ein Gefühl der Unsicherheit, das nach Aufklärung und Selbstrechtfertigung drängte. In den Mittelpunkt spekulativer Überlegungen über den Urheber wirtschaftlicher, sozialer, kultureller und politischer Zerfallserscheinungen rückte das Judentum. Welche Faktoren im einzelnen das schnelle Anwachsen antijüdischer Gruppierungen begünstigten, muss in diesem Zusammenhang unerwähnt bleiben.[7] Tatsache ist, dass noch vor Ausbruch des Ersten Weltkrieges der politische Antisemitismus in Deutschland wie in Österreich eine beachtenswerte Strömung innerhalb der gesellschaftlichen Bewegungen geworden war. Umrisshaft hatten sich auch bereits Vorstellungen herauskristallisiert, wie der unerwünschte Einfluss des Judentums auf das öffentliche und wirtschaftliche Leben eingedämmt werden konnte. Man dachte an einen Abbau der auch für Juden geltenden Gleichheits- und Bürgerrechte und damit an die Wiederherstellung eines Zustandes, wie er vor der rechtlichen Emanzipation bestanden hatte.[8]

Diese Gedanken fasste 1912 der Vorsitzende des entschieden antisemitisch ausgerichteten »Alldeutschen Verbandes«, Heinrich Claß, zusammen. Zur »Gesundung des Volkslebens auf kulturellem, moralischem, politischem und wirtschaftlichem Gebiet« forderte er, die »landansässigen Juden« unter Fremdenrecht zu stellen, und entwarf einen Katalog der zu ergreifenden Maßnahmen.[9] Claß war nun keinesfalls der erste, der die politische und ideologische Bekämpfung des Judentums auf gesetzlichem Wege vorantreiben und lösen wollte;[10] doch die mächtige Stellung seines Verbandes und die erstaunliche Auflagenhöhe seines Buches[11] sicherten seinen Gedanken einen Wirkungsbereich, der letztlich auch die Judengesetzgebung des Nationalsozialismus entscheidend begünstigte.[12] So forderte Claß, den Juden sollten die öffentlichen Ämter, der Dienst in Heer oder Flotte[13] und der Beruf des Anwalts und Lehrers verschlossen bleiben. Die Mitarbeit und der Besitz an deutschen Zeitungen sollte ihnen verwehrt werden, ebenso der maßgebliche Einfluss bei Banken oder anderen Geldinstituten. Als Entgelt für den Schutz, den sie als Volksfremde genossen, sollten sie Steuern in doppelter Höhe entrichten. Als Jude sollte gelten, wer am 18. Januar 1871 der jüdischen Religionsgesellschaft angehört hatte, »sowie alle Nachkommen von Personen, die damals Juden waren, wenn auch nur ein Elternteil jüdisch war oder ist«.[14]

In die Diskussion um die deutschen Kriegsziele warf Claß zusätzlich den Vorschlag, für Fremdblütige, die noch keine Vollbürgerrechte besitzen, eine Beschränkung der Freizügigkeit einzuführen und den Zugang zu deutschen Hochschulen grundsätzlich nur für »Deutsche und Ausländer germanischer Abstammung« offen zu halten.[15]

Der Ausgang des Ersten Weltkrieges brachte vorerst den Zusammenbruch derartiger Ziele. Gleichzeitig begann jedoch in den politischen Wirren der Nachkriegszeit die Form des Judenhasses andere, gefährlichere Dimensionen anzunehmen, bildeten sich sogenannte »völkische« Parteien, die einem mystizierten Rassenideal huldigten und die Tradition der älteren, antisemitischen Gruppierungen fortsetzten. Hier entstanden Schlagworte, deren Bedeutung erst ein Jahrzehnt später offenbar wurden; hier griff man dankbar die Vokabel von den »Novemberverbrechern« und vom »Dolchstoß« auf und gab ihnen politische Brisanz durch den Hinweis auf die ursächliche und ausschließliche Schuld der Juden.[16]

Waren die »Völkischen« in der Vorkriegszeit eine sektiererhaft abgeschlossene politische Gruppe, so gelang es der rhetorischen Rabulistik und taktischen Geschicklichkeit Hitlers, die einzelnen Splittergruppen allmählich in die NSDAP zu überführen.[17] Erst Hitler glückte es, aus dem Antisemitismus Kapital zu schlagen, indem er wieder und wieder die politischen Tagesereignisse auf wenige, einprägsame Ursachen reduzierte und diese wiederum auf die unheilvolle Rolle des Judentums zurückführte. Es ist hier nicht der Ort, die Entstehung des manischen Judenhasses Hitlers zu untersuchen; es darf davon ausgegangen werden, dass schon zu Beginn der politischen Wirksamkeit dieses Mannes der Judenhass zu seinen bestimmenden und prägenden Eigenschaften zählte. Bereits auf seinen ersten öffentlichen Auftritten versuchte er, seine Zuhörer von der Notwendigkeit des Antisemitismus als Ingredienz des politischen Kampfes zu überzeugen.[18] Seine »Weltanschauung«, ein Konglomerat pseudowissenschaftlicher Erkenntnisse, basierend auf der Abstammungslehre Darwins und den Rasseforschungen Gobineaus und Chamberlains unter Hinzufügung spätromantischer Vorstellungen, war unkompliziert, schien in sich logisch und geeignet, die komplizierten Zusammenhänge der modernen Welt anhand einiger weniger Prinzipien erklärbar und durchschaubar zu machen. Der indogermanischen Rasse, den »Ariern«,[19] stand als »Gegenrasse« der Jude gegenüber. Entsprechend der Evolutionstheorie Darwins fand ein ewiger Kampf um die »Erhaltung der Art« statt. Indes wurde die biologische Tatsache vom Überleben des Stärkeren insoweit auf zweifelhafte Weise »humanisiert«, als nun auf der Ebene des Menschen Wertkategorien hinzugefügt wurden. So stellte sich der Daseinskampf der Rassen dar als ein Kampf zwischen Ariern und Juden, zwischen Gut und Böse, zwischen dem Kulturspender und dem Menschheitsverderber.[20] Dieser Polarisierung der Rassen und der den Rassen zugeschriebenen ethischen Werte fügte Hitler, offensichtlich unter dem Einfluss einiger balten-deutscher Russlandkenner,[21] ein weiteres, politisch fixiertes Negativelement hinzu. Er konstruierte aus »Juden« und »Bolschewisten« die unwirkliche Symbolfigur des »jüdisch-bolschewistischen Weltfeindes«. Die Verbindung des angeblich minderwertigen und gefährlichen Juden mit dem politischen Schreckgespenst der bolschewistischen Revolution, die Bedrohung des bürgerlichen Mittelstandes und der Industrie durch den Marxschen Kommunismus, diese inhaltliche und begriffliche Gleichsetzung war mehr als nur ein sprachlich-propagandistischer Schachzug. Denn hier verzahnen sich bereits die geopolitischen Pläne Hitlers, die »Hinwendung nach Osten«, und die Frage nach dem Schicksal des »Weltfeindes«, wenn es nach dem Willen Hitlers zu einer letzten Auseinandersetzung kommen sollte.[22]

Zunächst jedoch ging es Hitler um die personelle Stärkung jener Partei, deren Programmpunkte am 25. Februar 1920 unter seiner maßgeblichen Beteiligung aufgestellt wurden. Entsprechend der sozialen Schichtung des Mitgliederstandes der damaligen NSDAP, richteten sich die einzelnen Forderungen dieses Programms im wesentlichen nach den Nöten und Wünschen des bürgerlichen Mittelstandes. Neben Forderungen wie stärkere Sozialarbeit des Staates, »Verstaatlichung der Großbetriebe«, allgemeine Altersversorgung und Schaffung eines gesunden Mittelstandes, betonte es besonders die völkische Komponente mit eindeutiger Richtung gegen das Judentum.

Die einzelnen Punkte stellten sich dar als die Zusammenfassung früherer Forderungen, wie sie ähnlich schon Claß 1912 umrissen hatte:

Punkt 4: Staatsbürger kann nur sein, wer Volksgenosse ist. Volksgenosse kann nur sein, wer deutschen Blutes ist, ohne Rücksichtnahme auf Konfession. Kein Jude kann daher Volksgenosse sein.

Punkt 5: Wer nicht Staatsbürger ist, soll nur als Gast in Deutschland leben und unter Fremdenrecht stehen.

Punkt 6: Das Recht, über Führung und Gesetze des Staates zu bestimmen, darf nur dem Staatsbürger zustehen. Daher fordern wir, daß jedes öffentliche Amt, gleich ob in Reich, Land oder Gemeinde nur durch Staatsbürger bekleidet werden darf.

Punkt 8: jede weitere Einwanderung Nicht-Deutscher ist zu verhindern. Wir fordern, daß alle Nicht-Deutschen, die seit dem 2. August 1914 eingewandert sind, sofort zum Verlassen des Reiches gezwungen werden.

Punkt 23: ... Um die Schaffung einer Deutschen Presse zu ermöglichen, fordern wir, daß:

    a) Schriftleiter und Mitarbeiter von Zeitungen, die in deutscher Sprache erscheinen, Volksgenossen sein müssen,

    b) jede finanzielle Beteiligung an deutschen Zeitungen oder deren Beeinflussung durch Nicht-Deutsche gesetzlich verboten wird und fordern als Strafe für Übertretung die Schließung eines solchen Zeitungsbetriebes sowie die sofortige Ausweisung der daran Beteiligten aus dem Reich.[23]

Das Programm der NSDAP galt, wie Hitler öffentlich verkündete, ohne jede Änderung, ohne Abstriche oder Erweiterungen, für die Zeit des Bestehens der Partei.[24] Diese Aussage muss allerdings als propagandistische Übertreibung gewertet werden, denn Hitler gab sich niemals die Mühe, die allgemeine politische Linie seiner Partei dogmatischen Erwägungen unterzuordnen. Zu den wenigen Grundüberzeugungen seines weltanschaulichen und politischen Handelns zählte jedoch zweifellos der »Kampf gegen den Rassefeind«. Sein ideologisches Glaubensbekenntnis hatte er in aller Offenheit in »Mein Kampf« verkündet. Die hier niedergelegten Grundsätze und Ansichten über das deutsche, internationale und »jüdisch-bolschewistische« Judentum ergaben in Verbindung mit dem Parteiprogramm ein durchaus schlüssiges politisches Konzept, mit welchen Mitteln er gegen das deutsche Judentum vorzugehen beabsichtigte.

Nachdem es Hitler gelungen war, auch die Gauleiter geschlossen auf den antisemitischen Kurs festzulegen,[25] bildeten die Programmforderungen der NSDAP zur »Judenfrage« das ideologisch unverrückbare Gerüst der nationalsozialistischen Parteipolitik. Als Hitler seine Festungshaft angetreten hatte, beeilte sich die im Mai 1924 in den Reichstag eingezogene Völkische Fraktion, einen Gesetzentwurf einzubringen, demzufolge alle Angehörigen »jüdischer Rasse« unter Fremdenrecht gestellt werden sollten. Im August 1924 erhob sie die Forderung, Juden aus allen öffentlichen Ämtern zu entlassen. Ähnliche Wünsche propagierten die Völkischen 1924 im bayerischen Landtag, wobei sie von der DNVP unterstützt wurden.[26]

Während indessen mit dem wachsenden Erfolg der NSDAP Goebbels an die Spitze der Parteiredner seine ungezügelten, vehement vorgetragenen Angriffe gegen die Juden Berlins zunehmend intensivierte und der Chor der Adepten ihn mit blutrünstigen Drohungen und Prophezeiungen noch zu übertreffen suchte,[27] wurde Hitler in seinen Äußerungen zur Judenfrage immer schweigsamer. Seine volle, uneingeschränkte Aufmerksamkeit konzentrierte sich nach den ersten Wahlerfolgen ausschließlich auf die Erringung weiteren Machtzuwachses. Dies war offenbar auch ausschlaggebend für die wachsende Zurückhaltung des Parteiführers in der Propagierung radikaler Thesen vor der Öffentlichkeit. Im Herbst 1930 leistete Hitler seinen vielbeachteten Legalitätseid vor dem Reichsgericht in Leipzig, eine äußerliche Geste, durch die er hoffen konnte, der weiteren, unkritischen Aufmerksamkeit breiter Bevölkerungsschichten und Interessengruppen sicher zu sein.[28]

Bereits im Mai 1930 hatte Hitler das rassenpolitische Konzept seiner neuen Taktik angepasst. Einer amerikanischen Zeitung gegenüber erklärte er ausdrücklich, dass er nicht dafür sei, die Rechte der in Deutschland lebenden Juden zu beschneiden.[29] Mochte dieses Signal auch mehr für die Ohren einer außerdeutschen, insbesondere der amerikanischen Öffentlichkeit gedacht sein, so dürfte Hitler dennoch Rückwirkungen auf die innerdeutsche politische Szenerie einkalkuliert haben. Derartige parteitaktische Bekundungen ließen trotz aller programmatischen Äußerungen, die aus dem Kreis der NSDAP drangen, die bestehenden Ziele und die weltanschauliche Grundrichtung Hitlers bald vergessen. Mehr und mehr wurde die ernsthafte politische Aussage der Partei mit der Person ihres »Führers« in Zusammenhang gebracht. Das pausenlos verkündete Prinzip der »völkischen Einheit« sagte so lange nichts aus über die zukünftige Stellung des deutschen Judentums in einem nationalsozialistischen Staat, als der allein maßgebliche Sprecher dieser Partei eine öffentliche Festlegung dieser Fragen vermied. Bei einer derart vernebelten parteipolitischen Programmatik erstaunt es nicht, dass sogar einige national-konservative deutsche Juden Hitlers Machtantritt durchaus ambivalent gegenüberstanden.[30] Auch die Maßnahmen, die Göring im Juni 1932 im Falle einer nationalsozialistisch geführten Regierung in Aussicht stellte, entsprachen paradoxerweise in etwa den Wünschen, die konservative und orthodox-religiöse jüdische Gruppen erhofften. Das Verbot der Ehe zwischen Deutschen und Juden, das Göring seinen Ausführungen voranstellte, mochte wenigstens den Fortbestand der Juden nicht antasten, die durch immer häufigere Mischehen und den damit verbundenen Konversionen auch in ihrer religiösen Potenz gefährdet waren.[31] Noch bedenklicher mussten Görings weitere Prophezeiungen stimmen, nach denen Juden aus allen leitenden Stellungen, aus Presse, Theater und Film, aus den Universitäten und Schulen, kurz, aus jedem Amt, jeder Würde, in denen sie Einfluss ausüben konnten, entfernt werden sollten. Göring verband mit dieser Berufsverbotsliste jedoch die Zusage, dass der anständige israelitische Kaufmann, der in Deutschland als Fremder bleiben will, »unter dem Schutz des Gesetzes ... wird ungestört seinen Geschäften obliegen können«.[32]

Das von Göring umrissartig entworfene Bild des Lebens der Juden in einem nationalsozialistischen Deutschland war in seinen Perspektiven hart und wenig ermutigend. Es blieb indes noch weit hinter den Vorstellungen Hitlers zurück, der in der öffentlichen Behandlung dieser Frage zwar nunmehr Abstinenz übte, über sein taktisches Finassieren seine weltanschaulich fixierten Ziele jedoch nicht vergaß. In zwei vertraulichen Gesprächen mit dem Chefredakteur einer großen deutschen Tageszeitung offenbarte er rückhaltlos, welche Maßnahmen er gegenüber den deutschen Juden zu ergreifen gedachte:[33] Entfernung des politischen Beamtentums, eine neue Pressegesetzgebung, um die kommunistische und jüdische Gegnerschaft auszuschalten, sowie eine Bestimmung, wonach Journalisten, Diplomaten und Offiziere das »Rasseerfordernis« des »arischen Blutes« nachzuweisen hatten.

Weiterhin stellte Hitler den Juden große wirtschaftliche Härten in Aussicht und drohte, im Fall einer Fortführung der »jüdischen Hetzpolitik«, mit Pogromen, »die sie stärker schlagen als diejenigen, die ihre biblische Vergangenheit schildert«.[34]

Hitler überzog demnach die von Göring bekannt gegebenen Pläne um einen wesentlichen Punkt. Neben der politischen kündigte er auch die wirtschaftliche Ausschaltung des deutschen Judentums an und prophezeite ihnen im gleichen Atemzug, dass sie im Falle kriegerischer Auseinandersetzung »vom Rad der Geschichte zermalmt« würden.[35]

Derartige Gedanken ließ Hitler aus verständlichen Gründen nicht publizieren; auch darf man derartige Äußerungen nicht überbewerten in dem Sinne, dass hinter diesen Aussagen eine geschlossene rassisch-politi-

24

sche Konzeption stand. Wahrscheinlicher ist vielmehr, dass das Gespräch wie ein Ventil auf Hitler wirkte, und er das Scheitern seiner politischen Pläne in seinem pathologisch anmutenden Hass voll und ganz dem Judentum aufzulasten gedachte. Nichts sagte er über Ausmaß und Inhalt seiner antijüdischen Maßnahmen; kaum lässt sich erkennen, wie er im einzelnen das komplexe Problem der rassischen, staatsbürgerlichen und wirtschaftlichen Situation des Judentums aufzugreifen und zu lösen beabsichtigte.

2. Nationalsozialistische Vorarbeiten und Pläne für eine Rassengesetzgebung

Die fehlende wissenschaftlich-systematische Ausarbeitung der national-sozialistischen Weltanschauung verlieh dem Parteiprogramm und Hitlers »Mein Kampf« als Grundlegungen der Ideologie und der Politik eine über-ragende Bedeutung.[36] Aus diesen Quellen schöpfte auch die Reichsleitung der NSDAP, wo die »innenpolitische Abteilung« und die »Rechtsabteilung« seit 1931 Vorarbeiten und Unterlagen zu gesetzlichen Maßnahmen gegen die Juden fertigten. Die Initiative zu derartigen Entwürfen ging zweifellos von Dr. Helmut Nicolai aus, dem Leiter der »innenpolitischen Abteilung« vom 6. November 1931 bis 1. Oktober 1932, vordem Regierungsrat beim Regierungspräsidium Oppeln und im Herbst 1931 wegen nationalsozialis-tischer Betätigung aus dem preußischen Staatsdienst entlassen.[37] Vertreter Nicolais in der innenpolitischen Abteilung war der überaus ehrgeizige und Ende 1930 vorzeitig in den Ruhestand versetzte Regierungsrat Ernst von Heydebrand und der Lasa.[38] Die »Rechtsabteilung« der NSDAP wurde von Hitler am 31. Oktober 1930 geschaffen[39] und stand unter Leitung von Dr. Hans Frank, einem der frühesten Gefolgsleute des Nationalsozialismus und Anwalt Hitlers in verschiedenen Strafprozessen.[40]

Noch vor der Übernahme der Regierungsgewalt durch Hitler hatte man in diesen beiden Abteilungen der Reichsleitung der NSDAP damit be-gonnen, die relativ unverbindlichen Vorstellungen führender National-sozialisten über die zukünftige Stellung des deutschen Judentums in einem von der NSDAP beherrschten Staat gesetzesförmig zu fassen. So bestanden Vorarbeiten über die »Ausscheidung von Juden und sonstigen Fremdstämmigen aus dem deutschen Volk« nebst entsprechenden Geset-zesentwürfen, die einmal von Nicolai, dann von Heydebrand stammten, sowie ein von beiden gemeinsam verfasstes »Notgesetz über die Aus-weisung der Ostjuden«. Weiter waren vorhanden Denkschriften und Ent-würfe zum Staatsangehörigkeits- und Staatsbürgerrecht, die verschiedene Verfasser zu Autoren hatten. Hierunter fielen ein Änderungsentwurf zum

Reichs- und Staatsangehörigkeitsgesetz von einem Hermann Prasse, Vorsitzendem des »Bundes der Niemandsländer« sowie ein Gesetz über die »Einbürgerung deutscher Schutzgenossen« von Baron Freytag-Löringhoff in Greifswald. Rechtsanwalt Maercks aus Köln hatte ein »Reichsjudengesetz« vorgelegt und Dr. Gercke[41] eine Denkschrift mit dem Titel: »Soll man deutsch-jüdischen Bastarden die vollen Staatsbürgerrechte geben?« Auch zur Volksgesundheits- und Rassenfrage lag eine Vielzahl von Gesetzentwürfen und Denkschriften vor. Heydebrand und ein Dr. Pfaff,[42] dieser von Beruf Elektrochemiker, hatten einen Gesetzentwurf über die Errichtung von Sippenämtern ausgearbeitet. Zusätzlich lagen Denkschriften zur Aufgabe der »Rassenzucht« vor, ein »rassenhygienisches Notprogramm« von einem Dr. Böhm und von einem Regierungsmedizinalrat Dr. Boeters aus Zwickau Vorschläge zur Sterilisierung von Menschen.

Abgeschlossen wurde der umfangreiche Katalog an Vorarbeiten und gesetzlichen Unterlagen durch einen Gesetzentwurf Nicolais »zum Schutze des Deutschen Volkes«, einem Vorschlag Heydebrands über die Einteilung der deutschen Reichsbevölkerung (Reichsgenossen, Reichsbürger usw.)[43] und einem gemeinsam aufgestellten »Gesetzentwurf zur Wiederherstellung des Rechtszustandes«, der Vorschriften über eine Nachprüfung aller seit 1918 erlassenen Staatsakte und über die Abberufung und Rückversetzung von Beamten enthielt.[44] Diese Entwürfe und Memoranden lassen erkennen, welche Schwerpunkte die Reichsleitung in der künftigen Rassengesetzgebung zu setzen wünschte. Zwar sind die Entwürfe im einzelnen nicht bekannt,[45] doch lassen einige publizierte Arbeiten Nicolais vermuten, dass der materiellrechtliche Inhalt kaum über die seit langem bestehenden Forderungen hinausging. Im besonderen war wohl den jüdischen Bürgern eine Staatsangehörigkeit minderen Rechts zugedacht.[46] Außerdem sollten für sie spezielle Vorschriften des Ehe- und Familienrechts gelten.[47] Einzige Maßnahme auf dem berufsständischen Sektor war offenbar die Entfernung jüdischer Beamter aus dem öffentlichen Dienst.[48]

Die unmittelbar von diesen Vorarbeiten ausgehenden Auswirkungen sind eher gering einzuschätzen. Zu dem Zeitpunkt, als die Denkschriften und Gesetzentwürfe zur Kenntnis der Ministerialbürokratie gelangten, war die wichtige Entscheidung über die Regelung der Beamtenfrage bereits gefallen.[49] Auch die nachfolgenden Maßnahmen der Reichsregierung gegen die Juden lassen keine direkte Verbindung zu den Vorschlägen der Reichsleitung erkennen.[50]

Doch nicht nur die »innenpolitische Abteilung« und die »Rechtsabteilung« in der Reichsleitung der NSDAP machten sich Gedanken über die künftige Stellung der Juden. Seit Sommer 1932 beriet der Medizinalrat

Dr. med. Arthur Gütt die Reichsleitung in Fragen des öffentlichen Gesundheitswesens und der Rassenhygiene.[51] Kurz nach Bildung des Kabinetts Hitler übersandte Gütt dem Gauleiter der Ostmark, Wilhelm Kube[52], eine Denkschrift über »Staatliche Bevölkerungspolitik« mit der Bitte, darüber mit Frick und Göring zu sprechen.[53] Von Kube wanderte das Memorandum in das preußische Innenministerium, wo es der Kommissar z. b. V. Daluege[54] dem Kommissar z. b. V. Conti[55] »mit der Bitte um Bearbeitung und Mitteilung an mich« weiterreichte.[56]

Gütt hatte, wie er Kube mitteilte, die Denkschrift in ständiger Fühlungnahme mit der Reichsleitung ausgearbeitet, so dass diese ohne Zweifel annähernd auch die Intentionen der Parteispitze widerspiegelte. Ebenso deckten sich viele Punkte aus den Vorschlägen Gütts mit entsprechenden Entwürfen der innenpolitischen und der »Rechtsabteilung«, wobei das Schwergewicht für den Mediziner auf der »rassenhygienischen« Seite lag.

Ausgangspunkt war für Gütt der Gedanke einer »Hochzüchtung des reinrassigen, germanischen Erbgutes« und die Unterbindung der Einwanderung »Minderwertiger und Fremdrassiger«, während die Auswanderung hochwertigen »Erbgutes« verhindert werden sollte. Zur Durchführung dieser Forderung schlug Gütt die Schaffung einer »Behörde für rassenhygienische Betätigung« vor und hielt eine staatliche Regelung der Sterilisierung für erforderlich. Zudem sollte die Gesetzgebung des Staates nach rassenhygienischen und bevölkerungspolitischen Gesichtspunkten neu gestaltet werden. Das bedeutete, dass alle Gesetze nach rassenhygienischen Maximen bearbeitet werden mussten. Konkret auf die Rassenpolitik abzielend, verlangte Gütt, »Mischehen« mit Fremdrassigen durch allmählich vorzubereitende Ausnahmegesetze zu verhindern. Da ihm jedoch eine grundsätzliche Ausschaltung aller »Mischlinge« wegen der bereits bestehenden starken Rassenkreuzung undurchführbar schien, forderte Gütt als Mindestmaßnahme, die Juden als die »gefährlichsten Andersrassigen« unter Fremdenrecht zu stellen. Hierbei sollten die seit Generationen in Deutschland ansässigen und die nach dem Kriegsende eingewanderten Ostjuden unterschiedlich behandelt werden. Da die letzteren zahlreiche Kinder hätten, die deutschen Juden indessen zum »Zweikindersystem« übergegangen seien, hielt Gütt ein Vorgehen gegen die Ostjuden für folgerichtiger. Auch hoffte er, dass ein Großteil der in Deutschland geborenen Juden auswandern würde, »wenn die Ausnahmegesetze wirksam genug gestaltet werden«.

Beachtenswert an den Vorschlägen Gütts sind nicht so sehr die inhaltlichen Ausführungen – sie sind im wesentlichen nur eine Wiederholung der im Parteiprogramm und in »Mein Kampf« niedergelegten Grundsätze – als vielmehr die technischen Richtlinien, wie die allmähliche Vorbereitung der Maßnahmengesetze und deren wirksame Aus-gestaltung. Damit scheint Gütt ein aus der Rückschau oft festgestelltes Prinzip der nationalsozialistischen Judengesetzgebung vorwegzuneh-men: das rational konstruierte System der kontinuierlichen Entrech-tung.[57] Dennoch hat Gütt den späteren Prozess der Judengesetzgebung des Dritten Reiches mit seiner Denkschrift nicht beeinflussen können, zumindest nicht in dem Sinne, dass seine Vorschläge in der späteren Diskussion eine Rolle spielten.

Dies gilt ebenso für die umfassenden Vorschläge, die eine Arbeitsge-meinschaft im März und April 1933 erarbeitete. Ihr gehörten der Rechts-anwalt Rudolf Becker,[58] der Leiter der Politischen Polizei Preußens, Rudolf Diels,[59] der Oberregierungsrat im Reichspropagandaministerium, Wilhelm Ziegler,[60] der Staatskommissar für Berlin, Julius Lippert,[61] ein Dr. Meier, Direktor des »Deutschen Lichtspieltheaters« in Berlin, ein Verbandsleiter Major Fischer und, als »besondere Sachverständige«, Dr. Schulz vom Preußischen Statistischen Landesamt,[62] sowie »der bekannte Schriftsteller und Volkstumsforscher« Dr. v. Leers[63] an.

Am 6. April 1933 stellte diese Arbeitsgemeinschaft den »Entwurf zu einem Gesetz zur Regelung der Stellung der Juden« fertig, der in seiner Ausführlichkeit, der Spezialisierung seiner Bestimmung und nach dem Umfang der Regelungen der wohl umfassendste Versuch eines Judenge-setzes überhaupt ist. Die Zusammensetzung der Arbeitsgemeinschaft lässt vermuten, dass sie weniger aus eigenem Willen, als auf Anordnung einer höheren oder höchsten Instanz zusammengetreten war.[64] Hierfür spricht auch die Begründung, mit der der Leiter der Arbeitsgemeinschaft, Becker, in einer dem »Judengesetz« vorangestellten Einführung besondere Er-läuterungen zu den einzelnen Vorschriften »der Eilbedürftigkeit halber« für den 7. April in Aussicht stellte.[65]

Der Anstoß für die Bildung und Aufgabenstellung der Arbeitsge-meinschaft dürfte indessen kaum von Hitler ausgegangen sein,[66] dessen Herrschaftsmethodik die Technik der Entscheidungsvorbereitung durch Bildung von Experten- und Spezialistengruppen fremd war. Auch war die Judengesetzgebung zur Zeit der Endfertigung des Entwurfs bereits ins Rollen gekommen, so dass für Hitler weder sachlich noch inhaltlich der geringste Anlass bestand, eine halboffizielle Expertenkommission, deren Mitglieder zudem keinesfalls exponierte Antisemiten waren,[67] mit der Ausarbeitung eines umfassenden Judengesetzes zu betrauen. Aus der personellen Zusammensetzung der Arbeitsgemeinschaft, deren Mitglie-der überwiegend aus dem Staatsdienst kamen, ergibt sich mit größerer Wahrscheinlichkeit eine Initiative des Staatssekretärs im preußischen Innenministerium, Grauert, oder des kommissarischen Innenministers Göring.[68] Der Entwurf bestand aus 22 Paragraphen, die in sechs Abschnitte unterteilt waren. §§ 1–3 regelte die Begriffsbestimmung: »Jude ist, wer sich zum mosaischen Glauben bekennt, wessen Eltern oder Großeltern sich zum mosaischen Glauben bekannt, auch wenn sie oder ein Teil von ihnen später den mosaischen Glauben abgelegt haben [§ 1]. Halbjuden sind Kinder aus Ehen, deren einer Teil Jude i. S. des § 1 ist, soweit sie sich nicht zum jüdischen Glauben bekennen. Halbjuden werden wieder zu Juden, wenn sie mit einem Juden oder Halbjuden die Ehe eingehen [§ 2]. Als Judengatte gilt, wer mit einem Juden verheiratet ist. Sämtliche Juden, Halbjuden oder Judengatten hatten sich in ein polizeilich geführtes Register eintragen zu lassen [§ 3].«

Die Abschnitte drei und vier behandeln den »Verband der Juden in Deutschland« sowie die Stellung des »Volkswartes«. Der Volkswart war vom Reichskanzler einzusetzen und hatte die Aufsicht über den Verband zu führen; diesem gehörten alle Juden gemäß § 1 an; sie hatten das Recht, alle vier Jahre in direkter, geheimer Wahl einen »Judenrat« zu wählen, dessen Aufgaben allerdings nicht näher bestimmt wurden. Der Volkswart war politischer Reichsbeamter; er bestimmte:

a) »die Höhe der Selbstbesteuerung des ›Verbandes der Juden in Deutschland‹,

b) über die Pflege der Schulen und sonstigen Anstalten des Verbandes,

c) über diejenigen Fragen, die dem Verband überwiesen werden [§ 7]«.

Der Volkswart konnte:

a) »zur Ausübung seines Amtes die Vorlage aller amtlichen und handelsrechtlichen Unterlagen verlangen, jedermann vernehmen lassen und

b) gegen jeden Juden die polizeiliche Meldepflicht anordnen,

c) Bücher und Druckwerke von Juden verbieten,

d) zum Schutze des deutschen Volkes vor sittlicher Zersetzung Kunstwerke von Juden beschlagnahmen,

e) jüdische Gebräuche, welche die öffentliche Ruhe und Sicherheit gefährden, ganz oder teilweise verbieten,

f) aufreizenden Luxus, öffentliches unschickliches und prahlerisches Zeigen von Reichtum und protzenhaftes Benehmen von Juden verbieten,

g) jüdische Vereine und Verbände auflösen«. [§ 8]

Abschnitt fünf betraf die Rechtsstellung der Juden. Den Mitgliedern des Verbandes war die Ausübung eines Berufes oder Gewerbes mit folgenden Einschränkungen gestattet:

»Sie konnten weder Beamte noch Angestellte im Dienst von Reich, Staat oder Gemeinde sein. Soweit sie ein solches Amt bekleideten, waren sie unter Gewährung eines angemessenen Ruhegehaltes zu entlassen. [§ 11 a]

Sie konnten nicht Angehörige der Reichswehr sein und sollten auch in Zukunft keiner Militärdienstpflicht unterliegen. [§ 11 b]

Sie konnten nicht Direktoren der Reichsbank und sonstiger Geldinstitute sein. [§ 11 c]

Sie konnten nicht Hauptschriftleiter oder verantwortliche Schriftleiter an periodischen deutschen Druckschriften, Lehrer an privaten Schulen (mit Ausnahme von jüdischen Schulen) und Direktoren oder Regisseure von Theatern, Filminstituten und Rundfunkgesellschaften sowie Leiter von Verlagen kultureller Bedeutung werden. [§ 11 d]

Die Zahl der jüdischen Ärzte, Apotheker, Tierärzte, Rechtsanwälte, Rechtskonsulenten und ihrer Angestellten sowie die Zahl der Redakteure an deutschen periodischen Druckschriften und der Schauspieler an deutschen Bühnen durfte in keiner Gemeinde den prozentualen Anteil der gemeindeangehörigen Juden an der gesamten Einwohnerzahl der Gemeinde überschreiten.« [§ 11 e]

Juden war es verboten, als Inhaber oder Aktionäre oder sonstige Gesellschafter an einer periodischen Druckschrift, an einem Theater, einem Filmunternehmen oder an einem Verlag von kultureller Bedeutung beteiligt zu sein. Die Mitglieder des Verbandes hatten weder aktives noch passives Wahlrecht zum Reichstag, zu den Volksvertretungen der Länder oder Gemeinden, zu den Handels-, Gewerbe-, Landwirtschafts- und Handwerkskammern und zu ähnlichen Einrichtungen des öffentlichen Lebens. Sie konnten nicht Mitglieder von deutschen privaten Vereinen sein [§§ 12 ff.].

Kinder, deren Eltern Mitglieder des Verbandes waren, war der Besuch deutscher öffentlicher oder privater Schulen untersagt. Der Verband hatte eigene Schulen zu errichten [§ 14].

Ehen zwischen Juden i. S. des § 1 und Nichtjuden sollten nicht mehr rechtswirksam geschlossen werden. Unehelicher Verkehr zwischen Juden und Nichtjuden sollte verboten und mit Gefängnis bis zu sechs Monaten bestraft werden [§ 15].

Jedes Mitglied des Verbandes war verpflichtet, amtlich seinem Namen den Buchstaben »J« anzuhängen. Der Volkswart konnte anordnen, dass Juden neu angenommene Namen wieder ablegten, abgelegte Namen wieder annahmen und konnte ihnen den Gebrauch ausgesprochen germanischer Vornamen untersagen [§ 16].

Für Halbjuden i. S. des § 2 und Judengatten i. S. des § 3 galten die Vorschriften des § 11 a), b) und d) und des § 12 entsprechend [§ 17].

Nach den Schlussvorschriften waren seit dem 2. August 1914 erteilte Einbürgerungen von Juden nichtig. Soweit sie nicht durch die Nichtigkeitserklärung eine fremde Staatsangehörigkeit wieder erwarben, sollten sie als staatenlos gelten. Staatenlose Juden hatten das Reich innerhalb von drei Monaten zu verlassen. Den Ausgewiesenen konnte eine Beihilfe zur Erreichung einer neuen Lebensgrundlage gewährt werden [§§ 19 ff.]. Neue Einbürgerungen von Juden sollten nicht mehr erfolgen. Die Vorschriften dieses Gesetzes galten nicht für Juden, Halbjuden und Judengatten i. S. der §§ 1–3 des Entwurfes, die für sich und ihre Nachkommen vom Volkswart als vollberechtigte deutsche Staatsbürger anerkannt worden waren [§§ 21 ff.].

Überblickt man die im Dritten Reich gegen die Juden getroffenen Maßnahmen, so nimmt dieser Gesetzentwurf nahezu sämtliche späteren Regelungen vorweg. Deshalb mag sich der Verdacht aufdringen, dass hier ein umfassender Programmentwurf vorlag, der, nach einer zeitlichen und taktischen Disposition, sukzessiv verwirklicht wurde. Dieser Verdacht, so zwingend er sich angesichts des vorliegenden Entwurfes auch stellt, lässt sich nicht bestätigen. Er wird durch die nachfolgenden Entscheidungen und Maßnahmen sogar in jeder Hinsicht widerlegt. Die Arbeitsgemeinschaft hatte in ihrem Entwurf all jene Punkte eingeführt, die seit langem für konservative Kreise ein Quell des ständigen Anstoßes bildeten und die erstmals Claß zusammenfassend umrissen hatte. Sie war zudem von Prämissen ausgegangen, die kaum der nationalsozialistischen Ideenwelt entstammten,[69] gab sie doch zu, dass die Betroffenen »ein schweres, zum Teil unverdientes und daher nach Möglichkeit zu milderndes Schicksal trifft«.[70]

Zwar stellte der Entwurf die deutschen Juden rechtlich auf eine tiefere Stufe, doch enthielt er wenigstens gewisse Rechtsgarantien, wie sie auch Ausländern zugestanden wurden. Der jüdische Mittelstand hätte bei einer Realisierung des Entwurfes seine ökonomische Basis vielleicht behaupten können, um so mehr, als durch Ausnahmebestimmungen für Frontkämpfer und weitere Gruppen selbst viele »Volljuden« von der Mehrzahl der Vorschriften nicht betroffen worden wären.

Auch die Begründung zum Entwurf lässt wenig von nationalsozialistischer Überzeugung spüren, denn man bedauerte, »wie ein vielfach planlos geführter Kleinkrieg gegen das Judentum mit zahlreichen örtlichen, fast allzu vergnüglichen (sic) Erfolgen einen Widerstand in der Welt hervorrief «.[71]

3. Wegbereiter der Rassengesetzgebung: Die »konservative Revolution«[72]

Auch wenn die NSDAP den Anspruch verfocht, als Partei der Arbeiter aufzutreten, so hatte sie doch bis 1933 eher eine starke Anziehungskraft auf die Schichten des bürgerlichen Mittelstandes ausgeübt. Dies kam sowohl in der Zusammensetzung ihrer Mitglieder als auch in der sozialen Gliederung ihrer Wähler zum Ausdruck, die im Verlauf der Weltwirtschaftskrise zu einem nicht geringen Teil ihren bürgerlich-konservativen Parteien untreu wurden und ein potenzielles Wählerreservoir für die NSDAP darstellten.[73]

Sehr geschickt hatte die NSDAP sofort erkannt, welches Maß an politischen Möglichkeiten eine stärkere Heranziehung der mittelständischen Gruppierungen und Interessenorganisationen für die Wirksamkeit der Partei bedeutete. Der als Auffangorganisation ausgelegte »agrarpolitische Apparat« unter Führung Richard Walter Darrés verstand es geschickt, den allgemeinen Unmut des Bauernstandes durch zündende Versprechungen für die Zwecke der NSDAP zu kanalisieren;[74] auf der gleichen Ebene agierten die seit Mitte der zwanziger Jahre nationalsozialistisch geleiteten Mittelstandsorganisationen, die seit 1930 als »Nationalsozialistische Kampfbünde des gewerblichen Mittelstands« auftraten.[75] Die wirtschaftliche Not von Handel und Handwerk war im Zuge der Weltwirtschaftskrise besonders gravierend, so dass die Parolen gegen die angeblich den Einzelhandel vernichtenden jüdischen Warenhäuser auf fruchtbaren Boden fielen.[76]

Eine besondere Bedeutung innerhalb der mittelständischen Schichten kam zweifellos dem Berufsstand der Beamten zu. Teils durch Erziehung und Ausbildung traditionellen Wertvorstellungen verhaftet, teils auch durch das Berufsbild an Ordnung und Überschaubarkeit gebunden, verharrte das deutsche Berufsbeamtentum in einer vorwiegend konservativen Grundhaltung.[77] Die weit verbreitete, kritisch abwartende Haltung der deutschen Beamtenschaft zur Parteiendemokratie des Weimarer Staates[78] wuchs in dessen Endphase zu einer teilweise offenen Kritik.[79] Sie richtete sich insbesondere gegen eine angeblich bestehende »Politisierung« des Beamtenapparates und berief sich auf den Idealtypus des neutralen, sachkundigen und verantwortungsbewussten Beamten.[80] Derartige Forderungen mochten sich gegen links wie rechts wenden und galten insbesondere den »politischen«, absetzbaren Beamten, die bei einer Veränderung der parteipolitischen Konstellation jederzeit zur Disposition gestellt werden konnten. Einen nicht unbeträchtlichen Anteil an der zunehmend pessimistischer werdenden Stimmung in der Beamtenschaft hatten zudem die Gehaltskürzungen während des Krisenjahres 1931.[81]

Die NSDAP war sich natürlich bewusst, welchen Machtfaktor das Beamtentum für die Stabilität einer Regierung und zur Durchsetzung politischer Maßnahmen darstellte. Ein »Reichssachbearbeiter für Beamtenfragen«, der Gauleiter von Hessen-Nassau, Jakob Sprenger,[82] wusste das Unbehagen an den politischen Zuständen geschickt auszunutzen, indem er in seinem Beamtenprogramm neben der attraktiven Forderung nach Auszahlung der einbehaltenen Bezüge weitere populäre Wünsche einarbeitete:

»Abbau der sogenannten Revolutionsbeamten, die ohne die vorgeschriebene Vor- und Ausbildung seit der Revolution aus parteipolitischen Rücksichten in die öffentliche Verwaltung Eingang fanden.

Entfernung aller Angehöriger jüdischer Rasse und sonstiger Fremdstämmiger aus öffentlichen Ämtern.«[83]

Die Forderungen in Spengers Beamtenprogramm verraten neben der Bedenkenlosigkeit, mit welcher politische Ziele durch Versprechungen an unzufriedene Gruppen angestrebt werden sollten, auch ein taktisches Konzept. Hitler hatte niemals einen Zweifel daran gelassen, dass im Fall einer Machtübernahme durch die NSDAP »Köpfe rollen« würden.[84] Dies mag als Vorgriff der später erfolgten »Gleichschaltung« interpretiert werden und zeigt zweifellos die Absicht an, eine nationalsozialistisch geführte Regierung durch Ausschaltung aller potenziellen Gegner möglichst unangreifbar zu machen. Unter diesem Gesichtspunkt kam dem Beamtenkörper als dem unmittelbaren Vollstrecker des Staatswillens eine besondere Bedeutung zu. Zur Sicherung der Macht wie zur Durchführung der politischen Zielvorstellungen musste die Beamtenschaft von politisch und weltanschaulich missliebigen Beamten »gereinigt« und der Berufsstand einheitlich nach den Vorstellungen eines »national-sozialistischen Staates« ausgerichtet werden.[85]

Das Programm dieser Politik, die einen revolutionären Akt der Beamtengesetzgebung implizierte, entwarf Hans Pfundtner, ein ehemaliger hoher Beamter des Reichswirtschaftsministeriums, der in konservativer Verdrossenheit über die bestehenden parteipolitischen Zustände im Frühjahr 1932 den Weg zur NSDAP gefunden hatte.[86]

In einer Denkschrift von Juni 1932, betitelt: »Vorschläge für Verwaltungsmaßnahmen einer nationalen Regierung im Reich und in Preußen«,[87] nahm Pfundtner die allseits erhobene Forderung nach einer »Entpolitisierung der Beamtenschaft« auf, interpretierte sie jedoch aus der Sicht national-konservativer Politik, die auf diesem Sektor den Wünschen der Nationalsozialisten in etwa entsprach. Seine Vorschläge und Anregungen hinsichtlich der zu ergreifenden Maßnahmen im Fall einer nationalsozialistisch geführten Regierung galten in erster Linie der Entfernung aller »Parteibuchbeamten«, wobei nach Pfundtner dieser Ausdruck allein jene Beamten traf, die einer »linken« Partei nahe standen. Das Neuartige an den Vorschlägen des konservativen NSDAP-Überläufers lag in den gesetzlichen Folgerungen, die einer Realisierung seiner Pläne vorausgehen mussten. Pfundtner wünschte nicht allein die gesetzlich unproblematische Entlassung der politischen Beamten, sondern erweiterte seine Forderungen auf eine durchgreifende »Durchforstung« der Beamtenschaft. Allerdings respektierte er den Rechtsanspruch der entlassenen Beamten auf Ruhegehaltsbezüge, die einer späteren gesetzlichen Regelung vorbehalten sein sollten. Wenn auch Pfundtner die rechtliche Problematik dieser Entlassung aus dem Amt nicht berührte, so mussten doch ihm wie den Empfängern seiner Denkschrift die konstitutionellen Vorbedingungen eines solchen Aktes bewusst sein.[88] Zwar hatte das Memorandum das für die Nationalsozialisten so eminent bedeutsame Problem der jüdischen Beamten nicht einmal erwähnt, der von einem ehemaligen hohen Beamten angebotene Hinweis einer zukünftig realisierbaren Entlassung aus dem Beamtenstatus musste jedoch gerade für diese Gruppe von Bedeutung sein.[89] Hatte bereits die Denkschrift Pfundtners, des ehemaligen hohen Beamten und DNVP-Mitglieds, bewiesen, wie nah sich gedanklich schon der sogenannte nationale Konservativismus und der Nationalsozialismus in der Verfolgung ihrer Ziele gekommen waren,[90] so bewiesen die Maßnahmen der Regierung Papen nach dem 20. Juli 1932, dass auch in der Durchführung politischer Maßnahmen die beiderseitigen Absichten hinsichtlich der Beamtenfrage nur graduell differierten.[91] So schaffte Papen durch zahlreiche personelle Änderungen, der Entlassung politischer Beamter und der Beförderung bzw. Umbesetzung konservativer Staatsdiener, innerhalb der allgemeinen und inneren Verwaltung und der Ministerialbürokratie einen eindeutig konservativen Schwerpunkt.[92] Damit kam er – ob wissentlich oder unwissentlich – den in der Denkschrift Pfundtners präzisierten Vorstellungen auf kürzestem und direktestem Wege entgegen.

Doch nicht nur die Beamtenpolitik ließ eine veränderte Szenerie der politischen Akteure erkennen, auch die sachlichen Inhalte des politischen Handelns waren einem grundlegenden Wandel unterworfen. Dies wird blitzlichtartig beleuchtet an ersten, noch rudimentären Maßnahmen einer »Rassenpolitik«. Sie betraf die Einwanderung von Ostjuden, ein Problem, das bereits 1922 von der DNVP zum Gegenstand einer großen Anfrage im preußischen Landtag gemacht worden war und mit der Forderung verbunden wurde, »diese unerwünschten Elemente möglichst nach dem Osten abzuschieben«.[93]

Nach Ausbruch der Weltwirtschaftskrise wurde das Thema wieder aufgegriffen. Die sozialdemokratische Regierung Preußens hatte, gestützt auf wirtschaftliche und arbeitsrechtliche Überlegungen, das Reich zu bestimmen gesucht, der starken Einwanderung polnischer Arbeiter über die deutsche Ostgrenze gesetzlich Einhalt zu gebieten. Auf diese Bemühung ging die Regierung Papen ein, nicht ohne der Angelegenheit einen neuen Akzent zu geben. Vorrangig suchte man jetzt die Fragen der Einbürgerungsrichtlinien zu behandeln. Dem Reichsinnenminister v. Gayl schien im Oktober 1932 »eine Nachprüfung der Anforderungen an die Einbürgerung fremdstimmiger Ausländer im allgemeinen und kulturfremder Ausländer im besonderen dringend geboten.«[94] Jeder souveränen Regierung wird es freigestellt bleiben müssen, die Aufnahme fremder Staatsangehöriger in den eigenen Staatsverband nach bestimmten Voraussetzungen zu regeln. Hiervon wich auch v. Gayl nicht ab, jedoch verschob er die objektiv messbaren Kriterien, die dem Einbürgerungsverfahren vorgeschoben waren, auf eine rassische Ebene: Auf Vorschlag des Reichsinnenministers sollte die Mindestniederlassungsdauer für die »Angehörigen niederer Kultur«, insbesondere der Ostjuden, auf 20 Jahre erhöht werden, ehe ein Rechtsanspruch auf Einbürgerung bestand.[95]

Wesentlich eindeutiger waren dann bereits Richtlinien des Reichskommissars für das preußische Innenministerium über die Änderung von Familiennamen und Vornamen vom 24. November 1932, die in allen Fällen einer beantragten Namensänderung den Nachweis der arischen Abstammung forderten.[96] Die am 23. Dezember 1932 hinausgehenden Durchführungsrichtlinien – »zum Abdruck im MBliV nicht geeignet« – begründeten diese Anordnung: »Jede Namensänderung im Verwaltungswege beeinträchtigt die Erkennbarkeit der Herkunft aus einer Familie, verschleiert die blutmäßige Abstammung und erleichtert damit eine Verdunkelung des Personenstandes.«[97]

Derartige Vorschriften und Begründungen klangen neu. Sie entsprachen indessen den Intentionen der Reichsregierung und waren überdies geeignet, gleichlautenden Forderungen der Nationalsozialisten entgegenzukommen.

Nach Bildung des Kabinetts Hitler und einen Tag nach der Reichstagswahl vom 5. März sah der deutschnationale Staatssekretär im Reichswirtschaftsministerium, Paul Bang,[98] eine Gelegenheit, die konservativen Vorstellungen hinsichtlich der nun einzuschlagenden völkischen Politik zu präzisieren. Dem Staatssekretär der Reichskanzlei Hans Heinrich Lammers gegenüber hielt er den Zeitpunkt für gekommen, »wo mit einer bewußt völkischen Gesetzgebung eingesetzt werden könnte.«[99] Seine Vorschläge zielten auf ein gesetzgeberisches Vorgehen gegen »die noch immer stark vorhandene Zuwanderung der Ostjuden«, sowie auf eine »Aufhebung sämtlicher Namensänderungen, die seit dem 18. November 1918 vorgenommen worden sind«.

Lammers reagierte im erwarteten Sinne. Am 9. März unterbreitete er die Vorschläge Bangs Reichsinnenminister Frick mit der Anregung, wenigstens eine gewisse Anzahl der eingewanderten und nicht eingebürgerten Ostjuden auszuweisen. Im Auftrag des Reichskanzlers stellte Lammers Frick die Prüfung der Frage anheim, »ob sonstige Maßnahmen auf dem Gebiet der völkischen Gesetzgebung noch erforderlich sein werden«.[100] Hitler hatte demnach die Vorschläge Bangs gebilligt; und Frick machte in einem Runderlass an die Länderregierungen vom 15. März die ersten Maßnahmen auf diesem Gebiet bekannt, die nahezu wörtlich den Anregungen Bangs folgten.[101]

Einen weiteren Vorstoß zum Verbot von Namensänderungen, betrieb der DNVP-Landesverband Niederschlesien. Am 1. März ersuchte er die Preußische Staatsregierung, die seit der Revolution erfolgten Namensänderungen rückgängig zu machen. Ebenso wie Bang ging es dem DNVP-Landesverband um die Möglichkeit, »einer Vortäuschung deutscher Namen an Stelle von orientalischen« gesetzlich entgegenzutreten.[102]

Ministerialdirektor Schütze, Leiter der Abteilung für Rechts- und Verfassungsfragen im preußischen Innenministerium,[103] erkannte sofort, dass sich die Eingabe gegen die Namensänderungswünsche jüdischer Bürger richtete und lehnte aus rechtlichen Bedenken eine entsprechende gesetzliche Regelung ab.[104] Nicht so jedoch der deutschnationale Staatssekretär v. Bismarck,[105] der zwar vom Standpunkt des geltenden Rechts die Ausführungen Schützes bejahte, dem aber die Vorschläge der DNVP Liegnitz beachtenswert erschienen und »ein richtiges Gefühl für die veränderten Zeitumstände zeigten«.[106] Er schlug deshalb eine Vorlage an die Reichsregierung vor, die aber bereits selbst, offenbar den Anregungen Bangs folgend, in dieser Frage aktiv geworden war und das preußische Innenministerium am 7. April 1933 in die Vorarbeiten eines Gesetzes über Namensänderungen einschaltete.[107]

Eine Rechtsvorschrift, Juden die Änderung ihres jüdischen Namens zu verbieten und bereits erfolgte Namensänderungen von Amts wegen rückgängig zu machen, war angesichts der anstehenden, weit wichtigeren antijüdischen Maßnahmen, relativ bedeutungslos. Der preußische Innenminister hatte bereits bestätigt, dass er einem Antrag auf Änderung eines jüdischen oder jüdisch klingenden Namens auch beim Vorliegen der sonstigen Voraussetzungen nur entsprechen werde, wenn der Antragsteller nachweist, »daß er nicht jüdischen Stammes ist«.[108]

B. Die Institutionalisierung der illegalen Gewalt

1. Politik und Terror

Die Stabilisierung des nationalsozialistischen Herrschaftssystems ist ohne Berücksichtigung der neuartigen Form des politischen Durchsetzungsprozesses und der diesem zu Grunde liegenden Faktoren unverständlich. Nach der für die Nationalsozialisten nur bedingt erfolgreichen Wahl vom 5. März 1933 lässt sich im Ablauf der Ereignisse ein Schema beobachten, das in der wechselseitigen Verbindung von Politik und Terror von höchster Wirksamkeit war.[109]

Dem Umschwung von oben begegnete eine Revolution von unten. Sogenannte »spontane Aktionen«, deren Anstöße mehrheitlich den politischen Absichten der zahlreichen Machtträger innerhalb der Partei, der SA und SS entsprangen, schufen im Vorfeld der politischen Entscheidungen De-facto-Verhältnisse, erzeugten eine politische Atmosphäre der latenten Bedrohung und dynamisierten das Wechselspiel von Volkswillen und Staatsführung. Der vielerorts tobende Terror war sowohl Selbstzweck als Mittel zum Zweck. Er war Selbstzweck, als er eine der NSDAP innewohnende Ideologie vom Wesen der Gewalt ausdrückte,[110] er diente ergänzend als zweckdienliches Mittel, um politische Entscheidungen vorzubereiten oder voranzutreiben. Beispielhaft für diese untrennbare Verbindung von Politik und Terror war in der Machtergreifungsphase das Schicksal der deutschen Juden.

Während Reichsaußenminister v. Neurath noch versicherte, die deutschen Juden hätten nichts zu befürchten[111], und Vizekanzler v. Papen beteuerte, sie würden behandelt wie alle Staatsbürger,[112] nahmen die Gewalthandlungen gegen die Juden bereits ihren Ausgang in Berlin und Sachsen.

Auf dem Kurfürstendamm kam es am 6. März, also unmittelbar nach der Reichstagswahl, zu Übergriffen, die sich bis zum 9. März zu blutigen Unruhen steigerten. In Chemnitz begannen am 9. März SA und Stahlhelm das örtliche Gericht zu besetzen, jüdische Beamte zum Verlassen ihrer Ämter zu zwingen und zum Teil sogar in Schutzhaft zu nehmen.[113] Wie eine Springflut setzten sich derartige Aktionen im gesamten Reichsgebiet fort. Besonders rau verliefen die Ausschreitungen in Breslau, wo unter Führung des örtlichen Polizeipräsidenten[114] das dortige Landgericht besetzt wurde, was am 12. März zu einem Justitium führte.[115] Der Präsident legte daraufhin den jüdischen Richtern und Anwälten nahe, ihre anstehenden Prozesse zu vertagen.[116] Weitere judenfeindliche Aktionen wurden in den ersten Märztagen noch aus Gleiwitz,[117] Berlin[118] und Görlitz[119] gemeldet. In allen Fällen drang eine »erregte Menschenmenge« in laufende Gerichtsverhandlungen ein, an denen jüdische Richter oder Anwälte teilnahmen, und brachten die Verfahren zum Erliegen. Als einziger Ausweg verblieb den derart unter Druck gesetzten Rechtspflegeorganen nur die Vertagung bzw. Aussetzung des gesprengten Rechtsverfahrens. Um keinen Stillstand der Rechtspflege eintreten zu lassen, wurden jüdische Richter und Staatsanwälte gebeten, einen kurzfristigen Urlaub anzutreten, dem die meisten Betroffenen sofort nachkamen.

Waren die ersten Ausschreitungen gegen die Juden noch ein brutales Austoben terroristischer Instinkte, so erhielten sie doch bald einen Zug ins Berechnende. Während noch in Breslau Angehörige der SA das Gericht belagerten, ließ sich der »Bund nationalsozialistischer deutscher Juristen« (BNSDJ) vernehmen. Auf einer Tagung am 14. März in Leipzig forderte er die Säuberung aller deutschen Gerichte von Beamten einer »fremden Rasse« und die Auflösung und Neuwahl der Anwaltskammern, um diese »juden- und marxistenfrei« zu machen.[120]

In einer »Werbeveranstaltung« vor dem Reichswirtschaftsrat brachte der BNSDJ am 23. März die Forderung nach einer Zulassungssperre für alle Beamten und Angestellten nichtdeutscher Abstammung vor.[121] Die Gruppe Rechtsreferendare des BNSDJ drang am 30. März auf die Beseitigung der jüdischen Richter, Rechtsanwälte und Examinatoren.[122] Unterstützt wurden derartige Forderungen, die sich auf allen Ebenen erhoben,[123] von der nationalsozialistischen Presse. Der »Völkische Beobachter« beschäftigte sich am 14. März mit der »Verjudung« der Berliner Gerichte und verlangte entsprechende Konsequenzen.[124] Stellte sich die provozierte »Spontaneität des Volkes« nicht in dem erwarteten Umfang ein, griffen die Zeitungen der NSDAP, die immerhin schon halboffiziösen Charakter trugen, vielerorts zum Mittel der Volksverhetzung. Der »Völkische Beobachter« zog am 19. März unter der Überschrift »Breslau und Moabit« eindeutige Parallelen: »Während in Breslau immerhin ein ganz bescheidener Anfang einer Säuberungsaktion gemacht werden konnte, hat sich an den Berliner Verhältnissen noch nichts geändert.« Diesem versteckten Hinweis folgte für weniger subtile Leser die offene Aufforderung: »Man darf hoffen, daß auch hier der eiserne Besen nicht lange auf sich warten läßt.«[125] Die Gerichte, mit dem Druck der Straße, der Presse und der Gliederungen der NSDAP konfrontiert, suchten in vielen Fällen den angedrohten Zwangsmaßnahmen zu entgehen, indem sie von sich aus jüdische Strafrichter in Zivilkammern versetzten.[126] Auf den Druck von unten folgten koordinierende Eingriffe von oben. In Bayern verfügte der kommissarische Justizminister Dr. Hans Frank am 25. März derartige Umbesetzungen für alle Bereiche der Rechtspflege.[127] Ähnliche Maßnahmen ergriffen die Kommissare in Hessen und Württemberg.[128] Der Justizsenator Hamburgs, Dr. Rothenberger, hatte die jüdischen Richter seines Gerichtsbezirks nicht mehr nur an unauffälligeren Stellen eingesetzt, sondern unter dem Hinweis auf eine Präventivmaßnahme pauschal zur Beurlaubung gezwungen.[129] Rothenbergers Vorgehen, erstes Beispiel eines unmittelbaren Eingriffes »von oben«, folgten mit gleichen Maßnahmen Ministerialdirektor Freisler vom Preußischen Justizministerium und der Beauftragte für das sächsische Justizministerium.[130]

Doch nicht nur der Berufsstand der beamteten Richter und der Staatsanwälte sah sich dem Druck der Nationalsozialisten ausgesetzt. Bereits am 28. Februar ließ der Kommissar z. b. V. im Preußischen Innenministerium, Dr. med. Conti, wissen, dass es seine Hauptaufgabe sei, den deutschen Ärztestand vom Judentum zu »säubern«.[131] Zwar kam es gegen den jüdischen Ärztestand nicht zu derart umfangreichen Demonstrationen wie vor den Gerichten, doch bildeten diese offenbar das erwünschte Vorbild, um mit ähnlichen Maßnahmen zu folgen. Am 18. März wurde bekannt, dass der Staatskommissar für Berlin, Julius Lippert, Anweisung gegeben hatte, die Verträge aller jüdischen Ärzte zum nächstmöglichen Zeitpunkt zu kündigen.[132] Der kommissarische Erste Bürgermeister von München, Fiehler, ordnete an, dass jüdische Ärzte im öffentlichen Medizinalwesen nur jüdische Patienten behandeln durften und den überzähligen jüdischen Ärzten sofort zu kündigen war.[133] Mit unterschiedlichen Regelungen folgten weitere Gemeinden diesem Vorgehen.[134]

Die weithin ungeklärten Verhältnisse über die Rechtsstellung des jüdischen Beamten und Angestellten trieben in den Tagen vor dem 1. April einem neuen Höhepunkt entgegen. Die fieberhaften Vorbereitungen für den auf diesen Tag festgesetzten Judenboykott waren begleitet von tumultartigen Zuständen an den Berliner Gerichten, die die früheren Ausschreitungen noch überboten. Die gesteigerten Forderungen, zu deren Vorkämpfer sich »Der Angriff« machte, begnügten sich nicht mehr mit »Umbesetzungen«;[135] jetzt verlangte man bereits die sofortige »Absetzung« der jüdischen Richter.[136]

Nachdem der organisierte Druck der Straße und die gelenkten Pressekampagnen einen Punkt erreicht hatten, der für den 1. April noch wildere Terroraktionen befürchten ließ, begannen in überraschender Einheitlichkeit die Kommissare des Reichs für die Justizverwaltungen der Länder Bayern und Preußen unter Berufung auf die erwartete Störung der Rechtspflege Präventivmaßnahmen zu ergreifen. Dr. Hans Frank, zuständig für die bayerische Justiz, wies am Abend des 31. März seine obersten Gerichtsbehörden an, jüdische Richter und Staatsanwälte bis auf weiteres zu beurlauben, jüdischen Rechtsanwälten das Betreten der Gerichte zu verbieten und jüdischen Notaren die Berufsausübung zu untersagen.[137]

Nur wenig später reagierte auch der Kommissar des Reichs für das preußische Justizministerium. Am 31. März um 20.13 Uhr machte Hanns Kerrl den Gerichten bekannt, dass alle jüdischen Staatsanwälte, Rechtsanwälte und Beamte im Strafvollzug umgehend Urlaubsgesuche einzureichen hätten, im Weigerungsfall war Hausverbot zu verhängen. Jüdische Laienrichter (Schöffen, Geschworene, Handels- und Arbeitsrichter) durften, beginnend mit dem 1. April 1933, nicht mehr berufen werden; jüdische Rechtsanwälte an den einzelnen Gerichten nurmehr in dem Prozentsatz vertreten sein, der dem jüdischen Bevölkerungsteil an der Gesamtbevölkerung Preußens entsprach. Gleichzeitig wurde die Beiordnung jüdischer Armenanwälte oder die Bestellung jüdischer Pflichtverteidiger untersagt.[138] Am 1. April folgte Kerrl dem Vorgehen Franks und untersagte den preußischen Notaren jüdischen Glaubens die Ausübung des Berufes.[139]

Ähnliche Regelungen wie in Bayern und Preußen ergriffen die Kommissare für die badische und die hessische Justiz.[140] Indessen war Kerrl besorgt, seine vorläufigen Maßnahmen vom 31. März zu erweitern. Am 3. April verbot er die Ernennung jüdischer Rechtskandidaten zu Referendaren[141] und am 4. April betonte er, dass die ausgesprochenen Vertretungsverbote bis auf weiteres in Kraft zu bleiben hatten.[142] Mit Weisung vom 6. April wurde jüdischen Rechtsanwälten zudem untersagt, in Bereichen tätig zu werden, die dem Anwaltszwang unterlagen.[143]

Mit diesen Maßnahmen war Preußen das erste Land, in dem faktisch ein Großteil der Juden aus der Justiz ausgeschaltet war. Zwar traf das Vorgehen Kerrls allein Richter und Beamte der Justizverwaltung, doch ergaben sich damit weitgehende Folgerungen für die Rechtsstellung aller jüdischen Beamten. Zudem war durch den in mehreren Ländern nach preußischem oder bayerischem Muster geordneten Schwebezustand eine kaum tragbare Rechtslage eingetreten, was die Frage aufwarf, ob jene illegalen Anordnungen rückgängig gemacht oder gesetzlich sanktioniert werden sollten.

2. Das »Gesetz zur Wiederherstellung des Berufsbeamtentums«

Die politische Zukunft des Kabinetts Hitler und der nationalsozialistischen Partei hing in nicht geringem Maße von der Haltung und von dem Vorgehen der NSDAP in Preußen ab. Da allerdings v. Papen mit seinem »Preußenschlag« vom 20. Juli 1932 das größte der Länder bereits mittelbar gleichgeschaltet hatte, konnte die »Regierung der nationalen Konzentration« und insbesondere die Partei Hitlers von Preußen aus die politische Gleichschaltung der anderen Länder unangefochten in Angriff nehmen.[144]

Eine der Vorbedingungen für diese Politik war die Inbesitznahme der allgemeinen und inneren Verwaltung, sowie die politische Gleichschaltung der Selbstverwaltungskörperschaften. Bereits Pfundtner hatte in seiner Denkschrift die Zweckmäßigkeit politisch gleichgerichteter Provinzial- und Kommunalverwaltungen herausgestrichen und deren baldige Neuwahl gefordert. Unmittelbar nach dem 30. Januar 1933 machten auch Nicolai Göring und Lammers auf die Notwendigkeit eines solchen Vorgehens aufmerksam.[145] Die neuen Machthaber lösten folgerichtig mit Verordnung vom 4. Februar 1933 alle kommunalen Parlamente von der Orts- bis zur Provinzebene auf und setzten Neuwahlen an.[146] Damit verloren für einige Wochen die Kommunalbeamten die Rückendeckung ihrer gewählten Beschlussorgane und waren hilflos dem Zugriff der NSDAP ausgesetzt. Das Interregnum bis zu den Kommunalwahlen des 12. März war gekennzeichnet von den Bemühungen der NSDAP, mit allen nur denkbaren Mitteln auf der Selbstverwaltungsebene einen Personalwechsel großen Stils zu erzwingen.[147] Obwohl Hitler nach den Kommunalwahlen vom 12. März die Ansicht vertrat, sie hätten zu einer Klärung der Lage in den Gemeindeparlamenten geführt,[148] konnte davon in Wirklichkeit keine Rede sein. Ungeklärt war weiterhin die Frage der kommunalen Wahlbeamten, die der Ehrenbeamten, nichtplanmäßigen Beamten und Dauerangestellten. Auch nach dem 12. März wurden die willkürlichen Amtsenthebungen fortgeführt; sie mündeten nun ein in die anfänglich gesondert ablaufenden Bemühungen, die Tätigkeit von Beamten jüdischen Glaubens einzuschränken.

Auch die Kommissare des Reichs für das Land Preußen sahen sich in einer Chefbesprechung am 15. März gezwungen, dem Personalwechsel bei den Kommunalbeamten entgegenzutreten. Göring und Popitz vereinbarten, dass die Entfernung leitender Kommunalbeamter aus ihren Ämtern nur durch den Minister des Innern (KdR) zu erfolgen habe. Gleichzeitig bestand zwischen allen Kommissaren Übereinstimmung darüber, dem Reichskabinett nahe zu legen, durch eine Kommission »die auf beamtenrechtlichem Gebiet zu ergreifenden Maßnahmen« vorberaten zu lassen. Der Kommission sollten die Innen- und Finanzminister des Reichs und Preußens angehören.[149]

Dem preußischen Vorstoß schien ein schneller Erfolg beschieden. In der am gleichen Tag stattfindenden Ministerbesprechung der Reichsregierung erklärte sich Hitler bereit, einem Vorschlag des Reichsfinanzministers zu folgen und eine Kommission einzusetzen, »welche einen Katalog der Maßnahmen aufstellen müsse, die auf Grund des Ermächtigungsgesetzes getroffen werden müßten«.[150]

Der Personenkreis der Kommission entsprach in seiner Zusammensetzung exakt den Vorschlägen der preußischen Kommissare.[151] Nun stand außer Zweifel, dass die Reichsregierung auf beamtenrechtlichem Gebiet nur dann der faktischen Lage gesetzlich entsprechen konnte, wenn die für die Beamten geltenden Vorschriften der Verfassung hinweggeräumt wurden. Soweit gesetzlich nichts anderes bestimmt war, erfolgte nach Art. 129 WRV die Anstellung des Beamten auf Lebenszeit. Die verfassungsmäßig verankerten Grundzüge des Beamtenrechts beinhalteten als »wohlerworbene Rechte« die Sicherung, nur unter den gesetzlich bestimmten Voraussetzungen und Formen vorläufig des Amtes enthoben, einstweilen oder endgültig in den Ruhestand oder in ein anderes Amt mit geringerem Gehalt versetzt zu werden. Neben diesen Zusicherungen gründeten die Rechte des Beamten auch unmittelbar auf »institutionellen Garantien«, so der Grundsatz der »lebenslänglichen Anstellung« oder das Erfordernis einer gesetzlichen Grundlage für die Entfernung vom Amt.[152] Die Bedeutung dieser Garantien lag darin, dass sie Reichsverfassungsrecht darstellten und nach herrschender Meinung »infolgedessen jeder Änderung durch Reichsgesetz oder Landesgesetz entrückt« waren.[153] Die einzige Möglichkeit eine Änderung dieser Verfassungsvorschriften herbeizuführen, lag im Erlass eines Reichsgesetzes, das mit verfassungsändernder Mehrheit zustande gekommen war.[154] Zwar besaßen die Länder nach Art. 10 Nr. 3 in Verbindung mit Art. 12 Abs. 1 WRV das Recht, für ihren Bereich ein eigenes Beamtenrecht zu gestalten, doch waren sie immer an die verfassungsrechtlich gesetzten Grenzen von Art. 129 WRV gebunden. Ob und inwieweit dem Beamten ein »wohlerworbenes Recht« zustand, entschied sich hierbei nach geltendem Landesrecht.[155]

Sofern allerdings eine landesgesetzliche Regelung mit der Verfassungsvorschrift des Art. 129 WRV kollidierte, war sie als nichtig zu betrachten.[156] Hierzu hatte das Reichsgericht ausgeführt, dass selbst bei engster Auslegung des umstrittenen Begriffs der »wohlerworbenen Rechte« darunter immer der Anspruch des Beamten falle, nicht vorzeitig, und sei es nur einstweilig, aus dem Amte entfernt zu werden.[157]

Das Reich hatte von dem ihm nach Art. 10 Nr. 3 WRV zustehenden Recht der Grundsatzgesetzgebung für das Recht der Beamten aller öffentlichen Körperschaften keinen Gebrauch gemacht, so daß die beamtenrechtlichen Bestimmungen in einer Vielzahl unterschiedlicher Rechtsvorschriften verstreut waren. Das geltende Beamtenrecht entbehrte so der Einheitlichkeit und Geschlossenheit; ganz allgemein jedoch galt, dass ein hoheitlicher Eingriff in ein bestehendes Beamtenverhältnis gesetzlich bestimmt sein musste.[158]

In Preußen wurde diese Voraussetzung mit Gesetz vom 26. Februar 1919 geschaffen.[159] Hiernach konnten unmittelbare Staatsbeamte unter

Bewilligung des gesetzlichen Wartegeldes einstweilig in den Ruhestand versetzt werden, wenn das von ihnen verwaltete Amt infolge einer Umbildung der Behörde entfiel. Außerdem konnten jederzeit in den Ruhestand versetzt werden die sogenannten »politischen Beamten«, die im Gesetzestext selbst aufgeführt waren.[160]

Die verfassungsrechtlich gesetzten Grenzen, innerhalb derer die Nationalsozialisten den Beamtenkörper nach ihren macht- und rassenpolitischen Vorstellungen ausrichten konnten, waren somit relativ eng. Der gesamte Fragenkomplex gewann jedoch wesentlich andere Perspektiven, wenn man ihn in Verbindung mit dem vom Kabinett Hitler vorangetriebenen Ermächtigungsgesetz betrachtete. Über den materiellrechtlichen Inhalt dieses Gesetzes wurden weitgehende Spekulationen angestellt; bei den betroffenen Institutionen schien indessen kaum ein Zweifel daran zu bestehen, dass in oder in Zusammenhang mit dem Gesetz auch eine Neuregelung des Beamtenrechts erfolgen würde. So ging der Deutsche Beamtenbund am 17. März von der Tatsache aus, das Ermächtigungsgesetz werde Rahmenbestimmungen über grundsätzliche Beamtenfragen enthalten und bat um Gelegenheit zur gesetzgeberischen Mitwirkung.[161]

Auch der Deutsche und Preußische Städtetag vermutete zu diesem Zeitpunkt ähnliche Bestrebungen. Am 17. März bat der Vorstand »bei den in Vorbereitung befindlichen Gesetzen« darauf hinzuwirken, »daß die kommunalen Beamten nicht ungünstiger als die staatlichen Beamten behandelt werden und daß etwaige Eingriffe in das Beamtenrecht im Wege eines verfassungsändernden Gesetzes nicht über das unerläßlich erscheinende Maß nach Form und Inhalt hinausgehen.«[162]

Wenn auch derartige Vermutungen verfrüht waren und Göring als der hauptbetroffene Minister noch am 18. März eine nähere Festlegung über die Grundzüge des allseits beredeten Beamtenrechts vermied,[163] so bedeutete dies keineswegs, dass nicht entsprechende Überlegungen angestellt wurden. Es lag in der Natur der Sache, dass sich die Reichsregierung insbesondere auf die politische Führung Preußens stützte und die gleichzeitige Mitgliedschaft einiger Reichsminister sowohl im Reichskabinett als auch in der Kommissarregierung[164] zu einer lebhaften, wechselseitigen Kommunikation der Ministerialbürokratie Preußens und des Reiches führte.[165] Bereits die am 16. März von Hitler eingesetzte Kommission, die unter anderem auch Fragen des Beamtenrechts zu beraten hatte, bestand zu gleichen Teilen aus den Parallel-Ministerien des Reiches und Preußens, was darauf hindeutete, dass gerade die Behandlung und Entscheidung über das zukünftige Beamtenrecht von Preußen mitgetragen werden sollte. So ist es durchaus verständlich, dass insbesondere die preußischen Ministerien in dieser Frage eine bemerkenswerte Aktivität entwickelten.

Nur unter diesem Aspekt wird das Vorgehen des preußischen Staatsministeriums verständlich, das am 20. März das preußische Justizministerium davon unterrichtete, man beabsichtige eine »Beschränkung in der Wahrnehmung von Ämtern der Rechtspflege durch Nichtangehörige christlicher Bekenntnisse« und um die Fassung eines hierauf abzielenden Gesetzentwurfes bat. Dieser wurde noch am gleichen Tag ausgearbeitet und von Heinrich Hölscher, dem Reichskommissar für das preußische Justizministerium,[166] dem Staatsministerium übersandt.[167] Der Entwurf ist insofern beachtenswert, als seine materiell-rechtlichen Bestimmungen eindeutig das geltende Verfassungsrecht verletzten und überdies Regelungen dieser Art ebenso eindeutig der Rechtssetzungskompetenz des Reiches unterlagen. Wie der Entwurf festlegte, konnte das Amt eines Richters oder Staatsanwalts nur von Angehörigen christlicher Konfessionen wahrgenommen werden; traf diese Voraussetzung nicht zu, sollte die Entfernung aus dem Amt unter Gewährung des gesetzlichen Ruhegehalts erfolgen, es sei denn, der Betroffene war bereits vor dem 9. 11. 1918 planmäßig angestellt oder Kriegsteilnehmer i. S. des Erlasses vom 7. 9. 1915 (RGBl, S. 599) gewesen. Der Anspruch auf Bezug des Ruhegehalts sollte nicht eintreten, sofern der zu entlassende Beamte noch keinen Anspruch auf dauernde Bezüge hatte. Entsprechendes galt nach dem Entwurf auch für Rechtsanwälte und Notare. Die Zulassung zum Vorbereitungsdienst auf die höhere Justizlaufbahn wurde zudem von der Zugehörigkeit zu einem christlichen Bekenntnis abhängig gemacht.

Es bedarf keiner eingehenden Interpretation des Entwurfstextes, um zu erkennen, dass sich hinter der unverfänglichen, religiös motivierten Begründung die Absicht verbarg, in erster Linie die Juden zu treffen.

Ob und inwieweit die Kommission der Innen- und Justizminister des Reiches und Preußens den von Hitler geforderten Maßnahmenkatalog aufgestellt und durchberaten hatte, ist quellenmäßig nicht belegbar. Zumindest auf dem Gebiet des Beamtenrechts scheinen jedoch, nachdem die Frage einer gesetzlichen Neuregelung dieses Berufsstandes sich zusehends dringlicher stellte und besonders im gemeindlichen Bereich die Verhältnisse chaotische Formen angenommen hatten, zwischen einzelnen Mitgliedern der Kommission über bestimmte Vorstellungen Einmütigkeit geherrscht zu haben. Der preußische Finanzminister Johannes Popitz, ein Fachmann auf dem Gebiet des Finanzrechts und der Finanzpolitik und gleichzeitig ein Kenner der schwierigen Materie des Kommunalrechts,[168] übersandte am 23. März auf Anforderung v. Papens dem Ministerialdirektor Landfried vom preußischen Staatsministerium einen »Entwurf über Beamtenrechtsverhältnisse«.[169]

Wie Popitz anfügte, hatte er den Entwurf in Zusammenarbeit mit dem Leiter der Kommunalabteilung im preußischen Innenministerium,

Surén, ausgearbeitet und Reichsfinanzminister Schwerin v. Krosigk, davon in Kenntnis gesetzt.

Am Sonnabend, den 25. März, nahm v. Papen Bezug auf einen Beschluss des Reichskabinetts, »die Regelung der demnächst zu lösenden Beamtenfragen zunächst in einem Ausschuss der beteiligten Herren Minister vorzubereiten«, und lud Frick, Göring, Schwerin v. Krosigk, Schlegelberger und Popitz zu einer Besprechung auf Montag, den 27. März 1933. Papen ließ dem Einladungsschreiben einen Entwurf beifügen und bat, von der Heranziehung von Referenten abzusehen.[170] Wenige Stunden später jedoch teilte das Preußische Staatsministerium dem geladenen Personenkreis mit, dass die anberaumte Besprechung nicht stattfinden könne. Ein Vertagungstermin wurde nicht genannt und der gesamte Vorgang am 29. März im Staatsministerium zu den Akten gelegt.[171]

Es darf mit einiger Sicherheit die Annahme gewagt werden, dass v. Papen bei den Bemühungen, seine Person in der künftigen Beamtengesetzgebung ins Spiel zu bringen, den Popitz-Entwurf zur Diskussion stellte.[172] Nun hatte Reichsinnenminister Frick nach Erlass des Ermächtigungsgesetzes in der Ministerbesprechung am 24. März die nächsten gesetzgeberischen Akte seines Hauses vorgetragen und die Dringlichkeit der Gleichschaltung der Länder mit dem Reich und die Reform der Beamtengesetzgebung betont.[173] Mit dieser Ankündigung machte er zugleich die Prärogative des Reiches geltend, so dass für die Verabschiedung eines Landesbeamtengesetzes vor Erlass des angekündigten Reichsgesetzes keine Möglichkeit mehr bestand. Offenbar hatte der Kommissar für das preußische Finanzministerium auch weniger an ein Gesetz über das besondere Rechtsverhältnis der Kommunalbeamten gedacht[174] als vielmehr, und dies wird belegt durch den Namen seines Entwurfes und die von v. Papen betriebene Hinzuziehung einiger Reichsministerien, an eine alle Kategorien von Beamten umfassende, grundsätzliche Regelung, die nur auf dem Weg über das Gesetzgebungsrecht des Reiches realisiert werden konnte.[175]

Wenn Popitz allerdings seinen Entwurf taktisch vorzuschieben gedachte,[176] so wurde dies durch den schnellen Zugriff des Vizekanzlers vereitelt. Die sodann vom Preußischen Staatsministerium abgesagte Besprechung lässt nur den Schluss zu, dass Frick sich gegenüber v. Papen auf die Rechtssetzungskompetenz seines Ministeriums berief und den Ehrgeiz des Vizekanzlers damit jäh stoppte.

Am 27. März traten die Entwurfsarbeiten für ein neues Beamtenrecht plötzlich in eine konkrete Phase. Der Oberregierungsrat Hanns Seel, ein älterer Nationalsozialist und seit der Machtübernahme zuständiger Sachbearbeiter für Beamtenrechtsfragen im Reichsinnenministerium,[177] unterbreitete Oskar Mulert, dem Präsidenten des Deutschen Städtetages, den Entwurf eines »Gesetzes zur Wiederherstellung des Berufsbeamtentums«, das in lapidarer Kürze bestimmte:

»Zur Wiederherstellung eines nationalen, von Parteieinflüssen freien Berufsbeamtentums und zur Vereinfachung der Verwaltung können Beamte in den Ruhestand versetzt werden, auch wenn die nach den Vorschriften der Reichs- und Landesgesetzgebung hierfür erforderlichen Voraussetzungen nicht vorliegen.«[178]

Die weiteren Vorschriften enthielten nähere Bestimmungen zur Regelung des Ruhegehalts, das gewährt werden sollte, wenn der auszuscheidende Beamte eine mindestens zehnjährige Dienstzeit nachweisen konnte. Wie Mulert weiter erfuhr, sollte das Gesetz sämtliche Beamte aller Dienstgrade in Reich, Ländern und Gemeinden umfassen. Es sollte unnötige Härten vermeiden, doch, wie Seel anfügte, bestand ein dringendes Interesse daran, schnell endgültige Verhältnisse zu schaffen«.[179]

Es ist strittig, ob das Reichinnenministerium mit diesem Entwurf auf die Vorarbeiten von Popitz zurückgegriffen oder ob Seel hier eine eigene, im Reichsinnenministerium gefertigte Arbeit vorgelegt hatte.[180]

Die zeitliche und auch inhaltliche Abfolge in der Entstehungsgeschichte des Entwurfs lässt allerdings die Vermutung zu, dass das Reichsinnenministerium den ihm am 25. März von v. Papen zugesandten Entwurf allenfalls geringfügig geändert und als Grundlage der eigenen Arbeiten übernommen hatte.[181]

Rückblickend stellt sich jener Entwurf, der am 27. März Mulert vorgelegen hatte, als ein zwar hartes, aber weitaus weniger anfechtbares Instrument dar, als das spätere Gesetz vom 7. April 1933. Seine Realisierung hätte bedeutet, dass nach einem befristeten, außerordentlichen Eingriff in das bestehende Beamtenrecht einheitliche Rechtsverhältnisse geschaffen worden wären. Den im Amt verbliebenen Beamten hätten wieder die Garantien ihrer besonderen Stellung im Staat zugestanden, die ausgeschiedenen Beamten wären auf Grund der Generalklausel in den Ruhestand versetzt worden, was persönliche Diffamierungen, einen umfangreichen Verwaltungsaufwand und zahlreiche rechtliche Zweifelsfragen ausgeschlossen hätte.[182]

Die Verwirklichung des Popitz-Entwurfes scheiterte jedoch an Ereignissen, die außerhalb des Einflussbereiches der Ministerien lagen. Noch am 28. März rechnete Mulert nicht mit einer schnellen Verabschiedung des Gesetzentwurfes; in einer Ausschusssitzung des Deutschen Städtetages kündigte er vertraulich eine für die nächsten Wochen zu erwartende reichsgesetzliche Regelung zur Beendigung des Beamtenverhältnisses an.[183] Schon zu diesem Zeitpunkt begannen sich andere Perspektiven abzuzeichnen.

Am 26. März rief Hitler seinen Propagandaminister nach Berchtesgaden und besprach mit Goebbels Gegenmaßnahmen gegen die angebliche »jüdische Greuelpropaganda«. Nach einem weiteren, telefonischen Gespräch am 28. März begann dann Goebbels den Propagandaapparat der Partei auf einen Boykott des deutschen Judentums anzusetzen.[184] Im Gefolge der hemmungslosen Schmähungen und Verdächtigungen entlud sich wiederum eine Welle provozierter und organisierter Gewaltakte.[185] Sofort nach dem Gespräch Hitler–Goebbels verbreiteten »unterrichtete Kreise«, dass »die nationalsozialistische Bewegung schon in den nächsten Tagen zu schärfsten gesetzmäßigen Maßnahmen greifen werde, um damit die intellektuellen Urheber und Nutznießer dieser landesverräterischen Hetze zu treffen«.[186] Dies war, deutlich genug, ein Signal an die Reichsregierung, ihre bislang geübte Zurückhaltung in der Judenfrage aufzugeben. Die um die Wende von März zu April sichtbar werdende Taktik, erst eine »Situation« herbeizuführen, um diese sodann zur Auslösung und Rechtfertigung antijüdischer Maßnamen zu benutzen, ist für spätere Aktionen beispielhaft geworden. Inwiefern Hitler und Goebbels mit dem Judenboykott des 1. April weitergehende Ziele verfolgten, ob diese abgesprochen und zeitlich abgestimmt waren, lässt sich nach der Quellenlage nicht beantworten. Doch konnten sie zumindest erwarten, dass die Eigengesetzlichkeit eines derart organisierten Boykotts nicht bei der Abwehr der »Greuelhetze« endete. Kaum waren also die gegebenen Stichworte gefallen, begannen die erwarteten Ausschreitungen und vernahm man die allseits bekannten Forderungen. Am 29. März übersandte der Geschäftsführer der nationalsozialistischen Reichstagsfraktion, Hans Fabricius, dem Staatssekretär Pfundtner aus dem Reichsinnenministerium einen »Gesetzentwurf zum Schutz der wohlerworbenen Beamtenrechte und gegen Ämterjägerei«, der nach den Worten Fabricius' »eine wirklich radikale Säuberung und Neugestaltung des Beamtenkörpers« bringen sollte.[187] Am gleichen Tag setzte die Reichsleitung der NSDAP die Reichskanzlei über ihre Vorarbeiten in Kenntnis.[188] Am 1. April reagierte dann endlich ein Reichsminister im erwarteten Sinn: Frick kündigte an, »daß Deutschland künftig nur mehr von Deutschen regiert werden darf«.[189]

Mit einiger Wahrscheinlichkeit hatte Hitler sich am 31. März oder 1. April persönlich in die laufenden Vorarbeiten zum Beamtengesetz eingeschaltet und Forderungen auf das Ausscheiden aller jüdischen Beamten angemeldet.[190]

Eine derartige Regelung bedingte indessen notwendigerweise die Fassung eines schwerfälligeren Gesetzestextes, da im Gegensatz zum ursprünglichen Entwurf die Beamtengruppen, die man treffen wollte, selbst genau bezeichnet und umschrieben werden mussten.[191] Da man neben den Juden – die man allerdings in erster Linie zu treffen wünschte[192] – auch weitere »politisch Unzuverlässige« beseitigt haben wollte, musste dies auf dem Weg der Aufzählung der betroffenen Gruppen geschehen.[193] Der Entwurf von Popitz, wie er noch am 28. März vorgelegen hatte, musste damit bis zur Unkenntlichkeit abgeändert werden; doch Frick, Göring, Schwerin v. Krosigk, Schlegelberger und Popitz, die als »Fünfer-Ausschuss« den Entwurf offenbar durchberieten,[194] nahmen die hierdurch entstehenden Nachteile in Kauf. Widerstand erhob sich von anderer Seite. Noch einmal versuchte das Zentrum, sich früheren Versprechungen Hitlers zu versichern und opponierte gegen die durchgreifenden Bestimmungen des Gesetzentwurfes, zu jener Zeit aber bereits ohne sichtbaren Erfolg.[195] Nun schaltete sich aber nochmals Hindenburg ein, der bereits am 31. März Bedenken gegen den Boykott geäußert hatte.[196] In einem Schreiben an den Reichskanzler vom 4. April hielt er das Ausmaß der gegen die jüdischen Beamten ergriffenen Maßnahmen nicht für vertretbar und drang darauf, wenigstens Ausnahmeregelungen für jüdische Frontkämpfer zu schaffen.[197] Hitler entsprach diesem Wunsch; und bereits am 6. April konnte Frick Lammers bitten, den »Gesetzentwurf zur Wiederherstellung des Berufsbeamtentums« auf die Tagesordnung der nächsten Kabinettssitzung zu setzen.[198] Die Eile, mit der man das Gesetz verabschiedete,[199] erklärt die dilettantische Hast, mit der die gesetzlichen Bestimmungen zusammengestellt wurden. Statt der beabsichtigten Konsolidierung des Berufsbeamtentums bewirkten die einzelnen Bestimmungen des Gesetzes über Jahre hinaus eine stete Beunruhigung der Beamten. Auch die zahlreichen Änderungsgesetze, Durchführungs- und Ausführungsbestimmungen, die in der Folgezeit ergingen,[200] waren wenig geeignet, den Ruf des Gesetzes als »Grundpfeiler einer neuen Verfassung«[201] zu untermauern.

In seinen Auswirkungen kam das Gesetz zur Wiederherstellung des Berufsbeamtentums (GWBB) – allein der Name ist eine zynische Umkehrung des eigentlichen Sachverhalts[202] – einer Diskriminierung der ausscheidenden Beamten sehr nahe.[203] Es bestimmte sowohl die einzelnen Gruppen, die entfernt, sowie die Mittel, die hierbei angewendet werden sollten. § 2 betraf die »Parteibuchbeamten«, § 3 eliminierte die Beamten jüdischer Abstammung und § 4 allgemein Beamte, die man als »politisch unzuverlässig« einstufte. Die §§ 5 und 6 setzten Eventualmaßnahmen gegen alle Gruppen von Beamten fest, die entweder Versetzung in ein geringeres Amt oder vorzeitige Pensionierung zu vergegenwärtigen hatten. Von der unter § 3 fallenden Personengruppe waren, entsprechend den Wünschen Hindenburgs, diejenigen ausgenommen, die bereits seit dem 1. August 1914 Beamte gewesen waren, die im Weltkrieg an der Front für das Deutsche Reich oder seine Verbündeten gekämpft hatten oder deren Väter und Söhne im Weltkrieg gefallen waren. Dennoch erfüllte das Gesetz die Wünsche der NSDAP nur sehr unvollkommen, da die Anzahl der unter die Ausnahmebestimmungen fallenden Beamten weitaus größer war, als man sich das in nationalsozialistischen Kreisen denken konnte.[204]

Die Bedeutung des Gesetzes liegt aber darin, dass es im Sinne einer Zäsur den Anfangspunkt eines neuartigen politischen Verständnisses hinsichtlich der gesetzlichen Behandlung von Minderheitsgruppen markierte und ein Signal setzte, das von keinem der Betroffenen übersehen werden konnte.[205]

3. Die legislatorische Ausschaltung im Gefolge der Machtergreifung

Noch vor Erlass des Berufsbeamtengesetzes vom 7. April waren einige Länder dazu übergegangen, antisemitische Parolen gesetzlich zu normieren. Eine besonders wirksame Programmforderung völkischer Gruppierungen betraf die rituelle Schlachtung bei den Juden, das Schächten.[206] Es wurde von Sachsen am 22. März untersagt.[207] Thüringen, längst schon fest auf nationalsozialistischem Kurs, entzog jüdischen Schulkindern die Geschwisterermäßigung.[208] Diese wenigstens noch gesetzesförmigen Regelungen wurden jedoch überdeckt von einer über das Reich flutenden Welle illegaler Maßnahmen, die vom Berufsverbot über Diskriminierungen bis hin zu körperlichen Misshandlungen reichten.[209]

Die weithin chaotischen Zustände, die bereits den Vorwand zu einer nationalsozialistischen Regelung der Beamtenfrage geliefert hatten, boten eine ebenso günstige Gelegenheit, weitere Pläne und Forderungen gesetzlich zu fixieren. Auch die jüdischen Rechtsanwälte wurden in die Ausschaltungsbestrebungen einbezogen. Auf Vortrag des Staatssekretärs im Reichsjustizministerium, Franz Schlegelberger, hatte Hitler angewiesen, zunächst nur die Regelung neuer Zulassungen in Angriff zu nehmen.[210] Die Maßnahmen Kerrls und Franks vom Abend des 31. März und die nachfolgenden Vorgriffe weiterer Länder stellten das Reichsjustizministerium indessen vor eine völlig neue Rechtslage. Schlegelberger wusste sich dieser Übergriffe nur zu erwehren, indem er Hitler am 3. April »eine beschleunigte, einheitliche reichsrechtliche Regelung dieser Frage« vorschlug. Er teilte dem Reichskanzler weiter mit, dass er nach »Ablauf des für die Boykottfrage wichtigen Mittwoch dieser Woche[211] die Frage der Behandlung der jüdischen Rechtsanwälte zum Gegenstand einer Aussprache mit den Landesjustizverwaltungen« machen wolle, wenn ihm Hitler mitteilte, dass »dieses Vorgehen sich zeitlich oder sachlich ... in den Rahmen der ... in Aussicht genommenen allgemeinen politischen Maßnahmen einfügen sollte«.[212] Nachdem Hitler sein Placet gegeben hatte,[213] informierte Schlegelberger das Reichskabinett am 4. April und berief die Vertreter der Landesjustizverwaltungen zu einer Konferenz auf Freitag, den 7. April.[214] Bis dahin erarbeitete das Reichsjustizministerium einen Gesetzentwurf über das »Ausscheiden der jüdischen Rechtsanwälte aus der Rechtsanwaltschaft«, der sich eng an die entsprechenden Bestimmungen des Beamtengesetzes anlehnte. Dieser Entwurf stieß indessen auf den schroffen Widerstand einiger Landesjustizminister, die in der von Schlegelberger einberufenen Konferenz am 7. April dem Reichsjustizminister Gürtner offen mit Terroraktionen drohten, falls dieser Entwurf verabschiedet würde[215] und ihrerseits einen Gesetzantrag vorlegten, der allerdings weit über den Bereich des Justizressorts hinausging.[216] Hitler machte sich in der am Nachmittag des 7. April stattfindenden Ministerbesprechung jedoch die Auffassung Gürtners zu eigen und hielt daran fest, »daß man im Augenblick nach seiner Meinung nur das Notwendige regeln solle«.[217] Das Reichskabinett einigte sich daraufhin auf die von Gürtner vorgetragenen Grundsätze des Entwurfs:

a) Das Gesetz soll nur für Rechtsanwälte, nicht auch für Ärzte, Apotheker usw. gelten.
b) Das Gesetz soll zeitlich befristet werden.
c) Das Gesetz soll in den Grundzügen dem GWBB angepaßt werden.
d) Von der Einführung des numerus clausus für Rechtsanwälte wird vorläufig Abstand genommen.[218]
e) Die Zulassung zur Rechtsanwaltschaft kann auch bei nichtjüdischen Rechtsanwälten zurückgenommen werden, wenn diese sich kommunistisch betätigt haben.[219]

In dieser Form wurde das »Gesetz über die Zulassung zur Rechtsanwaltschaft« von Hitler noch am 7. April ausgefertigt und am 11. April verkündet.[220]

Jene, die Beamten und Rechtsanwälte betreffenden Gesetze, blieben in ihren Auswirkungen allerdings weit hinter dem zurück, was Kerrl und Frank für ihre Verwaltungsbereiche angeordnet hatten. Hieraus erklärt sich auch der teilweise offene Widerstand einiger Landesjustizminister. Unbekümmert um die eindeutigen reichsrechtlichen Regelungen verfolgte Kerrl seine eigenmächtige Ausschaltungspolitik weiter. Am 18. April verfügte er die Nichtbeförderung von Beamten, sofern sie Juden waren.[221] Am 28. April wiederholte er das Verbot der Ernennung jüdischer Gerichtsreferendare zu Assessoren.[222] Erst am 23. Mai 1933 nahm Kerrl das nun geltende Reichsrecht offiziell zur Kenntnis und wies seine Justizbehörden an, die Beurlaubung jüdischer Altbeamter oder Frontkämpfer aufzuheben.[223] Diesem Zugeständnis folgten auf dem Fuß Maßnahmen, die wenigstens den Tätigkeitsbereich der im Amt verbliebenen Beamten und Anwälte einengen sollten. Durch Erlass vom 31. Mai 1933 wurden jüdische Richter, die mit Straf- und Verwaltungssachen beschäftigt waren, den Zivilkammern zugewiesen;[224] auch durften zugelassene jüdische Rechtsanwälte hinfort nicht im Armenrecht beigeordnet oder als Pflichtverteidiger bestellt werden.[225]

Schon an diesen wenigen Beispielen wird erkennbar, dass die Reichsgewalt in der Judenfrage gegenüber offensichtlich illegalen Maßnahmen einzelner Machtträger kaum etwas ausrichten konnte und diese in ihrem Hoheitsbereich nahezu unumschränkt ihre eigene Judenpolitik betreiben konnten. Dies ging so weit, daß auch Äußerungen des Reichskanzlers von Ressortchefs stillschweigend übergangen wurden. Noch am 7. April hatte Hitler vor dem Kabinett eine gesetzliche Regelung der Ärztefrage nicht für notwendig erachtet, ehe nicht in dieser Hinsicht eine umfassende Aufklärungsarbeit eingesetzt habe.[226] Durch Verordnung vom 22. April 1933 griff Reichsarbeitsminister Seldte dieser Aufklärungsarbeit jedoch vor und unterband die Tätigkeit jüdischer Ärzte bei den Krankenkassen, sofern nicht die Ausnahmebestimmungen des GWBB auf sie Anwendung fanden.[227] Im Juni 1933 wurden diese Vorschriften dann auch auf Zahnärzte und Zahntechniker ausgeweitet.[228] Einschränkend muss jedoch bemerkt werden, daß Seldte weniger spontan handelte als Kerrl, da die von ihm reichseinheitlich getroffenen Regelungen in weiten Teilen des Reiches bereits praktiziert wurden.[229] Dies weist auf ein dem nationalsozialistischen Herrschaftssystems eigentümliches revolutionäres Merkmal hin, fassbar mit der Formel der »justificatio post eventum«: Durch die stetigen, von den Parteistellen verursachten Bewegungsvorgänge rechtsdurchbrechenden Charakters ergab sich der Zwang, den bestehenden Faktizitäten nachträglich die legalisierende Sanktion zu erteilen. Dieses Spezifikum des Nationalsozialismus, das später insbesondere in der Judengesetzgebung perfektioniert wurde, war in der Machtergreifungsphase ein noch ungelenker Vorgang. Was sich nach der Konsolidierung des Systems als straff organisierte, nach vorgeplantem Schema ablaufende »Aktion« darstellte, zeigte sich in den ersten Monaten des Jahres 1933 noch als ein auf verschiedenen Ebenen unterschiedlicher Intensität ablaufender Mechanismus zur Durchsetzung der unterschiedlichsten Forderungen und Ansprüche. Das vielfach uneinheitliche Bild der sich überschneidenden und wechselseitig bedingenden Vorgänge prägte den Prozess, der mit dem Begriff »Judenpolitik« nur oberflächlich gekennzeichnet wird. Weder waren die Ausschaltungsforderungen noch die nachfolgenden Maßnahmen systematisch geplant und in einen logischen Ablauf gebracht. So war das Berufsbeamtengesetz kein Korrektiv zum Gesetz über die Rechtsanwaltschaft. Beide waren Resultate unterschiedlicher Entwicklungen und Eingriffe. Gemeinsam war beiden Gesetzen nur ihre Entstehung auf Grund einer Ausnahmesituation. Dass von einer Planung »von oben« nicht die Rede sein kann, dass vielmehr bestimmte Regelungen nahezu zwangsläufig dem parteilich gelenkten Druck der Straße folgten, zeigt unter anderem auch die Entstehung des Gesetzes gegen die Überfüllung deutscher Schulen und Hochschulen. Bereits 1932 befürchteten die Schulbehörden der Länder durch die Auswirkungen der Weltwirtschaftskrise die Gefahr eines »akademischen Proletariats«, dem man in Preußen durch eine Zulassungssperre für die Universitäten zuvorkommen wollte.[230] Eine derartige Regelung befürwortete auch der äußerst aktive »Nationalsozialistische Deutsche Studentenbund«, der allerdings ein diesbezügliches Zulassungsverbot auf Nichtdeutsche und Juden beschränkt wissen wollte.[231]

Der Eintritt der NSDAP in die Regierung brachte diese Forderung der Verwirklichung näher. Am 12. Februar deutete Bernhard Rust, Kommissar für das preußische Ministerium für Wissenschaft und Unterricht, die ersten Umrisse nationalsozialistischer Schulpolitik an, als er auf einer Wahlrede ausführte, »daß er alles das, was dort (die deutschen Schulen, d. Verf.) nicht hingehöre und undeutsch sei, abschneiden werde, mit aller Brutalität der Pflicht«.[232] Ehe jedoch Rust Zeit zu gesetzlichen Maßnahmen fand, waren in vielen Ländern und Gemeinden bereits vollendete Tatsachen geschaffen.[233] Nach dem 1. April erhob sich zudem zusehends lauter die Forderung, den Anteil der jüdischen Studierenden auf ein Prozent an der Gesamtzahl aller Studenten zu beschränken. Einzelne Länder gingen dazu über, von einzelnen besonders häufig gewählten Studienrichtungen die jüdischen Studenten generell auszuschließen.[234]

Die Rechtslage auf dem Gebiet des Unterrichtswesens bot während der ersten Aprilwochen innerhalb der Gemeinden eines Landes ein höchst unterschiedliches Bild. Um den regellos gewordenen Zustand zu vereinheitlichen, griff das Reichsinnenministerium zu dem nun schon bewährten Mittel, durch eine Rechtsvorschrift die entstandene Situation zu sanktionieren.[235] Bezeichnenderweise lautete der am 11. April vorgelegte Entwurf »Gesetz gegen die Überfremdung deutscher Schulen und Hochschulen«.[236] Da man vergessen hatte, im Gesetzestext die Ausnahmebestimmungen des GWBB zu berücksichtigen, schob das Reichsinnenministerium am 18. April einen diesbezüglichen Änderungsentwurf nach,[237] in dem die Definition des »Nichtariers« vom GWBB übernommen worden war.[238] Dieser Entwurf fand aber nicht die Billigung der Kabinettsmehrheit, so dass er wiederum durch einen Entwurf vom 21. April ersetzt wurde.[239] Doch auch dagegen erhoben sich grundsätzliche Bedenken, die Reichsaußenminister v. Neurath darlegte: Das Gesetz verstieß in der vorliegenden Form gegen das Genfer deutsch-polnische Abkommen vom 15. Mai 1922,[240] da es eine unterschiedliche Behandlung von Volksgruppen enthielt und somit auf das Gebiet Oberschlesiens keine Anwendung finden durfte. Neurath warnte zudem vor der Reaktion anderer Staaten, deren Minderheitenpolitik sich nach Erlass eines derartigen Gesetzes insbesondere gegen Deutsche verhärten könne.[241]

Als am 25. April endlich die Beschlussfassung des Gesetzes im Kabinett anstand, erhoben sich dort weitere Bedenken. Papen wünschte nicht, das Ausland auf die beabsichtigte Ausnahmebehandlung der Juden aufmerksam zu machen und hielt entsprechende Anweisungen an die Länder für ausreichend. Schwerin v. Krosigk hingegen »bat dringend«, die Kinder aus »halbarischen« Ehen, die vor Inkrafttreten des Gesetzes geschlossen waren, bevorzugt zu behandeln.[242] Die Einwendungen Neuraths und Krosigks wurden berücksichtigt, und Hitler beeilte sich, das kurzfristig umgearbeitete Gesetz noch am 25. April auszufertigen.[243]

Wenn auch die Endfassung des Gesetzes statt des Ausdrucks »Überfremdung« den der »Überfüllung« im Namen führte und ein schwacher, doch spürbarer Widerstand der konservativen Kabinettsmitglieder nicht geleugnet werden kann, so war das Gesetz in seinen rechtlichen Auswirkungen ein klarer Sieg der Nationalsozialisten. Jüdische Schüler oder Studierende durften hinfort an keiner Schule stärker als bis 5 v. H. vertreten sein und 1,5 v. H. an der Gesamtzahl der Schüler und Studenten nicht übersteigen.[244]

Infolge der weit gespannten Ausnahmebestimmungen erschien das Gesetz gegen die Überfüllung deutscher Schulen und Hochschulen jedoch ergänzungsbedürftig. Der preußische Kultusminister Rust wusste es entgegen den Bestimmungen insofern zu verschärfen, als er anordnete, geeigneten Kindern arischer Abstammung beim Besuch einer höheren oder mittleren Lehranstalt den Vorzug zu geben, »selbst dann, wenn die Zahl der zur Aufnahme kommenden Nichtarier hinter der Verhältniszahl zurückbleiben sollte«.[245] Derartige Praktiken, mittels interministerieller Anordnungen gesetzliche Vorschriften zu unterlaufen, wurden auf vielen Gebieten, insbesondere der Judengesetzgebung, zur Regel. Die Länder nahmen sich immer häufiger die Freiheit, reichsrechtliche Normen nach eigenem Gutdünken zu interpretieren. Hierbei konnte es nicht ausbleiben, dass die reichsrechtlichen Vorschriften, die ja auch unter dem Gesichtspunkt der Rechtseinheitlichkeit erlassen worden waren, sehr früh dieser Aufgabe verlustig gingen. Dies beweist die unterschiedliche Handhabung des GWBB, das von Reichs- und Landesbehörden nach billigem Ermessen ausgelegt wurde.[246] Ebenso willkürlich wurden die Bestimmungen des Gesetzes über die Zulassung zur Rechtsanwaltschaft angewendet. Nicht nur das preußische Justizministerium versuchte lange Zeit, die Vorschriften dieses Gesetzes zu umgehen; auch in Thüringen verfälschte man den Sinngehalt der Bestimmungen. Während nach dem Gesetz die Entziehung der Zulassung zur Rechtsanwaltschaft bis zum 30. September 1933 zurückgenommen werden konnte [§ 1], verfügte Thüringen den generellen Verlust der Zulassung für nichtarische Anwälte bis zum 31. Oktober 1933.[247]

Auch auf weiteren Gebieten bestand über die Rechtsstellung der jüdischen Bürger eine höchst unterschiedliche Auffassung. Während Bayern das Ehrenamt im Schiedsgerichtswesen für nichtarische Personen verneinte,[248] hatte Preußen gegen die Entsendung eines jüdischen Ehrenbeamten in die Jugendämter nichts einzuwenden.[249]

II. Kapitel: Die Zeit des Übergangs

A. Die Weiterführung der Ausschaltungspolitik

1. Die Einengung des jüdischen Lebensbereiches

Mit den Gesetzen vom April 1933 hatte der Nationalsozialismus zwar Teile seines Programms erfüllt und damit die erste Welle der anti-jüdischen Maßnahmengesetze abgeschlossen; die Auswirkungen dieser Gesetze waren indessen höchst unterschiedlich. Mit Ausnahme der Beamten, Anwälte und Ärzte war das deutsche Judentum in seiner Mehrheit noch nicht unmittelbar dem Druck von Ausnahmevorschriften ausgeliefert.

Die zweite Welle der »völkischen Gesetzgebung« baute auf den ersten Maßnahmen auf und regelte Zulassungen zum Beruf und zur Ausbildung, so dass binnen kurzer Zeit wohl jede jüdische Familie Deutschlands direkt oder indirekt davon betroffen wurde.

Welche geringfügigen Anstöße zum Erlass einer Ausnahmeregelung ausreichten und wie stark berufsständische Interessen hierbei beteiligt waren,[1] zeigt das Beispiel der jüdischen Patentanwälte. Der »Verband deutscher Patent- und Zivilingenieure« lag in einem Rechtsstreit mit dem »Verband der Patentanwälte Deutschlands« gegen den er vor dem Reichsgericht einen Prozess verloren hatte, wobei ihm untersagt worden war, seinen Mitgliedern die missverständliche Berufsbezeichnung »Patentagent« zu verleihen. Die Patentingenieure sahen offenbar in der Judenpolitik der neuen Regierung ein geeignetes Mittel, um doch noch zu ihrem Ziel zu gelangen. Am 30. März beklagte sich der Verband bei dem Kommissar für das preußische Justizministerium über den Prozess, dessen Ausgang »der stark jüdisch durchsetzten Patentanwaltschaft« zugeschoben wurde, die mit allen Mitteln die Niederlage des Verbandes der Patentingenieure betrieben habe.[2] Kerrl wurde daraufhin aktiv und konnte die Reichsregierung zu einem »Gesetz betreffend die Zulassung zur Rechtsanwaltschaft und zur Patentanwaltschaft« bewegen,[3] das am 22. April 1933 von Hitler gezeichnet wurde.[4]

Eine von den bisherigen Gesetzen abweichende Regelung traf im Mai 1933 die jüdischen Steuerberater. Nachdem sie bereits am 6. April 1933 durch einen Erlass des Reichsfinanzministers ihre Zulassungen verloren hatten,[5] wurde dieses ungesetzliche Vorgehen legalisiert, wobei das »Gesetz über die Zulassung von Steuerberatern« vom 6. Mai 1933 eine

Ausnahmegenehmigung für altgediente Angehörige des Berufes und Frontkämpfer nicht kannte.[6]

Besonderer Wert wurde auf die Entfernung der Juden aus allen Ehrenämtern gelegt, wobei man mit dem subtilen Kunstgriff der Auflösung und anschließenden Neubesetzung bis Ende Mai alle derartigen Stellen »judenrein« machte.[7]

Wegweisend für eine Reihe unübersehbarer Folgebestimmungen wurde dann das »Gesetz zur Änderung von Vorschriften auf dem Gebiet des allgemeinen Beamten-, Besoldungs- und Versorgungsrechts« vom 30. Juni 1933.[8] Es brachte eine Vielzahl von Änderungen des Reichsbeamtenrechts im Sinne einer Vereinheitlichung und Zusammenfassung der geltenden Rechtsvorschriften. Zusätzlich verschärfte es die Rassengesetzgebung, indem nun die Berufung in das Beamtenverhältnis auch von der »arischen Abstammung« des Ehepartners abhängig gemacht wurde.

Ansonsten kann von einem einheitlichen Vorgehen in der Judenpolitik kaum gesprochen werden. Je nach dem Grad der rassenpolitischen Überzeugung griffen sich einzelne Landesregierungen oder einige Landesminister dieses oder jenes regelungsbedürftige Gebiet heraus und passten es durch entsprechende Bestimmungen der ideologischen Grundrichtung an. So schöpfte der preußische Kultusminister rigoros alle ihm zur Verfügung stehenden Möglichkeiten aus, um die Ausbildung des jüdischen akademischen Nachwuchses zu verhindern. Hilfsbedürftige jüdische Schulamtsbewerber erhielten keine Zuschüsse mehr,[9] die Zulassung jüdischer Nichtschüler an den Reifeprüfungen wurde untersagt.[10] Die Erteilung von Unterrichtserlaubnisscheinen und Privatschulkonzessionen war von der arischen Abstammung abhängig;[11] die Aufnahme von »Nichtariern« an die preußischen Hochschulen für Lehrerbildung, sowie in die Wohlfahrtsschulen und sozialpädagogischen Seminare wurde verboten.[12] Diese berufliche und soziale Schlechterstellung – der Reichsfinanzminister hatte bereits verfügt, dass an jüdische Heiratswillige ein Ehestandsdarlehen nicht mehr vergeben werde durfte[13] – wurde auf allen Ebenen vervollkommnet. Während Reichsjustizminister Gürtner im Oktober 1933 den beachtenswerten Versuch unternommen hatte, sogar rechtssatzförmig auf die Beendigung aller Maßnahmen gegen jüdische Juristen hinzuwirken,[14] setzten einzelne Länder ihre Ausschaltungspolitik ungehemmt fort. Sachsen machte darauf aufmerksam, dass zwischen einem »jüdischen« Armenanwalt und der »arischen« Prozesspartei ein Vertrauensverhältnis nicht erwartet werden könne.[15] Dieser sublime Versuch, den jüdischen Anwalt beruflich zu schädigen, war in Preußen bereits unternommen worden.[16] Es wiederholte im Dezember 1933, es sei davon auszugehen, dass eine arische Partei die Beiordnung eines arischen Armenanwalts erwarte.[17] Thüringen ging im Januar 1934 auf einem Nebengebiet vor und machte die Zulassung zum Prozessagenten von der arischen Abstammung abhängig.[18] In Sachsen wurden seit Oktober 1933 Juden nicht mehr zur ersten juristischen Staatsprüfung zugelassen.[19]

Nachdem die Kompetenzen zur Rechtspflege auf das Reich übergegangen waren,[20] fasste es im Juli 1934 die landesunterschiedlichen Ausbildungsbestimmungen in der »Justizausbildungsordnung« zusammen, wobei nach dem sächsischen Vorbild »Nichtarier« von der ersten juristischen Staatsprüfung ausgeschlossen wurden.[21] Auf der Gegenseite übernahmen landesrechtliche Bestimmungen die vom Reich geregelte Berufung in den Beamtenstatus, so dass die Anstellung von Juden in den öffentlichen Dienst schlechthin unmöglich wurde.[22] Dies galt ab Februar 1934 auch für die Reichswehr, der man im Mai 1933 ausdrücklich zugestanden hatte, dass für sie die Vorschriften des GWBB nicht bindend seien.[23] Der Reichswehrminister jedoch öffnete auch das Heer den nationalsozialistischen Rassevorstellungen und schloss jüdischgläubige Soldaten vom Dienst in der Reichswehr aus.[24]

Überhaupt ist die stillschweigend gepflogene Übung zu beobachten, generalklauselartig formulierte Rechtssätze konkret und speziell zu interpretieren oder bestehende Rechtsvorschriften auf diesem Weg zu verschärfen. Dies wurde ermöglicht durch die Praxis des Gesetzgebers, seinen Willen hinter verschwommenen Gesetzesbegriffen zu verstecken, die geradezu auf eine ideologische Auslegung drängten.

So machte die »Prüfungsordnung für Ärzte, Zahnärzte und Apotheker« vom 5. April 1934[25] die Zulassung zu den Prüfungen, dem Praktikum und der Approbation allgemein von der »nationalen und moralischen Zuverlässigkeit des Antragstellers« abhängig. Thüringen legte dies dahin gehend aus, dass Juden für den Beruf des Zahntechnikers ungeeignet seien und erkannte nicht einmal die Ausnahmeregelungen des GWBB an.[26] Auch Sachsen versagte jüdischen Zahntechnikern die Anerkennung, ließ jedoch die Ausnahmen des GWBB gelten.[27] Da die reichsrechtlichen Prüfungsordnungen zum großen Teil unter rassischen Gesichtspunkten ausgelegt wurden – dies bedeutete, dass Juden zwar in gewisser Zahl studieren, aber keinen Abschluss machen konnten –, zog das Reichsinnenministerium daraus die Konsequenzen. Es stellte neue Prüfungsordnungen für Apotheker,[28] Ärzte und Zahnärzte[29] auf, die als Prüfungsvoraussetzung nun auch explizite im Gesetzestext die arische Abstammung forderten. Ähnlich verschärft wurden die Berufsmöglichkeiten der noch praktizierenden Ärzte selbst. Noch 1933 hatten die Bezirksfürsorgeverbände bei der ärztlichen Versorgung Hilfsbedürftiger nach den Grundsätzen des GWBB auch auf jüdische Ärzte zurückgegriffen;[30] im Mai 1934 indessen kamen bei der Zulassung zum Kassenarzt die Ausnahmebestimmungen des GWBB bereits in Fortfall.[31]

Auf zwei anderen Gebieten wurden von der Reichsregierung noch vor Ende 1934 klare Verhältnisse geschaffen. Da jüdische Studierende zu den akademischen Prüfungen kaum noch zugelassen wurden, bestand auch keine Veranlassung, ihnen höhere, wissenschaftliche Leistungen nachzuweisen. Die »Reichs-Habilitationsordnung« vom 13. Dezember 1934 verfügte deshalb den Nachweis der »arischen Abstammung« als Voraussetzung zur Habilitation.[32] Die »Reichs-Rechtsanwaltsordnung« vom 2. Dezember 1934 erklärte bündig das Verbot der Aufnahme jüdischer Anwälte in die Anwaltschaft und stellte klar, dass frühere Rechtsanwälte die Berufsbezeichnung Rechtsanwalt nicht mehr führen durften.[33] Besondere Bedeutung maß die neue Regierung der Presse bei, in klarer Erkenntnis, dass die »Totalität« des geplanten Staates wesentlich von der Lenkung der Meinungsbildung abhing. Schon vor der Machtergreifung hatten sich die völkischen Zeitungen mit besonderer Vorliebe der »verjudeten« Presse gewidmet.[34] Das Parteiprogramm der NSDAP hatte in dieser Richtung eindeutige Forderungen erhoben und auch Hitler hatte keinen Zweifel daran gelassen, dass eine von ihm geführte Regierung personelle Konsequenzen mit sich bringen würde.[35] Die formelle Gleichschaltung der Presse war mit der Notverordnung vom 4. Februar 1933 eingeleitet worden,[36] um die personellen Folgerungen war Hitler selbst besorgt. Sehr verklausuliert trat Ende April Lammers »im Auftrage des Herrn Reichskanzlers« an Frick heran und gab diesem »die Frage eines Gesetzes zu erwägen, durch das verboten wird, daß Ausländer als Verleger oder Schriftleiter tätig sind.«[37] Für diese Fragen war allerdings das am 13. März errichtete »Reichsministerium für Volksaufklärung und Propaganda« zuständig geworden,[38] wo man am 16. Mai Lammers mitteilte, dass man mit »möglichster Beschleunigung« zunächst die Berufstätigkeit der Journalisten und Zeitungsverleger regeln wolle.[39] Allerdings standen der Absicht des Propagandaministeriums nach einer schnellen Reglementierung der angesprochenen Berufe die traditionellen Ministerien im Wege, die nur widerwillig ihre Kompetenzen zugunsten der neuen Behörde eingeengt sehen wollten. Ehe deshalb zwischen allen beteiligten Instanzen Einigung erzielt werden konnte, hatte Goebbels bereits polypenartig sämtliche Bereiche des Kulturlebens an sich gezogen. Damit war auch auf diesem Gebiet die Vorentscheidung gefallen. Schon kurz nach der Machtübernahme war in Preußen Hans Hinkel[40] tätig geworden, der im Auftrag des Kultusministeriums die »Entjudung des deutschen Kulturlebens« in Angriff nehmen sollte. Der Arbeitsbereich Hinkels erstreckte sich auf das gesamte künstlerische Schaffen,[41] und in kurzer Zeit gelang es ihm, das Berliner Bühnenleben den »Erfordernissen der deutschen Kultur« anzupassen.[42] Die Tätigkeit Hinkels war jedoch nur ein Vorspiel zu den umfassenderen Plänen Goebbels'. Nachdem dieser seine »Filmkammer« errichtet hatte,[43] wurden alle Filmschaffenden (künstlerische und sonstige Arbeitnehmer) korporativ zusammengefasst, wobei die unbestimmten Vorschriften über die Mitgliedschaft zu dieser Kammer es völlig dem Belieben des Vorstands anheim stellte, wer als Mitglied aufgenommen werden konnte.[44] Am 15. September 1933 legte dann das Propagandaministerium die Entwürfe zu einem Reichskulturkammer- und einem Schriftleitergesetz vor.[45] Die Bedenken einiger Kabinettsmitglieder zum Reichskulturkammergesetz hatte Goebbels so weit beschwichtigt, dass das Gesetz am 22. September 1933 verabschiedet werden konnte.[46]

Kontrovers waren noch die Meinungen zum Schriftleitergesetz. Nach der Entwurfsfassung vom 15. September war beabsichtigt, die Zulassung zum Beruf des Schriftleiters von der »arischen Abstammung« des Antragstellers und seines Ehegatten abhängig zu machen. In einer Chefbesprechung[47] am 19. September erklärte sich aber Goebbels bereit, die Zulassung zum Schriftleiterberuf nach dem Vorbild des GWBB zu regeln.[48] Nach erneuten Einreden v. Papens und Fricks[49] wurde das Gesetz schließlich am 4. Oktober 1933 vom Kabinett angenommen.[50]

Mit den Gesetzen über die Reichskulturkammer und den Beruf des Schriftleiters[51] stand Goebbels ein umfassendes Instrumentarium dirigistischer Planung und Lenkung auf dem gesamten Sektor der Presse, des Schrifttums, des Theaters, des Rundfunks, der Musik und der bildenden Kunst zur Verfügung. Für jeden dieser Zweige wurden »Kammern« unter einem geschäftsführenden Präsidenten geschaffen, die wiederum der »Reichskulturkammer« und deren Präsidenten Goebbels unterstanden. Die Mitgliedschaft zu den Einzelkammern war derart unbestimmt geregelt, dass es, abgesehen vom Beruf des Schriftleiters, der allein »Ariern« vorbehalten war,[52] völlig im Belieben Goebbels' stand, wer den Kammern angehören durfte.[53] Wenn auch eine spätere Vorschrift den jüdischen Frontsoldaten »Aussicht auf Befreiung vom Erfordernis der arischen Abstammung« versprach,[54] so blieb dies ein unverbindlicher Programmsatz. Die Aufnahme in die Einzelkammern und damit die Ausübung des erlernten Berufes wurde in jedem Fall von der »erforderlichen Zuverlässigkeit und Eignung« abhängig gemacht.[55] Mit Hilfe dieser Generalklausel ließ sich jeder Antrag ohne weiteres zurückweisen. Goebbels indessen dachte pragmatisch: Zwar schaltete er auf Grund der ihm zur Verfügung stehenden Rechtsvorschriften fast alle Juden aus dem Pressewesen und den kulturellen Berufen aus, doch ließ er, besonders auf dem Gebiet des Films und des Theaters, Juden weiterarbeiten, sofern ihm dies aus künstlerischen oder geschäftlichen Gründen geraten schien.[56]

2. Die Neuregelung des Staatsangehörigkeits- und Familienrechts

Über den Maßnahmen zur Ausschaltung der Juden aus gewissen Berufen hatte man nicht die von konservativer Seite unterstützten Vorschläge vergessen, nach denen der Erwerb der Staatsangehörigkeit und die Zugehörigkeit zum Deutschtum sich nach völkischen Gesichtspunkten richten sollte. Den vorläufigen Anweisungen Fricks vom 15. März folgend,[57] arbeitete das Reichsinnenministerium den Entwurf eines »Gesetzes über Zurücknahme von Einbürgerungen« aus. Nach dem Entwurfstext sollten alle Einbürgerungen zwischen dem 9. November 1918 und dem 30. Januar 1933 widerrufen werden können, sofern sie als nicht erwünscht angesehen wurden. In einer Referentenbesprechung am 17. Mai verteidigte der Vertreter des Reichsinnenministeriums die von anderer Seite kritisierte Problematik des Entwurfs[58] mit der Begründung, »man wolle nicht etwa sämtliche Fragen einer deutsch-völkischen Gesetzgebung regeln, sondern nur die vordringlichsten Probleme, die wahrscheinlich am leichtesten geregelt werden können«.[59] Ehe der Entwurf dem Reichskabinett zur Beschlussfassung vorgelegt wurde, arbeitete das Reichsinnenministerium weitere Ergänzungen ein. So konnte Reichsangehörigen im Ausland die deutsche Staatsangehörigkeit aberkannt werden, sofern sie durch ihr Verhalten die deutschen Belange geschädigt hatten. Bei Einleitung des Aberkennungsverfahrens oder bei Nichtbefolgung der Rückkehraufforderung des Reichsinnenministers sollte das Vermögen der Betroffenen beschlagnahmt und nach Aberkennung der Staatsangehörigkeit dem Reich verfallen. Hitler erklärte bei der Beratung des Gesetzentwurfs durch das Reichskabinett am 14. Juli 1933, »daß man zu dem mit dem Gesetz beabsichtigten Schritt kommen müsse. Ihm werde stets gesagt, daß nicht für ein Vorgehen gegen die Juden schlechthin, wohl aber für ein Vorgehen gegen die Ostjuden Verständnis allgemein vorhanden sei«.[60]

Mit dieser Erklärung bewies Hitler, der die Vorlage noch am 14. Juli 1933 als Gesetz ausfertigte,[61] sein psychologisches Einfühlungsvermögen in die Haltung der konservativen Kabinettsmitglieder. Das Gesetz richtete sich dem Wortlaut nach tatsächlich nur gegen die Ostjuden, während die deutschen Juden von den Bestimmungen unmittelbar nicht getroffen wurden.[62] Mittelbar allerdings bezog es auch und gerade die jüdischgläubigen Deutschen in seine Regelungen ein, denn vergegenwärtigt man sich das Ausmaß der jüdischen Fluchtbewegung aus Deutschland,[63] so bot es eine ebenso leichte wie bequeme Handhabe, diese Flüchtigen auszubürgern und gleichzeitig ihr Vermögen einzuziehen. Zu Recht konnte deshalb Frick nach Erlass des Gesetzes darauf hinweisen, dass es den eigentlichen »Beginn und Ausgangspunkt der deutschen Rassengesetzgebung« darstellte,[64] was in der Folgezeit durch die Zahl der Ausgebürgerten nachdrücklichst unterstrichen wurde.[65]

Seinen Intentionen nach anfänglich kaum beachtet, erging auf dem Gebiet des Familienrechts am 23. November 1933 das »Gesetz gegen Mißbräuche bei der Eheschließung und der Annahme an Kindes statt«.[66] In Abänderung der entsprechenden Vorschriften des Bürgerlichen Gesetzbuches erklärte es die Nichtigkeit einer Ehe, sofern diese mit der Absicht geschlossen wurde, der Frau die Führung eines anderen Familiennamens zu ermöglichen.[67] Die Annahme an Kindes statt wurde untersagt, wenn wichtige Gründe gegen die Herstellung eines Familienbandes zwischen den Vertragschließenden sprachen.[68]

Der Zweck des Gesetzes lag in dem Bemühen, innerhalb familiärer Bindungen den »Arier« vom »Nichtarier« zu separieren; es ermöglichte die Diffamierung des Judentums auf der Ebene der persönlichen Glaubwürdigkeit und Zuverlässigkeit,[69] indem es die Herstellung neuer Familienbande durch Adoption untersagte[70] und versuchte darüber hinaus, dem »arischen« Ehepartner durch die Bestimmungen des Gesetzes ein Mittel in die Hand zu spielen, mit dessen Hilfe er sich von seinem »nichtarischen« Ehepartner lösen sollte.[71] Der Versuch, dem nationalsozialistischen Dogma von der »Blutreinheit« der Eheleute mit diesem Gesetz zum Durchbruch zu verhelfen, scheiterte jedoch an seinen unzureichenden Vorschriften, deren Wortlaut auch die Gerichte zwang, allzu hemmungslose Scheidungsbegehren zurückzuweisen. Dies hinwiederum führte zu erbitterter Urteilsschelte der Rechtswahrer[72] und ließ erahnen, dass der Nationalsozialismus das Problem der Rassenmischehe nicht eher aufgeben würde, als bis es im Sinn der überzeugten Rassefanatiker entschieden war.

B. Staatspolitische Rücksichten

1. Die Zurückstellung weiterer Ausschaltungspläne

Die Ausschaltung des deutschen Judentums sollte offenbar noch während des Jahres 1933 zu einem für die neue Regierung befriedigenden Ende gebracht werden. Am 4. Juli machte Staatssekretär Pfundtner die Öffentlichkeit mit weiteren, in Vorbereitung befindlichen Gesetzen vertraut, die, wenn sie auch große Härten mit sich brächten, unbedingt durchgeführt werden würden.[73] Er verwies auf ein neues Reichsangehörigkeitsgesetz, welches an Stelle der mannigfaltigen deutschen Staatsangehörigkeiten eine einheitliche Reichsangehörigkeit bringen und überdies Unterscheidungen innerhalb der Reichsangehörigkeit treffen sollte, »je nachdem der Reichsangehörige deutschen oder fremden Blutes war«.

Das »Reichsvolk« des neuen Staates sollten nur die Reichsangehörigen »deutschen Blutes« bilden. Nur der »deutschgeborene« Reichsbürger sollte das Reichsbürgerrecht erhalten, das er sich durch besonderen Dienst am deutschen Volk zu erdienen hatte. Weiter, so führte Pfundtner aus, seien Gesetze über die Erbgesundheit des deutschen Volkes und über die Sterilisierung von Erbkranken in Vorbereitung.

Wirklich erging am 14. Juli 1933 das »Gesetz zur Verhütung erbkranken Nachwuchses«,[74] das in letzter Konsequenz hin zur Euthanasie führen sollte.[75] Eine Anweisung Fricks an die Landesregierungen, im Zuge der beabsichtigten Gesetze über die Reichsangehörigkeit und das Reichsbürgerrecht die Sicherung und Auswertung aller Personenstandsurkunden voran zu treiben,[76] ließ vermuten, dass die von Pfundtner angekündigten neuen Gesetze unmittelbar bevorstanden. Dennoch ist es zu einem rassisch fundierten Staatsangehörigkeitsgesetz in den folgenden zwei Jahren nicht gekommen. Die Motive, die zur Rückstellung der angekündigten Gesetze führten, können nur vermutet werden. In erster Linie mögen wirtschaftliche Überlegungen ausschlaggebend gewesen sein. So kann es kaum zufällig genannt werden, dass mit dem Stopp der antisemitischen Maßnahmen auf dem Wirtschaftssektor auch die Pläne einer doppelwertigen Staatsangehörigkeit verschwanden.[77] Zum anderen hatte sich auch seitens der konservativen Kabinettsmitglieder der Widerstand gegen die Ausuferung der Judengesetzgebung versteift;[78] und schließlich schien die rechtliche Klärung eines derart unbestimmten Begriffes wie »Rasse« dem Reichsinnenministerium nicht unerhebliche Schwierigkeiten zu bereiten, denen die Ministerialbürokratie bei dem vielschichtigen Rechtsproblem der Staatsangehörigkeit gern aus dem Weg ging.[79]

Auch der im März 1933 unternommene Vorstoß, jüdische Namensänderungen rückgängig zu machen bzw. zu verhindern,[80] verfiel im Sommer 1933 der Ablehnung. Obwohl das preußische Innenministerium am 6. Juni beim Reichsinnenminister ein entsprechendes Gesetz anregte und mit derartigen Plänen auch an die Öffentlichkeit trat,[81] reagierte das Reich nicht. Preußen begnügte sich mit einer landesgesetzlichen Regelung, wonach Anträgen von Personen nichtarischer Abstammung auf Änderung des Familiennamens nicht entsprochen werden durfte.[82]

In unmittelbarem Zusammenhang mit den Bestrebungen des Reichsinnenministeriums nach einem umfassenden Ausnahmerecht für die Juden sind die Pläne zu sehen, die man im preußischen Justizministerium zu einem »nationalsozialistischen Strafrecht« zusammenstellte.[83] Was Pfundtner am 4. Juli 1933 als neue und wichtige Gesetze angekündigt hatte, umfasste auch solche, die der »Reinerhaltung des deutschen Blutes« dienen sollten.[84] Die strafrechtlichen Sanktionen gegen die Übertretung jener Rassevorschriften formulierte das Ministerium Kerrls und

Freislers: Rasse und Volkstum[85] sollten hinfort dem Schutz der strafrechtlichen Ordnung unterliegen. Gemäß der Forderung des Parteiprogramms
war demnach ein Verbot der Vermischung Deutscher mit Angehörigen
fremder Blutsgemeinschaften unter Strafe zu stellen. Jede geschlechtliche
Vereinigung zwischen Deutschen und »Fremdrassigen« sollte als »Rasse-
verrat« gelten, jede Gefährdung der »Rasse« geahndet werden.[86]

Die Gründe, die sich den Entwürfen des Reichsinnenministeriums
entgegenstellten, verhinderten offensichtlich auch eine schnelle Verwirklichung dieser strafrechtlichen Überlegungen.[87] Sie gerieten indessen
ebenso wenig in Vergessenheit, wie die von Pfundtner angekündigten
Rassengesetze.

2. Die Priorität der wirtschaftlichen Konsolidierung

Wenn sich in den bewegten Wochen nach der Machtübernahme neben
den allgemeinen Angriffen gegen die Juden ein bestimmter Schwerpunkt
benennen lässt, so ist eindeutig auf die wirtschaftliche Ebene zu verweisen. Die Überrepräsentation der Schichten des bürgerlichen Mittelstandes in der NSDAP erzeugte eine spezifische Form des Antisemitismus, die
als »wirtschaftlicher Judenhaß« weit zurückreichte[88] und im Nationalsozialismus ihre letzten Ausprägungen erhalten hatte. Konkurrenzneid,
Hilflosigkeit, Selbsttäuschung und mancher unverschuldete Schicksals-
schlag mag grob die Beweggründe skizzieren, die viele in die Reihen der
NSDAP trieb, von deren Programm sie für sich selbst Besserung der
eigenen wirtschaftlichen Lage erhofften. Der von Habgier bestimmte
Pragmatismus derjenigen, die von den wirtschaftlichen Punkten des
Parteiprogramms Remedur ihrer verschuldeten oder unverschuldeten
Lage erwarteten, machte diese Spielart des Antisemitismus so gefährlich
und gab ihr gleichzeitig jenen Zug ins primitiv Gewalttätige, als welcher
er sich später in rüden Egoismen austobte.

Allerdings war das Programm der NSDAP in jeder Weise geeignet, die
späteren Übergriffe zu motivieren. Gottfried Feder, der die entsprechenden Forderungen ausgearbeitet hatte und während der Frühzeit der
NSDAP innerhalb der Partei einen gewissen Ruf als Wirtschaftssachver-
ständiger genoss,[89] hatte mit seinen Parolen nach Abschaffung des
arbeits- und mühelosen Einkommens besonders die Empfindungen des
bürgerlichen Mittelstandes angesprochen. Wenn auch die frühen Bekundungen der NSDAP zur Wirtschaftspolitik einen stark sozialistischen
Charakter tragen, so fehlte doch nicht der vorgeblich alles erklärende,
alles begründende Hinweis auf die zerstörerische Stellung des Juden.
Punkt 16 des Parteiprogramms forderte die Auflösung der Warenhäuser

und deren Vermietung an kleine Gewerbetreibende, wobei es für jeden Nationalsozialisten außer Zweifel stand, dass die Warenhäuser sich überwiegend in jüdischem Besitz befanden.

Außer derartigen propagandistischen Erklärungen schienen keine für die Gesamtpartei verbindlichen Vorstellungen zur Wirtschaftspolitik zu bestehen.[90] Die ersten Aktionen nach der Machtergreifung machten indes deutlich, wie man sich auf der unteren Parteiebene die Eliminierung der Juden aus der Wirtschaft vorstellte. An der Spitze der Gruppen, die sich als Aufgabe gesetzt hatten, die jüdischen Geschäfte zu zerstören, stand der »NS-Kampfbund für den gewerblichen Mittelstand«, unterstützt von Rollkommandos der SA und Schlägertrupps der »Nationalsozialistischen Betriebszellen-Organisation«.[91] Bald war im ganzen Reich kaum noch ein jüdisches Geschäft vor den Aktionen sicher. In Braunschweig organisierte bereits im März Ministerpräsident Klagges persönlich einen Judenboykott, wobei die Terrormaßnahmen von der SS übernommen wurden.[92] Vereinzelt suchten sich die nicht betroffenen Geschäftsleute mit Hinweisen wie:»Deutsches Geschäft« oder »Arisches Geschäft« vor der unkontrollierbaren Vernichtungswut zu schützen.[93]

Gegenüber den wilden Ausschreitungen stellte selbst der organisierte Boykott vom 1. April[94] eine gemäßigte Aktion dar. In den darauffolgenden Wochen siegte schließlich bei den nationalsozialistischen Kabinettsmitgliedern die Einsicht, dass durch derartige Selbstzerstörungen ein geordneter Wirtschafts- und Finanzablauf unmöglich gemacht wurde.[95] Zwar versuchte der »NS-Wirtschaftsbund«[96] im Mai 1933 deutsche Geschäfte durch besondere Schilder gegenüber den jüdischen Gewerbebetrieben zu kennzeichnen,[97] ein Versuch, der Ende Juni 1933 noch einmal in großem Umfang wiederholt wurde,[98] doch scheiterte dieses Unternehmen, ehe es zu Erfolgen kam. Entscheidend hierfür war der wachsende Widerstand einiger Ressortchefs, der offenbar sogar zu einer Fronde mehrerer Minister und Ministerialbeamter führte.[99] Auch mochte Hitler bewusst geworden sein, dass sein ehrgeizig vorangetriebenes Programm der Arbeitsbeschaffung, Aufrüstung und wirtschaftlichen Konsolidierung auf die Dauer den revolutionären Eingriffen nicht standhalten konnte. In einer Rede vor den Gauleitern erklärte er deshalb am 6. Juli 1933 die Beendigung der »nationalen Revolution« und betonte die Dringlichkeit eines ungestörten Wirtschaftslebens.[100] Heß und Frick beeilten sich, die Parteigliederungen und Staatsbehörden anzuweisen, von Eingriffen in die freie Wirtschaft künftighin abzusehen.[101]

Die veränderte Situation schlug sich nieder in einem Beschluss des Reichskabinetts über »Richtlinien für die Vergebung öffentlicher Aufträge« vom 14. Juli 1933.[102] Damit wurde offiziell die häufig erhobene und teilweise bereits verwirklichte Forderung aufgegeben, Juden von der

Vergabe öffentlicher Aufträge auszuschließen.[103] Zwar sollten nach den Richtlinien bei gleichwertigen Angeboten »arische« Firmen bevorzugt werden, doch wurden die Behörden mit Rücksicht auf das Arbeitslosenproblem hingewiesen, »weitläufige Untersuchungen nach der Ariereigenschaft der etwa in Frage kommenden Personen« zu unterlassen.

Hatte man gehofft, das »Gesetz zum Schutze des Einzelhandels« vom 12. Mai 1933 werde den Wünschen der mittelständischen Interessenvertreter Genüge tun,[104] so bewiesen die immer wieder aufflackernden Aktionen und Übergriffe, dass der Mittelstand mit der Machtergreifung weitergehende Wünsche verknüpft hatte. Bereits im August 1933 musste der preußische Innenminister die Gemeinden und Gemeindeverbände anweisen, unter allen Umständen nach den »Richtlinien« zu verfahren.[105] Dies ist ein Indiz dafür, dass sich staatliche Anordnungen in den kleineren Gemeinden unter den Augen der NSDAP nur schwer durchführen ließen.

Da sich sogar ein Gauleiter in aller Öffentlichkeit gegen die Wirtschaftspolitik der Reichsregierung wandte,[106] mussten die Ministerien immer wieder versuchen, mit Drohungen und Hinweisen auf die Rechtslage die offizielle Politik der Reichsregierung zu verteidigen. Im September und Oktober drohten einige Reichsministerien gegen Störenfriede sogar polizeiliche Maßnahmen an.[107] Im Dezember sah sich der Reichswirtschaftsminister gezwungen, gegen einen von der NS-Hago[108] geplanten Weihnachtsboykott jüdischer Geschäfte vorzugehen[109] – und Bestrebungen abzuwehren, die »nichtarischen« Apotheker wirtschaftlich zu benachteiligen.[110] Im Januar 1934 war der Reichsinnenminister genötigt, auf die Tatsache hinzuweisen, »daß es nicht angebracht, ja sogar bedenklich ist, wenn die Grundsätze des § 3 GWBB ... auf Gebiete ausgedehnt werden, für die sie [sic] überhaupt nicht bestimmt ist. Es gilt dies insbesondere, wie die nationalsozialistische Regierung immer wieder erklärt hat, von der freien Wirtschaft«.[111]

Auch dieser Runderlass wurde ebenso wenig befolgt, wie die Aufrufe und Mahnungen zuvor. Schon am 10. Februar 1934 musste das Reichsinnenministerium erneut eingreifen, um den Verbleib der »nichtarischen« Makler im Reichsverband der Makler zu erzwingen.[112] Im August 1934 machte das Ministerium darauf aufmerksam, dass alle örtlichen Maßnahmen gegen jüdische Apotheker zu unterbleiben hatten.[113]

Nachdem Reichswirtschaftsminister Schmitt demissioniert und Reichsbankpräsident Schacht das Ministerium geschäftsführend zum 2. August 1934 übernommen hatte,[114] erhielten die Weisungen des Reichswirtschaftsministeriums einen schärferen und direkteren Ton. Schacht hatte von Hitler die Zusage erhalten, dass die Regierung das wirtschaftliche Betätigungsfeld der Juden nicht beschneiden werde.[115] Als »Der Stürmer« für den Weihnachtsverkauf erneut zu Boykottaktionen antrieb, reagierte Schacht mit einer Schärfe, die für die folgenden Auseinandersetzungen kennzeichnend werden sollte. Indem er den Reichsinnenminister zu einem schärferen Vorgehen gegen die Unruhestifter antrieb fügte er mit einer berechnenden Spitze hinzu, er könne sich »des Eindrucks nicht erwehren, daß die Polizei nicht in jedem Falle mit der gebotenen Schärfe eingegriffen hat«.[116]

3. Rückwirkungen der Außenpolitik

Die teilweise heftige Reaktion des Auslands auf die Vorgänge des 1. April 1933 machte der Reichsregierung alsbald klar, daß mit einer forcierten Ausschaltungspolitik die Belastungen des Reichs eher vergrößert wurden. Mit der ihm eigenen, raschen Auffassungsgabe hatte denn auch Hitler die für Deutschland gefährliche öffentliche Meinung des Auslands erkannt und seinen Gauleitern eröffnet, dass man auf wirtschaftlichem Gebiet Schritt für Schritt vorwärtsgehen müsse, »ohne das Bestehende zu zertrümmern und unsere eigene Lebensgrundlage zu zerstören«.[117]

Dieses taktische Grundrezept konnte uneingeschränkt auf das Gebiet der Außenpolitik übertragen werden. Hier hatte bereits v. Neurath immer wieder versucht, die Auswirkungen der Rassenpolitik auf die um Verständnis und Unterstützung ringende deutsche Diplomatie möglichst gering zu halten und damit den außenpolitischen Bewegungsspielraum des Reiches nicht von vornherein auf ein Mindestmaß zu reduzieren.[118]

Dennoch wurde die deutsche Judengesetzgebung im Laufe des Jahres 1934 zu einer zunehmenden Belastung für die Politik des Auswärtigen Amtes, so dass sich v. Neurath noch vor Jahresende gezwungen sah, auf eine grundsätzliche Klärung des Verhältnisses von Außen- und Judenpolitik zu dringen. Auf Einladung des Reichsaußenministers erörterten die beteiligten Reichsministerien am 15. November 1934 die Frage, »wie den nachteiligen Wirkungen der deutschen Rassenpolitik auf die Beziehungen des Reichs zu auswärtigen Staaten begegnet werden könne«.[119]

Die Vertreter der geladenen Stellen waren sich mit dem StdF darin einig, dass an den rassenpolitischen Grundsätzen der nationalsozialistischen Weltanschauung auch unter starkem, außenpolitischem Druck nicht gerührt werden dürfe. Dieser Leitsatz wurde jedoch insoweit eingeschränkt, als »die Anwendung des Rassenprinzips in der Praxis dann nicht zu außenpolitisch nachteiligen Wirkungen führen darf, wenn diese in keinem Verhältnis zu den innerpolitischen Erfolgen stehen«.

Um die rassenpolitischen Grundsätze in ihren praktischen Auswirkungen mit den außenpolitischen Notwendigkeiten zu koordinieren, einigte man sich auf die folgenden Grundsätze:

1. Entscheidungen über die Anwendung gesetzlicher Bestimmungen gegen fremdblütige Ausländer sollen ausschließlich dem AA vorbehalten sein.
2. Die Entscheidung ist vom jeweils zuständigen Reichsminister im Einvernehmen mit dem AA, dem StdF und dem Reichsminister des Innern zu treffen. Der Sachverständige für Rassenforschung ist von jeder Entscheidung sofort in Kenntnis zu setzen.

Diese Grundsätze machen deutlich, dass von einer gemäßigteren Judenpolitik nicht die Rede sein konnte. Dem StdF war es überdies gelungen, bei allen anstehenden Entscheidungen ein Mitspracherecht durchzusetzen. So besagte es wenig, dass er dem AA zugesagt hatte, die am 18. April 1935 den Obersten Reichsbehörden bekanntgemachten Richtlinien auch den Gliederungen der Partei mit der Bitte um Beachtung weiterzureichen.[120]

Exkurs: Aspekte des staatlichen Wandels und ihre Bedeutung für die Judenpolitik

1. Struktur- und Funktionswandel in der Reichsorganisation

Schon die erste Phase der nationalsozialistischen Judenpolitik lässt erkennen, dass Hitler in Fragen der Rassengesetzgebung einer Gruppe konservativer Minister gegenüberstand, die nur bis zu einem gewissen Punkt bereit waren, das antisemitische Programm der Partei mitzutragen. Wenn auch einzelne Minister in dem einen oder anderen Punkt dieser Gesetzgebung eine Milderung erreichen konnten, so darf doch die überraschende Schnelligkeit, mit der die Maßnahmengesetze ergingen, als Erfolg Hitlers und seiner Taktik gewertet werden. Überhaupt bleibt die Judenpolitik des Dritten Reiches weithin unverständlich, bezieht man sich allein auf die bloß äußerlich sichtbaren Ergebnisse. Diese sind zu einem nicht geringen Teil auch Resultat eines inneren Entwicklungsprozesses, der gleichermaßen die Organisation wie die gewandelte Methodik des Entscheidungsganges berührte. So wird der Einfluss Hitlers auf die Judenpolitik nur verständlich, wenn man seine besondere Stellung innerhalb der verfassungsrechtlich geordneten Entscheidungsinstanzen begreift. Hier hatten die »Präsidialdiktaturen« in der Endphase der Weimarer Republik einen unheilvollen Weg vorgezeichnet. Da der Reichskanzler nur mehr abhängig war vom Vertrauen des Reichspräsidenten, änderte sich auch seine Stellung innerhalb des Kabinetts, das als verfassungsrechtlich statuiertes Kollegialorgan[1] denaturierte. Die Minister, aus ihrer unmittelbaren politischen Funktion entlassen, beschränkten sich auf die fachlichen Belange ihres Aufgabenbereiches und mussten sich ihres politischen Mitbestimmungs- und Entscheidungsrechts weitgehend entledigen.[2]

Nun war aber Hitler nicht nur in seiner Stellung als Reichskanzler die politische Zentralinstanz des Reiches, sondern zusätzlich Führer einer militant organisierten Massenpartei. Diese für die Phase der Präsidialdiktaturen unbekannte Konstruktion nutzte Hitler bedenkenlos und nicht ohne Geschick aus. Seine Doppelstellung ermöglichte es ihm einerseits, seine Pläne in die Partei zu lancieren, die alsdann mit entsprechenden Forderungen die Regierung von unten bedrängte; andererseits konnte Hitler dann von oben – mit der Absicherung auf die Wünsche des »Volkes« – die gesetzliche Erfüllung der Forderungen dirigieren. War Hitler auf dieser breiten Basis den Kabinettsmitgliedern schon allein an Macht und

Einfluss weit überlegen, so übertraf er sie vollends in der Kunst des takti-schen Finassierens. Ganz zweifellos verfügte der Reichskanzler über die notwendige Autorität, um den gesetzlosen Ausschreitungen gegen die Juden ein Ende zu bereiten, wenn er es nur gewollt hätte. Dass eine ent-sprechende Willensäußerung bis zum 6. Juli 1933 ausblieb,[3] zeigt mit hinreichender Deutlichkeit, inwieweit die vorausgegangenen Terrorak-tionen für Hitler ein wesentliches Mittel zur Durchführung seiner Politik waren. Wenn man in den Reihen der Kabinettsmitglieder daran dachte, in der Rassenfrage »diese ganze revolutionäre Welle durch ein grundle-gendes Gesetz aufzufangen«,[4] beweist dies einmal mehr, welcher grund-sätzlichen Täuschung man hinsichtlich der Person Hitlers und der natio-nalsozialistischen Bewegung erlegen war.[5] Allerdings verstand es Hitler auch meisterhaft, seine eigenen Gedanken und Pläne zur Judenpolitik zu verschleiern.[6]

Diese Verschleierungstaktik ging so weit, dass er in der Judenfrage bei dem »nach außen kaum erkennbaren Zusammenprall des revolutionären Radikalismus mit den Ordnungsmächten des alten Rechtssystems«[7] seine weltanschauliche Grundhaltung verleugnen und sich sogar gemäßigten Auffassungen anschließen konnte.[8] Seinem taktischen Geschick, seiner bewusst herausgestellten Zurückhaltung und seiner klugen Ausnutzung der Möglichkeiten, die ihm die Stellung des Reichskanzlers bot, verdankte es Hitler, dass im Kabinett schon bald nicht mehr beraten, sondern nur noch von ihm entschieden wurde.[9] Gegenüber den Eingriffen und illega-len Regelungen war das Gesamtkabinett machtlos. Nach Erlass des Er-mächtigungsgesetzes konnte Hitler zudem Art und Ausmaß der Gesetzge-bungsakte überwachen. Dies lief in der Phase der Machtergreifung darauf hinaus, dass nicht etwa die Reichsregierung in Fragen der Judengesetzge-bung aktiv wurde, sondern mehr und mehr durch den Erlass sanktionie-render Rechtsvorschriften den Faktizitäten nachfolgend Rechnung zu tragen suchte.[10] Durch diese Eigenheit des Systems konnte jedoch die Judenfrage niemals zur Ruhe kommen. Hitler weigerte sich zudem bewusst, die vielzähligen Übergriffe zu unterbinden, während die weni-ger radikalen Kabinettsmitglieder aus ihrer politischen Ohnmacht heraus nicht eingreifen konnten.

Erschwerend für die Opponenten der Rassenpolitik kam hinzu, dass innerhalb des Kabinetts, veranlasst durch den permanenten Bewegungs-prozess des Staates, ein Minimum politischer Geschlossenheit nicht erreicht werden konnte.

Die geminderte politische Bedeutung der Reichsminister fand ihren Niederschlag im »Gesetz über den Neuaufbau des Reichs« vom 30. Januar 1934.[11] Es stärkte zwar die Stellung der Minister, jedoch einseitig auf dem Sektor der Verwaltung, indem es im Zuge der »Verreichlichung« Hoheitsrechte der Länder auf das Reich übertrug und durch Zusammenlegung der entsprechenden Reichs- und preußischen Ministerien straff zentralisierte Ressorts schuf.[12] Insofern garantierte es die reichseinheitliche Durchführung der von der Behördenspitze erlassenen Weisungen und begünstigte die unbeschränkte Herrschaft des Ministers über seinen Geschäftsbereich.[13] Parallel hierzu lief eine weitere Stärkung der Stellung Hitlers durch die Übernahme der Reichspräsidentschaft am 1. August 1934.[14] Die schon im Reichskabinett herausgehobene Person des Kanzlers wurde durch die neuartige Konstruktion des »Führers und Reichskanzlers« noch stärker betont und allen staatsrechtlich fixierbaren Deutungsversuchen weitgehend entrückt.[15]

Die einseitige Konzentrierung der politischen Macht in den Händen eines Mannes und die derart vom »Führer-Prinzip« abgeleitete Zentralisierung der Staatstätigkeiten zeitigte paradoxerweise auf längere Sicht, und nicht nur in der Judenpolitik, das völlige Gegenteil der beabsichtigten Straffung, Überschaubarkeit und Geschlossenheit des Staatskörpers. Da mit der wachsenden Machtfülle Hitlers die Reichskabinettssitzungen immer seltener, ab November 1937 überhaupt nicht mehr stattfanden,[16] war ein gemeinsames politisches Handeln der Reichsregierung kaum noch möglich; es wurde von Hitler offensichtlich auch nicht gewünscht. Infolge der personellen und politischen Heterogenität der Reichsregierung erforderten die schriftlichen oder mündlichen Einigungsbemühungen immer mehr an Zeit und Arbeitsaufwand.[17] Da ein Ressortchef bei der Behandlung der in seinen Geschäftsbereich fallenden Judenfragen nicht mehr dem Kabinett gegenüber verantwortlich war, erwuchs daraus, insbesondere bei den nationalsozialistisch geführten Ressorts, die Übung, auch selbstständig und ohne Konsultation anderer Minister darüber zu entscheiden und die getroffenen Maßnahmen allein Hitler gegenüber zu verantworten. Damit standen nahezu alle Ressorts in der Judenpolitik in der Zwangslage, innerhalb ihres Aufgabenbereiches bei den vielfältigen Pressionen und Übergriffen untergeordneter Verwaltungsinstanzen[18] eine durchgängig einheitliche Anwendung der in der Judenfrage geltenden Normen sicherzustellen. Dies wiederum führte zu der Praxis, die Vorgriffe anderer Ministerialinstanzen aus dem Gebot der Rechtseinheitlichkeit und Rechtssicherheit zu übernehmen.[19] Diese Probleme, die im Bereich des Staatlichen schon zu einer gewissen Unsicherheit und Unübersichtlichkeit führten, wurden verschärft durch die im Dritten Reich niemals gelöste Frage nach dem Verhältnis und der Priorität von Partei und Staat.[20] Der institutionelle Einbau der Partei in den Staat, der in der Literatur mit unterschiedlicher Betonung und wechselnden Begründungen gefeiert wurde,[21] verwischte die Konturen des Strukturgefüges vollends. Es kam zu einem teilweise undurchdringlichen Verbund von Partei-

und Staatsämtern,[22] wobei die Partei im Sog der zusehends entschiedener vorgetragenen Parole »Die Partei befiehlt dem Staat«[23] auch die national-sozialistische Rassenpolitik zum staatlichen Dogma erhoben wissen woll-te und sich zur Hüterin der »Blut und Boden«-Ideologie machte.

Da die konservativ geführten Ministerien der Judenfrage weitaus gemäßigter gegenüberstanden und überdies die Judenpolitik weniger unter ideologischen, als unter finanz-, wirtschafts- und außenpolitischen Aspekten betrachteten,[24] versuchte die Partei immer wieder, die Bürokra-tie durch Anstöße, Hinweise und Pressionen zum Handeln anzutreiben. Je zahlreicher aber die mit einem Aufgabenbereich gleichen Umfangs und gleichen Inhalts befassten staatlichen, halbstaatlichen oder parteilichen Stellen wurden, desto größer wurde auch die Schwierigkeit, sachliche Fragen gemeinsam zu behandeln. Vielmehr entwickelte sich ein ständi-ger Streit um die nur oberflächlich abgegrenzten Kompetenzen[25] und machte die einheitliche Behandlung und Lösung eines Problems nahezu unmöglich.[26] Der einzige, der aus dem Fehler jeder gesicherten Verfas-sungs- und Organisationsnorm Nutzen ziehen konnte, war Hitler, der von allen Stellen als die allein entscheidungsbefugte Instanz für politi-sche Maßnahmen angesehen wurde. Dies führte im Dritten Reich zu einem quasi-verfassungsrechtlichen Problem, das Carl Schmitt mit der Formel des »Zugangs zum Machthaber« zu charakterisieren versuchte.[27] Da alle Macht des Staates in der Person des Führers kumulierte, wurde die persönliche Bindung an Hitler zu einer schwer deutbaren Komponente innerhalb des strukturellen Machtgefüges.

Dies bedeutete nun für die Ministerialbürokratie, eine strittige Frage mit den Parteibehörden nicht um jeden Preis auszutragen, da, sofern der strittige Fall von der Partei an Hitler zur Entscheidung herangetragen wurde, dessen persönliche Animosität gegen die Verwaltung zumeist seine Entscheidung beeinflusste.[28] Die von Hitler begünstigte Labilität des Machtgefüges[29] wirkte sich somit unmittelbar auf die Judenpolitik aus, da der veränderte Entscheidungsprozess innerhalb des Gesetz-gebungsverfahrens andere, als von Hitler oder der Partei gebilligte Maß-nahmen verhinderte und Alternativlösungen ausschloss.

2. Instanzen der Judenpolitik

Am 21. April 1933 wurde Rudolf Heß zum »Stellvertreter des Führers« ernannt.[30] Heß, der in dieser Eigenschaft im Namen Hitlers die laufenden Parteigeschäfte zu bearbeiten hatte, begann sofort mit dem Aufbau eines eigenen Stabes, zu dessen Leiter er am 1. Juli 1933 Martin Bormann berief.[31] Der Stab des »Stellvertreters des Führers« (StdF)[32] entwickelte sich rasch zu einem Exekutivorgan der Partei. Zwar war er nach den besonderen Interessen und Aufgabengebieten der NSDAP gegliedert, bot aber durch seine personelle Besetzung die Gewähr, parteiamtliche Auffassungen auch in der Staatsverwaltung zur Geltung zu bringen. Diese Möglichkeit war allerdings weitgehend von Zufälligkeiten abhängig, weshalb man dem StdF die Möglichkeit gab, den Sitzungen des Reichskabinetts beizuwohnen.[33] Diese Übung erhielt ihre staatsrechtliche Legitimation am 1. Dezember 1933: Der StdF wurde nunmehr auch offiziell Mitglied der Reichsregierung mit dem Titel eines Reichsministers ohne Geschäftsbereich.[34]

Diese Aufwertung bedeutete indes wenig, da Heß noch keinen unmittelbaren Einfluß auf den Rechtssetzungsgang hatte und bei etwaigen Forderungen auf das »Mitziehen« der Ministerialbürokratie angewiesen war. Im Zusammenhang mit dem 30. Juni 1934 kam auch dieses letzte Hindernis in Fortfall. Am 24. Juli 1934 wies Hitler die Ministerien an, den StdF bei allen Entwurfsarbeiten zu Gesetzen als beteiligtes Ressort hinzuzuziehen.[35] Durch Führererlaß vom 6. April 1935 wurde diese Regelung erweitert auf die Mitwirkung an allen Entwurfsarbeiten zu Ausführungsbestimmungen und Durchführungsverordnungen, soweit diese im Reichsgesetzblatt zu veröffentlichen waren.[36]

Die Hereinnahme des StdF in das Gesetzgebungsverfahren öffnete diesem ein weites Feld der Indoktrinierung aller staatlichen Akte mit dem Gedankengut des Nationalsozialismus. So konnte er Gesetze anregen und Entwurfsarbeiten in seinem Sinne beeinflussen. Die Ministerialbürokratie sah sich einem unangenehmen Kontrollorgan konfrontiert, was ihr äußerste Vorsicht abverlangte und sich in einem vielfach undurchsichtigen Taktieren niederschlug.

Zu einem Hauptpunkt der gesetzgeberischen Bemühungen des StdF wurde insbesondere die Judenpolitik. Die rasche Weitertreibung der Ausnahmegesetzgebung im Jahr 1935 ist nicht zuletzt der Einschaltung des StdF in das Rechtssetzungsverfahren zuzuschreiben. Der Bedeutung dieser Frage entsprechend, hatten sowohl der Staat wie die Partei eine Vielzahl von Einrichtungen geschaffen, die neben-, gegen- und miteinander agierend das Postulat der rassischen Einheit jeweils im eigenen Sinne zu verwirklichen trachteten. Die Mehrzahl dieser Stellen war eng mit der Parteiorganisation verknüpft, wovon insbesondere der StdF profitieren konnte. So bestand in der Reichsleitung der NSDAP das »Hauptamt für Volksgesundheit«; es unterstand politisch unmittelbar dem StdF.[37] In dessen Stab gab es wiederum eine Stelle »Der Sachbearbeiter für alle Fragen der Volksgesundheit«.[38] Beide Einrichtungen führte in Personalunion der fanatische Nationalsozialist Dr. med. Gerhard Wagner,[39] der als »Reichsärzteführer« gleichzeitig das Standesrecht der Ärzte und Fragen der öffentlichen Gesundheitsfürsorge beeinflussen konnte. Das Hauptamt für Volksgesundheit verfügte gleichzeitig über Verbindungen zu entsprechenden staatlichen Instanzen und besaß unter anderem eine »Abteilung für Rassenpolitik«, die bis auf die Ebene der Gauleitungen eine eigenständige Dienststelle bildete.[40]

Bedeutsamer jedoch war das »Rassenpolitische Amt der NSDAP«, eine Unterabteilung des Sachbearbeiters für Volksgesundheit im Stab des StdF, dessen Leiter, Dr. med. Walter Groß,[41] Heß direkt unterstand.[42] Groß, der ähnlichen rassenbiologischen Vorstellungen anhing wie Gütt,[43] errichtete in seinem Amt eine »Rassenpolitische Beratungsstelle«, die sich in die Sachgebiete »Rassenpolitische Gesetzgebung« – »Praktisches rassenpolitisches Rechtsreferat« – »Referat für Juden und Mischlingsrecht« gliederte.«[44]

Aufgabe des Rassenpolitischen Amtes war die Vereinheitlichung und Überwachung der gesamten Schulungs- und Propagandaarbeit im Bereich der Bevölkerungs- und Rassenpolitik. Auf diesem Gebiet bearbeitete es seitens der NSDAP alle Maßnahmen in Zusammenarbeit mit den zuständigen Behörden und war an den gesetzgeberischen Vorarbeiten des Staates laufend zu beteiligen.[45]

Um diesen Aufgaben nachzukommen, besaß das Rassenpolitische Amt eine Untergliederung bis auf die Ebene der Kreisleitungen. Die Kreisbeauftragten meldeten ihre Wünsche und Vorschläge den rassenpolitischen Ämtern der Gauleitungen, die durch entsprechende Meldungen an das Rassenpolitische Amt der NSDAP einen durchgängigen Informationsweg sicherstellten.[46]

In enger Zusammenarbeit mit dem Rassenpolitischen Amt stand das »Reichsrechtsamt der NSDAP«.[47] Reichsleiter Frank errichtete in diesem ein »Amt für Rechtspolitik«, dessen Hauptaufgabe in der Sammlung und Bearbeitung von rechtspolitischen Wünschen und Anregungen aus Parteikreisen bestand, die man in Form von Gutachten und Gesetzentwürfen verwertete.[48] Wurden hierbei Fragen der Rassengesetzgebung berührt, schaltete das Amt für Rechtspolitik den Leiter der staatsrechtlichen Abteilung im Stab des StdF ein, der wiederum das Rassenpolitische Amt befragte.[49] Die aus dieser Zusammenarbeit entstandenen Gesetzentwürfe oder die Prüfung solcher Entwürfe, die aus dem staatlichen Bereich kamen, wurden sodann durch den Leiter der staatsrechtlichen Abteilung, den ehemaligen thüringischen Ministerialrat Walter Sommer,[50] an die Ministerialbürokratie zurückgereicht.

Eine andere Institution, mit deren Hilfe das materielle Recht nationalsozialistisch geprägt werden sollte, bestand ab Sommer 1933 in der »Akademie für Deutsches Recht«.[51] Zu ihrer Aufgabe gehörte die Fertigung von Rechtsmaterialien, die Ausarbeitung und Bereitstellung von

Gesetzentwürfen und Vorarbeiten allgemein rechtlicher Art nach Maßgabe des Präsidenten der Akademie, dem Reichsleiter Hans Frank.[52] Von kaum zu unterschätzender Bedeutung für die Behandlung der Judenfrage war auch das »Hauptamt für Kommunalpolitik« in der Reichsleitung der NSDAP.[53] Es betreute den Deutschen Gemeindetag,[54] dessen Präsident, der Münchner Oberbürgermeister Karl Fiehler, auch als Reichsleiter beiden Institutionen vorstand.

Was den Selbstverwaltungskörperschaften nach Eingliederung in den NS-Staat an Rechten verblieben war, stand den Interessen der Gemeindebürger noch immer am nächsten: Wohlfahrtspflege, Schulwesen, Besteuerung, Markt- und Handelsrechte. Dies waren ebenso existenzielle Fragen für den jüdischen Gemeindebürger, und die mannigfaltigen Forderungen und Wünsche, die im gemeindlichen Bereich hinsichtlich der Behandlung der Juden erhoben wurden, konnten durch die bis auf Kreisleiterebene hinuntergezogenen Ämter für Kommunalpolitik entweder in die nebengeordneten Stellen des Deutschen Gemeindetages oder aber über das Hauptamt direkt in den Stab des StdF geschleust werden.[55]

Ein spezielles Interesse an Judenfragen, das zeitweise zu massiven Einmischungen in die offizielle Judenpolitik des Reiches führte, hatten zudem das dem Stab des StdF eingegliederte »Amt des Beauftragten für außenpolitische Fragen« unter Ribbentrop[56] und das »Außenpolitische Amt« unter Rosenberg[57] nebst der »Auslandsorganisation der NSDAP« unter Ernst Wilhelm Bohle.[58]

Waren indessen all diese Parteiinstitutionen bei der Durchsetzung ihrer Ziele zum überwiegenden Teil auf das »Mitziehen« des StdF angewiesen, dessen Interessen durchaus nicht immer mit den Absichten anderer Parteiorgane korrespondierten,[59] so vermochte die SS Heinrich Himmlers eine Machtstellung aufzubauen, die sie zu einer der Partei ebenbürtigen Kraft machte.

Nach der Machtergreifung hatte Himmler nach und nach die Politische Polizei der Länder übernommen. Am 20. April 1934 erhielt er als Inspekteur der Preußischen Geheimen Staatspolizei eine Exekutivbehörde in die Hand, deren Machtbefugnisse außerordentlich waren. Die Stunde Himmlers schlug dann nach den Ereignissen des Röhm-Putsches. Der Reichsführer SS (RFSS) wurde der Unterstellung unter dem Stabschef der SA enthoben und die SS wurde zu einer selbstständigen Gliederung der NSDAP.[60] Himmler erhielt weiterhin die Genehmigung Hitlers, bewaffnete Verbände aufzustellen und verfügte neben den SS-Einheiten über die Politische Polizei und den »Sicherheitsdienst des Reichsführers SS« (SD), ursprünglich am 25. Februar 1931 als Überwachungsschutz für die Parteizentrale in München, das »Braune Haus«, aufgestellt,[61] dann aber unter der zielstrebigen Leitung Reinhard Heydrichs zu einem Spitzel- und Aufklärungsdienst für die Partei und den RFSS ausgebaut. Kurz vor dem 30. Juni 1934 erhielt der SD dann die »lange gewünschte Exklusivität«:[62] Der StdF ordnete an, den einzig noch bestehenden Nachrichtenapparat der Partei, den des Außenpolitischen Amtes,[63] aufzulösen.[64]

Die schicksalsschwere Bedeutung, die SD und Gestapo für das deutsche Judentum erhalten sollten, lag zum einen in dem besonderen Aufgabenbereich begründet, der in Preußen für die Politische Polizei abgesteckt worden war, zum anderen in der Methode, mit der Himmler und Heydrich ihre Zielvorstellungen vom Selbstverständnis einer »politischen« Polizei verwirklichen konnten.

Bereits Göring und der erste Chef der Gestapo, Rudolf Diels, hatten mit der Errichtung einer »Geheimen Staatspolizei«[65] eine politisch-polizeiliche Sonderbehörde geschaffen, die sich im Gesamtsystem der Polizei einzig den »politischen« Sachen zuzuwenden hatte.[66] Gemäß dem Universalitätsanspruch der NSDAP, einzige politische Organisation ganz Deutschlands zu sein,[67] wandelte sich der Begriff des »politischen Gegners«, ganz im Sinne Carl Schmitts, in den des »öffentlichen Feindes«.[68] Parallel zum derart unbestimmt vergrößerten Kreis der dem Präventivzugriff der Politischen Polizei ausgelieferten Personen erweiterten sich deren Machtbefugnisse. Bereits die Notverordnung zum Schutz von Volk und Staat[69] gestattete es der Polizei, den in Art. 114 WRV niedergelegten Grundsatz der persönlichen Freiheit nach Bedarf zu ignorieren und den politischen Gegner in Schutzhaft zu nehmen.[70] Nachdem die Gestapo mit Gesetz vom 30. November 1933[71] zu einem selbstständigen Zweig der inneren Verwaltung geworden war, entzogen sich zudem ihre Akte dem Kreis der rechtlichen Verwaltungsstreitigkeiten, so dass die Gestapo nahezu ungehindert und unkontrolliert in einem rechtsfreien Raum tätig werden konnte.[72]

Die Inbesitznahme der Gestapo durch Himmler führte dann vollends zu einem »Umbruch des Polizeirechts«.[73] Die Aufgaben der Polizei wurden ins Uferlose ausgeweitet; gleichzeitig trat ein erkennbarer judenfeindlicher Akzent hinzu.

Das Handeln der Polizei wurde nicht mehr hergeleitet von einer gesetzlich umschriebenen Aufgabenstellung, noch erschöpfte es sich nach der klassischen Definition auf die »Erhaltung der öffentlichen Ruhe, Sicherheit und Ordnung«.[74] Das polizeiliche Handeln wurde nunmehr auf die Bedürfnisse der »Gemeinschaft« gegründet, was naturgemäß die Grenzen des Einschreitungsermessens weit hinausschob.[75] Die Polizei nahm für sich in Anspruch, Erfüllungsgehilfe des »Willens der Führung« zu sein. Dies war aber nach Auffassung der SS keine Rechts- sondern eine Schicksalsfrage.[76] Von diesem Selbstverständnis war es nur ein Schritt hin zu dem Anspruch, den Willen der Führung zu ergründen, ihn mithin selbst positiv zu gestalten. Diese Einschätzung war kaum zu vereinbaren mit dem herkömmlichen Bild der Polizei als Büttel des Staates, also musste sie, um den selbstgestellten Anspruch eines politisch-polizeilichen Führungsorgans zu realisieren, den ihr zu eng angepassten Rahmen eines bloßen Exekutivorgans verlassen. Sie musste versuchen, im Geflecht der Machtstrukturen des Dritten Reiches einen eigenständigen, unabhängigen Machtsektor zu gewinnen.

Einen der möglichen Angriffspunkte, den Willen der Führung zu vollstrecken, bot zweifellos die im Machtgestrüpp der Instanzen umkämpfte Frage über das Schicksal des Judentums. Aus dem Blickwinkel Himmlers und Heydrichs war der Jude ein »Gegner«, als solcher war er a priori ein Gegenstand polizeilichen Interesses. Erleichtert wurde die Projektion eines ideologisch-politisch-polizeilichen Feindes, als welcher der Jude zunehmend in den Bannkreis der SS geriet, durch die funktionale Zuordnung der staatlich-sicherheitspolizeilichen Behörden auf die des parteilich-sicherheitsdienstlichen Zweiges.[77] Durch einen stetigen Personalwechsel zwischen Gestapo und SD[78] stellte Heydrich eine wirkungsvolle Verbindung der Merkmale staatlichen und parteilichen Handelns her. Der auf technische Rationalität abgestellte Mechanismus der bürokratisch arbeitenden Sicherheitspolizei und die einseitig auf ideologischen Maximen aufbauende Arbeit des Sicherheitsdienstes verzahnten sich solcherart zu einem unentwirrbaren Getriebe.

Bereits unter Diels war im Gestapa ein Referat II F 2 errichtet worden, was Juden, Emigranten und Freimaurer zu observieren hatte.[79] Nachdem Heydrich im Anschluss an seine Ernennung zum stellvertretenden Chef der Gestapo das Amt neu organisiert hatte,[80] entstand daraus das Referat II 1 B 2 (Juden, Freimaurer, Logen, Emigranten), in dem ein Sachbereich speziell Judenfragen vorbehalten war.[81] Gleichzeitig mit der Reorganisation des Gestapa gliederte Heydrich auch den SD um, wobei er innerhalb des Amtes II (SD-Inland)[82] das Referat II 112 (Judenangelegenheiten) schuf.[83] Während aber das Judenreferat der Gestapo bereits weisend und lenkend in die Judenpolitik eingreifen konnte,[84] musste sich das entsprechende Referat des SD noch auf rein nachrichtendienstliche Aufgaben beschränken. Die »Oberabschnitte« des SD – sie deckten sich ungefähr mit den Wehrkreisen – und die »Abschnitte« – sie waren netzförmig auf die Verwaltungsbereiche der Mittelinstanzen gelegt – besaßen eigene Judenreferate, die monatlich an die vorgesetzte Stelle zu berichten hatten.[85]

Doch nicht nur die Partei und SS hatten durch Errichtung entsprechender Referate die Voraussetzungen geschaffen, in einer der Hauptfragen der nationalsozialistischen Weltanschauung mitzusprechen und an den Entscheidungen beteiligt zu werden, auch die Staatsbehörden hatten, der Bedeutung des Gebietes nachkommend, zahlreiche neue Ämter und Sachgebiete geschaffen, die der Behandlung der Rassenfragen Rechnung trugen.

Der Schwerpunkt der neuen Rassenpolitik bildete sich im Reichsinnenministerium. Die Umbenennung des dem Ministerium unterstellten »Reichsausschusses für Bevölkerungsfragen« in »Sachverständigenbeirat für Bevölkerungs- und Rassenpolitik«[86] dokumentierte auch äußerlich, welchen Aufgaben nun die Priorität zugebilligt wurde. Ein »Reichsausschuß für Volksgesundheitsdienst« bildete die organisatorische Spitze der Reichsorganisation des Gesundheitswesens[87] und beschäftigte sich insbesondere mit Fragen der Bevölkerungspolitik, sowie der Erb- und Rassenpflege. Der »Reichsausschuß« arbeitete eng zusammen mit der Abteilung II des Reichsinnenministeriums, zuständig für Wohlfahrt, Volksgesundheit, Deutschtum und Fremdenwesen.[88] Als neue Behörde präsentierte sich »Der Sachverständige für Rassenforschung beim Reichsministerium des Innern«, wo man unter Dr. med. Achim Gercke bemüht war, in Zweifelsfällen die Abstammung verbindlich festzustellen.[89]

Dreh- und Angelpunkt des Reichsinnenministeriums in der Judenfrage wurde noch im Laufe des Sommers ein sich aus dem Geschäftsanfall in Judenangelegenheiten herauskristallisierendes spezielles »Judenreferat«. Es stand unter Leitung von Dr. Bernhard Lösener, einem früheren Beamten der Reichsfinanzverwaltung und Parteimitglied seit 1931. Im April 1933 wurde er in die Abteilung I (Verfassung, Verwaltung, Beamtentum) des Ministeriums berufen und hatte dort neben Staatsangehörigkeitsfragen zunehmend die gesetzlichen Folgerungen der Rassenpolitik zu bearbeiten. Ende 1933 war daraus ein eigenständiges Referat für Rassefragen geworden.[90]

Auch Goebbels hatte zur Popularisierung der rassenpolitischen Ideen Angehörigen seines Ministeriums entsprechende Aufgabenkreise zugewiesen. So bearbeitete Dr. Eberhard Taubert[91] das Sachgebiet »Rassefragen«.[92] Der Oberregierungsrat Dr. Wilhelm Ziegler war zuständig für alle Fragen der gegnerischen Weltanschauungen.[93] Überdies bestand eine besondere Abteilung für Volkswohlfahrt und Volksgesundheit, die in engem Einvernehmen mit der Abteilung Gütts und mit Reichsärzteführer Wagner die Propagierung der nationalsozialistischen Rassenpolitik betrieb.[94]

Nachdem der Geschäftsführer der Reichskulturkammer, Hans Hinkel[95] im Juli 1935 zum »Sonderbeauftragten für die Überwachung der Nichtarier auf kulturellem Gebiet« ernannt worden war, wurden auch die Beziehungen zwischen dem Reichspropagandaministerium und dem SD enger geknüpft, da Hinkel als SS-Sturmbannführer eifrig bemüht war, seine Tätigkeit so weit wie möglich den Vorschlägen von SD und Gestapo anzupassen.[96] Die Interessen des Auswärtigen Amtes an der Behandlung der Judenfrage wurden seit März 1933 vom Referat Deutschland unter Vicco v. Bülow-Schwante wahrgenommen.[97] Nach einer Reorganisation des Auswärtigen Amtes im Frühjahr 1936 traten Walter Hinrichs und Emil Schumburg hinzu, wobei die Judenangelegenheiten bis 1939 schwerpunktmäßig von Schumburg bearbeitet wurden.[98]

Weitere spezielle Judenreferate befanden sich im Reichsjustiz- und Reichserziehungsministerium.[99] Nach dem Beginn der Vertreibung der Juden aus der Wirtschaft im Frühjahr 1938 hatte Göring dem Reichswirtschaftsministerium ein Sonderreferat »Judenfragen« eingegliedert, was sich anfangs 1939 zu einer vollen Abteilung mit vier Referaten entfaltete.[100]

Die sogenannte »wissenschaftliche Auseinandersetzung« mit dem Judentum blieb demgegenüber an Zahl der Institutionen weit hinter den eher rassenpolitisch interessierten Stellen zurück. Zwar vertraten alle mit Judenangelegenheiten befassten Stellen mehr oder weniger nachdrücklich die Auffassung, auf wissenschaftlicher Grundlage zu arbeiten, einen »Forschungsbetrieb« unterhielt indessen nur die 1935 gegründete »Forschungsabteilung Judenfrage« innerhalb des »Reichsinstituts für Geschichte des neuen Deutschland«.[101] 1938 gliederte Rosenberg seiner Dienststelle ein »Amt für Juden und Freimaurerfragen« ein, das sich allerdings auf die publizistische Auswertung der Judenfrage beschränkte und damit offen in Konkurrenz zum Reichspropagandaministerium trat.[102] Eine größere Bedeutung erlangte dann nur das im August 1939 gegründete »Institut zur Erforschung der Judenfrage«, das als Außenstelle der von Rosenberg betriebenen »Hohen Schule« in Frankfurt/M. untergebracht wurde.[103]

Die Vielzahl der an der Judenfrage interessierten Instanzen gibt ein getreuliches Abbild von der »Zerbröselung der inneren Verwaltung«.[104] Gleichzeitig sind sie ein Indiz für die Polykratie des »totalen« Staates. Eine einheitliche Auffassung in der Judenpolitik schien bei dem unterschiedlichen Verständnis, das man dieser Frage bei differierenden Zielvorstellungen beimaß, nahezu unmöglich. So musste sich im Machtkampf der Institutionen erweisen, welche Stelle sich mit ihren Vorstellungen zur Judenpolitik durchsetzte.

3. Veränderungen im Gesetzgebungsverfahren und Wandel der Rechtstechnik

In kausaler Abhängigkeit zu den Veränderungen der Reichsstruktur war auch das Problem der rechtstechnischen Behandlung des Rechtsstoffes und die Frage der Gesetzgebung einem weitgehenden Prozess der Umformung unterworfen. Der Beginn dieser Entwicklung zeichnete sich bereits

in den letzten Jahren der Weimarer Republik ab. Der Zwang aller Reichs-
regierungen seit Brüning, ohne Unterstützung des Parlaments die not-
wendigsten Gesetzgebungsakte zu erlassen, verwies zunehmend auf das
Notverordnungsrecht des Reichspräsidenten nach Art. 48 II WRV.[105] Dies
lief auf ein Ausschalten des legislativen Beschlussorgans und auf eine
Stärkung der Ministerialbürokratie hinaus. Diese konnte nun, unbeein-
flusst von parteitaktischen Erwägungen, allein aus den Erfordernissen der
Ressortaufgaben heraus den Rechtsstoff fertigen.[106] Wurde durch diese
Methode der Rechtssetzung bereits ansatzweise der traditionelle Geset-
zesbegriff, die Unterscheidung des Gesetzes im formellen und materiellen
Sinn, zerstört, so schloss das Ermächtigungsgesetz diese Phase ab.[107]

Die Übertragung des Gesetzgebungsrechts an die Exekutive führte in
Verbindung mit der geschwächten Bedeutung des Kabinetts und der
gestärkten Stellung der Minister innerhalb ihres Ressortbereichs zu
der verfassungsrechtlichen Faktizität, dass auch die Fachminister Gesetze im materiellen Sinn erlassen konnten und sich hierbei nicht mehr an
die Zustimmung des Gesamtkabinetts gebunden fühlten. Die kaum zu
bändigende Flut an Rechtsvorschriften, welche die nationalsozialistischen Umgestaltungsvorgänge begleiteten,[108] war gekennzeichnet von
einer dilettantischen Hast, mit der die einzelnen Gesetze gefertigt wurden.[109]

Die Vorschrift, dass Reichsgesetze von der Reichsregierung beschlossen und von dem Reichskanzler ausgefertigt werden, wurde nach 1934
nur noch von konservativen Rechtspositivisten vertreten.[110] Für die Protagonisten des »neuen Rechts« war das Gesetz ein »Akt der Führung«,[111]
ein »Ausfluß des Führerbegriffs«[112] oder bloße Willensäußerung der
Führung.[113]

Am konsequentesten durchdachte Reinhard Höhn, radikal engagierter Vertreter eines nationalsozialistischen Rechts, die sich aus der Verfassungswirklichkeit ergebenden Folgerungen. Höhn verwirft das Recht als
Normenordnung, da »Recht« für ihn nur eine Ausdrucksform für das richtige Verhalten des einzelnen in der Gemeinschaft ist.[114] Die staatliche
Norm wurde dergestalt zur politischen Entscheidung.[115]

Wie sah nun aber der Gang, der eine politische Entscheidung zu einem
Akt der Führung machte, in der bürokratischen Praxis aus? In der Weimarer
Republik bestand die bindende Vorschrift, alle Gesetze dem Kollegialorgan
der Reichsregierung zu unterbreiten.[116] Deren Geschäftsordnung wurde im
Juli 1933 dahingehend geändert, dass die Beschlussfassung über Gesetze
und Verordnungen auf dem schriftlichen »Umlaufweg« ausreichte, wenn
die zuständigen Reichsminister untereinander zu einer Verständigung
kamen und eine mündliche Beschlussfassung der Reichsregierung somit
entfallen konnte.[117] Hitler wünschte aber ebenso wenig, dass bei einer dem

Kabinett unterbreiteten Vorlage Einwände oder Bedenken geäußert wurden. Dies zwang die beteiligten Ressorts, ihre Vorlagen »kabinettsreif« zu machen,[118] was den Reichskanzler der Pflicht enthob, zwischen gegensätzlichen Meinungen vermitteln oder selbst eine feste Position beziehen zu müssen, verstärkte indessen aber den Zwang, eine beabsichtigte Regelung unter der Ministerialbürokratie auszuhandeln. Erschwerend kam hinzu, dass die Eigeninteressen der Ressorts und die zahlreichen Reibungspunkte unter den mitspracheberechtigten Instanzen von Hitler nur selten und dann in Form des Kompromisses entschieden wurden. Dies hatte zur Folge, dass bei bedeutsamen Gesetzen immer häufiger nur die grundsätzliche Richtung fixiert wurde, die Streitfragen aber den ministeriellen Durchführungserlassen zugeschoben wurden.[119]

Das Ergebnis dieser nur umrisshaft angedeuteten Entwicklung war von entscheidender Bedeutung für die Politik und insbesondere für die Judenpolitik des Dritten Reiches. Da das Gesetzgebungsverfahren jeder strengen Förmlichkeit ermangelte und von keiner höchstinstanzlichen Stelle mehr kontrolliert wurde, fehlte es den Ressortchefs weitgehend an einem Überblick über die gesetzlichen Arbeiten, was auch das vom guten Willen der Beteiligten abhängige Umlaufverfahren nicht beseitigen konnte.

Es entwickelte sich, teils dem Zwang der Strukturhindernisse folgend, teils auch bewusst und beabsichtigt, die Übung, dass die Ministerien in Fragen der Rechtssetzung zusehends autonomer handelten. Derjenige, der eine Rechtsvorschrift verkündete, übernahm somit die Verantwortung für die Schöpfung neuen, geltenden Rechts und verfügte deren Form sowie die Art der Kundbarmachung.[120] Das gesetzte Recht verlor somit das Haupterfordernis der Publizität, da, der Polykratie der Ressorts folgend, der Rechtsstoff in zahlreichen Verkündigungsblättern verstreut wurde.[121]

Ein weiteres, sich aus dieser Übung entwickelndes Erschwernis betraf die Form und die Einheitlichkeit des geltenden Rechts. Durchführungsvorschriften erhielten weitere Unterermächtigungen, die neue Kompetenzbefugnisse schufen oder die Setzung neuen Rechts ermöglichten. Da die Rahmengesetze den Umfang der materiellrechtlichen Regelungen nur in groben Zügen absteckten, begannen die nachfolgenden Durchführungs- und Ausführungsvorschriften das Gesetz selbst zu erdrücken, da es unter der Flut der Spezialregelungen nahezu bedeutungslos wurde.[122]

Die gegenseitige Abstufung und Eingrenzung der Rechtsquellen wurde zu einem Arbeitsproblem ersten Ranges. Das Formerfordernis, integraler Bestandteil des Gesetzgebungsverfahrens, wurde vollständig verwischt. Immer schneller begann das materielle Recht in ministerielle

Verwaltungsvorschriften einzusickern. Auf dem Weg über die generelle, interne Dienstanweisung war somit allen Instanzen die Möglichkeit gegeben, politisch-ideologische Intentionen voranzutreiben.

Die Schwierigkeiten, die eine derartige Gesetzgebungspraxis mit sich brachte, war allen Ministerien bekannt, man war sich auch bewusst, dass ein einheitliches Rechtssetzungssystem dringend erforderlich war.[123] Die Versuche einiger Reichsministerien in dieser Richtung scheiterten allerdings wegen der unterschiedlichen Auffassung zu dieser Frage noch 1936.[124] Die Unübersichtlichkeit, Formlosigkeit und Zerrissenheit des staatlichen Rechtssetzungsverfahrens resultierte allerdings nicht allein aus den Eigentümlichkeiten des nationalsozialistischen Staatsaufbaus, sondern entsprach in seinen Ausprägungen völlig den Vorstellungen Hitlers. Das akademische Theorem von der staatlichen Norm als einer politischen Entscheidung korrespondierte mit Hitlers Verständnis von den »Staatsnotwendigkeiten«, für welche die Rechtssetzung nur ein Mittel darstellte, politische Akte juristisch zu untermauern.[125] So ist es für dieses Denken auch bezeichnend, dass Hitler kein starres Normengefüge wünschte, da ein festgefügtes Statuten- und Paragraphenwerk »die organische Weiterentwicklung des Lebens« unmöglich mache.[126]

Deshalb auch lehnte Hitler große Kodifikationen ab und hielt Rahmengesetze mit wenigen Bestimmungen für ausreichend.[127] Hinter diesen Überlegungen stand der Drang nach absoluter Bindungslosigkeit, deren Sinn einzig in der Dynamik der politischen Entwicklung lag, die nicht in einem Korsett vorgegebener Normen gefangen sein sollte.

Tatsächlich zeigt das Bild der nationalsozialistischen Rechtswirklichkeit, dass Hitlers Forderungen an die Technik und Ausgestaltung des Rechts, wenn auch nicht durchgängig, so jedoch ansatzweise realisiert war. Die Projektion eines dynamischen, sich der politischen Entwicklung anpassenden Rechts bot insbesondere der Partei alle Möglichkeiten, ihre Vorstellungen zur Geltung zu bringen. Nachdem der StdF am 25. Oktober 1934 gegenüber der Parteibürokratie sein alleiniges Mitspracherecht an der Gesetzgebung unterstrichen hatte, erhielt er von Hitler im März 1935 ein absolutes Einspruchsrecht gegen die Verabschiedung von Gesetzen im vereinfachten Verfahren.[128] Damit stand die Ministerialbürokratie, wo man sich nach den Regeln des traditionellen Verwaltungshandelns gegenseitig zu informieren suchte,[129] einem geschlossen auftretenden Block gegenüber. Vollends zwischen die Mahlsteine des nationalsozialistischen Staates geriet die Beamtenschaft konservativer Prägung durch die Ernennung Himmlers zum »Chef der deutschen Polizei im Reichsministerium des Innern« am 17. Juni 1936.[130] Die Errichtung einer eigenständigen Polizeiabteilung hatte zur Folge, dass das »Hauptamt Sicherheitspolizei« unter Heydrich nun als Ministerialinstanz tätig werden konnte,[131] zu polizeilichen Anordnungen befugt war und wie alle anderen Ressorts bei gesetzgeberischen Arbeiten beteiligt werden musste.[132] Während die traditionellen Reichsministerien in Zusammenarbeit mit der Reichskanzlei[133] mühselig um Entscheidungen rangen, nutzten SS und Partei die brüchige Struktur des Staates und seines Rechtssystems zur ungehemmten Durchsetzung ihrer Interessen, wobei auch die Judenpolitik in das Räderwerk einer anarchisch arbeitenden Rechtssetzungsmaschinerie gezogen wurde.

III. Kapitel: Die »Nürnberger Gesetze«

1. Auf dem Weg zum »völkischen Staat«

Im Jahr 1934 schienen die anfangs so hektischen Bemühungen um die Rassengesetzgebung einer ruhigeren Entwicklung gewichen.[1] Eine nicht geringe Zahl der ausgewanderten jüdischgläubigen Deutschen hatte dies sogar zum Anlass genommen, im Verlauf dieses Jahres nach Deutschland zurückzukehren.[2]

Diese Tatsache benutzten indessen einige Teile der NSDAP, um gegen den »Rückstrom« der Juden propagandistisch zu Felde zu ziehen. Das als »typisch jüdische Frechheit« angeprangerte Recht dieser Heimkehrer, von den Möglichkeiten ihrer Staatsangehörigkeit Gebrauch zu machen, bot zugleich radikalen Kreisen eine willkommene Gelegenheit, die festgefahrene Judenfrage wieder in Bewegung zu bringen.

Bereits seit Mitte 1934 hatte es Julius Streicher, Gauleiter von Franken und Herausgeber des »Stürmer«, verstanden, in seinem Gaubereich eine latente Pogromstimmung zu erzeugen.[3] Gegen Ausgang des Jahres intensivierte der an Primitivität kaum zu übertreffende »Stürmer« (»Deutsches Wochenblatt im Kampfe um die Wahrheit«) seine volksaufklärerischen Bemühungen. In den entlegensten Gemeinden wurden »Stürmer-Schaukästen« aufgestellt, in denen das Volk eine sich von Woche zu Woche steigernde, hysterische Gräuelhetze gegen das Judentum verfolgen konnte.[4]

Die pornographisch-kriminalistischen Verbalorgien wurden vom »Angriff«, dem Organ Goebbels', aufgefangen und in entsprechende Forderungen umgesetzt. Anfang Februar 1935 fiel in den Hetzfeldzug der neugegründete »Judenkenner« ein, als dessen Herausgeber der »Weltbund der Völkischen« zeichnete, eines der vielzähligen Propagandaunternehmungen des Außenpolitischen Amtes der NSDAP. Der »Judenkenner« stand seinem Vorbild, dem »Stürmer« in nichts nach.[5] Im März 1935, als die auf breiter Front vorangetriebenen Gräueltiraden die ersten Ausschreitungen provoziert hatten, wurde auch die politische Motivation offenbar: »Der Angriff« wies warnend auf eine kommende, antisemitische Welle hin.[6]

Gegen Ende April setzten die Terroraktionen und die ungehemmten Angriffe der Propaganda plötzlich aus. Der StdF, vom Ausbruch der judenfeindlichen Welle anscheinend selbst überrascht,[7] warnte am 11. April »dringlich« davor, sich gegen »jüdische Zersetzungsaktionen … durch Ausschreitungen gegenüber einzelnen Juden Luft zu machen«.[8] Auch Frick bemühte sich, die aufgeregte Atmosphäre zu dämpfen. Am 26. April kündigte er die Neufassung des Staatsbürgerrechts an, zu dessen Verleihung man rassische Bedingungen stellen wolle.[9] Die Vorgänge des Frühjahrs 1935 zeigten nahezu das gleiche Schema, welches 1933 in der Machtergreifungsphase so erfolgreich gewesen war. Die Reichsministerien begannen, auf den Druck der Straße zu reagieren und bemühten sich, durch entsprechende Konzessionen die drohende Terrorwelle abzufangen. Am 22. Januar 1935 wies das Reichsinnenministerium die Länder an, Approbationen an nichtarische Kandidaten der Medizin, der Tier- und Zahnheilkunde sowie der Pharmazie bis zu einer endgültigen Regelung nicht mehr zu erteilen.[10] In den kurz darauf ergehenden Prüfungsordnungen für Ärzte, Zahnärzte und Apotheker wurden »Nichtarier« zu den staatlichen Prüfungen nicht mehr zugelassen.[11] Nachdem im Februar 1935 der »Stürmer« gefordert hatte, »den Juden die Eignung zum Apotheker wegen Fehlens jeder Charakterfestigkeit abzusprechen«,[12] ergingen überraschend schnell die seit langem besprochenen »Grundsätze über die Verleihung von Apothekenkonzessionen«, die praktisch das Ausscheiden der Juden aus diesem Beruf zur Folge hatten.[13] Andere Ministerien beeilten sich während der aufgeheizten Atmosphäre, bestehende Einzelvorschriften in reichseinheitliche Bestimmungen einzuarbeiten.[14]

Ein deutliches Signal war dann die Verkündung des Wehrgesetzes vom 21. Mai 1935.[15] Die Hoffnung, der sich einige konservative jüdische Vereinigungen nach Verkündung der Wehrhoheit hingegeben hatten, wurde von Hitler desillusioniert. Die Weigerung des Gesetzgebers, Juden für den »Ehrendienst am deutschen Volk« heranzuziehen, ging offenbar auf sein Betreiben zurück.[16] Dennoch brachte das Wehrgesetz gegenüber den Regelungen anderer Vorschriften den Juden einige bedeutsame Erleichterungen. Die »Verordnung über die Zulassung von Nichtariern«[17] kannte nicht mehr die im GWBB niedergelegten Ausnahmebestimmungen und trennte zwischen den Begriffen »Rasse« und »Religion«, wodurch die Vermutung der Zugehörigkeit zur jüdischen Rasse allein auf Grund der Religionszugehörigkeit nicht bewiesen werden konnte. Auch galt ein Großelternteil im Gegensatz zum Beamtenrecht nur dann als »nichtarisch«, wenn auch dessen Eltern »nichtarisch« gewesen waren.[18]

Innerhalb der Ministerialbürokratie ist zu beobachten, dass mit der gestiegenen Bedeutung des StdF im Gesetzgebungsverfahren die Ministerien kaum noch eine mildere Auffassung auf einem Gebiet der Judenfrage erfolgreich vertreten konnten.[19] Ebenso wenig wagte man es, in der Judenfrage eine klare, rechtliche Stellungnahme abzugeben, sondern verlegte sich auf taktische Ausflüchte, in der Hoffnung, dass eine offen gesetzwidrige Maßnahme durch die »organische Entwicklung« mit der Zeit sanktioniert werde.[20]

Während der Pressekampagne gegen die Juden begann erstmals die Gestapo Heinrich Himmlers als »Vorkämpfer« eines nationalsozialistischen Rechtslebens in die Szenerie einzugreifen. Dies zwang die Ministerien immer häufiger, eigenmächtigen Vorgriffen der politischen Polizei nachträglich ihr Placet zu geben, wollten sie es nicht darauf ankommen lassen, dass die Judenpolitik des Dritten Reiches einzig von den außerordentlichen Machtbefugnissen der Polizei bestimmt wurde. So verbot die Gestapo im Februar 1935 das Hissen der Hakenkreuzfahne durch Juden;[21] sie veranlasste dadurch das Reichsinnenministerium, mit Erlass vom 27. April diese Anordnung zu sanktionieren.[22] Die Polizei ließ kein Gebiet unreglementiert, das ihren ideologischen Vorstellungen widersprechen konnte. Ein Erlass des Gestapa wies die Staatspolizeistellen im April 1935 an, »in eigener Zuständigkeit« die Unterrichtsräume jüdischer Repetitoren »unter Berufung auf örtliche Verhältnisse einer Überholung zu unterziehen«.[23] Der Reichserziehungsminister musste diese von der Gestapo erzwungene Tatsache anerkennen und zog noch vor Jahresende mit einem entsprechenden Runderlass dem Vorgriff der politischen Polizei nach.[24]

Diese Übergriffe entsprachen neben dem Wunsch an der »positiven Mitgestaltung« des nationalsozialistischen Staatswesens offenbar auch der weit verbreiteten Unzufriedenheit vieler Nationalsozialisten an der Zurückhaltung der Staatsbürokratie in der Judenfrage und fügen sich deshalb nahtlos in die von radikalen Rassenfanatikern betriebene Hetze um die Wende der Jahre 1934/35 ein.

Tatsächlich konnten viele überzeugte Antisemiten mit der bisherigen Entwicklung der Rassengesetzgebung unzufrieden sein. Bereits im Sommer 1933 hatten sich für sie die Umrisse eines auf den Forderungen des Parteiprogramms basierenden doppelwertigen Staatsangehörigkeitsrechts abgezeichnet[25] doch erging nur die »Verordnung über die deutsche Staatsangehörigkeit«,[26] deren einzige Regelung darin bestand, dass sie an Stelle der Staatsangehörigkeiten der einzelnen deutschen Bestrebungen der Initiatoren dieser neuesten antijüdischen Kampagne setzte.

Frick hatte bei seiner Ankündigung einer Neufassung des Staatsbürgerrechts auf rassischer Grundlage sehr wohl verstanden, dass die Bestrebungen der Initiatoren dieser neuesten antijüdischen Kampagne eindeutig in diese Richtung gingen. Offenbar bezog sich sein Beschwichtigungsversuch auf die Vorarbeiten zu einem »Gesetz zur Änderung des Reichs- und Staatsangehörigkeitsgesetzes vom 22. Juli 1913«, das sämtliche Einbürgerungsansprüche aufheben sollte und seit einiger Zeit in seinem Ministerium bearbeitet wurde.[27] Dieses Gesetz, das von Hitler am 15. Mai 1935 ausgefertigt wurde,[28] war allerdings kaum geeignet, auch nur den Minimalforderungen der Antisemiten zu genügen. Seine einzige Neuerung bestand in der Klausel: »Über die Verleihung der deutschen Staatsangehörigkeit entscheiden die Einbürgerungsbehörden nach pflichtgemäßem Ermessen. Ein Anspruch auf Einbürgerung besteht nicht.« Offenbar um dem Gesetz den nötigen antijüdischen Hintergrund zu geben, vermerkte man in der Begründung, es hätten sich die Fälle gehäuft, in denen Jüdinnen ehemals deutscher Staatsangehörigkeit, die einen Ausländer geheiratet hatten, nach Scheidung der Ehe oder nach dem Tod des Ehemanns, unter Berufung auf die alte Fassung des Staatsangehörigkeitsgesetzes, ihre Einbürgerung durchsetzten.[29]

Nachdem die Hoffnungen der radikalen Vorkämpfer eines völkischen Rasserechts erneut enttäuscht worden waren, begannen die antijüdischen Ausschreitungen wieder an Heftigkeit zuzunehmen. Parallel zu den sich steigernden Terroraktionen propagierte die Partei immer schärfere Forderungen. Reichsjuristenführer Frank hielt es für »unerträglich«, dass noch Tausende von Juden in der Justiz tätig waren und verlangte die baldige »Befreiung des deutschen Volkes« von diesem »Fremdkörper«.[30] Anfang Juni betonte die »NS-Parteikorrespondenz«, Juden könnten nicht mehr als Staatsbürger angesehen werden.[31] Mitte Juli erweiterte sie ihre Forderungen auf Todesstrafe für alle Juden, die arische Untermieter oder Mieter haben, arisches Hauspersonal beschäftigen oder als Ärzte oder Rechtsanwälte Nichtjuden betreuen.[32] Zum gleichen Zeitpunkt rief der »Judenkenner« nach der Todesstrafe für alle »Rassenschänder«[33] und äußerte Goebbels öffentlich in Gegenwart Fricks, dass man Eheschließungen zwischen Deutschen und Juden nicht mehr dulden werde.[34]

Von Berlin ausgehend, erreichte der Terror das Ausmaß der Ereignisse von März und April 1933. Am 15. Juli 1935 kam es auf dem Berliner Kurfürstendamm zu pogromähnlichen Ausschreitungen.[35] Am 18. Juli rief Goebbels seinen stellvertretenden Gauleiter Görlitzer, den Berliner SA-Gruppenführer Uhland, den Staatskommissar für Berlin, Lippert, und den Polizeipräsidenten Potsdams, Graf Helldorf, in sein Urlaubsdomizil, dem Ostseebad Heiligendamm.[36] Am folgenden Tag verkündete »Der Angriff« als Hauptschlagzeile: »Berlin wird vom Kommunismus, von der Reaktion und den Juden gereinigt«.[37] SS-Gruppenführer Daluege, Chef der preußischen Polizei, hielt ebenfalls am 18. Juli einen Vortrag »Der Jude in der Polizeistatistik«.[38] Helldorf, seit dem 20. Juli Polizeipräsident von Berlin, gab Anweisung, die jüdischen Geschäfte am Kurfürstendamm zu schließen.[39] Erst nachdem die immer brutaleren Aktionen bewiesen, dass der Terror nun mit einer gewissen Eigengesetzlichkeit weiterlief, versuchte man in Berlin, die Lage wieder unter Kontrolle zu bekommen. Am

27. Juli wies Helldorf darauf hin, dass Einzelaktionen verboten seien, und schob die Verantwortung für die Ausschreitungen auf »Provokateure« ab.[40] Ihm folgte am 2. August Bormann, der sich energisch gegen »Selbsthilfeaktionen« wandte und für die geschaffene Situation »jüdische Provokateure« verantwortlich machte.[41] Bereits am 9. August wiederholte der StdF seinen Aufruf, diesmal gedeckt durch die Autorität Hitlers, der einen Tag zuvor befohlen hatte, dass alle wilden Aktionen von den Parteidienststellen zu unterbinden sind.[42] Das ungewöhnliche Ergebnis dieser Aufrufe war, dass die Partei nun praktisch gegen sich selbst vorgehen und sich sogar Warnungen des Staates gefallen lassen musste. Am 20. August griff Frick die Anordnung Hitlers auf und ersuchte, »von nun an rücksichtslos gegen alle derartigen Aktionen vorzugehen und mit allen Mitteln für unbedingte Ruhe, Sicherheit und Ordnung zu sorgen«. Ungesetzlichkeiten sollten erforderlichenfalls mit den schärfsten Mitteln verhindert werden.[43] Den Akteuren und zuständigen Beamten wurden bei Nichtbefolgung harte Strafen angedroht.[44]

Bewertet man die Abwiegelungsversuche Hitlers und der Partei, so muss auf die für das Reich außerordentlich günstige außenpolitische Situation des Sommers 1935 verwiesen werden, die man seitens der Führung der NSDAP wohl kaum durch Großaktionen und weltanschauliche Programmforderungen gefährden mochte.[45] Im übrigen konnte das mutmaßliche Ziel der Kampagne, als deren Initiator zweifellos Goebbels zeichnete, als erreicht gelten: Die Judenfrage war wieder in Bewegung geraten.[46] Es lag nun allein an der Staatsbürokratie, die durch die Propaganda der Öffentlichkeit eingepeitschten Forderungen gesetzlich zu verankern. Auch dies schien nur eine Frage der Zeit. Bereits im Mai, als die zweite Welle der antisemitischen Ausschreitungen anhob, hatte Reichserziehungsminister Rust versucht, mit einer Reihe nachfolgender Berufszulassungs- und Ausbildungsverbote der politischen Lage Rechnung zu tragen.[47] Im Juli folgte der Reichsarbeitsminister mit dem Verbot, Juden von der Rundfunkgebühr zu befreien.[48] Die Reichsmusikkammer schloss im August »nichtarische« Kirchenmusiker und Organisten aus, was praktisch einem Berufsverbot entsprach.[49] Auch die Bewegungsfreiheit der jüdischen Jugendverbände wurde drastisch eingeschränkt.[50]

Frick hatte am 3. August auf dem Gautag in Essen versprochen, dass die Judenfrage ›langsam aber sicher auf vollkommen legalem Wege gelöst werde‹«. Offensichtlich fühlte sich Frick nun tatsächlich zum Handeln genötigt. Bereits am 26. Juli hatte er die Vorbereitung eines Gesetzes gegen Mischehen angekündigt und die Standesbeamten angewiesen, Aufgebote oder Eheschließungen zwischen »Ariern« und Juden bis auf weiteres zurückzustellen.[51]

Zu ähnlichen Versprechungen wie Frick sah sich auch Schacht

gezwungen. Die wilden Aktionen hatten sich mit besonderer Heftigkeit gegen die bislang noch unreglementierte Stellung der Juden in der Wirtschaft gewendet. Am 3. Mai übergab Schacht dem Reichskanzler eine Denkschrift, in der er darauf aufmerksam machte, dass die Judenfrage wieder verschärft an Bedeutung gewonnen habe »durch Bekämpfung einzelner Juden außerhalb des Gesetzes, ja gegen ausdrückliche Regierungs-Verordnungen, die dem Juden im Wirtschaftsleben eine Betätigungsmöglichkeit gewährleistet haben«.[52]

Nachdem die antijüdischen Ausschreitungen im Juli und August für die Wirtschaft beunruhigende Ausmaße angenommen hatten, fühlte sich Schacht zum Handeln verpflichtet. Am 13. August lud er alle an der Judenfrage beteiligten Stellen zu einer Besprechung auf den 20. August ein. Zur Begründung wies er auf die wirtschaftlichen Auswirkungen der verstärkten Bekämpfung des Judentums hin, weshalb er Wert darauf lege, die Stellungnahme »der für die politischen Maßnahmen verantwortlichen Ministerien in der Behandlung der Judenfrage zu erfahren«.[53]

Am 18. August folgte dann Schacht dem Vorbild Fricks und führte auf einer Rede in Königsberg aus, die Juden müssten sich damit abfinden, »daß ihr Einfluß bei uns ein für allemal vorbei ist«.[54] Sein Hinweis, eine Judengesetzgebung sei »in Vorbereitung«, verfolgte dann offenbar die Absicht, mit einem derartigen Versuch beschwichtigend und mäßigend auf die gesetzwidrigen Umtriebe einzuwirken. Wie die von Schacht dann als Chefbesprechung angesetzte Sitzung vom 20. August auch bewies,[55] hatten weder er noch Frick ein Konzept, noch irgendwelche konkreten Vorschläge anzubieten. Der Reichsinnenminister begnügte sich damit, nochmals auf ein in Vorbereitung befindliches Gesetz gegen Mischehen hinzuweisen und ein legales Vorgehen gegen die Juden zu betonen. Schacht argumentierte aus der Position eines Verteidigers der bestehenden Wirtschaftsordnung. Einzig Adolf Wagner, der den StdF vertrat,[56] meldete klare Forderungen an. Brutal setzte er die Staatsbehörden unter Druck, indem er eine »allmähliche Beruhigung des Volkes« in Aussicht stellte, sofern die Reichsregierung ein »Weiterkommen in der Judenfrage« erreiche. Als ersten Schritt erschien es Wagner ausreichend, den Juden die Eröffnung neuer Geschäfte zu verbieten.

Nachdem Schacht sich abschließend alle ungesetzlichen Eingriffe in die Wirtschaft verbeten hatte, einigten sich die Anwesenden[57] auf ein legales Vorgehen und erzielten Einverständnis über folgende Punkte:

a) Es sollte Vorsorge getroffen werden, dass neue jüdische Geschäfte nicht zugelassen werden.
b) Es sollte, soweit möglich, dafür gesorgt werden, dass nur an deutsche Geschäfte öffentliche Aufträge zu vergeben sind.

c) Staatsminister Adolf Wagner sollte so bald als möglich dem Reichsbankpräsidenten neue Anregungen unterbreiten, die ein legales
Fortschreiten der »Bekämpfung des Judentums« ermöglichen.[58]

Diese Richtlinien waren allerdings äußerst unverbindlich und legten die
Staatsbürokratie in keinem Punkt fest. Da die angeheizte Atmosphäre in
den folgenden Wochen schnell abkühlte, schien man auch im Reichsinnenministerium wenig geneigt, die Judengesetzgebung mit der im
Parteisinne erforderlichen Beschleunigung voranzutreiben.[59] Anfang
September hatte Schacht »eine grundsätzliche Aussprache« mit Hitler,[60]
deren Ergebnis offenbar ein erneuter Freibrief des Reichskanzlers für
Schachts Wirtschaftspolitik war.[61] Damit schien sich die allgemeine Lage
plötzlich zugunsten der Juden stabilisiert zu haben. Die unerwartete Beruhigung mochte nicht zuletzt darauf zurückzuführen sein, dass die
konservativen Minister eine unnachgiebigere Haltung gegenüber den
rassischen Parolen und Wünschen der Partei eingenommen hatten.[62]

2. Der überraschende Schlag: Die Rassengesetze von Nürnberg

Am 8. September 1935, dem Vorabend des in Nürnberg stattfindenden
»Parteitag der Freiheit«, war über das Schicksal der deutschen Juden
trotz aller Pressionen, Forderungen und Drohungen noch nichts entschieden. Völlig ungewiss war insbesondere die Haltung Hitlers, auf dessen Machtwort sich zwar sowohl der Staat als auch die Partei bei ihren
Bemühungen, den Terror abzubremsen, berufen hatten, der aber die politische und rechtliche Zukunft des Judentums ansonsten mit keinem Wort
gestreift hatte.

Von der offensichtlich widerwillig arbeitenden Staatsbürokratie war
für die engagierten Vertreter der Rassenpolitik in absehbarer Zeit kaum
ein entsprechend weites und hartes gesetzliches Vorgehen gegen die
Juden zu erwarten. Die wilden Aktionen des Sommers 1935 waren abge-
ebbt, ohne dass die 1933 so vorzüglich ineinander greifende Mechanik
des organisierten Terrors und der darauf folgenden gesetzlichen Regelungen neuerlich zum Erfolg geführt hatte. Dieser Misserfolg musste aber in
erster Linie Hitler treffen, war er doch gewiss der letzte, der sich nicht mit
den Forderungen nach Rassentrennung und einem besonderen Staatsangehörigkeitsgesetz für Juden identifizierte. Sein Zögern, diese Punkte als
Reichskanzler noch während des Sommers 1935 gesetzlich normieren zu
lassen, weist auf taktische Gründe hin, die sich wahrscheinlich aus dem
latenten Widerstand der Bürokratie erklären.

Wie auf dem Gebiet der Außenpolitik hatte Hitler bislang auch in der Judengesetzgebung die Methode des »coups« verfolgt: Entweder wurde der Gegner erpresserisch in die Ecke getrieben oder mit einem Schlag vor vollendete Tatsachen gestellt.[63] Die Erpressungstaktik hatte während der Machtergreifungsphase verfangen, war jedoch 1935 nicht in dem erwünschten Umfang erfolgreich gewesen. Somit stellte sich für Hitler die Folgerung, eine weitergehende Ausschaltung mit dem Mittel des überraschenden Zuschlagens zu erzwingen.

Welches Fragengebiet inoffiziell den Verlauf des Parteitages bestimmen sollte, erwies sich bereits am 10. September. In Verbindung mit dem »Rassenpolitischen Amt« erließ der Reichserziehungsminister einen Runderlass, wonach, beginnend mit dem Schuljahr 1936, eine möglichst vollständige Rassentrennung an allen deutschen Schulen durchgeführt werden sollte.[64] Hinter dem »Kassenpolitischen Amt« standen »Reichsärzteführer« Wagner und Walter Groß, die den Parteitag offensichtlich als eine günstige Gelegenheit betrachteten, Entscheidungen in der Judenfrage voranzutreiben. Am 12. September versuchte Wagner die Stimmung gegen das Judentum wieder anzuheizen, als er in einer Rede ankündete, der nationalsozialistische Staat werde in Kürze durch ein »Gesetz zum Schutze des deutschen Blutes« die weitere Bastardisierung des deutschen Volkes verhindern.[65]

Zu einem derartigen Gesetz fehlten allerdings alle Vorarbeiten und wie der weitere Gang der Ereignisse bewies, war selbst dem Reichsinnenministerium nichts davon bekannt.[66]

Am Abend des 13. September wurde der Judenreferent des Reichsinnenministeriums, Ministerialrat Lösener, von Berlin aus überraschend nach Nürnberg beordert.[67] Ihm und Ministerialrat Medicus aus der Zentralabteilung des Ministeriums wurde nur eröffnet, dass es sich um ein Judengesetz handele.

Lösener und Medicus trafen am Sonnabend, dem 14. September, in Nürnberg ein, wo sie von Pfundtner und dem Leiter der Abteilung I (Verfassung und Verwaltung), dem Ministerialdirektor Dr. Stuckart,[68] sowie den für das Referat Beamtenrecht zuständigen Ministerialdirigent Seel darüber informiert wurden, dass Hitler ihnen am voraufgegangenen Tag den Auftrag geben hatte, die Frage der Verheiratung zwischen »Ariern« und »Nichtariern« und aller damit zusammenhängenden Probleme gesetzlich zu regeln.[69]

Pfundtner, Stuckart und Seel, die bereits am Freitag begonnen hatten, die ersten Umrisse eines Gesetzentwurfes zu skizzieren,[70] erhielten neben Lösener und Medicus noch weitere Verstärkung in Gestalt von Walter Sommer, dem Leiter der staatsrechtlichen Abteilung im Stab des StdF, der im Auftrag Wagners »Parteiforderungen« anmeldete: Das Gesetz habe

»Judenabkömmlinge« einzuschließen, bereits bestehende »Mischehen« sollten zwangsweise gelöst oder der »arische« Ehepartner selbst wie ein Jude behandelt werden.

Die folgenden Stunden lassen sich an Turbulenz schlechterdings kaum überbieten: Die Ministerialbeamten, mit Ausnahme des desinteressierten Sommer, fertigten im Trubel der Aufmärsche und Proklamationen in der Polizeidirektion von Nürnberg etliche Entwürfe; Lösener musste sich mit den jeweiligen Fassungen zu Frick durchschlagen, der in einer Villa am Rande der Stadt residierte. Frick, durchwegs gleichgültig gegenüber dem Inhalt der Entwürfe, begab sich zu Hitler, an dessen Seite sich unentwegt Wagner aufhielt, der Einwände vorbrachte und Verschärfungen forderte. Frick wusste mangels jeder Sachkenntnis hierauf nichts zu erwidern, und Lösener hatte sich mit den von Hitler erbetenen Änderungswünschen wieder auf den Rückweg zu machen.

Dieser Vorgang wiederholte sich auch, nachdem die Beamten zur Arbeitserleichterung in Fricks Quartier übergewechselt waren. Endlich, um Mitternacht vom 14. auf den 15. September, übermittelte Frick den Wunsch Hitlers, vier Entwürfe auszuarbeiten, die von einer schärfsten Fassung A über zwei Zwischenfassungen B und C bis zur mildesten Fassung D gehen sollten. Zusätzlich aber forderte Hitler »zur Abrundung der Gesetzgebung« noch eine Art Reichsbürgergesetz, das ihm sofort vorgelegt werden sollte.

Die übermüdeten Beamten, die nervlich und körperlich am Ende waren,[71] entwarfen binnen einer halben Stunde einen Gesetzentwurf, der so inhaltsleer wie möglich war, die gegenwärtige Staatsangehörigkeit der Juden sicherte und für die Deutschen das »Reichsbürgerrecht« brachte, eine Art qualifizierter Staatsangehörigkeit. Gegen 2.30 Uhr kehrte Frick von Hitler zurück und meldete, dass der Reichskanzler den Entwurf gebilligt habe.

Am Abend des gleichen Tages lagen den Abgeordneten des nach Nürnberg einberufenen Reichstages die Drucksachen Nr. 8, 9, 10 vor, Initiativanträge nach Art. 68 WRV, wonach die Reichstagsabgeordneten Hitler, Göring, Heß, Frick und Genossen dem Reichstag ein »Reichsflaggengesetz«,[72] ein »Gesetz zum Schutze des deutschen Blutes und der deutschen Ehre« und ein »Reichsbürgergesetz« zur verfassungsmäßigen Zustimmung vorlegten.[73]

Die Ministerialbeamten erfuhren so, dass bei der Auswahl des nun als »Blutschutzgesetz« gekennzeichneten Entwurfes Hitler die relativ milde Fassung D vorgezogen, allerdings auch eigenhändig den Zusatz gestrichen hatte: »Dieses Gesetz gilt nur für Volljuden.«[74]

Nachdem Hitler dem Reichstag die Annahme der Gesetze vorgeschlagen hatte, führte er aus: »Das erste und zweite Gesetz[75] tragen eine Dan-

kesschuld an die Bewegung ab ..., das zweite[76] ist der Versuch der gesetzlichen Regelung eines Problems, das im Falle des abermaligen Scheiterns
dann durch Gesetz zur endgültigen Lösung der nationalsozialistischen
Partei übertragen werden müßte.«[77]

Mit ähnlichen Worten hatte Hitler wenige Tage zuvor in seiner Partei-
tagsproklamation, und hier an einer Stelle über den »jüdischen Marxis-
mus«, festgesellt, »daß der Kampf gegen die inneren Feinde der Nation
niemals an einer formalen Bürokratie und ihren Unzulänglichkeiten
scheitern wird, sondern dort, wo sich die formale Bürokratie des Staates
als ungeeignet erweisen sollte, ein Problem zu lösen, wird die deutsche
Nation ihre lebendigere Organisation ansetzen, um ihren Lebensnotwen-
digkeiten zum Durchbruch zu verhelfen«.[78]

Diese zweimalige Bezugnahme auf die Rolle der Partei stellte zweifellos eine unüberhörbare Warnung an die Staatsbürokratie dar und
gewinnt ihre eigentliche Bedeutung erst in Verbindung mit den einstim-
mig angenommenen Nürnberger Gesetzen.[79]

Spätestens am 11. September, als Hitlers Proklamation verlesen wurde,
schien er den Entschluss gefasst zu haben, das Judentum nun auf gesetzlichem Wege direkt und unverhüllt anzugreifen. Seine zweimalige Warnung
an die Adresse der Bürokratie, in beiden Fällen jeweils in unmittelbarem
Zusammenhang mit der Judenfrage, zeigt das Maß der Erbitterung, mit der
er das Zögern seiner Gesetzgebungsorgane beobachtete. Mit der Wahl des
Ortes und einer überstürzten Fristsetzung hatte er die Bürokratie und deren
Entscheidungsprozess im wesentlichen ausgeschaltet. Dies genügte ihm
jedoch nicht. In gleichem Maße erstickte er jeden denkbaren Widerstand
gegen diese und künftige Ausnahmegesetze, indem er eine Kompetenzer-
weiterung der Partei zur Sprache brachte: Mit der Drohung, die Zuständigkeit in der gesetzlichen Behandlung der Judenfrage nötigenfalls dem Staat
zu nehmen und der Partei zu übertragen, hatte er eine schwerwiegende
Warnung ausgesprochen, die sowohl die Minister wie deren Behörden zu
erhöhter Willfährigkeit in der Judenfrage zwingen musste.

Inwieweit Hitler auch der geistige Urheber der Nürnberger Gesetze ist,
dürfte sich kaum noch rekonstruieren lassen. Allerdings drängt sich die
Vermutung auf, dass er in einem geschickt eingefädelten Spiel das »Rassenpolitische Amt« vorschob und selbst bemüht blieb, im Hintergrund zu
bleiben.[80] Dem steht auch nicht entgegen, dass er, ganz im Gegensatz zur
Auffassung Wagners, für das »Blutschutzgesetz« die mildeste Fassung D
wählte. Denn erstens konnte er damit vor den Staatsbeamten das Bild des
»gemäßigten«, rational handelnden Staatsmannes aufrechterhalten, und
zweitens konnte er gegenüber der Parteibürokratie zum Ausdruck bringen, dass er allein Tempo und Ausmaß der Judengesetzgebung bestimmte. Dass seine Zurückhaltung im Gegensatz zum Drängen Wagners tat-

sächlich nur von taktischen Gesichtspunkten geleitet wurde, erweist sich an der Behandlung eines anderen Fragengebietes: So sprechen mehrere Anhaltspunkte dafür, dass Hitler auf dem Parteitag zum erstenmal Dritten gegenüber die Menschenvernichtung als politisches Ziel ansprach, was später unter dem Namen »Euthanasie« verwirklicht werden sollte.[81] Charakteristisch für die engagierte Beteiligung Hitlers ist überdies der gesamte Gang des Gesetzgebungsverfahrens. Durch die schnelle Entscheidung und die überstürzte Friststellung wurden die zuständigen Minister völlig überrumpelt,[82] die Ministerialbürokratie gezwungen, leere Rahmenentwürfe beliebig ausgestaltbaren Inhalts zu schaffen.[83] Hitler brauchte sich zudem auf nichts festzulegen, sondern konnte die näheren Bestimmungen zwischen Staat und Partei aushandeln lassen.

Der Erlass der Nürnberger Gesetze, so hart und einschneidend sie auch waren, wurde vom deutschen Judentum sogar mit einer gewissen Erleichterung aufgenommen.[84] Da Hitler dem Reichstag gegenüber diese Gesetze als endgültige und abschließende Regelung angekündigt hatte,[85] erweckte dies bei den Betroffenen die Hoffnung, dass die nationalsozialistische Rassengesetzgebung nunmehr ihren Endpunkt erreicht haben würde. Man erwartete demgemäß auf Seiten des Judentums die Beendigung aller gesetzeswidrigen Maßnahmen und bereitete sich vor auf ein Leben innerhalb eines besonderen, jedoch endgültig fixierten und garantierten Rechtskreises.

Das »Blutschutzgesetz« bildete ein Kompendium verschiedener Rechtsgebiete.[86] Es verbot Eheschließungen zwischen Juden und »Staatsangehörigen deutschen oder artverwandten Blutes« sowie den außerehelichen Verkehr unter denselben. Die Beschäftigung weiblicher »arischer« Hausangestellter war Juden untersagt; die Reichs- und Nationalflaggen durften sie nicht zeigen. Die zur Durchführung und Ergänzung des Gesetzes erforderlichen Rechts- und Verwaltungsvorschriften hatte der Reichsinnenminister im Einvernehmen mit dem StdF zu erlassen.

Das binnen einer Stunde entworfene »Reichsbürgergesetz«[87] war in seinen Rechtsfolgen noch unbestimmter. Es definierte den Begriff des »Staatsangehörigen«[88] und schuf für den »arischen« Deutschen den Status des »Reichsbürgers«. Dieser allein war Träger der vollen politischen Rechte.[89] Das Reichsbürgerrecht galt bis zur Ausstellung eines »Reichsbürgerbriefes« nur als vorläufig verliehen. Die Ausarbeitung der notwendigen Rechts- und Verwaltungsvorschriften wurde dem Reichsinnenminister und dem StdF übertragen.

Die materiellrechtlichen Regelungen beider Gesetze waren kaum imstande, auf dem Gebiet der Judenfrage die von vielen erwartete Beruhigung zu bringen. Die einzig entscheidende Frage, wer denn nun eigentlich »Jude« ist, wurde von beiden Gesetzen nicht beantwortet. Man übertrug vielmehr die Lösung dieses Problems auf die zwischen dem Innenministerium und der Partei auszuhandelnden Rechtsvorschriften und ließ bis zu deren Erlass ein Rechtsvakuum offen, das sowohl die Betroffenen wie die Staatsbehörden in einen Zustand zunehmender Unsicherheit versetzte.

3. Der Judenbegriff und die Stellung von Staats- und Parteibehörden

Sofort nach Verkündung der Nürnberger Gesetze hatte das Propagandaministerium den erwarteten Vorschriften vorgegriffen und durch Ad hoc-Regelungen versucht, Präzedenzfälle zu schaffen. Ohne Konsultierung des mitspracheberechtigten Reichswirtschaftsministers wurden die jüdischen Kunst- und Antiquitätenhändler aus der »Reichskammer der bildenden Künste« ausgeschlossen, was einem Berufsverbot gleichkam.[90] Die »Reichsfilmkammer« forderte die jüdischen Filmtheaterbesitzer auf, ihre Unternehmen bis spätestens zum 10. Dezember 1935 zu verkaufen, ansonsten ihnen ihre Konzessionen entzogen würden.[91] Am 30. Oktober verfügte der Politische Polizeikommandeur der Länder, dass »Juden die Führung von Künstlernamen mit oder ohne Verbindung mit ihren Familiennamen zu untersagen ist, weil die Beilegung von Künstlernamen eine Tarnung des jüdischen Namensrechts ermöglichen soll«.[92] Wenige Wochen später folgte das Propagandaministerium dem Vorgehen der Gestapo und erließ ein »Verbot des Führens von Künstlernamen durch Juden«.[93]

Aufschlussreicher als dieses Zusammenspiel von Himmler und Goebbels ist indessen die Zielrichtung der ungesetzlichen Vorgriffe. Offenbar beabsichtigte man, in die Ausführungsbestimmungen zu den Nürnberger Gesetzen auch wirtschaftliche Beschränkungen aufzunehmen. Obwohl das Reichswirtschaftsministerium gegen die Maßnahme des Propagandaministeriums protestierte,[94] schien der Ausschluss der Juden aus der Wirtschaft eine beschlossene Tatsache. Entsprechende Gesetze waren seit Ende September im Reichsinnenministerium in Vorbereitung.[95] Als dann Frick am 12. Oktober Ausführungsbestimmungen zu den Nürnberger Gesetzen ankündigte, erhöhte er die Unsicherheit der deutschen Juden zusätzlich mit dem Hinweis, man denke auch an eine Einschränkung ihrer wirtschaftlichen Betätigung.[96]

Da Hitler die Übergriffe des Reichspropagandaministers stillschweigend billigte,[97] sah sich Schacht zu einer ausdrücklichen Weisung veranlasst, bis zur erfolgten Neuregelung über die Stellung der Juden in der Wirtschaft alle Maßnahmen gegen jüdische Geschäfte zu unterlassen.[98] Doch hatten auch andere Ministerien damit begonnen, die erwarteten

Maßnahmen vorwegzunehmen. Das Reichsfinanzministerium machte am 28. September die Vergabe von Kinderbeihilfen vom Status des Reichsbürgers abhängig.[99] Die Gesundheitsabteilung des Reichsinnenministeriums erweiterte die bestehenden Prüfungsbeschränkungen für Apotheker auf alle »nichtarischen« Kandidaten der Pharmazie.[100]

Am 30. September ordnete das Reichsinnenministerium eine der bedeutsamsten Fragen und befahl die Entlassung derjenigen Beamten, die von drei oder vier der Rasse nach »volljüdischen« Großeltern abstammten.[101] Weiterhin ersuchte es mittels Schnellbrief, die vorläufige Anwendung des Blutschutzgesetzes sicherzustellen: Es verbot Eheschließungen zwischen Personen deutschen oder »artverwandten Blutes« und solchen, die der Rasse nach von drei »volljüdischen« Großeltern abstammten. Eheschließungen waren auszusetzen, wenn ein oder zwei »volljüdische« Großeltern die Rassemerkmale eines Ehepartners bestimmten.[102] Diese Regelungen waren ein Zeichen, dass man sich über die Kategorie derer, die als Juden galten, noch keinesfalls schlüssig war.

Die Entlassung der jüdischen Beamten erfolgte mangels einer einheitlichen Rechtsgrundlage nach einem uneinheitlichen Verfahren. Während das Reichsjustizministerium noch am 30. September durch eine Anzahl von Staatstelegrammen die sofortige Entlassung aller noch im Staatsdienst befindlichen jüdischen Beamten verfügte,[103] beschränkte sich das Reichsfinanzministerium innerhalb seines Bereiches auf die unverbindliche Weitergabe des Erlasses, verzichtete auch auf die Nachprüfung der arischen Abstammung, so dass im wesentlichen nur »volljüdische« Beamte (vier »nichtarische« Großelternteile) von der Beurlaubung betroffen wurden. Diesem Vorgehen schien sich auch die Reichskanzlei anzuschließen.[104]

Weniger rücksichtsvoll gingen viele Gemeindeverwaltungen vor. Sie dehnten den Erlaß des Reichsinnenministers auch auf die bei ihnen beschäftigten Angestellten und Arbeiter aus. Der Deutsche Gemeindetag machte daraufhin im Einvernehmen mit dem Reichsinnenministerium darauf aufmerksam, dass eine derartige Praxis dem vertraulichen Runderlass des Ministeriums nicht entspreche und etwaige Schadenersatzforderungen der Entlassenen keinesfalls vom Reich getragen würden.[105] Dieser Hinweis macht deutlich, wie man allerorten zu manövrieren versuchte. Einerseits wollte man die Intentionen der Gesetze rasch in die Praxis umsetzen, andererseits wusste niemand, welche Rechtsfolgen im einzelnen an die Gesetze geknüpft werden sollten. Das Dilemma ergab sich aus der unverhältnismäßig langen Zeit der Entwurfsarbeiten zu den Ausführungsverordnungen. Hier standen sich in erster Linie das Reichsinnenministerium und der StdF gegenüber, die an ihren gegensätzlichen Auffassungen über den Begriff des »Juden« unverändert festhielten und damit den Erlass der eigentlich materiellrechtlichen Bestimmungen der Nürnberger Gesetze immer weiter hinauszögerten.[106]

Bereits im September 1935 hatten alle zuständigen Staats- und Parteibehörden unter Hinzuziehung etlicher Minister und Staatssekretäre das Problem zum Thema umfänglicher Sitzungen gemacht,[107] doch waren die Fronten zwischen dem Reichsinnenministerium und der Partei unüberbrückbar geblieben. Das Ministerium, dessen Wünsche Stuckart und Lösener vertraten, wollte als »Jude« i. S. der Nürnberger Gesetze nur diejenigen »Nichtarier« bezeichnet wissen, die mehr als zwei »nichtarische« Großeltern besaßen.[108] Die Partei hingegen, deren Forderungen Reichsärzteführer Wagner, sein Vertreter Bartels,[109] Walter Groß und Sommer anmeldeten, versteifte sich auf die Einbeziehung der »Vierteljuden«, die Zwangsscheidung der Mischehen und die Sterilisierung aller Zweifelsfälle.[110]

Hitler, der persönlich am 29. September seine Entscheidung bezüglich der Stellung und gegenseitigen Abgrenzung der Juden und »Halbjuden« bekannt geben wollte, vermied allerdings vor den geladenen Vertretern der Partei, den Reichs- und Gauleitern, eine klare Stellungnahme und begnügte sich mit der unverbindlichen Feststellung, dass es zur Festlegung dieser Fragen noch der Klärung einiger Punkte bedürfe.[111]

Da Hitler seine Einstellung verschwieg, zogen sich die Verhandlungen über den ganzen Oktober hin, wobei von Seiten des Reichsinnenministeriums gegenüber den Forderungen der Partei laufend taktische Bedenken vorgeschoben wurden.[112]

Mitte Oktober stellte Lösener die denkbaren Möglichkeiten über das Schicksal der »Halbjuden« in drei Punkten zusammen:[113]

I. »Sortierung« der »Halbjuden« durch Entscheidung einer Behörde über jeden einzelnen »Halbjuden«.
II. Grundsätzliche Gleichstellung der »Halbjuden« mit den »Volljuden«.
III. »Automatische Sortierung« der »Halbjuden« ohne behördliche Entscheidung.

Punkt II hielt Lösener offenbar für indiskutabel, da er ihn in seiner ausführlichen Begründung nur kurz streifte, während er die anderen Möglichkeiten gesetzesförmig fixierte.

Zu Punkt I hob Lösener die Schwierigkeiten hervor, jeden einzelnen Juden mit zwei »nichtarischen« Großeltern verwaltungsmäßig zu überprüfen, da die fehlenden Kriterien zur rassischen Einordnung eines Menschen zu einer fortdauernden Quelle der Beunruhigung führen würden. Je nach der Entscheidung der Behörde müssten Familien getrennt, bestehende

Bindungen gelöst und der außereheliche Verkehr verboten werden, was insgesamt ein Übermaß an Verwaltungsvorschriften voraussetze.

Zu Punkt II bediente sich Lösener der verschachtelten Technik der Gegenargumentation: Bei einer Gleichstellung von »Halb-« und »Volljuden« sei der Halbjude als Feind grundsätzlich ernster zu nehmen, verfüge er doch über einen Anteil von 50 v. H. »germanischer Erbmasse«. Die deutschen Juden würden damit um weitere 200 000 dem Reich feindlich gesonnene »Halbjuden« vermehrt, die als »Mischrasse« zwischen »Ariern« und »Volljuden« von keiner Gruppe assimiliert, sondern als pariaähnliche Minderheit zum »Verbrechertum« tendieren könnte.[114]

Die gewichtigsten Argumente Löseners finden sich am Schluss seiner Ausführungen. Er verweist auf die Auffassung Schachts, je weiter der Judenbegriff gefasst werde, um so schwieriger sei es, auf wirtschaftlichem Gebiet eine Sonderstellung für Juden zu schaffen. Weiterhin machte Lösener auf die Erfordernisse der Wehrmacht aufmerksam, der durch die Gleichstellung der »Halb-« mit den »Volljuden« 40–45 000 Wehrpflichtige entgehen würden. Zu Punkt III skizzierte er eine Bestimmung, wonach bei bestimmten, objektiv nachkontrollierbaren Tatsachen die »Halbjuden« zu den Juden geschlagen werden könnten. Zur Voraussetzung einer derartigen Lösung machte er die folgenden Kriterien:

1. »Halbjuden«, die der jüdischen Religionsgemeinschaft angehören oder nach Erlaß des Gesetzes darin aufgenommen werden.
2. »Halbjuden«, die bereits mit Juden verheiratet waren.
3. »Halbjuden«, die einer »Mischehe« entstammen, die nach Erlass des Gesetzes geschlossen wurde.
4. »Halbjuden«, die nach dem 31. Juli 1936 außerehelich geboren werden.[115]

In diesen festumrissenen Fällen sollten die »Halbjuden« den Status der Juden erhalten. Alle diejenigen »Halbjuden«, die nicht unter die aufgezählten Bestimmungen fielen, sollten als Reichsangehörige mit allen daraus resultierenden Rechten und Pflichten gelten.

Am 30. Oktober übermittelte die Partei ihre Vorstellungen zur Definition des Judenbegriffs. Die entsprechenden Entwürfe hatten ihre Schlusskorrektur von Reichsärzteführer Wagner erhalten.[116]

Augenfälligstes Ergebnis des Ringens zwischen Staats- und Parteibehörden war der Verzicht der Partei auf die Einbeziehung der »Vierteljuden« in den Judenbegriff. Doch hielt sie in ihrem Entwurf einer »Ersten Verordnung zum Reichsbürgergesetz« daran fest, dass zumindest die »Halbjuden« den Juden zugeschlagen werden sollten. § 1 des Entwurfs bestimmte: »Jude ist, wer von zwei der Rasse nach volljüdischen Großelternteilen abstammt. Als volljüdisch gilt ein Großelternteil ohne weiteres, wenn er der jüdischen Religion angehört hat.«

Während Lösener die »Halbjuden« generell zu Reichsbürgern machen wollte und Ausnahmen von dieser Regel gesetzlich festlegte, ging die Partei genau den umgekehrten Weg: Sie schlug alle Halbjuden generell zu den Juden und fixierte die Möglichkeiten, unter denen ein »Halbjude« Reichsbürger werden konnte. »Jude« sollte demnach nicht sein:

§ 1 Abs. 2 a) »wer beim Inkrafttreten des Reichsbürgergesetzes mit einem Staatsangehörigen deutschen oder artverwandten Blutes oder mit einem jüdischen Mischling i. S. d. § 2 Abs. 1 (»Vierteljude«) verheiratet ist oder

§ 1 Abs. 2 b) wer laut Entscheidung des Führers und Reichskanzlers den jüdischen Mischlingen zuzurechnen ist«.

Der Judenbegriff dieser Fassung ließ einen unverhältnismäßig höheren Personenkreis unter die Ausschaltungsgesetze fallen als im Entwurf des Reichsinnenministeriums. Zusätzlich sollte auch der nichtjüdische Ehegatte eines Juden als Jude »gelten«, es sei denn, eine solche Ehe endete kinderlos. In diesem Fall sollte der »arische« Ehepartner mit der Beendigung des gesetzlichen Eheverhältnisses wieder zu den »Ariern« zurücktreten.[117] Endete eine kinderlose Mischehe allerdings anders als durch den Tod des Ehegatten, sollte der »nichtarische« Teil weiter als Jude gelten.

Was den Wagner-Entwurf so überaus kompliziert und undurchsichtig machte, lag in der Schöpfung des Rechtsbegriffes »Mischling«, an dessen Status sich bestimmte Rechtsfolgen knüpfen sollten. Während Lösener eine klare Scheidung zwischen »Jude« und »Nichtjude« gesucht hatte, bestimmte Wagner:

§ 2 Abs. 1) »Jüdischer Mischling ist, wer von einem der Rasse nach volljüdischen Großelternteil abstammt.

§ 2 Abs. 2) Als jüdischer Mischling gilt, wer von zwei der Rasse nach volljüdischen Großelternteilen abstammt, aber unter § 1 Abs. 2 fällt«.

Die weiteren Bestimmungen des Entwurfs regelten den Begriff des Reichsbürgerrechts. Juden konnten nicht Reichsbürger sein, ein Stimmrecht in politischen Angelegenheiten stand ihnen nicht zu. Mit Ablauf des 30. November 1935 sollten alle jüdischen Beamten unter Belassung der vollen, zuletzt ruhegehaltsfähigen Dienstbezüge in den Ruhestand treten.

Die von Wagner gleichfalls vorgelegte Fassung einer Ausführungsverordnung zum Blutschutzgesetz bestimmte, dass auch Eheschließungen zwischen Juden und »staatsangehörigen jüdischen Mischlingen« unter das Eheverbot fielen. Als außerehelicher Geschlechtsverkehr galt nur der Vollzug des Verkehrs.

Die Wagner-Entwürfe gaben Lösener noch einmal Anlass zu einer ausführlichen Kritik. In einer Aufzeichnung vom 31. Oktober stellte er einleitend fest, dass der geforderte Judenbegriff grundsätzlich alle blutmäßigen »Voll-«, »Dreiviertel-« und »Halbjuden«, zusätzlich rein »Deutschblütige« und »Vierteljuden«, die mit »Voll-« oder »Halbjuden« verheiratet sind, umfasse. An Beispielen stellte er die logische Unstimmigkeit mehrerer Bestimmungen fest, die zu rechtlich absurden Folgerungen führen mussten.[118]

Nachdem derart die gegenseitigen Grenzen zwischen Staat und Partei in der Judenfrage abgesteckt waren, begann man sich im Reichsinnenministerium im Hinblick auf eine am 5. November festgesetzte Chefbesprechung, die unter Vorsitz Hitlers stattfinden und eine endgültige Entscheidung bringen sollte, nach Bundesgenossen umzusehen. Vertraulich setzte Stuckart v. Neurath über die von Wagner vorgelegten Entwürfe in Kenntnis, fügte die Entwürfe des Reichsinnenministeriums bei sowie die von Lösener am 31. Oktober gefertigten Erläuterungen und Bemerkungen. Im Laufe des 4. November wollte Stuckart dem Reichsaußenminister »noch eine ausführliche Stellung zum Judenproblem, insbesondere zu der Frage der Mischehe«, vorlegen.[119]

Auch von anderer Seite hatte man sich auf die Chefbesprechung vorbereitet. Das verbissene Ringen um die Ausführungsbestimmungen hatte Schacht veranlasst, bei Frick die lange Zeitspanne zwischen dem Erlass der Nürnberger Gesetze und deren Ausführungsverordnungen zu beklagen und auf die zunehmende Unsicherheit in der Wirtschaft hinzuweisen. Schacht bat um den beschleunigten Erlass der erforderlichen Bestimmungen und forderte, »daß die Gesetze auch wirklich Klarheit und Beständigkeit für die weitere Zukunft bringen müssen«, weshalb er seine Beteiligung am Inhalt der Verordnungen »im Hinblick auf ihre wirtschaftlichen Auswirkungen« anmeldete.[120]

In einem nachfolgenden Schreiben an Lammers ließ Schacht das Reichsbankdirektorium Klage führen über den Kurs der Reichsbanknoten im Ausland, eine Folge der Ungewissheit über die Auswirkungen der in Vorbereitung befindlichen Judengesetzgebung auf wirtschaftlichem Gebiet, was viele veranlasst hätte, ihr Kapital in Form von Reichsbanknoten ins Ausland zu verbringen. Um der »schwer ringenden deutschen Wirtschaft« neue Beeinträchtigungen zu ersparen, hielt das Reichsbankdirektorium »die endgültige Klarstellung der Rechte der Juden auf wirtschaftlichem Gebiet, die endgültige und klare Abgrenzung des von den neuen Gesetzen betroffenen Personenkreises und die unbedingte Sicherung dieser Rechte« für notwendig. Es machte weiterhin aufmerksam auf die innerwirtschaftlichen Schwierigkeiten im gesamten Kredit- und Wechselverkehr und den Kursdruck der Aktienwerte, was insgesamt das Ergebnis der aufgelegten Reichsanleihe ungünstig beeinflusse.[121]

Die vom Reichsbankdirektorium geschilderten Auswirkungen mussten für Hitler eine ernste Warnung darstellen, zumal man nicht verfehlt hatte, auf die Beeinträchtigung bei der Beschaffung von Nahrungsmitteln und Rohstoffen für die Arbeitbeschaffung und Aufrüstung hinzuweisen.

Offenbar konnte sich Hitler der Argumentation des Reichsbankdirektoriums nicht verschließen.[122] Der Wunsch Schachts, an der Chefbesprechung vom 5. November teilzunehmen, ließ überdies befürchten, dass auf der Sitzung die unterschiedliche Haltung der Partei- und Staatsbehörden deutlich zutage treten musste. Wenn v. Neurath sich die Auffassung des Reichsinnenministeriums zu eigen machte, so bestand kein Zweifel, dass die Parteivertreter der rationalen Argumentation dreier Ministerien kaum etwas entgegenzusetzen hatten, um so weniger, als Schacht in der Ausuferung des Judenbegriffs und der Festlegung einer zwischen Deutschen und Juden schwebenden Mischlingsschicht niemals die erwartete Beruhigung des Wirtschaftslebens sehen konnte.

Um bei der zu erwartenden Konfrontation keine Stellung beziehen zu müssen, wich Hitler allen Entscheidungen aus. Die anberaumte Chefbesprechung wurde auf seine Anweisung hin abgesagt.[123] Das Reichsinnenministerium konnte den Erlass der Verordnungen nicht weiter hinausschieben und einigte sich mit dem StdF auf einen mühselig errungenen Kompromiss, dessen Spuren dann auch die am 14. November von Hitler ausgefertigten »Ersten Verordnungen« zeigten.

4. Zur Problematik der Nürnberger Gesetze: Der Widersinn eines »rassischen Rechts«

Zusammen mit ihren Ausführungsverordnungen bildeten die Nürnberger Gesetze eine »rechtlich unteilbare Einheit«.[124] Das Schwergewicht des Rechtsstoffes trug dabei die »Erste Verordnung zum Reichsbürgergesetz«[125] mit der Begriffsbestimmung des Juden. Sie basierte in allen wesentlichen Punkten auf dem Entwurf von Reichsärzteführer Wagner, mit Ausnahme der maßgeblichen Bestimmungen über die Definition des »Juden«, wo sich der Standpunkt des Reichsinnenministeriums durchgesetzt hatte.

Die Verordnung ging vom Begriff des Reichsbürgers aus und konstituierte für alle Staatsangehörigen »deutschen oder artverwandten Blutes«

ein vorläufiges Reichsbürgerrecht. Es sollte endgültig nach dem Erlass weiterer Vorschriften über den »Reichsbürgerbrief« verliehen werden. [§ l] Vorläufige Reichsbürger waren auch die »staatsangehörigen jüdischen Mischlinge«. »Mischling« war, wer von einem oder zwei der Rasse nach volljüdischen Großelternteilen abstammte. Als volljüdisch galt ein Großelternteil »ohne weiteres«, wenn er der jüdischen Religionsgemeinschaft angehört hatte. [§ 2] Jude war, wer von mindestens drei der Rasse nach volljüdischen Großelternteilen abstammte. Als Jude galt der von zwei volljüdischen Großeltern abstammende jüdische Mischling, der:

a) beim Erlass des Gesetzes[126] der jüdischen Religionsgemeinschaft angehört hat oder danach in sie aufgenommen wird,
b) beim Erlass des Gesetzes mit einem Juden verheiratet war oder danach sich mit einem solchen verheiratet,
c) der aus einer Ehe mit einem Juden i. S. des Absatz 1 stammt, die nach Erlass des Blutschutzgesetzes geschlossen wurde,
d) aus dem außerehelichen Verkehr mit einem Juden i. S. des Absatz 1 stammt und nach dem 31. Juli 1936 außerehelich geboren wird. [§ 5 Abs. 2]

Damit war der unter den Begriff des »Juden« fallende Personenkreis rechtserschöpfend umrissen. Diejenigen, die nicht Juden waren oder als Juden galten, besaßen die vollen Rechte eines Reichsbürgers.[127]

Juden konnten demgegenüber nicht Reichsbürger sein, sie hatten kein politisches Stimmrecht und durften ein öffentliches Amt nicht bekleiden [§ 4 Abs. 1]. Jüdische Beamte traten mit Ablauf des 31. Dezember 1935 in den Ruhestand. Besaßen sie die Frontkämpfereigenschaft, so erhielten sie bis zur Erreichung der Altersgrenze die vollen, zuletzt bezogenen ruhegehaltsfähigen Dienstbezüge [§ 4 Abs. 2].

Anforderungen an die »Reinheit des Blutes«, die über § 5 hinausgingen, durften nur mit Zustimmung des Reichsinnenministers und des StdF erhoben werden. Soweit Anforderungen dieser Art bestanden, sollten sie zum 1. Januar 1936 entfallen, soweit sie nicht vom Reichsinnenminister im Einvernehmen mit dem StdF genehmigt worden waren [§ 6 Abs. 2]. Von den Vorschriften dieser Verordnung konnte der Führer und Reichskanzler Befreiungen erteilen [§ 7].

Die »Erste Ausführungsverordnung zum Gesetz zum Schutze des deutschen Blutes und der deutschen Ehre«[128] entsprach ebenfalls der Fassung Wagners. Durch die Einarbeitung der neuen Begriffsbestimmung hatten sich nur geringfügige Änderungen in der Reihenfolge der Vorschriften ergeben.

Insgesamt stellten die »Ersten Verordnungen« einen ganz außerordentlichen Erfolg der Ministerialbürokratie dar. Nicht nur war es den Beamten gelungen, die Parteiforderungen nach Scheidung der »Mischehen« und der Zwangssterilisierung abzuwenden; es war ihnen auch zu danken, dass der Judenbegriff noch relativ eng gefasst blieb und damit Zehntausende von »Halbjuden« von den bedrückenden Maßnahmen gegen die Juden verschont blieben, ja letztlich das physische Überleben dieser Gruppe sicherte.

Natürlich war die Partei mit den getroffenen Regelungen unzufrieden; und wenn Walter Groß, Leiter des »Rassenpolitischen Amtes«, später bekannte: »Wir hätten die Halbjuden gern allgemein zu Juden gemacht«,[129] so mag dies die Stoßrichtung aller künftigen Bemühungen der Partei andeuten.

Derartigen Bestrebungen kam schon allein der gesamte Komplex der Nürnberger Rassengesetze entgegen. Die Schwächen der Kodifikation resultieren primär aus dem unsystematischen Aufbau der einzelnen Rechtsvorschriften, Folgen eines erzwungenen Kompromisses differierender Ansichten. Rechtsbegriffliche Schwierigkeiten, logische Unstimmigkeiten und indifferente Gesetzesinhalte treten hinzu und bilden ein System brüchiger Geschlossenheit.

Die Schwierigkeiten begannen mit dem Problem, den Begriff der »Rasse« juristisch zu definieren. Dies meisterte man mittels einer verwegenen Hilfskonstruktion, führte dabei allerdings die nationalsozialistische Rassenlehre folgerichtig ad absurdum.

Da das biologische Merkmal der Rasse (»Jude ist, wer von drei der Rasse nach volljüdischen Großeltern abstammt«) aus sich allein heraus nicht juristisch fassbar ist, vertauschte man in der dritten Generation den Rassenbegriff mit dem juristisch fassbaren Merkmal der Zugehörigkeit zu einer Religionsgemeinschaft. (»Als volljüdisch gilt ein Großelternteil ohne weiteres, wenn er der jüdischen Religionsgemeinschaft angehört hat.«) Juristisch arbeitete man also niemals mit der biologischen Abstammung, sondern mit dem Rechtsbegriff der Religionszugehörigkeit, was den rassischen Gesichtspunkten aber nicht entsprach.[130] So blieb der Fall denkbar, dass in der dritten Generation von vier »arischen« Großeltern drei zum Judentum konvertiert waren. Der »vollarische« Abkömmling, nach den Vorstellungen des Nationalsozialismus eindeutig »deutschblütig«, wurde zum »Rassejuden«.

Ein weiteres hypothetisches Beispiel mag die logische Inkonsequenz des »rassischen Rechts« illustrieren: Für einen »Halbjuden« hing die Rassezugehörigkeit nicht von den vorgegebenen rassischen Erbfaktoren ab, sondern von einer subjektiven, einmaligen Willensäußerung. (»Als Jude gilt, wer nach Erlaß des Gesetzes in die jüdische Religionsgemeinschaft aufgenommen wird.«) Der »Deutschblütige« indessen, der nach

Inkrafttreten des Reichsbürgergesetzes freiwillig zum Judentum übertrat, wurde nicht nach seinem subjektiven Willen, sondern nach objektiven rassischen Gegebenheiten beurteilt: Er blieb »Arier«.

Verschwommen und ungenau wie die materiellrechtlichen Regelungen blieben auch die formalen Bestimmungen über den Erlass und das Inkrafttreten der einzelnen Rechtsvorschriften, was dazu führte, dass an den Erlass eines Gesetzes Rechtsfolgen geknüpft wurden, obwohl dieses noch nicht einmal in Kraft getreten war.[131]

Die oberflächliche, hastige Kopplung aller Nürnberger Gesetze zu einem Block, ausgehend von den mannigfaltigen Eheverboten des Blutschutzgesetzes, hatte zur Folge, dass sich zwischen die Reichsbürger und die »Volljuden« Mischgruppen schoben, deren Klassifizierung ihrerseits wieder Auswirkungen auf Rechtsetzung und Rechtsprechung haben musste, obwohl die Rechtstellung eindeutig festgelegt war.

Die Kommentare zum Blutschutzgesetz unterschieden folgende rassische Erkennungsmerkmale:[132]

1. Deutschblütiger (vier deutschblütige Großeltern)
2. Mischling 2. Grades (ein nichtarischer Großelternteil)
3. Mischling 1. Grades (zwei nichtarische Großeltern)
4. Jude (zwei oder mehr nichtarische Großeltern)

Mit dieser Klassifizierung wurde der Rahmen des Reichsbürgergesetzes gesprengt. Die Tendenz musste in der Folgezeit darauf hinauslaufen, rechtliche Unterschiede zwischen den »Mischlingen« 1. und 2. Grades festzulegen, wobei die »Mischlinge 1. Grades« zwangsweise der Rechtstellung der »Volljuden« angeglichen wurden.

IV. Kapitel: Stationen der Ausschaltung aus der Wirtschaft

A. Entwicklungen in der Rassenpolitik nach Nürnberg

1. Die verzögerte Ausschaltung

Nach Hitlers Worten bei Verabschiedung der Nürnberger Gesetze sollte die Nation den Weg der Gesetze nicht verlassen. Sie sollten vielmehr »geadelt werden durch die unerhörteste Disziplin des ganzen Deutschen Volkes«.[1] Von dieser Disziplin nahm sich Hitler wie selbstverständlich aus. Bereits zwei Wochen nach Erlass der »Ersten Verordnungen« wich er von den vorgezeichneten gesetzlichen Bestimmungen ab und verbot in einer mündlichen Anordnung die Anwendung der Regelung, wonach Anforderungen an die »Reinheit des Blutes«, die über die gesetzlich festgelegten Grenzen gingen, zu unterbleiben hatten.[2] Somit war es jedem privatrechtlichen Verein unbenommen, für seinen Mitgliederkreis einen »Arierparagraph« zu erlassen, was faktisch zur Folge hatte, dass die rechtliche Gleichstellung zwischen dem »Mischling« und dem »deutschblütigen« Reichsbürger auf allen Ebenen unterlaufen werden konnte. Wenig wirksam erwies sich auch die Ausnahmebestimmung, wonach »Mischlinge 1. Grades«, vorbehaltlich der Genehmigung des Reichsinnenministers und des StdF, die Ehe mit »Deutschblütigen« oder »Mischlingen 2. Grades« eingehen konnten.[3] Zwar trat unter Vorsitz Stuckarts ein »Reichsausschuß für Ehegenehmigungen« zusammen,[4] in dem über derartige Fälle entschieden werden sollte, doch weder war der Staatssekretär willens, sich übermäßig für die Betroffenen zu engagieren,[5] noch ließen die Parteivertreter den geringsten Zweifel daran aufkommen, dass sie sich in erster Linie als generelle Ablehnungsinstanz empfanden.[6] Damit entfiel auch die sachliche Notwendigkeit eines solchen Kollegiums. 1936 wurden die Ausschusssitzungen eingestellt und das Ehegenehmigungsverfahren künftig nur noch auf dem Verwaltungsweg bearbeitet.[7] Im Gegensatz zu diesen von Hitler und der Partei getroffenen Verschärfungen wurden einige besonders umkämpfte Programmpunkte nicht realisiert. Dies gilt insbesondere für die Ausschaltung des Judentums aus der Wirtschaft. Schacht selbst hatte am 16. November Lammers mitgeteilt, er wolle nun nach Erlass der Ausführungsverordnungen »so rasch wie möglich die wirtschaftlichen Bestimmungen gegen die Juden folgen lassen« und bat zur Besprechung der grundsätzlichen Gesichtspunkte um einen Vortrag bei Hitler.[8] Dieser fand am

27. November 1935 statt,[9] blieb überraschenderweise jedoch ohne schnelle Auswirkungen.

Gleichfalls am 27. November fand im Reichsinnenministerium eine kommissarische Besprechung aller Abteilungen statt. Zum Thema standen die im Reichsbürgergesetz qualifizierten Anforderungen an die »Reinheit des Blutes«, die den teilweise höheren Anforderungen anderer Reichsgesetze widersprachen und deshalb aufeinander abgestimmt werden mussten. Die Besprechung beweist, dass die hochgeschraubten Erwartungen der Rassenfanatiker auf eine grundlegende »Säuberung des Volkskörpers« nicht mehr zur Debatte stand.[10] So wurde die wirtschaftliche Ausschaltung der Juden mit keinem Wort gestreift, »Mischlinge« sollten zudem auf allen wirtschaftlichen Gebieten tätig werden können.[11]

Auch die anderen angesprochenen Fragengebiete ließen eine merklich nüchternere Haltung zur Judenfrage erkennen. Zwar forderte Ministerialrat Fabricius, ein alter Nationalsozialist aus der Parteiorganisation, höhere Anforderungen für die Beamten, musste sich jedoch ebenfalls wie die Vertreter des Reichsarbeitsdienstes von Stuckart sagen lassen, dass es unangebracht sei, schärfere Rassenanforderungen als für Angehörige der Reichswehr festzulegen.

Die Gesundheitsabteilung kündigte eine Regelung an, nach der die künftige Zulassung jüdischer Ärzte in einer bestimmten Verhältniszahl erfolgen sollte, weiterhin stellte sie eine neue »Apothekenordnung« in Aussicht.[12]

»Mischlinge« sollten an allen Schulen und Hochschulen zugelassen werden. Sofern sie Rechtswissenschaften studierten, wurde für »Mischlinge 1. Grades« eine Zulassungsordnung erwogen. Juden sollten demgegenüber zum Hochschulbesuch nur in einer bestimmten Zahl zugelassen werden.[13]

Beamte mit einem jüdischen Ehepartner sollten in den Ruhestand versetzt werden. Man einigte sich dahingehend, die betroffenen Beamten bereits vor Inkrafttreten einer gesetzlichen Regelung mit Wirkung vom 1. Januar 1936 zu beurlauben.[14]

In den letzten Novembertagen legten alle Ministerien im Hinblick auf die Judenfrage eine erhöhte Aktivität an den Tag. Was an gesetzlichen Maßnahmen anstand, wurde teilweise verwaltungstechnisch vorbereitet. Der Reichsjustizminister, der eine neue »Rechtsanwaltsordnung« vorbereitete,[15] verlangte am 21. November von Notaren, Notarvertretern und deren Ehefrauen den Nachweis der arischen Abstammung.[16] Am 4. Dezember erhielt Lammers vom Reichsinnenminister den Entwurf eines Runderlasses, der für alle Beamten und deren Ehepartner den »Ariernachweis« verbindlich machte.[17] Weiterhin sollten die erforderlichen Feststellungen getroffen werden, welche Beamten nach Ablauf des 31. Dezember in den

Ruhestand zu versetzen waren, hierunter fielen auch die »jüdisch-versippten« Beamten.[18] Am 9. Dezember machte Frick den Runderlass offiziell bekannt und deutete damit an, dass die Entlassung des genannten
Personenkreises unmittelbar bevorstand.[19] Vorsorglich hatte der Reichsinnenminister jedoch alle über diese vorläufigen Maßnahmen hinausgehenden regionalen Übergriffe sofort unterbunden.[20]

Um Zweifelsfragen, Bedenken und sonstige fragliche Punkte an den
Nürnberger Gesetzen auszuschalten,[21] die kommenden gesetzlichen
Schritte zwischen allen Ressorts abzustimmen und dabei insbesondere
die Frage nach der »Blutsreinheit« und deren Anforderungen für die einzelnen Berufe festzulegen, berief das Reichsinnenministerium eine
Chefbesprechung, zu der am 12. Dezember 1935 alle Reichsminister, der
preußische Ministerpräsident und sein Finanzminister geladen wurden.[22]

Das Ergebnis der Chefbesprechung[23] waren mehrere bedeutsame Entscheidungen. Zum ersten hatte sich Hitler offenbar von den vielfachen
Vorstellungen Schachts und seiner Warnungen vor einer Wirtschaftskrise
beeindrucken lassen, die wirtschaftliche Ausschaltung der Juden zurückgestellt und der Aufrüstung die Priorität zuerkannt.[24]

Zum anderen war in der Frage der »jüdisch-versippten« Beamten eine
Entscheidung gefallen, die erstaunen musste. Im Gegensatz zu dem
Runderlass vom 9. Dezember wies das Reichsinnenministerium am
14. Dezember über Funk die Länder an, die befohlenen Erhebungen über
die Zahl der »halbjüdischen« und »jüdisch-versippten« Beamten sofort
einzustellen.[25] Am 16. Dezember teilte die Kanzlei des Ministeriums den
Adressaten des Runderlasses mit, dieser sei um die Bestimmung zu streichen, die den Abstammungsnachweis des Beamten und seiner Ehefrau
zum Inhalt hatte.[26]

Der solcherart gekürzte Runderlass wurde am 21. Dezember 1935 neu
veröffentlicht.[27] Am gleichen Tage erschien auch die »zweite Verordnung
zum Reichsbürgergesetz«[28] und entschied, welche Personen aus allen
öffentlichen Ämtern zu scheiden hatten. Die Verordnung legt fest, dass
nur derjenige ein öffentliches Amt nicht bekleiden konnte, der Jude i. S.
der Begriffsbestimmung der Nürnberger Gesetze war. Dies betraf mittel-
bare und unmittelbare Beamte des Reichs, der Länder, Gemeinden und
aller öffentlich-rechtlichen Körperschaften. Ferner Lehrer im öffentlichen Schuldienst und an wissenschaftlichen Hochschulen, Honorar-
professoren, außerordentliche Professoren und Privatdozenten. Träger
eines öffentlichen Amtes waren auch Notare und leitende jüdische Ärzte
an öffentlichen Krankenanstalten. Die Festlegung auf den Begriff des
»Juden« implizierte jedoch, dass »halbjüdische« oder »jüdisch-versippte«
Beamte nicht unter den Kreis der Betroffenen fielen.[29]

Auch die der Chefbesprechung vom 12. Dezember unmittelbar folgenden Gesetze ließen erkennen, dass der mit dem Nürnberger Ausnahmerecht beschrittene Weg der Rassenpolitik nicht mit der von vielen Nationalsozialisten gewünschten letzten Konsequenz beschritten wurde. Die angekündigte »Reichsärzteordnung« änderte hinsichtlich der bereits approbierten jüdischen Ärzte nichts. Allein bei Neubewerbungen legte man eine Verhältniszahl fest, so dass der Anteil der jüdischen Ärzte an der Gesamtzahl aller praktizierenden Ärzte einen bestimmten Satz nicht überschreiten durfte.[30] Die geänderte »Rechtsanwaltsordnung«[31] begnügte sich mit der Aufstellung einer gesonderten Eidesformel für die Rechtsanwälte jüdischer Abstammung. Mit dem »Gesetz zur Verhütung von Missbräuchen auf dem Gebiet der Rechtsberatung« traf man allerdings ehemalige jüdische Rechtsanwälte, die nach Entziehung ihrer Zulassung Tätigkeiten als Rechtsberater etc. angenommen hatten. Die Besorgung fremder Rechtsangelegenheiten wurde von nun ab generell untersagt.[32] Am 19. Dezember 1935 wies das Justizministerium zudem an, Juden nicht mehr als Pflichtverteidiger, Armenanwälte und Konkursverwalter zu beschäftigen.[33]

In der Folgezeit erging eine Reihe von Rechtsvorschriften, die den Judenbegriff der Nürnberger Gesetze aufnahmen, auf weitere Berufe und Tätigkeiten ausdehnten oder bestehende Bestimmungen ergänzten.

Der Reichserziehungsminister, dessen Plan zur Errichtung jüdischer Grundschulen im Frühjahr 1936 scheiterte,[34] sperrte »Nichtariern« die Ausbildung zum Schwimmmeister[35] und zum Studium der Theologie.[36] Der Reichswirtschaftsminister untersagte ihnen den Handel und Vertrieb von Orden und Ehrenzeichen[37] und schloss sie – offenbar um bei den auswanderungswilligen Juden den Devisenabfluss besser kontrollieren zu können – von geschäftsmäßigen Hilfeleistungen in Devisensachen aus.[38] Weitere Maßnahmen untersagten den Juden den Zugang zu bislang noch unreglementierten Berufen.[39]

Sie brachten teilweise eine nähere Ausgestaltung der im Reichsbürgergesetz aufgestellten Grundsätze über den Rechtsstatus der Juden[40] oder nachträgliche Fixierungen bereits bestehender verwaltungsinterner Anordnungen.[41] Der äußerlich in Erscheinung tretende Hang zu einer allseitigen Perfektionierung der Judengesetzgebung wurde nicht selten vom gegenseitigen Misstrauen der gesetzgebenden Instanzen bestimmt, vom Spannungsverhältnis der Ministerien untereinander und von der jeweiligen ideologischen Bindung der Referenten oder der Behördenspitze. Diese Tatsachen machten die Rassengesetzgebung immer undurchsichtiger. Der materiellrechtliche Gehalt einer Norm wurde mehr und mehr von Unwägbarkeiten abhängig, die sich einem allgemeinen Einblick und Überblick entzogen. Selbst die vereinten Bemühungen mehrerer Ministerien, den Juden einzelne Ausweichmöglichkeiten zu eröffnen, scheiterten dann infolge mangelnder Unterstützung des Führerpersonals.[42] Auch ist zu beobachten, dass sich häufig dasjenige Ministerium durchsetzte, welches eine ideologisch härtere Auffassung vertrat, wobei oft genug das rassische Credo zum Deckmantel ressortbezogener Eigeninteressen wurde.[43]

Bereits 1936 hatte sich herauskristallisiert, dass ein Großteil der Ministerialbürokratie für die »Volljuden« nichts mehr tun konnte und auch kaum noch etwas tun wollte. Der politische Druck in dieser Frage war derart weltanschaulich aufgeladen, dass man bei Maßnahmen gegen das Judentum sich häufig gegenseitig in ideologischer Festigkeit zu übertreffen suchte.[44] Demgegenüber nahmen die Ministerien in der Mischlingsfrage eine noch durchaus gemäßigte Haltung ein.[45]

2. Die Judenfrage im Dickicht der Kompetenzen

Für die deutschen Juden war das Jahr 1936 eine Periode äußerer Ruhe und einer gewissen Rechtssicherheit. Sogar die Ermordung von Wilhelm Gustloff, Landesgruppenleiter der NSDAP in der Schweiz, durch den jüdischgläubigen David Frankfurter hatte unmittelbar für die Juden keine Konsequenzen. Wenn auch die Presse die Tat in der Folgezeit propagandistisch ausschlachtete, so begnügte sich doch Hitler mit einer nichtssagenden Rede, in der er allein seinen Abscheu über diesen politischen Mord zum Ausdruck brachte, ansonsten aber seine üblichen Ausfälle gegen das internationale Judentum vermied.[46] Die im Gegensatz zu anderen Anlässen dieser Art relativ gleichmütige Reaktion des Reiches – nur die Gestapo hatte ein Waffenverkaufsverbot an Juden erlassen[47] – findet ihre Erklärung in der bevorstehenden Rheinlandbesetzung und den olympischen Winter- und Sommerspielen.[48] Sie zwangen die politische Führung, in Fragen der Judenpolitik äußerste Zurückhaltung zu üben, wollte sie nicht riskieren, die politische Situation nach der Besetzung der entmilitarisierten Rheinlande zu verschärfen oder die aus Prestigegründen erforderlichen Spiele scheitern zu lassen.[49] So verschwanden die zahllosen, gegen die Juden gerichteten Verbotstafeln an den Ortseingängen und vor den Geschäften auf ausdrückliche Anweisung der Polizeibehörden; den jüdischen Verbänden erlaubte man wieder größere Selbstständigkeit.[50] Die »Deutsche Arbeitsfront« gestattete sogar auch »Mischlingen« die Mitgliedschaft, was sie bis dahin durch das Erfordernis des »großen Abstammungsnachweises« unmöglich gemacht hatte.[51]

Auf vielen Ebenen war das Bemühen erkennbar, die Judenpolitik von größeren Beunruhigungen freizuhalten. Gürtner machte den Oberlandesgerichtspräsidenten in Köln in einem scharf gehaltenen Schreiben darauf aufmerksam, dass es nicht Aufgabe einzelner Stellen im Lande sein könne, durch eigene Entscheidungen die Lösung der Judenfrage den politischen Instanzen vorwegzunehmen.[52] Im Reichsinnenministerium hatte Lösener Kontakte zum Judenreferat des SD aufgenommen, wo man Löseners Ersuchen, durch einen gemeinsamen Schritt bei Heß den Diffamierungen der »Mischlinge« entgegenzutreten, bereitwilligst seine Unterstützung anbot.[53]

Beim SD waren Ende 1935 erste Ansätze einer eigenständigen, rational begründeten Judenpolitik erkennbar geworden, deren Ziel programmatisch mit »Lösung durch Auswanderung« wiedergegeben wurde. Die Inhalte und Methoden dieser Überlegungen waren ebenso einfach wie wirkungsvoll: Während den auswanderungswilligen zionistischen Organisationen ein gewisser Spielraum des Handelns konzidiert wurde, beschränkte man auf der anderen Seite die Möglichkeiten derjenigen jüdischen Gruppen, die noch immer an eine beschränkte Lebens- und Existenzgrundlage in Deutschland glaubten.[54]

Nachdem sich Himmler mit Errichtung der Ministerialinstanz »Der Reichsführer SS und Chef der Deutschen Polizei im Reichsministerium des Inneren« die Befugnis nahm, im Namen des Ministers Entscheidungen und rechtsverbindliche Anordnungen zu treffen,[55] wurde die Stellung von Gestapo und SD bedeutsam gestärkt. Die Gestapo, Teil des neuerrichteten »Hauptamts Sicherheitspolizei« sprach bei gesetzlichen Entscheidungen bereits mit. Der SD, vorerst noch immer eine reine Parteiformation,[56] wusste durch die funktionell bestehende Arbeitsteilung zum Gestapa daran zu partizipieren.[57]

Während Mitte des Jahres 1936 die Reichsministerien für Inneres und für Propaganda, das Auswärtige Amt und der StdF eine gewisse Führungsrolle in der Judenpolitik beanspruchten,[58] hatte die Gestapo längst eine eigene Haltung hierzu eingenommen. Sie negierte dabei oftmals die geltende Rechtslage und suchte durch immer neue, schärfere Maßnahmen die Judenfrage in ständiger Dynamik zu halten. Das besondere Interesse der Politischen Polizei an diesem Gebiet wurde bereits im September 1935 bürokratisch-technisch perfektioniert: Auf Anweisung des Gestapa Berlin hatten alle Staatspolizeistellen die Juden ihres Bereiches zu erfassen und eine Judenkartei anzulegen.[59] Im Januar 1936 untersagte das Gestapa den Juden das Tragen des Sportabzeichens,[60] ein Verbot, was erst Jahre später seine rechtliche Grundlage erhielt.[61] Im Juli 1936 ordnete Himmler die Vergabe von Gaststättenkonzessionen an Juden.[62] Heydrich befahl im Januar 1937 die polizeiliche Überwachung aller »Mischlinge 1. Grades«.[63]

Im Einvernehmen mit dem Reichsfinanzministerium wurden die geschäftlichen Transaktionen von Juden besonders sorgfältig registriert, rechnete doch die Gestapo bei der Auswanderung eines Juden automatisch mit dem Delikt der Devisen- oder Vermögensverschiebung.[64]

Die Organe des RFSS beließen es jedoch nicht nur bei Eingriffen in die Exekutive. Durch Anregungen verschiedenster Art suchten sie die Bürokratie zum Erlass judenfeindlicher Rechtsvorschriften zu bestimmen. Wenige Tage bevor er zum Chef der gesamten deutschen Polizei ernannt wurde, demonstrierte bereits Himmler seine neue Machtstellung und ließ Pfundtner wissen, dass Hitler die Führung deutscher Namen durch Juden nicht billige. Gleichzeitig bat er den Staatssekretär, gegen diese Übung mit gesetzlichen Maßnahmen vorzugehen.[65] Himmler nahm mit diesem Vorstoß einen zuvor vom Hauptamt für Kommunalpolitik verfolgten Plan wieder auf, das eine in diese Richtung gehende Anregung des Gauamts für Kommunalpolitik von Groß-Berlin vom 12. Dezember 1935 im Januar 1936 an den StdF und das »Rassenpolitische Amt« weitergeleitet hatte.[66]

Himmlers Initiative unterschied sich insofern von den bisherigen Anregungen und bestehenden Entwürfen, als sie nicht allein nur auf die Namensänderungen von Juden abzielte, sondern diese durch einen Katalog gesetzlich vorgeschriebener Namen kennzeichnen wollte. Im Reichsinnenministerium suchte man nach bewährtem taktischem Rezept die beabsichtigte Maßnahme durch Verzögern in Vergessenheit geraten zu lassen. Als Vorwand diente die Ausrede, der Vorschlag des RFSS erfordere ein besonderes Gesetz, dessen Ausarbeitung erst nach der Olympiade beginnen könne.[67] Weiterhin machte das Ministerium auf die Gefahr aufmerksam, dass »übelbeleumdete Juden« mit Hilfe eines derartigen Gesetzes ihre Identität verschleiern könnten, und wies auf die Schwierigkeiten hin, festzustellen, welche Namen überhaupt als jüdisch bezeichnet werden sollten.[68] Der Hinweis auf die Olympischen Spiele scheint die Inangriffnahme der Entwurfsarbeiten tatsächlich verzögert zu haben. Doch im Herbst 1936 meldete sich diesmal Bormann und forderte von Frick die Verlage eines Gesetzes, wonach alle Juden zu ihren Familiennamen den Zusatz »Jude« führen sollten. Mit Einverständnis Stuckarts wurde aber auch diese Eingabe unbearbeitet liegen gelassen.[69]

Neben der Gestapo und dem StdF[70] nahm sich auch der SD immer häufiger der Judenpolitik an. Ende 1936 unterstrich das Judenreferat seinen Anspruch auf ein entscheidendes Mitspracherecht und skizzierte seine Hauptzielrichtung:

»Vorläufige Zielsetzung der nationalsozialistischen Judenpolitik muß sein:

1. Zurückdrängung des jüdischen Einflusses auf allen Gebieten des öffentlichen Lebens (einschließlich der Wirtschaft).
2. Förderung der jüdischen Auswanderung.

In dieser Richtung hat sich die künftige Arbeit des SD zu bewegen. Der SD muß auch in dieser Frage wirksames Werkzeug des RFSS werden, der von Fall zu Fall erforderliche Gesetzentwürfe der Reichsregierung vorlegen kann.«[71]

Der SD trieb sein ehrgeiziges Ziel zügig voran. 1937 suchte er mit den für die Judenpolitik zuständigen Stellen des Reichsinnenministeriums und des Auswärtigen Amtes Verbindung aufzunehmen, um einen direkten Einfluss auf die praktische Durchführung der Auswanderung auszuüben. Auch bestätigte er sich in der Judenfrage als Hilfsorgan der Gestapo[72] und setzte sich Ende des Jahres 1937 als Endziel »die Zentralisierung der gesamten Bearbeitung der Judenfrage in Deutschland bei SD und Gestapo«.[73]

Die ungehemmte Mitwirkung der Parteiinstitutionen an der Judengesetzgebung und deren fortlaufende Veränderungen ließen die Verwaltungsinstanzen kaum noch erkennen, was rechtlich normiert, an Gesetzen in Vorbereitung oder faktisch vollzogen war.[74] Die allgemeine Rechtsunsicherheit in dieser Frage fand ihren Ausdruck in einer Vielzahl sich widersprechender Anordnungen oder schlicht unrechtmäßiger Maßnahmen.[75]

Um das auseinanderfließende Rechtsgefüge in der Judenfrage zusammenzuhalten, sah sich der Reichsinnenminister Ende 1936 gezwungen, in deutlichen Worten auf die bestehenden Kompetenzen und die politische Richtlinienbefugnis hinzuweisen:

»Nach einer vom Führer und Reichskanzler anläßlich des Reichsparteitages 1935 getroffenen Entscheidung werden die Fragen des Rassenrechts und der Rassenpolitik federführend von mir bearbeitet. Zu diesem Sachgebiet gehört vor allem die Judenfrage. Zur Gewährleistung der gerade für die Bearbeitung dieser Frage unbedingt notwendigen Einheitlichkeit aller Maßnahmen, insbesondere auch zur Sicherstellung der einheitlichen Verwendung der vom Gesetzgeber geprägten Begriffe des Rassenrechts,[76] muß ich Wert darauf legen, daß auch ich an allen zu Ihrer Zuständigkeit gehörenden Gesetzen, Verordnungen, allgemeinen Erlassen und sonstigen grundsätzlichen Entscheidungen beteiligt werde, in denen die Judenfrage berührt wird. Die aus meiner Nichtbeteiligung sich ergebende irrtümliche Verwendung von alten und neuen Begriffen des Rasserechts hat zur Unklarheit und Unsicherheit, teilweise sogar zu rechtlich unhaltbaren Ergebnissen geführt. Ich wäre dankbar, wenn meine Beteiligung stets frühzeitig veranlaßt würde.«[77]

3. Hitlers Verknüpfung von Kriegsplanung und Rassenpolitik

Nach Beendigung der Olympischen Spiele entfiel auch der Zwang einer abgemilderten Politik gegenüber dem deutschen Judentum. Eine neue Welle beschränkender, einschränkender und verbietender Maßnahmen war nur das äußere Zeichen der mit dem Fortfall der außenpolitischen Rücksichten reaktivierten Rassenpolitik.[78] Gleichzeitig jedoch entstanden hinter der sichtbaren Fassade weit drohendere und gefährlichere Pläne, die in der schicksalhaften Verknüpfung des Rasse- und Eroberungsgedankens einer sich nahezu zwanghaft vollziehenden Entwicklung unterworfen waren.

Schon Ende 1935 hatte Hitler in einem Vortrag vor den Gauleitern keinerlei Zweifel daran gelassen, dass er einen Krieg zu führen beabsichtigte, dass er aber noch eine Vorbereitungszeit von vier Jahren benötige.[79] Im Frühjahr 1936 begann er, das Reich die organisatorischen Voraussetzungen einer auf Kriegserfordernisse abgestimmten Wirtschaft vorbereiten zu lassen: Im April übernahm Göring die oberste, koordinierende Instanz für alle Rohstoff- und Devisenfragen.[80] Im August 1936 entwarf Hitler seine Denkschrift zum Vierjahresplan, die seinen unbedingten Willen bewies, für einen künftigen Krieg die Wirtschaft des Deutschen Reiches autark zu machen.[81] Auf dem »Parteitag der Ehre« im September 1936 übertrug er Göring die Leitung des Vierjahresplanes,[82] dem auf Grund eines Führer-Erlasses vom 18. Oktober 1936 hierfür eine Blankettvollmacht übertragen wurde, die ihm auf rechtlichem Gebiet in Fragen der Wirtschaftspolitik einen Machtbereich sicherte, wie er auf den übrigen Gebieten nur Hitler zustand.[83] Zu den vielen Behörden, Institutionen, Organisationen und sonstigen Gruppierungen gesellte sich in der Behörde des »Beauftragten für den Vierjahresplan« (BVP) eine Art Überinstanz, die sich bei den Machtkämpfen unterhalb der Führerebene durch die Autorität Görings auch sehr schnell zu einer politischen Zentralinstanz entwickelte.

Die theoretische Begründung zur Autarkiepolitik und deren Zielrichtung umriss Hitler in seiner »Denkschrift zum Vierjahresplan«. Sie schloss mit den Forderungen:

I. Die deutsche Armee muß in vier Jahren einsatzfähig sein.
II. Die deutsche Wirtschaft muß in vier Jahren kriegsfähig sein.

In enger Verbindung zu diesen Forderungen hielt Hitler die Verabschiedung zweier Gesetze für erforderlich. Das erste sollte bei Wirtschaftssabotage die Todesstrafe festsetzen, das andere sollte »das gesamte Judentum haftbar (machen) für alle Schäden, die durch einzelne Exemplare dieses Verbrechertums der deutschen Wirtschaft und damit dem deutschen Volk zugefügt werden«.[84]

Die bloße Bekundung Hitlers reichte hin, die Obersten Reichsbehörden, deren Beamtenschaft längst schon vor der erdrückenden Machtfülle Hitlers kapituliert hatte,[85] zu sofortigem Handeln zu veranlassen. Während indessen das Gesetz gegen Wirtschaftssabotage am 1. Dezember

113

1936 erging,[86] bereitete der Wunsch Hitlers nach einer Pauschalhaftung aller Juden Schwierigkeiten. Reichsjustizminister Gürtner beendete am 12. Dezember ein Rechtsgutachten, das die Forderung Hitlers vorsichtig ablehnte. Es stellte fest: »...eine Mehrheit von Personen haftbar zu machen, unter deren Angehörigen kein anderer Zusammenhang besteht als die Zugehörigkeit zu einer bestimmten Rasse ... ist der Rechtsordnung fremd.« Gürtner machte darauf aufmerksam, dass bei einer Sonderhaftung für alle Juden das Ausland entsprechend gegen Deutsche vorgehen könnte. Sollte man über alle Bedenken hinwegkommen, so schloss er, so bleibe eine Lösung dieses Problems nur auf steuerlichem Gebiet. Hierzu skizzierte er einige Lösungsmöglichkeiten:[87]

1. »Jeder deutsche Staatsangehörige haftet bei gewissenloser Schädigung der deutschen Wirtschaft dem deutschen Volk für den Schaden.

2. Ist der Täter ein Jude, so haftet zusätzlich die Gesamtheit der Juden deutscher Staatsangehörigkeit.

3. Durchführung dieser Gesamthaftung durch eine Sondersteuer, etwa anknüpfend an die Vermögens- oder Einkommensteuer. Aus dem Aufkommen dieser Sondersteuer werden die Schäden gedeckt.«

Im Reichsinnenministerium hielt man die Vorschläge Gürtners für realisierbarer als die Forderungen Hitlers. Am 18. Dezember 1936 teilte Stuckart dem Staatssekretär Reinhardt vom Reichsfinanzministerium mit, dass die »seit einiger Zeit schwebenden Erörterungen über die Bildung eines Judengarantieverbandes« nur auf steuerlichem Gebiet durchführbar seien. Wie Stuckart anmerkte, hatte Hitler nach einem Vortrag Fricks über die Fortführung der Judengesetzgebung »den Plan der Erhebung einer Judensondersteuer grundsätzlich gebilligt und angeordnet, die Vorbereitungen eines entsprechenden Gesetzentwurfes so zu beschleunigen, dass die Möglichkeit gegeben wäre, das Gesetz bereits nach Ende des Gustloff-Prozesses zu verkünden«.[88]

Der Zeitpunkt des Erlasses macht deutlich, dass Hitlers gemäßigte Haltung bei der Beerdigung Gustloffs mühsam überspielt war, er den Mord keinesfalls aus seiner Erinnerung gestrichen hatte und nur darauf wartete, aus einer politisch unbedenklicheren Lage heraus propagandawirksam seinen Racheakt zu verbrämen.

Dieser taktische Schachzug war allerdings vom Getriebe der Instanzen zunichte gemacht worden. Die Urteilsverkündung gegen David Frankfurter erging bereits am 14. Dezember 1936,[89] und erst Mitte Januar 1937 war der Entwurf im Reichsfinanzministerium geprüft und mit weitgehenden Änderungswünschen dem Reichsinnenministerium wieder in die Hände gekommen.[90] Um weitere Fragen zu klären,[91] berief das Reichsfinanzministerium die beteiligten Stellen zu einer Ressortbesprechung auf den 18. Februar 1937.[92]

In einer vorgezogenen, internen Besprechung versuchte das Auswärtige Amt am 16. Februar eine einheitliche Marschroute festzulegen. Ein grundsätzlicher Widerspruch gegen die Besteuerungspläne kam nach übereinstimmender Ansicht nicht in Frage. Auch zerstörte man die von Gürtner vorgebrachten Bedenken hinsichtlich einer negativen Reaktion des Auslands. Man stimmte sogar dafür, die geplante Besteuerung der Juden offen als eine solche zu kennzeichnen. Die einzige Bedingung, auf die das Auswärtige Amt »gegebenenfalls« hinweisen wollte, betraf Juden ausländischer Staaten, mit denen vertragliche Bindungen bestanden. Sie sollten der Sondersteuer nicht unterworfen werden.[93]

Auf der Sitzung am 18. Februar einigten sich dann die beteiligten Stellen auf den Erlass eines »Gesetzes über den Ausgleich von Schäden, die dem Deutschen Reich von Juden zugefügt werden«.[94]

Die Entwurfsarbeiten zogen sich bis Mitte Juni 1937 hin. Die alsdann vom Reichsfinanzminister vorgelegte Fassung beabsichtigte, allen Juden noch für das laufende Rechnungsjahr 1937 Sonderzuschläge auf die Lohn- und Vermögenssteuer aufzuerlegen, deren Höhe vom Reichsfinanz- und Reichsinnenminister im Einvernehmen mit dem StdF festgesetzt werden sollten.[95]

Allerdings blieb dieser Entwurf Makulatur. Dies mag im Zusammenhang stehen mit den ebenfalls abgebrochenen Entwurfsarbeiten an einer »Dritten Verordnung zum Reichsbürgergesetz«. Wie Frick unter dem 20. Februar 1937 Göring mitteilte, sollte sie auf Grund einer besonderen Anordnung des Führers und Reichskanzlers erlassen und in allernächster Zeit zur Vollziehung vorgelegt werden.[96] Die hier von Hitler beabsichtigte Regelung nahm den des öfteren unternommenen und immer wieder unterbundenen Versuch auf, die deutschen Geschäfte in Abgrenzung zu den jüdischen Gewerbebetrieben gesondert zu kennzeichnen.[97] Der an Göring übersandte Entwurf dieser »Dritten Verordnung« sah ein Gewerbezeichen vor, das alle nichtjüdischen Gewerbetreibenden zu führen hatten. Die jüdischen Betriebe sollten zudem in ein Gewerbeverzeichnis eingetragen werden, dessen Einsicht jedermann und jederzeit zu gestatten war.[98]

Auch bei diesem Entwurf forderte das Auswärtige Amt eine Ausnahme von der Kennzeichnungspflicht für gewerbetreibende nichtdeutsche Staatsangehörige.[99] Dem wollte aber Hitler offenbar nicht nachkommen. Mit der Begründung, die bisher vorgelegten Entwürfe eines Gewerbezeichens hätten nicht die Zustimmung des Führers gefunden, versuchte das Reichsinnenministerium den plötzlichen Stopp der »Dritten Verordnung« zu erklären.[100] Da das Auswärtige Amt in den Gesetzentwurf über den Ausgleich von Schäden eine ähnliche Sonderbestimmung eingebracht hatte, ließ Hitler die genannten Entwürfe vorerst nicht weiterverfolgen, offensichtlich in der Absicht, eine günstigere Situation abzuwarten. Vielleicht hatte der Reichskanzler auch gespürt, dass härtere antijüdische Maßnahmen noch immer nicht ganz widerstandslos den staatlichen Behördenapparat passierten. Dies zeigte sich in seltener Deutlichkeit an dem Entscheidungsprozeß des »Gesetzes über den Reichsbürgerbrief«.

Offenbar ohne den Reichsministern Kenntnis zu geben, hatten der StdF und der Reichsinnenminister 1936 begonnen, das im Reichsbürgergesetz begründete Erfordernis des »Reichsbürgerbriefes« gesetzesförmig näher zu fixieren. Was sich äußerlich als Formalität darstellte, geriet hierbei, wohl kaum ohne entsprechendes Drängen des StdF, zu einer Rechtsvorschrift, die einen neuen Judenbegriff statuierte. Wie Frick den Reichsministern am 10. Dezember 1936 mitteilte, sollte das Gesetz am 30. Januar 1937 verkündet werden.[101] Als Frist für eine Stellungnahme setzte er den 15. Januar 1937.[102]

Wie der Entwurf aussagte, sollte der »Reichsbürgerbrief«, Voraussetzung für den Status des Reichsbürgers, an jeden »ehrbaren männlichen Staatsangehörigen deutschen oder artverwandten Blutes« verliehen werden, der das 25. Lebensjahr vollendet, durch die Hitlerschule gegangen war[103] und Reichsarbeitsdienst sowie aktiven Wehrdienst geleistet hatte. Diese Bedingungen sollten zwar auch für »Mischlinge« gelten, doch, und an diesem Punkt versuchte der StdF offensichtlich die seinerzeit im November 1935 erlittene Niederlage zu korrigieren, sollte an »Mischlinge 1. Grades« der Reichsbürgerbrief nur auf Antrag verliehen werden, sofern der Reichsinnenminister im Einverständnis mit dem StdF nach Prüfung des Einzelfalles entsprechend entschieden hatte. Unschwer erkennt man in dieser beabsichtigten Regelung das Vorbild des Verfahrens für Ehegenehmigungen wieder, was nach kurzer Zeit nur noch zu pauschalen Ablehnungsbescheiden führte.[104] Die praktischen Folgen wären somit gewesen, dass die »Mischlinge 1. Grades« auf dem Umweg über den Reichsbürgerbrief letzthin den Status der Juden erhalten hätten. Die Reichsministerien ließen sich zu ihrer Begutachtung viel Zeit. Am 13. Januar gab dann das Reichskriegsministerium eine im wesentlichen zustimmende Stellungnahme ab. Es durchkreuzte jedoch die Pläne des StdF über die Stellung der »Halbjuden«: Blomberg forderte für die Wehrmacht ein Mitspracherecht bei der Beurteilung, die sich nach dem Verhalten der »Mischlinge 1. Grades« in der Zeit ihrer Wehrpflicht richten sollte und bestand darauf, dass »wer dem Staat in der Wehrmacht dienen darf, ... Anspruch auf das Reichsbürgerrecht haben muß«.[105]

Am 15. Januar meldete sich der Reichsfinanzminister: v. Krosigk, wies darauf hin, dass die durch den Reichsbürgerbrief erforderliche Mehrarbeit der Verwaltungsbehörden im Hinblick auf die gesteigerten Anforderungen des Vierjahresplanes nicht getragen werden könnten und machte auf die allein durch den Druck der Urkunden erforderlichen Kosten von 10 bis 20 Millionen Reichsmark aufmerksam.[106] In aller Kürze und Schärfe kritisierte sodann am 3. Februar der preußische Finanzminister Popitz den Widerspruch »genaue Richtlinien und gesetzliche Vorschriften über den Erwerb und den Verlust eines Rechtes schon dann zu erlassen, wenn dessen Umfang und Inhalt noch gar nicht feststeht«:[107] Damit war das letzte Wort über dieses Gesetz gesprochen.[108] Ende Mai 1937 teilte das Reichsinnenministerium den beteiligten Stellen mit, Hitler habe entschieden, den Gesetzentwurf vorläufig zurückzustellen.[109]

Mit dem Gesetz über den Reichsbürgerbrief waren damit im Frühjahr und Sommer drei Entwürfe zurückgestellt worden, die entweder auf nachdrückliches Drängen Hitlers oder des StdF entstanden waren. Die Gründe für Hitlers Zurückweichen können sich nur vermuten lassen, da aller Wahrscheinlichkeit nach ein Bündel komplexer politischer Tatbestände seine Entscheidung beeinflussten. Zum ersten war dies zweifellos die ungeheure Anspannung, unter der die deutsche Wirtschaft die Erfordernisse des Vierjahresplanes zu erfüllen hatte. Der StdF teilte im Februar 1937 dem Reichsinnenminister mit, er möge vorerst von einer zentralen Regelung aller im Zusammenhang mit dem Judenproblem stehenden wirtschaftlichen Fragen Abstand nehmen, da dies Problem für eine Lösung im Augenblick noch nicht reif sei.[109a] Es mochte auch Hitler bewusst geworden sein, dass sich in der Anlaufphase seines Vierjahresplans jede unnötige Beunruhigung der Wirtschaft von selbst verbot.

Zum anderen war die innenpolitische Situation im Frühjahr 1937 durch die Auseinandersetzung des Nationalsozialismus mit den Kirchen gereizt, was Hitler mit einer Konzession zu bereinigen bemüht war.[110] Und schließlich kann Hitler kaum entgangen sein, dass die konservativ geführten Ministerien seinen gesetzgeberischen Bemühungen in der Judenfrage noch immer rechtliche Bedenken entgegensetzten. Diese Hindernisse verwiesen ihn auf, eine spätere, seinen Plänen günstigere Lage,[111] was jedoch gleichfalls eine Änderung des bestehenden Machtgefüges implizierte oder, mit anderen Worten, eine Stärkung der Macht Hitlers.

4. Merkmale eines verschärften Kurses

Der Einmarsch deutscher Truppen in die entmilitarisierten Gebiete am Rhein hatte Hitler in der Auffassung bestärkt, dass die Staatsform der Demokratie reif für den Untergang sei.[112] Die unmittelbare Folge dieses ersten, gewichtigen Versuchs, die Schwelle der Widerstandskräfte der Demokratien auszuloten, war die organisatorische Vorbereitung eines Kriegsprogramms und der Versuch, das Ausnahmerecht gegen die Juden zu verschärfen. Sofern irgendwelche Zweifel über den künftigen Kurs der nationalsozialistischen Judenpolitik bestanden, konnten diese nach Wiedererrichtung der Reichshoheit über das oberschlesische Abstimmungsgebiet als beseitigt gelten.[113] Die für dieses Gebiet ergehenden rassengesetzlichen Bestimmungen waren vielfach schärfer und bestimmter gefasst als die vergleichbaren Rechtsvorschriften des Reichs.[114] Das ließ erkennen, dass die Judenpolitik nun auch äußerlich in eine neue, härtere Phase eingetreten war. Bereits im April 1937 war es dem StdF gelungen, den Reichsfinanzminister auf eine alte Forderung der Partei festzulegen: Die Unterhaltszuschüsse der entlassenen jüdischen Beamten wurden abgebaut und bei Beamten, die am 1. Januar 1937 das 35. Lebensjahr noch nicht vollendet hatten, gänzlich gestrichen.[115] Weiterhin drängte der StdF auf die Entlassung aller Arbeiter und Angestellten aus dem öffentlichen Dienst, sofern sie einen »jüdischen Bluteinschlag« hatten. Zwar kam der Reichsfinanzminister auch dieser Forderung nach, verklausulierte den Erlass jedoch derart, dass die Entlassung dieses Personenkreises den einzelnen öffentlich-rechtlichen Körperschaften überlassen blieb.[116]

Das Drängen des StdF zeigt an, dass nun auch die Stellung der »Mischlinge« in den Bannkreis der Rassendoktrin gezogen wurde. Der StdF bemühte sich, dieses Vorgehen zu intensivieren, indem er am 16. und 26. Juni 1937 die Entlassung aller »Mischlinge« aus dem Beamtenverhältnis forderte.[117] Dies wurde vom Reichsinnenminister dahingehend interpretiert, der StdF wünsche die Entfernung solcher Beamter nur in besonders gelagerten Einzelfällen.[118] Ende 1937 sah sich deshalb der StdF genötigt, darauf hinzuweisen, dass Beamte mit »jüdischem Bluteinschlag« nicht mehr planmäßig angestellt werden sollten und bestehende Anstellungsverhältnisse so bald als möglich zu lösen waren.[119] Einzelne Ministerien waren dem Druck des StdF gefolgt und hatten begonnen, »Mischlinge« in die für Juden geltenden Berufsverbote einzubeziehen.[120]

In erster Linie richteten sich die Ausschaltungsforderungen jedoch auf Gebiete, die bislang den Juden noch die Ausübung eines Berufes oder einer Tätigkeit gestatteten. So begann der NSRB im April 1937 die Praxis der Gerichte zu kritisieren, noch immer jüdische Anwälte als Prozessbevollmächtigte vor den Arbeitsgerichten anzuerkennen, und forderte ein diesbezügliches Verbot.[121] Das Reichsjustizministerium indessen war nicht bereit, diesem Druck nachzugeben. Schlegelberger erklärte zwar die Beanstandungen des NSRB für gerechtfertigt, machte aber auf die »auch in der Rechtsprechung überwiegend vertretene Ansicht« aufmerksam, wonach die Entscheidung über die Zuziehung eines jüdischen Anwaltes den besonderen Umständen des Einzelfalles überlassen bleiben müsse.[122]

Die couragierte Haltung Schlegelbergers in einer relativ bedeutungslosen Einzelfrage konnte jedoch nicht darüber hinwegtäuschen, dass er, ebenso wie alle anderen Beamten, den von Hitler und der Partei abgesteckten Linien der Judenpolitik folgte. Am 14. Juni 1937 hatte Reichsärzteführer Wagner seinem Führer Vortrag gehalten und vorgeschlagen, die noch praktizierenden jüdischen Ärzte auszuschalten. Hitler nahm diese Anregung sofort auf, und Schlegelberger musste zusammen mit Lammers auf dem Obersalzberg am 9. September 1937 die entsprechenden Schritte in die Wege leiten.[123]

Während das Ausscheiden der jüdischen Ärzte in den Ministerien behandelt wurde, ergingen auf anderen Gebieten in rascher Folge weitere, einengende Bestimmungen. Thüringen verlangte nun auch für den Beruf der Hebamme die »arische Abstammung«,[124] der Reichsjustizminister beschäftigte Richter mit jüdischen Frauen nur noch bei den Grundbuchs-, Register- und Verwaltungssachen.[125] Kinderbeihilfen und Ehestandsdarlehen wurden nicht mehr vergeben, sofern die Empfänger nicht »deutschen oder artverwandten Blutes« waren, was auch »Mischlinge« von der Vergabe dieser Unterstützungen ausschloss.[126]

Das Reichsinnenministerium stellte im Sommer 1937 einheitliche Richtlinien für die Behandlung jüdischer Kurgäste in Bädern und Kurorten auf, die eine weitgehende Trennung zwischen Deutschen und Juden bezweckten und für die Betroffenen eine schlimme Diffamierung darstellen mussten.[127] Im November 1937 erging eine weitere diskriminierende Anordnung des Reichsjustizministers, die Juden in Gerichtssitzungen die Anwendung des »Hitlergrußes« untersagte.[128] Entschieden wurde nun auch die Frage nach der Besteuerung jüdischer milder Stiftungen, die ein Jahr zuvor von den beteiligten Stellen hin und her geschoben worden war.[129] Sie verloren ihre persönliche Gebührenfreiheit und die Befreiung der Gerichtskostengebühren nach dem preußischen Gerichtskostengesetz.[130]

Eine der bedeutsamsten Entscheidungen fiel in der immer wieder verschobenen und verzögerten Frage eines besonderen jüdischen Namenrechts, die im Frühjahr während der ersten Etappe der Verschärfung vom StdF wieder in die Diskussion geworfen wurde. Um dem Dringen der Partei formal nachzukommen, fertigte man im Reichsinnenministerium einen Runderlass, der ein Verbot der Namensänderungen von jüdischen »Mischlingen« zum Inhalt hatte, und gab diesen im August 1937 heraus.[131]

Offenbar verkannte das Ministerium die zwischenzeitlich eingetretene Machtkonstellation, denn der StdF ließ sich durch derart halbwegs erfüllte Forderungen nicht mehr von seinen sehr viel präziseren und härteren Wünschen abbringen. Bormann kritisierte den Runderlass als ungenügend, und Frick verfügte daraufhin die Ausarbeitung eines Gesetzentwurfes, der ganz im Sinne Bormanns eine besondere Kennzeichnung der jüdischen Namen bringen sollte.[132]

Am 6. Oktober 1937 war der geforderte Entwurf fertiggestellt, doch hatte es das Ministerium verstanden, durch eine echt nationalsozialistisch klingende Begründung die Absichten des Stabsleiters zu unterlaufen: An Stelle einer generellen Änderung aller jüdischen Familiennamen schob das Ministerium sicherheitspolizeiliche Bedenken vor und regte statt dessen »die zusätzliche Führung eines typisch jüdischen Vornamens« an.[133] Nachdem auch der Chef der Sicherheitspolizei dem Entwurf unter der Bedingung zugestimmt hatte, an der Durchführungsverordnung beteiligt zu werden, und der RFSS Einwände nicht erhob,[134] gab der StdF endlich sein Placet.[135]

Das »Gesetz über die Änderung von Familiennamen und Vornamen« erging am 5. Januar 1938[136] und ermächtigte die Verwaltungsbehörden in unverfänglichen Formulierungen, Namensänderungen, die vor dem 30. Januar 1933 genehmigt worden waren, zu widerrufen. Weiterhin beauftragte es den Reichsinnenminister, »Vorschriften über die Führung von Vornamen zu erlassen und von Amts wegen die Änderung von Vornamen, die diesen Vorschriften nicht entsprechen, zu veranlassen«. Kurze Zeit später machte der Reichsjustizminister deutlich, worauf das Gesetz abzielte: Unerwünscht waren demnach insbesondere Namensänderungen, durch die ein jüdischer Name in einen anderen Namen geändert worden war.[137] Dies betraf jedoch nur eine Nebenabsicht des Gesetzes, während die Bestimmungen, die eigentlich erst zur Ausarbeitung der Vorschriften geführt hatten, in der Folgezeit zwischen dem Reichsinnenministerium und der Sicherheitspolizei ausgehandelt wurden.[138] Am 17. August 1938 erklärte dann eine Durchführungsverordnung, dass Juden nur solche Vornamen führen durften, die in den Richtlinien des Reichsinnenministeriums über die Führung von Vornamen enthalten waren,[139] andernfalls hatten sie ihren Vornamen zusätzlich den Namen »Israel« oder »Sara« hinzuzufügen.[140]

Neben dem rein diffamierenden Aspekt beinhaltete das Gesetz zugleich ein sicherheitspolizeiliches Element, da es zugleich der erste Versuch einer allgemeinen, äußerlichen Kennzeichnung der Juden war.[141]

Dem StdF schien kein Gebiet zu entgehen, auf dem nicht die Separierungsbestrebungen zwischen Deutschen und Juden vorangetrieben werden konnte. Mitte 1937 legte der Reichsinnenminister das Adoptionsrecht im nationalsozialistischen Sinn aus: Der Bestätigung eines Kindesannahmeverfahrens sollte widersprochen werden, wenn ein Vertragsteil Deutscher oder »Mischling 2. Grades« war, der andere aber Jude oder »Mischling 1. Grades«.[142]

Diese ex nunc-Regelung war dem StdF allerdings nicht weitgehend genug. Mit Schreiben vom 4. November 1937 bat er den Reichsinnenminister, sein »Augenmerk den bestehenden Adoptionsverhältnissen zwischen deutschblütigen Volksgenossen und insbesondere volljüdischen Personen zuzuwenden«. Seine Bitte ging dahin, die bestehenden Adoptionsverhältnisse mit rückwirkender Kraft aufzulösen.[143]

Dies wurde im Reichsinnenministerium für rechtlich bedenklich gehalten, da auch der Nürnberger Gesetzgeber darauf verzichtet habe, in bestehende familienrechtliche Bindungen einzugreifen.[144] Das Reichsinnenministerium fragte nun beim Reichsjustizministerium an, ob die in Frage kommenden Fälle eine Maßnahme rechtfertigen, musste sich jedoch überraschenderweise von diesem darauf hinweisen lassen, dass ein entsprechendes Gesetz in der Zwischenzeit bereits erlassen worden war.[145]

Einen – allerdings nur kalendarischen – Schlussstrich unter die 1937 eingeleiteten Maßnahmen zur weiteren Entrechtung des Judentums zog das »Gesetz über erbrechtliche Beschränkungen wegen gemeinschaftswidrigen Verhaltens« vom 5. November 1937.[146] Danach konnte ein Erblasser dem Erben den Pflichtteil entziehen, wenn dieser die Ehe mit einem »Nichtarier« eingegangen war oder sich ohne staatliche Genehmigung mit einem solchen verheiratet hatte.

B. Die Vertreibung aus der Wirtschaft

1. Der Wegfall der personalpolitischen Hindernisse und die Einleitung wirtschaftsgesetzlicher Maßnahmen

Am 5. September 1937 wurde der geschäftsführende Reichswirtschaftsminister Schacht von Hitler beurlaubt, am 27. November entlassen.[147]

Schacht selbst war niemals Philosemit, doch sein von rassenpolitischen Vorstellungen unbeeinflusstes Denken hatte die nationalsozialistischen »Wirtschaftspolitiker« immer wieder davor zurückgehalten, durch eine radikale Ausschaltung des wirtschaftlich potenten Judentums selbst in eine Krise größeren Ausmaßes zu treiben. Durch den langjährigen Widerstand Schachts gegen die Arisierungspläne der Partei war den in der freien Wirtschaft tätigen Juden eine im wesentlichen ungehinderte Ausübung ihrer Berufe bis zu Beginn des Jahres 1938 garantiert.

Der Abgang Schachts brachte hier die entscheidende Wende und beweist gleichzeitig, wie die Durchführung der Rassenpolitik von der

Existenz einer Person abhängig sein konnte.[148] Nachdem Göring interimistisch das Reichswirtschaftsministerium geführt und umorganisiert hatte,[149] folgte als dessen neuer Chef im Februar 1938 der bisherige Pressechef der Reichsregierung, der schwache und Hitler bedingungslos ergebene Walter Funk. Unter ihm verlor das Ministerium sehr bald seine frühere Stellung und wandelte sich zu einem bloßen Vollzugsorgan der Behörde des Vierjahresplans.[150] Ein weiterer Aspekt der personellen Veränderungen vollzog sich im Gefolge der Blomberg-Fritsch-Krise. Die Übernahme des Oberbefehls über die Wehrmacht am 4. Februar 1938 bedeutete weiteren Machtzuwachs für Hitler. Gleichzeitig signalisierte der Wechsel von Neurath zu Ribbentrop im Auswärtigen Amt, dass die bremsenden, konservativen Kräfte der Reichsregierung politisch endgültig ausgespielt hatten. Damit war für Hitler der Weg frei, seine am 5. November 1937 vor den Spitzen der Regierung und der Generalität entworfenen Kriegspläne ungehindert weiterverfolgen zu können.[151] In dem Maße, wie er seine Kriegspläne intensivierte, steigerte er auch seine Bemühungen um die endgültige Ausschaltung des deutschen Judentums. In seiner Schlussrede auf dem »Parteitag der Arbeit« im September 1937 hatte er erstmals wieder öffentlich und in harter Form gegen die Juden Stellung genommen. In vehementen Angriffen deutete er die Verderben bringende Politik des bolschewistischen Russland, ging dann ein auf die »jüdischen Zersetzungsaktionen« in Deutschland und steigerte letztlich beide Schreckensvisionen zum Bild des »jüdisch-bolschewistischen Weltfeinds«.[152] Dieser rhetorisch-propagandistische Ausbruch ließ erahnen, welche politischen Ziele den Reichskanzler bewegten. Außer dem Abgang Schachts war noch ein weiterer Umstand von Bedeutung: Die kritische Wirtschaftslage des Jahres 1936 wich im Zuge der verstärkten Produktionsaufträge im Rahmen des Vierjahresplans einer ständigen Aufwärtsentwicklung,[153] so dass man die bislang geübte Rücksichtnahme gegenüber den Juden in der Wirtschaft fallen lassen konnte und sich die Stimmen mehrten, die dem offiziellen Parteistandpunkt in dieser Frage endlich zum Durchbruch verhelfen wollten.[154]

Innerhalb kürzester Zeit wurden diese Forderungen realisiert, und beginnend mit der Jahreswende 1937/1938 ergoss sich eine Flut von Ausschaltungsbestimmungen über die Juden, in deren Gefolge auch andere als wirtschaftliche Maßnahmen erfolgreich vorangetrieben wurden.[155]

Den Anfang machte im November 1937 das Reichsfinanzministerium. Es warf die während des Frühjahrs nicht realisierten Steuergesetze wieder in den Gesetzgebungsgang, »da zur Zeit eine Änderung des Einkommensteuergesetzes erwogen wird ... und der StdF der Angelegenheit sein besonderes Interesse entgegenbringt«.[156] Was Monate zuvor auf Eis gelegt worden war, erledigte sich jetzt überraschend schnell: Am

1. Februar 1938 erging das »Gesetz zur Änderung des Einkommens-steuergesetzes«, nach dem Kinderermäßigungen für jüdische Kinder nicht mehr gewährt wurden.[157] Wenig später folgte die gleiche Regelung für die Lohn- und Körperschaftssteuer.[158] Neben weiteren steuerlichen Erschwernissen[159] versuchte man durch den Entzug steuerlicher Vergünstigungen auch die Kultus- und Synagogengemeinden zu treffen.[160] Bereits im Juli 1934 hatte der Badische Innenminister das Reich gebeten, diesen Körperschaften ihren Rechtsstatus zu nehmen.[161] Um die Wende des Jahres 1936 hatte sich der Reichskirchenminister dieser Angelegenheit angenommen und eine Gesetzesvorlage erarbeitet, die allerdings seinerzeit nicht realisiert wurde.[162] Im Frühjahr 1938 sah er dann endlich eine günstige Gelegenheit, seinen Entwurf erneut vorzubringen, und wies den Reichsinnenminister darauf hin, dass die »jetzt vorgesehenen einschneidenden Maßnahmen, welche die Juden betreffen«, die Verabschiedung seines Gesetzes »immer gebieterischer« verlangten.[163] Tatsächlich hatte der Reichskirchenminister die gewandelte Lage richtig eingeschätzt. Die Verabschiedung seines Gesetzes erfolgte nun mit ungewöhnlicher Beschleunigung. Hitler fertigte es am 28. März aus.[164] Es trat rückwirkend zum 1. Januar 1938 in Kraft und nahm den jüdischen Kultusvereinigungen den Status von Körperschaften des öffentlichen Rechts. Obwohl sie nun zu Vereinen des Privatrechts wurden, traten sie in ein besonderes Gewaltverhältnis zum Staat: Beschlüsse der Organe und ihrer Verbände, deren Bildung, Veränderung oder Auflösung, die wesentliche Veränderung von Gegenständen geschichtlichen, wissenschaftlichen oder künstlerischen Wertes bedurften der Genehmigung der höheren Verwaltungsbehörde.

Eine Nebenabsicht des Gesetzes verwirklichte sofort nach dessen Ausfertigung der Reichsfinanzminister: mit Wirkung vom 1. Januar 1938 wurden die Kultusvereinigungen zur Grundsteuer veranlagt;[165] im April 1938 wurde dann auch der bebaute Grundbesitz der Vereinigungen zu einer weiteren Steuer herangezogen.[166]

Die Folge dieser gesetzlichen Bestimmungen traf unmittelbar jeden einzelnen Juden. In Anwendung des Analogieverfahrens untersagte der Reichsfinanzminister allen Gemeinden, den Juden einen Erlass auf die Grundsteuer zu gewähren,[167] eine Regelung, die auch auf jüdisch geleitete Körperschaften des Privatrechts ausgedehnt wurde.[168] Die steuerlichen Benachteiligungen waren allerdings im System der nun verstärkt einsetzenden wirtschaftlichen Maßnahmen nur von sekundärer Bedeutung. Die eigentlichen Ziele und Absichten der Politik zeigten sich schon kurz nach dem Abgang Schachts. Noch ehe Göring das Wirtschaftsministerium übernommen hatte, nutzte der Reichspropagandaminister das Interim und veranlasste das führungslose Ministerium zu einem Erlass,

der jüdische Firmen von der Herstellung und dem Vertrieb des »Volks-
empfängers« ausschloss.[169]

Göring, der nun ungehindert die Wirtschaft nach seinem Gutdünken
leiten konnte und hierbei in weit stärkerem Maße als Schacht den Intentionen Hitlers folgte, setzte diese erste Maßnahme konsequent fort. Am
15. Dezember 1937 ordnete er an, jüdischen Betrieben geringere Kon-
tingentierungen an Devisen- und Rohstoffzuteilungen zu gewähren.[170]
Die Definition, was unter »jüdischer Betrieb« verstanden wurde, folgte
Anfang Januar 1938.[171]

Noch zu Ausgang des alten Jahres stellte das Reichswirtschaftsministerium klar, dass Juden in der »Organisation der gewerblichen Wirtschaft«[172] nicht mehr geduldet würden. Sie hatten sich auf deren Mitglie-
derversammlungen fortan durch »arische« Bevollmächtigte vertreten zu
lassen.[173]

Am 14. Februar 1938 schloss der Reichswirtschaftsminister die Juden
aus den Elektro- und Gasgemeinschaften der Wirtschaftsgruppe Elektrizi-
tätsversorgung aus.[174]

Im Januar 1938 veranlasste Göring die Neufassung des Gesetzes über
das Versteigerergewerbe,[175] das am 5. Februar 1938 erging und die in
diesem Beruf verbliebenen Juden endgültig eliminierte.[176] Am 1. März
wurden die »Richtlinien über die Vergebung öffentlicher Aufträge« dergestalt geändert, dass Juden nicht mehr berücksichtigt werden durften.[177]
Welche Bedeutung die wirtschaftliche Judengesetzgebung erlangt hatte,
registrierte der SD im Februar 1938: Das Reichswirtschaftsministerium
plante wegen der gestiegenen Wichtigkeit dieser Frage die Errichtung
eines selbstständigen Judenreferats.[178]

Im April wurde die generelle Stoßlinie der neuen Politik offenbar. Auf
Grund seiner Blankettvollmacht zur Durchführung des Vierjahresplans
erließ Göring am 22. April die »Verordnung gegen die Unterstützung der
Tarnung jüdischer Gewerbebetriebe«[179] und am 26. April die »Verord-
nung über die Anmeldung des jüdischen Vermögens«,[180] der am gleichen
Tag eine erste Anordnung beigegeben wurde.[181]

Zweifellos war das Bündel dieser Maßnahmen als Einheit gedacht.[182]
Die Tarnungsverordnung machte die jüdischen Betriebe den Behörden
kenntlich, während die Anmeldungsverordnung die Möglichkeit schuf,
den Vermögensstand der betroffenen Juden exakt zu kontrollieren.[183]

In einer Ministerbesprechung am 28. April 1938 gab Göring nähere
Einzelheiten über die künftige Judenpolitik auf wirtschaftlichem Gebiet
bekannt. Er betonte, dass die Judenfrage gelöst werden musste und wies
darauf hin, dass die Anmeldungsverordnung eine einleitende Maßnahme darstellte. Als Ergebnis skizzierte er die endgültige Ausschaltung der
Juden aus dem deutschen Wirtschaftsleben durch Umwandlung des jüdi-

schen Vermögens in Werte, die keinen wirtschaftlichen Einfluss mehr gestatteten.[184]

2. Die planlose Ausschaltung

Der unter Göring tagende Ministerrat hatte zur wirtschaftlichen Ausschaltung des Judentums mehrere Beschlüsse gefasst, die in der Folgezeit in den Ministerien ihre gesetzesförmige Fassung erhielten.

Von einer der beteiligten Stellen war in der Sitzung die Forderung erhoben worden, jüdische Betriebsführer zu entfernen. Hierzu legte der Reichsinnenminister bereits am 30. April 1938 einen Verordnungsentwurf vor.[185] Das Reichsjustizministerium wies allerdings darauf hin, dass bei der geplanten Regelung jüdische Unternehmer ihre »arischen« Betriebsführer entlassen könnten, um diese Stellen dann mit den ihrerseits entlassenen Juden zu besetzen. Als Ausweg schlug es vor, die Befugnis zur Einstellung und Entlassung von Betriebsführern der Unternehmensleitung zu entziehen und den »Reichstreuhändern der Arbeit« zu übertragen.[186] Nachdem man des längeren nach einer Rechtsgrundlage gesucht hatte, schien die sodann gefundene Ermächtigung doch zu abwegig,[187] so dass die Verordnung vorerst zurückgestellt wurde. Erst im Dezember 1938 griff man dann wieder darauf zurück und arbeitete die Regelung in eine der »Reichskristallnacht« folgenden Verordnungen ein.[188]

Ein weiterer Besprechungspunkt der Ministerratssitzung betraf das sehr viel umfassendere Gebiet »den jüdischen Einfluß auch innerhalb der gewerblichen Wirtschaft zu beseitigen«.[189]

Diese Bestrebungen hatten ihren ursächlichen Ausgang Ende 1938 genommen, als das Hauptamt für Kommunalpolitik den StdF auf Juden im Wandergewerbe aufmerksam gemacht hatte. Dieser forderte daraufhin die grundsätzliche Ausschaltung aller Juden aus diesem Gewerbe.[190] Während der Ministerratssitzung erklärte sich Funk mit dieser Forderung einverstanden,[191] und am 3. Mai 1938 teilte er dem Präsidenten des Deutschen Gemeindetages mit, dass in der Frage der jüdischen Gewerbetreibenden eine umfassende gesetzliche Neuregelung bevorstehe.[192]

Dies betraf einen Katalog von Berufsverboten, den das Reichswirtschaftsministerium in einer erweiterten Fassung der »Gewerbeordnung« am 20. Mai zur Verabschiedung vorlegte. Zwar wurden die getroffenen Berufsverbote nicht für vollständig gehalten, doch begnügte man sich »wegen der Eilbedürftigkeit der Regelung« mit den Gewerbezweigen, »deren Säuberung von jüdischem Einfluss im Augenblick am dringendsten ist«.[193]

Der Tenor der Stellungnahmen aus den beteiligten Ministerien war im wesentlichen zustimmend. Der Reichsarbeitsminister gab zu bedenken, dass die beabsichtigten Änderungen weniger »ein Schließen von Betrieben als deren Übergang in deutschblütigen Besitz zur Folge haben muß«.[194] Der Reichskirchenminister fand den Gedanken »erwähnenswert«, den Juden allgemein auch jede Tätigkeit als Handelsmakler zu untersagen.[195] Da das Gesetz jedoch am 1. Juli verkündet werden sollte, wurden weitere Änderungen nicht mehr vorgenommen. Hitler schien dann mit der Ausfertigung kurz zu zögern, denn Lammers konnte erst am 6. Juli die Abzeichnung des Reichskanzlers vermerken.[196]

In dem Bestreben, die Juden möglichst schnell und ohne Rücksicht auf volkswirtschaftliche Belange auszuschalten, hatte man allerdings übersehen, dass man wegen vielfacher wirtschaftlicher Schwierigkeiten für jüdische Handelsvertreter und Handelsreisende nachträglich wieder Ausnahmegenehmigungen schaffen musste.[197]

Da vielen Stellen die getroffenen Berufsverbote noch nicht weit genug gingen und auch das Reichswirtschaftsministerium von einer vorläufigen Regelung gesprochen hatte, wies es zur Beruhigung im August 1938 auf eine »demnächstige grundsätzliche Regelung« hin.[198] Dass man aber tatsächlich nur für den Augenblick arbeitete, zeigte sich bei der Kennzeichnungspflicht für die jüdischen Betriebe, die nach der Ministerbesprechung vom 28. April 1938 ebenfalls energisch vorangetrieben wurde. Das Reichsinnenministerium übersandte am 30. April den beteiligten Stellen einen Entwurf, der sich von der ursprünglichen Fassung aus dem Jahr 1937 insofern unterschied, als nun nicht mehr die »arischen«, sondern die jüdischen Gewerbebetriebe ein Zeichen führen sollten.[199] Nachdem die Federführung der Entwurfsarbeiten an das Reichswirtschaftsministerium übergegangen war[200], wurde die Regelung am 14. Juni 1938 als »Dritte Verordnung zum Reichsbürgergesetz« veröffentlicht.[201] Sie bestimmte die Voraussetzungen, unter denen ein Betrieb als jüdisch anzusehen war, regelte die Eintragung dieser Betriebe in ein von den Behörden auszulegendes Verzeichnis und ermächtigte den Reichsinnenminister, im Einvernehmen mit dem Reichswirtschaftsminister und den StdF die Kennzeichnung der jüdischen Geschäfte anzuordnen. Eine derartige Kennzeichnung ist trotz aller Ankündigungen niemals ergangen,[202] auch ließ die Verordnung das eigentliche Problem des Schicksals der jüdischen Betriebe in der Schwebe, da sie nur begriffliche Fragen regelte, ohne zunächst nähere Rechtsfolgen zu bestimmen.[203]

In der für das Dritte Reich typischen Art der Normierung anstehender Fragen hatten die bisherigen Maßnahmen zur Ausschaltung der Juden aus der Wirtschaft nur Teillösungen gebracht, die man aus der Möglichkeit des Augenblicks heraus ohne längere Überlegungen in den bedeutsamsten Punkten rechtsatzförmig zu fassen suchte. Eine Konzeption der

Fragen, wie, mit welchen Mitteln und wann die »Entjudung« durchgeführt werden sollte ist nicht zu erkennen und hat sicherlich bis in den Sommer 1938 nicht bestanden.[204] Der solcherart unsystematischen Ausschaltungspolitik auf allen Gebieten[205] trat am 14. Juni 1938 der Reichsinnenminister entgegen. Sein Maßnahmenkatalog, der sämtliche zur Ausschaltung der Juden erforderlichen Schritte erstmals zusammenhängend aufzählte, ging davon aus, die Juden künftig *zwangsweise* auszuschalten.[206] Das Betriebsvermögen der Betroffenen sollte einheitlich von einer Gesellschaft übernommen werden, die Entschädigung in Form von Anleihemitteln erfolgen. Die Gesellschaft hätte die erworbenen Betriebsmittel an »deutsche Volksgenossen« zu veräußern, während die Obersten Reichsbehörden den Übernahmepreis der den Juden ersatzweise ausgestellten Anleihen nach billigem Ermessen festsetzen sollten. Nach Arisierung der Betriebsmittel sollten den Juden nach dem gleichen Verfahren schrittweise die übrigen Vermögensmittel wie: Pfandbriefe, Aktien, Obligationen etc. entzogen werden. Die Enteignung des land- und forstwirtschaftlichen Besitzes sollte durch eine Verordnung zum Reichsbürgergesetz erfolgen.

Dem Plan des Reichsinnenministers stellten sich indessen unerwartet starke Widerstände entgegen. Der Reichsfinanzminister entschied in einer internen Besprechung mit Beamten seines Ministeriums, der zwangsweisen Arisierung sei erst dann zuzustimmen, wenn es feststehe, dass die freiwillige Arisierung nicht zum Erfolg führe. Er kritisierte die Anleihevergabe des Reichsinnenministers als einen Weg zur »Verproletarisierung« der Juden,[207] da dieses Vermögen im Laufe einer Generation oder früher ausgegeben würde. Im Hinblick auf die finanziellen Risiken des Reichs entschloss sich der Reichsfinanzminister zu einem sofortigen Einspruch.[208] In einem Schreiben an den Reichsinnenminister fasste er seine Bedenken zusammen und machte darauf aufmerksam, dass die geplanten Maßnahmen zur Zerstörung der Wirtschaft führen könnten und Haushaltsmittel des Reichs für die Unterstützung einer weiteren Zahl Hilfsbedürftiger keinesfalls zur Verfügung stünden. Abschließend schlug er vor, die laufenden Arisierungen weiterhin auf Grund der Anmeldungsverordnung durchzuführen.[209]

Eine ähnliche Argumentation hatte sich Reichsbankpräsident Schacht zurechtgelegt. Er machte bei dem allgemeinen Run auf die jüdischen Vermögen insbesondere auf die Gefährdung des Kapitalmarktes aufmerksam und warnte dringend davor, »nach den bisherigen ... bereits bedrückenden Maßnahmen in der Behandlung der wirtschaftlichen Seite der Judenfrage weiter einen Weg zu gehen, den die übrige Welt als der Rechtsbasis entbehrende Willkür und als Vermögenskonfiskation anprangern und behandeln würde«. Schacht schlug vor, den Juden aufzugeben, ihre Unternehmen innerhalb eines Zeitraums von 10–15 Jahren zu veräußern,[210] »um eine objektiv anständige Bewertung zu finden«.[211]

Die Einrede des Reichsfinanzministers und des Reichsbankpräsidenten machten die Vorschläge des Reichsinnenministers zunächst illusorisch. Dennoch beschäftigte die zuständigen Stellen die Ausschaltungsfrage weiter. Der Reichsinnenminister wies am 22. September 1938 darauf hin, dass sich die »ganze Frage zum größten Teil selbst erledigen würde, wenn die Pläne verwirklicht würden, die auf eine allgemeine Schließung der jüdischen Gewerbebetriebe abzielten«.[212] Nach den vielen Versuchen des Frühjahrs und Sommers, eine einheitliche Position in der Judenfrage festzulegen, begann sich endlich im Herbst eine Entscheidung abzuzeichnen. Wieder war es Göring, von dem die entscheidenden Anstöße ausgingen. Am 14. Oktober gab er im Reichsluftfahrtministerium »Weisungen für die Arbeit der nächsten Monate«. Wie Göring mitteilte, hatte Hitler angeordnet, die Rüstung abnorm zu steigern«. Dies stieß allerdings wegen der Devisenlage – die Auslandskonten waren bereits stark überzogen – auf Schwierigkeiten.[213] Als Ausweg waren Hitler und Göring offensichtlich auf die festgefahrene Situation in der Judenfrage verfallen. Wie Göring ausführte, sollte »die Judenfrage jetzt mit allen Mitteln angefaßt werden, denn sie müßten aus der Wirtschaft 'raus«.[214] Neben den rassischen Überlegungen stand dabei wohl gleichberechtigt die Hoffnung, durch die entstehenden Vermögensgewinne den Fortgang der Aufrüstung zu finanzieren.

Im Prinzip mussten die Pläne Görings auf ähnliche Zwangsmaßnahmen hinauslaufen, wie sie bereits der Reichsinnenminister in die Debatte geworfen hatte. Bald schon ließen sich die geplanten Maßnahmen absehen. Für Österreich regte Reichsstatthalter Seyß-Inquart einen Verordnungsentwurf über die Einziehung volks- und staatsfeindlichen Vermögens an. Er bestimmte in einmaliger Unverbindlichkeit, dass das Vermögen von Personen oder Personenvereinigungen eingezogen werden konnte, wenn diese volks- oder staatsfeindliche Bestrebungen gefördert hatten. Welche Bestrebungen unter diese Begriffspaarung fielen, sollte der Reichsinnenminister oder eine von ihm benannte Stelle entscheiden.[215] Da Hitler gegen diesen Entwurf keine Bedenken vorbrachte, sollte er zu Beginn des November 1938 erlassen werden.[216]

Zum selben Zeitpunkt hatte auch das Reichswirtschaftsministerium einen entsprechenden Ausschaltungsentwurf vorliegen, ebenso konnte für die nächste Zeit eine Regelung über die Stellung der Juden in der Wirtschaft erwartet werden.[217]

Um welche Maßnahmen es sich generell handelte, offenbarte die Aktivität der Zollfahndungsstellen, die im Auftrag des Devisenfahndungsamts damit begannen,[218] die jüdischen Vermögen zu überprüfen.

Wie der Deutsche Sparkassen- und Giroverband seinen Mitgliedern mitteilte, zielte dieses Vorgehen darauf ab, in allen Fällen, »in denen wegen der Höhe des Vermögens die Besorgnis einer eventuellen Kapitalflucht bestand, Sicherungsanordnungen zu erlassen, durch welche die Verfügungsgewalt der Vermögensinhaber über die einzelnen Vermögensteile eingeschränkt wird«.[219]

Diese Maßnahme deutet an, dass der Erlass umfassender wirtschaftlicher Ausschaltungsgesetze bevorstand. Über den Inhalt dieser Gesetze konnte nach der vorbeugenden Sicherstellung der jüdischen Bankvermögen kaum ein Zweifel bestehen. Welchen politisch günstigen Zeitpunkt man allerdings für die Generalausschaltung der Juden aus der Wirtschaft wählen wollte, war offenbar noch ungeklärt. Ungewiss war auch, ob sich hierbei die Vertreter eines relativ gemäßigten Vorgehens gegen die Befürworter einer wirklich radikalen Lösung durchsetzen konnten.

3. Auswirkungen der »Arisierungsbestrebungen«

Die Bestrebungen zur wirtschaftlichen Eliminierung des deutschen Judentums blieben verständlicherweise nicht ohne Auswirkungen auf das Gesamtgebiet der Judenfrage. Wie so oft war insbesondere der StdF an einer Verschärfung und Ausweitung der bestehenden Rechtsvorschriften interessiert. Im Februar 1938 trat er an den Reichsinnenminister heran und drängte auf eine Erweiterung des § 3 BlSchG.[220] Nach längerem Zögern kam das Ministerium dieser Forderung nach und legte einen Verordnungsentwurf vor, der die Tätigkeit »deutschblütiger« Frauen in einer spezifizierten Zahl jüdischer Betriebe untersagte.[221] Da Hitler allerdings eine Änderung der Nürnberger Rassengesetzgebung zu jener Zeit nicht wünschte[222], verschanzte sich das Ministerium hinter den Willen des Führers und sah von der Ausfertigung der Verordnung ab.[223] Die Forderung des StdF wurde vom Reichsinnenministerium noch eine Zeitlang in der Schwebe gehalten, bis sie nach den Ereignissen des 9. November 1938 stillschweigend zu den Akten gelegt wurde.[224]

Gerade in der für die Judengesetzgebung hektischen Zeit des Jahres 1938 versuchte Ministerialrat Lösener, den auf allen Ebenen fühlbaren Verschärfungstendenzen entgegenzutreten. Da der Einfluss seines Ministeriums indessen weitgehend geschwunden war, musste sich der Referent für Judenfragen zunehmend auf Korrekturen bei der Wortwahl einer geplanten Regelung beschränken.[225] Inwieweit die Bedeutung und damit die Mitspracheberechtigung des Ministeriums in der Judenfrage beschnitten worden war, erweist sich an einer relativ unbedeutenden Frage. Der »Deutsche Fremdenverkehrsverband«[226] hatte selbstständig

»Richtlinien über den Besuch jüdischer Kurgäste in Bädern und Kurorten« veröffentlicht,[227] die in allen Punkten die seinerzeitigen Richtlinien des Reichsinnenministeriums verschärften.[228] Lösener berief daraufhin die beteiligten Stellen zu einer Sitzung, deren Ergebnis die nichtssagende Formulierung war, dass das Ministerium »versuchen« solle, die Richtlinien des Fremdenverkehrsverbandes »richtigzustellen«.[229] Die besonders heikle Stellung des Ministeriums in der Judenpolitik wurde zu einem nicht geringen Teil auch von seiner besonderen Aufgabe eines zentralen Rechtssetzungsorgans her bestimmt, als welches es zwischen die Fronten der Partei und der übrigen Reichsinstanzen gestellt war. So musste das Ministerium einerseits der ideologischen Position des StdF Rechnung tragen, andererseits jedoch die Zustimmung der mitspracheberechtigten Ressorts finden, was oft genug beide Seiten nicht zufrieden stellte. Eine derartige Situation ergab sich, als der Reichsinnenminister am 14. Februar 1938 den Referentenentwurf eines »Gesetzes über den Erwerb und Verlust der deutschen Staatsangehörigkeit« in Umlauf gab, der die Forderungen des StdF mit der Haltung der anderen Ressorts kompromisshaft zu verbinden suchte. So sollten Kinder, die Juden oder »Mischlinge« waren, und die aus einer nach Inkrafttreten des Gesetzes geschlossenen Ehe stammten, die deutsche Staatsangehörigkeit nicht mehr erhalten.[230]

Gegen den Entwurf erhob sich indessen ein Widerstand, der die bereits für den StdF unzureichenden Bestimmungen des Gesetzes weiter zu verwässern drohte.[231] Zwar erklärten die meisten Ministerien – wie üblich – ihr prinzipielles Einverständnis, machten jedoch hierbei ihre Bedenken an Einzelpunkten geltend. Beispielhaft für die Technik, eine reservatio mentalis in die Form verbalen Einverständnisses zu verkleiden, dann aber auf dem Weg des Umkehrschlusses doch anzuführen, war der preußische Finanzminister Popitz. Nachdem er die »folgerichtige Neuregelung« begrüßt hatte, unterzog er den Entwurf einer sachlich kritischen Analyse, die er dahingehend zusammenfasste, dass »das Gesetz zu einem Ergebnis kommt, das nicht beabsichtigt sein kann«. Er bat deshalb den Entwurf so zu fassen, dass für einen jüdischen Mischling fremder Staatsangehörigkeit bei Eingehen einer erlaubten Ehe mit einer »Deutschblütigen« die Möglichkeit geschaffen werden sollte, die deutsche Staatsangehörigkeit zu erwerben.[232]

Mit Nachdruck wandte sich auch das OKW gegen die beabsichtigte Regelung. Es machte geltend, dass damit für die Wehrmacht die Wehrpflicht, die Dienstleistungspflicht und die Wehrsteuerpflicht der »Mischlinge« entfiele.[233]

Der Reichsjustizminister folgte der Argumentation von Popitz und forderte ebenfalls die Staatsangehörigkeit für den ausländischen »Mischling«, verwies in seiner Begründung jedoch auf die Vorschriften des

Blutschutzgesetzes, wo die Genehmigung zu »Mischehen« ausdrücklich statuiert worden war.[234] Das Auswärtige Amt bat darum, die geplante Neuregelung nach außen hin in einer Weise in Erscheinung treten zu lassen, dass »dadurch die im Gang befindliche Abwanderung der Juden in das Ausland nicht unnötig erschwert wird«.[235]

Noch ehe indessen dieser Entwurf das Stadium der interministeriellen Stellungnahmen überstanden hatte, reichte das Reichsinnenministerium einen Verordnungsentwurf zum Reichsbürgergesetz nach. Abweichend von der Ersten Verordnung zum Reichsbürgergesetz schloss der vorgelegte Entwurf alle »Mischlinge 1. und 2. Grades« vom vorläufigen Reichsbürgerrecht aus, sofern sie nicht am 30. September 1935 wahlberechtigt gewesen waren.[236]

Nachdem Hitler Ende Mai diesen Entwurf billigte, bestand über die weitere Behandlung Ungewissheit.[237] Im Juli wurde dann mitgeteilt, der StdF habe gebeten, die Verordnung zurückzustellen, »bis über die Neuregelung des Staatsangehörigkeitswesens Klarheit herrscht«.[238] Da aber die Neuregelung des Staatsangehörigkeitsrechts festgefahren war, scheiterten die Versuche erneut, auf dem Weg über das Staatsangehörigkeits- und Reichsbürgerrecht die Stellung der »Mischlinge« nach den Intentionen der Partei festzulegen.

Wenn es hier auch noch einmal gelang, den »Mischlingen« die volle Schwere der Ausnahmegesetzgebung zu ersparen, so war auf der anderen Seite die Flut neuer Maßnahmen gegen die Juden nicht mehr aufzuhalten. Das »Personenstandsgesetz« vom 19. Mai 1938 räumte mit umstrittenen Rasseerkennungsmerkmalen auf, indem nunmehr die frühere Zugehörigkeit zur jüdischen Religionsgemeinschaft bei den Personenstandsbehörden zu verzeichnen war.[239] Da somit die Bedeutung der Religionszugehörigkeit unterstrichen wurde, bestand auch kein weiterer Anlass, wie noch 1935 und 1936, auf den Unterschied von Rasse und Religionszugehörigkeit hinzuweisen. Die Zugehörigkeit zur jüdischen Religion wurde gleichbedeutend mit der jüdischen Rasseeigenschaft.[240]

Die im Zuge der wirtschaftlichen Ausschaltungsmaßnahmen ergehenden Berufsverbote dehnte man auf die bislang durch Ausnahmeregelungen geordneten Berufsgruppen aus. Eine Vorahnung der kommenden Maßnahmen gestattete im Mai 1938 eine Anordnung des Reichsführers der kassenärztlichen Vereinigung, wonach jüdische Ärzte von der gesamten Behandlung in der Fürsorge ausgeschlossen wurden.[241] Nach über einem Jahr führte nun auch der Vorstoß Wagners zum Erfolg:[242] Hitler fertigte die »Vierte Verordnung zum Reichsbürgergesetz« aus,[243] nach der die Bestallungen jüdischer Ärzte zum 30. September 1938 erloschen und künftig nicht mehr vergeben wurden. Zwar wurde die Ausübung ihres Berufes den Betroffenen weiterhin genehmigt, jedoch nur zur Behandlung von Juden oder der Ehefrau.[244] Den berufslos gewordenen Ärzten war weiterhin jede Tätigkeit im heilkundlichen Gewerbe untersagt.

Im Anschluss an die Eliminierung der Ärzte begann der Reichsjustizminister mit der Vorlage zu einer »Fünften Verordnung zum Reichsbürgergesetz« die jüdischen Anwälte in die Ausschaltung einzubeziehen.[245] Offensichtlich war daran gedacht, diese Verordnung während des vom 5.–12. September stattfindenden Parteitags »Großdeutschland« zu erlassen. Allerdings war der gewählte Zeitpunkt gekennzeichnet durch außenpolitische Hochspannung. Hitler hatte seit dem Frühjahr 1938 die Sudetenfrage hochgespielt und hielt auf dem Parteitag eine Rede, die allgemein als »Abrechnung mit der Tschechoslowakei« verstanden wurde.[246] Um den Bewegungsspielraum Deutschlands nicht zusätzlich durch betont herausgestellte, rassische Maßnahmen zu gefährden, verzichtete Hitler anscheinend während des Parteitages auf die Abzeichnung der Verordnung.

In der Folgezeit spitzte sich die Lage um das Sudetenland bedrohlich zu. Mehrere Treffen Hitlers mit Chamberlain am 14. sowie am 22./ 23. September blieben vorerst ergebnislos. Frankreich hatte bereits zu Beginn des Parteitages teilmobilisiert und Deutschland zwei Divisionen in Richtung Sachsen in Bewegung gesetzt. Großbritannien folgte mit der Mobilisierung seiner Flotte nach.[247]

Der Reichsjustizminister hatte dieser Entwicklung Rechnung getragen und die Ausscheidungsfristen für die jüdischen Anwälte vom 30. September auf den 30. November 1938 festgesetzt.[248] Dennoch war man sich nicht sicher, ob nicht die nunmehr gewählten Ausscheidungsfristen ebenfalls hinfällig werden würden und übersandte der Reichskanzlei sicherheitshalber eine neue Reinschrift des Entwurfs, in der die zu bestimmenden Stichtage offengelassen wurden.[249]

Am 27. September unterzeichnete Hitler die »Fünfte Verordnung« in der Zweitfassung vom 16. September, wünschte jedoch, dass deren Veröffentlichung »während des Andauerns der jetzigen außenpolitischen Hochspannung unterbleibt«.[250] Lammers setzte daraufhin den Reichsjustizminister von dieser Sachlage in Kenntnis und bat diesen, ihm mitzuteilen, wann er glaube, die Verordnung veröffentlichen zu können.[251]

Am 29. September 1938 begann die Münchner Konferenz. Das Sudetenland fiel an Deutschland. Wie nach dem Abkommen vereinbart, besetzten die deutschen Truppen die letzte Zone am 10. Oktober 1938.[252] Am 13. Oktober ermächtigte Lammers den Justizminister, die Verordnung zu veröffentlichen,[253] sie wurde am folgenden Tag verkündet.[254] Die Verordnung bestimmte nach dem Vorbild der »Vierten Verordnung« das Ausscheiden der jüdischen Rechtsanwälte für das Reichsgebiet zum

30. November, für Österreich zum 31. Dezember 1938. Der Übergang in einen anderen Rechtsberuf wurde den Entlassenen verwehrt. Im Bedürfnisfall wurden zur Rechtsberatung von Juden ehemalige jüdische Anwälte als »Rechtskonsulenten« widerruflich zugelassen.[255]

Während noch die »Fünfte Verordnung« zur Abzeichnung durch Hitler anstand, hatte der Reichsjustizminister am 19. September eine »Sechste Verordnung« nachgeschoben, die das Ausscheiden der jüdischen Patentanwälte zum Inhalt hatte.[256] Die nun einsetzende Verwirrung um die beiden Verordnungen ist geradezu beispielhaft für die Formlosigkeit des Gesetzgebungsverfahrens.

Der StdF hatte die »Fünfte Verordnung« bereits auf dem Reichsparteitag gezeichnet und Lammers gebeten, sie dem Reichskanzler zur Vollziehung zuzuleiten.[257] Nachdem die darin festgelegten Fristen überfällig geworden waren, zeichnete der StdF die Drittfassung der Verordnung vom 23. September und die Erstfassung der »Sechsten Verordnung« und überwies beide am 6. Oktober der Reichskanzlei, mit der Bitte, sie dem Führer vorzulegen.[258] Offensichtlich hatte der StdF nicht erfahren, dass Hitler die »Fünfte Verordnung« bereits am 27. September gezeichnet hatte. In der Reichskanzlei war man sich nun nicht schlüssig, welche Fassung der »Fünften Verordnung« rechtskräftig werden sollte und erwog, Hitler noch einmal die letzte Fassung vorzulegen.[259] Erst nachdem das Reichsjustizministerium klargestellt hatte, dass die vom StdF abgezeichnete Ausfertigung nur dann herangezogen werden sollte, wenn auch die in der Zweitfassung der »Fünften Verordnung« angegebenen Fristen verstrichen seien, gab die Reichskanzlei die »Sechste Verordnung« in den Geschäftsgang.[260] Sie wurde von Hitler am 31. Oktober ausgefertigt[261] und am folgenden Tag verkündet.[262] Nach dem Vorbild der Regelung für Ärzte und Rechtsanwälte brachte sie das Ausscheiden der jüdischen Patentanwälte.[263]

Als letzte der ständisch organisierten Berufsgruppen folgten die Zahn- und Tierärzte sowie die Apotheker. Bereits zu Beginn des Jahres 1938 hatte man den Berufsbereich der Dentisten eingeengt.[264] Die »Achte Verordnung zum Reichsbürgergesetz« vom Januar 1939 erfasste sie dann in ihrer Gesamtheit.[265] Im Rahmen eines jederzeitigen Widerrufs wurde ihnen gestattet, ihre Tätigkeit an Juden oder in jüdischen Anstalten auszuüben. Weitere Berufsverbote trafen jüdische Hebammen und Krankenpfleger[266], die ebenfalls nur noch Juden behandeln bzw. in jüdischen Anstalten arbeiten durften.

Im März 1938 verbot das »Waffengesetz« Juden das gewerbsmäßige Herstellen, Bearbeiten und Instandsetzen von Waffen und Munition.[267] Ein Erlass des Reichswirtschaftsministers untersagte ihnen im Juni jede Tätigkeit an deutschen Börsen oder Großmärkten.[268]

133

Ein seit längerer Zeit besonders von den Gemeinden hartnäckig umkämpftes Gebiet galt der öffentlichen Fürsorge für hilfsbedürftige Juden. Bereits im Juli 1935 war in Berlin die Forderung erhoben worden, alle jüdischen Wohlfahrtseinrichtungen unter öffentliche Kontrolle zu stellen, so »daß ein Mißbrauch öffentlicher Fürsorgegelder durch ihre Tätigkeit nicht mehr möglich ist«.[269] Auch die Stadt Königsberg schlug auf Dringen der örtlichen Gauleitung im gleichen Jahr vor, für die Beurteilung der Hilfsbedürftigkeit jüdischer Unterstützungsberechtigter einen schärferen Maßstab anzulegen.[270]

Derartige Wünsche stießen naturgemäß bei dem Deutschen Gemeindetag auf offene Ohren, wo man die ohnehin schwierige finanzielle Situation der Gemeinden zu erleichtern wünschte. Auf einer Sitzung seines Wohlfahrtsausschusses am 10. Mai 1937 in Heidelberg wurde der Vorschlag eingebracht, Juden in der Fürsorge unter Ausländerrecht zu stellen. Diese Anregung gab der Deutsche Gemeindetag sofort an den Reichsinnenminister weiter, von dem er die Zusage erhielt, die Angelegenheit weiter zu verfolgen.[271] Das Ministerium bat alsdann den Gemeindetag um Material für seine weiteren Entschließungen.[272] Ende 1937 teilte es dann mit, besondere Bestimmungen in der Frage der öffentlichen Fürsorge würden nicht ergehen, sondern man wolle, dem Vorschlag des Gemeindetags folgend, die Angelegenheit in einer übergreifenden Regelung dahingehend festlegen, die Juden in der Fürsorge den Ausländern gleichzustellen.[273] Im März 1938 unterrichtete dann das Reichsinnenministerium den Gemeindetag, dass vorerst mit weiteren zentralen Richtlinien in der Judenfrage nicht gerechnet werden könne.[274] Hier trug man indessen keine Bedenken, die erhoffte Regelung zu präjudizieren. Nach Ansicht des Gemeindetages konnte die Unterstützung jüdischer Hilfsbedürftiger auf eine jüdische Wohlfahrtsorganisation abgewälzt werden.[275]

Im Sommer 1938 legte der Reichsinnenminister den Entwurf einer »Verordnung über die öffentliche Fürsorge für Juden« vor, die hilfsbedürftige Juden generell auf die jüdische freie Wohlfahrtspflege verwies und nur bei deren Überforderung die öffentliche Fürsorge zum Eingreifen verpflichtete.[276] In einer Besprechung aller beteiligten Stellen legte man wenigstens fest, dass sich die Verordnung allein auf »Juden« beziehen sollte. Der Vorschlag, die Hilfe der öffentlichen Fürsorge »auf das zum Leben Unerläßliche« zu beschränken, fand wegen der erwarteten außenpolitischen Reaktion keine Zustimmung.[277]

Die Verordnung erging dann am 19. November 1938,[278] doch zeigte sich bald, dass man in dem Bestreben, die Juden um jeden Preis auf jedem Gebiet schlechter zu stellen, auch hier zum Nachteil der Übersichtlichkeit des geltenden Rechts eine gesetzliche Klarstellung des Umfangs und der Art der weiterhin einzugreifenden öffentlichen Fürsorge einfach verschoben hatte. Die näheren Bestimmungen wurden einer späteren, umfassenden Regelung des Fürsorgerechts überwiesen, in welche die Juden nach den ursprünglichen Plänen des Reichsinnenministeriums sowieso einbezogen werden sollten.[279]

In einem engen Zusammenhang zur Frage des jüdischen Fürsorgewesens stand die Behandlung der jüdischen Stiftungen. Der Gemeindetag erhielt auf eine entsprechende Anfrage vom Reichsinnenministerium Ende Juli 1938 die Antwort, allgemeine Richtlinien über die Behandlung jüdischer Stiftungen seien in Vorbereitung.[280] Die Beteiligung des StdF führte dann aber zu einer mehrfachen Umänderung bestehender Entwürfe,[281] so dass der Reichsinnenminister erst Anfang November die unmittelbar bevorstehende Herausgabe der Richtlinien ankündigte. Der Stiftungszweck sollte dahingehend festgelegt werden, mit den Stiftungsmitteln die jüdische Auswanderung zu fördern. Durch die Ereignisse der »Reichskristallnacht« wurde dieser Entwurf aber wieder überholt. Die im Dezember 1938 abgeänderten Richtlinien sahen nun die Erhaltung der Stiftungen und ihre Heranziehung als Geldträger der jüdischen freien Fürsorge vor.[282]

Neben den Stiftungen wurden die jüdischen Kultusvereinigungen reglementiert. Der Reichskirchenminister hatte in einen Verordnungsentwurf allerdings derart günstige Bestimmungen aufgenommen, dass ein Einspruch des StdF kaum zu vermeiden war.[283] Auch dieser Entwurf fiel nach dem 9. November der veränderten Situation zum Opfer. Mit »Rücksicht auf die Entwicklung der Judenfrage« wurden die laufenden Vorarbeiten auf diesem Gebiet vorerst zurückgestellt.[284] Die allgemeine Verschärfung der Judengesetzgebung vor dem November 1938 fand ihren Niederschlag auch auf dem Gebiet des Schulwesens. Ein Erlass des Reichserziehungsministers vom März 1935, der es verbot, jüdischen Schülern irgendwelche Vergünstigungen zu gewähren, so lange sie »arischen« Schülern versagt wurden,[285] bezog seit November 1937 auch »Mischlinge« ein.[286] Ab Jahresbeginn 1938 durften jüdische Schüler nicht mehr – wie es erst im Juli 1937 bestimmt worden war[287] – gemeinsam mit den »arischen« Schülern ihr Abitur ablegen, vielmehr wurden für sie bestimmte Prüfungsausschüsse gebildet.[288] Die Schulgeldermäßigung, die einige Länder schon lange nicht mehr gewährten,[289] kam nun auch in Preußen und Sachsen in Fortfall.[290] Am 1. Juni 1938 wurden die für jüdische Schulen bestehenden Steuererleichterungen aufgehoben und diese besteuert wie Unternehmen des Privatrechts.[291]

Neben weiteren steuerlichen und sozialen Erschwernissen[292] waren viele Maßnahmen bewusst darauf angelegt, das Judentum zu demütigen oder zu diskriminieren und dem deutschen Volk ihre »Geringwertigkeit« vor Augen zu führen. Hierzu zählten das seit 1938 allgemein üblich gewordene Beschildern von Parkbänken »Nur für Deutsche«,[293] das Verbot des Zutritts in bestimmte Gemeindegebiete[294] oder das Verbot der Einquartierung von Wehrmachtsangehörigen bei Juden.[295] Der Reichspostminister schaffte für »arische« Werbende die Möglichkeit, bei Postwurfsendungen durch den Aufdruck »Nicht an Juden« auch äußerlich ein rassenbewusstes Geschäftsgebaren zu dokumentieren. Gleichzeitig wurde das Werbemittel der Postwurfsendung den Juden entzogen.[296]

Straßen oder Plätze, die nach Juden benannt waren, mussten gemäß einer Anordnung der Polizeiabteilung im Reichsinnenministerium unverzüglich umbenannt werden.[297] Ebenso durften Juden ab März 1938 keine Archive zu Forschungszwecken mehr aufsuchen.[298]

Im Verlauf dieser Maßnahmenwelle kam es wieder zu regionalen Übergriffen. Trotz mangelnder Rechtsgrundlage gebot man den Juden Beschränkungen und sonstige Auflagen. Meistenteils wurden derartige illegale Übergriffe stillschweigend ignoriert oder im Zuge der veränderten Lage und angesichts der Gewissheit, dass die Judenfrage »dynamisch« war, sanktioniert.[299]

Aufschlussreich für die Rolle, die Hitler bei der Judengesetzgebung des Jahres 1938 spielte, ist seine Haltung zu den im Anschluss an die Besetzung Österreichs folgenden Maßnahmen. In einem ersten Erlass verbot er persönlich die Vereidigung jüdischer Beamter auf seinen Namen.[300] Nach weiteren reichsrechtlichen Vorschriften[301] wurden am 20. Mai die Nürnberger Rassengesetze in Österreich eingeführt.[302] Von Bedeutung ist hierbei, dass man die Bestimmung eliminiert hatte, wonach die »staatsangehörigen jüdischen Mischlinge« das vorläufige Reichsbürgerrecht besaßen.[303] Damit führte man in Österreich eine Regelung ein, die der StdF für das »Altreich« bisher immer vergeblich gefordert hatte.

Die »Verordnung zur Neuordnung des österreichischen Berufsbeamtentums« vom 31. Mai 1938[304] versetzte die Beamten, die Juden, jüdische »Mischlinge« oder mit einem Juden verheiratet waren, in den Ruhestand. Der Reichsinnenminister hatte mit Zustimmung des StdF bei dieser Regelung folgende Ausnahmen zugelassen:

Im Dienst verbleiben durften Beamte,
 1. die mit jüdischen Mischlingen« verheiratet waren,
 2. die jüdische Mischlinge« waren, wenn sie:
    a) am 1. August 1914 Beamte gewesen waren;
    b) im 1. Weltkrieg auf Seiten Österreich-Ungarns gekämpft hatten.

Gegen Punkt 2 b opponierte jedoch sofort Hitler. Mündlich wies er Frick an, diese Vorschrift umgehend zu beseitigen.[305] Im Reichsinnenministerium sah man nun auch keine Notwendigkeit mehr« Punkt 2 a aufrechtzuerhalten und übersandte der Reichskanzlei den Entwurf einer Änderungsverordnung, in der die Punkte 2 a und 2 b ersatzlos gestrichen waren.[306] Nachdem sich Lammers vergewissert hatte, dass Hitler der zusätzlichen Streichung von Punkt 2 a zustimmte,[307] wurde die Verordnung am 22. Juni 1938 veröffentlicht.[308]

Dieser direkte Eingriff Hitlers zur Verschärfung der Judengesetzgebung verdeutlicht, dass als letzte Instanz allein der Reichskanzler den Gang der Judenpolitik bestimmte.[309]

Hitlers persönliche Entscheidungen in der Judenfrage erscheinen sehr oft von irrationalen Erwägungen bestimmt, obwohl hinter diesem äußeren Bild durchgehend der rote Faden eines auf Zweckmäßigkeitserwägungen gerichteten Kalküls verborgen ist. So wünschte Hitler im April 1938 wiederum die Einführung einer Sondersteuer für Juden – eine Forderung, die von Göring später zurückgestellt wurde, da sich andere Pläne abzeichneten,[310] – untersagte jedoch Ende Mai eine Änderung der Nürnberger Rassengesetze.[311] Inwieweit sich diese divergierenden Äußerungen auf eine einheitliche Prämisse zurückführen lassen, zeigt die Reaktion Hitlers auf den Vorschlag des StdF, alle Juden, ungeachtet ihrer jeweiligen Staatsangehörigkeit, rechtlich gleich zu behandeln.[312] Nachdem Lammers hierzu eine Stellungnahme des Auswärtigen Amtes und des Reichsinnenministeriums angefordert hatte, hielt er Hitler darüber Vortrag, um dann dem StdF die Richtlinien der nationalsozialistischen Judenpolitik mitzuteilen:

Grundsätzlich seien alle Juden gleich zu behandeln, gleichwohl könne aus außenpolitischen Gründen eine verschiedene Behandlung der Juden erforderlich sein. Dies sei immer der Fall, wenn Verträge mit ausländischen Staaten bestünden, auf deren Notwendigkeiten auch die Gesetzgebung bisher weitgehend Rücksicht genommen hätte. Ebenso wie in der Gesetzesgebungspraxis könne auch die Verwaltung in Einzelfällen eine besondere Behandlung von Juden fremder Staatsangehörigkeit nicht immer vermeiden.[313]

Diese »Maxime« der Judenpolitik des Dritten Reiches wird jedoch von Hitler selbst auf eindringliche Art widerlegt. Im Sommer 1937 weigerte er sich, die »Dritte Verordnung zum Reichsbürgergesetz« abzuzeichnen, weil diese eine Ausnahmevorschrift zu Gunsten ausländischer Juden enthielt.[314]

Wenn Hitler rationale Erwägungen in seiner Judenpolitik verfolgte, so lagen diese zweifellos auf außenpolitischem Gebiet. Ein hinreichend enthüllendes Bild, mit welcher Zähigkeit Hitler an der Ausschaltung des Judentums festhielt und wie er gleichzeitig die politische Szenerie im Auge behielt, wurde in der Entstehungsgeschichte zur »Fünften Verordnung zum Reichsbürgergesetz« deutlich.[315]

4. Die Juden im Bannkreis der SS

Während die Staatsbehörden die Judengesetzgebung mit einer Flut von Maßnahmen vorantrieb, damit aber nur die Richtungslosigkeit dieser Politik überdeckten, schufen SD und Gestapo das Fundament, von dem aus eine autochthone Judenpolitik der SS möglich werden sollte.

Parallel zur Ausbildung des Dritten Reiches in eine machthybride Führerdiktatur, steigerte sich die Bedeutung der sicherheitspolizeilichen und nachrichtendienstlichen Organe. Himmler verstand es, die errungene Stellung organisatorisch und machttechnisch derart zwischen die Säulen von Partei und Staat zu verankern, dass nachträglich der Eindruck entstehen konnte, das Strukturgefüge des Dritten Reiches habe nur einen »SS-Staat« verdeckt.[316] In dem Maße, in dem es Himmler gelang, seinen unkontrollierten, alles überwuchernden Machtapparat aufzubauen,[317] konnte auch der SD seine finanziellen und personellen Schwierigkeiten überwinden. Sein hoch gestecktes Ziel, »Fühl- und Tastinstrument auf dem Körper des deutschen Volkes« zu sein,[318] trat in das Stadium der Realisierung.

Am Machtzuwachs des RFSS partizipierten auch die noch relativ einflusslosen Judenreferate bei SD und Gestapo.

Formell wirkte sich dies dahingehend aus, dass spätestens zu Beginn des Jahres 1938 die Ministerialbehörden bei der Behandlung von Judenfragen den Vertretern des SD und der Sicherheitspolizei ein Mitspracherecht einräumten.[319] Beobachtend und registrierend verfolgte der SD die Durchführung ergangener Maßnahmen und versuchte, anstehende Fragen organisatorisch für eine Lösung vorzubereiten.[320]

Im Gesamtspektrum der Judenpolitik rückten der RFSS und der Chef der Sicherheitspolizei zu selbstständigen, unabhängigen Entscheidungsinstanzen auf.[321] Weitaus stärker als seiner legislativen Möglichkeiten bediente sich der RFSS jedoch seiner Exekutivbefugnisse und konnte somit die geltende Judengesetzgebung jederzeit unterlaufen. Heydrich machte im November 1937 im Namen des Reichsinnenministers die Landesregierungen darauf aufmerksam, dass durch Reisen »staatsangehöriger Juden« ins Ausland stets erhebliche Belange des Reiches gefährdet würden, und verbot das Ausstellen von Reisepässen an Juden.[322] Um diese Personengruppe zudem leichter polizeilich abservieren zu können, hatte ab Februar 1938 jeder Passbewerber eine gesonderte Erklärung über seine Religionszugehörigkeit abzugeben.[323] Bis zum Jahresende hatten zusätzlich alle Juden eine Kennkarte zu beantragen und nach deren Ausstellung unaufgefordert die amtlichen Stellen auf ihre jüdische Eigenschaft hinzuweisen.[324]

Hinter diesen Maßnahmen stand die Absicht, Juden in Fragen der Freizügigkeit, also auch der Auswanderung, allein von den Behörden des

RFSS abhängig zu machen. Einen weiteren Aspekt, der allgemein eine bessere Überwachungsmöglichkeit garantierte, lieferten die Maßnahmen einer fremden Regierung. Nach dem »Anschluss« Österreichs hatte eine Fluchtwelle der dortigen Juden eingesetzt, so dass sich die Haltung einiger Staaten hinsichtlich der Aufnahme dieser Emigranten versteifte. Die Schweiz war nicht mehr gewillt, einwanderungssuchende Juden, die zumeist nicht über das erwünschte Barkapital verfügten, aufzunehmen und drängte die Reichsregierung auf Abstellung des Zustroms.[325] Nach kurzen Verhandlungen der Schweizer und der Reichsregierung, die von Werner Best, einem der Amtschefs Heydrichs, vertreten wurde,[326] erging die »Verordnung über die Reisepässe von Juden« vom 5. Oktober 1938.[327] Die Verordnung erklärte die Reisepässe deutscher Juden für ungültig, sofern sie nicht durch Einstempelung eines »J« gekennzeichnet wurden. Eine ähnliche Maßnahme, nur mit anderer Zielrichtung, verordnete daraufhin die polnische Regierung am 6. Oktober 1938. Die Auslandspässe polnischer Staatsangehöriger bedurften fortan zu ihrer Weitergeltung eines von den polnischen Behörden erteilten Kontrollvermerks, andernfalls nach einer bestimmten Frist den Besitzern die Einreise nach Polen verwehrt werden sollte.[328]

In einer Großaktion bemächtigte sich daraufhin Gestapo und SD 15 000 polnischer Juden, um sie über die polnische Grenze abzuschieben. Da sich aber die dortigen Grenzbehörden weigerten, diese Juden aufzunehmen, wurden sie in der Nacht vom 28./29. Oktober größtenteils zum illegalen Grenzübertritt gezwungen.[329]

Die Maßnahmen der Schweizer und der polnischen Regierung rührten an die Achillesferse der nationalsozialistischen Judenpolitik: die jüdische Auswanderung aus Deutschland. Während die Staatsbehörden noch immer an eine rein gesetzliche Lösung des Judenproblems dachten, hatte die SS ein klares Konzept und ein geradliniges Ziel vor Augen. Das Judenreferat des SD befasste sich seit Ende 1935 mit dem Plan einer gelenkten Auswanderung, die man nach Palästina zu richten gedachte.[330]

Unbekümmert um die Einwendungen anderer Stellen, insbesondere des Auswärtigen Amtes, das 1937 die Bildung eines jüdischen Staates in Palästina nicht mit den Interessen des Deutschen Reiches vereinbar sah,[331] setzte der SD seine Bemühungen in dieser Richtung fort. Er trat sogar in Kontakt mit Abgesandten der jüdischen Organisation »Haganah«, um die beiderseitigen Wünsche und Möglichkeiten eines palästinensischen Judenstaates abzusprechen.[332]

Zu Beginn des Jahres 1938 hatte sich das Konzept des SD auch an höchster Stelle durchgesetzt. Entgegen devisenrechtlicher Bedenken, die vom Auswärtigen Amt und der Auslandsorganisation der NSDAP geltend gemacht wurden,[333] erklärte sich auch Hitler mit der Förderung der jüdischen Auswanderung nach Palästina einverstanden.[334] Fortan wurde für auswanderungswillige Juden das geltende Ausnahmerecht mit entsprechenden Sonderklauseln versehen.[335]

Sofort nach der Besetzung Österreichs errichtete der zusehends nach oben drängende SS-Unterturmführer Eichmann in Wien eine »Zentralstelle für jüdische Auswanderung«.[336] Das Prinzip des mittelbaren Zwanges, das bis dahin die Judenpolitik auszeichnete, wurde von ihm durch die Anwendung unmittelbarer Gewalt ersetzt.[337] Die weithin chaotischen Verhältnisse in Österreich nach dem »Anschluss« wurden von Eichmann bedächtig ausgenutzt und vermehrt: Um die Auswanderung zu forcieren, zog er jüdisches Vermögen ohne Rechtsgrundlage ein oder zwang er die reicheren Juden, Teile ihres Vermögens dem Staat zu überschreiben.[338]

Da der SD als einzige Institution des Dritten Reiches seine Aufmerksamkeit ganz der Auswanderungsfrage gewidmet hatte und eine Lösung des »Judenproblems« allein durch diese Politik gewährleistet schien, gewann seine Arbeit an Bedeutung. Die enge Verbindung des SD zur Gestapo und zur Allgemeinen SS garantierte zudem eine bestmögliche Abstimmung aller die Judenauswanderung betreffenden Probleme.[339] Im Dickicht der zahllosen Zuständigkeitsüberschneidungen, der divergierenden Interessen und der allgemein sichtbaren Ziellosigkeit in der Judenpolitik wuchs der SD – und damit auch der RFSS – in eine Stellung hinein, die ihn in Fragen der Judenpolitik zu einer anerkannten Autorität machten.[340]

Noch auf einem anderen Gebiet der Judenpolitik fiel der SS 1938 ein Zuständigkeitsbereich zu, dem sich die beteiligten Stellen gern entledigten. Das Reichsinnenministerium hatte bereits im Juni 1938 zugegeben, dass die wirtschaftliche Ausschaltung des Judentums die Gefahr eines jüdischen Pauperismus im Gefolge hat.[341] Keines der Ministerien wünschte jedoch, dass die Ausschaltung und Abwanderung auf Kosten der eigenen Ressortinteressen gehen sollten. So versuchte das Reichsinnenministerium die Kosten für jüdische Fürsorgeempfänger auf jüdische Organisationen abzuwälzen. Göring betrachtete das jüdische Wirtschaftspotential primär als eine willkommene Einnahmequelle des Reichs und weigerte sich, Devisen für die Auswanderung freizumachen.[342] Steuererschwerungen, Vermögenskonfiskationen und ähnliche Maßnahmen dienten in erster Linie nur den finanziellen Erwartungen des jeweiligen Ressorts. Der SD hinwiederum war bei all seinen Auswanderungsplänen grundsätzlich auf Devisen und eine finanzielle Basis angewiesen, wollte er nicht Gefahr laufen, dass nur die reicheren Juden auswanderten, dagegen die überwiegende Mehrzahl der Minderbemittelten in Deutschland verblieb.

In diesem Circulus vitiosus bot sich ein »Ausweg«, den einige Gemeinden schon des längeren beschritten hatten. Hilfsbedürftige Juden wurden nur dann mit öffentlichen Geldern unterstützt, wenn sie dafür eine Arbeitsleistung erbrachten.[343]

Über den Deutschen Gemeindetag fanden derartige Auflagen Eingang in das Reichsinnenministerium. Anlässlich der Behandlung der öffentlichen Fürsorge für Juden ging man hier davon aus, dass der RFSS die Beschäftigung von Juden mit »Pflichtarbeit« regeln werde.[344]

Einen weiteren Impuls erhielten diese Pläne in der Besprechung bei Göring am 14. Oktober 1938. Ministerialrat Schmeer aus dem Reichswirtschaftsministerium gab den Rat, in der Judenfrage weniger rücksichtsvoll vorzugehen; »Man sollte jüdische Arbeiterkolonnen aufstellen, dann würden die Leute schon von allein auswandern«.[345] Göring nahm diesen Ball auf, und innerhalb weniger Tage traf man entsprechende Vorbereitungen. Die »Reichsanstalt für Arbeitsvermittlung« forderte von den Landesarbeitsämtern einen Überblick über die Zahl der arbeitslos gemeldeten Juden und bat zu prüfen, in welcher Weise diese Juden »bei nützlicher Arbeit angesetzt werden können«, ohne dass sie mit nichtjüdischen Kräften in Berührung kommen.[346]

V. Kapitel: »Die Reichskristallnacht«

A. Die Gelegenheit des Zugriffs

1. Der Sieg des rassischen Radikalismus

Die Ausschaltungspolitik war im Herbst 1938 offensichtlich in eine Sackgasse geraten. Göring wollte das Judentum aus der Wirtschaft eliminieren, der SD betrieb seine Auswanderungspläne und die Ministerialbürokratie engte den Bewegungsspielraum der in Deutschland verbliebenen Juden durch gesetzliche Maßnahmen sukzessiv ein. Die in fünf Jahren durch den Nationalsozialismus geschaffene Lage war grotesk und kennzeichnend für die Planlosigkeit, mit der alle an der Judengesetzgebung beteiligten Stellen ihre jeweils eigenen Lösungsversuche zu diesem Problem beigetragen hatten. Die Berufsausübungsverbote hatten dem Großteil der Juden die finanzielle Basis genommen, so dass sie entweder von ihrem angesammelten Kapital leben oder der Fürsorge zur Last fallen mussten. Eine freiwillige Auswanderung scheiterte deshalb einfach in vielen Fällen an den notwendigen Kosten. Eine alle Juden erfassende gelenkte Auswanderung war ebenso illusorisch, da die chronische Devisenknappheit des Reichs dies nicht gestattete und die Aufnahmeländer sich weigerten, den in Deutschland Ausgeplünderten unbegrenzt Einreise zu gewähren. Das Dilemma lag darin, dass die deutschen Juden nichts sein sollten, nichts werden sollten, man sich gern ihrer Vermögen bemächtigte, sie »aus Deutschland 'raus« haben wollte, dies alles aber möglichst ohne finanzielle Einbußen des Reichs. Eine praktikable Lösung dieser Widersprüche schien schwer, ja unmöglich. Der SD bemühte sich zwar, die Auswanderung, die in Wien unter Eichmann die Formen der Austreibung annahmen, voranzutreiben, doch fehlte es an einer klaren Zuordnung aller die Auswanderung berührenden Gebiete. Unter diesen Umständen entsprach Eichmanns System völlig den Gegebenheiten, vor die er sich gestellt sah. Ebenso stand es um die Frage der wirtschaftlichen Ausschaltung, die im Oktober 1938 zwar Entscheidungen zusteuerte, deren nähere gesetzliche Ausgestaltung und insbesondere Verkündung aber noch nicht bestimmt waren.

Über derartige Probleme wusste man jedoch in antisemitischen Kreisen hinwegzusehen, sofern man sich ihrer überhaupt bewusst wurde. Zu den primitivsten Rassenfanatikern zählte zweifellos »Frankenführer« Streicher, der zum politisch ungünstigsten Zeitpunkt, im Frühsommer

1938, wieder einmal einen antijüdischen Hetzfeldzug anzettelte, um ähnlich wie im Frühjahr 1935 den Verlauf der Judenausschaltung zu beschleunigen.[1] Sofort schaltete sich auch Goebbels wieder ein,[2] doch die Kampagne brach nach kurzer Zeit zusammen.

Dies mochte zum Teil an der seit März andauernden politischen Hochspannung gelegen haben, weshalb man die stets zur Verfügung stehende Spontaneität im Hinblick auf die außenpolitischen Ereignisse nicht nachdrücklich genug zu aktivieren wusste. Auch die SS hielt sich diesmal zurück. Sie war primär darauf bedacht, die in Gang gekommene Auswanderung nicht durch Aktionen der Art Streichers stören zu lassen.[3] Göring konnte später mit einem Seitenhieb auf Goebbels feststellen, dass man zwar in Berlin eine Demonstration gehabt und dem Volk in der Judenfrage Entscheidendes angekündigt habe, aber nichts geschehen sei.[4]

Um Goebbels war es im Verlauf der vergangenen Jahre im Vorhof der Macht stiller geworden. Familiäre Schwierigkeiten belasteten ihn und sein Verhältnis zu Hitler,[5] der überdies auch den nachlassenden Schwung der Nachrichtenlenkung kritisierte.[6]

Einer der Schwerpunkte in der Arbeit des Reichspropagandaministeriums lag schon immer auf dem Gebiet der Judenfrage, eines Problems, dem sich Goebbels mit einem gewissen Engagement gewidmet hatte. Nach seinen Erfolgen im Aprilboykott 1933 und dem Feldzug im Sommer 1935 war er auch weiterhin bestrebt gewesen, die Lösung der Frage zu dynamisieren. 1937 versuchte er Hitler davon zu überzeugen, dass Italien in der Judengesetzgebung mit Deutschland gleichziehen müsste,[7] im Frühjahr 1938 bestürmte er im Verein mit Ley den neuernannten Reichswirtschaftsminister, endlich Maßnahmen zu treffen, die Juden aus der Wirtschaft auszuschließen.[8] Die nachfolgende Hetzkampagne wurde dann offenbar inszeniert, um die stockende Gesetzgebungsarbeit der Ministerien zu beschleunigen.

Sollten von Seiten Goebbels oder der Partei Pläne bestanden haben, ähnlich wie 1935 den Reichsparteitag zum Hebel in der Judenfrage zu benutzen, so scheiterte dies an der wegen der Sudetenfrage gespannten außenpolitischen Situation.

Ein weiteres Parteitreffen gedachte, wie jedes Jahr, am 8./9. November des gescheiterten Hitlerputsches von 1923. Das diesjährige Zusammenkommen der »Alten Kämpfer« fand unter Auspizien statt, die für eine schnelle Entscheidung der zukünftigen Judenpolitik günstig zu sein schienen.

Am 7. November hatte Herschel Grünspan (Grynszpan), dessen Eltern im Zuge der Großaktion gegen polnische Juden am 29. Oktober über die Grenze geschoben worden waren, einen Beamten der deut-

schen Botschaft in Paris mit fünf Schüssen niedergestreckt. Schon am
8. November drohte der »Völkische Beobachter« Folgen an,[9] ohne dass
allerdings Hitler in seiner traditionellen Rede im Bürgerbräukeller am
gleichen Tag das Ereignis auch nur erwähnte.[10]

Am 9. November reiste Goebbels in München an.[11] Gerade als die
»Alten Kämpfer«, die Spitzen und Amtswalter der Partei sich gegen
20.30 Uhr zu einem Essen niederlassen wollten, wurde durch ein Telegramm der Tod des Pariser Beamten bekannt gegeben.[12] In diesem Augenblick sah Goebbels offensichtlich seine Chance, den gescheiterten Auf-
putschversuch des Frühsommers unter günstigeren Voraussetzungen zu
wiederholen. Nach einem kurzen Gespräch unter vier Augen mit Hitler,
der anschließend sofort die Versammlungsstätte verließ, hielt Goebbels
in meisterlicher Verschwommenheit eine Rede, die wenig besagte, aus der
aber die meisten Zuhörenden den Eindruck gewannen, es solle mit
wilden Aktionen gegen die Juden begonnen werden.[13] Während die Parteivertreter ihre örtlichen Untergebenen instruierten und Goebbels die
Gaupropagandaämter in Bewegung setzte, war Göring, Himmler, Heydrich und den übrigen Spitzen des Dritten Reiches von der anlaufenden
Zerstörungsaktion noch nichts bekannt.[14] In der Nacht vom 9. zum
10. November 1938 wurde der RFSS von Hitler angewiesen, sich aus allem
herauszuhalten.[15]

Die Folgen des Pogroms waren in jeder Hinsicht verheerend.[16]
Himmler sah seine Auswanderungspolitik gefährdet und betrieb gemeinsam mit Heydrich und einigen Reichsministern die Entlassung von
Goebbels,[17] der aber mit einer ostentativen Geste von Hitler gedeckt
wurde.[18]

Sieht man von den materiellen Schäden und den Ermordeten der
Ausschreitungen ab,[18a] blieb als Folge eine nahezu umstürzende und
radikale Abkehr von der bislang verfolgten Politik. Was sich bis zum
9. November 1938 unter dem Rubrum »Judenpolitik« fassen ließ, war ein
vielgleisiges, zögerndes Herantasten an umfassende Maßnahmen.[19] Ende
September 1938 sah man im Reichsinnenministerium die Bedeutung der
Nürnberger Rassengesetze in dem Maße schwinden, in dem sich Deutschland »der Erreichung des endgültigen Zieles in der Judenfrage nähert«.[20]
Dies hieß natürlich nichts anderes, als dass die aktivierte Auswanderung
die Reichsregierung jeder weiteren Regelung des Problems entheben würde und macht gleichzeitig klar, dass man weiterer tiefgreifender Gesetze
eigentlich nicht mehr bedurfte.

Die veränderte politische Situation wurde schon am 10. November
spürbar. Der RFSS, in der Absicht, die Gefährlichkeit der Juden unter
Beweis zu stellen, griff einer in Vorbereitung befindlichen Verordnung
vor und verbot ihnen jeglichen Waffenbesitz. Bei Zuwiderhandlungen

drohte er pauschal eine zwanzigjährige Schutzhaftstrafe an.[21] Diese Maßnahme wurde am 11. November 1938 mit der »Verordnung gegen den
Waffenbesitz von Juden« legalisiert.[22] Der Reichserziehungsminister wies
die Rektoren der deutschen Hochschulen telegrafisch an, jüdische Studierende, soweit sie noch zum Studium zugelassen waren, mit sofortiger
Wirkung von der Teilnahme an den Übungsveranstaltungen zu beurlauben und ihnen das Betreten der Hochschule zu verbieten. Vorbehaltlich weiterer gesetzlicher Regelungen war Juden der Besuch »deutscher
Schulen« nicht mehr gestattet.[23]

Dies waren jedoch nur reflexartige Maßnahmen, die ohne politische
Koordinierung, ohne Absprachen und Vorbereitungen getroffen wurden.
Die Absichten, die Hitler und Goebbels verfolgten, waren sehr viel weitge-
hender und liefen wohl auf eine rassengesetzliche »Flurbereinigung«
hinaus. Tatsächlich war Goebbels offenbar als erster darüber informiert,
was an Maßnahmen folgen sollte. Am 10. November teilte er Funk mit,
Hitler werde Göring einen Befehl geben, wonach alle Juden aus der Wirtschaft ausgeschaltet werden müssten.[24] Am Nachmittag des gleichen
Tages fand sich Göring bei Hitler ein und stieß dort auf den bereits anwesenden Goebbels. Man ging dann zu dritt auf die technischen Einzelheiten der künftigen Regelung ein, wobei Goebbels vorschlug, den Juden
eine Kontribution aufzuerlegen, die nach einigem Hin und Her von
den Beteiligten auf eine Milliarde Mark festgesetzt wurde. Anschließend
befahl Hitler, »daß nunmehr auch die wirtschaftliche Lösung durchzuführen sei und ordnete im großen und ganzen an, was zu geschehen
habe«.[25] Nachdem nun an gesetzlichen Folgerungen für die Juden nicht
mehr zu zweifeln war, suchte Goebbels die von ihm gerufenen Geister zu
beschwichtigen. Er verbot alle weiteren Demonstrationen und Aktionen,
wobei er anmerkte, die endgültige Antwort auf das Attentat von Paris werde dem Judentum auf dem Wege der Gesetzgebung erteilt werden.[26]

Am 11. November berief Göring alle beteiligten Stellen zu einer Sitzung im Reichsluftfahrtministerium und gab Auftrag, zur Ausschaltung
der Juden aus der Wirtschaft entsprechende Verordnungsentwürfe vorzubereiten.[27]

Die alsdann am 12. November stattfindende Sitzung hatte mit weit
über hundert Teilnehmern einen riesigen Zuhörerkreis.[28] Göring umriss
die Tagesordnung mit der Aufgabenstellung, in der Judenfrage »zu einer
ganz klaren, für das Reich gewinnbringenden Aktion zu kommen«.[29]
Unausgesprochen stand im Hintergrund aller besprochenen Maßnahmen gegen die Juden »die kritische Lage der Reichsfinanzen«.[30]

Als Ergebnis der Besprechung kristallisierten sich drei Hauptpunkte
heraus: Den Juden sollte eine Kontribution von einer Milliarde Reichsmark auferlegt werden[31]; der durch die Terrorwelle angerichtete Schaden

war von den Versicherungsgesellschaften zu tragen, doch sollten die an Juden erstatteten Versicherungszahlen zugunsten des Reiches beschlagnahmt werden.[32] Die »Arisierung« der Wirtschaft hatte laut Göring »Schlag auf Schlag« zu erfolgen. Gedacht war an die Enteignung jüdischer Gewerbebetriebe, die von staatlich eingesetzten Treuhändern unter Wert abgeschätzt und dann mit dem normalen Verkehrswert an Deutsche verkauft werden sollten.[33] Aktien und sonstige Wertpapiere wollte man den Juden vollständig entziehen.[34]

Neben den rein wirtschaftlichen Fragen stand eine Vielzahl an Maßnahmen zur Diskussion. Goebbels wünschte eine Verordnung, die es den Juden untersagte, deutsche Theater, Kinos oder Zirkusse zu besuchen[35] und hielt es für notwendig, sie aus der Öffentlichkeit zu entfernen sowie ihnen besondere Eisenbahnabteile zuzuweisen.[36] Außerdem regte er an, Juden das Betreten deutscher Bäder sowie des »deutschen Waldes« zu verbieten. Diesen Vorschlägen pflichtete Heydrich bei, indem er besonderes Gewicht auf ein Verbot des Aufenthalts in bestimmten Gebieten legte und für eine Trennung von Deutschen und Juden in öffentlichen Krankenhäusern und Verkehrsmitteln eintrat.[37] Heydrich war es auch, der das Hauptproblem all dieser Maßnahmen anschnitt: Dass bei allen wirtschaftlichen Ausschaltungsbestrebungen das Ziel doch immer sein sollte, die Juden aus Deutschland hinauszubekommen. Er verwies auf die Praktiken der Auswandererzentrale in Wien und regte die Errichtung einer ähnlichen Einrichtung im »Altreich« an, was Göring sofort genehmigte.[38] Dann machte Heydrich auf die durch die »Arisierung« und sonstige Einschränkungen bedrohlich gewordenen Gefahr einer jüdischen »Verproletarisierung« aufmerksam. Als Lösung empfahl er, die Juden zu isolieren und ihnen einen eingeengten Tätigkeitsbereich zu belassen. Zu ihrer besseren Identifizierung schlug er ein besonderes Kennzeichen vor, wandte sich aber aus sicherheitspolizeilichen Bedenken gegen den von Göring betriebenen Plan, die Juden in Ghettos zu konzentrieren.[39] Nachdem Funk die Auffassung vertreten hatte, die Juden müssten »ganz eng zusammenrücken«, griff Göring wieder auf den Vorschlag von Goebbels zurück, durch Zwangsvermietungen die jüdischen Mietparteien zu konzentrieren.[40] Ergänzend schlug Heydrich vor, den Juden auch die Zulassungs- und Führerscheine zu entziehen und ihre Kraftfahrzeuge zu enteignen.[41]

Kaum hatte Göring die Sitzung geschlossen, begann die Gesetzesmaschinerie zu arbeiten. Noch am 12. November unterzeichnete Göring auf Grund der Blankettermächtigung als BVP drei Verordnungen, die den deutschen Juden das definitive Ende ihrer wirtschaftlichen Existenz brachten. Die »Verordnung über eine Sühneleistung der Juden deutscher Staatsangehörigkeit«[42] war Ergebnis der am 10. November zwischen Hitler, Göring und Goebbels ausgehandelten Kontribution. In der Eile der

147

Entwurfsarbeiten hatte man den Modus der Zahlungen späteren Bestimmungen überlassen.

Von besonderer Perfidie war die »Verordnung zur Wiederherstellung des Straßenbildes bei jüdischen Gewerbebetrieben«,[43] die der Reichsjustizminister auf der Sitzung am 12. November bereits vorgelegt hatte.[44] Sie legte den betroffenen Juden, deren Geschäfte oder Wohnungen zerstört worden waren, die Verpflichtung auf, alle Schäden, welche durch die »Empörung des deutschen Volkes« entstanden waren, auf eigene Kosten zu beseitigen. Versicherungsrechtliche Ansprüche wurden zugunsten des Reiches beschlagnahmt.

Die bedeutsamste der Maßnahmen war die »Verordnung zur Ausschaltung der Juden aus dem deutschen Wirtschaftsleben«,[45] die kaum innerhalb eines Tages ausgearbeitet sein konnte und mit großer Wahrscheinlichkeit die verschärfte Fassung eines bereits seit Anfang November bestehenden Entwurfes darstellte.[46] Die Verordnung brachte die Entscheidung über die des längeren gepflogene Erörterung, welcher Weg der »Arisierung« einzuschlagen sei und entschied im Sinne des vom Reichsinnenminister am 14. Juni 1938 vorgelegten Plans und adäquat den Wünschen der Partei: Juden wurde der Betrieb von Einzelhandelsverkaufsstellen, Versandgeschäften, Bestellkontoren sowie der selbständige Betrieb eines Handwerks untersagt. Mit Wirkung vom 1. Januar 1939 war ihnen jede Tätigkeit auf Märkten, Messen oder Ausstellungen verboten. Sie konnten nicht Betriebsführer, leitende Angestellte oder Mitglied einer Genossenschaft sein.

Diese Verordnung wurde komplettiert durch die »Verordnung über den Einsatz des jüdischen Vermögens« vom 3. Dezember 1938.[47] Sie regelte Umfang und Ablauf der Enteignung des jüdischen Kapitals. Dem Inhaber eines jüdischen Gewerbebetriebes konnte aufgegeben werden, seinen Gewerbebetrieb oder sein land- und forstwirtschaftliches Vermögen binnen einer bestimmten Frist zu veräußern.[48] Juden hatten ihre gesamten Aktien und andere Wertpapiere dem Depot einer Devisenbank zu übergeben. Es war ihnen verboten, Gegenstände aus Edelmetall sowie Edelsteine und Perlen zu erwerben, zu verpfänden oder zu veräußern. Am 21. November wurde festgesetzt, dass die Sühneleistung als Vermögensabgabe erhoben werde, auf die zusätzlich 20 v. H. des Vermögens aufgeschlagen wurden. Der erste Teilbetrag war am 15. Dezember 1938 fällig, die weiteren am 15. Februar 1939 und dann in vierteljährlichem Turnus, bis der volle Betrag von einer Milliarde Reichsmark erreicht war. Auf keinen Fall durften jedoch Juden ausländischer Staatsangehörigkeit abgabepflichtig gemacht werden.[49]

Eine weitere Verordnung vom 23. November bestimmte mit sofortiger Wirkung die Auflösung aller jüdischen Einzelhandelsverkaufsstellen und ordnete an, jüdische Inhaber von Handwerksbetrieben aus der Handwerksrolle zu löschen.[50]

Am lebhaftesten war man indessen an der Erfassung des jüdischen Vermögens interessiert. Hierzu ergingen in den folgenden Monaten eine Unzahl von Durch- und Ausführungsbestimmungen, in denen die verwaltungstechnische Durchführung sowie die Beteiligung der verschiedenen Instanzen festgelegt wurden.[51]

2. Zentralisierung der Judenpolitik

Sofort nach Beendigung der Sitzung vom 12. November war man allseits besorgt, die Weisungen Görings ordnungsgemäß durchzuführen. In gleichlautenden Anweisungen des StdF und des Reichsinnenministers wurde auf das Verbot ungesetzlicher Maßnahmen aufmerksam gemacht.[52] Alsdann begannen die Reichsministerien, auch die nichtwirtschaftlichen Ausschaltungsmaßnahmen voranzutreiben. Der Reichserziehungsminister mutete nach »der ruchlosen Mordtat von Paris« keinem deutschen Lehrer mehr zu, jüdische Kinder zu unterrichten und verfügte ihre Schulentlassung.[53] Dies war wohl ein etwas zu impulsiver Vorgriff, denn am 17. Dezember 1938 musste er die Wiederaufnahme des Schulbesuchs anordnen, »da es nicht angehe, schulpflichtige Juden ... ganz ohne Unterricht zu lassen«.[54] Jüdischen Professoren und wissenschaftlichen Beamten, denen bislang eine private Weiterarbeit an Hochschulen und Bibliotheken gestattet worden war, wurde diese Vergünstigung am 8. Dezember entzogen.[55] Der RFSS ordnete am 3. Dezember »vorbehaltlich einer endgültigen Regelung« an, Juden die Fahrerlaubnis von Kraftfahrzeugen zu entziehen und sprach ihnen mit sofortiger Wirkung das Recht auf Führung von Kraftfahrzeugen aller Art ab.[56] Die ungewöhnliche Form dieser Anordnung – sie erschien allein in der Tagespresse – gab selbst dem Rechtsverständnis der damaligen Zeit rechtstechnische Probleme auf.[57] Der Reichsverkehrsminister versuchte nachträglich seine Kompetenz in dieser Frage wenigstens formell aufrechtzuerhalten und der Anordnung des RFSS den Schein der Legalität zu geben.[58] Am 28. November legte der Reichsfinanzminister den Gesetzentwurf einer Änderung des Einkommenssteuerrechts vor, der für Juden generell nur noch die höchste Steuerklasse vorsah.[59] Wie man offen aussprach, sollte das Gesetz ein höheres Steueraufkommen erbringen.[60]

Ehe die Änderung des Einkommenssteuergesetzes veröffentlicht war,[61] brachte bereits das Umsatzsteuergesetz vom 23. Dezember 1938 für Juden weitere Verschlechterungen.[62]

War der Fiskus auf der einen Seite bestrebt, durch Sonderbestimmungen für Juden die Staatskasse aufzufüllen, so war man auf der Gegenseite daran interessiert, den Haushalt des Reichs von gesetzlich verankerten Belastungen gegenüber jüdischen Versorgungsberechtigten zu entlasten. Am 27. September verweigerte man ehemaligen jüdischen Reichswehrangehörigen die ihnen gesetzlich zustehenden Versorgungsgebührnisse.[63] Im Oktober wurden ehemalige jüdische Beamte von Nachtragszahlungen ausgenommen.[64] Einen vorläufigen Abschluss brachte dann am 5. Dezember 1938 die »Siebente Verordnung zum Reichsbürgergesetz«,[65] die eine alte Forderung des StdF verwirklichte.[66] Das Ruhegehalt der auf Grund der Nürnberger Gesetze ausgeschiedenen Beamten wurde einer Neuberechnung unterzogen, was auf eine Kürzung der Bezüge hinauslief.

Natürlich fehlten auch jetzt wieder nicht Diskriminierungen, die trotz relativ geringer rechtlicher Wirksamkeit von einer gewissen psychologischen Bedeutung waren. So verbot ein Erlass des Führers und Reichskanzlers vom 16. November den Juden das Recht zum Tragen einer Uniform der alten oder neuen Wehrmacht;[67] Juden durften nicht mehr an dem von Schirach und Ley organisierten Reichsberufswettkampf teilnehmen;[68] und jüdische Mütter erhielten nicht das Ehrenkreuz, das einer »arischen« Mutter bei entsprechender Kinderzahl verliehen wurde.[69] Von direkterer Wirkung waren die Maßnahmen, die der RFSS auf Grund der Besprechung vom 12. November erließ. Um eine jederzeit greifbare Ermächtigungsgrundlage zur Hand zu haben, hatte man die »Verordnung über die Polizeiverordnungen des Reichsminister« am 14. November 1938 erlassen,[70] die den Reichsinnenminister ermächtigte, für das Reich oder für Teile des Reichs Polizeiverordnungen zu erlassen.[71] Auf Grund dieser Verordnung räumte der RFSS am 28. November 1938 den Regierungspräsidenten und gleichgeordneten Behörden das Recht ein, »Juden deutscher Staatsangehörigkeit und staatenlosen Juden räumliche oder zeitliche Beschränkungen des Inhalts aufzuerlegen, bestimmte Bezirke nicht zu betreten oder sich zu bestimmten Zeiten in der Öffentlichkeit nicht zu zeigen«.[72]

Kennzeichnend für die Mittel, die der Polizei zur Verfügung standen und für die Bedenkenlosigkeit, mit der man sich aller Möglichkeiten bediente, ist die Anordnung Heydrichs über das Verhalten der Juden am »Tag der nationalen Solidarität« vom 28. November 1938:[73] Juden hatten sich demnach am 30. November von 12–20 Uhr in ihren Wohnungen aufzuhalten, das Betreten von Straßen und Plätzen wurde ihnen für diese Zeit untersagt. Diese Anordnung entsprach in ihrem Inhalt exakt der Delegationsbefugnis der Verordnung über das Auftreten der Juden in der Öffentlichkeit, die allerdings erst am 30. November in Kraft trat. Heydrich erließ deshalb unbedenklich seine Anordnung auf Grund der Verordnung zum Schutz von Volk und Staat vom 28. Februar 1933.[74]

Die Flut an Maßnahmen, die nach dem 12. November gegen die Juden ergingen, mochten auch Göring signalisieren, dass damit eine einheitliche Judenpolitik von vornherein unmöglich wurde. Nachdem er am 12. November unter souveräner Außerachtlassung bestehender Zuständigkeitsverhältnisse die Richtlinienkompetenz in der Judenfrage an sich gerissen hatte, war er in der Folgezeit besorgt, den auseinanderstrebenden Maßnahmenstaat zu einem einheitlichen Vorgehen zusammenzufassen. Anfang Dezember untersagte er auf einer Gauleiterbesprechung noch einmal strengstens alle Einzelaktionen und wies darauf hin, dass Behörden nur mit seinem Einverständnis Erlasse in der Judenfrage herausgeben dürften. Vordringlich sei auf jeden Fall eine allmähliche Beruhigung der allgemeinen Situation in der Judenfrage.[75]

In einer geheimen Anordnung vom 10. Dezember machte Göring die Staats- und Parteibehörden noch einmal darauf aufmerksam, dass die Ausschaltung der Juden aus der Wirtschaft allein Sache des Staates sei und der Nutzen der Transaktionen nur dem Staat zukommen dürfe. Um dem Gewinnstreben der Partei und einzelner vorzubeugen ordnete er an, dass die Übernahme jüdischer Betriebe und Vermögenswerte auf streng gesetzlicher Grundlage zu erfolgen hatte.[76]

Am 14. Dezember unterrichtete Göring auch die Obersten Reichsbehörden von seiner nunmehrigen Stellung in der Judenfrage. Zur Sicherstellung der notwendigen Einheitlichkeit in der Behandlung dieses Problems bat er, alle Verordnungen und wichtigen Anordnungen, welche die Judenfrage berührten, ihm vor Erlass zuzuleiten und sein Einverständnis einzuholen.[77] Alle Veröffentlichungen über bereits angeordnete oder beabsichtigte Maßnahmen hatten in der Folgezeit zu unterbleiben.[78]

B. Von der »Reichskristallnacht« zum Zweiten Weltkrieg

1. Hitlers Weisung zur Judenfrage und ihre Auswirkungen

Die Sitzung vom 12. November hatte bei den Gesetzgebungsinstanzen zwar klare Vorstellungen hinsichtlich der Verdrängung der Juden aus der Wirtschaft hinterlassen; die weiteren, beabsichtigten Maßnahmen blieben hingegen weitgehend unklar. Allein der RFSS hatte, wie gewohnt, schnell und unkonventionell gehandelt, indem er, wie am 12. November besprochen, die Freizügigkeit der Juden beschränkte und ihnen die Fahrerlaubnisse entzog. Dieses Vorgehen charakterisiert einen bezeichnenden Unterschied zwischen den traditionellen und den neugeschaffenen Instanzen. Trotz vielfacher Pressionen weigerte sich der Reichsverkehrsminister beispielsweise,»mangels einer geeigneten Rechtsgrundlage«, Juden von der Beförderung auf öffentlichen Verkehrsmitteln auszuschließen.[79]

Nach den ersten überhasteten Maßnahmen, Schulverbot für jüdische Kinder, Freizügigkeitsbeschränkungen und Mietkündigungen,[80] obsiegten die Realitäten. Proteste des Auslands[81] und die Bemühungen um eine kontinuierliche »Arisierung« führten in der ersten Dezemberwoche zu einer merklichen Abschwächung der radikalen Stimmung.

Im Auftrag Hitlers machte Göring am 5. Dezember die Gauleiter mit dem Gang der weiteren Maßnahmen vertraut. Als erstes sollten die jüdischen Betriebe »arisiert« werden, alsdann der jüdische Hausbesitz. Die Juden sollten in deutschen Geschäften einkaufen dürfen, jedoch konnten einzelne Hotels, Cafés, Gaststätten etc. im Einvernehmen mit den Kreisleitern »judenfrei« gehalten werden. In allen Fällen war sicherzustellen, dass Juden einkaufen und sich ernähren konnten. Bei der Auswanderung sollten zunächst die ärmeren Juden berücksichtigt werden.[82]

Wie Göring weiterhin mitteilte, hatte Hitler die von Heydrich angeregte Kennzeichnung der Juden untersagt.[83]

Wenige Tage später wurde die zurückhaltende Politik an einer weiteren Einschränkung deutlich. Das Reichsinnenministerium ordnete an, sämtliche Anordnungen auf Grund der »Polizeiverordnung über das Auftreten der Juden in der Öffentlichkeit« als gegenstandslos zu betrachten, sofern sie nicht auf einer ausdrücklichen Weisung der Reichsregierung beruhten.[84] Damit war vorerst die vom RFSS initiierte Verordnung vom 28. November 1938 unwirksam geworden.

Am Jahresende vergewisserte sich Göring nochmals bei Hitler, wie die strittigen Fragen in der Judenpolitik ausgelegt werden sollten.

Nachdem er die »Willensmeinung des Führers in diesen Fragen klar eingeholt hatte«, machte er die Entscheidung Hitlers allen Staats- und Parteibehörden bekannt, »damit sie nunmehr als einzige Richtlinien für das Verfahren« gelte:[85]

I. Unterbringung der Juden
   1. a) Der Mieterschutz für Juden sollte generell nicht aufgehoben werden, jedoch galt es als erwünscht, Juden in einem Haus zusammenzulegen.
      b) Aus diesem Grund sollte die »Arisierung« des Hausbesitzes an das Ende der Gesamtarisierung gestellt werden.
   2. Die Benutzung von Schlaf- und Speisewagen sollte den Juden untersagt, doch sollten keine besonderen »Judenabteile« geschaffen werden. Ebenso wenig durfte ein Verbot der Benutzung von Eisenbahnen, Straßenbahnen oder sonstigen öffentlichen Verkehrsmitteln ausgesprochen werden.

3. Ein »Judenbann« sollte nur für gewisse, der Öffentlichkeit zugängliche Plätze gelten. Dazu gehörten Hotels und Gaststätten, in denen die Parteigenossenschaft verkehrte. Ferner konnte der »Judenbann« für Badeanstalten, Badeorte usw. ausgesprochen werden.
II. Entlassenen jüdischen Beamten sollte die Pension nicht entzogen werden. Ob diese Juden mit einem geringeren Ruhegehalt auskommen, konnte geprüft werden.
III. Die jüdische Fürsorge sollte nicht aufgehoben werden, damit die Juden nicht der öffentlichen Fürsorge zur Last fallen.
IV. Unter die »Arisierung« sollten auch die jüdischen Patente fallen.

Mischehen
I. 1. mit Kindern (Mischlinge 1. Grades)
   a) Sollte der Vater Deutscher, die Mutter Jüdin sein, so durfte diese Familie in ihrer bisherigen Wohnung verbleiben. Das Vermögen der Mutter konnte auf den Vater übertragen werden.
   b) Sollte der Vater Jude, die Mutter Deutsche sein, so sollten diese Familien ebenfalls vorläufig nicht in jüdischen Vierteln untergebracht werden. Es sollte zulässig sein, das Vermögen auf die Kinder zu übertragen.
   2. ohne Kinder
   a) Sollte der Mann Jude, die Frau Deutsche sein, so sollte so verfahren werden, als ob es sich um reine Juden handele. Vermögenswerte des Mannes konnten nicht auf die Frau übertragen, beide Ehegatten konnten in jüdischen Vierteln untergebracht werden. Vor allem sollten beide bei der Auswanderung wie Juden behandelt werden, sobald die verstärkte Auswanderung in Gang gebracht sein würde.
II. Sollte sich die deutsche Ehefrau eines Juden scheiden lassen, so sollte sie wieder in den »deutschen Blutsverband« zurücktreten und alle Nachteile für sie entfallen.

Diese Entscheidungen Hitlers sind in vielfacher Hinsicht aufschlussreich. Wieder einmal zeigte er sich als überlegener Taktiker. Weder übernahm er die radikalen Vorschläge Goebbels' oder Heydrichs, noch wies er sie ausdrücklich zurück. Die verschwommenen Maßregeln lassen nahezu alle Auslegungen gerechtfertigt erscheinen. Sie lassen unzweideutig den Charakter einer transitorischen Lösung erkennen und mussten dennoch mit logischer Folgerichtigkeit auf die jeweils härteste Bestimmung hinauslaufen. Dies unterstreicht die von Hitler verfolgte Politik, nach einem gewaltsamen Schlag eine vorschnelle Verhärtung in der Judenfrage zu vermeiden und das nächste Stadium der »organischen Entwicklung« abzuwarten. Welche Haltung er selbst vertrat, zeigte sich im Dezember 1938, als er den Reichsinnenminister davon unterrichtete, er werde künftig die ihm gesetzlich übertragenen Befugnisse, von den Vorschriften des Reichsbürger- und Blutschutzgesetzes freizustellen, nicht mehr wahrnehmen.[86] Mit welcher Instinktsicherheit Hitler einer »dynamischen« Bewegung der Judenpolitik vertraute, bewiesen die folgenden Monate.

Der Reichsinnenminister wollte für seinen Bereich darauf verzichten, der Hitler-Weisung rechtsförmig Gestalt zu geben, sondern die ergehenden Vorschriften abwarten.[87]

Einzelne Gemeinden warteten jedoch die entsprechenden gesetzlichen Regelungen gar nicht erst ab. So hatten sich die Städte Stuttgart und München entschlossen, Juden von bestimmten Vergünstigungen auf dem Ernährungssektor auszuschließen.[88] Andere Gemeinden forderten die Anwendung der »Polizeiverordnung über das Auftreten der Juden in der Öffentlichkeit«, um die Juden von den kommunalen Wochenmärkten, vom Betreten einzelner Parkanlagen oder ähnlicher Gebiete auszuschließen.[89] Das Propagandaministerium unterstützte derartige Bestrebungen, indem es selbst immer wieder auf eine harte Linie achtete.[90] Die Vielzahl der organisierten und parteilich gelenkten Übergriffe wurde wirkungsvoll ergänzt durch eine heranrollende Woge neuer und schärferer Ausnahmeregelungen. Der Reichsverkehrsminister, dem die Hitler-Weisung als »Rechtsgrundlage« diente, ordnete am 23. Februar 1939 an, Juden deutscher Staatsangehörigkeit mit sofortiger Wirkung die Benutzung von Schlaf- und Speisewagen zu verbieten.[91] Diese Maßnahme entsprach jedoch kaum noch den nunmehr erhobenen Forderungen, die bereits auf ein generelles Verbot der Benutzung aller öffentlichen Verkehrsmittel hinausliefen.[92]

Noch im Dezember 1938 erging eine Vorausmaßnahme, mit der Hitlers Wunsch nach einer Konzentrierung aller Juden in eigens für sie bestimmte Häuser eingeleitet wurde: Juden wurde ein Anrecht auf Mietbeihilfe nicht mehr zugebilligt.[93] Bereits im Februar 1939 folgte eine Teilregelung für Berlin und München, wonach freigewordene Räume aus einem Mietverhältnis zwischen einem nichtjüdischen Vermieter und einem jüdischen Mieter nicht mehr an Juden vermietet werden durften.[94]

In die laufenden Entwurfsarbeiten zu einer generellen Regelung des Mietverhältnisses von Juden konnte sich Ministerialrat Lösener einschalten und, gestützt auf die durch Göring übermittelte Hitler-Weisung, die Bestimmung über die »privilegierten Mischehen« einschieben lassen.[95] Diese für die künftige Judengesetzgebung äußerst bedeutsame Ausnahmebestimmung, Bestandteil des »Gesetzes über Mietverhältnisse mit Juden« vom 30. April 1939,[96] nahm alle Juden in »Mischehe« von den Vorschriften des Gesetzes aus, deren Kinder nicht als Juden galten oder die in kinderloser Ehe lebten, in denen die Frau jüdisch war.

Das Gesetz selbst gab den Gemeindebehörden ein umfangreiches Instrumentarium in die Hand, unter Außerachtlassung der für das Mietrecht geltenden Vorschriften Juden in bestimmte Wohnviertel zu dirigieren, sie solcherart abzuschließen und ihre weiteren Wohnbewegungen zu kontrollieren.

Wenn auch die amtliche Begründung des Gesetzes die weltanschaulichen Gesichtspunkte in den Vordergrund schob,[97] so waren doch andere Vorstellungen gewiss entscheidender. Die dominierende Überlegung für die Konzentrierung der Juden galt volkswirtschaftlichen Interessen, wie sie bereits auf der Sitzung am 12. November zur Sprache gekommen waren.[98]

Als Folge dieser Zusammenballung von Juden auf einen eng begrenzten Raum musste der politische Spürinstinkt eines Heydrich alarmiert werden, der sich erfolglos gegen die jüdischen Ghettos ausgesprochen hatte. Zwangsläufig musste ihm und seiner Sicherheitspolizei die Aufgabe zufallen, die sicherheitspolizeilichen Maßnahmen über die zwangsweise umgesiedelten Juden wahrzunehmen. Auf anderen Gebieten ließ man 1939 alle bisherigen Rücksichten und verklausulierten Sonderbestimmungen fallen. Während Juden im Rahmen der früheren Wehrgesetzgebung der Ersatzreserve überwiesen worden waren, wurden sie im März 1939 von jeder Ableistung des Wehr- und Arbeitsdienstes ausgeschlossen.[99] Sie hatten ihre Wehrpässe abzuliefern und erhielten Ausschließungsscheine.[100] Ausdruck der neuen Lage war auch ein neugefertigter Erlass des Reichsinnenministers über den Aufenthalt von Juden in Bädern und Kurorten. Die Bemühungen Löseners von April 1938, einen diesbezüglichen Erlass des Reichsfremdenverkehrsverbandes abzumildern,[101] waren nun ins Gegenteil umgeschlagen: Das Reichsinnenministerium glich seine Vorschriften den sehr viel härteren Bestimmungen des unter Goebbels' Aufsicht stehenden Verbandes an.[102] Andere Ministerien, so das Reichsjustizministerium, zeigten einen Übereifer, die Rassendoktrin auch da gesetzlich zu verankern, wo sie sich eigentlich von selbst ad absurdum führen musste. In einer Stellungnahme zu einem Gesetzentwurf über ein Verbot der Eheschließung Deutscher mit Ausländern hielt es der Stellvertreter des Führers für unbedingt erforderlich, als Folge einer verbotswidrig geschlossenen Ehe für die ausländische Frau den Nichterwerb der deutschen Staatsangehörigkeit vorzusehen. Eine derartige Regelung glaubte nun auch der Reichsjustizminister »vor Erlaß des in Vorbereitung befindlichen Staatsangehörigkeitsgesetzes« treffen zu müssen und formulierte einen neuen Entwurf, nach dem Staatsangehörige »deutschen oder artverwandten Blutes« eine Ehe mit einer Person ausländischer Staatsangehörigkeit nicht eingehen durften.[103] Natürlich war dieser Versuch abstrus. Er widersprach in fast allen Punkten der geltenden Rassenlehre, so dass er stillschweigend zu den Akten gelegt[104] und dafür die Entwurfsarbeiten des neuen Staatsangehörigkeitsgesetzes intensiviert wurden. Mit Schreiben vom 19. Juli 1939 kritisierte der Reichsjustizminister den seinerzeit gescheiterten Entwurf des Reichsinnenministers vom Februar 1938[105] und forderte »nach der Entwicklung der letzten Monate die Fassung dahingehend zu verschärfen, alle nach Inkrafttreten des Gesetzes geborenen jüdischen Kinder vom Erwerb der deutschen Staatsangehörigkeit auszuschließen, da die ganze Entwicklung darauf hindringe, die Juden aus der Gemeinschaft des deutschen Volkes zu entfernen«.[106] Eine derartige Regelung hätte zwar voll den Wünschen der Partei entsprochen, ging jedoch an den politischen Realitäten vorbei[107] und wurde in der Folgezeit nicht weiter verfolgt.

Dies mag als Indiz für eine noch immer bestehende Resistenz der Bürokratie gegenüber den Wünschen des Stellvertreters des Führers gewertet werden, der seine judenfeindliche Politik nach dem November 1938 um einen weiteren Grad eskaliert hatte und alles unternahm, das geltende Ausnahmerecht zu verschärfen und neue Regelungen voranzutreiben. Zu Beginn des Jahres 1939 erging an alle »Rechtswahrer« ein ausdrückliches Vertretungsverbot, Juden in Rechtssachen Beistand zu leisten.[108] Nur mit der Autorität Görings im Rücken konnte der Reichsverkehrsminister einen Vorstoß des Stellvertreters des Führers abwehren, die Bahnhofswirtschaften und Wartesäle für Juden zu sperren.[109] Der Reichsinnenminister musste auf ausdrücklichen Wunsch der Partei nochmals rechtssatzförmig betonen, dass Juden deutscher Staatsangehörigkeit und staatenlose Juden eine Ausgleichsentschädigung für die am 9./10. November in ihren Wohnungen oder Betrieben angerichteten Schäden nicht zustand.[110] Da eine derartige Bestimmung längst getroffen war,[111] konnte es dem Stellvertreter des Führers nur auf einen diskriminierenden Nebeneffekt ankommen.[112] Das Hauptamt für Kommunalpolitik versuchte schon im Februar 1939 dem Reichswirtschaftsministerium nahe zu legen, Juden das Gewerbe des Handlungsagenten zu verbieten.[113]

Ein aufschlussreiches Bild gewandelter Machtverhältnisse und der nun für die Judenfrage typisch werdenden Tendenz zur Brutalität und Inhumanität zeigen die Bemühungen des Stellvertreters des Führers, die Frage jüdischer Jugendlicher in den Fürsorgeanstalten zu regeln. Nach Ansicht der Partei konnte es nicht die Aufgabe des Reiches sein, jüdische Jugendliche zur leiblichen, seelischen und gesellschaftlichen Tätigkeit zu erziehen. Diese »kriminellen« Elemente gehörten »entweder ins Gefängnis oder ins Konzentrationslager«. Der Stellvertreter des Führers forderte den Reichsinnenminister auf, »sofort das Erforderliche zu veranlassen«.[114] Die folgenden Bemühungen sind seitens der Ministerien von dem Versuch gekennzeichnet, die Angelegenheit aus dem eigenen Zuständigkeitsbereich abzuschieben.[115] Nachdem die Taktik des Reichsinnenministers fehlgeschlagen war, ersuchte er im Juli 1939 die Behörden, mit Beschleunigung darauf hinzuwirken, eine vorzeitige Aufhebung der Fürsorgeerziehung zu erreichen und die betreffenden Jugendlichen, soweit sie Juden oder »Mischlinge 1. Grades« waren, in jüdische Anstalten oder Familien unterzubringen. Den Absichten des Stellvertreters des Führers versuchte man dadurch Rechnung zu tragen, dass bei einer kriminellen Veranlagung eines Jugendlichen sofort der ständigen Kriminalpolizeistelle Kenntnis gegeben werden sollte.[116]

Der Erlass beweist – ungeachtet seiner inhaltlichen Fragwürdigkeit – eine weitere, bemerkenswerte Tatsache: Die »Mischlinge 1. Grades« wurden rechtlich den Juden zugeschlagen. Hierzu bedurfte es nicht einmal einer Änderung des Reichsbürgergesetzes. In stillschweigender Übung akzeptierten die Reichsministerien das Dringen der Partei auf Gleichstellung der »Halbjuden« mit den Juden. So hob der Reichsinnenminister in einem Runderlass vom 20. Dezember 1938 alle Bestimmungen auf, die bislang auch »Mischlingen 1. Grades« die Ausübung des Apothekerberufs gestattet hatten.[117] Eine Schulgeldermäßigung wurde ab Mai 1939 auch »Mischlingskindern« nicht mehr gewährt.[118]

Den nunmehr bezeichnenden Unterschied in der Behandlung der Mischlingsfrage ließ eine Durchführungsbestimmung des Gesetzes zur Ordnung der Krankenpflege erkennen. Während Anträge von Krankenpflegern mit der Eigenschaft eines »Mischlings 2. Grades« von der höheren Verwaltungsbehörde entschieden wurden, waren derartige Genehmigungen für »Mischlinge 1. Grades« bei Hauptamtsleiter Dr. med. Blome[119] im Hauptamt für Volksgesundheit einzuholen.[120]

Wenn auch für die Juden selbst innerhalb der Ministerien kaum noch etwas getan werden konnte, da ein Großteil der Fragen entschieden, die restlichen in die Kompetenz des RFSS gefallen waren, so bemühte sich insbesondere doch Lösener um eine möglichst einschränkende Auslegung bestehender Bestimmungen. Er warnte vor der Anwendung des »Judenbanns« und war fortlaufend bestrebt, Mischlinge aus der Judengesetzgebung herauszuhalten.[121] Ein Erfolg seiner Bemühungen um die besondere Rechtsstellung der »privilegierten Mischehen« war eine Durchführungsverordnung über die öffentliche Fürsorge von Juden. Danach konnten die in einer jüdischen Hausgemeinschaft lebenden Nichtjuden die vollen Unterstützungssätze der gehobenen Fürsorge beanspruchen.[122] Es war auch nicht zu verkennen, dass in Fragen untergeordneter Bedeutung die

Ministerialbürokratie bemüht war, den ihr zustehenden Ermessensspielraum zu Gunsten der Juden anzuwenden. Der Reichsarbeitsminister hielt daran fest, die Unterstützung schwer kriegsbeschädigter Juden ungeachtet der bestehenden Regelungen weiterhin durch die öffentliche Fürsorge erfolgen zu lassen;[123] der Reichsfinanzminister entschied im Einvernehmen mit dem Reichsinnenminister, Juden weiterhin Härtebeihilfen zu gewähren und von einer gesetzlichen Regelung abzusehen.[124]

Standen wirtschaftliche oder außenpolitische Gesichtspunkte des Reichs zur Debatte, trat das Rassendogma in den Hintergrund. So berücksichtigte das Reichsinnenministerium noch immer zwischenstaatliche Abkommen über die fürsorgerechtliche Behandlung der jeweiligen Staatsbürger.[125] Entgegen den gesetzlichen Bestimmungen, gestattete man auswanderungswilligen Juden, Edelsteine, Schmuck und Wertgegenstände aus Edelmetallen ins Ausland mitzunehmen, sofern »sie als Ausgleich hierfür nicht anbietungspflichtige Devisen an die Reichsbank abliefern«.[126]

Diesen wenigen Ausnahmen stand indessen die ganze Wucht der nationalsozialistischen Rassengesetzgebung gegenüber, die noch kurz vor Jahresende 1938 auf einem weiteren, später sehr bedeutsamen Gebiet vorangetrieben wurde. Es ging um die Frage der jüdischen Arbeitslosen. Mit ausdrücklicher Billigung Görings wies die Reichsanstalt für Arbeitsvermittlung die Landesarbeitsämter an, alle arbeitslosen und einsatzfähigen Juden beschleunigt zu beschäftigen »und damit nach Möglichkeit die Freistellung deutscher Arbeitskräfte für vordringliche, staatspolitisch wichtige Vorhaben zu verbinden«.[127] Als Begründung wurde angegeben, dass der Staat kein Interesse daran habe, die Arbeitskraft der einsatzfähigen Juden unausgenutzt zu lassen und sie ohne Gegenleistung aus öffentlichen Mitteln zu unterstützen.[128] In einem Ergänzungserlass an die Partei bat der Stellvertreter des Führers, dafür Sorge zu tragen, »daß die notwendigen Maßnahmen reibungslos durchgeführt werden können«.[129]

Noch im Verlauf des Jahres 1939 wurden daraufhin, allerdings regional sehr unterschiedlich, in einigen Gemeinden jüdische Arbeitskolonnen zusammengestellt, die schwerpunktmäßig zu den verschiedensten Aufgaben herangezogen wurden.[130]

2. Eigene Judenpolitik der SS

Zwar hatte Hitler die Priorität der jüdischen Auswanderung gebilligt und Göring dem Chef der Sicherheitspolizei am 12. November 1938 die Errichtung einer Zentralstelle in Aussicht gestellt, an eine einheitliche Ausrichtung dieser Frage war jedoch noch immer nicht zu denken. Am

12. November 1938 regte die Auslandsorganisation eine erneute Initiative »zu der längst überfälligen Beseitigung des Haavara-Abkommens« an.[131]

Dieser Versuch fiel nicht zufällig zu einem Zeitpunkt, wo man international bemüht war, in der Frage der jüdischen Flüchtlinge und Auswanderer mit dem Deutschen Reich zu einer Übereinkunft zu gelangen. Auf Initiative der USA tagte seit Juli 1938 in Evian ein »Zwischenstaatliches Komitee für politische Flüchtlinge«, zu dessen Vorsitzenden der amerikanische Rechtsanwalt George Rublee gewählt worden war.[132] Dieser versuchte, seit Oktober mit den deutschen Behörden in Kontakt zu kommen, wobei man allerdings deutscherseits allen näheren Verbindungen zu diesem Komitee aus dem Wege zu gehen trachtete.[133]

Nach der Entscheidung vom 12. November, die »jüdische Frage« mit allen Mitteln zu fördern, machte Reichsbankpräsident Schacht den Vorschlag, einen Teil des Vermögens der auswandernden Juden dadurch zu transferieren, dass von ausländischen Juden ein Fonds errichtet werden sollte, mit dessen Mitteln der Export deutscher Waren finanziert und aus den Exportüberschüssen die ausgewanderten Juden ausgezahlt werden sollten.[134]

Einen ähnlichen Plan hatte bereits der österreichische Minister Fischböck ausgearbeitet. Er und Schacht koordinierten ihre Vorstellungen; und nach dem Einverständnis Hitlers führte Schacht in den letzten Dezembertagen des Jahres 1938 eine Reihe von Besprechungen mit dem sogenannten Rublee-Komitee in London, das den Schachtplan als Verhandlungsgrundlage akzeptierte.[135]

Daraufhin kam in den ersten Januartagen Rublee nach Deutschland und erzielte mit Schacht in der Auswanderungsfrage Einverständnis über eine Reihe organisatorischer und devisenrechtlicher Probleme.[136] Da Schacht am 20. Januar 1939 von seinem Posten als Reichsbankpräsident abberufen wurde[137] und das Auswärtige Amt jede Paraphierung von Vereinbarungen mit Rublee und jede Zusage über die zukünftige Behandlung der deutschen Juden untersagte, kamen die von Göring nur halbherzig weiter betriebenen Versuche, die Dinge zu einem beiderseitigen Abschluss zu bringen, bald zum Erliegen.[138]

Während die außenpolitischen Sondierungen zur Regelung der jüdischen Auswanderung noch im Gange waren, wurden im Innern erste Überlegungen für eine organisatorische Zusammenfassung des Judentums – Grundvoraussetzung einer geplanten und gelenkten Auswanderung – angestellt. Der Anstoß ging aus vom Reichserziehungsminister, der eine »Reichsvereinigung der Juden« projektierte, die als Schulträger des jüdischen Schulwesens auftreten sollte.[139]

Im kommunalen Bereich sprach man von einer Zwangsinnung, zu

der jeder Jude einen Beitrag leisten sollte, der zur Unterstützung der ärmeren Juden gedacht war.[140]

Diese Pläne waren auf einen speziellen, festumrissenen Bereich zugeschnitten. Das Judenreferat des SD indessen hatte einen größeren Rahmen gespannt: Die Abteilung II 112 unterbreitete Vorschläge, die auf eine Vereinigung sämtlicher jüdischer Organisationen abzielten und die Errichtung einer »Zentralstelle für jüdische Auswanderung« zum Inhalt hatten. Sie wurden von Göring und allen beteiligten Reichsministern ohne Änderung angenommen.[141]

Wenn auch das Auswärtige Amt in einer allgemeinen Sprachregelung das Desinteresse der deutschen Reichsregierung an einem jüdischen Staat in Palästina zu betonen versuchte,[142] so setzte sich doch die Judenpolitik des Sicherheitsdienstes durch. Am 24. Januar 1939 ordnete Göring an, die Auswanderung der Juden mit allen Mitteln zu fördern und errichtete im Reichsinnenministerium eine »Zentralstelle für jüdische Auswanderung«, die aus Vertretern aller beteiligten Dienststellen gebildet werden sollte. Die Reichszentralstelle hatte alle Maßnahmen zur Vorbereitung einer verstärkten, einheitlichen Auswanderung zu treffen und hierfür eine geeignete Organisation zu errichten. Sie hatte alle Schritte zu unternehmen, um die Bereitstellung und zweckentsprechende Verwertung in- und ausländischer Geldmittel zu erwirken und Zielländer für die Auswanderung festzustellen. Sie sollte die Auswanderung lenken und insbesondere für eine bevorzugte Auswanderung der ärmeren Juden sorgen sowie die Durchführung derselben notfalls beschleunigen. Die Leitung der Reichszentrale übertrug Göring dem Chef der Sicherheitspolizei, bei grundsätzlichen Maßnahmen behielt er sich die Entscheidungsbefugnis vor.[143]

Mit dieser Ermächtigung wurden der Reichsführer SS und seine Organe zur federführenden Zentralinstanz für alle Fragen, die den nun wichtigsten Teilbereich der Judenpolitik, die Auswanderung, betrafen. Auf Grund dieser Blankettvollmacht konnten der Reichsführer SS und der Chef der Sicherheitspolizei ihr Konzept für die Lösung der Judenfrage den Staatsbehörden oktroyieren und, ausgehend von der überragenden Bedeutung der Auswanderung, auch für alle anderen Fragen der Judenpolitik ein absolutes Mitsprache- und Entscheidungsrecht verlangen.

Am 11. Februar 1939 setzte der Chef der Sicherheitspolizei die Obersten Reichsbehörden von der Bildung der Zentralstelle in Kenntnis.[144] Noch am gleichen Tag fand eine erste Aussprache der Mitglieder des Ausschusses statt, wobei die Vertreter der Ministerialinstanzen deutlich bemüht waren, sich im Hintergrund zu halten.[145]

Heydrich hob auf der Besprechung noch einmal die Notwendigkeit einer konzentrierten und beschleunigten Auswanderung hervor, die ohne Rücksicht auf die ungewisse Durchführung des Rublee-Plans mit allen zur Verfügung stehenden Mitteln vorangetrieben werden sollte. Um die zur Auswanderung notwendigen Formalitäten unter einem Dach zusammenzufassen, waren als erstes Auswanderungszentralen für Berlin, Hamburg, Frankfurt/M. und Breslau geplant. Devisenschwierigkeiten hoffte Heydrich durch Gründung eines aus den Abgaben reicherer Juden gespeisten Fonds zu beheben. Grundsätzlich hielt er am Auswanderungsland Palästina fest. Auch den geplanten Zwangsverband brachte er zur Sprache: Eine Reichsvereinigung aller Rassejuden sollte die Auswandernden auf alle Fragen vorbereiten und gleichzeitig für das jüdische Schulwesen und die Fürsorge zuständig sein.[146]

Während die ersten Auswanderertransporte zusammengestellt wurden, und SS-Hauptsturmführer Eichmann in Prag eine Auswanderungsstelle aufzubauen begann,[147] gab der Sicherheitsdienst die bisher federführend von ihm geleiteten Besprechungen über die Organisation einer Reichsvereinigung der Juden an die Geheime Staatspolizei ab.[148] Bis zur Errichtung der Vereinigung behalf sich der Chef der Sicherheitspolizei bei der Durchführung der Auswanderungsfragen mit der Kultusvereinigung der Juden in Deutschland. Diese hatte sicherzustellen, dass wohlhabende Juden im Fall ihrer Abwanderung einen bestimmten Prozentsatz ihres Vermögens als »Auswanderer-Abgabe« entrichteten und ihren sonstigen Verpflichtungen nachkamen.[149]

Die Entwurfsarbeiten an der geplanten Verordnung kamen unterdes nicht voran. Gemeindlicherseits war man in erster Linie daran interessiert, dem Zwangsverband die Kosten für die jüdischen Fürsorgeempfänger aufzulasten; wie der Deutsche Gemeindetag Mitte März erfuhr, waren entsprechende Bemühungen im Gange.[150] Zu Beginn des Aprils waren die zukünftigen Aufgaben der Reichsvereinigung grob abgegrenzt: Sie sollte die Organisation und Finanzierung der Auswanderung regeln, die kulturellen Belange, wie Schulen, Theater etc. übernehmen und zuständig sein für die Durchführung der Fürsorge bei hilfsbedürftigen Juden.[151] Der letzte Punkt, der offenbar strittig war,[152] wurde in den folgenden Wochen positiv entschieden: Die Reichsvereinigung hatte die Fürsorge in vollem Umfang zu übernehmen.[153]

Die entsprechenden Vorschriften ergingen am 4. Juli als »Zehnte Verordnung zum Reichsbürgergesetz«.[154] Sie bestimmte den Zusammenschluss aller Juden in einen rechtsfähigen Verein, der den Namen »Reichsvereinigung der Juden in Deutschland« zu führen hatte und dessen Sitz Berlin war. [§ 1] Zweck der Reichsvereinigung war die Förderung der jüdischen Auswanderung aus Deutschland, sie war Träger des jüdischen Schulwesens und der jüdischen freien Wohlfahrtspflege und stützte sich in diesem Aufgabenbereich auf die bestehenden Kultusvereinigungen. Der Reichsinnenminister wurde ermächtigt, alle jüdischen Vereine, Organisationen und Stiftungen[155] aufzulösen und ihre Eingliederung in die Reichsvereinigung zu veranlassen. [§ 5] Alle Vorschriften des Reichs- und Landesrechts über den Schulbesuch von Juden traten mit Ablauf des 30. Juli 1939 außer Kraft; die Reichsvereinigung hatte eigene Schulen zu errichten.[156]

Aufsichtsbehörde der Reichsvereinigung war das Reichsinnenminis- terium, respektive der Chef des Sicherheitsdienstes, der noch im August die Kultusvereinigungen gleichschaltete.[157] Dies ermöglichte es Heyd- rich, die personelle und organisatorische Besetzung und Lenkung aller jüdischen Organisationen in Deutschland selbst in die Hand zu neh- men, die Juden schärfer zu beaufsichtigen und eine bemerkenswerte Vereinfachung in der Verwaltung und Verwertung der jüdischen Ver- mögensmassen herbeizuführen.[158]

Organ der Reichsvereinigung wurde das seit November 1938 erschei- nende »Jüdische Nachrichtenblatt«, das die bisherigen jüdischen Publika- tionen abgelöst hatte.[159] Es war in dieser Eigenschaft Verordnungsblatt des Hauptamts Sicherheitspolizei – später des Reichssicherheitshauptamts – für die in der Reichsvereinigung zusammengeschlossenen Juden.

Die Zehnte Verordnung bezeichnet den Abschluss eines sechsjährigen Ringens um Prioritäts- und Kompetenzfragen in der Leitung der national- sozialistischen Judenpolitik. Noch vor Beginn des Krieges waren die Voraussetzungen geschaffen, die eine einheitliche Ausrichtung und Zusammenfassung aller die Judenpolitik betreffenden Fragen garantier- ten. Die Eingriffsmöglichkeiten des Reichsführer SS und seiner Organe waren damit ab Sommer 1939 weitgehend frei von gesetzlichen Ermächti- gungen, die Staatsbehörden in wesentlichen Fragen der Judengesetzge- bung auf die unabdingbare Mitsprache der SS angewiesen.

Exkurs: Judenpolitik und Führerstaat bei Kriegsausbruch

1. Hitlers Motivation der Vernichtung:
Die Suche nach dem Schuldigen am Krieg

In Hitlers »Mein Kampf« findet sich die bemerkenswerte Schlussfolgerung: »Hätte man zu Kriegsbeginn einmal zwölf- oder fünfzehntausend dieser hebräischen Volksverderber so unter Giftgas gehalten, wie Hunderttausende unserer allerbesten deutschen Arbeiter aus allen Schichten und Berufen erdulden mußten, wäre das Millionenopfer der Front nicht vergeblich gewesen.«[1] Dieser Satz kann wohl kaum im Sinne eines Plans zur späteren Judenvernichtung interpretiert werden,[2] vielmehr gibt er nur Hitlers einseitigen Erklärungsversuch wieder, die alleinige Schuld am deutschen Zusammenbruch 1918 den Juden anzulasten. Hitlers manischer Judenhass ist rational nicht nachvollziehbar. Hinter einem zeitweise scharf arbeitenden Verstand versteckte sich ein beinahe animalischer Instinkt und hinter diesen Eigenschaften stand ein eklektizistisch zusammengetragenes Weltbild voller grausamer, unmenschlicher Elementarbegriffe. In diesem Weltbild war das Judentum der geistige Zurechnungspunkt des »Bösen«, das Projektionsbild eines die negativen menschlichen Eigenschaften personifizierenden »Erbfeindes«.

Hitlers Regierungsjahre bis 1939 waren in der Rassenpolitik durch den Versuch gekennzeichnet, die Juden auszuschalten, ein Ziel, das ausgangs des Jahres 1938 nach vielen taktisch bedingten Rückzügen erreicht schien. Das Judentum war nunmehr aus den Bereichen des Staates, des kulturellen Lebens und der Wirtschaft vertrieben. Die gesetzlichen Maßnahmen zur Entfernung aus der Öffentlichkeit blieben nur noch eine Frage der zeitlichen Disposition. Die deutschen Juden fanden sich wieder als Treibwild, eingeordnet noch unterhalb der Kriminellen und jeder Willkür schutzlos ausgeliefert.

Dieser Stand der offiziellen Judenpolitik des Dritten Reiches war für Hitler allerdings nur eine Seite des Gesamtproblems. Parallel zu seinen Kriegsplänen musste sich ihm immer dringlicher die Frage stellen, welches Schicksal die deutschen Juden in dem erwarteten Krieg treffen sollte. Hitler war offenbar in der Vorstellung befangen, dass, ähnlich wie 1918, auch künftig das deutsche Judentum bei kriegerischen Auseinandersetzungen für die Moral der Zivilbevölkerung ein besonderes Gefahrenmoment darstellen würde. Seine neurotisch anmutenden Verdächtigungen über die unheilvolle Tätigkeit der Juden, die er in »Mein Kampf« als absolute Erkenntnis niederlegte,[3] verdichteten sich im Zuge seiner Kriegsvorbereitungen zur Forderung, das Jahr 1918 dürfe »sich in der deutschen Geschichte niemals wiederholen«.[4]

Dies zielte auf die Niederlage ab, gleichzeitig aber auch auf die Gruppen, die nach Hitlers Überzeugung diese Niederlage gewollt und darauf hingearbeitet hatten: Juden und Marxisten, der »jüdisch-bolschewistische Weltfeind«.

Zwei Wochen nach der »Reichskristallnacht« machte Hitler den südafrikanischen Minister Pirow damit vertraut, dass es sein unerschütterlicher Wille sei, das Judenproblem in der nächsten Zeit zu lösen, wobei er offensichtlich eine Auswanderung der Juden aus Europa im Auge hatte.[5] Keimhaft mochte jedoch ein anderer Gedanke in Hitler aufgekommen sein, eine Lösung des ganzen Problems, die in der Verbindung von Krieg und Judentum einem wahnwitzigen Fixpunkt entgegenlief.

Hitlers ohnehin fehlendes Gefühl für die Geltung sittlicher Normen war während der Dauer seiner Regierungszeit mit zunehmender Machtfülle und wachsender Vereinsamung[6] offenbar vollends entartet. Hatte er sich bereits nach dem Röhm-Putsch die Stellung eines obersten Richters angemaßt,[7] so wurde Ende 1938 die Entscheidung über Leben und Tod eines Menschen von seiner persönlichen, willkürlichen Willensäußerung abhängig. Zum erstenmal gab er einen Befehl zur Einschläferung eines »lebensunwerten« Kindes und setzte damit den Mechanismus administrativ durchgeführter Tötungen in Gang.[8]

Es ist ungewiss, inwieweit Hitler auch die Juden in diese unmenschlichen Vorstellungen von der Geringwertigkeit anderen Lebens mit einbezog, als er im Januar 1939 gegenüber dem tschechoslowakischen Außenminister Chvalkovsky äußerte, die Juden würden in Deutschland vernichtet.[9] Aber auch hier erinnerte er an den 9. November 1918. Für diesen Tag, führte er aus, werde man sich an den Juden rächen.[10]

Es ist wenig wahrscheinlich, dass Hitler dem Mitglied einer fremden Regierung gegenüber das Programm einer künftigen Ausrottung des Judentums offen gelegt hätte. Seine Äußerungen waren durchwegs missverständlich, wenn er auch immer konsequenter, das Bild von Krieg und Vernichtung im Zusammenhang mit der Judenfrage beschwor.

Einen Höhepunkt dieses düsteren Ausblicks bot seine Reichstagsrede am 30. Januar 1939. In breit angelegten Ausführungen schilderte er die verhängnisvolle Rolle des Judentums in der deutschen Geschichte, seine angebliche Schuld am verlorenen Krieg, die »grauenhaften Beispiele« für die »Zersetzungsaktionen« dieser Rasse und zog aus alledem den Schluss: »Man bleibe uns also vom Leibe mit Humanität«. Er riet dem Judentum, sich einer soliden, aufbauenden Tätigkeit anzupassen, allenfalls es früher oder später »einer Krise von unvorstellbaren Ausmaßen« erliegen würde.

Wieder griff er von hier aus zurück auf das Bild des Krieges: »Ich will heute wieder ein Prophet sein: Wenn es dem internationalen Finanzjudentum in und außerhalb Europas gelingen sollte, die Völker noch einmal in einen Weltkrieg zu stürzen, dann wird das Ergebnis nicht die Bolschewisierung der Erde und damit der Sieg des Judentums sein, sondern die Vernichtung der jüdischen Rasse in Europa.«[11]

Wenn auch Hitler in den nachfolgenden Ausführungen dieses Ende des Judentums mit der fortschreitenden Aufklärung der Völker in der »Judenfrage« begründet, so bleibt doch zumindest die gedankliche Verknüpfung von Krieg und Vernichtung.

Die Motive zu einer derartigen Rede mögen unterschiedlichen Ursprungs gewesen sein: erpresserische Taktik gegenüber den Alliierten oder der Versuch, sich propagandistisch gegen die Urheberschaft eines künftigen Krieges abzusichern. Sicher ist, dass Hitler und neben ihm die politischen Spitzen des Reiches für den Fall eines Krieges mit weiteren, noch härteren Maßnahmen gegen die Juden vorzugehen gewillt waren. So erinnerte Göring auf der Besprechung am 12. November: »Wenn das deutsche Reich in absehbarer Zeit in außenpolitischen Konflikt kommt, so ist es selbstverständlich, daß auch wir in Deutschland daran denken werden, eine große Abrechnung an den Juden zu vollziehen.«[12]

Die Antwort gab das »Schwarze Korps«: Bei Kriegsausbruch müsste das Schicksal der in Deutschland verbliebenen Juden »restlose Vernichtung« sein.[13]

Es ist kaum denkbar, dass man zu diesem Zeitpunkt in der SS bereits an die Einsatzgruppen und an Auschwitz dachte. Über den Umfang, den Weg und die Mittel der so bedenkenlos propagierten Vernichtung bestanden wohl in der SS und selbst bei Hitler noch keine Vorstellungen.

2. Änderungen in der Behördenorganisation

Hjalmar Schacht klagt einmal Ulrich v. Hassell gegenüber: »Minister ist heute keine Realität mehr, man wird nicht einmal informiert.«[14] Schacht sprach hiermit das zusehends persönlich geführte Regierungssystem des Dritten Reiches an, wo der Regierungsstil allein auf Hitler zugeschnitten war und die Weitergabe von Informationen und Entschlüssen nach seinem Gutdünken erfolgte.

Damit wird auch eine Eigentümlichkeit des Herrschaftssystems charakterisiert, das in seinem Strukturaufbau die Machttechnik Hitlers widerspiegelte: Durch immer neue Schaffung von Entscheidungszentren wurde das Staatswesen zu einem durch gegenseitige Reibungen und Hemmungen mühsam im Gleichgewicht gehaltenen Gebilde deformiert.

Hitlers monströser Staat, in dem er das Gerüst überschaubarer Ordnungen niedergerissen hatte[15], brachte bereits während der Friedensjahre Probleme auf, die sich in den Kriegsjahren voller Schärfe entfalteten. Nahezu unmöglich schien es, die unzähligen bürokratischen Apparate gegeneinander abzugrenzen, ihre Befugnisse und Aufgabenbereiche einigermaßen klar aufeinander abzustimmen. Es war das Gegenteil dessen eingetreten, was Hitler und frühe Protagonisten der NSDAP so oft programmatisch herausgestellt hatten. Statt einer einheitlichen ausgerichteten Instanz, die dem Staatsbürger nicht in einer Unzahl von Behörden gegenüberstand,[16] bildete sich die totale Bürokratisierung[17], deren Instanzen in ihren verschiedenartigen Aufgaben, ihren Kompetenzen und Überschneidungen nicht einmal von den leitenden Männern des Dritten Reiches gänzlich übersehen wurden.[18]

»Mangels einer autoritären Bearbeitung ... der Reichsreform«[19] kam es zusätzlich zu differierenden Auffassungen über den Aufbau der Behördenorganisation. Während einzelne Ressorts bestrebt waren, ihren vorhandenen vertikalen Aufbau zu sichern, bemühten sich andere Reichsbehörden um eine möglichst straffe Zusammenfassung vieler Verwaltungszweige auf einzelnen Verwaltungsstufen.[20] Hinzu trat die Übung der traditionellen Staatsverwaltung, ihre Akte auf der Grundlage bestehender Rechtsvorschriften zu erlassen und im Zusammenspiel aller beteiligten Stellen einen Konsens zu erreichen, was naturgemäß mit einem höheren Zeit- und Arbeitsaufwand verbunden war und damit dem formlosen Entscheidungsprozess Hitlers und der Partei zuwiderlief.[21]

Die bereits für die Vorkriegszeit typische »Direktionslosigkeit in der deutschen Innnenpolitik«[22] versuchte man bei Kriegsausbruch im Hinblick auf die notwendige Konzentrierung aller Aufgabenbereiche noch einmal aufzufangen. Der Führererlass über die Bildung eines »Ministerrates für die Reichsverteidigung« vom 30. August 1939[23] schien geeignet, die Machtstruktur des Dritten Reiches entscheidend zu verändern. Beschlussgremium des Ministerrates war der »Reichsverteidigungsrat«. Ihm oblag die Neufassung der gesamten Kriegsgesetzgebung[24] und er sollte Organ einer raschen und schnell arbeitenden Gesetzgebung in vereinfachter Form sein, wozu er Verordnungen mit Gesetzeskraft erlassen konnte.[25] Vorsitzender des »Reichsverteidigungsrates« war Göring. Zu seinen Mitgliedern zählte der »Generalbevollmächtigte für die Wirtschaft« (GBW), Funk,[26] der »Generalbevollmächtigte für die Reichsverwaltung« (GBV), als dessen Leiter Frick die Koordinierung des Innen-, Justiz-, Ernährungs- und Kirchenministeriums zu besorgen hatte,[27] der Chef des OKW, der StdF und der Chef der Reichskanzlei, dem die Geschäftsführung oblag.

Die Zusammensetzung des Reichsverteidigungsrates machte die erforderliche einheitliche Ausrichtung allein abhängig von der Autorität Görings. Bei einer entsprechenden Führung hätte sich möglicherweise die Chance ergeben, das geballte Machtpotenzial der Staatsbehörden wieder als politisches Gewicht wirksam werden zu lassen, unter anderem auch als mitspracheberechtigte und entscheidungsbefugte Instanz in der Judenfrage.

Diese Möglichkeit wurde von Göring schnell vertan. Der mit Ämtern überhäufte, zweitmächtigste Mann des Staates, der kaum imstande war, allen usurpierten Verpflichtungen nachzukommen, konzentrierte seine von persönlicher Bequemlichkeit abhängige Arbeitskraft ganz auf den Bereich der Luftwaffe und ließ den Reichsverteidigungsrat noch im Dezember 1939 verkümmern.[28] Damit hatte sich am Strukturgefüge des Dritten Reiches wenig geändert. Die einzelnen Staatsbehörden ermangelten weiterhin einer einheitlichen politischen Ausrichtung, da es an einer Institution fehlte, welche die gesetzgeberischen Wünsche und Forderungen aller Ministerien nach außen vertreten und absichern konnte. Ein später aus einem bestimmten Anlass heraus diktierter Versuch, durch eine Reaktivierung des Ministerrates für die Reichsverteidigung wieder Linie und Einheitlichkeit in die auseinanderstrebenden Institutionen des Dritten Reiches zu bringen, scheiterte an persönlichen Animositäten und dem Beharrungsvermögen der Instanzen.[29]

Im Unterschied zur misslungenen Zusammenfassung der Staatsbehörden brachte die am 27. September 1939 vollzogene Schaffung des »Reichssicherheitshauptamts« (RSHA) dem Reichsführer SS eine Dachbehörde, die alle Zweige der sicherheitspolizeilichen und sicherheitsdienstlichen Tätigkeiten organisatorisch aufeinander zuordneten. Zwar blieb eine gewisse Differenzierung der Aufgaben des Sicherheitsdienstes und der Sicherheitspolizei weiterhin bestehen, doch war die gegenseitige Verschlingung derartig eng geworden, dass eine Trennung nach sachlichen Gesichtspunkten kaum mehr möglich war.[30]

Das bisherige Judenreferat des Sicherheitsdienstes II 112 ging auf in dem Referat »Weltanschauliche Forschung« unter Prof. Franz Six[31]; im Oktober 1939 wurde Eichmann zur Übernahme des von Heinrich Müller aufgegebenen Postens eines Geschäftsführers der »Reichszentrale für jüdische Auswanderung« von Prag nach Berlin zurückbeordert und gleichzeitig in den Dienst der Geheimen Staatspolizei übernommen.[32] Im Januar 1940 wurden die Judenreferate von Sicherheitspolizei und Gestapo endgültig zusammengelegt und unter dem Geschäftszeichen IV D 4 (»Auswanderung und Räumung«) Eichmann unterstellt.[33]

Die Zusammenfassung der Judenreferate von Sicherheitsdienst und Geheimer Staatspolizei nach Bildung des Reichssicherheitshauptamts bedeutete, dass die wichtigsten Instanzen des Dritten Reiches für die Judenfrage im Rahmen der übermächtig gewordenen Organisation des Reichsführer SS einen Machtblock bildeten und auf Grund der dem Chef der Sicherheitspolizei delegierten Ermächtigung und im Rahmen der Gesamtpolitik des Reichsführer SS Judenangelegenheiten zentral bearbeiten konnten.

Eine überaus bedeutsame Änderung für das Machtgefüge des Dritten Reiches ergab sich durch den Machtzuwachs eines Mannes, der als Stabsleiter des Stellvertreters des Führers sich zielbewusst und konsequent an die Nähe Hitlers gehalten hatte und nach dem Englandflug von Rudolf Heß am 12. Mai 1941 als Leiter der Parteikanzlei den bisherigen Stab/StdF weiterzuführen hatte. Martin Bormann, dessen Fähigkeit in einer allzeitigen Dienstbereitschaft bestand, wurde am 19. Mai 1941 die Vertretung der Partei gegenüber den Obersten Reichsbehörden zugestanden.[34] Er war somit bei allen Reichsgesetzen zu beteiligen sowie bei allen Vorarbeiten zu Erlassen und Verordnungen der Obersten Reichsbehörden einschließlich des Ministerrates für die Reichsverteidigung. Was Bormann noch während der ersten Kriegsjahre aus dem Kreis des Hitler-Gefolges heraushob, waren weniger die ihm zugestandenen Kompetenzen, als seine Allgegenwart bei Hitler. Der »Sekretär des Führers«, wie er sich seit April 1943 nennen durfte,[35] hatte es mit nimmermüder Arbeitskraft, einem guten Gedächtnis und einem gehörigen Schuss an Brutalität verstanden, Hitler unentbehrlich zu werden. Eine Zeitlang bildete er zum Ärger der nichtbeteiligten Minister des Reiches zusammen mit Lammers und Keitel ein Triumvirat, das die Geschäfte des Reiches zu leiten schien,[36] bis er auch diesen Kreis hinter sich ließ und im letzten Kriegsjahr faktisch zweiter Mann des Staates wurde.

Was Bormann so mächtig werden ließ, war die Dispositionsmöglichkeit über die Hitler zur Verfügung stehende Zeit für Besprechungen, Konferenzen und Vorträge. Bormann kanalisierte den Strom der Entscheidungen über seine Person, er vergab Termine, entschied über Dringlichkeitsfragen und trug Hitler die anstehenden Probleme vor.[37]

Da er täglich und stündlich Zutritt zu Hitler hatte, war er mit dessen Gedankengängen vertraut, wusste beinahe intuitiv immer das Richtige vorzuschlagen und interpretierte deshalb den Willen Hitlers aus beiläufigen Äußerungen, die er dann als »Richtlinie des Führers« den Staats- und Parteibehörden vorlegte.[38]

3. Führerstaat und Rechtssetzung

Im ersten Viertel des Jahres 1939 konstatierte der Sicherheitsdienst, dass die Spannung zwischen den einzelnen, unmittelbar am Rechtsleben interessierten Organisationen unvermindert weiterbestehe.[39] Diese Feststellung berührte eines der Grundprobleme des Dritten Reiches. Innerhalb der »Bewegung« des nationalsozialistischen Staatswesens war auch das Rechtsetzungssystem einem fortlaufenden Zersetzungsprozess unterworfen. Die allgemeine Tendenz in der Setzung der Rechtsnormen hatte sich dahingehend entwickelt, demjenigen eine Befugnis zum Erlass von Rechtsvorschriften zuzubilligen, der sie kraft seiner Stellung verantworten konnte.[40]

Bereits um die Jahreswende 1937/38 versuchte Göring diese sich abzeichnende Entwicklung zu legalisieren, indem er die bisherige Übung, in einer Ermächtigung die zu beteiligenden Minister zu nennen, beseitigen wollte.[41] Zwar sprachen sich das Reichsinnen- und Reichsjustizministerium entschieden gegen einen derartigen Plan aus,[42] doch konnte dies den allgemeinen Zerfall nicht aufhalten.

Längst schon war die Rücksichtnahme einiger Institutionen auf die Bedürfnisse der ordentlichen Verwaltung einer eigenständigen Verordnungspraxis gewichen. So konnte es auf Himmler kaum einen Eindruck machen, wenn Frick ihn an das theoretisch bestehende Unterstellungsverhältnis zu erinnern suchte und auf das »unmögliche Verfahren« aufmerksam machte, entgegen seiner Anordnung einen Gesetzentwurf ohne seine Kenntnis an Stellen außerhalb des Ministeriums weiterzuleiten.[43] Der Reichsführer SS konnte sich beruhigt auf das Glaubensbekenntnis seiner Schutz-Staffel berufen, nicht mehr nur nach Gesetzen, sondern gemäß dem Willen der Führung zu handeln. Dies war aber für die SS keine Rechts- sondern eine Schicksalsfrage.[44]

Die Veränderung des Rechts und des Rechtsetzungssystems entwickelte sich jedoch nicht nur aus derart unterschiedlichen Auffassungen über Natur und Inhalt des Rechts- und Gesetzesbegriffs. Ebenso wirkte die Zerfaserung des Verwaltungskörpers. Die hieraus resultierende Unsicherheit wirkte im Sinne eines Rückkoppelungseffekts direkt wieder auf die Rechtsetzung ein. Sie führte einmal zu dem Zwang, alle Rechtsvorschriften möglichst perfektionistisch aufeinander abzustimmen, weshalb es auch auf dem Gebiet der Judengesetzgebung zu grotesken Vielfachbestimmungen kam. So wiederholte eine Anzahl von Verordnungen rechtlich längst nicht mehr regelbare Tatbestände, bestimmte nochmals bereits überholte Maßnahmen und regelte Gebiete, deren Bestimmtheit keinem Zweifel unterlagen.[45] Dies mochte Ausdruck eines Systems sein, das sich selbst nicht mehr zurechtfand, das im Getriebe seiner institutionellen und funktionalen Bedingtheiten den Überblick über das Regelbare und das Regelungsbedürftige verloren hatte. Mehr noch widerspiegeln indessen derartige Perfektionismen eine tiefgegründete Unsicherheit: Die absolute Ausrichtung auf die Entscheidungsgewalt des Führers verlangte im Bereich der Rechtsetzung von der Ministerialbürokratie eine stetige Abstimmung auf den Willen der Führung. Dies beraubte die Legislative jeder verantwortlichen, rational begründbaren Entscheidung und ließ sie ausweichen in die Technik der schematischen Transformation früherer Entscheidungen oder das Abschieben belanglosester Fragen auf die Willensmeinung Hitlers.[46]

Auf der anderen Seite führte die herrschende Unsicherheit zu einer allem Perfektionismus trotzenden Zersplitterung der Rechtseinheitlichkeit. Dies nahm derartige Formen an, dass z. B. in einem Ministerium zwei Referenten unabhängig voneinander zwei verschiedene, einander widersprechende Stellungnahmen über einen im Umlauf befindlichen Gesetzentwurf bei der Reichskanzlei abgaben.[47] Der Höhepunkt der Rechtsunsicherheit wurde erreicht, als während des Krieges vier zentrale Stellen in einer Angelegenheit, die zur Zuständigkeit des BVP zählte, eine gemeinsame Regelung trafen, ohne den BVP hiervon zu unterrichten, und »obendrein diese vier zentralen Stellen in ihrer gemeinsamen Anordnung noch an zwei dieser Stellen die Ermächtigung zum Erlass von Durchführungsbestimmungen erteilten«.[48]

Dieser Zustand der Auflösung entsprach auf der rechtstechnischen Seite den Vorstellungen Hitlers, für den das Recht sich nur als eine formale, jede Willkür gleichermaßen zugängliche und dienstbare Organisationstechnik darstellte.[49] 1938 hatte er seine Vorstellungen vom »Gesetz als Akt der Führung« massiv durchgesetzt: Das sogenannte »Autofallengesetz« bestimmte einen neuen, strafrechtlichen Tatbestand und erging zudem mit rückwirkender Geltung.[50] Im April 1939 wurde Frick angewiesen, bei der Aufstellung von Rechtsvorschriften grundsätzlich die Form des Rahmengesetzes zu wählen, also alle Bestimmungen nichtgrundsätzlicher Art in die Ausführungsbestimmungen zu verweisen.[51] Damit war das »Gesetz« weitgehend manipulierbar geworden und entzog es sich in seinen Rechtsfolgen der unmittelbaren Beurteilung. Ein weiteres, die Herrschaftspraxis des Dritten Reiches kennzeichnendes Merkmal war, dass sich Rechtsnormen immer häufiger der Kenntnis der Adressaten entzogen. Die Ursache lag nicht nur in der rapiden Vermehrung des Rechtsstoffes. Schon immer bestand das Problem des »Staatsrechts im Panzerschrank«, worunter man gewisse Vorschriften rechtsetzender und rechtsorganisatorischer Natur zur Regelung von Eventualfällen verstand.[52]

Die Praxis lief nunmehr darauf hinaus, staatlich relevante Akte mit gesetzlicher Folgewirkung der Öffentlichkeit und den Betroffenen gar nicht mehr bekannt zu machen. Ein erstes Beispiel bildete ein »Führerer-laß« vom Oktober 1939, rückdatiert auf den 1. September 1939, der die Tötung unheilbar Geisteskranker anordnete.[53] Auf dem persönlichen Briefpapier Hitlers geschrieben, machte diese Anordnung deutlich, dass sich das Staatsoberhaupt des Dritten Reiches bereits völlig mit dem Staatswillen identifizierte.[54]

Weniger schwerwiegend als die geheimen Führererlasse, doch kennzeichnend für die Möglichkeiten, die das Rechtsetzungssystem des Dritten Reiches bot, waren Anordnungen, die einer Ermächtigung ermangelten oder nicht den Formerfordernissen der Verkündigung entsprachen, obwohl sie deutlich materielles Recht enthielten. So erging die vorläufige polizeiliche Anordnung Himmlers vom 3. Dezember 1939, die Juden das Führen von Kraftfahrzeugen untersagte und ihnen die Fahrerlaubnis entzog,[55] ohne gesetzliche Ermächtigung und wurde nur in den Tageszeitungen bekannt gemacht. Das Reichsgericht stellte in einer juristisch eigentümlichen Beweiskette den Sachverhalt klar: Das Verbot des Reichsführers SS war eine vorläufige polizeiliche Allgemeinverfügung, die nicht den Formerfordernissen zu genügen braucht, die an Verordnungen anzulegen sind. Sie war rechtsgültig, weil sie in aller Öffentlichkeit erging »und auch unter den Augen der höchsten Reichsbehörden« ausgeführt worden war, womit also nicht bezweifelt werden konnte, dass diese mit der Anordnung einverstanden waren.[56] Dies war ein Freibrief des Reichsgerichtes für die SS. Wenn man die Gültigkeit einer Rechtsverordnung des Reichsführer SS davon abhängig machte, ob die Obersten Reichsbehörden sie stillschweigend akzeptierten oder öffentlich ihr Nichteinverständnis erklärten, so konstruierte man ein Gesetzgebungsverfahren nach Art des von Hitler vertretenen Darwinschen Prinzips: Der Mächtigere hatte die Vermutung des Rechts auf seiner Seite, solange er der Stärkere war. Das Reichsgericht statuierte somit nur ein Faktum, was zur feststehenden Gewohnheit geworden war. Hitler mochten ähnliche Überlegungen der Machtbalance bewogen haben, dem de facto einflusslos gebliebenen Ministerrat für die Reichsverteidigung das einzig noch zur Verfügung stehende Machtmittel zu beschneiden: Im Februar 1940 grenzte er das Verordnungsrecht des Ministerrates gegenüber dem Gesetzgebungsrecht der Reichsregierung und der Rechtsetzungsbefugnis durch Führererlass ab und beharrte mit Entschiedenheit darauf, dass der Ministerrat »sich auf die Rechtsetzung beschränken müsse, die unmittelbar mit der Reichsverteidigung im Zusammenhang stehe, besonders in Zeiten, in denen er ... sich nicht im Führerhauptquartier aufhalte«.[57] Damit blieb die Gesetzgebungskompetenz weiterhin zerrissen und, obwohl Hitler im Juni 1940 im Zuge der Kriegslage eine vorübergehende Einschränkung auf dem Gebiet der Rechtsetzung anordnete und diese in der Folgezeit mehrfach wiederholt und verschärft wurde,[58] blieb die Flut der Rechtsvorschriften ungebändigt, die Frage der Rechtssetzungskompetenz ungeklärt. 1944 bestand, so vermerkte man im Reichsjustizministerium, »der große Wunsch nach einem Gesetzesstopp«. Die meisten Rechtswahrer seien nicht mehr in der Lage, das neu anfallende Material an Gesetzen, Verordnungen und Verwaltungsbestimmungen aufzunehmen, zu behalten und sachgemäß anzuwenden.[59]

Der Zerfall des Rechtssystems, die Ausuferung der Rechtsquellen und die damit verbundene Unbedenklichkeit in der Wahl der zu ergreifenden Rechtsgrundlage sowie im Umfang der materiellrechtlichen Bestimmungen waren insbesondere für die gesetzliche Regelung der Judenfrage von einschneidender Bedeutung. Bedurfte man keiner ausdrücklichen Ermächtigung, um bestimmte Lebensgebiete und bestimmte sachliche Fragen gesetzesförmig zu normieren, so blieb es faktisch den einzelnen Institutionen selbst überlassen, wann, inwieweit und in welchem Umfang sie in die Judenfrage einzugreifen beabsichtigten. Die einzige bestehende Schranke, die einem solchen Verfahren entgegenstand, betraf die Zustimmung der mitwirkungsberechtigten Instanzen, ein Hindernis, das allerdings der Reichsführer SS immer häufiger zu umgehen wusste.[60]

Bestand unter den einzelnen Ressorts prinzipielles Einverständnis über eine judengesetzliche Regelung, so bedurfte es keiner Spezialdelegation, um diese Regelung zu erlassen. Bereits die Regelung der Kennzeichnung jüdischer Gewerbebetriebe wurde als »Verordnung zum Reichsbürgergesetz« erlassen, obwohl sie weder Fragen der Staatsangehörigkeit noch des Reichsbürgerrechts regelte.[61] Auch die nachfolgenden Maßnahmengesetze, die, abgesehen von der Elften Verordnung, die verschiedensten Gebiete betrafen, fanden im Reichsbürgergesetz ihre Ermächtigungsgrundlage.[62]

Die unmittelbare Folge dieses sowohl formal wie materiell entarteten Rechtssystems war für die Judengesetzgebung von mehrfacher Bedeutung. Ein Hindernis für eine irgendwie geartete gesetzesförmige Regelung bestand weder verfassungsmäßig noch rechtstechnisch. Dies hieß, dass Widerstände gegen die Judengesetzgebung, die auf rechtsformale oder materiellrechtliche Hindernisse gründeten, bedeutungslos waren.

VI. Kapitel: Der Zweite Weltkrieg

A. »Volkstumskampf« in den eroberten Ostgebieten

1. Die politische Maxime: »Ausrottung« des Gegners

Hinter den schnell vorrückenden deutschen Truppen bewegten sich in
Polen fünf Einsatzgruppen des SD mit dem Auftrag, die polnische Füh-
rungsschicht sowie staatspolizeilich unerwünschte Gruppen zu vernichten.[1] Unzweifelhaft kam die Idee zu derartigen Tötungsaktionen von Hitler, der mit dieser »politischen Flurbereinigung«[2] seinem alten Traum
eines deutschen Siedlungslandes im Osten näher zu kommen suchte.[3]

Die Tätigkeit dieser Einsatzgruppen erstreckte sich in erster Linie auf
die geistige und geistliche Oberschicht des eroberten Landes. Heydrich
konnte bereits am 27. September 1939 melden, dass die polnische Intelli-
genz in den besetzten Gebieten bis auf einen Restbestand von 30 % vernichtet worden war.[4] Zunehmend jedoch richteten sich nach Erledigung
der ersten Aufgaben die Aktionen der Einsatzgruppen gegen die polnischen Juden. Während sich die deutschen und polnischen Volksgruppen
gegenseitig mit barbarischen Mitteln im ehemaligen Westpreußen auszuschalten trachteten, dehnten die Freiwilligen-Wehren und organisierten
Selbstschutzorganisationen des Danziger Gauleiters Forster den »Volkstumskampf« in erster Linie auf die Juden aus. Ab Mitte September begann
dann die »Einsatzgruppe z. B. V.« unter dem SS-Obergruppenführer
v. Woyrsch Juden planmäßig auszurotten.[5]

Da sich aber die Militärverwaltung als oberste vollziehende Gewalt
der besetzten Gebiete gegen den Vernichtungsfeldzug stellte, ordnete
Himmler Ende September die Einstellung aller Tötungsaktionen an.[6]
Nachdem aber Forster in einer Besprechung am 5. Oktober 1939 mit
Hitler das »mangelnde Verständnis« der Wehrmacht gegenüber »bevölkerungspolitischen Maßnahmen« beklagt hatte,[7] begann Hitler zu handeln.
Nach einigem Hin und Her bestimmte er, dass die Befugnis des Ober-
befehlshabers des Heeres zur Ausübung der vollziehenden Gewalt in den
besetzten Ostgebieten am 25. Oktober 1939 zu enden habe.[8] Ehe der
Aufbau einer zivilen Verwaltung in die Wege geleitet werden konnte, zog
sich die Militärverwaltung überstürzt zurück und hinterließ bis zum
Frühjahr 1940 eine katastrophale Nebenordnung staatlicher, polizeilicher und parteilicher Instanzen.[9] Verstärkt durch den Abzug von Trup-
penteilen an die Westfront enthüllte sich in diesen Gebieten in der Folge-

zeit die Schreckensvision eines von anarchischer Willkür beherrschten SS-Hoheitsgebietes. Die Formationen des Reichsführers SS begannen die Erschießung polnischer Juden wieder aufzunehmen. Vermögenskonfiskationen und Maßnahmen zur Verelendung der Bevölkerung gehörten um die Wende des Jahres 1939/40 zur Tagesordnung.[10]

Hinter diesem Vernichtungsfeldzug offenbarte sich ein Konzept, das mehrere Ebenen umfasste, in seiner Inhumanität und menschenverachtenden Zielsetzung jedoch exakt früheren Vorstellungen Hitlers entsprach.[11] Wie Heydrich nach dem Polenfeldzug noch einmal feststellte, waren »gemäß Befehl des Führers besondere polizeiliche Einsatzgruppen« mit dem vorrückenden Heer vorangegangen und hatten »systematisch … heftige Schläge gegen die reichsfeindlichen Elemente aus dem Lager der Emigration, Freimaurerei, Judentum etc.« geführt.[12]

Welches Schicksal die polnischen Juden erwartete, wurde am 20. September zwischen Hitler, Himmler, Heydrich und Forster besprochen.[13] Wie Heydrich seinen sofort zum 21. September zusammengetrommelten Amtschefs und Einsatzgruppenleitern mitteilen konnte, waren folgende Maßnahmen beabsichtigt: Die Juden aus dem Reich sollten nach Polen; diese Deportationen waren vom Führer genehmigt. Der gesamte Prozess war auf die Dauer eines Jahres zu verteilen. Die polnischen Juden waren in Ghettos zu konzentrieren, um eine bessere Kontroll- und spätere Abschubmöglichkeit zu haben; vordringlich hierbei war der Abschub der jüdischen Kleinsiedler vom Land in die Städte.[14]

In einer Weisung an die Chefs der Einsatzgruppen gab Heydrich am 21. September zusätzlich nähere Erläuterungen: Er unterschied zwischen »geplanten Gesamtmaßnahmen (also das Endziel) und den einzelnen, kurzfristig durchzuführenden »Nahzielen«. Unter letztere fiel die Konzentrierung der Juden in die größeren Städte und die Aufstellung jüdischer Ältestenräte.[15]

Was unter »Endziel« verstanden wurde, besprach Hitler am 29. September mit Rosenberg. Das jetzt festgelegte Gebiet sollte in drei Streifen geteilt werden. An der Weichsel wollte er einen unbezwingbaren Ostwall errichten. Die bisherige Grenze sollte als breiter Gürtel der Germanisierung und Kolonisierung dienen. Im dritten Streifen aber, zwischen Weichsel und Bug, sollten alle Juden untergebracht werden, »auch aus dem Reich«, sowie alle unzuverlässigen Elemente.[16]

Das »Nahziel« bedeutete demnach die Konzentrierung der in den besetzten polnischen Gebieten lebenden Juden, sowie die Abschiebung aller Juden aus den eingegliederten Ostgebieten.[17] Als »Endziel« stand die Bildung eines unter deutscher Überwachung stehenden Judenreservats an der russischen Grenze.[18]

Diese Pläne wurden jedoch unterbrochen durch die Vorstellungen der Wehrmacht. Heydrichs Erlass vom 21. September wurde durch eine Verfügung Himmlers insoweit abgeschwächt, als vorerst nur vorbereitende Maßnahmen ausgelöst, die Durchführung indessen auf einen späteren Zeitpunkt verschoben werden sollte.[19] Der Rückzug der Militärverwaltung und Hitlers energisches Vorantreiben seiner Pläne enthob Heydrich indessen schnell aller Aufschubmaßnahmen. Am 17. Oktober, als die Entscheidung über den Aufbau der Zivilverwaltung längst gefallen war, und Hitler von Seiten der halsstarrigen Militärs keine Einsprüche mehr erwarten durfte,[20] machte er in Gegenwart von Keitel, Heß, Bormann, Lammers, Frick, Stuckart und dem zum Generalgouverneur ernannten Reichsminister Hans Frank hinsichtlich seiner Volkstumspolitik in Polen weitere Ausführungen: Der »harte Volkstumskampf« gestattete »keine gesetzlichen Bindungen«; das Generalgouvernement sollte als Auffangplatz dienen, um »das alte und neue Reichsgebiet zu säubern von Juden, Polacken und Gesindel«.[21] In »strengvertraulichen Ausführungen« informierte am 23. Oktober Stuckart die Staatssekretäre der Obersten Reichsbehörden »persönlich und allein« über »die Weisung des Führers betreffend die Behandlung der Polen in den heimgekehrten Gebieten und im Generalgouvernement«.[22]

Am 25. November konkretisierte Frank diese Pläne. Er ließ anmerken, dass man bei den Umsiedlungsaktionen von einhalb bis dreiviertel aller polnischen Juden in das Gebiet östlich der Weichsel stillschweigend eine Dezimierung voraussetzte. Er bat, bei den Juden »nicht viel Federlesens« zu machen und begrüßte es, »die jüdische Rasse endlich einmal körperlich angehen zu können«, denn: »je mehr sterben, desto besser«. Er kündigte an, dass Juden aus dem Reich, aus Wien, »von überall« wahrscheinlich östlich der Weichsellinie verbracht würden.[23]

2. Die Sonderstellung des Reichsführers SS

Die Einverleibung Österreichs, des Sudetenlandes sowie des Reichsprotektorats in den deutschen Staatsverband oder sein Hoheitsgebiet hatte das Problem der rassischen Minderheit verschärft. Da die Auswanderung für absehbare Zeit keinen befriedigenden Ausweg versprach, hatte Hitler offensichtlich im Zusammenhang mit dem Plan eines großen deutschen Siedlungsgebietes im Osten die Absicht gefasst, während des Krieges die Juden so schnell wie möglich aus dem Reich zu entfernen und ihnen vorübergehend oder endgültig einen Raum in Polen zuzuweisen.

Bei den vorbereitenden Maßnahmen zu diesem Projekt musste sich der Reichskanzler allerdings in seinen Vorurteilen gegenüber den traditionellen Institutionen des Staates bestätigt fühlen. Die unter dem Deckmantel des »Volkstumskampfes« und sicherheitspolizeilich begründeter Präventivmaßnahmen wahllos mordenden Einsatzgruppen fanden bei den Militärs wenig Verständnis und zwangen den Reichsführer SS sogar zu einem kurzfristigen Rückzug. Erst die Ablösung der Militärverwaltung von den ihr obliegenden Pflichten der Exekutive konnte Gewähr bieten, durch das revolutionäre Konzept des »politischen Beamten«[24] eine Verwaltungsführung zu erhalten, die dem durchzuführenden politischen Programm adäquat war.

Voraussetzung des von Hitler betriebenen »Volkstumskampfes« war jedoch, dessen politisch-ideologisches Konzept einer Institution zu übertragen, die sich in ihrem weltanschaulichen Selbstverständnis mit den harten Maßnahmen identifizieren konnte und über die notwendigen Machtmittel zur Durchführung dieser Aufgaben verfügt. Der Reichsführer SS hatte mit seinen Einsatzgruppen bewiesen, inwieweit er Hitlers politischem Programm zu folgen bereit war. Sofort nach Beendigung der Kampfhandlungen hatten sich seine Einsatzgruppen in stationäre Einrichtungen verwandelt,[25] die als dichtes Netz sicherheitspolizeilicher Organe dem Reichsführer SS die politische Kontrolle des eroberten Gebietes ermöglichten.

Bedeutsame Transmissionsriemen der SS-Politik waren die »Höheren SS- und Polizeiführer« (HSSPF), die der organisatorischen Integration von SS und Polizei dienten, direkt dem Reichsführer SS unterstellt waren und in den eingegliederten bzw. besetzten Gebieten den Oberpräsidenten, Gauleitern/Reichsstatthaltern und dem Generalgouverneur beigegeben wurden.[26] Zusätzlich etablierte Himmler im Generalgouvernement »SS- und Polizeiführer« (SSPF),[27] die auch auf Kreisebene die Abstimmung zwischen den politisch-polizeilichen Organen und den Verwaltungsstäben sicherzustellen hatten.[28]

Die Bedeutung dieser SS-mäßigen Inspektionsinstanzen erklärt sich indessen erst aus der Stellung Himmlers für die eroberten Gebiete.

Wie Heydrich schon am 21. September angekündigt hatte[29], wurden Himmler am 7. Oktober durch Führererlaß alle Angelegenheiten »zur Festigung deutschen Volkstums« übertragen.[30] Dem Reichsführer SS oblag hiermit die Rückführung der Reichs- und Volksdeutschen ins Reich, die »Ausschaltung schädigenden Einflusses von solchen volksfremden Bevölkerungsteilen, die eine Gefahr für das Reich und die deutsche Volksgemeinschaft bedeuten«, sowie die Schaffung neuer Siedlungsgebiete durch Umsiedlung. Der Reichsführer SS war ermächtigt, »alle zur Durchführung dieser Obliegenheiten notwendigen und allgemeinen Anordnungen und Verwaltungsmaßnahmen zu treffen«. Auf Grund dieses Erlasses legte sich Himmler die Bezeichnung »Reichskommissar zur Festigung deutschen Volkstums« (RKF) zu.[31] Dieser war somit zum wichtigsten Erfüllungsorgan von Hitlers Raumpolitik geworden. Die unbestimmten Formulierungen des Erlasses und die niemals näher spezifizierte Einordnung des Reichskommissars in die Behördenorganisation des Reiches, gestatteten Himmler die Übernahme eines riesigen Aufgabengebietes, dessen Durchführung er zudem nach eigenem Belieben gestalten konnte,[32] ohne an gesetzliche Weisungen anderer Institutionen gebunden zu sein.

Zu Beauftragten des Reichskommissars ernannte Himmler für die eroberten Gebiete die Höheren SS- und Polizeiführer und schloss damit den Marktkreis des neuen SS-Imperium: Als Höhere SS- und Polizeiführer leiteten sie im Auftrag Himmlers die Sicherheitspolizei und den Sicherheitsdienst, die Ordnungspolizei und die Formationen der Waffen- und Allgemeinen SS.[33] Als Beauftragte des Reichskommissars besaßen die Höheren SS- und Polizeiführer eine abgeleitete Weisungsbefugnis gegenüber allen Dienststellen der Oberpräsidenten, Gauleiter/Reichsstatthalter und des Generalgouverneurs und konnten überdies die Ansiedlungsstäbe des Reichskommissars zur Festigung Deutschen Volkstums heranziehen.[34]

Von besonderer Bedeutung waren die den örtlichen Staatspolizeistellen übertragenen Aufgabengebiete. Gemäß der von Heydrich bereits für das Reichsgebiet verfochtenen Allzuständigkeit der Sicherheitspolizei für alle politisch-polizeilichen Aufgaben – worunter sich nahezu alle Lebensäußerungen subsumieren ließen – konnte das Reichssicherheitshauptamt diesen Anspruch in den eroberten Gebieten voll realisieren. Nicht nur bildete die Sicherheitspolizei eine Exekutivbehörde des Reichskommissars und konnte damit ungehindert ein Mitspracherecht in allen Volkstumsangelegenheiten geltend machen[35], auch wurden die Leiter der Stapoleitstellen nun offiziell die politischen Referenten der Reichsstatthalter, die Leiter der Stapostellen die politischen Referenten der Regierungspräsidenten.[36]

Die Konstruktion allumfassender Kontroll- und Beeinflussungsmöglichkeiten setzte den RFSS in den Stand, zumindest in den Ostgebieten eine relativ eigenständige, autochthone SS-Politik zu betreiben, ohne die Hemmnisse des überwucherten Verwaltungsapparates im Reich befürchten zu müssen.

3. Versuche einer Lösung der Judenfrage durch die SS

Kaum war die Militärverwaltung in den Ostgebieten am 25. Oktober 1939 abgelöst worden, begann die SS ihre Pläne zur Erreichung des Endziels planvoll weiterzubetreiben. Gemäß der Entscheidung Hitlers, alle Juden zwischen Weichsel und Bug zu konzentrieren, erkundeten die SS-Führer Stahlecker[37] und Eichmann ein Gebiet süd-westlich von Lublin, das sie zum künftigen Reservat des Judentums ausersahen.[38] Ehe jedoch eine organisierte Abschiebung zustande kam, herrschte hier wie in den eingegliederten Ostgebieten der offene Terror. Erschießungskommandos der SS füsilierten die in Bromberg lebenden Juden[39], andere wurden über den San in die von der UdSSR besetzten Gebiete abgeschoben.[40]

Am 30. Oktober begann der Stahlecker-Eichmann-Plan anzulaufen. In seiner Eigenschaft als Reichskommissar zur Festigung Deutschen Volkstums ordnete Himmler an, in den Monaten November 1939 bis Februar 1940 alle in den ehemals polnischen, jetzt reichsdeutschen Provinzen und Gebieten lebenden Juden in die Gegend südlich von Lublin-Warschau anzusiedeln.[41]

Während in der Folgezeit die Eisenbahnwaggons in ununterbrochener Folge zu rollen begannen, zeichnete sich infolge der ungenügenden organisatorischen Vorbereitung ein Chaos ab: vielfach wurden die Züge fehlgeleitet,[42] es bestanden keine Unterbringungsmöglichkeiten und die Ernährungsgrundlage im Generalgouvernement begann kritisch zu werden.[43]

Obwohl Frank innerhalb seines Hoheitsbereiches selbst Umsiedlungen von Juden durchführte,[44] waren ihm die zusätzlich zugeführten Juden eine Last. Auf einer Chefbesprechung am 12. Februar 1940 in Karinhall unterbreitete er Göring seine Bedenken hinsichtlich der Ernährungslage des Generalgouvernements. Göring, der seinerseits Wert darauf legte, die Zahl der nützlichen Arbeitskräfte nicht zu verringern,[45] untersagte deshalb am 24. März jede weitere Deportation von Juden in diese Gebiete.[46] Zwar versuchte Eichmann, der zwischenzeitlich das eigens für ihn errichtete Referat IV D 4 im Geheimen Staatspolizeiamt übernommen hatte,[47] diesen Fehlschlag zu verschleiern, und verlegte sich wieder auf die bisherige Auswanderungspraxis,[48] doch musste er sein Judenreservat endgültig am 13. April 1940 auflösen.[49]

Noch während der ersten Vorausmaßnahmen zur Konzentrierung der Juden hatte man im Generalgouvernement begonnen, sich auch gesetzlich auf die gnadenlose Volkstumspolitik Hitlers einzustellen. Entsprechend dem Vorschlag Heydrichs auf der Sitzung vom 12. November 1939, dekretierte Frank nach einigen örtlichen Vorgriffen[50] eine allgemeine Kennzeichnungspflicht für Juden.[51] Das Amt des Generalgouverneurs wies im April 1940 in Abänderung der Nürnberger Gesetze darauf hin, dass als Jude gelte wer zwei oder mehr jüdische Großeltern habe und mit einem Juden verheiratet ist und diese Verbindung nicht löst.[52] Diese interne Dienstanweisung stieß indessen auf den Widerstand des Reichsinnenministers, der auf eine weitgehende Annäherung der Rechtsbestimmungen zwischen Generalgouvernement und Reich Wert legte, so dass Frank am 24. Juli 1940 die Begriffsbestimmungen des Juden den reichsrechtlichen Vorschriften angleichen musste.[53]

Der Arbeitszwang für Juden wurde mit Verordnung vom 26. Oktober 1939 angekündigt,[54] in nachfolgenden Durchführungsvorschriften dann endgültig bestimmt.[55] Juden wurde die Benutzung der Eisenbahn untersagt[56], ihre Vermögen wurden eingezogen.[57] Parallel hierzu lief die Volkstumspolitik des Reichsführers SS, der seine Maßnahmen nicht erst umständlich auf gesetzliche Vorschriften gründete. Da die Entscheidung Görings vorläufig den Stopp aller Judentransporte bedeutete, konzentrierte der Reichsführer SS seine Aufmerksamkeit auf die Errichtung von Ghettos.[58] Beginnend ab Sommer 1940 errichtete man derartige Sonderbezirke in Warschau, Krakau, Radom und Lublin,[59] wobei diese teilweise einen zusätzlichen Nutzeffekt hatten, da sie den Zwangsarbeitslagern als Arbeitsreservoir dienten.[60]

Das Ende der Abschiebung ins Generalgouvernement bedeutete die Inangriffnahme eines neuen Plans, der dem Reichsführer SS phantastische Möglichkeiten zu eröffnen schien. Im Dezember 1938 vertraute Frankreichs Außenminister Bonnet Ribbentrop an, Frankreich dächte daran, »zehntausend Juden irgendwohin loszuwerden« und habe die Insel Madagaskar hierfür in Aussicht genommen.[61] Diese nebulöse Aussage scheint ihre Wirkung nicht verfehlt zu haben, um so mehr, als ähnliche Überlegungen offensichtlich bereits in Deutschland diskutiert worden waren.[62] Alfred Rosenberg spann diesen Faden in einer Rede am 7. Februar 1939 weiter. Er sprach von einem Territorium, das ungefähr 15 Millionen Menschen aufnehmen könnte, gab jedoch keine nähere Ortsbestimmung.[63] Die Verhältnisse der Vorkriegszeit machten jedoch die Realisierung eines derartigen Plans illusorisch. Im März 1940 stellte dann allerdings Hitler fest, dass die Bildung eines Reservates um Lublin keine Lösung der Judenfrage bedeute.[64] Himmler skizzierte daraufhin in einer Denkschrift: »Den Begriff Juden hoffe ich durch die Möglichkeit einer großen Auswanderung sämtlicher Juden nach Afrika oder sonst in eine Kolonie völlig auslöschen zu sehen.«[65] Auch im Auswärtigen Amt machte man sich darüber Gedanken. Am 3. Juni 1940 legte der Legationsrat Franz Rademacher die Studie eines »Madagaskar-Projekts« vor, wonach alle Westjuden auf der Insel angesiedelt, die Ostjuden dagegen als Faustpfand in deutscher Hand verbleiben sollten. Der Erfolg dieses Plans scheint offenbar durchschlagend gewesen zu sein, denn Hitler und Himmler waren sofort einverstanden.[66] Auf Dringen Heydrichs wurden die weiteren Vorarbeiten fortan im Reichssicherheitshauptamt bearbeitet.[67] Mitte August 1940 übersandte Eichmanns Referat dem Auswärtigen Amt die Ausarbeitung des Plans, der nach Billigung Heydrichs die Aussiedlung von vier Millionen Juden nach Madagaskar vorsah.[68]

Im Dezember 1940 unterrichtete Eichmann den Judenreferenten des Reichsinnenministeriums über nähere Einzelheiten. Das Projekt sollte wieder nach einigen Nahplänen und einem Fernplan durchgeführt werden. Unter Nahplan verstand Eichmann die Abschiebung aller Juden ins Generalgouvernement, um Platz für deutsche Rückwanderer zu erhalten; Fernplan bedeutete die Verschiffung aller Juden nach Madagaskar, wo sie unter deutscher Aufsicht »agrarisch tätig« sein sollten.[69]

Selbstverständlich – und von dieser Voraussetzung ging man allgemein aus – war es während der Kriegslage unmöglich, einen derart weitreichenden Plan durchzuführen. Man rechnete aber damit, dass der Krieg Mitte 1942 beendet und alsdann die erforderlichen Maßnahmen getroffen werden könnten.[70]

Ehe man jedoch das Kriegsende abwartete, wurde die Vertreibung der Juden aus Deutschland intensiviert. Am 22. und 23. Oktober 1940 kam es – aller Wahrscheinlichkeit nach auf Anordnung Hitlers – zur Abschiebung von 6500 Personen aus den Gauen Baden und Saarpfalz in das unbesetzte Frankreich.[71] Auch erklärte Hitler sich damit einverstanden, auf Drängen des Reichsstatthalters v. Schirach, die Juden Wiens in das Generalgouvernement zu deportieren.[72] Obwohl Frank wiederum hartnäckigen Widerstand leistete,[73] war sein Hoheitsbereich erneut zum Aufnahmegebiet der Vertriebenen ausersehen worden. Am 9. Januar ließ Heydrich den »3. Nahplan« anlaufen, der die Quoten der auszusiedelnden Juden aus Ost- und Westpreußen, Schlesien und dem Warthegau festlegte und insgesamt eine Viertelmillion Menschen betraf.[74]

Da durch die angespannte Transportlage die von Heydrich geforderten Umsiedlungszahlen nur bedingt erreicht wurden,[75] überdies die Ghettos Krakau, Radom und Lublin kurz vor ihrer Vollendung standen,[76] wurde die weitere Abschiebung von Juden aus den eingegliederten Ostgebieten zunächst unterbunden.[77]

Die in das Stadium der Verwirklichung getretenen Vorarbeiten zum »Fall Barbarossa«[78] brachten in die hektische Judenpolitik eine gewisse Verzögerung. Es war die Ruhe vor dem Sturm.

B. Die ersten Kriegsjahre im »Altreich«

1. Bemühungen des Reichspropagandaministers und der SS um eine verschärfte Judenpolitik

Mit dem Tag des Kriegsbeginns verordnete man, dass Juden ihrer Luftschutzdienstpflicht auf den Gebieten des Werk- und Selbstschutzes genügen mussten, soweit es zum Schutz ihrer Person oder ihres Eigentums notwendig war.[79] Im Juni 1940 wurden Juden dann aus dem Reichsluftschutzbund ausgeschlossen.[80] Allerdings war der RFSS dieser Regelung zuvorgekommen, indem er bereits am 10. September 1939 angeordnet hatte, dass die jüdischen Gemeinden sich selbst Luftschutzräume zu bauen und für ihren Schutz Sorge zu tragen hätten.[81] Dies beweist, wie durch den Kriegsausbruch die Polarität zwischen der bloßen Maßnahmeregelung und der gesetzlichen Bestimmungen vertieft wurde. In bewährter Manier hatten nämlich auch viele örtlichen Parteiorgane durch Selbsthilferegelungen die Judenfrage eigenständig zu lösen versucht. Man begann Ausgangsbeschränkungen zu dekretieren, neue Judenbanne bekannt zu geben und entzog den Juden die Radioapparate.[82]

Die Sicherheitspolizei indessen war besorgt, derartige Übergriffe von vornherein zu unterbinden, offenbar in der Absicht, die zu treffenden Maßnahmen möglichst reichseinheitlich zu regeln. Am 6. September wies die Geheime Staatspolizei darauf hin, dass Ausschreitungen gegen Juden unter allen Umständen zu vermeiden seien. Es wurde mitgeteilt, dass zwischen den beteiligten Ministerien Verhandlungen schwebten und in Kürze mit einer allgemeinen Regelung des Arbeitseinsatzes, der Versorgung mit Lebensmitteln sowie über das Auftreten in der Öffentlichkeit zu rechnen sei.[83] Am 7. September machte die Geheime Staatspolizei darauf aufmerksam, dass die verschiedentlich durch die Bürgermeister angeordneten Beschränkungen, wie Ausgehverbot, Beschlagnahme von Rundfunkgeräten etc., unzulässig und sofort rückgängig zu machen seien.[84] Dass es dem Reichsführer SS hierbei nicht um Erleichterungen ging, zeigte sich wenige Tage später: Er regelte die angesprochenen Punkte selbst und verbot Juden den Ausgang nach 22 Uhr, wobei die Veröffentlichung dieser Anordnung zu unterbleiben hatte.[85]

Die Frage der Rundfunkgeräte war bereits Gegenstand interministerieller Erörterungen geworden, nachdem der Reichspropagandaminister am 12. September vorgeschlagen hatte, den Juden die Rundfunkgeräte zu entziehen, da der Bedarf der Truppe und Lazarette derartig groß sei, dass er von der Industrie nicht befriedigt werden könne.[86] Während noch Lösener entgegen dem Willen der Vertreter des Propagandaministeriums und der Partei durch Einschaltung des Reichsprotektors von Böhmen und Mähren für die »privilegierten Mischehen« eine Sonderbestimmung erreichen wollte,[87] handelte der Reichsführer SS. Am 12. September hatten seine Vertreter bei der Besprechung der »Verordnung über die Einziehung von Rundfunkgeräten bei Juden« ihre Stellungnahme offen gelassen und dem Reichsinnenminister zugesagt, eine schriftliche Antwort zu übermitteln. Dies war offensichtlich ein Täuschungsmanöver, denn ohne sich weiterhin der umständlichen Rechtssetzungsprozedur zu unterziehen, ordnete die Geheime Staatspolizei wenige Tage später die Einziehung der Rundfunkgeräte »schlagartig« für das gesamte Reichsgebiet am 23. September an.[88] Gleichzeitig traf das Reichssicherheitshauptamt mit dem Reichswirtschaftsministerium ein Übereinkommen, demzufolge Juden zukünftig keine Rundfunkgeräte mehr erwerben konnten.[89]

Doch nicht allein der Reichsführer SS und seine Organe beanspruchten, für die Regelung der Judenfrage zuständig zu sein. Auch der Reichspropagandaminister wusste seinen Apparat immer wieder als Druckmittel einzusetzen. Obwohl er keine Exekutivbefugnisse außerhalb der ihm unterstehenden presse- und kulturpolitischen Einrichtungen besaß, bezog er die Judenfrage willkürlich in seinen Kompetenzbereich ein. So wies er am 17. November 1939 seine Abteilungsleiter an, dafür Sorge zu tragen, Juden den Verkauf von Schokoladenerzeugnissen auf Lebensmittelkarten zu untersagen.[90] Seine Bemühungen waren erfolgreich. Mit Schreiben vom 2. Dezember 1939 setzte der Reichsernährungsminister die Landesregierungen davon in Kenntnis, dass der Verkauf von Kakao- und Schokoladenerzeugnissen an Juden untersagt ist.[91] Kurz nach Kriegsbeginn erwirkte Goebbels im Zusammenspiel mit dem StdF einen Beschluss des Reichswirtschaftsministers, wonach Juden vom Erhalt der Reichskleiderkarte ausgeschlossen wurden.[92] Ab Januar 1940 sperrte man den Juden auch den Bezug von Spinnstoffen, Schuhen und Ledermaterial und verwies sie auf die Reichsvereinigung der Juden.[93] Ab März 1940 wurden sie nicht mehr bei der Ausgabe von Fettzuteilungen für die minderbemittelte Bevölkerung berücksichtigt.[94]

Zweifellos hatte Goebbels nicht allein diesen Katalog von Maßnahmen veranlasst, die wesentlichen Anstöße waren jedoch immer von ihm ausgegangen. Ständig war Goebbels bemüht, die Stimmung gegen das Judentum anzuheizen. Nachdem Hitler in seiner Neujahrsbotschaft am 30. Januar 1940 wieder heftige Angriffe gegen den »jüdisch-bolschewistischen Weltfeind«[95] gerichtet hatte, den er beschuldigte, Deutschlands Vernichtung zu betreiben, vermissten Goebbels und Reichspressechef Dietrich die erforderliche Resonanz dieser Rede in den Zeitungen. Antisemitische Angriffe sollten nach Goebbels »in Zukunft genauso zum täglichen Zeitungsstoff werden, wie die Angriffe gegen die ›Geldsackdemokratien‹.[96]

Neben diesen mehr indirekten Beeinflussungsversuchen griff Goebbels aber auch unmittelbar in die Judengesetzgebung ein, wobei er die Maßnahmen der SS wirkungsvoll unterstützte. Im Januar 1940 waren die Lebensmittelkarten für Juden durch Aufdruck eines »J« gekennzeichnet worden. Örtlich war man dazu übergegangen, für sie besondere Geschäfte einzurichten.[97] Als nun die Geheime Staatspolizei ab Mai 1940 für alle Juden eine generelle Ausgangsbeschränkung anordnete,[98] zog Goebbels sofort nach und gab Anweisung, dass Juden ihre Einkäufe erst ab 15.30 Uhr tätigen durften.[99]

Weitere Maßnahmen des Reichspropagandaministers und des Reichsführers SS zogen den Kreis um das deutsche Judentum immer enger. Im Juli 1940 machte das Reichssicherheitshauptamt noch einmal auf das Verbot des Rundfunkempfangs für Juden aufmerksam. Es galt jetzt auch für jüdische Mischlinge und nahm nur die »privilegierten Mischehen« aus.[100] Entgegen dem Willen des Reichsinnenministers begann die Geheime Staatspolizei in Zusammenarbeit mit dem Propagandaministerium ab Ende August den Juden ihre Fernsprechapparate zu entziehen.[101]

Eines der Hauptprobleme Goebbels' betraf die »Überjudung Berlins«, weshalb er ab Sommer 1940 seinen Ehrgeiz darauf konzentrierte, sein Gaugebiet »judenrein« zu machen. Am 19. Juli 1940 bekundete er seinen Entschluss, sämtliche in Berlin lebenden Juden nach Kriegsende ins Generalgouvernement auszusiedeln; ein Räumungsplan war in Zusammenarbeit mit der Polizei bereits ausgearbeitet worden.[102]

Im September legte dann Hinkel seinem Minister einen Deportierungsplan vor, wonach 500 Juden nach Südosten verschickt werden sollten. Bei Freigabe der Transportmittel nach Abschluss des Krieges wollte man dann innerhalb von vier Wochen 6000 Juden in die Ostgebiete entfernen.[103] Goebbels Plänen wurde insoweit Rechnung getragen, als eine Rechtsvorschrift für die Städte Berlin und München einen gesetzlichen Mieterschutz bei Juden als Mieter oder Vermieter untereinander nicht mehr anerkannte.[104]

Inwieweit sich seit 1936 das Schwergewicht zwischen dem Reichsinnenministerium und der ihm eingegliederten Behörde des »Reichsführers SS und Chef der deutschen Polizei« zuungunsten des Ministeriums verschoben hatte, erweist insbesondere die Judenfrage. Bei Kriegsausbruch hatte das Ministerium noch einmal versucht, mittels eines »Führererlasses« eine endgültige und positive Klarstellung des »Halbjuden« zu erreichen. Infolge des obligaten Parteianspruches und der sich überstürzenden Kriegsgesetze war der Entwurf allerdings nicht zur Realisierung gekommen.[105] In der Folgezeit betrieb der Reichsführer SS eine Judenpolitik, ohne die zwingend vorgeschriebene Beteiligung seines Ministeriums auch nur zu beachten. So war dem Judenreferat Löseners vom Gestapo-Erlass über die Ausgangsbeschränkung der Juden nichts bekannt, weshalb man anfragende Stellen noch immer darauf hinwies, dass Hitler im Dezember 1938 eine örtliche oder zeitliche Beschränkung der Freizügigkeit der Juden untersagt habe.[106] Höchst erstaunt reagierte das Ministerium, als es erfuhr, es habe angeordnet, alle Stettiner Juden nach Polen abzuschieben. Dies war niemals der Fall, nur hatte Heydrich für seine Anordnung an den Regierungspräsidenten von Stettin den Briefkopf »Der Reichsminister des Innern« verwendet, ohne allerdings die ihm rechtlich übergeordnete Instanz zu informieren.[107]

2. Die Judengesetzgebung im ersten Kriegsjahr

Bei Kriegsbeginn wurden einige auf Grund gesetzlicher Bestimmungen erforderliche Verwaltungsmaßnahmen im Zuge der Verwaltungsvereinfachung eingestellt. Der umständliche und zeitraubende Abstammungsnachweis wurde für heiratswillige Wehrmachtsangehörige auf die mündliche Erklärung der Abstammung beschränkt;[108] abgebaut wurde auch die Bearbeitung von Namensangelegenheiten.[109] Die »Verordnung über den Nachweis der arischen Abstammung« vom 1. August 1940 brachte dann endlich das Ende des zu einem riesenhaften Verwaltungsaufwand angewachsenen Feststellungsverfahrens über die »arische« Abstammung. Für Parteiangehörige genügte hinfort eine Bescheinigung des zuständigen Kreisleiters, für Beamte eine entsprechende Erklärung der Dienststelle.[110]

Ging es jedoch um Angelegenheiten, die das Judentum betrafen, so war an eine Verwaltungsvereinfachung nicht zu denken. Das Reichsjustizministerium wies im November 1939 die Vormundschaftsgerichte an, »zur späteren Erfassung und Auswertung« die Akten derjenigen Mündel gesondert zu kennzeichnen, die Juden oder »Mischlinge« waren.[111] In der gleichen Absicht erging die »Verordnung über die Aufbewahrung und Fortführung der Matrikenbücher für Juden«.[112] Zwar stellte man das Widerrufsverfahren bei Namensänderungen ein, doch betraf dies nicht die Fälle, wo es um Namensänderungen von Juden ging.[113]

Was bislang an Berufsverboten noch nicht geregelt war, wurde im ersten Kriegsjahr nachgeholt. So durften Juden nicht in der Säuglings- und Kinderpflege arbeiten.[114] Die Zulassung zur staatlichen Dentistenprüfung wurde untersagt.[115] Jüdinnen durften nicht mehr medizinisch-technische Gehilfin werden,[116] Juden nicht mehr die Laufbahn des gehobenen Bibliothekendienstes,[117] des Veterinärbeamten in der allgemeinen Verwaltung[118] und des mittleren Forstdienstes[119] ergreifen. Diese Regelungen waren in ihren praktischen Auswirkungen vollständig sinnlos, da die aufgezählten Berufe für Juden bereits längst gesperrt waren. Aber es gab noch immer eine Anzahl von Lebensgebieten, welche die Ausnahmegesetze trafen. Der Wirkungsbereich des jüdischen Rechtskonsulenten wurde entscheidend eingeengt, da er als Verteidiger in Strafsachen zurückgewiesen werden konnte, »wenn dies aus besonderen Gründen, insbesondere mit Rücksicht auf das Verfahren geboten erscheint«.[120] Die tiefere Absicht dieser Bestimmung traf allerdings weniger den Rechtskonsulenten als den jüdischen Angeklagten. Ohne den Beistand eines engagierten Verteidigers war er hilflos den Gerichten ausgeliefert. Die Neufassung des »Reichsarbeitsdienstgesetzes« vom 9. September 1939 ließ erkennen, dass bezüglich des Wehr- und Arbeitsdienstes für die jüdischen Mischlinge keine nachteiligen Änderungen eingetreten waren. Sie wurden zur Dienstleistung herangezogen, durften aber nicht Vorgesetzte werden.[121] Dies galt jedoch nicht für Juden. Die »Verordnung über das Wehrersatzwesen bei besonderem Einsatz«[122] vom 4. März 1940 stellte sie nun auch gesetzlich kriminellen Elementen gleich.[123]

Verboten wurde auch die Zugehörigkeit der Juden zur Freiwilligen Feuerwehr[124] und zu Werksfeuerwehren.[125]

Widerspruchsvoll gestaltete sich das Schicksal der jüdischen Mischlinge. Die positiven Ausnahmen finden sich noch im Bereich der Wehrmacht. So durften ehemalige Unteroffiziere und Mannschaftsdienstgrade wieder einberufen werden; sofern Wehrmachtsangehörige mit Jüdinnen oder jüdischen Mischlingen verheiratet waren, konnten sie den Dienstgrad eines Feldwebels erreichen.[126] »Mischlinge«, die mit Juden oder »Mischlingen 1. Grades« verheiratet waren, mussten jedoch im April 1940 die Wehrmacht verlassen.[127] Diejenigen »Mischlinge«, die wegen persönlicher Tapferkeit vor dem Feind Kriegsauszeichnungen erhalten hatten oder befördert worden waren, konnten nach einer Entscheidung Hitlers für »deutschblütig« erklärt werden.[128]

Am 5. Januar 1940 legte der Reichserziehungsminister einen Verordnungsentwurf »über die Zulassung zum Studium an deutschen Hochschulen« vor; hiernach sollten »Mischlinge«, vorbehaltlich der Genehmigung des Ministers, zum Studium zugelassen werden.[129] Der Entwurf blieb als Folge des Gesetzesstopps unerledigt. Der StdF entschied dann auf Anfrage des Reichserziehungsministers im Dezember 1940, »Mischlinge« sollten nur dann an Universitäten zugelassen werden, wenn sie ihren Frontdienst bereits abgeleistet oder ohne Frontdienst ihr Studium schon beendet hätten. »Mischlinge 2. Grades« waren generell zum Studium zuzulassen.[130] Während Kinderbeihilfen sich bislang nach der rassischen Einordnung der Eltern richteten, zielte die »Kinderbeihilfenverordnung« vom 9. Dezember 1940 auf die rassische Einordnung der Kinder ab,[131] was bedeutete, dass auch »Mischlinge 1. und 2. Grades« nicht mehr unterstützt wurden.[132] Diese Maßregel fiel in die weitgespannten Versuche, die Juden von allen noch bestehenden wirtschaftlichen und sozialen Vorteilen auszuschalten oder ungünstiger zu stellen. Dies betraf das »Kriegsausgleichsverfahren«, wodurch man konkursanfälligen Betrieben die Möglichkeit des Weiterbestehen eröffnete,[133] Erleichterung der Schuldenabwicklung im Freimachungsgebiet[134] und Grundsteuerbeihilfen für Arbeiterwohnstätten.[135]

Bei einer für die Juden positiven Regelung der obigen Bestimmungen hätte das Reich natürlich wider seine politisch-fiskalischen Interessen gehandelt, die nach Kriegsausbruch einem nur mühsam legalisierten Raubzug nahe kamen. So wurde am 19. Oktober die den Juden

auferlegten Kontribution von 1 Milliarde Reichsmark um 25 % herauf-
gesetzt.[136]

Der jüdische Zwangsverkäufer einer Vermögensmasse wurde gezwungen, auch dann einen Kaufvertrag einzuhalten, wenn der Kaufpreis zwischenzeitlich herabgesetzt worden war.[137] Auf Grund der »Verordnung
über die Behandlung feindlichen Vermögens« vom 15. Januar 1940[138]
wurde die Praxis sanktioniert, Juden ausländischer Staatsangehörigkeit,
die nicht unter die Verordnungen vom 12. November 1938 fielen,
zwangszuenteignen. Hatten Juden Geld oder Vermögensmittel bei Kre-
ditinstituten deponiert, durften sie ohne Genehmigung nicht darüber
verfügen.[139]

Eine weitere steuerrechtliche Erschwerung brachte eine Änderungsverordnung zum Vermögenssteuergesetz,[140] die der Reichsfinanzminister
mit der Begründung vorgelegt hatte, endlich auch auf diesem Gebiet eine
Angleichung an die bisher ergangenen Steuerbestimmungen durchzuführen.[141]

Im Drang nach der Erschließung weiterer Einnahmequellen[142] verfiel
man auf immer neue Maßnahmen. Am 15. Februar beschlossen einige
Ministerien die Auflage einer Sondersteuer für Polen und Tschechen, die
im Deutschen Reich ihren Wohnsitz oder gewöhnlichen Aufenthalt hatten.[143] Zwei Wochen später übersandte der Reichsfinanzminister einen
Gesetzesentwurf über die Erhebung einer Sozialausgleichsabgabe, worin
offenbar auf Druck des Stellvertreters des Führers nun auch die Juden
aufgenommen worden waren.[144] Polen, Tschechen und Juden sollten
demnach eine besondere Abgabe in Höhe von 15 % ihres Einkommens
entrichten, die ausschließlich dem Reich zufließen sollte. Hiergegen
wandten sich indessen das Auswärtige Amt und der Reichsinnenminister,
der in der Einbeziehung der Tschechen »ein heikles Problem« sah.[145] Das
Auswärtige Amt vermutete, dass die in dem Entwurf zum Ausdruck kommende »Gleich- und Nebeneinanderstellung von Polen, Tschechen und
Juden« der auswärtigen Propaganda eine bequeme Handhabe liefern würde, »von einer von Deutschland im Protektorat und den besetzten Gebieten betriebenen Unterdrückungspolitik« zu sprechen. Es schlug vor, den
betroffenen Personenkreis« in einer allgemeinen, indirekten Formulierung zu umschreiben und die weiteren Einzelheiten den Durchführungsvorschriften zu überlassen«.[146] Die vorgetragenen Bedenken wurden von
allen beteiligten Ministerien geteilt.[147] Der Reichsfinanzminister änderte
daraufhin den Gesetzentwurf derart, dass er dem »Gesetz« die Form der
Verordnung gab und darin einzig die Polen namentlich zur Abgabe der
Sondersteuer aufführte, sich aber die Ermächtigung vorbehielt, »die Vorschriften dieser Verordnung auf die Angehörigen anderer Personengruppen auszudehnen«.[148] Die »Verordnung über die Erhebung einer Sozial-

ausgleichsabgabe« erging am 5. August 1940.[149] Die Einbeziehung der Juden indessen erfolgte vorläufig nicht, bis der Reichsinnenminister mit Schreiben vom 25. Dezember 1940 dem Reichsfinanzminister eine Anregung des Beauftragten für den Vierjahresplan mitteilte, ein erschöpfendes Arbeitsrecht für Juden zu schaffen und darin auch den z. Z. schwebenden Entwurf einer Sozialausgleichsabgabe einzuarbeiten. Er lud zu einer Sitzung auf den 8. Januar 1941,[150] doch der Reichsfinanzminister reagierte sofort: Am 24. Dezember 1940 erging eine entsprechende Verordnung, wonach Juden wie Polen eine zusätzliche Abgabe auf die Lohn- und Einkommenssteuer zu leisten hatten.[151] Dabei war es gleichgültig, ob der Jude die deutsche oder eine andere Staatsangehörigkeit besaß.[152] Gegenüber den Polen wurden die Juden insofern benachteiligt, als sie ungeachtet ihrer bereits bestehenden steuerlichen Sonderbehandlung die Sozialausgleichsabgabe zu leisten hatten.[153]

Noch immer nicht abschließend entschieden war die Frage der öffentlichen Fürsorge. Obwohl man deren Lasten weitgehend auf die Reichsvereinigung der Juden in Deutschland abgewälzt hatte,[154] kam es zu Zweifelsfragen, in denen der Reichsinnenminister und der Chef der Sicherheitspolizei überraschend einheitlich dem Stellvertreter des Führers entgegentraten. Dieser hatte gefordert, die in Mischehe lebenden Ehepartner von Juden sowie die jüdischen Mischlinge bei Fürsorgeansprüchen auf die Reichsvereinigung zu verweisen. Dagegen vertrat die Sicherheitspolizei die Auffassung, diesen Personenkreis weiterhin von den Organen der öffentlichen Fürsorge betreuen zu lassen.[155]

Während der Reichsinnenminister in seinem Antwortschreiben an den Stellvertreter des Führers aus rechtlichen Erwägungen die Fürsorgeunterstützung von Mischehen und Mischlingen durch die Reichsvereinigung abgelehnt hatte,[156] wird der Standpunkt des Chefs der Sicherheitspolizei nur erklärbar, wenn man sein Interesse am finanziellen Bewegungsspielraum der unter seiner Aufsicht stehenden Reichsvereinigung in Betracht zieht. So musste ihm eine weitere finanzielle Belastung dieser Institution der jüdischen Selbsthilfe denkbar unwillkommen sein, da ihm somit die Verfügungsgewalt über die Mittel der Reichsvereinigung zu einem Teil entzogen worden wäre.

Nur dieser nüchternen, ökonomischen Überlegung ist es dann wohl auch zuzuschreiben, dass man bis weit in die Kriegsjahre hinein Juden noch mit Härtebeihilfen unterstützte.[157] Insofern mochte es auch in der Absicht des Chefs der Sicherheitspolizei liegen, dass die immer wieder vom Stellvertreter des Führers geforderte Änderung des Jugendwohlfahrtsgesetzes, die eine weitgehende Entkonfessionalisierung des Schulwesens gebracht hätte, am Einspruch des Reichskirchenministers scheiterte.[158] Die Realisierung des Gesetzes hätte zur Folge gehabt, dass die minderjährigen »Mischlinge« in der Gesamtheit gezwungen worden wären, die von der Reichsvereinigung unterhaltenen Schulen zu besuchen, was naturgemäß eine finanzielle Mehrbelastung der Reichsvereinigung bedeutet hätte.[159]

Im Getriebe des Rechtsetzungschaos hingegen kreiste die Frage über die Behandlung der jüdischen Fürsorgezöglinge, die der Reichsinnenminister am 22. Juli 1939 auch für die »Mischlinge« entschieden zu haben glaubte.[160] Dabei bedachte er nicht, dass die Zehnte Verordnung vom 4. Juli 1939, welche die Frage der jüdischen Fürsorge regelte, nur auf Juden Anwendung fand. Hiermit stellte sich wieder das Problem der Rangfolge von Rechtsvorschriften,[161] weshalb der Reichsinnenminister wenigstens hinsichtlich der Behandlung von »Vierteljuden« zu einer erneuten Prüfung der Rechtsfrage ansetzte, die sich über ein Jahr hinzog. Ende 1941 teilte er dann mit, es bestünden Pläne, alle »Mischlinge 1. Grades« aus dem Reich in einer Anstalt zusammenzufassen.[162] Dieses Vorhaben wurde aber nicht durchgeführt, vielmehr entschied der Reichsinnenminister am 20. September 1943, zu einem Zeitpunkt, als die Judenfrage längst in das Stadium der »endgültigen Lösung« eingetreten war, jüdische Fürsorgezöglinge »ohne weiteres« den Konzentrationslagern zu überstellen.[163]

Eine Regelung, die bislang allen Angriffen widerstanden hatte, betraf die Besoldungsbezüge der entlassenen jüdischen Beamten. Obwohl Hitler Ende 1938 anmerken ließ, dass er nichts gegen eine Kürzung der Ruhegehaltsbezüge einzuwenden hätte,[164] wollten sich die Ministerialbürokratie und die maßgebenden Ressortchefs zu einer derartigen Maßnahme offenbar nicht verstehen. Es mochte hierbei die noch immer herrschende Überzeugung mitspielen, dass die besondere Stellung des Beamten und der damit untrennbar verbundene Rechtsanspruch auf Ruhegehalt auch für Juden eine unzerstörbare Rechtsgarantie darstellt. Die seit Kriegsbeginn mit steigender Verhärtung vorangetriebene Judengesetzgebung räumte auch mit derartigen rechtshistorischen Reminiszenzen auf. Dennoch entwickelte sich in diesem Zusammenhang eines der aufschlussreichsten Beispiele für die Möglichkeiten einer Opposition gegen die judenfeindlichen Gesetze des Nationalsozialismus.

Kurz nach Kriegsausbruch hatte das Reichsinnenministerium einen Referentenentwurf über eine Kürzung der Versorgungsbezüge jüdischer ehemaliger Beamter, Angestellter und Arbeiter fertiggestellt, der bezeichnenderweise zuerst dem Stellvertreter des Führers zur Kenntnis gebracht wurde.[165] Der Entwurf sah vor, nach dem 31. Dezember 1935 eingetretene Erhöhungen von Versorgungsbezügen auf jüdische Pensionsempfänger keine Anwendung finden zu lassen. Mit Wirkung vom 1. Januar 1940 sollte zudem das Ruhegehalt auf 75 % des bisherigen Betrages gekürzt werden, an die Stelle der Emeritierung jüdischer Hochschullehrer sollte rückwirkend zum 31. Dezember 1935 die Versetzung in den Ruhestand treten.

Diese Bestimmungen waren dem Stellvertreter des Führers nicht weitgehend genug. Er forderte eine zahlenmäßige Begrenzung des Ruhegehaltes auf einen Höchstbetrag von 500 Reichsmark. Der Reichsinnenminister änderte seinen Entwurf dahingehend ab. Zusätzlich legte er fest, dass auswanderungswilligen Beamten auf Antrag eine Abfindungssumme in Höhe des zweifachen Jahresbetrages gewährt werden konnte und in Mischehe lebende Juden nicht von diesen Regelungen betroffen werden sollten.[166] Einen ersten vorsichtigen Einwand wagte der Reichsjustizminister: Am 28. November 1939 wies er darauf hin, dass ein Inkrafttreten der Verordnung zum 1. Januar 1940 aus verwaltungstechnischen und arbeitsmäßigen Bedenken nicht ratsam sei, da eine lange Prüfung der Einzelfälle vonnöten wäre. Überdies regte er an, die Abfindungssumme auch an bereits emigrierte Beamte zu zahlen.[167]

Obwohl der Reichspostminister mit dem Vorschlag, den Anspruch ehemaliger jüdischer Beamter auf Versorgungsbezüge gesetzlich abzuerkennen und sie allein durch Unterhaltsbeiträge zu unterstützen, die Regelung noch zu verschärfen suchte,[168] wurde die Angelegenheit offensichtlich von den beteiligten Ministerien dilatorisch behandelt.

Im Juni 1940 musste der Stellvertreter des Führers die Entwurfsarbeiten vorantreiben. Bei dem »gegenwärtigen Stand der Judenfrage« erschien es ihm angezeigt, den im Ausland befindlichen jüdischen Beamten die Ruhestandsbezüge zu entziehen und diese Maßnahme auf alle im Ausland ansässigen jüdischen Versorgungsberechtigten auszudehnen.[169]

Der Reichsinnenminister kam der Forderung des Stellvertreters des Führers sofort nach und fertigte einen diesbezüglichen Erlass, den er am 9. Juli 1940 den Obersten Reichsbehörden zusandte.[170] Eigenartigerweise opponierte nun der Reichspostminister gegen den Erlassentwurf, obgleich er wenige Monate zuvor eine ähnliche, nur wesentlich härtere Regelung vorgeschlagen hatte. Wohl einmalig für die Judengesetzgebung des Dritten Reiches, appellierte er an humanitäre Prinzipien, indem er auf Mütter aufmerksam machte, die bisher von den auf ein Sonderkonto überwiesenen Versorgungsbezügen ihrer ausgewanderten Söhne und Töchter gelebt hätten und nach dem Vorhaben des Reichsinnenministers nun gänzlich mittellos dastehen würden. In dialektischer Verschleierung fügte er an: »Ihr Vorhaben läßt erkennen, daß in der Behandlung der Judenfrage gegenüber der Zeit vor dem Kriege ein beachtenswerter Wandel eingetreten zu sein scheint. Ich würde dies begrüßen. Von den beabsichtigten Maßnahmen werden allerdings jene betroffen, die dem lebhaften Wunsch des Deutschen Volkes gefolgt und nach dem Ausland abgewandert sind. Diejenigen, die sich in echt jüdischer Dreistigkeit dickfellig gezeigt haben, kommen indes weiterhin in den Genuß ihrer Bezüge.«[171]

Den hartnäckigsten Widerstand jedoch leistete die Reichskanzlei. Offensichtlich war es dem Reichskabinettsrat Killy[172] gelungen, seinen Minister gegen den Erlassentwurf einzunehmen, denn am 2. August wurde das Reichsinnenministerium von ihm »auftragsgemäß fernmündlich verständigt und gebeten, die weitere Angelegenheit bis zum Eingang eines Schreibens zurückzustellen«.[173]

Noch am gleichen Tag nahm Lammers selbst schriftlich zu diesem Erlass Stellung. Einleitend stellte er fest, dass der Verordnungsentwurf über eine Kürzung der Versorgungsbezüge offenbar nicht weiterverfolgt und durch den Runderlass ersetzt werde. Der Chef der Reichskanzlei hob hervor, dass viele der betroffenen Beamten die Frontkämpfereigenschaft hatten und fuhr fort: »Wenn solchen Beamten – sei es auf ihren eigenen Wunsch oder weil ihnen ein entsprechender Antrag mit mehr oder minder gelindem Druck nahegelegt worden war – die Erlaubnis zum Aufenthalt im Ausland erteilt worden ist, so dürfte die Annahme nicht von der Hand zu weisen sein, daß diese Beamten sich in der Regel legal verhalten haben.« Wegen der in vielen Richtungen möglichen politischen Auswirkungen hielt Lammers einen Vortrag bei Hitler für unumgänglich, machte aber darauf aufmerksam, dass der Führer in nächster Zeit kaum zu sprechen sein werde, und bat deshalb, die Sache vorerst nicht weiter zu verfolgen.[174]

Das Schreiben mochte weniger an den Reichsinnenminister als an den Stellvertreter des Führers gerichtet sein, auf jeden Fall hatte der Chef der Reichskanzlei mit den notwendigen Argumenten und einer taktisch geschickten Verzögerungsbegründung den Erlass vorerst gestoppt.

Der Reichsinnenminister geriet nun in eine Zwangssituation, war er doch den Forderungen des Stellvertreters des Führers als maßgeblicher Minister unmittelbar konfrontiert. Um wenigstens etwas anbieten zu können, legte er am 6. September einen durchwegs abgeschwächten Erlassentwurf vor, der die Streichung freiwilliger Zahlungen an jüdische Beamte, Angestellte und Arbeiter zum Inhalt hatte und begründete dies mit dem Gesetzesstopp des Führers, der eine Weiterbearbeitung des ursprünglichen Entwurfes zunichte gemacht habe.[175] Doch auch dieser relativ milde Erlass, er betraf nicht die gesetzlichen Ruhegehaltszahlungen und war offenbar in erster Linie als Absicherungsfunktion gegenüber dem Stellvertreter des Führers gedacht, stieß auf die Bedenken der Reichskanzlei. Hier mochte man den Maßnahmen nicht zustimmen, »bevor nicht die Wirkungen im einzelnen dargelegt und überschaubar sind«.[176] Dies lief auf die oft erprobte Verzögerungstaktik hinaus, was der im Kompetenzendschungel des Dritten Reiches versierte Lammers noch zu intensivieren verstand, indem er vorschlug, die Antwort der Reichskanzlei im Einvernehmen mit dem BVP zu erteilen, wozu dieser auch grundsätzlich bereit war.[177] Ende November wurde der Reichsinnenminister dann vom »Reichsmarschall des Großdeutschen Reiches« darauf hingewiesen, dass mit seiner Regelung die Entscheidung einer Frage vorweggenommen würde, die wegen ihrer allgemeinen grundsätzlichen und politischen Bedeutung allein vom Führer nach eingehendem Vortrag getroffen werden könne. Im Einvernehmen mit der Reichskanzlei bat der BVP, ihm zunächst einen Überblick darüber zu verschaffen, »aufgrund welcher gesetzlichen Bestimmungen und an welche Kreise z. Z. noch derartige freiwillige Leistungen gezahlt werden«.[178] Damit war einer der zahlreichen Versuche zur Regelung des Ruhegehalts auf absehbare Zeit fehlgeschlagen; gleichzeitig beleuchtet das Scheitern dieser Frage, welche Möglichkeiten der Ministerialbürokratie noch immer zur Verfügung standen, um einer ihren Absichten zuwiderlaufenden Regelung auszuweichen.

3. Beispiele für die Stellung und Haltung der Reichsbehörden zu entscheidenden Ausschaltungsgesetzen im Krieg

Wie der Reichspostminister im Juni 1940 festzustellen glaubte, war in der Behandlung der Judenfrage »ein beachtenswerter Wandel eingetreten«.[179] Dies bezog sich zwar konkret auf die Schärfe und den Umfang der nun gegen die Juden ergriffenen Maßnahmen, bezeichnet aber auch ungewollt eine merkbare Veränderung in der Haltung, die einige Reichsbehörden bislang der Judenpolitik gegenüber eingenommen hatten. In erster Linie gilt dies für das Reichsinnenministerium, das bis Kriegsausbruch eine gemäßigte Haltung in der Judenpolitik vertreten hatte, nicht zuletzt durch Lösener, der wiederum häufig auf die Unterstützung durch Staatssekretär Stuckart hoffen durfte. Stuckart wurde nach Errichtung des GBV dessen Stabsleiter, gleichzeitig war er hoher Angehöriger der SS.[180] Insbesondere seine Zugehörigkeit zur SS war für Stuckart sicherlich ein Grund, dem übermächtigen RFSS nicht entgegenzutreten, zumindest nicht auf dem Gebiet der Judenfrage. Hinzu kam die gestiegene Bedeutung des Ministeriums infolge der durch die Kriegseroberungen erforderlichen Verwaltungsarbeit. Stuckart mochte die neu gewonnenen Kompetenzen auf diesem Gebiet kaum aufs Spiel setzen, nur weil die zögernde Haltung seiner Behörde zur Judenfrage anderen Institutionen Gelegenheit gegeben hatte, die Zuständigkeit des Ministeriums faktisch zu ignorieren. Dies mag auch erklären, warum Stuckart bemüht war, durch eine Aktivierung der Judenfrage deren Führung nicht weiterhin dem Ministerium entgleiten zu lassen.[181] Bei den anstehenden Fragen eines jüdischen Sonderstraf-rechts, eines besonderen Arbeitsrechts und einer Regelung der Staats-angehörigkeit sollte sich erweisen, dass die projektierten Maßnahmen zu einem »Umsturz« der Ressorts führten, in deren Mittelpunkt insbesonde-re Görings Behörden über eine längere Zeit erfolgreich diese Pläne blo-ckierten, bis die schwächer werdende Position Görings und der Krieg gegen Russland diese Bemühungen letztlich zunichte werden ließen.

a. Stufen des politischen Sonderstrafrechts

Mit dem Vordringen des staatlich-hoheitlichen Anspruchs auf die Regle-mentierung aller Lebensäußerungen des Staatsbürgers lief im Dritten Reich parallel und in einem Kausalnexus zur totalen Erfassung des Bürgers die Ausweitung des Strafrechts. Dergestalt sollte sich der Richter als »politi-scher Richter« empfinden, als richtendes Organ der im Führer verkörper-ten »Volksgemeinschaft«.[182] Die in allen Diktaturen des 20. Jahrhunderts vorherrschende Tendenz zur politischen Strafjustiz, die den politisch-ideo-logischen Gegner zu treffen beabsichtigt, erhielt im Dritten Reich eine zusätzliche und einzigartige Ausprägung. Neben den allgemeinen straf-rechtlichen Sanktionen trafen den jüdischen Gesetzesbrecher auf bestimmten Gebieten spezifizierte Strafvorschriften, so auf dem Gebiet des Rasserechts und der Bevölkerungspolitik.[183] Die Tendenz zu einer strafrechtlichen Sonderbehandlung der Juden war bereits während der Vorkriegszeit allgemein;[184] sie trat in ein virulentes Stadium nach Kriegs-ausbruch, als die verschiedenen Rechtsvorschriften im Rahmen des Kriegs-sonderstrafrechts auch für Deutsche drakonische Strafen androhten.

Der Anstoß eines allein auf Nichtdeutsche anzuwendenden Sonder-strafrechts ging aus von dem Reichsführer SS. Um die von seinen Einsatz-gruppen verübten Gräueltaten in Polen rechtlich abzusichern und eine nachträgliche Legalisierung für die von ihm eingesetzten Standgerichte der SS zu erhalten, ließ er dem Reichsinnenministerium den Entwurf einer Verordnung zur Bekämpfung von Gewalttaten in den eingegliederten Ostgebieten« vorlegen, nach der die SS, ähnlich wie die Wehrmacht, eine eigene Standgerichtsbarkeit erhalten sollte.[185]

Nachdem das Oberkommando der Wehrmacht auf die Verordnung zu-stimmend reagiert hatte,[186] unterbreitete sie Frick dem Ministerrat für die Reichsverteidigung mit der Bitte um Beschlussfassung und der Begrün-dung, die Haltung der Polen und Juden sei nach vorliegenden Berichten gerade in letzter Zeit aufsässiger und herausfordernder geworden.[187]

Während der Reichsführer SS über den Generalbevollmächtigten für die Reichsverwaltung den Erlass seiner Verordnung betrieb, hatte gleich-zeitig der Reichsjustizminister einen Verordnungsentwurf über die Ein-führung des deutschen Strafrechts in den eingegliederten Ostgebieten vorgelegt, dessen Schwergewicht auf der Abänderung einiger strafprozessualer Bestimmungen lag: so sollte er die Reichs-Strafprozessordnung insoweit abändern, als die Vorschriften über das Klageerzwingungsverfahren und den Verfolgungszwang in den Ostgebieten keine Anwendung finden, sowie Privat- und Nebenklagen allein Reichs- und Volksdeutschen vorbehalten werden sollten.[188]

Während beide Verordnungsentwürfe dem Ministerium vorlagen,[189] kritisierte der für die Reichskanzlei gutachtende Ministerialdirektor Kritzinger die Vorlage des Reichsführer SS: Da man zum jetzigen Zeitpunkt schließen könne, dass die in dem Entwurf vorgesehenen scharfen Mittel – der Reichsführer SS hatte für eine Vielzahl von Tatbeständen die Todesstrafe durch Standgerichte vorgesehen – den Eindruck aufkommen lassen könnten, als sei das Gegenteil einer Befriedigung dieser Gebiete zu erkennen, wäre die Verordnung deshalb besser im Oktober 1939 ergangen.[190] Kritzinger hielt aus diesem Grund die Zustimmung Görings zu dem Entwurf Himmlers für unbedingt erforderlich und instruierte den Generalbevollmächtigten für die Reichsverwaltung über die von ihm vorgebrachten Bedenken.[191]

Görings Behörde reagierte wie erhofft. Im März 1940 ließ sie mitteilen, dass der Reichsmarschall gegen die Einrichtung der Standgerichte »größte Bedenken« habe und bitten lasse, die Angelegenheit nochmals mit dem Reichsinnenminister zu klären.[192]

Himmler nahm jedoch die Ablehnung seines Planes einer den Wehrmachtsbefugnissen adäquaten Polizei-Standgerichtsbarkeit nicht widerspruchslos hin. In einem mehrseitigen, persönlichen Schreiben an Göring verteidigte er die Übertragung der Standgerichtsbarkeit auf die Polizei mit der feindseligen Haltung der polnisch-jüdischen Bevölkerung und hielt es aus Gründen der Staatsnotwendigkeit für angemessen, den Kreis der unter eine außerordentliche Strafandrohung gestellten Straftatbestände zu erweitern. Er berief sich auf »eingehende Verhandlungen mit dem Reichsjustizminister«,[193] ohne allerdings die Reichskanzlei oder Göring von der Berechtigung seiner Verordnung zu überzeugen.[194]

War auch der Reichsführer SS mit diesem Vorstoß gescheitert, so hatte er doch die Genugtuung, dass das Reichsjustizministerium die materiellrechtlichen Bestimmungen seines Entwurfs den eigenen Vorarbeiten einfügte[195] und die »Verordnung über die Einführung des deutschen Strafrechts in den eingegliederten Ostgebieten« vom 6. Juni 1940[196] für Polen und Juden ein Sonderstrafrecht schaffte, das für eine Vielzahl von Tatbeständen die Todesstrafe androhte.[197]

Himmler indessen war nicht geneigt, von seinen Plänen abzulassen. Zwar hatten die Polizeistandgerichte ihre nirgends rechtlich legitimierte Tätigkeit mit Erlass der Verordnung eingestellt, ihre Aufhebung wurde vom Reichsführer SS jedoch abgelehnt. Auch arbeitete das Hauptamt Ordnungspolizei an einem neuen Erlassentwurf, der über Heydrich dem Reichsmarschall vorgelegt werden sollte.[198]

Zwischenzeitlich hatte der Reichsjustizminister versucht, mit der Vorlage einer Ausführungsverordnung die eingegliederten Ostgebiete auch strafrechtlich in das Rechtsgebiet des Reiches zu integrieren. Dies stieß aber auf die kategorische Ablehnung Heydrichs, der eine strafrechtliche Gleichbehandlung der Ostgebiete mit dem Reich für unmöglich hielt und eine Sonderregelung der Art forderte, für Polen und Deutsche in den Ostgebieten ein jeweils eigenes Strafrecht zu statuieren.[199]

In dieser Frage erhielt der Chef der Sicherheitspolizei Unterstützung von Bormann, der mit zahlreichen Begründungen den Entwurf des Reichsjustizministers zu torpedieren suchte. Er hielt es für zweckmäßiger, die Reichsstatthalter der besetzten Gebiete zum Erlass entsprechender Verordnungen zu ermächtigen, da diese dann die Möglichkeit hätten, die »zu erlassenden Vorschriften nach Umfang und Zeitpunkt des Inkrafttretens den jeweiligen Erfordernissen anzupassen«. Grundsätzlich hielt Bormann bereits die Verordnung vom 6. Juni, die trotz ihrer weitgehenden Bestimmungen noch gewisse Rechtsgarantien vorsah,[200] nicht für geeignet, »den besonders gelagerten Verhältnissen im Osten gerecht zu werden«, da sie die Handlungsfreiheit der deutschen Dienststellen beeinträchtige. Er führte Hitler an, der anlässlich eines Vortrages der Gauleiter Bürckel und Wagner die Auffassung vertreten habe, »daß auch die Gauleiter die notwendige Bewegungsfreiheit haben müßten«. Weiterhin habe der Führer betont, »daß er von den Gauleitern nach zehn Jahren nur eine Meldung verlange, nämlich daß ihr Gebiet deutsch und zwar rein deutsch sei. Nicht aber werde er sie danach fragen, welche Methoden sie angewendet hätten, um das Gebiet deutsch zu machen und es sei ihm gleichgültig, wenn irgendwann in Zukunft festgestellt werde, daß die Methoden zur Gewinnung dieses Gebietes unschön oder juristisch nicht einwandfrei gewesen seien«.

Diese Zielsetzung, schloss Bormann seine Argumentation, könne mit den vom Reichsjustizminister vorgelegten Verordnungen nicht erreicht werden.[201] Die einzige Möglichkeit sei die Aufhebung des deutschen Strafrechts und die Schaffung eines besonderen Strafrechts für Polen, das sich auf wenige Bestimmungen beschränken und mit denen möglichst jedes ordnungswidrige Verhalten erfasst werden könne. Hinzutreten müsste eine entsprechende Strafverfahrensordnung, worin die in der deutschen Strafprozessordnung getroffenen Bestimmungen zum Schutze des Angeklagten entfallen.

Dann spielte Bormann ein Argument des Reichsführers SS aus. Bei der Unempfindlichkeit der Polen gegenüber Gefängnisstrafen, müsste neben der Einführung der Todesstrafe auch an »die Einführung der Prügelstrafe und die Schaffung anderer Maßnahmen mit vielleicht mehr polizeilichem Charakter zu denken sein«. Das Vorbild eines derartigen Verfahrens sah Bormann in der Tätigkeit der polizeilichen Standgerichte, die sich »sehr gut bewährt hätten und infolge der Einführung des Strafrechts in die eingegliederten Ostgebiete leider weggefallen sind …«. Hinsichtlich der Einführung des deutschen Strafrechts bat Bormann, eine Entscheidung des Führers herbeizuführen.[202]

Gegenüber der Phalanx von Stellvertreter des Führers und Sicherheitspolizei gab sich der Reichsjustizminister sofort geschlagen. Er hielt zwar an der Verordnung vom 6. Juni fest, doch konzidierte er, es bestünden keine Bedenken, »den schon durch die Einführungsverordnung eingeschlagenen Weg, auf der Grundlage des deutschen Rechts ergänzende Sondervorschriften zu schaffen, die sich ausschließlich gegen Polen (und auch Juden) richten, fortzusetzen, soweit ein Bedürfnis hierfür zutage tritt«. Indes würden alle Sondermaßnahmen davon abhängen, »welche allgemeine politische Richtung in der Behandlung der Polen und Juden in Zukunft eingeschlagen werden soll«. Einer Anregung Heydrichs folgend, berief der Reichsjustizminister eine Besprechung auf den 10. Dezember 1940.[203]

Die Reichskanzlei verlegte sich bei dieser Sachlage auf eine reine Verzögerungstaktik. Obwohl die Angelegenheit durch das Eingreifen Bormanns und das grundsätzliche Einverständnis des Reichsjustizministers zweifelsfrei entschieden war, forderte es bei diesem eine Stellungnahme zum Schreiben Bormanns an und ließ den Stellvertreter des Führers wissen, dass man darauf zurückkommen werde.[204] Anschließend kamen jedoch Kritzinger Bedenken. Lammers war offenbar der Überzeugung, die vom Chef der Sicherheitspolizei und dem Reichsjustizminister festgelegte Besprechung beziehe sich nur auf Fragen der Einführung deutschen Strafrechts in die eingegliederten Ostgebiete, wogegen Kritzinger seinen Minister darauf hinwies, daß es wohl eher um die Frage gehe, »welche allgemeine politische Richtung in der Behandlung der Polen und Juden in Zukunft eingeschlagen werden soll«.[205]

Kritzinger hielt es offenbar für klüger, die Reichskanzlei in diesen Fragen nicht mehr als unbedingt erforderlich zu engagieren, denn er begründete seinen Vorschlag, die Absetzung der Ressortbesprechung anzuregen, mit der Möglichkeit, dass Vertreter des Stellvertreters des Führers und des Reichsführers SS Äußerungen des Führers über die Polenpolitik mitteilen könnten, denen Lammers aus Mangel an näheren Informationen nichts entgegenzusetzen hätte.[206] Lammers akzeptierte den Vorschlag Kritzingers[207] und die Reichskanzlei begnügte sich damit, den Reichsjustizminister auf das Schreiben Bormanns vom 20. November zu verweisen, aus dem er die Meinung des Führers entnehmen sollte. Im Falle einer Nichteinigung zwischen den Ministerien, dem Stellvertreter des Führers und dem Reichsführer SS erklärte sie sich bereit, eine Entscheidung des Führers herbeizuführen.[208]

Nachdem sich die Reichskanzlei somit aus allen strittigen Fragen herausmanövriert hatte, konnte sie den Fortgang der Angelegenheit dem Reichsjustizminister überlassen.

Dieser übersandte am 17. April 1941 der Reichskanzlei den Verordnungsentwurf über die Strafrechtspflege gegen Polen und Juden in den eingegliederten Ostgebieten, den er nach vorbereitenden Besprechungen mit den Oberlandesgerichtspräsidenten und Generalstaatsanwälten aufgestellt hatte.[209] Wie Staatssekretär Schlegelberger ausführte, bedeutete dieser Entwurf »ein völliges Sonderrecht sowohl auf dem Gebiet des sachlichen Strafrechts wie dem des Verfahrensrechts« und berücksichtigte weitgehend die Anregungen des Stellvertreters des Führers. Der Entwurf lehnte sich eng an die Verordnung vom 6. Juni 1940 an, nur waren die strafrechtlichen Tatbestände jetzt noch härter und allgemeiner umrissen: So erlaubte die Formulierung des Verordnungsentwurfes, jedes gegen das Deutschtum gerichtete Verhalten eines Polen oder Juden zu erfassen, wobei die Unbestimmtheit dieses Rechtssatzes faktisch dem Ermessen der Gerichte anheim stellte, welche Handlung als Verbrechen qualifiziert werden konnte.[210] Verschärft wurde diese Bestimmung durch das Analogieprinzip, wonach Polen und Juden auch verurteilt werden konnten, wenn sie eine Tat begangen hatten, »die gemäß dem Grundgedanken eines deutschen Strafgesetzes nach den in den eingegliederten Ostgebieten bestehenden Staatsnotwendigkeiten Strafe verdient«. Wo die Todesstrafe nicht angedroht wurde, bestand die Ausweichmöglichkeit, sie dennoch zu verhängen, sofern die Tat von besonders niedriger Gesinnung zeugte oder aus anderen Gründen besonders schwer war.

Verdeckte schon das materielle Recht dieser Verordnung nur notdürftig die von dem Eroberer zur Norm erhobene absolute Willkür, so brachten die verfahrensrechtlichen Vorschriften das Ende jeder »Gerichtsbarkeit«. Wie das Reichsjustizministerium in Anlehnung an die Ausführungen Bormanns versicherte, war man schon bisher davon ausgegangen, »daß der Pole gegen den Vollzug einer gewöhnlichen Freiheitsstrafe wenig empfindlich sei«. Polen und Juden sollten deshalb in Lagern untergebracht und mit schwerster Arbeit beschäftigt werden. Den verurteilten Polen oder Juden sollte ein Rechtsmittel gegen das Urteil eines deutschen Gerichts nicht mehr zugestanden werden. Sie sollten deutsche Richter nicht als befangen ablehnen können und nicht mehr eidesfähig sein. Allein dem Staatsanwalt stand das Recht der Beschwerde und der Berufung offen, er konnte im Vorverfahren die zulässigen Zwangsmittel anwenden; Gericht und Staatsanwalt sollten das Verfahren nach pflichtgemäßem Ermessen gestalten. Sie sollten von den Vorschriften des Gerichtsverfassungsgesetzes und des Reichsstrafverfahrensrechts abweichen können, wo dies zur schnellen und nachdrücklichen Durchführung des Verfahrens zweckmäßig erschien.

Dieser Entwurf bewies, inwieweit die Obersten Reichsbehörden zu Ausführungsorganen des Stellvertreters des Führers degradierten. Die einzigen Forderungen, die der Reichsjustizminister Bormann abgeschlagen hatte, betrafen die Prügelstrafe, da sie nach Auffassung des Ministeriums dem »Kulturstand des deutschen Volkes« nicht entsprach, und die Delegationsbefugnis zugunsten der Reichsstatthalter.[211]

Auf einer Besprechung zwischen Vertretern des Reichsjustizministeriums und des Reichsführers SS wurde noch einmal festgestellt, dass die Forderungen des Reichsführers SS und des Stellvertreters des Führers berücksichtigt worden waren.[212] Gleichzeitig aber ließ Himmler erkennen, woran ihm in erster Linie gelegen war: Am 16. Mai 1941 nahm Heydrich Bezug auf die besonderen strafprozessualen Vorschriften, denen Polen und Juden unterworfen sein sollten, was nach dem Chef des Sicherheitsdienstes »zweckmäßigerweise in Form eines polizeilichen Standrechts statuiert« werden sollte.[213] Damit versuchte der Reichsführer SS nochmals »einen alten Wunsch« zu realisieren, der bislang an Görings Widerspruch gescheitert war.[214]

Wieder kam Bormann dem Reichsführer SS zu Hilfe: mit Schreiben vom 24. Mai 1941 teilte er der Reichskanzlei mit, Hitler habe nach einem Vortrag des Reichsstatthalters/Gauleiters Greiser diesem die Ermächtigung gegeben, bei Sabotageakten von Polen Standgerichte einzusetzen, die mit einem örtlichen Hoheitsträger und je einem Offizier der Sicherheits- und Ordnungspolizei besetzt sein sollten und deren Urteile nur auf Tod oder Konzentrationslager zu lauten hätten.[215] In der Reichskanzlei stellte man sofort fest, »daß eine Regelung für den Warthegau nicht nur eine entsprechende Regelung für den Gau Danzig-Westpreußen, sondern auch für die neuen Gebiete Ostpreußens und Schlesiens mit sich bringen würde«.[216] Man stellte also dem Reichsjustizminister anheim, diese Entscheidung des Führers ganz oder teilweise dem Verordnungsentwurf über die Strafrechtspflege gegen Polen und Juden einzuarbeiten.[217] Der Entwurf wurde daraufhin vom Reichsjustizminister um die Schlussbestimmung ergänzt, dass der Reichsinnenminister mit Zustimmung des Reichsjustizministers für einzelne Bezirke der eingegliederten Gebiete zur Aburteilung von Polen wegen schwerer Ausschreitungen gegen Deutsche oder anderer schwerer Straftaten Standgerichte einsetzen konnte, die lediglich auf Todesstrafe oder Konzentrationslager zu erkennen hatten.[218]

Durch diese Regelung sah sich jedoch Greiser ausmanövriert: Wiederum schaltete sich die Reichskanzlei ein und drängte auf eine Besprechung zwischen dem Reichsstatthalter und dem Reichsjustizministerium,[219] in der sich Freisler endgültig geschlagen gab. Er vereinbarte mit Greiser eine Neufassung der Schlussbestimmung, wonach nun »der Reichsstatthalter mit Zustimmung des Reichsministers der Justiz« die Einsetzung von Standgerichten anordnen konnte, ebenso sollte die Besetzung der Standgerichte und ihr Verfahren durch den Reichsstatthalter geregelt werden.[220] Der Leiter der staatsrechtlichen Abteilung der Reichskanzlei, Ministerialdirektor Klopfer, der »zufällig zugegen« war, versprach, Bormann die Zustimmung zu dieser Einigung zu empfehlen.[221] Ganz im Sinne Hitlers und Greisers wäre mit dieser Regelung ein bedeutsames Machtinstrument auf die Reichsstatthalter übergegangen, wobei nicht ohne berechnendes Interesse von Seiten Greisers das Reichsinnenministerium, respektive der Reichsführer SS, ausgeschaltet worden wäre.[222] Diese Absicht sollte indessen fehlschlagen. Freisler, der noch am 7. Juni sicher sein konnte, die Billigung Himmlers zu seinem Entwurf zu finden,[223] musste nun erkennen, dass die SS nicht gesonnen war, eine Schwächung ihrer Stellung hinzunehmen. Obwohl Freisler den Reichsführer SS bei Übersendung des neugefassten Entwurfes vorbeugend darauf hinwies, dass die Bestimmungen über das standrechtliche Verfahren auf einer Entscheidung Hitlers beruhten,[224] begann das Reichssicherheitshauptamt sofort zu opponieren. Auf einer Besprechung zwischen Vertretern des Reichssicherheitshauptamtes und des Hauptamts Ordnungspolizei am 11. Juli billigte man den Entwurf grundsätzlich und wünschte für das gerichtliche Verfahren sogar ein »Mindestmaß an Rechtsgarantien«, wie: schriftliche Ausfertigung des Urteils und Anhörung des Angeklagten. Mit allem Nachdruck forderte man jedoch beim standgerichtlichen Verfahren, dass die Reichsstatthalter neben der Zustimmung des Reichsjustizministers an die Zustimmung des Reichsinnenministers zu binden sind. Diese Ergänzung schien notwendig, »um den erforderlichen Einfluss der Polizei auf das Standgerichtsverfahren … sicherzustellen«, ansonsten »das vorgesehene Standrecht nicht ein polizeiliches Standrecht, sondern ein in den Händen der Justizverwaltung liegendes Standrecht« würde. Weiterhin wünschte man die Einbeziehung der Juden unter die Standgerichtsbarkeit. Für diese sollte die Möglichkeit geschaffen werden, jede und nicht nur schwere Straftaten aburteilen zu können.[225]

Nach einer Besprechung der Sachbearbeiter des Reichsjustizministeriums und des Reichssicherheitshauptamtes am 14. Juli 1941,[226] gab Heydrich am 1. August die endgültige Stellungnahme für den Bereich des Reichsführers SS ab.[227] Im Wesentlichen wiederholte er die von seinem Referenten am 11. Juli herausgearbeiteten Punkte. So bat er für die Standgerichtsbarkeit die Zustimmung des Reichsministers vorzusehen und hielt es für dringend erforderlich, »das Standrecht nicht nur für Polen, sondern auch für Juden anzuordnen«.

Den Wünschen Heydrichs wurde in vollem Umfang entsprochen. Nachdem Vertreter des Reichsjustizministeriums und des Reichssicherheitshauptamtes noch einmal die anstehenden Fragen erörtert hatten[228] und die Parteikanzlei mit der nunmehrigen Fassung einverstanden war,[229] lag der Entwurf seit Mitte Oktober beim Generalbevollmächtigten für die Reichsverwaltung, um vom Ministerrat für die Reichsverteidigung verabschiedet zu werden.[230] Er wurde dann am 4. Dezember 1941 abgezeichnet und am 16. Dezember veröffentlicht.[231]

Die Polen-Strafrechtsverordnung bedeutete für alle Betroffenen das Ende des bisherigen Strafrechtssystems. Auf dem Gebiet des sachlichen Strafrechts gestattete sie den deutschen Gerichten und insbesondere der Staatsanwaltschaft auf Grund der Unbestimmtheit und der Unbestimmbarkeit ihrer einzelnen Strafnormen praktisch jedes Handeln eines Polen oder Juden mit dem Tode zu bestrafen. Einzelne auf dieser Verordnung beruhende Gerichtsurteile zeigen nachdrücklich, welches Maß an Entartung des Rechtsverständnisses sie voraussetzte.[232] Dennoch garantierte die Mitwirkung der Gerichte an der Strafrechtspflege wenigstens einen minimalen Rechtsschutz, der im Standgerichtsverfahren völlig fehlte. Es beweist im übrigen die herausragende Stellung des Reichsführers SS, dass Heydrich mit seinen Änderungswünschen durchdringen konnte[233] und die tatsächlich bestehende Machtverteilung damit noch gesetzlich unterstrichen wurde.

Die Bedeutung der Polen-Strafrechtsverordnung für die Judenpolitik lag darin, »daß erstmalig die politisch, beruflich, wirtschaftlich und biologisch durchgeführte Sonderbehandlung der Juden auch für das Strafrecht anerkannt und die Möglichkeit einer Schließung der Lücke im Rechtssystem der Abwehrmaßnahmen gegen das Judentum bejaht wurde«.[234] Immer noch waren aber die Juden nach den Vorschriften dieser Verordnung den »minderwertigen« Polen gleichgestellt. Obwohl bereits im Januar 1942 das Strafrecht für Polen und Juden, nochmals verschärft wurde,[235] war die Wirklichkeit, was die Juden anbetraf, mit den Bestimmungen dieser Strafnormen längst nicht mehr zu fassen.

b. Vom Arbeitseinsatz zur »Ausschaltung durch Arbeit«

Durch die personellen Anforderungen der Wehrmacht erhielten auch die Pläne bezüglich eines Einsatzes jüdischer Zwangsarbeiter seit Kriegsbeginn neuen Auftrieb. Am 6. September 1939 kündigte die Gestapo eine baldige Regelung dieser Frage an[236] und am 11. September übermittelte der Reichsarbeitsminister dem Stellvertreter des Führers die ersten Vorschläge. Er hielt grundsätzlich daran fest, dass die arbeitsrechtlichen Bestimmungen auch für Beschäftigung von Juden gelten müssten, kritisierte aber andererseits, dass Juden an gewissen arbeitsrechtlichen und sozialen Vorteilen der Deutschen partizipierten.[237]

Nachdem der Stellvertreter des Führers sich dieser Auffassung angeschlossen hatte[238] und zahlreiche polnische Arbeitskräfte ins Reich verpflichtet worden waren, hielt der Reichsarbeitsminister den Zeitpunkt für eine Regelung dieses Fragenbereiches gekommen. Am 16. April 1940 unterbreitete er dem Ministerrat für die Reichsverteidigung zwei Verordnungsentwürfe über die arbeitsrechtliche Behandlung der Polen und Juden.[239]

Der die Juden betreffende Entwurf enthielt einen Katalog von Ausnahmeregelungen: jüdische Arbeitskräfte sollten an den nationalsozialistischen und den sonstigen einmaligen Sonderfeiertagen keine Fortzahlung des regelmäßigen Arbeitsverdienstes erhalten; sie sollten zudem von tariflichen oder betrieblichen Kinderzulagen, von Geburts- und Heiratsbeihilfen sowie Sterbegeldern, Treuegaben, Jubiläumsprämien und ähnlichen Zuwendungen ausgeschlossen werden. Die Verordnungsentwürfe wurden von der Reichskanzlei »in Anbetracht ihrer möglichen politischen Auswirkungen« dem Beauftragten für den Vierjahresplan zugeleitet, um diesem Gelegenheit zur Stellungnahme zu geben.[240] Göring reagierte wie zuvor bei der von Himmler inspirierten Verordnungsvorlage über die Bekämpfung von Gewalttaten: er ließ Lammers bitten, die Weitergabe der Entwürfe vorläufig zurückzustellen, da der Beauftragte für den Vierjahresplan nochmals Fühlung mit dem Reichsarbeitsministerium aufnehmen wolle. Eine erneute Vorlage sollte vom Beauftragten für den Vierjahresplan aus erfolgen.[241]

Noch ehe dieser Entschluss zum Generalbevollmächtigten für die Reichsverwaltung gedrungen war, hatte dieser den Verordnungsentwurf kritisiert. Stuckart erschien es nicht angängig, »daß die Juden den regelmäßigen Arbeitsverdienst für die ausfallende Arbeitszeit am Neujahrstag, am Oster- und Pfingstmontag, sowie am ersten und zweiten Weihnachtsfeiertag« ausbezahlt erhalten sollten und bat um eine dementsprechende Ergänzung des Entwurfs.[242]

Da der Beauftragte für den Vierjahresplan in der Folgezeit keine Anstalten unternahm, die Angelegenheit, wie verabredet, selbst in die Hand zu nehmen, ergriff der Reichsarbeitsminister wieder die Initiative. Am 3. Juni 1940 unterrichtete er Lammers, dass er am gleichen Tag einen Runderlass an die Reichstreuhänder der Arbeit gerichtet habe, da durch den umfangreichen Einsatz polnischer und jüdischer Arbeiter im Reich eine weitere Hinauszögerung der Bestimmung über die arbeitsrechtliche Behandlung dieser Personengruppen nicht mehr vertretbar gewesen sei.[243] Der Runderlass entsprach in allen Punkten dem vom Reichsarbeitsminister im April vorgelegten Verordnungsentwurf, in den man zusätzlich die Anregung des Generalbevollmächtigten für die Reichsverwaltung eingearbeitet hatte.[244]

Aus unbekannten Gründen wurde die rechtliche Fixierung des Sonderstatus für polnische und jüdische Arbeiter bis zum Jahresende 1940 nicht weiter verfolgt.[245] Im Dezember 1940 regte der Beauftragte für den Vierjahresplan dann an, die durch den Arbeitseinsatz der Juden »notwendig gewordenen Sonderbestimmungen auf arbeitsrechtlichem Gebiet nicht, wie bisher üblich, als jeweilige Ausnahmen von dem Arbeitsrecht für Deutsche zu erlassen, sondern ein erschöpfendes Arbeitsrecht für Juden zu schaffen, das ihre Sonderstellung auch grundsätzlich zum Ausdruck bringt«.[246] Die Regelung des Beschäftigungsverhältnisses der Juden war zu diesem Zeitpunkt überfällig. Die Gestapo hatte im November 1940 damit begonnen, eine Zählung aller beschäftigungslosen, arbeitsfähigen Juden in die Wege zu leiten, die alsdann zum geschlossenen Arbeitseinsatz kommen sollten.[247] Offensichtlich gingen diese Maßnahmen vom Stellvertreter des Führers aus, der bereits im September dem Reichsarbeitsminister »weitgehende Wünsche« hinsichtlich der arbeitsrechtlichen Behandlung von Juden unterbreitet hatte, die allerdings vom Beauftragten für den Vierjahresplan ignoriert worden waren.[248]

Die gegensätzlichen Positionen entzündeten sich auf einer Sitzung am 8. Januar 1941, die von Ministerialrat Lösener geleitet wurde.[249]

Der Vertreter des Stellvertreters des Führers erhob die Forderung, den jüdischen Arbeitern einen Rechtsanspruch auf Arbeitslohn zu versagen[250] und sie von der Arbeitsgerichtsbarkeit auszuschließen.[251]

Hiergegen legte der Vertreter des Beauftragten für den Vierjahresplan Widerspruch ein. Er verweigerte strikt die vom Reichsarbeitsminister und vom Stellvertreter des Führers vorgelegten Sonderregelungen und beharrte auf einer umfassenden Verordnung.[252] Offensichtlich hatten die Vorschläge des Beauftragten für den Vierjahresplan, die auf eine umfassende Kodifizierung des jüdischen Ausnahmerechts abzielten,[253] nur den Zweck verfolgt, die anstehenden und vom Stellvertreter des Führers betriebenen Regelungen hinauszuzögern.

Da die Sitzung kein Ergebnis brachte, einigte man sich auf einige unverbindliche Leitsitze. Juden sollten verpflichtet werden, die ihnen vom Arbeitsamt zugewiesene Beschäftigung anzunehmen; das Beschäftigungsverhältnis der Juden sollte kein Arbeitsverhältnis im Sinne der geltenden Bestimmungen sein; der Reichsarbeitsminister wurde ermächtigt, bestehende und frühere Beschäftigungsverhältnisse von Juden unter Abänderung des geltenden Rechts neu zu regeln. Bei der Ausarbeitung der neuen arbeitsrechtlichen Vorschriften für Juden stand dem Reichsinnenminister die Federführung zu. Sollte die Verordnung durch den Ministerrat für die Reichsverteidigung erlassen werden, erklärte der Vertreter des Beauftragten für den Vierjahresplan, an der zu treffenden Regelung nicht weiter interessiert zu sein.[254]

Auf der Sitzung war gleichzeitig ein Verordnungsentwurf vorgelegt worden, der exakt die vom Vertreter des Stellvertreters des Führers erhobenen Forderungen enthielt.[255]

Gegen die Bestimmung, den jüdischen Arbeitskräften keinen Lohn mehr zu gewähren, opponierte aber das Reichsjustizministerium, indem es auf die Stellung der Juden als Schuldner oder Gläubiger verwies. Durch den Hinweis auf den Fortfall von Steuerzahlungen hoffte man den Reichsfinanzminister gegen diese geplante Bestimmung einzunehmen,[256] ohne dass dieser allerdings bereit schien, den Ball aufzufangen.[257]

Am 1. März 1941 teilte dann der Reichsarbeitsminister mit, er beabsichtige zwar nicht, Juden den Anspruch auf Arbeitslohn und die Erfüllung sonstiger arbeitsrechtlicher Bedingungen zu versagen, wolle aber dem Wunsch des Stellvertreters des Führers nachkommen, die jüdischen Beschäftigten von der Arbeitsgerichtsbarkeit auszuschließen.[258] Diesem Vorhaben stellte sich der Reichsjustizminister entgegen, der an einem arbeitsgerichtlichen Verfahren zur Prüfung und Durchsetzung arbeitsrechtlicher Ansprüche weiterhin festzuhalten wünschte.[259]

Durch die berechnende Taktik des Beauftragten für den Vierjahresplan, die Ausarbeitung der Arbeitsrechtsverordnung für Juden dem freien Kräftespiel der Ministerien und deren divergierenden Interessen zu überantworten, wurde die Fortführung der Verordnung in der Folgezeit entscheidend gehemmt.[260]

Am 8. Januar 1941 ordnete Heydrich in Berlin die Deportation von 90 000 Juden aus dem Warthegau nach dem Generalgouvernement an,[261] eine Maßnahme, die wegen der von der Wehrmacht ausgelasteten Transportkapazität nicht voll zur Durchführung kam. Der zuständige Reichsstatthalter in Posen, Arthur Greiser, wollte indessen mit allen Mitteln die in seinem Gau lebenden Juden »in ein anderes Gebiet abschieben«.[262] Um dieses Ziel zu erreichen, ignorierte Greiser den Wunsch Hitlers, vordringlich das Reich von Juden freizuhalten, und offerierte zurückgebliebene Juden dem Reichsarbeitsminister als Arbeitskräfte.[263] Offenbar im Zusammenhang mit dieser Aktion war Göring eingeschaltet worden, den das Judenproblem nicht primär ideologisch, sondern in erster Linie als Wirtschaftsfaktor interessierte.

In einem Geheimerlass vom 18. Februar 1941 wies er dem gemäß alle Reichsstatthalter und Reichsverteidigungskommissare an, die aus rassepolitischen Gründen einem Arbeitseinsatz der Juden entgegenstehenden Schwierigkeiten zu beseitigen.[264] Das Reichsarbeitsministerium forderte am 14. März die Landesarbeitsämter auf, organisatorische Voraussetzungen für geeignete Beschäftigungsmöglichkeiten zu schaffen, und wies darauf hin, dass wegen der allgemeinen Lage auf die jüdischen Arbeitskräfte nicht verzichtet werden kann.[265]

Dieser letzte, rationale Versuch, die Judenfrage bis Kriegsende auf dem Weg eines von den Arbeitsämtern gelenkten Arbeitseinsatzes offen zu halten, scheiterte noch im Ansatz: Hitler ordnete im April 1941 an, von einer Überführung der Juden aus dem Osten ins Reich Abstand zu nehmen.[266]

Nachdem die Frage eines jüdischen Arbeitseinsatzes und der Bedingungen, unter denen er erfolgen sollte, lange Zeit in der Schwebe gehalten wurde, brachte die veränderte Lage im Gefolge des Russlandkrieges eine endgültige Entscheidung. Während die Reichskanzlei und das Reichsinnenministerium noch immer an eine Regelung im ursprünglichen Sinn glaubten,[267] hatten sich der Reichsarbeitsminister und der Beauftragte für den Vierjahresplan geeinigt: Der Beauftragte für den Vierjahresplan wollte eine Rahmenermächtigung auf Grund seiner Vollmacht für den Vierjahresplan erlassen, die durch eine Durchführungsverordnung des Reichsarbeitsministers sachlich ausgefüllt werden sollte.[268] Die »Verordnung über die Beschäftigung von Juden« wurde zwar vom Beauftragten für den Vierjahresplan am 3. Oktober 1941 gezeichnet, doch bis auf weiteres nicht verkündet. Sie bestimmte lapidar, dass Juden einem Beschäftigungsverhältnis eigener Art unterworfen sind und der Reichsarbeitsminister ermächtigt war, es im Einvernehmen mit dem Leiter der Parteikanzlei und dem Reichsinnenminister zu regeln. Die Verordnung sollte auch für die eingegliederten Ostgebiete gelten.

Diese letzte Bestimmung blieb indessen umstritten. Am 31. Oktober 1941 gab der Reichsarbeitsminister dem Reichstreuhänder der Arbeit in Posen bekannt, man habe diesen Punkt insoweit geklärt, als »die in den Judenwohnbezirken selbst und in Betrieben des Judenwohnbezirks beschäftigten Juden aus dem Geltungsbereich aller sozialrechtlichen Bestimmungen herausgenommen werden sollen«, während allerdings die in privaten Unternehmen eingesetzten Juden uneingeschränkt unter die zu erlassende Durchführungsverordnung fallen sollten.[269]

Am 31. Oktober unterzeichnete der Reichsarbeitsminister die Durchführungsverordnung, die im wesentlichen die Bestimmungen seines Runderlasses vom 3. Juni 1940 wiedergab, diesen allerdings in entscheidenden Punkten verschärfte. So bestand kein Anspruch auf Gehalt während einer Krankheit, der Urlaub beschränkte sich auf die Gewährung unbezahlter Freizeit. Vereinbarungen über eine Altersversorgung durften nicht getroffen werden. Der Beschäftigungsgeber konnte das Arbeitsverhältnis jederzeit zum Schluss des folgenden Werktages kündigen. Juden durften nicht als Lehrlinge beschäftigt werden, jüdische Arbeiter von 14–18 Jahren unterlagen den Vorschriften über die Arbeitszeit der Erwachsenen, auf Erwachsene fand die Arbeitsschutz-Verordnung keine Anwendung. Die Durchführungsverordnung wurde gemeinsam mit der vom Beauftragten für den Vierjahresplan abgezeichneten Rahmenverordnung am 4. November 1941 veröffentlicht.[270]

Zur Frage, ob die Durchführungsverordnung auch in den eingegliederten Ostgebieten Geltung haben sollte,[271] fanden sich am 28. November Vertreter der beteiligten Ministerien zu einer Besprechung zusammen.[272] Obwohl der Vorsitzende, Ministerialdirektor Mansfeld vom Reichsarbeitsministerium, einleitend noch einmal betonte, die Verordnung erstrecke sich auf alle in einem freien Arbeitsverhältnis befindlichen Juden, wurde dies von den Vertretern der Behörden in den Ostgebieten für irrelevant gehalten. Der Vertreter des Gaues Oberschlesien fasste die Bedenken dahingehend zusammen, dass die Einführung dieser Vorschriften in die eingegliederten Gebiete »nur zu einer unerwünschten, arbeitsrechtlichen Besserstellung der Juden führe«. Abschließend erklärte der Vertreter der Parteikanzlei, die Einführung der Verordnung sei entbehrlich, da sowieso schon alle Juden in Zwangsarbeit eingesetzt seien. Damit machte er mit enthüllender Offenheit deutlich, dass man auf diesem Gebiet Rechtsnormen, und seien sie noch so einschneidend, nicht wünschte und nicht mehr benötigte.

Zu Beginn des Jahres 1942 wurden die bisherigen Maßnahmen auf dem Gebiet des Arbeitsrechts noch durch eine Nebenbestimmung perfektioniert: Juden wurde das Kleben von Urlaubsmarken verboten, bereits geklebte Marken verfielen der Reichspost. Unterdes waren die Pläne des Arbeitseinsatzes jedoch in neue, völlig andere Dimensionen gerückt. Der Zweck der Arbeit von Juden lag nicht mehr in der Erlangung kostenloser, ungeschützter und ausbeutungsfähiger Arbeitskräfte. Die neuen Pläne der Judenpolitik umreißend, projizierte Heydrich am 20. Januar 1942 einen Großeinsatz von jüdischen Arbeitern im Osten, »dem zweifellos ein Großteil durch natürliche Verminderung« zum Opfer fallen würde.[273] Diese verklausulierte Formel für die physische Ausrottung des Judentums wurde ein halbes Jahr später zwischen dem nunmehrigen Justizminister Thierack und Himmler brutal präzisiert: Für straffällig gewordene Juden einigte man sich beiderseits auf »Vernichtung durch Arbeit«.[274]

c. Die Ausschaltung aus der »Volksgemeinschaft« durch den Entzug des Staatsangehörigkeitsrechts

Die bisherigen Versuche, den deutschen Juden das Recht der Staatsangehörigkeit zu entziehen, waren vor dem Krieg immer wieder an der Haltung der Ressortbürokratie gescheitert. Als sich infolge der Einverleibung der eroberten Gebiete in das Reich die Frage stellte, nach welchen Kriterien die hinzugewonnene Bevölkerung in das System der völkisch-rassischen Ansprüche eingeordnet werden konnte, wurden auch die Juden in die entsprechenden Überlegungen einbezogen.

Die bereits für das Sudetenland und das Protektorat geltende Regelung schloss Juden faktisch vom Erwerb der deutschen Staatsbürgerschaft aus;[275] nach Eingliederung der Ostgebiete in das Reich wurde sofort vorbeugend bestimmt, dass Juden an einem möglichen Wechsel der Staatsangehörigkeit nicht teilnehmen.[276] Da es an verbindlichen Richtlinien für die Eindeutschungspolitik fehlte, sich auch das Reichsinnenministerium gegen die örtlichen Hoheitsträger nicht durchzusetzen vermochte, griff in den eingegliederten Ostgebieten ein völlig regelloses Verfahren Platz. Neben einzelnen Gauleitern, die in der Eindeutschung ehemaliger polnischer Staatsbürger nach Gutdünken vorgingen, betrieb der Reichskommissar zur Festigung Deutschen Volkstums seine eigene Volkstumspolitik, so dass die Frage nach der staatsrechtlichen Stellung der einzelnen Bevölkerungsgruppen weithin ungeklärt blieb.[277]

Diesen unhaltbaren Zustand versuchte im Sommer 1940 das Reichsinnenministerium zu beseitigen. Es schlug vor, die Festlegung der staatsrechtlichen Stellung aller aus rassischen, politischen oder sonstigen Gründen unerwünschten Elemente vorläufig zurückzustellen, ansonsten aber die auf Grund des Staatsangehörigkeitsgesetzes betriebene Eindeutschung möglichst weitgespannt und schnell voranzutreiben.[278]

Dieser Vorschlag widerlief indes den völkisch-rassischen Intentionen des RKF/RFSS, für den die Staatsangehörigkeit kein rechtlich-positiver Akt, sondern eine Frage der völkischen Weltanschauung war. Gestützt auf die Billigung Hitlers riss Himmler die Entscheidung dieser Frage an sich und erließ im September 1940 »Richtlinien für die Überprüfung und Aussonderung der Bevölkerung in den eingegliederten Ostgebieten«.[279] Hiermit wurde ein abgestuftes System der Staatsangehörigkeit geschaffen. Neben deutschen Staatsangehörigen und Reichsbürgern und deutschen Staatsangehörigen auf Widerruf sahen die Richtlinien noch den Status des polnischen Schutzangehörigen mit verminderten Inländerrechten vor.[280] Am 31. Oktober 1940 unterbreitete das Reichsinnenministerium, aufbauend auf dem Erlass Himmlers, den Entwurf einer »Verordnung über die Deutsche Volksliste«, der von Hitler im Februar 1941 gebilligt wurde, »so daß endlich 18 Monate nach Eingliederung der Ostgebiete, am 4. März 1941, die für die Staatsangehörigkeitsregelung maßgebliche Verordnung über die deutsche Volksliste erlassen werden konnte«.[281]

Bei den Entwurfsarbeiten zur Volksliste war dem Reichsinnenminister bewusst geworden, dass die unter den Begriff des »Schutzangehörigen«

fallenden, vom Erwerb der deutschen Staatsangehörigkeit ausgeschlossenen Bevölkerungsschichten weit weniger Rechte genossen als die im Altreich lebenden Juden. Da die Volksliste bereits eine rechtliche Sonderstellung hinsichtlich der Staatsangehörigkeit bringen sollte, schien es dem Reichsinnenministerium angemessen, »dieser Neuordnung auch Juden zu unterstellen«.[282] Stuckart übersandte den beteiligten Behörden deshalb am 11. Dezember zwei unterschiedlich scharf gefasste Entwürfe einer »Zehnten Verordnung zum Reichsbürgergesetz«.[283] Im Inland lebende Juden sollten den Status des »Schutzangehörigen« erhalten. Während die erste Fassung den jüdischen Ehemann einer »Mischehe« nur schützte, wenn Kinder vorhanden waren, die nicht als Juden galten, entfiel dieser Passus in der zweiten Fassung. Dies begründete man mit der Stellung der »deutschblütigen« Ehefrau, die ansonsten von allen gegen den Ehemann ergriffenen Maßnahmen mit betroffen würde.

Gegen diese Regelung wandte sich mit Entschiedenheit die Reichskanzlei. Nach Rücksprache mit Lammers vermerkte der zuständige Ministerialdirektor Kritzinger, dass es eigenartig wirkt, wenn ausgerechnet die Juden »Schutzangehörige des Deutschen Reiches« genannt werden sollen. Da die Juden »in nicht ferner Zeit aus Deutschland verschwunden sein werden«, stellte Kritzinger die Frage, ob es sich überhaupt lohne, ihnen noch eine besondere Rechtsstellung einzuräumen. Er schlug statt dessen vor, bei ausgewanderten oder ausgewiesenen Juden, die damit ihren Wohnsitz im Reich verloren hätten, den Verlust der deutschen Staatsangehörigkeit zu erklären.[284]

Dieser Vorschlag war indessen keineswegs so radikal, wie er auf den ersten Blick und nach der Begründung erscheinen mochte.[285] Dem Reichsinnenministerium war es darum gegangen, alle in Deutschland lebenden Juden einem minderen Staatsangehörigkeitsrecht mit allen sich daraus ergebenden Folgen zu unterwerfen. Die Reichskanzlei forderte zwar einen generellen Verlust der Staatsangehörigkeit, doch nur für die Gruppe der ausgewanderten oder ausgewiesenen Juden. Dies hätte zumindest für die im Reich lebenden Juden die bedeutsame Aufrechterhaltung ihres Rechtsstatus als Staatsangehörige bedeutet.

Die Reichskanzlei legte die Verordnungsentwürfe des Reichsinnenministers anschließend Hitler vor, der sich am 20. Dezember »ganz entschieden« dagegen aussprach, die Juden in einem Gesetz oder einer Verordnung als »Schutzangehörige« zu bezeichnen.[286] In diesem Sinne unterrichtete die Reichskanzlei am 27. Dezember 1940 den Reichsinnenminister und stellte ihm anheim, die Entlassung der emigrierten Juden aus der deutschen Staatsangehörigkeit durch eine Novelle zum Reichs- und Staatsangehörigkeitsgesetz zu regeln.[287] Hier fasste man den Vorschlag der Reichskanzlei, der sich nur auf bereits emigrierte Juden bezog, anders auf. Am 12. Januar 1941 erwiderte Stuckart der Reichskanzlei, dass es nicht angehe, einer zwar rassisch nicht wertvollen, doch immerhin artverwandten Bevölkerung nur den Status der Schutzangehörigen zuzubilligen, Juden jedoch im höheren Rechtsstand der Staatsangehörigkeit zu belassen. Da alle die den Status der Juden bezeichnenden Begriffe »unschön« seien (»Untertanen, Gewaltunterworfene, Staatsfremde«), erwäge der Reichsinnenminister unter diesen Umständen, den Juden die Staatsangehörigkeit zu entziehen und sie zu Staatenlosen zu machen.[288]

Zur Klärung der anstehenden Fragen fanden sich am 15. Januar 1941 Vertreter aller beteiligten Stellen zusammen.[289] Die Vertreter des Stellvertreters des Führers und des Reichssicherheitshauptamts machten sofort klar, dass für sie die angestrebte Lösung der Staatenlosigkeit der Juden die günstigste Entscheidung darstellte. Der Vertreter des Stellvertreters des Führers brachte zusätzlich die Stellung der in »privilegierter Mischehe« lebenden Juden zur Sprache und schlug vor, auch diesen die Staatsangehörigkeit zu entziehen.

Hiergegen wurden in vorsichtiger Form Bedenken geltend gemacht. Der Vertreter des Justizministeriums betonte zwar, »gegen den Vorschlag des Reichsinnenministers, diese ... Juden von dem Verlust der Reichsstaatsangehörigkeit auszunehmen, hätten keine Bedenken bestanden«, dass er sich aber angesichts der neuen Sachlage erneut Vortrag bei seinem Minister vorbehalten müsse; der Vertreter des Reichsfinanzministers wünschte sogar vor einer Weiterbehandlung dieser Frage eine Führerentscheidung.

Den Sitzungsteilnehmern lag auch ein Verordnungsentwurf des Ministerrats für die Reichsverteidigung vor, wonach das Vermögen der vom Verlust des Staatsangehörigkeitsrechts betroffenen Juden dem Reich verfallen sollte, »wenn sie ihren gewöhnlichen Aufenthalt im Ausland haben oder ins Ausland verlegen«, wobei das Generalgouvernement als Ausland angesehen wurde.[290] Diesem Entwurf stimmten die Vertreter des Auswärtigen Amtes, des Stellvertreters des Führers und des Reichssicherheitshauptamtes sofort zu, während sich die übrigen Ministerien ihre Stellungnahme vorbehielten. Der Verordnungsentwurf setzte eine Tendenz fort, die bereits im Sommer 1940 erkennbar geworden war. Auf Grund der »Verordnung über die Behandlung feindlichen Vermögens« hatte eine Anweisung des Reichsjustizministers die im Ausland lebenden Juden zu »Feinden im Sinne der Verordnung« erklärt, so dass deren Sach- und Geldwerte zugunsten des Reiches eingezogen werden konnten.[291] Eine Verordnung schaffte dann auch die Möglichkeit, sich des Vermögens der polnischen Juden legal zu versichern.[292]

Wenige Wochen, nachdem der Verordnungsentwurf über das Ver-

mögen von Juden im Ausland vorgelegt worden war, griff der Reichsführer SS dieser Regelung schon vor: er stützte sich auf das »Gesetz über
die Beschlagnahme volks- und staatsfeindlichen Vermögens«,[293] stellte
ohne weiteres fest, dass bei Juden, die sich in der Vergangenheit eines
Verbrechens oder Vergehens schuldig gemacht hatten, eine volks- und
staatsfeindliche Handlung vorlag, und beschlagnahmte deren Vermögen.[294]

Während so der Reichsführer SS seine selbstkonstruierten Möglichkeiten unter Beweis stellte und seine Maßnahmen der gesetzlichen Regelung weit vorauseilten, beschäftigte die Ministerien zunächst einmal das
Problem der Mischehen. Wie der Reichsfinanzminister hielt auch die
Reichskanzlei eine Führerentscheidung in dieser Frage für notwendig.[295]
Ehe Hitler jedoch hierzu Stellung genommen hatte, legte nach einer
weiteren interministeriellen Konferenz am 15. März 1941 der Reichsinnenminister im April die Entwürfe einer Verordnung und Durchführungsverordnung zum Reichsbürgergesetz vor und bat, zu den gegen die
Juden geplanten Maßnahmen »eine Entscheidung des Führers in grundsätzlicher Hinsicht« herbeizuführen.[296]

Wie der Reichsinnenminister zu den derart schnell ausgearbeiteten
Vorlagen erklärte, sollten sie, einem Wunsche des Auswärtigen Amtes
entsprechend, im zeitlichen Zusammenhang mit dem Englandhilfegesetz der USA ergehen. Denkbarer ist indessen, dass man der noch ausstehenden Äußerung Görings entgehen wollte, denn der Passus, das eingezogene Vermögen der Juden zur Förderung aller mit der Lösung der
Judenfrage in Zusammenhang stehenden Fragen einzusetzen, musste
bedeuten, dass es der Verfügung des Beauftragten für den Vierjahresplan
entzogen und dem Reichsführer SS überantwortet würde.

Nach den wichtigen Bestimmungen des Entwurfs der Elften Verordnung sollten alle staatsangehörigen Juden im In- und Ausland ihre Staatsangehörigkeit verlieren und staatenlos werden (§ 1). Dies galt auch für
Juden in »privilegierter Mischehe«.[297] Nach dem Verlust der Staatsangehörigkeit sollte der generelle Vermögensverfall eintreten und Pensionsbezüge nicht mehr gewährt werden.

In der Begründung betonte man, dass Juden nunmehr als Staatenlose
dem Ausländerrecht bzw. ausländerpolizeilichen Vorschriften unterliegen und, sofern hierdurch eine Besserstellung auf einzelnen Rechtsgebieten eintrete, der Reichsjustizminister Sonderregelungen prüfe.[298] Weiterhin stellte man praktische Erwägungen heraus: Staatenlose lassen sich
leichter abschieben und die Vermögenskonfiskation muss nicht jeweils
im Einzelfall durch eine umständliche und zeitraubende Feststellung des
staatsfeindlichen Verhaltens erklärt werden.[299]

Die Reichskanzlei indessen war nicht bereit, eine sofortige Führerentscheidung einzuholen. Man setzte sich vielmehr mit dem Beauftragten für den Vierjahresplan in Verbindung und erfuhr, dass Göring beabsichtigte, die Entwürfe noch einmal mit Heydrich zu besprechen.[300] Zusätzlich bemühte sich die Reichskanzlei, die vorgesehenen Bestimmungen weitgehend abzuschwächen. Man verwies auf das Oberkommando der Wehrmacht, das entgegen der Absicht des Reichsinnenministers die Versorgungsbezüge für ehemalige jüdische Wehrmachtsangehörige weiter bezahlen wolle, während das Ministerium nur Frontkämpfer sowie Eltern und Kinder berücksichtigt habe. Zur Frage der Versorgungsbezüge verwies man allgemein auf die Entscheidung Görings vom Dezember 1940,[301] da es sich um eine Maßnahme handele, die allein dem Führer vorbehalten werden müsse. Juden in »privilegierten Mischehen« sollten insoweit vom Verlust der Staatsangehörigkeit ausgenommen bleiben, als noch ein Eheteil oder ein aus der »Mischehe« hervorgegangenes Kind im Inland lebt.[302] Der Reichsinnenminister erhielt demgemäß von der Reichskanzlei zur Antwort, dass »angesichts des Interesses, daß der Herr Reichsmarschall an der Angelegenheit genommen hat«, erst dann ein Vortrag bei Hitler anstehe, wenn die Stellungnahme Görings vorliege.[303]

In die laufenden Vorarbeiten zur Elften Verordnung und zur Polen-Verordnung placierte der Reichsjustizminister nach Absprache mit dem Reichsinnenministerium eine weitere Durchführungsverordnung zur Elften Verordnung,[304] die den Zweck verfolgte, die staatenlos gewordenen Juden im Bereich des sachlichen Strafrechts nicht günstiger zu stellen als Deutsche.[305] Im einzelnen sah der Entwurf vor, bei Geltung verschiedener Strafvorschriften auf Juden die strengeren anzuwenden; richtete sich die Straftat gegen das deutsche Volkstum, sollten alle Beschränkungen des Strafmaßes entfallen.[306] Im übrigen übernahm der Verordnungsentwurf die prozessualen Vorschriften der Polen-Verordnung. So sollte das Verfahren in das pflichtgemäße Ermessen des Gerichts gestellt werden; Juden konnten deutsche Richter nicht als befangen ablehnen. Sie konnten nicht vereidigt werden, doch fanden die Vorschriften über Meineid und Falscheid auf eine unwahre Aussage vor Gericht Anwendung. Urteile gegen Juden sollten sofort vollstreckbar sein, ein Beschwerderecht stand nur dem Staatsanwalt zu. Das Reichsinnenministerium stimmte dem Entwurf am 6. Juli 1941 bei, bat jedoch den Entwurf insofern schärfer zu fassen, als nicht nur diejenigen Juden betroffen würden, die ihre Staatsangehörigkeit erst auf Grund der Elften Verordnung verlieren sollten, sondern dass ihr auch die bereits staatenlosen Juden unterliegen.[307]

Das Schreiben des Reichsinnenministers stellte indessen bereits Makulatur dar, denn es kreuzte ein Schreiben der Reichskanzlei, das die Bemühungen des Reichsinnenministers auf einen Schlag hinfällig machte.

Nach Eingang der vom Reichsjustizminister ausgearbeiteten Durchführungsverordnung vom 8. Mai 1941 fühlten sich die zuständigen Sachbearbeiter der Reichskanzlei all diesen Plänen gegenüber offenbar überfordert. Da noch immer die Stellungnahme Görings ausstand, entschloss man sich, tabula rasa zu machen: Am 11. Mai erinnerte Kritzinger Lammers an den Wunsch des Reichsinnenministers und schlug vor, »die in dem Entwurf der Elften Verordnung niedergelegten Grundsätze zum Vortrag beim Führer zu bringen«. Kritzinger ließ anmerken, dass er mit der vom Justizminister vorgelegten Durchführungsverordnung kaum einverstanden war, denn darauf abzielend fügte er an: »... von dem Ergebnis der Besprechung beim Führer wird es abhängen, ob der Erlaß ... notwendig sein wird«.[308]

Dieser Vortrag fand am 29. Mai 1941 statt und Lammers vermerkte: »Der Führer hält die vom Reichsinnenminister und vom Reichsjustizminister beabsichtigten Verordnungen nicht für erforderlich.«[309] Nähere Erläuterungen teilte er dem Reichsinnenminister am 7. Juni 1941 mit: Der Führer halte eine Regelung für ausreichend, »die den Juden, die ihren gewöhnlichen Aufenthalt im Ausland haben, die deutsche Staatsangehörigkeit aberkennt und deren Vermögen verfallen erklärt«. Zur Begründung fügte Lammers bei, dass Hitler eine Regelung der Staatsangehörigkeit nach verschiedenen abgestuften Gruppen für ungemein kompliziert halte.[310]

Dies war allerdings nur die halbe Wahrheit. Die eigentlichen Beweggründe Hitlers erfuhr nur Bormann. Lammers berichtete ihm, der Führer habe der vorgeschlagenen Regelung »vor allem deshalb nicht zugestimmt, weil er der Meinung ist, dass es nach dem Krieg in Deutschland ohnehin keine Juden mehr geben werde und dass es deshalb nicht erforderlich sei, jetzt eine Regelung zu treffen, die schwer zu handhaben sei, Arbeitskräfte binde und eine grundsätzliche Lösung doch nicht bringe«.[311]

Diese Begründung mochte Hitlers Denken zwar entsprechen, dennoch klingen hier stark die Vorbehalte an, die am 13. Dezember 1940 Kritzinger artikuliert hatte. Der Reichsinnenminister fertigte in diesem Sinn einen Neuentwurf, wonach ein Jude, der seinen gewöhnlichen Aufenthalt im Ausland hatte, nicht deutscher Staatsangehöriger sein konnte. Das Generalgouvernement galt als Ausland im Sinne der Bestimmungen. Das Vermögen dieser Juden sollte dem Reich anheimfallen. Diese Folgen sollten nicht eintreten, wenn Juden in Mischehe lebten und Kinder aus dieser Ehe nicht als Juden galten (§ 4). Juden durften von Testaments wegen nicht bedacht werden, Schenkungen an sie waren unstatthaft (§ 5). Hatte ein Jude seinen gewöhnlichen Aufenthalt im Ausland, so sollten alle Renten- und sonstigen Versorgungsansprüche ruhen (§ 6 i. Vbdg. mit § 10), doch konnten zur Vermeidung von Härten der Reichsfinanz im Einvernehmen mit dem Reichsinnenminister hiervon abweichende Regelungen treffen (§ 11).[312]

In einer Besprechung am 14. Juli 1941 wünschte die Mehrzahl der vertretenen Ressorts eine stärkere Berücksichtigung der nichtjüdischen Angehörigen von Juden hinsichtlich des Vermögens, was der Reichsinnenminister zu regeln zusagte.[313] Als er am 22. Oktober 1941 die Elfte Verordnung den beteiligten Reichsressorts zur Unterzeichnung zusandte, war dieser Punkt tatsächlich berücksichtigt.[314] Allerdings hatte er die Bestimmung gestrichen, wonach das Generalgouvernement als Ausland im Sinne der Verordnung galt. Diesen Punkt beabsichtigte er, in eine Ausführungsverordnung aufzunehmen, da es ihm nicht angängig schien, »das Generalgouvernement in einer Verordnung als Ausland zu behandeln«.[315]

Die Elfte Verordnung wurde am 25. November ausgefertigt.[316] Am 3. Dezember schob der Reichsinnenminister eine nicht zu veröffentlichende Anordnung nach, welche die Vorschriften der Verordnung auch für die Juden bestimmte, »die ihren gewöhnlichen Aufenthalt in den von deutschen Truppen besetzten oder in deutsche Verwaltung genommenen Gebieten haben oder in Zukunft nehmen werden, insbesondere auch im Generalgouvernement und in den Reichskommissariaten Ostland und Ukraine«.[317]

Der Unrechtsgehalt der Elften Verordnung ist ohne weiteres ersichtlich: Aberkennung der Staatsangehörigkeit nach erfolgter Deportation, Verlust des Vermögens, das Ruhen der Pensionen. Dennoch schaffte diese Verordnung kein umwälzendes neues »Recht«: sie stellte sich allein als ein Mittel zur Verwaltungsvereinfachung dar, da sie nur die faktisch bestehende Lage normierte. Dies galt besonders für den Griff nach dem jüdischen Vermögen, das bislang durch die Gestapo und die beteiligten Reichsbehörden mittels eines umständlichen Verfahrens eingezogen werden musste[318] und bei den zusehends ausufernden Enteignungen die Verwaltungsarbeit zu blockieren drohte.[319] Nach der Elften Verordnung hingegen genügte die bloße Feststellung, dass der Jude seinen »gewöhnlichen Aufenthalt« im Ausland hatte – die Voraussetzungen dieser Bedingung musste der Chef der Sicherheitspolizei treffen – und das Vermögen konnte vom Staat konfisziert werden.

Dennoch war die Verordnung entgegen den ursprünglichen Plänen des Reichsinnenministers noch relativ zurückhaltend. Die im Reich lebenden Juden blieben von den Bestimmungen über den Vermögensverfall verschont. Dies war zwar für die Überzahl nicht mehr als eine Gnadenfrist bis zu ihrem Tod in den Vernichtungslagern, doch hätte sie der Status eines Staatenlosen wohl noch schneller und mit noch größerer

Brutalität getroffen. Zusätzlich war es der Reichskanzlei und den anderen Ressorts wenigstens gelungen, die Angehörigen der Opfer durch eine Härteklausel vor noch größerem Elend zu bewahren[320] und – als wichtiges Ergebnis – das Problem der jüdischen Mischehen vorerst auszuklammern.

VII. Kapitel: Die »Wannsee-Konferenz« und die »Endlösung der Judenfrage«

1. Begriff und zeitliche Festlegung der »Endlösung«

Obwohl bis in das zweite Kriegsjahr hinein die offizielle Judenpolitik schwergewichtartig auf der Auswanderung lag und diese noch immer unterstützt und gefördert wurde,[1] erwies sich dieser Weg mit fortschreitender Kriegsdauer als zusehends problematischer. Mit den Siegen Hitlers und der Vergrößerung des deutschen Machtbereiches wuchs auch die Zahl derjenigen, die wegen ihrer jüdischen Religionszugehörigkeit in den Bannkreis der nationalsozialistischen Rassendoktrin gezogen wurden. Die kontinentaleuropäischen Staaten mussten auf deutschen Druck und nach deutschem Vorbild ebenfalls Rassengesetze erlassen. Die Zahl aller im deutschen Einflussbereich befindlichen Juden stieg sprungartig an, während die traditionellen Auswanderungsländer Palästina, Groß-Britannien und die USA entfielen. Damit wurde eine organisierte Auswanderung schlechthin unmöglich. Diese Tatsache hatte auch Hitler vorausgesehen und als Übergangsregelung für die Dauer des Krieges eine territoriale Lösung befohlen. Dies führte zu einer veränderten Konzeption, deren Inhalte und Ziele sich im neugeprägten Begriff des »Endziels« verdichteten:[2] Im ersten Stadium dieser neuen Politik bedeutete »Endziel« die Konzentrierung aller deutschen und europäischen Juden in einem Reservat an der deutsch-russischen Demarkationslinie nach einem stufenweise durchgeführten Plan vorbereitender Maßnahmen.

Da indes dieses Projekt scheiterte, erwuchs als neues »Endziel« die Bildung eines jüdischen Staates auf Madagaskar.

Heydrich, der diesen Plan nachhaltig unterstützte, fasste das neue Konzept mit der Formel von der »territorialen Endlösung«.[3] In der Folgezeit wird erkennbar, wie das Wort »Endlösung« den Begriff des »Endziels« zusehends aus dem amtlichen Sprachgebrauch des RSHA verdrängt, obwohl es zunächst die gleiche Absicht ausdrückte: Vertreibung und Isolierung aller Juden im deutschen Machtbereich.

Während die planerischen Vorarbeiten für das Madagaskar-Projekt im Winter 1940 zu ersten konkreten Überlegungen führten, waren Hitlers Pläne zur Eroberung Russlands in das Stadium der unmittelbaren Vorbereitung getreten.[4] Gleichzeitig fixierte er auch die Öffentlichkeit immer häufiger auf sein Feindbild eines »jüdisch-bolschewistischen Gegners«.

Am 30. Januar 1941 drohte er dem gesamten Judentum Europas, dass es im Falle eines neuen Weltkrieges seine Rolle ausgespielt haben würde. Er schloss mit der »Prophezeiung«, die kommenden Monate und Jahre würden erweisen, inwieweit er hier richtig gesehen habe.[5]

Diese Äußerung Hitlers ist in mehrfacher Hinsicht aufschlussreich. Sie zeigt einmal die Absicht, sich gegenüber dem deutschen Volk vor dem kommenden Krieg abzusichern und die Verantwortung hierfür einem imaginären Gegner aufzulasten. Zum anderen impliziert seine »Prophezeiung« den Willen, im Fall eines Scheiterns seiner Pläne den unsichtbaren, allgegenwärtigen »Weltfeind« mit Rache und Vergeltung zu treffen.

Die letzten Vorbereitungen Hitlers für den Krieg ließen erkennen, mit welchen Mitteln er die »letzte Auseinandersetzung« zu führen gedachte. Die Wehrmacht wurde mit dem »Kommissarbefehl« vertraut gemacht, wonach alle sowjetischen Polit-Kommissare ohne weiteres exekutiert werden sollten.[6] Der RFSS erhielt, ähnlich wie in Polen, nur in einem weiteren Rahmen, »Sonderaufgaben im Auftrage des Führers, die sich aus dem endgültig auszutragenden Kampf zweier entgegengesetzter politischer Systeme ergeben«.[7]

Die Aufgaben der SS schienen weit tragender Natur. Wie der in Aussicht genommene »Reichsminister für die besetzten Ostgebiete«, Alfred Rosenberg, es vermied, die ihm von Hitler am 21. April 1941 skizzierte »bevorstehende Entwicklung im Osten«, die er »nie vergessen werde«, näher zu beschreiben,[8] so umging auch die zwischen der Wehrmacht und der SS ausgehandelte Vereinbarung über die Tätigkeit der SS in den rückwärtigen Heeresgebieten jede spezifizierte Erläuterung.[9]

Worauf Hitler abzielte, zeigten die von Heydrich ad hoc zusammengestellten »Einsatzgruppen der Sicherheitspolizei und des SD«: In stetig verschärfter Form wurden sie kurz vor Kriegsbeginn in Deutschland auf die Vernichtung des kommunistischen Gegners und des Judentums gedrillt.[10] Ähnliche Vernichtungsaufgaben schienen auch die im Rahmen der Heereseinheiten kämpfenden SS-Verbände erhalten zu haben.[11] Die Erfolgsmeldungen, die von Einsatzgruppen wie SS-Verbänden abgegeben wurden, zeigen die erschreckende Bilanz einer planvoll organisierten und durchgeführten Tötungsaktion von unvorstellbarem Ausmaß.

Dennoch war mit diesen Massakern die letzte Stufe der nationalsozialistischen Judenverfolgung nicht erreicht. Die ohne jeden Zweifel auf dem Willen Hitlers beruhenden Ausrottungsmaßnahmen stellten noch nicht den endgültigen Befehl zur »Endlösung« dar, sie waren nur ein grauenvolleres Abbild der nämlichen Vorgänge in Polen, wobei der Vernichtungswillen durch das Bild des politischen und ideologischen Feindes schärfere Konturen zeigte und die Maßnahmen eindeutiger und direkter als in Polen auf eine neuartige Dimension des »Volkstumskampfes« ausgerichtet waren.

Eine Entscheidung Hitlers über die »Endlösung der europäischen Judenfrage« im Sinne der allseitigen, organisatorischen und technisch betriebenen Ermordung ist vor und während der ersten Phase des Russlandkrieges offensichtlich noch nicht gefallen.[12] Hiergegen sprechen die Berechnungen Hitlers und des Generalstabes über die Dauer des Krieges – man dachte allgemein an einen Zeitraum zwischen drei und maximal fünf Monaten[13] – und die Entwicklung der Judenpolitik zwischen Juni und Dezember 1941.

Hitlers Entscheidung im Frühjahr und Sommer 1941 lässt sich am ehesten dahingehend interpretieren, alle möglichen und denkbaren Gegner unter dem Deckmantel des Krieges schnell und rücksichtslos auszurotten, seinen und Himmlers Wunschtraum von einem deutschen Siedlungsland im Osten zu verwirklichen und gleichzeitig nach der Niederwerfung der Sowjetunion mit geballter Kraft gegen England vorzugehen.

Dies war ein gebündeltes, relativ kurzfristiges Konzept und schloss mit einiger Sicherheit über diesen Zeitraum hinausgehende, detaillierte Planungen wie die mit einem riesigen Aufwand an Menschen, Zeit und Planung betriebene Massenvernichtung aus.

Wie wenig eine organisierte Planung zur Ausrottung des europäischen Judentums bestand, beweisen die Maßnahmen während des Sommers 1941. Noch im Mai 1941 wies Göring an, die Auswanderung aus dem Protektorat Böhmen und Mähren »auch während des Krieges verstärkt im Rahmen der gegebenen … Möglichkeiten durchzuführen«.[14] Im Juli oder August 1941 entstanden im RSHA »Richtlinien für die Behandlung der Judenfrage«,[15] die davon ausgingen, dass die Judenfrage »spätestens nach dem Krieg für ganz Europa generell gelöst werden wird«. Wieder war die Rede von »vorbereitenden Teilmaßnahmen«, wozu die »Schaffung von zumindest zeitweiligen Aufnahmemöglichkeiten für Juden aus dem Reichsgebiet« zählte.

Die weiteren Punkte der »Richtlinien« lassen nicht erkennen, dass die physische Vernichtung des Judentums eine beschlossene Sache war. Zwar sollte ein »örtliches Vorgehen der Zivilbevölkerung nicht gehindert« werden, doch ansonsten entsprachen die getroffenen Maßregeln nahezu in allen Einzelpunkten den bereits für Polen getroffenen Bestimmungen. Die Juden sollten erfasst, gekennzeichnet und ihre Freizügigkeit durch Bildung von Ghettos eingeschränkt werden. Ihre Arbeitskraft war »voll und unnachsichtig« auszunutzen, zur Beachtung wurde darauf hingewiesen, dass eine »spätere, schnelle Abziehung dieser Arbeitskräfte« jederzeit möglich war.

Auf dieser Weisung des RSHA basierten die »Vorläufigen Richtlinien für die Behandlung der Juden im Reichskommissariat Ostland« vom 13. August 1941. Die allgemeinen Vorschriften des RSHA waren hier in speziellen Bestimmungen gefasst. Die teilweise drakonischen Einzelregelungen lassen den Grad der Unmenschlichkeit erkennen, der seit Beginn des Russlandkrieges die Judenpolitik auszeichnete.[16] Abgesehen von dem nichtssagenden Hinweis auf die »endgültige Lösung der Judenfrage« weist indessen nichts darauf hin, dass man anders als in Polen vorzugehen beabsichtigte.

Sowohl in den Richtlinien des RSHA wie des Reichskommissariats Ostland hatte man eigenartigerweise auf Juden aus dem Reichsgebiet Bezug genommen, für die »zeitweilige Aufnahmemöglichkeiten« in der UdSSR geschaffen werden sollten. Dies konnte nichts anderes bedeuten, als dass im Zusammenhang mit dem Madagaskar-Projekt eine neue Zwischenlösung zur Debatte stand, die je nach Bedarf und der allgemeinen politischen Lage auch eine »territoriale Endlösung« gestattete. Als Hauptziel galt noch immer die insulare Lösung. Rosenberg sprach im März 1941 von einem »fernen Reservat für die Deportierung der europäischen Juden«[17] und im Oktober 1941 war der Madagaskar-Plan Gegenstand von Besprechungen, die Eichmann mit seinen Beauftragten für die einzelnen Länder abhielt.[18] Das RSHA wiederholte noch einmal im Frühjahr 1942 seinen ehemaligen Lieblingswunsch, den Juden nach dem Krieg eine Insel, etwa Madagaskar, zuzuweisen.[19]

Dieser Plan war allerdings während des verbissenen Ringens mit der Sowjetunion unmöglich durchzuführen. Je weiter indessen Madagaskar rückte, um so näher lag – auch geographisch – der Gedanke, die Judenfrage vorläufig oder endgültig in der Weite des russischen Raumes zu lösen.

Derartige Überlegungen sind insbesondere bei Hitler ansatzweise zu erkennen. Offensichtlich hatte er die Sowjetunion dazu ausersehen, in einer Art Übergangslösung die Juden Deutschlands und der eroberten Länder aufzunehmen. Im August 1941 vertraute er Goebbels an, dass die Juden Berlins nach dem Osten gehen müssten, sobald Transportmittel zur Verfügung stünden: »Dann werden sie in einen viel härteren Klima leben müssen«.[20]

Unabhängig von Hitler erkannten auch andere die Möglichkeiten, die das eroberte Russland für die Judenfrage eröffneten.

Carltheo Zeitschel, Legationsrat an der deutschen Botschaft in Paris, fertigte seinem Botschafter eine Denkschrift, in der er zusammenfasste, dass die fortschreitende Eroberung und Besetzung der weiten Ostgebiete »das Judenproblem in Europa in kürzester Zeit zu einer endgültigen Lösung« bringen könnte.[21]

Ehe jedoch ein derartiges Unternehmen anlaufen konnte, mussten hierfür die rechtlichen und verwaltungstechnischen Voraussetzungen geschaffen werden. Auf Anweisung Hitlers ergänzte Göring seinen Erlass vom 24. Januar 1939[22] und beauftragte Heydrich am 31. Juli 1941 »alle erforderlichen Vorbereitungen in organisatorischer, sachlicher und materieller Hinsicht zu treffen für eine Gesamtlösung der Judenfrage in Europa. Sofern hierbei die Zuständigkeiten anderer Zentralinstanzen berührt werden, sind diese zu beteiligen. Ich beauftrage Sie weiter, mir in Bälde einen Gesamtentwurf über die organisatorischen, sachlichen und materiellen Voraussetzungen zur Durchführung der angestrebten Endlösung der Judenfrage vorzulegen«.[23]

Nun handelte es sich bei dieser Ermächtigung sicherlich nicht um einen schriftlichen Auftrag zur Durchführung dessen, was nach Kriegsende pauschal mit dem Begriff »Endlösung« umschrieben wurde.[24] Seiner ursprünglichen Absicht nach bildete die Weisung Görings in erster Linie eine erweiterte Rechtsgrundlage für die Zuständigkeit Heydrichs, über den Rahmen Deutschlands hinaus die Judenfrage federführend zu bearbeiten, die nächsten Schritte in der Judenpolitik festzulegen und die Arbeit der beteiligte Ressorts zu koordinieren. Inwieweit Hitler mit der Heydrich gegebenen Ermächtigung tatsächlich an eine organisierte Vertreibung aller Juden Europas dachte, erweisen die folgenden Maßnahmen. Noch im August 1941 hatte er das Ansinnen Heydrichs abgelehnt, die Juden des »Altreichs« zu evakuieren«,[25] offenbar aus Gründen der fehlenden Transportkapazitäten.[26] Mitte September 1941 hingegen schien Hitler einen Entschluss gefasst zu haben. Himmler teilte dem Gauleiter des Warthelandes mit, der Führer wünsche, »daß möglichst bald das Altreich und das Protektorat von Westen nach Osten von Juden geleert und befreit werden«. Er, Himmler, wollte möglichst noch in diesem Jahr die Juden in das Generalgouvernement transportieren, um sie im nächsten Jahr weiter nach Osten abzuschieben.[27]

Welche Absichten hinter diesem Plan standen, präzisierte Rosenberg am 18. November 1941: Er hielt die Judenfrage nur dann für lösungsfähig, wenn das gesamte Judentum Europas »biologisch ausgemerzt« würde. Deshalb sei es notwendig, »sie über den Ural zu drängen«.[28] Eine ähnliche Lösung hatte im Oktober 1941 Generalgouverneur Frank Rosenberg vorgeschlagen, allerdings mit dem Unterschied, die Juden seines Gebietes in den Osten abzuschieben.[29]

Die Vorstellungen einer zwangsweisen Evakuierung aller Juden Europas nach Russland oder hinter den Ural waren indessen nur eine ephemere Phase der schwankenden und noch ziellosen Judenpolitik des Sommers und Herbstes 1941. Eine Planung ist kaum zu beobachten, sieht man ab von den vorbereitenden Maßnahmen der Gestapo, die in enger Verbindung mit diesen Abschubplänen das Netz um das europäische Judentum enger zu knüpfen suchte. Ende August 1941 teilte Eichmann dem Auswärtigen Amt mit, die Emigration von Juden aus den deutscherseits besetzten Gebieten sei sofort zu unterbinden.[30] Dies sprach allerdings dafür, dass die Auswanderung aus dem »Altreich« noch gestattet wurde. Am 23. Oktober allerdings stoppte man auch diese letzte Chance: Heinrich Müller, der Chef der Gestapo, machte eine Anordnung Himmlers bekannt, wonach die Auswanderung von Juden generell und mit sofortiger Wirkung zu verhindern war.[31]

Dieses Datum signalisiert innerhalb der sich überstürzenden und überschneidenden Ereignisse des Herbstes 1941 einen Wendepunkt, der zur letzten und entscheidenden Phase der nationalsozialistischen Judenpolitik hinführte.

Ende August 1941 musste Hitler erkannt haben, dass die erwartete schnelle Niederlage der Sowjetunion zumindest im laufenden Kriegsjahr nicht mehr erhofft werden konnte.[32] Eine Denkschrift des OKW vom September 1941 ging offen von der Voraussetzung aus, dass die Entscheidung im Krieg gegen die Sowjetunion frühestens im Sommer 1942 zu erwarten war.[33]

Die Verzögerung seines Eroberungsprogramms hatte Hitler offensichtlich bestimmt, den Deportationsbefehl von September 1941 zu erteilen, getrieben von dem fanatischen Willen, unter allen Umständen seinen Machtbereich von dem verhassten Gegner zu säubern. Dieser Entschluss war allerdings weder organisatorisch noch planerisch entsprechend vorbereitet und stieß zudem auf den hartnäckigen Widerstand des hauptbetroffenen Ministers. Am 4. Oktober kritisierte Heydrich die mangelnde Neigung des Ministeriums für die besetzten Ostgebiete, die geplanten Judentransporte aufzunehmen.[34]

Rosenberg versteifte sich am 13. Oktober darauf, dass er »im Augenblick für die Durchführung derartiger Umsiedlungspläne noch keine Möglichkeit sähe«.[35] Dennoch trieb die SS ungeachtet aller Schwierigkeiten Hitlers Befehl der »Auskämmung« Deutschlands von Westen nach Osten voran. Am 14. Oktober unterzeichnete Kurt Daluege als Chef der Ordnungspolizei den ersten Deportationsbefehl für die deutschen Juden, der als Aufnahmeort Litzmannstadt (Lodz) vorsah.[36] Noch während die erste dieser Aktionen chaotische Formen annahm,[37] befahl Daluege in einem weiteren Deportationsbefehl vom 24. Oktober die Evakuierung von 50 000 Juden aus dem Reich und dem Protektorat nach Minsk und Riga in der UdSSR.[38] Hitler griff sogar persönlich in die Abschiebungen ein und ließ den Reichsstatthalter in Wien über Bormann anweisen, »zunächst in Verbindung mit dem RFSS alle Juden abschieben zu lassen«.[39]

Die nach Litzmannstadt verbrachten Juden aus Berlin, München, Hannover, Prag und Wien wurden in der ersten Zeit nicht behelligt.[40] Dagegen geriet der auf Grund des Befehls vom 24. Oktober zusammengestellte Transport, bei dem nun auch die Juden kleinerer Gemeinden ergriffen worden waren,[41] in eine vorbereitete Mordfalle: übergangslos wurden die in Riga ausgeladenen Juden in mehreren Massenhinrichtungen – darunter dem berüchtigten Rigaer Blutsonntag vom 13. Dezember 1941[42] – exekutiert.[43] Der Dezember 1941 bezeichnet den Zeitpunkt, zu dem die endgültige Entscheidung über die physische Vernichtung des europäischen Judentums gefällt war.

Die Entscheidung Hitlers muss zwischen dem September und dem November 1941 gefallen sein und beruhte auf mehreren, einander bedingenden Vorgängen außerordentlich komplexer Natur. Ursächlich für den Vernichtungsbefehl war der Wille Hitlers, die Juden während des Krieges aus Deutschland zu deportieren. Gleichzeitig entfiel jedoch die Möglichkeit, die Deportierten in das besiegte Russland abzuschieben. Notgedrungen liefen die Transporte in das Generalgouvernement oder die neu geschaffenen Reichskommissariate Ostland und Ukraine, wo aber die herrschenden Schwierigkeiten durch den Zuzug derartig großer Menschenmassen vermehrt wurden. Bei diesem Stand planungsloser Lösungsversuche bot sich indessen ein Ausweg an, der in seiner Furchtbarkeit einzigartig war, jedoch Hitlers längst erwogenen Plänen entsprach und sich in der allseits verfahrenen Situation nahtlos in sein Konzept einfügte.

Wegen der heftigen Proteste gegen die bekannt gewordenen Vernichtungsaktionen des Euthanasieverfahrens musste Hitler die von ihm befohlene Tötung Geisteskranker im August 1941 abstoppen.[44] Die auf die unauffällige Tötung von Menschen mittels Gas spezialisierten Euthanasiekommandos erweckten das Interesse des Reichskommissars Ostland, Hinrich Lohse, der sein Ministerium um die Überlassung der Vergasungsapparate bat. Das Ostministerium setzte sich daraufhin mit dem Stabsleiter der Kanzlei des Führers, Viktor Brack, in Verbindung und konnte Lohse am 25. Oktober 1941 mitteilen, dass Brack, zuständig für die Vernichtung der Geisteskranken, seine Leute nach Riga senden und dort alles weitere veranlassen würde. Da überdies SS-Sturmbannführer Eichmann einverstanden sei, bestünden keine Bedenken, die nicht arbeitsfähigen Juden im Osten »mit den Brack'schen Hilfsmitteln zu beseitigen«.[45] Im November 1941 wurde die Euthanasieaktion unter dem Rubrum 14 F 13 fortgesetzt, beschränkte sich allerdings fortan auf die Tötung jüdischer Geisteskranker.[46] Ein Spezialtrupp des ehemaligen Euthanasiekommandos begann noch Anfang Dezember 1941 nach einer Absprache zwischen Greiser, Himmler und Heydrich in Kulmhof

(Chełmno) mit der organisierten Vergasung der dortigen Juden.[47] Die letzte Phase der nationalsozialistischen Judenpolitik wurde sofort deutlich. Am 16. Dezember 1941 machte Generalgouverneur Frank auf »mit vom Reiche her zu besprechende große Maßnahmen« aufmerksam. Er teilte mit, dass man ihm in Berlin geraten habe, die polnischen Juden zu liquidieren. Seine weiteren Ausführungen ließen erkennen, dass die organisatorische Vernichtung des Judentums eine beschlossene Sache war.[48] Das Ostministerium ließ den Reichskommissar Ostland am 18. Dezember 1941 wissen, »daß in der Judenfrage inzwischen durch mündliche Besprechung Klarheit geschaffen sein dürfte« und wirtschaftliche Belange bei der Regelung des Judenproblems grundsätzlich unberücksichtigt bleiben sollten.[49]

Es dürfte kaum zufällig genannt werden, dass der Abbruch der Euthanasieaktion, der Stopp des deutschen Vormarsches in Russland und der Beginn der technisch-organisatorischen Vernichtung in eigens hierfür errichteten Lagern in engem zeitlichen Zusammenhang stehen. Bei Hitler mögen die verschiedensten Gedankengänge schnittpunktartig auf die Überlegung zugelaufen sein, wo als Lösung der stillschweigend erwogene Plan einer umfassenden Ausrottung des jüdischen Volkes stand. Nachdem seinem Deportationsbefehl vom September 1941 wieder ungeahnte Schwierigkeiten erwachsen waren, der Krieg trotz aller Anfangserfolge nicht zu einem Ende kam und der gehasste »Weltfeind« noch immer in Deutschland und Europa »zersetzend« wirken konnte, hatte er gemäß seiner wahnwitzigen Logik seine oftmals wiederholten Warnungen und Drohungen in einem ihm taktisch günstigen Zeitpunkt als letzte Lösung in die Tat umgesetzt. Um die Wende 1941/42 gab er auch zu, dass er das Madagaskar-Projekt als Versuch einer Endlösung endgültig abgeschrieben hatte.[50] Um die gleiche Zeit gab er Himmler den endgültigen und nicht reversiblen Befehl zur Massenvernichtung des jüdischen Volkes.[51]

Für die seit November 1941 bestehende Situation in der Judenfrage ist es bezeichnend, dass Heydrich sich erst jetzt der Ermächtigung erinnerte, die ihm Göring Ende Juli erteilt hatte. Gemäß dem Auftrag, die beteiligten Zentralinstanzen bei der Lösung der Judenfrage zu beteiligten, lud er zu einer Besprechung auf den 9. Dezember 1941,[52] verschob sie aber dann auf den 20. Januar 1942.[53] Wie wenig es Heydrich darum ging, sich des Einverständnisses der Obersten Reichsbehörden zu den Deportationen zu versichern, zeigt die Tatsache, dass er in seinem Einladungsschreiben die laufenden Transporte von Juden nach dem Osten als gegebenes Faktum hinstellte, worüber eine Erörterung gar nicht beabsichtigt war. Da diese Frage zudem allein in die Zuständigkeit des RSHA fiel, erübrigte sich die Zustimmung der beteiligten Zentralinstanzen, so dass der Besprechungs-

zweck in anderen Fragen zu suchen ist. Wenn andere Stellen in der Judenfrage noch ein Mitspracherecht geltend machen konnten, so betraf dies
einzig die Juden außerdeutscher Staaten und die im Zuge der »Endlösung« äußerst wichtige Frage nach der Stellung der »Mischlinge« und
Mischehen. Wie die als »Wannsee-Konferenz« bekannt gewordene
Besprechung am 20. Januar 1942 ausweist, waren aber gerade dies die
entscheidenden Punkte, die der Chef der Sicherheitspolizei zu besprechen wünschte.[54]

Heydrichs Ausführungen auf der Konferenz selbst waren geeignet, bei
den Nichtwissenden missverständliche Vorstellungen hervorzurufen.
Seine Diktion war verschleiert. Er sprach von einer weiteren Lösungsmög-
lichkeit, die an Stelle der Auswanderung getreten sei: Die Evakuierung der
Juden nach dem Osten. Seinem Hinweis, diese Aktionen seien jedoch
lediglich Ausweichmöglichkeiten, da die hier gesammelten »praktischen
Erfahrungen im Hinblick auf die kommende Endlösung der Judenfrage«
von wichtiger Bedeutung seien, konnten die Anwesenden entnehmen,
dass von höchster Stelle noch immer an einer »territorialen Endlösung«
gearbeitet wurde. Offenbar schien man aber den tiefer liegenden Sinn dieser Ausführungen zu verstehen, denn Heydrich ließ keinen Zweifel daran,
dass eine »natürliche Verminderung« und eine »entsprechende Behandlung« nur die rhetorische Verharmlosung der biologischen Vernichtung
darstellten.[55]

Heydrich war mit dem Ergebnis der Besprechung zufrieden,[56] da von
keinem der Anwesenden wesentliche Einwände erhoben worden
waren.[57] Man einigte sich auf die Abschiebung aller Juden Europas nach
dem Osten. Ausgenommen werden sollten Juden über 65 Jahre, für die
das »Altersghetto« Theresienstadt vorgesehen war, schwer Kriegsbeschä-
digte und Juden mit Kriegsauszeichnungen. Auch die »Mischlings«- und
Mischehenfrage schien entschieden, allerdings war die Frage der Sterilisierung noch ungeklärt.[58]

Die auf die Sitzung folgenden Maßnahmen bildeten den Schlussstein
der Judenpolitik des Dritten Reiches. Eichmann betrieb die systematische
Durchkämmung Europas, die »Aktion Reinhard« stellte ein ausgeklügel-
tes Mordprogramm mit dem Zweck der Gewinnbereicherung dar,[59] und
der schnelle Aufbau der Vernichtungslager garantierte die effektive Beseitigung der Opfer.

Hitler, nach den Worten seines Propagandaministers »der unentweg-
te Wortführer und Vorkämpfer einer radikalen Lösung«,[60] verheimlichte
sein Ausrottungsprogramm nicht. Zwar suchte er vor einem befangenen
Zuhörerkreis noch immer den Eindruck zu erwecken, als dächte er nach
dem Krieg an eine menschliche Lösung,[61] doch seine öffentlichen Bekundungen ließen ahnen, dass er die endgültige und absolute Vernichtung

des Judentums als gegeben ansah und eine andere Lösung weder betrieb noch erhoffte. Am 30. Januar 1942 bezog er sich wieder einmal auf seine »Prophezeiung« und kündete an, das Ergebnis des Krieges werde die Vernichtung des Judentums in Europa sein. »Zum erstenmal wird diesmal das echt altjüdische Gesetz angewendet: ›Aug' um Aug', Zahn um Zahn‹.«[62] Am 24. Februar 1942 sandte er zur Parteigründungsfeier eine Grußbotschaft, wie sie enthüllender nicht sein konnte. Wieder rief er seine »Prophezeiung« in Erinnerung, die ihre Erfüllung finden würde, da »durch diesen Krieg nicht die arische Menschheit vernichtet, sondern der Jude ausgerottet werden wird«.[63]

Noch einmal griff er im September 1942, nachdem er die Entwicklung der »Endlösung« aufmerksam beobachtet hatte,[64] zur Eröffnung des Winterhilfswerks auf seine »Prophezeiung« zurück. Die Juden hätten einst darüber gelacht, bemerkte Hitler, und fügte in zynischer Offenheit an: »Ich weiß nicht, . . . ob ihnen nicht das Lachen bereits vergangen ist«.[65]

2. Der Kampf um die Mischehen und »Mischlinge«

Die ersten Deportationsbefehle schlossen generell nur Juden ein. Ausgenommen blieben Juden in Mischehen, Juden ausländischer Staatsangehörigkeit und Juden über 65 Jahre.[66]

Die Deportationen des Jahres 1942 waren demgegenüber schon wesentlich umfassender und zeigten, welches Ausmaß die »Endlösung« innerhalb weniger Monate angenommen hatte: Von den Abschiebungen blieben nur mehr Juden in Mischehe und »Mischlinge« verschont.[67] Es ließ sich indes absehen, dass auch diese Restgruppen durch das immer währende Drängen der Partei nach einer »klaren und eindeutigen Lösung« kaum der Vernichtungsmaschinerie entgehen konnten.

Inwieweit die »privilegierten« Juden und die »Halbjuden« infolge der radikalen Vernichtungsmaßnahmen selbst auf das höchste bedroht waren, zeigte sich spätestens seit dem Beginn des Russlandfeldzuges. Seit Ausbruch des Krieges war die Lage auf dem Gebiet des Mischlings- und Mischehenrechts völlig unbestimmt, obwohl die Tendenz nicht zu verkennen war, auch die »Mischlinge« in das Netz der Rassengesetzgebung zu ziehen.[68] Hitler selbst schien diese Frage keines doktrinären Puritanismus wert. Im Frühjahr 1940 milderte er die Bestimmungen des Blutschutzgesetzes für mitbeteiligte Jüdinnen,[69] und im April 1941 erklärte er sogar, er wünsche nicht, dass gegen »Mischlinge« Maßnahmen getroffen werden, »die über die durch die Nürnberger Gesetze getroffene Rechtslage hinausgehen«.[70] Allerdings sind derartige Äußerungen Hitlers kaum als bindend zu betrachten. Sie fielen aus einer bestimmten Situation heraus und bezweckten nichts anderes als eine für den Augenblick treffbare und zutreffende Regelung.[71] Maßgebend für eine Entscheidung in der Mischlings- und Judenfrage war sehr häufig nicht das Rassenprogramm der NSDAP, sondern taktische Überlegungen, die äußerlich sogar zu der Vermutung verleiten können, als arbeite diese oder jene Stelle auf eine Milderung der harten Maßnahmen hin.

Diesen Eindruck erweckte paradoxerweise einmal auch das RSHA, als man im Deutschen Gemeindetag in der Frage der öffentlichen Wohlfahrtpflege bei Mischehen im Oktober 1941 vermerkte, dass noch »Verhandlungen mit dem Chef der Sicherheitspolizei schweben, der sich anscheinend für eine größtmögliche Schonung der privilegierten Juden einsetzt«.[72]

Obwohl diese Feststellung die sonstigen Bemühungen Heydrichs zu konterkarieren schien, wurde sie vom Reichsinnenminister im Juli 1942 bestätigt. Bei hilfsbedürftigen, in »privilegierter Mischehe« lebenden Juden hielt er es »aus grundsätzlichen, mit der Rechtsstellung der privilegierten Mischehen zusammenhängenden Erwägungen nicht angängig zu fordern, dass sie der Reichsvereinigung beitreten, damit sie dadurch einen Unterstützungsanspruch gegen die Reichsvereinigung erben«.[73] Die Antwort des Reichsinnenminister war offensichtlich vom RSHA diktiert.[74] Welche Gründe die behördliche Zentralinstanz zur Ausrottung des Judentums bewog, die angesprochenen Ehen vorerst nicht in die Reichsvereinigung zu übernehmen und damit von den laufenden Deportationen freizustellen, erwies sich an dem eigenmächtigen Vorgehen des Oberbürgermeisters von Berlin, der im Januar 1942 die Sperrung der Ruhegehaltsbezüge ehemaliger jüdischer Beamter anordnete.[75] Der Chef der Sicherheitspolizei gab daraufhin zu bedenken, dass diese Maßnahme eine Verminderung des Vermögens der Reichsvereinigung bedeute und regte statt dessen eine Herabsetzung der Versorgungsbezüge auf das »erforderliche Maß an«.[76] Das RSHA handelte also bei seiner Parteinahme für die privilegierten Mischehen keinesfalls aus humanitären Gefühlen, sondern war einzig um den Vermögensstand der Reichsvereinigung besorgt, weshalb man aus Zweckmäßigkeitsgründen die jahrelang betriebene Abwälzung der Soziallasten auf das Judentum ignorierte und weiterhin den Staat für die Hilfsbedürftigen sorgen lassen wollte.

Diese Sorge des RSHA erledigte sich allerdings bald. Nachdem man die Überwachung der Kultusvereinigung verschärft hatte[77] und immer größere Transporte nach dem Osten abgingen, konnte das Reichsinnenministerium im Dezember 1942 eine gefestigte finanzielle Stellung der Reichsvereinigung vermelden, so dass diese nun auch in der Lage sei, die Unterstützung aller hilfsbedürftigen Juden zu übernehmen.[78] Dies bedeutete für die Betroffenen die Zwangsmitgliedschaft der Reichsvereinigung und damit die Einbeziehung in die organisatorische Durchführung der Vernichtung.[79]

Welch eine Entwicklung sich indes hinter diesen mehr sekundären Ereignissen anbahnte, beweist die von der Partei und dem RSHA ausgehende Aktivität im Sommer 1941. Adolf Eichmann versuchte in einer am 13. August stattfindenden Sitzung das Judenreferat des Reichsinnenministeriums auf einen »neuen Judenbegriff« festzulegen. Der Vertreter Löseners,[80] der von einem »Überrumplungsversuch« sprach, weigerte sich, für das Ministerium sein Einverständnis abzugeben.[81]

Nun versuchte Eichmann nach Rückendeckung durch die Parteikanzlei am 21. August diesen Plan auszuweiten. Man verlas dem Vertreter des Reichsinnenministeriums ein Schreiben Bormanns an Heydrich, wonach der Führer mit der Gleichstellung der »Halbjuden« mit den Juden grundsätzlich einverstanden sei. Allerdings verweigerte der Vertreter der Parteikanzlei dem Vertreter Löseners jeden Einblick in dieses Schreiben.[82] In den folgenden Sitzungen gelang es allerdings Lösener die Angelegenheit zu verschleppen, so dass dieser Versuch »im Sande« verlief.[83]

Es spricht einiges für die Vermutung, dass die Anstrengungen des RSHA nach einer Neuformulierung des Judenbegriffs in Vereinbarung und nach Absprache mit der Partei unternommen wurden, wobei insbesondere das Rassenpolitische Amt zum gleichen Zeitpunkt ergänzende Vorschläge präsentierte.

Im März 1941 hatte Walter Groß auf einer Arbeitstagung des »Instituts zur Erforschung der Judenfrage«[84] über die gesetzliche Einordnung von Juden und »Halbjuden« referiert und dabei bemerkt, diese besitze keine gesetzestechnische Bedeutung, da die wirkliche, politische Behandlung von Juden und »Mischlingen 1. Grades« weitgehend gleich sei.[85] Groß schloss seine Ausführungen mit der Forderung, die gefährliche Wirkung des Judentums durch seine völlige, räumliche Ausschaltung aus Europa zu beseitigen.[86] Außerdem sollten die »Mischlinge 1. Grades« wie Juden behandelt, die Zahl der »Mischlinge 2. Grades« so gering wie möglich gehalten werden.[87]

Im Anschluss an diese Tagung konstituierte sich eine vom Institut zur Erforschung der Judenfrage und vom Rassenpolitischen Amt getragene Arbeitsgemeinschaft, deren Überlegungen Groß im Sommer 1941 dahingehend zusammenfasste, dass die »Mischlinge 1. Grades« mit den Juden gleichgestellt werden sollten. Wie Lösener allerdings von Kritzinger am 16. August 1941 erfuhr, wurden diese Pläne von Hitler nicht gebilligt und Lammers angewiesen, dies Groß mitzuteilen.[88]

Zu dieser Unterredung kam es am 2. Oktober 1941, wobei Groß die Vorschläge der Arbeitsgemeinschaft näher erläuterte:[89]

Um eine weitere Neuentstehung von »Mischlingen 2. Grades« zu verhindern, sollten alle »Mischlinge 1. Grades« sterilisiert werden, weiterhin war beschlossen worden, zwischen Deutschen und »Mischlingen« einen deutlichen, rechtlichen Unterschied zu setzen, da ein »gewisser Makel« bei den letzten bestehen bleiben sollte.

Lammers stand diesen Vorschlägen positiv gegenüber[90] und schlug von sich aus ergänzend vor, »Mischlinge 2. Grades« ehegenehmigungspflichtig zu machen, um in jedem Fall ihre Partnerwahl unter Kontrolle zu halten und Ehen zwischen »Mischlingen« zu verhindern. Der Chef der Reichskanzlei beabsichtigte nach Abstimmung mit der Wehrmacht diese Pläne Hitler zu unterbreiten und hielt es für durchaus möglich, dass dieser noch während des Krieges eine gesetzliche Regelung treffen werde, was er, Lammers, sehr begrüßen würde.

Im Anschluss an diese Besprechung erwartete man offenbar bei den beteiligten Stellen sofortige Folgerungen, doch musste der Deutsche Gemeindetag Ende Oktober 1941 seinem Präsidenten melden, dass gesetzliche Verschärfungen hinsichtlich der »Mischlinge«, die bislang nicht als Juden im Sinn der Nürnberger Gesetze behandelt wurden, nicht beabsichtigt seien.[91]

Diese Nachricht beruhte entweder auf einer Fehlinformation oder die im Gefolge der »Endlösung« radikalere Stimmung hatte auch diese Fragen wieder empor gespült. Am 20. Januar 1942 griff Heydrich in der »Wannsee-Konferenz« den Komplex der »Mischlinge« und Mischehen wieder auf, nahm Bezug auf ein Schreiben von Lammers und stellte zunächst theoretisch folgende Punkte zur Erörterung:[92]

»Mischlinge« 1. Grades sind im Hinblick auf die »Endlösung« den Juden gleichgestellt. Ausnahmen gelten nur für Mischehen, aus denen Kinder (»Mischlinge 2. Grades«) hervorgegangen sind und für »Mischlinge«, die von den höchsten Instanzen des Staates und der Partei Ausnahmegenehmigungen erhalten hatten. Diese von der Deportation ausgenommene Personengruppe sollten – »um jede Nachkommenschaft auszuschließen und das Mischlingsproblem endgültig zu bereinigen« – sterilisiert werden. Die Sterilisierung sollte freiwillig erfolgen, war aber Voraussetzung für ein Verbleiben im Reich.

»Mischlinge 2. Grades« waren – von Ausnahmen abgesehen[93] – den »Deutschblütigen« gleichzustellen.

Bei Ehen zwischen »Volljuden« und »Deutschblütigen« sollte von Fall zu Fall geprüft werden, ob der jüdische Teil evakuiert wird oder wegen des deutschen Ehegatten einem »Altersghetto« zu überstellen ist. Dies sollte auch bei Ehen zwischen »Deutschblütigen« und »Mischlingen 1. Grades« gelten. Bei Ehen zwischen »Mischlingen« und Juden oder zwischen »Mischlingen« untereinander sollten beide Teile einschließlich der Kinder evakuiert oder einem »Altersghetto« zugeführt werden.

Zweifellos hatte Heydrich hier die von Lammers übermittelten Vorstellungen Hitlers referiert, der sich die Vorschläge der Großschen Arbeitsgemeinschaft zu eigen gemacht und sogar noch in einigen Punkten verschärft hatte.

In der anschließenden Diskussion auf der »Wannsee-Konferenz« wies Stuckart darauf hin, dass die praktische Durchführung der von Heydrich vorgetragenen Lösung eine unendliche Verwaltungsarbeit mit sich bringen würde. Um dieser zu entgehen, schlug er vor, »zur Zwangssterilisierung zu schreiten« und zur Vereinfachung des Mischehenproblems eine gesetzliche Regelung zu erlassen, wonach diese Ehen einfach als geschieden zu betrachten sind.[94] Wenige Wochen nach dieser Sitzung präzisierte Stuckart seine Vorschläge mit der Begründung, die Verhinderung der Fortpflanzung aller Mischlinge sei ihrer Gleichbehandlung mit den »Volljuden« und der damit verbundenen Abschiebung vorzuziehen.[95]

Auf Referentenebene wurden diese Fragen dann am 6. März 1942 weiterbehandelt. Einleitend stellte der Vertreter Löseners klar, dass sich Stuckart nur für die Zwangssterilisierung der »Mischlinge 1. Grades« ausgesprochen habe. Die Vertreter der anderen Ressorts – es handelte sich um den Kreis der »Wannsee-Konferenz« zuzüglich des Propagandaministeriums[96] – stimmten dem zwar bei, doch wurde zu bedenken gegeben, dass eine »biologisch völlige Lösung des Mischlingsproblems nur bei einer Sterilisierung der Judenmischlinge aller Grade erfolgen würde«. Da man für die Sterilisierung eine Anordnung auf dem Verwaltungsweg für untragbar hielt und eine ausdrückliche gesetzliche Ermächtigung von vornherein ausscheiden musste, einigte man sich auf den Vorschlag, »daß eine bestimmte Stelle ermächtigt werde, die Lebensverhältnisse der Mischlinge zu regeln«.[97]

Was die rechtliche Stellung der sterilisierten »Mischlinge« anbelangte, konnte hierüber keine Einigung erzielt werden.

Stuckarts Vorschlag, die Betroffenen im Reich leben zu lassen und »die ihr Leben einengenden Bestimmungen weiterhin aufrechtzuerhalten«, stieß bei den Vertretern der radikalen Stellen auf »grundsätzliche Bedenken«, da eine tatsächliche Lösung des Problems damit nicht erreicht würde. Vielmehr stellte man fest, dass die Sterilisierung neue Aufgaben mit sich bringe, deren Aufwand nicht zu unterschätzen sei und dass sie allein wegen des Ärzte- und Krankenbettmangels unmöglich erscheine.

Dies lief ungesagt auf die Einbeziehung der »Mischlinge« in die »Endlösung« hinaus, die jedoch von Hitler offenbar noch nicht entschieden worden war.[98] Die Parteikanzlei wollte indessen einer derartigen Lösung den Weg ebnen. Sie trug die Meinung einer »höchsten Stelle« vor, wonach es keinesfalls tragbar sei, die »Mischlinge« als dritte, kleine Rasse auf die

Dauer am Leben zu erhalten. Eine Sterilisierung würde dieser Forderung nicht Rechnung tragen, während eine Aufteilung der »Mischlinge« auf Juden und Deutsche das Problem endgültig bereinigen könnte. Der Vertreter der Parteikanzlei verwies als Ausweg auf die von der »Arbeitsgemeinschaft«[99] vorgeschlagene Überprüfung jedes einzelnen »Mischlings«, die »übrigens auch von höchster Stelle für notwendig erachtet würde«. Als Folge dieses Vorschlags würden nur noch wenige »Mischlinge« im Reich verbleiben, die »als Gegenleistung« mit ihrer freiwilligen Sterilisierung einverstanden wären.

An diesem Vorschlag wurde die Frontenstellung zwischen den Parteiinstanzen und der Staatsbürokratie sichtbar. Während die Partei ein klares, radikales Ausleseverfahren wünschte, als dessen Ergebnis wohl nur eine verschwindende Zahl an »Mischlingen« den Krieg überlebt hätten, verblasste demgegenüber der gewiss ebenso radikale Plan Stuckarts der Sterilisierung aller »Mischlinge 1. Grades«. Es mag sein, dass der Staatssekretär mit dem Junktim zwischen Sterilisierung und dem Weiterleben im Reich einen taktischen Schachzug verfolgte,[100] doch ist es für die Radikalität der Vernichtungsbürokraten aus SS und Partei bezeichnend, dass sie diesen unmenschlichen Plan noch als unzureichend empfanden.

Zu dem Besprechungspunkt der Sterilisierung fand man dann die Kompromissformel, an »höchster Stelle auch den Vorschlag des Arbeitskreises vorzulegen«.[101]

Abschließend behandelte man Stuckarts Vorschlag einer zwangsweisen Auflösung aller Mischehen. Da das Propagandaministerium politische Bedenken gegen diese Regelung anmeldete,[102] einigte man sich auf die formelle Scheidung dieser Ehen durch die Gerichte, die entweder auf Antrag des »deutschblütigen« Ehepartners oder des Staatsanwalts tätig werden sollten. Um nach außen hin den Eindruck einer Zwangsscheidung abzuschwächen, sollte die Durchführung in der Weise erfolgen, »daß durch interne Dienstanweisung den beteiligten Deutschblütigen ein gewisser Zeitraum zur Beantragung zur Verfügung stehen soll. Nach diesem Zeitpunkt werden die Staatsanwaltschaften angewiesen, Scheidungsanträge zu stellen«. Die Voraussetzung zu einer Scheidung sollte automatisch dann gegeben sein, wenn ein Ehepartner Jude oder »Mischling 1. Grades«, der andere »deutschblütig« war.[103] Ehe indessen der gesamte Fragenkomplex weiterbehandelt wurde, stellte ein Runderlass des Reichsinnenministers die Rechtslage auf die erwarteten Rechtsvorschriften ein:[104] Anträge auf Unfruchtbarmachung brauchten von Juden nicht mehr gestellt zu werden;[105] »Mischlingen 1. Grades«, die einen Juden heiraten wollten, wurde die Genehmigung zu einer solchen Ehe ungeachtet der bislang entgegenstehenden Schwierigkeiten nunmehr erteilt.[106]

Gegen die Beschlüsse der Besprechung vom 6. März 1942 erhob sich indessen von einer Stelle Widerstand, die schon immer der besonderen Verachtung Hitlers ausgesetzt gewesen war, jedoch nach Kriegsausbruch das Vorurteil des Führers durch besondere Willfährigkeit zu widerlegen suchte. Den schwachen und einflusslosen, die Geschäfte des Reichsjustizministeriums leitenden Staatssekretär Schlegelberger schienen die projektierten Maßnahmen endgültig in einen Gewissenkonflikt getrieben zu haben. Nachdem er vom Ergebnis der Besprechung unterrichtet worden war, bat er Lammers um eine Unterredung, da sich nach seiner Meinung Entschlüsse anbahnten, »die ich zum größten Teil für völlig unmöglich halten muß«.[107] Schlegelberger fand Unterstützung in Stuckart, der ebenfalls die anstehenden Pläne zum Halten zu bringen suchte.

Der Staatssekretär wandte sich mit einem Schreiben an alle beteiligten Stellen gegen die Einbeziehung der »Halbjuden« in die Endlösungsmaßnahmen. Er wies darauf hin, dass die »blutmäßigen Halbjuden« bereits durch die Nürnberger Gesetze »sortiert« worden seien und machte darauf aufmerksam, dass der Führer bislang 3000 »Geltungsjuden« mit den »Halbjuden« gleichgestellt habe. Er führte wieder seinen Sterilisierungsvorschlag an und verteidigte ihn mit der Begründung, die Abschiebung der »Mischlinge« erfordere einen zu großen Verwaltungsaufwand.[108]

Ihm sekundierte wiederum in den ersten Apriltagen Schlegelberger, der sich zwischenzeitlich anscheinend mit Lammers getroffen hatte.[109] In einem Schreiben an den Teilnehmerkreis der Referentenbesprechung vom 6. März 1942 führte er einleitend aus, dass die »Endlösung der Judenfrage« eine klare und für immer maßgebende Abgrenzung des Personenkreises voraussetzte, der den in Aussicht genommenen Maßnahmen unterliegen sollte. Diese Abgrenzung sah Schlegelberger nur gegeben, wenn die »Mischlinge 2. Grades« außerhalb der geplanten Lösungen blieben. Bei der Behandlung der »Mischlinge 1. Grades« schloss er sich der Auffassung Stuckarts an: Da ein biologisches Interesse an den nicht mehr fortpflanzungsfähigen Juden nicht bestünde, sollte diese Gruppe von der Abschiebung ausgenommen bleiben. Den fortpflanzungsfähigen »Halbjuden« sollte die Wahl zwischen Unfruchtbarmachung oder Abschiebung gelassen werden. In allen Fällen hielt Schlegelberger die Auflösung einer Mischehe auf Antrag des »deutschblütigen« Teils für gerechtfertigt, mit Ausnahme derjenigen Fälle, wo Nachkommen vorhanden waren, die in das Deutschtum hineinwuchsen. Gegen eine zwangsweise Auflösung der Ehen meldete er jedoch »erhebliche Bedenken« an.[110]

Diese ablehnenden Stellungnahmen brachten die von Partei und SS betriebenen Maßnahmen vorläufig zum Stillstand. Im Anschluss daran schien sich erneut eine Debatte über den Judenbegriff zu entwickeln, wurde aber diesmal von Himmler mit der Bemerkung gebremst, dass man sich »mit all diesen törichten Festlegungen« nur selbst den Bewegungsspielraum einenge.[111]

Wenn auch die Juden in Mischehe und die »staatsangehörigen jüdischen Mischlinge« der Ausrottungsmaschinerie vorerst entzogen waren, so konnte dies nicht darüber hinwegtäuschen, dass auch diese Gruppen in wachsendem Maße einer immer härter werdenden Sondergesetzgebung unterworfen wurden.[112] Bis zu welchem Grad persönlicher Willkür die Judenpolitik des Dritten Reiches denaturierte, zeigt die relativ belanglose Unmutsäußerung Hitlers vor seiner Tischrunde über den Dienst von »Mischlingen« in der Wehrmacht, den diese nur anstrebten, um mit den Deutschen gleichgestellt zu werden. Bormann wies den Protokollanten an, »besonders genau und ausführlich aufzuschreiben, was der Führer über Behandlung und Gefährlichkeit unserer jüdischen Mischlinge sagte, warum diese Mischlinge nicht in die Wehrmacht und nicht gleichgestellt werden sollen«.[113]

Die Äußerung Hitlers nahm Bormann dann zum Anlass, ein Rundschreiben an alle Parteidienststellen zu richten: Der Führer wolle in der Beurteilung von Judenmischlingen den schärfsten Maßstab angelegt wissen, da es insbesondere die »Mischlinge« darauf angelegt hätten, durch den Eintritt in die Wehrmacht die Gleichstellung mit den »Deutschblütigen« zu erzwingen.[114]

Das Schreiben Bormanns zeitigte eine Kettenreaktion, die in jeder Hinsicht für den Entscheidungsprozess im System des Führerstaates charakteristisch ist. Im Juli gab die Reichskanzlei den Obersten Reichsbehörden zur Kenntnis, der Führer habe in letzter Zeit wiederholt die Auffassung vertreten, dass Gesuche von »Mischlingen« um Gleichstellung mit Deutschen bisher »zu weichherzig« behandelt worden seien. Für die Zukunft bat Lammers, dieser Auffassung des Führers Rechnung zu tragen und nur Gesuche einzureichen, die erkennen ließen, dass der »Mischling wirklich positive Leistungen« für die NSDAP vollbracht habe.[115]

Das Reichsinnenministerium setzte nun diese unverbindliche Meldung der Reichskanzlei um. Im August wurden die nachgeordneten Behörden angewiesen, § 25 des Deutschen Beamtengesetzes streng anzuwenden.[116] Ausnahmen für Erzieher durften grundsätzlich nicht mehr erteilt werden, die Ehegenehmigungsgesuche von Beamten zur Heirat mit »Mischlingen« entfielen mit sofortiger Wirkung.[117] Wenige Tage später bestimmte das Ministerium, dass die Bearbeitung der Gesuche von Juden oder »Mischlingen« um eine Ausnahmegenehmigung des Führers von den Vorschriften des Reichsbürgergesetzes bis auf weiteres zu ruhen habe.[118]

Die von Bormann ausgehende Verbotskette wurde vom Reichserziehungsminister in September 1942 fortgesetzt. Er widerrief einen Erlass vom Juli 1942[119] und dekretierte ein generelles Aufnahmeverbot für die »Mischlinge 1. Grades« an alle höhere Schulen.[120] Im November 1942 entzog er »Mischlingen« die erteilten Privatschulkonzessionen.[121]

Im September 1942 reagierte auch das eigentlich angesprochene OKW und entließ »Mischlinge 1. Grades« mit sofortiger Wirkung aus der Wehrmacht.[122]

Trotz aller Erschwernisse, die Partei und SS den »Mischlingen« auferlegten,[123] gelang es dem Reichsinnenministerium im Oktober 1942 wenigstens, in zweifelhaften Fällen der Mischlingseigenschaft zumindest die Abschiebung zu verzögern, bis eine Entscheidung des Führers für diesen Personenkreis gefällt war.[124]

Im August 1942 unternahm Eichmann einen erneuten Versuch, den Judenbegriff auszuweiten. Einer seiner Mitarbeiter drängte das Reichsinnenministerium und die Reichskanzlei, endlich eine verbindliche Regelung über die Juden in »privilegierter Mischehe« zu treffen.[125] Auf Betreiben Löseners richtete Stuckart ein Privatdienstschreiben an Himmler, in dem er die umlaufende Gerüchte über unmittelbar bevorstehende Maßnahmen gegen »Mischlinge 1. Grades« zum Anlass nahm, den gesamten Komplex der Mischlingsfrage aus der Sicht des Innenministeriums zu erläutern.[126]

Stuckart kam auf die Pläne Heydrichs zurück, alle »Mischlinge 1. Grades« generell wie Juden zu behandeln, ein Vorhaben, dass durch den Tod Heydrichs unterbrochen wurde.

Der Staatssekretär sprach sich dann wieder für das Verbleiben der »Halbjuden« im Reich aus, führte Hitler-Entscheidungen an und machte auf die Schwierigkeiten des Arbeitsmarktes aufmerksam. Zur Lösung des Mischlingsproblems empfahl er wiederum seinen alten Sterilisierungsvorschlag, wodurch sich die ganze Frage »praktisch innerhalb einer Generation von selber löse«. Stuckart schloss, ihm hätte »noch niemand überzeugend dartun können, inwiefern eine ernstliche Gefahr darin bestehen soll, daß ein Bevölkerungsteil, der noch nicht ein Tausendstel der Gesamtbevölkerung des Reiches vom Sommer 1939 beträgt, und der sich völlig ruhig und loyal verhält, in seiner jetzt schon außerordentlich eingeengten rechtlichen und tatsächlichen Lage verbleibt, die ihn von jeder Art von Einfluß auf das öffentliche Leben fernhält«.

Das Schreiben Stuckarts schien insofern erfolgreich, als Himmler bis Kriegsende »Mischlinge 1. Grades« wirklich nur selten deportierte.[127] Allerdings betrieb der RFSS auch weiterhin eine Lösung, die seinem Denken gemäß war.

Obwohl der neu ernannte Justizminister Thierack mit Goebbels vereinbarte, die Frage der jüdischen Mischlinge während des Krieges nicht weiter zu berühren[128], setzte Himmler seine Anstrengungen in dieser Richtung fort. Am 27. Oktober 1942 fand im Reichssicherheitshauptamt wieder einmal eine Besprechung über die Judenfrage statt, in der auch Stuckarts Sterilisierungsvorschlag zur Debatte stand. Neue Erkenntnisse und Erfahrungen auf dem Gebiet der Sterilisierung versprachen, eine »Unfruchtbarmachung in vereinfachter Form und in einem vereinfachten Verfahren« noch während des Krieges durchzuführen.[129] Allerdings schienen die entgegenstehenden Schwierigkeiten doch zu groß, denn die neue Methode wurde niemals wieder erwähnt. Himmler kam zum letztenmal im Mai 1943 auf einen ähnlichen Plan zurück, als er Bormann die Versuche eines seiner Amtschefs beschrieb und in diesem Zusammenhang anfügte, er wünsche für »Mischlinge 2. Grades« ein Verfahren ... wie man es bei einer Hochzucht bei Pflanzen und Tieren anwendet«. Die Abkömmlinge der »Mischlinge« sollten laut Himmler immer wieder rassisch überprüft und »im Falle der rassischen Minderwertigkeit sterilisiert werden«.[130]

Zu dieser Zeit setzten allerdings die kriegsbedingten Erfordernisse und die durch die Niederlage von Stalingrad nochmalige Konzentrierung aller Kräfte andere Prioritäten, so dass der Plan der Zwangssterilisation aller »Mischlinge« bis Kriegsende unverwirklicht blieb.

Dennoch gerieten die »Mischlinge« und insbesondere die Juden in Mischehe im Jahr 1943 noch einmal in höchste Gefahr. Seit der »Wannsee-Konferenz« hing über den Mischehen das Damoklesschwert der zwangsweisen Auflösung. Nach vielen Debatten, in welcher Form die Ehen geschieden werden sollten, bearbeitete das Reichsinnenministerium seit dem Frühjahr 1943 eine entsprechende Rechtsvorschrift. Gemäß den gefassten Beschlüssen sollten Mischehen auf Antrag des »deutschblütigen« Ehepartners und, nach einer gewissen Frist, auf Antrag der Staatsanwaltschaft gelöst werden. Nach erfolgter Scheidung war die Deportierung des jüdischen Ehepartners geplant.[131] Der Verordnungsentwurf, dessen Absicht die SS unter Berufung auf eine andere Rechtsgrundlage bereits teilweise praktizierte,[132] kam jedoch nicht zur Verwirklichung. Lammers hatte den Entwurf mit einem Bericht über die an den Juden in Polen begangenen Grausamkeiten während einer »Umsiedlungsaktion« gekoppelt und beabsichtigte, beides Hitler gegenüber zur Sprache zu bringen. Von Bormann erhielt er anlässlich einer Besprechung am 2. Oktober 1943 die Antwort, »daß der Führer auch jetzt nicht bereit sein werde, den Bericht entgegenzunehmen«.[133] Den ablehnenden Bescheid Bormanns nahm Lammers zum Anlass, nun auch den Verordnungsentwurf über die Scheidung deutsch-jüdischer Mischehen zu den Akten zu legen.[134]

Zwar unternahm die Parteikanzlei im Januar 1944 einen erneuten Vorstoß und begehrte zu wissen, wann der Entwurf nun endlich verabschiedet würde, doch vermerkte die Reichskanzlei, mit Rücksicht auf die ablehnende Haltung des Führers in der Judenfrage »kann von hier aus nichts veranlaßt werden«, da die Gefahr bestünde, »alle Juden- und Mischlingsprobleme wieder aufzurühren, was nach der Entscheidung unseres Chefs vermieden werden soll«.[135]

Wenn Hitler der Entscheidung über die Mischehen- und Mischlingsfrage auswich, so keinesfalls aus humanitären Gründen. Welchen Anteil er an der Vernichtung nahm, zeigt die Weisung Himmlers im Juni 1943, »die Evakuierung der Juden trotz der dadurch in den nächsten drei bis vier Monaten noch entstehenden Unruhe radikal durchzuführen«.[136]

Seine Weigerung, eine gesetzliche Entscheidung in der Judenfrage zu fällen, hängt eng zusammen mit seinem Verbot, die Judenfrage öffentlich zu diskutieren.[137] Dahinter mochte der Gedanke stehen, dass sich bei seinem oft artikulierten Abscheu vor der normativen Regelung einer Materie eine angestrebte Regelung »so oder so«,[138] und zwar in seinem Sinne, ergeben werde. Diese Taktik mag Hitler in der Lösung der Mischlings- und Mischehenfrage vorgeschwebt haben, zu einem Zeitpunkt, als die praktische Durchführung der »Endlösung« ihren Höhepunkt erreicht hatte und er sicher sein konnte, dass im Gefolge der Ausrottung eine spezielle Vorschrift zur gesetzesförmigen Regelung dieses Fragenkomplexes über kurz oder lang überflüssig werden würde.

Ironischerweise kehrte sich die Taktik Hitlers in der Mischlingsfrage gegen ihn selbst. Die Ministerialbürokratie war der Vorstellung ihres »Führers« von der »dynamischen Politik« nur bedingt gefolgt. Noch immer verlangte die Verwaltung nach einem Mindestmaß an Rechtsbefehlen. Ohne die Pressionen Hitlers oder der Partei fiel sie in die traditionellen Schemata des Verwaltungshandelns zurück. Da Hitler aber auf die rechtliche Absicherung der Zwangsscheidung und die Stellung der »Mischlinge« verzichtete, wurde die Angelegenheit auch von der Ministerialbürokratie nicht weiter verfolgt. Damit war die Einbeziehung der umstrittenen Personengruppe in die »Endlösung« endgültig gebannt.

Wenn auch seit Herbst 1943 eine unmittelbare Gefährdung für »Mischlinge« und »privilegierte« Juden – zumindest rückblickend – nicht mehr bestand, so ging die kontinuierliche Entrechtung doch weiter und lässt die Tendenz einer ähnlichen Entwicklung wie in der Frage der Ausschaltung der »Volljuden« erkennen.[139] Die schulische Bildung und die Ausbildung der »Mischlinge« wurde beschränkt,[140] es kam zu diskriminierenden Verboten von sippenhaftähnlichem Charakter.[141] Und obwohl die Ministerien mit so genannten »kriegswichtigen Verwaltungsarbeiten«

überlastet waren, fand man noch immer Zeit, die Doktrin von der rassischen Abstammung weiterhin unter großem Aufwand zu klären[142] und in Rechtsvorschriften und Erlassen sinnlose Bestimmungen aufzunehmen, die nur den Zweck der Diffamierung verfolgten.[143]

Das Attentat vom 20. Juli 1944 brachte auch für die »Mischlinge« eine fühlbare Verhärtung mit sich. Den Schock des Anschlags hinter sich und die Agonie des Reiches vor Augen, versuchte Hitler, in einer letzten, eruptiven Aufwallung, noch einmal seinen ideologischen Erbfeind zu treffen. Bereits im Juni 1944 war die Wehrmacht dem Drängen der Parteikanzlei nachgekommen und hatte alle in ihrem Dienst befindlichen »Mischlinge 2. Grades« entlassen.[144]

Nach dem 20. Juli machte das Heerespersonalamt einen Befehl Hitlers bekannt, wonach alle Offiziere, die »Mischlinge 1. Grades« oder mit solchen verheiratet waren und die auf Grund einer Führerentscheidung der Wehrmacht angehören durften, bis zum 31. 12. 1944 aus dem aktiven Dienst zu scheiden hatten.[145] Wenige Tage später teilte die Präsidialkanzlei mit, dass im Auftrag des Führers Verleihungen von Orden und Ehrenzeichen an »Mischlinge 1. Grades« nicht mehr vorgenommen werden durften.[146]

Diese Entscheidungen, insbesondere der Abzug von Offizieren und Hilfsdienstverpflichteten aus der Wehrmacht zu einem Zeitpunkt, als mit der Bildung des »Deutschen Volkssturms« die letzten Kräfte mobilisiert werden sollten, zeigen, in welch hohem Grade die Maßnahmen Hitlers von einem abseits aller rationalen Überlegungen bestimmten Hasskomplex gelenkt wurden. Noch einmal diente der »totale Vernichtungswille unserer jüdisch-internationalen Feinde« als Begründung, um das letzte Aufgebot vorzuschicken.[147]

Anfang November teilte dann Bormann dem Chef der Reichskanzlei »im Auftrag des Führers« mit:[148]

»Die Ereignisse des 20. Juli haben gezeigt, wie notwendig es ist, aus den Führungsstellen des Reichs alle Männer zu entfernen, die ihrer Herkunft nach bei besonderer Belastung zu Zweifeln an ihrer nationalsozialistischen Haltung und weltanschaulichen Fähigkeit Anlaß geben. Hierzu sind die Beamten zu rechnen, die als jüdische Mischlinge oder jüdisch Versippte die nationalsozialistische Weltanschauung niemals aus innerster Überzeugung bejahen können, sondern ihrer blutmäßigen oder verwandtschaftlichen Bindung wegen mit ihr immer wieder in Konflikt kommen müssen. Der Führer ordnete aus diesen Erwägungen an; daß Beamte, die jüdische Mischlinge oder die mit Juden oder jüdischen Mischlingen verheiratet sind, in Obersten Reichsbehörden nicht mehr tätig sein dürfen, auch wenn früher ihre oder ihrer Ehegatten Gleichstellung mit Deutschblütigen ausgesprochen wurde«.

Diese letzte bekannt gewordene Anordnung Hitlers zur Judenfrage löste bei den Obersten Reichsbehörden noch einmal eine lebhafte Aktivität aus, die sich bis in die letzten Wochen vor der Kapitulation hinzog.[149]

Während das Reich und Europa zusammenfielen, triumphierte in den Behörden die Frage nach der »Reinheit des Blutes« und der Abstammung.[150] Die Behandlung der jüdischen Mischlinge schloss im Januar 1945 der RFSS ab. Er befahl, »daß nunmehr auch die staatsangehörigen und staatenlosen jüdischen Mischlinge – auch Geltungsjuden – zum geschlossenen Arbeitseinsatz zu bringen sind«.[151]

3. Der »Entscheidungskampf im Osten« und die endgültige Wendung gegen den »inneren Feind«

Bis zum Beginn des Russlandkrieges waren die von Hitler mehrmals prophezeiten »endgültigen Maßnahmen« ausgeblieben. Zwar schwebten in den Ministerien Entwürfe, deren Verwirklichung die Juden außerordentlich treffen musste, doch wurde gezeigt, wie diese Entwürfe teils wegen des Widerstands der Ministerialbürokratie, teils wegen des sich selbst blockierenden Systems der Entscheidungsfindung verzögert und hingehalten wurden.[152] Auffallend ist dann jedoch, wie diese über ein Jahr diskutierten Maßnahmen mit Ausbruch des Russlandkrieges plötzlich in vordem unbekannter Schnelligkeit den bislang eher zähflüssigen Gang des Gesetzgebungsverfahrens durchliefen und realisiert wurden.

Diese abrupte Beschleunigung ließ sich indes vor Ende des Jahres 1941 kaum absehen. Zwar ergingen einige Vorschriften rechtsbeschränkender oder diffamierender Natur,[153] doch hielten sich diese durchaus im Rahmen der bisherigen Ausschaltungspolitik, und nichts deutete darauf hin, dass der Einbruch deutscher Truppen in die Sowjetunion eine letzte und grundsätzliche Entscheidung über das Schicksal der europäischen Juden heraufbeschwor.

Im September 1941 erging dann überraschend die »Polizeiverordnung über die Kennzeichnung von Juden«[154] und machte mit ihren Bestimmungen deutlich, dass mit dem Kampf im Osten gleichzeitig das Judentum als der »innere Feind«[155] vernichtend getroffen werden sollte: Juden hatten ab vollendetem 6. Lebensjahr einen »Judenstern« zu tragen, sie durften ohne polizeiliche Genehmigung den Bereich ihrer Wohngemeinde nicht verlassen und Orden oder sonstige Abzeichen nicht mehr tragen.

Die Kennzeichnungs-Verordnung führte für das Reichsgebiet eine Regelung ein, die in den besetzten Ostgebieten und im Generalgouvernement teilweise bereits seit 1939 galt.[156] Unter welchen Voraussetzungen die Kennzeichnung im Reich eingeführt wurde, und in welcher Form der Rechtssetzungsprozess die dem Nationalsozialismus eigentümliche Labilität des Strukturgefüges spiegelte, wird an dieser Verordnung anschaulich, die in ihren Wirkungen zudem katalysatorartig eine Kette weiterer Maßnahmen nach sich zog.

Wie nahezu alle Regelungen in der Judengesetzgebung war auch die Kennzeichnung keine originäre Erfindung des Nationalsozialismus, sondern eine mittelalterliche Einrichtung, die mit Beginn der Aufklärung weitgehend verschwunden war.[157]

Zu Beginn der Machtergreifung tauchte der Plan einer Kennzeichnung wieder auf,[158] entsprach jedoch keineswegs der seinerzeitigen politischen Lage. Auch 1938 wurde eine entsprechende Forderung Heydrichs auf der Sitzung vom 12. November von Hitler noch abgelehnt.[159]

Nachdem die Volkstumspolitik in den eroberten Ostgebieten die Wiedereinführung der mittelalterlichen Kennzeichnungspflicht gebracht hatte, schlug der Gauleiter von Sachsen, Martin Mutschmann, ein gleiches Vorgehen des Reiches vor, was aber das Reichsinnenministerium im Frühjahr 1940 unter Berufung auf Hitler mühelos abschlagen konnte.[160] Das Ministerium holte dann im Sommer 1940 eine nochmalige Entscheidung Hitlers in dieser Frage ein, wurde jedoch abermals abschlägig beschieden.[161]

Im April 1941 begann sich indessen Goebbels der Kennzeichnung anzunehmen. Er gab bekannt, dass ihm vorgeschlagen worden sei, für die Juden Berlins ein Abzeichen zu schaffen und beauftragte seinen Staatssekretär Gutterer mit der Durchführung dieser Maßnahme.[162]

Auch andere Stellen entwickelten in dieser Frage nun eine überraschende Aktivität. Karl-Hermann Frank, Staatssekretär im Protektorat, bat Lammers im Juni 1941, die Juden seines Gebietes kennzeichnen zu dürfen.[163] Das Reichsinnenministerium, von Lammers zur Stellungnahme aufgefordert, verwies zwar auf die bisherigen Entscheidungen Hitlers, hielt es jedoch wegen der gleichgerichteten Maßnahmen in den Ostgebieten und im Generalgouvernement für angängig, eine solche auch im Protektorat einzuführen.[164]

Auch das RSHA war nicht untätig geblieben. Wie Eichmann am 15. August 1941 ausführte, hatte es in dieser Frage »kürzlich wieder einen Antrag an den Reichsmarschall gerichtet«, war von diesem jedoch auf die Entscheidungsbefugnis Hitlers verwiesen worden. Daraufhin suchte das RSHA den Weg über Bormann, dem es eine umgearbeitete Vorlage zwecks Entscheidung des Führers zukommen lassen wollte.[165]

Während dieser Versuche hatte es das Reichspropagandaministerium verstanden, mit schnellem Zugriff die Zuständigkeit in dieser Frage vorerst einmal faktisch dem eigenen Ressort zu sichern. Gutterer lud zu einer interministeriellen Konferenz, in der das Propagandaministerium alle in der Judenpolitik offenen Fragen zur Sprache bringen wollte. Einleitend brachte Gutterer, der der Sitzung präsidierte, einen alten Vorschlag seines Ministers in die Debatte, den Juden ihre Wohnungen zu nehmen und ihnen Barackenlager zuzuweisen, wogegen sich die Vertreter Speers wehrten.[166] Alsdann schlug er für Juden besondere Einkaufszeiten vor und hielt es für angebracht, ihre Fleischrationen herabzusetzen und ihnen besondere Verkehrsmittel zur Verfügung zu stellen. Um diese und andere Maßnahmen wirksam durchführen zu können, hielt Gutterer die Kennzeichnung der Juden für eine Grundvoraussetzung.

Die Vertreter des Reichsinnenministeriums und des BVP machten zwar auf die grundsätzliche Kompetenz ihrer Behörden aufmerksam, wurden jedoch von Gutterer dahingehend korrigiert, dass es die Aufgabe des Propagandaministeriums sein müsse, in Tätigkeit zu treten, wenn die Volksstimmung durch irgendwelche Vorgänge oder Missstände erregt werde.

»Eben weil in diesem Fall Abhilfe dringend geboten sei, habe sein Minister sich entschlossen, möglichst bald dem Führer Vortrag zu halten.«

Lösener erkannte sofort, dass ein alleiniger Vortrag Goebbels' bei Hitler die Frage der Kennzeichnung entscheiden würde.

Um wenigstens etwas zu retten, versuchte er Frick eine Ausnahmeregelung für die »privilegierten Mischehen« abzuringen. Dies setzte jedoch die Federführung des Ministeriums voraus und hieß, sich von vornherein mit der Kennzeichnung der anderen Juden einverstanden zu erklären und eine Führerentscheidung über Bormann zu suchen.[167]

Ehe aber das Ministerium in diesem Sinn reagieren konnte, wurde Lösener am 20. August vom Propagandaministerium mitgeteilt, »daß Goebbels bereits beim Führer Vortrag gehalten habe und dieser sich grundsätzlich mit der Kennzeichnung der Juden im Altreich als Vorbereitung für alle weiteren Maßnahmen ausgesprochen habe«.[168] Da die Federführung des Ministeriums damit hinfällig wurde, wenn es nicht gelang, Authentisches über die Führer-Entscheidung zu erfahren,[169] überzeugte Pfundtner seinen Minister von der Notwendigkeit, sich möglichst schnell mit Lammers und Göring in Verbindung zu setzen.[170] Das Ministerium ließ sodann die beiden Minister wissen, es habe »unter allen Umständen die Kennzeichnung derjenigen zu unterbleiben, die in einer privilegierten Mischehe leben«.[171]

Während dieses Tauziehens hinter den Kulissen, hatte das Propagandaministerium mit der propagandistischen Vorbereitung der Bevölkerung die betriebenen Maßnahmen abzusichern versucht.[172] Gutterer versicherte sodann dem Innenministerium, dass ihm eine schriftliche Mitteilung über die Entscheidung Hitlers zugehen werde und in einer neuen Sitzung die anstehenden Fragen noch einmal besprochen werden sollten.[173]

Nun wurde allerdings die Situation verwirrend. Das Reichsinnenministerium, in der festen Überzeugung, dass die geplante Verordnung vom Reichspropagandaministerium entworfen würde, erhielt plötzlich vom RSHA die Nachricht, dieses habe den Auftrag erhalten, eine Polizeiverordnung zu entwerfen, die neben der Kennzeichnung auch Bestimmungen über die Festsetzung von Bannbezirken und das Verbot des Tragens von Orden enthalten sollte.[174]

Das Reichsinnenministerium versuchte bei dieser Sachlage zwar weiterhin seine Federführung geltend zu machen, wurde jedoch von der Schnelligkeit, mit der das RSHA die Entwurfsarbeiten vorantrieb, vor vollendete Tatsachen gestellt. Nach einigen Bemühungen gelang es Lösener noch, eine Ausnahmebestimmung für die »privilegierten Mischehen« durchzusetzen,[175] dann wurde die Polizeiverordnung bereits am 1. September 1941 von Heydrich abgezeichnet und am 9. September verkündet.[176] Kurz darauf gab die Sicherheitspolizei der Verordnung auch die notwendigen inhaltlichen Einzelbestimmungen: Neben detaillierten Vorschriften über Form und Trageweise des Judensterns verbot sie den Juden das Verlassen der Wohngemeinde und gestattete die Benutzung von Schienen-, Binnen- und Wasserstraßen nur in Ausnahmefällen. Mit Rücksicht auf den Erlass weiterer Anordnungen wurden weiter gehende Maßnahmen anderer Stellen untersagt.[177]

Am 18. September 1941 füllte der Reichsverkehrsminister den ihm zustehenden Kompetenzbereich aus und erließ genau spezifizierte Vorschriften, unter welchen Bedingungen und wie den Juden die Benutzung der einzelnen Verkehrsmittel gestattet werden sollte.[178] Sogar der Reichspostminister wurde eingeschaltet, um für seinen Verwaltungsbereich die erforderlichen Maßregeln zu treffen.[179] Die bürokratischen Vorkehrungen über die Art der Beförderung müssen als perfekt bezeichnet werden: Am 18. November 1941 widerrief der Reichsverkehrsminister seinen Erlass vom 15. September 1941 und gestattete den Juden, auch sitzen zu dürfen, »da dadurch die Flüssigkeit des Personenverkehrs im Verkehrsmittel« erhöht würde.[180]

Zu Jahresbeginn 1942 stellte das Judenreferat des RSHA klar, dass »für die Bearbeitung von Fragen, die sich auf die ... Kennzeichnung der Juden beziehen ... die Dienststellen der Gestapo ausschließlich zuständig sind«. Es untersagte alle Freistellungen von den Bestimmungen der Verordnung, da diese bereits ein Höchstmaß an Ausnahmevorschriften enthalte. Angesichts der angespannten Verkehrslage sollte die Erlaubnis zur Benutzung von Verkehrsmittel zudem auf ein Mindestmaß beschränkt werden.[181]

Im Zuge der Ausrottung schienen die Bestimmungen der Kennzeichnungsverordnung den Überwachungsansprüchen der Politischen Polizei jedoch noch nicht weitgehend genug. Im März 1942 ordnete Heydrich deshalb unter dem Vorwand, die Juden benutzten weiterhin alle Möglichkeiten, sich zu tarnen, an, dass auch die Wohnungen von Juden mit einem Stern kenntlich gemacht werden mussten.[182] Diese verbesserte Observierung wurde ergänzt durch eine noch stärkere Einengung der Freizügigkeit.[183] Dem folgte im Juni 1942 nochmals der Reichsverkehrsminister, indem er den Juden die Benutzung von Warteräumen, Wirtschaften und sonstigen Einrichtungen der Verkehrsbetriebe untersagte.[184]

Neben der Kennzeichnungs-Verordnung ergingen seit dem Herbst 1941 weitere Rechtsvorschriften, die noch bestehende Lücken in der Steuergesetzgebung oder bei Sozialmaßnahmen[185] ergänzten.

Während die »Endlösung« mit äußerster Radikalität vorangetrieben und in den Vernichtungslagern die absolute Willkür praktiziert wurde, ergingen für das Reichsgebiet noch Rechtsvorschriften, die mangels einer regelungsbedürftigen Materie vollkommen sinnlos waren.[186] Die Reichsministerien produzierten in einen leeren Raum hinein weiterhin Berufsverbote[187], und erließen neue, verschärfte Zulassungsbedingungen.[188]

Weitaus wirksamer als diese Beschränkungen in der Zeitspanne zwischen Herbst 1941 und Sommer 1943 waren die Regelungen, die in die unmittelbarsten menschlichen Bedürfnisse eingriffen und das Gebiet der Bekleidung und Ernährung zum Inhalt hatten. Die Gestapo organisierte im Januar 1942 eine Beschlagnahmeaktion aller in jüdischem Besitz befindlichen Woll- und Pelzsachen.[189] Anlässlich der »Reichsspinnstoffsammlung« verzichtete man von vornherein auf die Spendenbereitschaft der Juden und bestimmte die Ablieferung aller nicht unbedingt notwendigen Bekleidungsstücke.[190]

Auf dem Ernährungssektor wurden im September die bislang geltenden Bestimmungen für die Versorgung der Juden mit Lebensmitteln aufgehoben und durch drastische Beschränkungen ersetzt, die allerdings nicht für die »privilegierten« Juden galten.[191]

Welchen Grad die Judenverfolgung um die Wende 1941/42 erreicht hatte, beweisen insbesondere die auf Diskriminierung und Separierung gerichteten Maßnahmen. Das Reichsjustizministerium wies die Justizverwaltungen im Januar 1942 darauf hin, dass die Anrede »Herr« Juden gegenüber unangebracht ist.[192] Weiter ging bereits im Oktober 1941 das RSHA. Es drohte allen »deutschblütigen« Personen Schutzhaft an, die weiterhin freundschaftliche Beziehungen zu Juden unterhalten sollten und damit beweisen, dass sie »heute noch den elementarsten Grundbegriffen des Nationalsozialismus verständnislos gegenüberstehen«.[193] Diese Anordnung zeigt, wie ausschließlich und absolut sich die Behandlung der deutschen Juden bei den Organen des RFSS konzentriert hatten.

Kriegswichtige Erfordernisse galten für das RSHA nicht, wenn es um die Behandlung der Juden ging.[194] In einer Reihe von Schikanen – Verbot der Inanspruchnahme »deutscher« Friseure,[195] Verbot des Haltens von Haustieren,[196] – versuchte man das Judentum auch moralisch und psychisch zu zerstören.

Nachdem die »Endlösung« die Vernichtung des Judentums beinhaltete, bestand seitens der SS auch kein Interesse mehr an der Aufrechterhaltung der von der Reichsvereinigung eingerichteten, der Auswanderung dienenden jüdischen Schulen. Sie wurden auf Anweisung des RSHA mit Wirkung vom 30. Juni 1942 geschlossen. Den jüdischen Kindern wurde jede Beschulung durch besoldete oder unbesoldete jüdische Lehrkräfte untersagt. Verstöße gegen diese Anordnung waren »mit schärfsten staatspolizeilichen Maßnahmen zu ahnden«.[197]

Im Februar 1943 ergänzte die Sicherheitspolizei die Vorschriften des Blutschutzgesetzes, indem es die Lösung aller Beschäftigungsverhältnisse zwischen »Deutschblütigen« einerseits und Juden oder »Mischlingen 1. Grades« andererseits anordnete.[198]

Derartige Maßnahmen beabsichtigten und bewirkten, dass die deutschen Juden immer mehr dem Bewusstsein der Öffentlichkeit entschwanden. Selbst die Presse, deren bevorzugtes Angriffsobjekt die Juden jahrelang gewesen waren, begann mit der »Endlösung« zu verstummen,[199] um erst bei der immer hoffnungsloseren Kriegslage noch einmal das Thema des jüdischen Sündenbocks aufzugreifen und auszuschlachten.[200] Mit der »Endlösung« war das Judentum zum Freiwild geworden, ohne Schutz, ohne Rechte, ohne die mindeste Gewissheit, den folgenden Tag oder die kommenden Wochen zu überleben.

Paradoxerweise hatte eine Rechtsgarantie alle Angriffe und die umfassenden Ausschaltungsbestrebungen bis in den Herbst 1941 überdauert: Die aus den wechselseitigen Rechten und Pflichten zwischen den Beamten und dem Staat erwachsene Institution zur Zahlung des erdienten Ruhegehalts.

Auch die »Elfte Verordnung« hatte dieses Recht nur insoweit angetastet, als der Verfall der Ruhegehaltsbezüge erst nach erfolgter Deportation erfolgen sollte. Während der Entwurfsarbeiten hatte der Reichsinnenminister eine ergänzende Maßnahme zur Kürzung der Versorgungsbezüge jüdischer Arbeiter, Angestellter und Beamter in Aussicht gestellt.[201]

Da eine derartige Entscheidung bis Januar 1942 nicht fiel, regte der württembergische Wirtschaftsminister »angesichts der Entwicklung der Judenfrage« an, den jüdischen Beamten die freiwilligen Unterhaltszuschüsse zu streichen und die staatlichen Versorgungsbezüge an die

Hinterbliebenen entfallen zu lassen.[202] Der Oberbürgermeister von Berlin wartete erst gar nicht ab, bis eine entsprechende Regelung erging, sondern griff im Januar zur »Selbsthilfe« und stellte die Zahlung von Versorgungsbezügen an jüdische Beamte ein.[203]

Dagegen erhob sich indessen der erboste Widerstand des Innenministeriums. Mit Schreiben vom 27. Februar 1942 ersuchte es den Oberbürgermeister, diese Verfügung sofort zurückzunehmen.[204] Dieser erklärte sich jedoch zu einem solchen Schritt nicht bereit, sondern verwies auf die »gerechtfertigte Erwartung«, dass gegen Ende des Winters mit einer erweiterten Verlegung der Juden in die Ostgebiete gerechnet werden könne.[205] Nun ging das Ministerium kraft seiner Amtsgewalt vor und ordnete mit Erlass vom 1. Mai 1942 die Aufhebung der Verfügung des Oberbürgermeisters an.[206] Doch auch diese Maßnahme verfing nicht. Der Oberbürgermeister bat das Innenministerium, den Erlass vorläufig auszusetzen und begründete dies mit der »in aller Kürze erfolgenden Gesamtlösung der Judenfrage«.[207] Das Ministerium suchte nun Rückendeckung bei der Reichskanzlei. Pfundtner bat Lammers um Mitteilung, ob die seinerzeit im Zusammenhang mit der »Elften Verordnung« gefallene Entscheidung »auch heute noch dem Willen des Führers entspricht«.[208]

Ministerialrat Killy in der Reichskanzlei versuchte seinen Minister von einem Vortrag bei Hitler abzuhalten[209] und entwarf ein Schreiben an den Reichsinnenminister des Inhalts, es seien keine Tatsachen bekannt geworden, dass der Führer nicht mehr an seiner Auffassung festhalte.[210]

Lammers indessen verhinderte die Absendung des Schreibens. Er war entgegen dem Jahr 1940 vorsichtiger geworden und hatte mit feinem Instinkt für gewandelte Stimmungen und Machtverhältnisse erkannt, dass ein Engagement in dieser Frage nicht mehr lohnte. Er teilte Pfundtner am 11. Juli mit, seiner Überzeugung nach würde der Führer das Vorgehen des Oberbürgermeisters von Berlin nicht beanstanden.

Pfundtner stellte sich sofort auf die neue Situation ein und schlug vor, »die Einstellung der Zahlung von Versorgungsbezügen an jüdische Beamte, die sich im Inland aufhalten, allgemein anzuordnen«. Lammers stimmte dem zu, hielt es aber für notwendig, sich der Zustimmung Bormanns zu versichern, da dieser sicherlich eine solche Anordnung als im Sinne des Führers liegend erachten würde.[211]

Wie vorauszusehen war, erklärte sich Bormann mit der beabsichtigten Regelung einverstanden,[212] so dass die Reichskanzlei dem Reichsinnenministerium vorschlagen konnte, nach Maßgabe der Berliner Regelung die Zahlung von Versorgungsbezügen an jüdische Beamte allgemein einzustellen. Im Hinblick auf die nicht übersehbaren Auswirkungen sollten jedoch in Einzelfällen Ausnahmen vorgesehen werden.[213] Das Innenministerium entwarf nun eine »Verordnung über die Aberkennung von

Versorgungsbezügen von Juden«, doch war es offensichtlich, dass es alles tat, um den Erlass hinauszuzögern. Nahezu ein Jahr später teilte es dann mit, es habe den Verordnungsentwurf wegen der Vorlage über die Scheidung deutsch-jüdischer Mischehen zurückgestellt, nach deren Inkrafttreten die »Elfte Verordnung« in weitestem Umfang zur Anwendung kommen würde.[214]

Da indessen der Plan der Zwangsscheidung scheiterte und das Reichsinnenministerium zwischen beiden Komplexen ein Junktim hergestellt hatte, kam die Ruhegehalts-Verordnung nicht weiter. Zwar meldete sich im Dezember 1943 noch einmal die Parteikanzlei und begehrte zu wissen, was aus der Angelegenheit geworden sei,[215] doch berief sich Kritzinger darauf, dass die Scheidung der Mischehen nicht weiter verfolgt werde und dem gemäß »von hier aus« nichts veranlasst werden könne.[216]

Wurden ehemalige jüdische Beamte nicht in die Deportierungen einbezogen, erhielten sie ihr Ruhegehalt bis zum letzten Tag des Dritten Reiches ausbezahlt.

4. Paraphrase zur »Endlösung«:
Die Dreizehnte Verordnung zum Reichsbürgergesetz

Gegen Ende des Jahres 1941 verfügte der deutsche Jude noch über gewisse Rechtstitel: verblieb er im Reichsgebiet – dies war allerdings nicht von seinem Willen abhängig – besaß er weiterhin den Status des Staatsangehörigen, er konnte noch bedingt über sein Vermögen verfügen und bei Rechtsstreitigkeiten die Hilfe und das Urteil eines Gerichts anrufen.

Zweifellos war die praktische Ausübung dieser Rechte äußerst relativ, doch wenn man die Möglichkeiten der SS und ihrer Vernichtungslager heranzog, so bildeten sie dennoch eine gewisse Schutzgarantie. Damit stellten sie aber im Zuge der »Endlösung« ein Hindernis zur verwaltungsmäßig betriebenen Ausschaltung dar.

Das entscheidende Rechtshindernis war zweifellos die Stellung der Juden als Staatsangehörige. Die im Gefolge der »Elften Verordnung« vom Reichsinnenministerium entworfenen Vorschläge, Juden zu »Schutzangehörigen« zu machen oder ihnen die Staatsangehörigkeit generell zu entziehen, waren der Ablehnung Hitlers verfallen.[217] Im Juni 1941 machte das Ministerium die Obersten Reichsbehörden mit einem Verordnungsentwurf zum Reichsbürgergesetz bekannt, wonach die Stellung eines »Staatsangehörigen auf Widerruf« und eines »Schutzangehörigen« geschaffen werden sollte. Die letzte Gruppe sollte »die große Masse der nichtdeutschen Bevölkerung, ausgenommen die Juden« umfassen.[218] Der namens der Reichskanzlei gutachtende Staatssekretär Kritzinger bemängelte, dass die Verordnung zwar eine Ausführungsvorschrift zum Reichs-bürgergesetz darstelle, aber reine Staatsangehörigkeitsfragen berühre: »Diese systematische Unklarheit würde dazu beitragen, das an sich schon unübersichtliche Rechtsgebiet weiter zu komplizieren«.

Damit war die Angelegenheit vorerst abgetan und die Staatsangehörigkeit der Juden verschwand für einige Zeit aus der interministeriellen Diskussion.

Wesentlich für das Verständnis der weiteren Entwicklung wird nun die gesetzgeberische Aktivität des Reichsjustizministeriums und die Verschlingung einer Reihe ursprünglich spezieller Entwurfsarbeiten.

Im Justizministerium notierte man im November 1941, dass im Hinblick »auf die derzeitige Lage der Juden« im Hause Erörterungen schwebten, »ob den Juden die Prozessfähigkeit entzogen und ihre Vertretung vor den Gerichten anders geregelt werden soll«.[219]

Diesen Plänen kam auf direktem Wege die Reichs-Rechtsanwaltskammer entgegen. Ihr Präsident regte im März 1942 an, den Juden die Prozessfähigkeit abzuerkennen und ihnen das Auftreten vor den Gerichten als Prozesspartei zu untersagen.[220]

Schlegelberger sah diesen Vorschlag als bedeutsam an[221] und bereits wenige Monate später leitete das Ministerium den beteiligten Stellen den Entwurf einer »Verordnung über die Beschränkung von Rechtsmitteln für Juden« zu, wonach die Angesprochenen gegen Entscheidungen in Strafsachen Revision, Berufung und Beschwerde nicht mehr einlegen durften.[222]

Der Entwurf stellte gegenüber den voraufgegangenen Erörterungen ein Novum dar, als er nicht zivilprozessuale Fragen regelte, sondern allein strafverfahrensrechtliche Bestimmungen berührte. Diese Änderung hatte offenbar Goebbels mit einer entsprechenden Empfehlung durchgesetzt.[223]

Der Verordnungsentwurf wurde nun von allen Seiten angefüllt. Das Propagandaministerium schlug vor, die Rechtsmittelbeschränkung auf alle gerichtlichen Verfahren auszudehnen und legte einen entsprechenden Verordnungsentwurf gleich bei.[224] Auch das Reichsinnenministerium hatte einen Neuentwurf geschaffen und darin die Rechtsmittelbeschränkung zusätzlich auf Streitigkeiten im Verwaltungsverfahren ausgedehnt.[225]

Das Reichsjustizministerium fügte von sich aus dem Entwurf die Klausel hinzu, dass Juden nicht mehr eideswürdig sein sollten.[226]

Da nun mehrere Entwürfe und vielerlei Zusatzvorschläge vorlagen, trat die Reichskanzlei als Koordinierungsinstanz in Aktion und forderte den Innenminister als GBV auf, für eine Abstimmung der verschiedenen Entwürfe Sorge zu tragen.[227] Indessen wurde der Gesetzgebungsgang jetzt erst verwirrend. Nachdem der Reichsernährungsminister etwas verspätet mit einem weiteren Änderungsvorschlag die Materie noch härter zu fassen suchte,[228] teilte am 21. August 1942 Goebbels erstaunlicherweise mit, er habe der Anregung des Reichsjustizministers hinsichtlich der Eidesunwürdigkeit der Juden »entsprochen«.[229] Offenbar ging Goebbels von der Voraussetzung aus, dass er nun auch in Fragen der Strafgesetzgebung die Kompetenz besitze.[230]

Dem allgemeinen Tauziehen um Inhalt und Zuständigkeit der Verordnung suchte der RFSS ein Ende zu setzen. Mit Rücksicht auf die uneinheitliche Auffassung der beteiligten Ressorts und wegen weiterer, ungeklärter Fragen hielt er den Zeitpunkt für eine Beschlussfassung des Ministerrates für die Reichsverteidigung noch nicht gekommen und bat den Reichsinnenminister zur Klärung dieser Fragen eine Besprechung anzusetzen.[231]

Im September 1942 meldete sich dann endlich Bormann zu Wort. Er kritisierte die geplante Regelung, da sie den Juden noch immer die Einlegung eines Rechtsmittels im weiteren Sinne gestatte[232] und bat eine Bestimmung einzufügen, wonach die Ablehnung eines Richters durch einen Juden unzulässig sein sollte.[233] Auch das OKW hatte noch eine Lücke entdeckt.

Die uneidliche Aussage eines Juden sollte unter Strafe gestellt werden, um damit »einer ungerechtfertigten Höherbewertung jüdischer uneidlicher Zeugenaussagen gegenüber uneidlichen Zeugenaussagen eidesfähiger Zeugen vorzubeugen«.[234]

Nachdem das RSHA nochmals auf eine Besprechung des Komplexes drängte,[235] fand diese am 25. September 1942 statt und brachte als Ergebnis eine Neufassung unter dem Namen »Verordnung über Rechtsbeschränkungen von Juden«, in die man alle Vorschläge der beteiligten Ressorts hineingepackt hatte,[236] zusätzlich der Bestimmung, dass beim Tode eines Juden sein Vermögen dem Reich verfallen sollte.

Die Reichskanzlei bemängelte allerdings den Entwurf, insbesondere den Passus über den Vermögensverfall, der nach Auffassung Kritzingers noch über die Regelung der »Elften Verordnung« hinausging, da dort wenigstens bis zu einem gewissen Grad die Ansprüche der nichtjüdischen Unterhaltsberechtigten gesichert waren.[237] Die Reichskanzlei wies sodann den GBV auf ihre Bedenken hin.[238]

Die vom Reichsinnenminister vorgelegte Verordnung beabsichtigte allein eine Schlechterstellung auf dem Gebiet des formellen Strafrechts obwohl im Zuge der »Endlösung« nachgerade das sachliche Strafrecht von besonderer Bedeutung sein musste. Ansätze und Bestrebungen hierzu waren durchaus vorhanden. Im November 1941 etwa wurden die Strafvollzugsanstalten angewiesen, die bevorstehende Entlassung eines jüdischen Häftlings der örtlichen Staatspolizeistelle mitzuteilen.[239] Eine andere Möglichkeit sah Staatssekretär Freisler, der in einem Vortrag vor den höchsten Justizbeamten des Reichs im März 1941 für Polen und Juden eine grundsätzlich härtere Strafe forderte.[240]

Obwohl eine derartige Forderung das Rechtsverhältnis tiefgreifend deformierte, entsprach sie dem rassischen Überheblichkeitsdenken des Nationalsozialismus. Immerhin garantierte sie den betroffenen Juden noch einen relativen Schutz vor der absoluten Willkür der SS.[241] Noch im Juni 1942 betonte man im Reichsjustizministerium, dass für die Aburteilung strafbarer Handlungen nicht die Sicherheitspolizei, sondern allein die Justiz zuständig ist.[242] Diese für die Juden kaum ausreichende Rechtsbarriere gegen den Zugriff der SS zerbrach vollends, als Schlegelberger am 20. August 1942 von dem bisherigen Präsidenten des Volksgerichtshofes, dem ehrgeizigen Parteifanatiker Otto Georg Thierack, abgelöst wurde.

Himmler hatte bereits die Polen-Strafrechtsverordnung vom Dezember 1941 im Sinn einer weitgehenden Polizeigerichtsbarkeit interpretiert. Da die Verordnung überdies die verfahrensrechtlichen Unterscheidungsmerkmale zwischen Vergehen, Verbrechen und Übertretungen aufgegeben hatte, sah er in Verbindung mit dem Recht der freien Verfahrensgestaltung im Juni 1942 eine Befugnis zum Erlass polizeilicher Strafverfügungen gegen Polen und Juden als gegeben an und bestimmte gleichzeitig, dass die Einlegung eines Rechtsmittels gegen derartige Verfügungen nicht statthaft war, sondern die Rechtskraft einer Strafverfügung sogleich mit Bekanntgabe an den Täter eintritt.[243]

Für das Reichsgebiet indessen war eine derartige Regelung, wobei die Polizei gleichsam die richterliche und ausübende Gewalt vereinigte, bislang noch nicht getroffen. Himmler mochte deshalb nicht zu Unrecht in dem neuen Justizminister einen kongenialen Partner erwarten, der seinen diesbezüglichen Wünschen entgegenkommend begegnete. In einem Gespräch am 18. September 1942 in Himmlers Feldquartier ging denn auch Thierack bereitwillig auf die Forderungen Himmlers ein. Beiderseits einigte man sich auf »Korrektur nicht genügender Justizurteile durch polizeiliche Sonderbehandlung«: Juden, Zigeuner, Russen und Ukrainer sollten aus dem Strafvollzug entlassen und dem RFSS ausgeliefert werden.[244] Thierack machte diese Absprache sofort Bormann bekannt,[245] teilte sie auch allen Chefpräsidenten und Generalstaatsanwälten mit und konnte diesen versichern, dass Hitler seinem Vorhaben grundsätzlich zugestimmt habe.[246]

Während das RSHA, wie gewohnt, die erwarteten Regelungen vorwegnahm, stieß Thierack bei den Gauleitern auf einen Abwehrblock, der einige der mit Himmler abgesprochenen Punkte zunichte machte. Wie er Bormann unterrichtete, hatte sich auf einer Besprechung mit den höchsten Parteiführern der eroberten Ostgebiete unerwarteter Widerstand gegen den Plan der Abgabe von Polen und Russen an den RFSS erhoben. Da sie damit drohten, ihre Vorbehalte Hitler persönlich vorzutragen,[247] glaubte Thierack »zunächst von weiteren Schritten in dieser Richtung absehen zu sollen«, versicherte jedoch Bormann, dass einer sofortigen Abgabe der Strafverfolgung gegen Juden und Zigeuner an den RFSS nichts im Wege stehe.[248] Über die gesetzesförmige Gestalt der Absprache Thierack-Himmler verhandelten in der Folgezeit das Reichsinnen- und Reichsjustizministerium.[249]

Unterdes hatte das Reichsinnenministerium nach längerer Bearbeitungspause für die Regelung der Staatsangehörigkeit zwei Verordnungsentwürfe vorgelegt:[250]

Entwurf A: »Dreizehnte Verordnung zum Reichsbürgergesetz«,[251]
Entwurf B: »Erste Verordnung über die Schutzangehörigkeit«.

Im Entwurf A bestimmte § 4, dass Juden die deutsche Staatsangehörigkeit nicht mehr erlangen konnten, auch nicht durch Geburt oder Heirat.

Die Entwürfe wurden am 10. August 1942 besprochen, wobei das Innenministerium die Bedenken der Reichskanzlei akzeptierte, ob die »Dreizehnte Verordnung« sich auf das Reichsbürgergesetz stützen könne. Es sagte eine Prüfung dieser Frage zu. Allseits einig war man sich darüber, dass zwar die Vorschrift des § 4 nicht in den Entwurf A gehöre, »daß es aber notwendig sei, sie zu treffen und daß sie noch am besten hier einzuschalten sei«.[252]

Im November 1942 hatte das Innenministerium die Überprüfung seiner Entwürfe abgeschlossen. Als Vorausmaßnahme erging die »Verordnung über den Verlust der Protektoratsangehörigkeit«,[253] welche die Bestimmungen der »Elften Verordnung« im Protektorat einführte.

Im Januar legte das Ministerium dann drei Verordnungsentwürfe vor:

1. »Dreizehnte Verordnung zum Reichsbürgergesetz«,
2. »Erste Verordnung über die Schutzangehörigkeit«,
3. »Verordnung über die Staatsangehörigkeit auf Widerruf«.

Die Entwürfe entsprachen inhaltlich den Vorlagen von August 1942, nur hatte man den seinerzeitigen Entwurf B zu zwei selbstständigen Verordnungen gestaltet.[254]

Auf einer Besprechung am 21. Januar 1943 wurden grundsätzliche Einwendungen gegen die Entwürfe nicht erhoben. Die Parteikanzlei, das Rassenpolitische Amt und die Abteilung IV des Innenministeriums[255] traten allerdings dafür ein, in § 4 der »Dreizehnten Verordnung« nicht nur Juden vom Erwerb der Staats- und Schutzangehörigkeit auszuschließen, sondern auch alle »Mischlinge«. Dem widersprach das Auswärtige

Amt unter Berufung auf außenpolitische Schwierigkeiten. Man einigte sich dann auf die Fassung: »Juden und Zigeuner[256] können nicht Staatsangehörige werden, sie können auch nicht Staatsangehörige auf Widerruf oder Schutzangehörige sein«.[257]

Am 6. Februar 1943 unterrichtete das Innenministerium die Reichskanzlei, nach weiteren Verhandlungen habe man beschlossen, den Begriff des »Vollfremdblütigen« aus der »Dreizehnten Verordnung« zu entfernen, so dass die »ganze Regelung nur auf Juden und Zigeuner abgestellt wird«.[258]

Die Verhandlungen zwischen dem Reichsinnen- und Reichsjustizministerium hatten zum Ergebnis, dass die Strafverfolgung von Polen und Juden ausschließlich durch den RFSS erfolgen sollte. Schwierigkeiten bereitete noch die Bestimmung, das Erbe aller Juden dem Reich zufallen zu lassen.[259] Bei diesem Sachstand hielt der Reichsinnenminister die Verordnung an, da er »sie im Hinblick auf die Entwicklung der Judenfrage« nicht mehr für notwendig hielt.[260] Da jedoch die Verordnung auch Bestimmungen über die Ergebnisse der Himmler-Thierack-Absprache enthielt, erhob der Nachfolger Heydrichs, Ernst Kaltenbrunner, gegen die Einstellung lebhaften Protest. Er begründete die Notwendigkeit zum Erlass mit dem Hinweis, dass die bisherigen Evakuierungen die in Mischehe lebenden Juden ausgenommen hätten, dass die Vermögenseinziehung durch § 7 der Verordnung erleichtert würde und machte darauf aufmerksam, dass der Übergang der Strafrechtspflege von der Justiz auf die Polizei von Hitler gebilligt wurde. Kaltenbrunner bat um alsbaldige Verabschiedung des Entwurfs, da »die insoweit vorgesehene Bestimmung ansonsten in einer selbständigen, gesetzlichen Regelung verankert werden müßte«, was jedoch unerwünscht sei.[261]

Ehe die Bitte Kaltenbrunners weiterbehandelt wurde, übersandte das Reichsinnenministerium erneut die drei Verordnungen zum Staatsangehörigkeitsrecht.[262] Die »Dreizehnte Verordnung« war in ihrem § 4 neu gefasst, entsprechend dem Kompromiss auf der Sitzung vom 21. Januar 1943. Zwar passte diese Vorschrift nicht in den Gesamtrahmen der Verordnung, doch wünschte man »die seit langem als notwendig erachtete Bestimmung ... an einem unauffälligen Ort einzuführen«.[263]

Die Reichskanzlei hatte inzwischen dem Dringen Kaltenbrunners nachgegeben und beabsichtigte die »Verordnung über Rechtsbeschränkungen von Juden« beim Ministerrat für die Reichsverteidigung einzubringen. Sie legte jedoch Wert darauf, dass beim Eintritt des Vermögensverfalls die »deutschblütige« Gattin eines Juden an Stelle des Staates den »Verstorbenen« beerben sollte.[264]

In einer internen Besprechung einigten sich dann die Staatssekretäre Stuckart und Kritzinger auf die Fassung, dass strafbare Handlungen von der Polizei geahndet werden und die Polen-Strafrechtsverordnung keine Anwendung mehr auf Juden finden sollte.[265]

Bei diesem Stand der Dinge kamen Frick wieder Zweifel, ob die Verordnung überhaupt noch notwendig war.[266] Staatssekretär Klopfer von der Parteikanzlei pflichtete Kritzinger bei, dass man, abgesehen von § 6 (Ahndung von strafbaren Handlungen durch die Polizei) und § 7 (Vermögensverfall beim Tode eines Juden), auf die Verordnung verzichten könne.[267]

Lammers hingegen teilte die Meinung Fricks und sprach sich dafür aus, dass soweit irgend möglich von einer Regelung der Dinge im Verordnungswege abgesehen werden sollte«.[268]

Am 21. April 1943 fanden sich die Staatssekretäre Stuckart, Rothenberger,[269] Klopfer und Kaltenbrunner als Chef der Sicherheitspolizei zusammen. Man einigte sich auf den Wegfall aller Bestimmungen der »Verordnung über Rechtsbeschränkungen von Juden« außer den Paragraphen 6 und 7 und wollte sie als Verordnung zum Reichsbürgergesetz ergehen lassen.[270]

Das Ergebnis der Besprechung war ein schwer entwirrbarer Komplex der bislang besprochenen Entwürfe. Die im Arbeitsstadium als »Dreizehnte Verordnung« gekennzeichnete Regelung erging am 25. April 1943 als »Zwölfte Verordnung zum Reichsbürgergesetz«,[271] gemeinsam mit den sie begleitenden anderen Vorschriften über die Staatsangehörigkeit.[272] Sie bestimmte – normativ wie faktisch vollkommen überflüssig und im Zeichen der laufenden Vernichtungen ein Beispiel zynischer Perfektion –, dass Juden, »Mischlinge 1. Grades« und Zigeuner nicht deutsche Staatsangehörige werden konnten.

Der bislang unter dem Rubrum »Verordnung über Rechtsbeschränkungen von Juden« laufende Entwurf wurde zur »Dreizehnten Verordnung zum Reichsbürgergesetz«.[273]

Soweit der RFSS den Bestimmungen dieser Verordnung nicht bereits vorgegriffen hatte[274] brachte die Verordnung auf dem Gebiet der Strafrechtspflege den Höhepunkt und Abschluss eines entarteten Rechts: Strafbare Handlungen von Juden wurden von der Polizei geahndet. Beim Tode eines Juden verfiel sein Vermögen dem Reich, ausgenommen er hatte nichtjüdische Angehörige.

Der RFSS füllte die Verordnung in der ihm gemäßen Art aus: So waren alle anfallenden Strafanzeigen sowie alle von Amts wegen eingeleiteten Straf- und Ermittlungsverfahren der für den Wohnsitz oder den Aufenthaltsort des Juden zuständigen Staatspolizeistelle »zur weiteren Veranlassung« zuzuleiten.[275] Die Vollzugsanstalten hatten alle in Untersuchungs-, Strafhaft oder Verwahrung befindlichen Juden zwecks baldiger Überstellung an den RFSS namhaft zu machen. Die noch bestehenden straf- und zivilprozessualen Rechte wurden stillschweigend eliminiert.[276]

Am 1. September 1944 erließ Himmler in seiner nunmehrigen Eigenschaft als Reichsinnenminister eine Durchführungsverordnung, über die der nahende Untergang des Reiches seine Schatten warf. Zwar galten nun auch Steuer- und Devisenvergehen als strafbare Handlungen, doch delegierte Himmler die Ahndung dieser Vergehen an die Finanzbehörden. Überdies galt die »Dreizehnte Verordnung« nun nicht mehr für Juden ausländischer Staatsangehörigkeit.[277]

Eine der letzten Maßnahmen des Dritten Reiches zur Judenpolitik zeigte in den Schrecknissen der Vernichtung noch einmal die Effizienz einer mit bürokratischem Perfektionismus arbeitenden Staatsverwaltung. Am 25. November 1944 wies das Reichsinnenministerium an, die Sterbeurkunden von Juden »auch den zuständigen Finanzämtern zuzuleiten«.[278]

Der Rückgriff auf einen dumpfen, triebhaft motivierten Rassenhass inmitten der auf technische und materielle Rationalität und Effektivität gegründeten modernen Industriegesellschaft war ein Rückfall in die Denkvorstellungen vergangener Jahrhunderte und eine der folgenreichsten und schrecklichsten Anachronismen der deutschen Geschichte.

Und während Hitler in der Reichskanzlei vor dem Scheiterhaufen seiner politischen Absichten und Pläne stand und Europa in Trümmern lag, gedachte er in seinem politischen Testament zum letzten Mal seines immerwährenden Feindbildes und offenbarte den pathologischen Hass, mit dem er die Juden über zwei Jahrzehnte zuerst angegriffen, dann verfolgt und schließlich vernichtet hatte:

». . . Vor allem verpflichte ich die Führung der Nation und die Gefolgschaft zur peinlichen Einhaltung der Rassengesetze und zum Widerstand gegen den Weltvergifter aller Völker, das internationale Judentum.

Gegeben zu Berlin, den 29. April 1945

Gez. Adolf Hitler«[279]

Der totalitäre Staat und die Judenfrage im Regierungssystem des Dritten Reiches

In der Einleitung wurde der gegenwärtige Forschungsstand hinsichtlich der theoretisch fassbaren Natur des Dritten Reiches bewusst auf die Fragestellung verengt, inwiefern sich das Bild des »monolithischen Blocks« mit der Tatsache einer anarchischen Staats- und Herrschaftsstruktur vereinbaren lässt. Neuerdings wird denn auch geäußert, dass eine generalisierende Betrachtung über Bedingungen, Wesen und Grenzen der als totalitär angesehenen Systeme die Problematik eher vergrößert.[1]

Insbesondere der nationalsozialistische Totalstaat wird aus der historischen Distanz sehr viel differenzierter gesehen; und mit einiger Berechtigung wird heute die Ansicht vertreten, dass er sich als Herrschaftsform theoretisch kaum befriedigend darstellen lasse.[2] Gerade am Beispiel der Geschichte des Judentums im Dritten Reich erweist sich die Notwendigkeit, den bisherigen Weg der generalisierenden Aussagen zu verlassen und mittels einer differenzierten Betrachtung auf historisch-empirischer Grundlage die Erkenntnisse der Totalitarismus-Forschung auf ihre Aussagekraft zu überprüfen.

Um dem Phänomen des deutschen Totalstaates und seiner Judenpolitik einsichtig zu machen, darf in diesem Zusammenhang eine mehrfach erkannte Eigentümlichkeit der nationalsozialistischen Herrschaftsordnung herangezogen werden, die auf die widerstreitenden Elemente innerhalb dieser Ordnung verweist. In einer sehr generellen, aus rechtstheoretischen Gedanken und Erwägungen gewonnenen Theorie hat Andreas Brunner den Nachweis zu führen versucht, dass in jeder menschlichen Gesellschaft totalitäre und rechtsstaatliche Elemente eng verbunden sind und dem gemäß den Totalstaat, als Antithese zum Rechtsstaat, als das überwiegende Vorherrschen totalitärer Elemente charakterisiert.[3] Dieser von einem Dualismus ausgehende Ansatz ist für die vorliegende Problemstellung insoweit fruchtbar, als bereits Ernst Fraenkel in einem überwiegend dem Dritten Reich entnommenen Tatsachenmaterial einem diesem Staatswesen innewohnenden Dualismus erkannte, den er mit den Begriffen vom »Normenstaat« und »Maßnahmenstaat« zu kennzeichnen suchte.[4] Der Maßnahmenstaat ist im Bereich des »governmental system« angesiedelt, einem politischen Sektor, dem die gesamte Rechts-

ordnung zur Disposition steht. Ihm entgegengeordnet ist der Normenstaat als »administrative body«, der seine Akte traditionell der geschriebenen Rechtsordnung unterwirft.[5] Die gegenseitige Beziehung zwischen
Maßnahmenstaat und Normenstaat wird geprägt durch ein dynamisches
Element:

»Der Maßnahmenstaat ergänzt und verdrängt nicht nur den Normenstaat, er bedient sich auch des Normenstaates, um seine politischen Zwecke rechtsstaatlich zu tarnen.«[6]

Diese mehr von der rechtswissenschaftlichen Theorie und Praxis her
bestimmten Erklärungsversuche wurden jüngst von Martin Broszat aus
historisch politischer Sicht ergänzt. Broszat sieht im Dritten Reich die
»antagonistische Verquickung« totalitärer und autoritärer Tendenzen,
die nach einer Phase labilen Gleichgewichts schließlich mit dem Sieg der
totalitären Richtung endet.[7]

Diesen Aussagen über das Wesen des nationalsozialistisch-totalitären
Systems ist gemeinsam ein sich bewegendes, bekämpfendes Prinzip: Die
traditionellen Kräfte und geistigen Grundlegungen werden allmählich
von einer revolutionären Bewegung zurückgedrängt und schließlich vernichtet. Diese Theorie der gegensätzlichen, einander bekämpfenden Elemente ist in der Literatur über den Nationalsozialismus allgemein, wenn
auch manche Deutungsversuche von einem festgeformten ideologischen
Ansatz her eher verwirrend wirken.[8]

Das Bild des unaufhörlichen Angriffs der totalitären (oder maßnahmenstaatlichen) Elemente hat seine Entsprechung gefunden im Modell
des permanenten Umwälzungsprozesses, der innerhalb des totalitären
Systems diesem die beanspruchte und durchaus eigentümliche Dynamik
verleiht. Der Ausdruck von der »permanenten Revolution«[9] ist somit nur
eine andere Bezeichnung für die Antriebskräfte eines totalitären Systems
sowie seine Auseinandersetzungen mit den überkommenen Institutionen und Lebensgrundlagen.

Nun wird man sich hüten müssen, der Gefahr eines hermeneutischen
Zirkels zu unterliegen und die Judenpolitik des Dritten Reiches anhand
der theoretischen Erkenntnisse zu interpretieren. Die empirischen Tatsachen bestätigen vorerst nur einmal, dass von einer geplanten und gelenkten Politik auf diesem Gebiet nicht die Rede sein kann, dass ein Gesamtplan über Art, Inhalt und Umfang der Judenverfolgung niemals bestand
und dass auch die Massentötung und Vernichtung mit größter Wahrscheinlichkeit von Hitler nicht a priori als politisches Ziel angestrebt
wurde.[10] Dieser Tatsache steht allerdings der mit nahezu logischer Konsequenz ablaufende Entrechtungsprozess gegenüber, dessen Ablauf den
Anschein der Vorausplanung und Berechnung aufdrängt.[11] Die Erklärung
für diesen Gegensatz zwischen wahrnehmbarem Bild und faktischer

Wirklichkeit, ein Gegensatz, der gerade auch die theoretischen Erklärungsversuche der »Totalität« des nationalsozialistischen Staates erschwert, liegt wohl in erster Linie in einem dem Dritten Reich systemimmanenten Widerspruch, der auf die innere Struktur und die Bewegungsgesetze dieses Herrschaftssystems verweist. Um jedoch die Natur und die Ursache dieses inneren Widerspruches zu fassen, bedarf es zuvor eines Hinweises auf die besondere Haltung Hitlers zu dem von ihm geschaffenen Staat, sowie auf seine politischen Grundvorstellungen.

Hitler hatte gewiss ebenso wenig wie seine Partei ein klares politisches Konzept, wie die weltanschaulichen Programmpunkte verwirklicht werden sollten. Seine politische Aussage erschöpfte sich in der Negation, der auf der programmatischen Seite nur diffuse, wenig reflektierte Neuordnungsvorstellungen entgegenstanden. In der Judenfrage näherten sich seine Zielvorstellungen, auf die einfachste Aussage gebracht, einer weitestgehenden Ausschaltung aus allen Gebieten des öffentlichen Lebens und einem »judenreinen« Deutschland vor Ausbruch des geplanten Eroberungskrieges im Osten. Gegenüber den von Broszat als autoritär gekennzeichneten Kräften hatte indessen Hitler sofort erkannt, dass eine schnelle und radikale Durchführung des rassischen Programms nicht möglich war. Mit dem zynischen Opportunismus des Machttechnikers verstand er es allerdings meisterhaft, seine weltanschaulichen Grundüberzeugungen kurzfristigen Zweckmäßigkeitserwägungen unterzuordnen.[12] Erst als unter dem dauernden Anprall der von ihm geführten totalitären Elemente der konservativautoritäre Widerstand geschwächt und beinahe bedeutungslos geworden war, wagte es Hitler, mit immer brutalerer Offenheit seine wahren Absichten öffentlich zu propagieren.[13]

Nun wurden die autoritären, Hitler entgegenstehenden Kräfte nicht durch Akte der äußeren Gewalt ausgeschaltet. Sie unterlagen vielmehr den totalitären Elementen in einem Prozess fortdauernder Selbstlähmung des Staates, der die funktionale Zuordnung eines rationalen Verwaltungshandelns auf die Erfordernisse einer hochindustrialisierten Gesellschaft geradezu ad absurdum führte. Da Hitler Fragen der Staatsverfassung in extremer Weise nur unter dem Gesichtspunkt der jeweiligen Nützlichkeit betrachtete[14] und zudem kein Verständnis gegenüber den Notwendigkeiten einer reibungslos arbeitenden Verwaltung aufbrachte, führte das Kompetenzen-Chaos zu einem bellum omnium contra omnes, ein Ergebnis, das von Hitler vielleicht nicht ganz absichtslos durch immer neue Schaffung von Sonderbehörden kontinuierlich vermehrt wurde.[15] Jener »organisatorische Dschungel«[16] ließ naturgemäß eine planende, rational kalkulierte, einheitliche und gleichgerichtete Politik nicht mehr zu. Augenblicksüberlegungen, taktische Vorteile und momentan erreichbare politische Ziele diktierten in diesem Raum die Maximen des Handelns. Diese Strukturanarchie erklärt aber auch, wie innerhalb der horizontalen und vertikalen Überschneidungen, die eine klare Abgrenzung totalitärer bzw. maßnahmenstaatlicher Tendenzen von normativen Elementen unmöglich machen, immer nur die politischen Zielvorstellungen an Boden gewannen, die dem System selbst adäquat waren, d. h. die erst auf den zertrümmerten Resten der überkommenen Ordnung »total« wirken konnten. Damit relativiert sich aber auch die Aussage, der nationalsozialistische Totalstaat vertraute blindlings der »Allmacht der Organisation«[17], so dass letztlich der Perfektionismus der Bürokratie diesen Staat »total« machte. Gerade die Desorganisation bildete doch das Fundament, auf dem der totale Staat errichtet wurde, nachdem die konservativen Kräfte im System der Kompetenzen-Anarchie unterlegen waren.

Geht man von diesen theoretischen Überlegungen zurück auf die Geschichte des Judentums unter dem Nationalsozialismus, so erstaunt ein Paradoxon, das unmittelbar auf einige theoretische Erkenntnisse zurückbindet: Obwohl bereits seit Frühjahr 1933 umfassende Ausschaltungsmaßnahmen formuliert vorlagen, wurde die wirtschaftliche Verdrängung des Judentums erst im Herbst 1938 erreicht. Auch der zwischen 1933 und 1938 erfolgte Entrechtungsprozess verlief nicht kontinuierlich, sondern es wechseln Phasen äußerlicher Ruhe mit Etappen plötzlicher Aktivität, die alle Merkmale totalitärer Machtentfaltung zeigen. Diese Eruptionen, die die Judenpolitik jeweils ruckartig politisch verschärften, sind der äußere Widerschein des Kampfes zwischen dem totalitären Anspruch des Nationalsozialismus mit den Rudimenten der normenstaatlichen Ordnung. In eben dem Maße, in dem das Judentum sukzessive verfolgt und entrechtet wurde, drangen die totalitären Elemente, das Gerüst der rechtsstaatlichen Ordnung immer weiter unterhöhlend, vor.

Mit der wirtschaftlichen Ausschaltung des Judentums war dem Programm der NSDAP eigentlich Genüge getan. Die weiteren Angriffe gegen diese Gruppe belegen jedoch eindringlich das für den Nationalsozialismus geradezu konstitutive Element der Dynamik. Von Anbeginn war der Jude nicht nur der weltanschauliche oder »objektive Gegner«. Mit dem fortschreitenden Zerfall der überschaubaren Ordnung, die sich nur mit einer »inneren Selbstaufzehrung« des Systems[18] vergleichen lässt, übernahm das Judentum immer stärker die Rolle eines integrierenden Moments und rechtfertigte gleichzeitig den Anspruch der Partei, »Bewegung« zu sein.[19] So war es nur folgerichtig, dass mit dem Angriff auf die Sowjetunion die Juden als »jüdisch-bolschewistischer Weltfeind« den »Weltkampf« ideologisch legitimieren mussten. Erst auf diesen Grundlagen konnte Hitler, zu einem Zeitpunkt, als er für den Ausgang des Krieges alles oder nichts erhoffen durfte, seine wahnwitzige Entscheidung treffen, die den Prozess der Vernichtung einleitete.

Mit der Vernichtung des Judentums stellt sich die Frage, ob das »Judenproblem« überhaupt »lösbar« war. Die enge Verwobenheit der sogenannten rassischen Frage mit den konstitutiven Elementen des nationalsozialistischen Totalstaats lässt diese Frage verneinen.

Gewiss war der Befehl Hitlers zur Tötung von mehreren Millionen Menschen seine eigene, persönliche Entscheidung; doch letztlich ist die Dynamik und Entwicklung seines Staates nicht das Ergebnis eines ausgeklügelten Kalküls, sondern einer inneren Entwicklung, die auch Hitler zu einem nicht geringen Teil band.

So darf abschließend die in der Einleitung aufgeworfene theoretische Unterscheidung zwischen der Tatsache einer autoritären Anarchie und dem Bild des »monolithischen Blocks« dahingehend präzisiert werden, dass beide Theorien, sofern sie Anspruch auf Ausschließlichkeit erheben, dem totalitären System Hitlers nicht gerecht werden. Nimmt man die »Ordnungslosigkeit als Kriterium eines politischen Systems«,[20] so konnte der nationalsozialistische Staat trotz seiner anarchischen Struktur doch totalitär sein, wenn es galt, alle Kräfte dieses Staates zu erfassen und einem gemeinsamen Gegner entgegenzuwerfen, ohne den diese Herrschaftsordnung nicht lebensfähig war. Die Kräfte und Tendenzen, die dem totalen Staat Hitlers ihr Gepräge gaben, liegen jedoch tiefer und sind, wie die Katastrophe Deutschlands und des Judentums[21] beweisen, nur aus den Spannungen und bewegenden Wirkungsmechanismen dieses Staates erklärbar.

Literatur und Quellen

A. Ungedruckte Quellen

Für die Bearbeitung des Themas hat der Verfasser auf das Schriftgut und/oder die Aktenbestände der folgend genannten Archive und Behörden zurückgreifen können:

Politisches Archiv des Auswärtigen Amtes
  Akten des Referats Deutschland betr. Judengesetzgebung, Bd. 1.

Berlin Document Center
  Personalakten und persönliches Schriftgut nach Namen geordnet. Friedrich Georg Christian Bartels – Paul Bang – Rudolf Diels – Werner Feldscher – Walter Groß – Arthur Julius Gütt – Ernst von Heydebrand und der Lasa – Julius Lippert – Bernhard Lösener – Helmut Nicolai – Hans Pfundtner – Franz Schlegelberger – Erwin Schütze – Hanns Seel – Wilhelm Stuckart – Gerhard Wagner.

Bundesarchiv Koblenz
  NS 6   Stellvertreter des Führers/Parteikanzlei
  R 18   Reichsministerium des Innern
  R 21   Reichsministerium für Wissenschaft, Erziehung und Volksbildung
  R 22   Reichsjustizministerium
  R 36   Deutscher Gemeindetag
  R 43 II   Reichskanzlei 1933–1945
  R 58   Sicherheitspolizei und politischer Nachrichtendienst
  (GStA.) Rep 318[1] Reichsarbeitsministerium
  (GStA) Rep 320[2] Reichsministerium des Innern, Schriftgut aus den Büros Fricks und Pfundtners vom Geheimen Staatsarchiv Berlin im Frühjahr 1969 an das Bundesarchiv abgegebene Bestände.
  3 P 135 Preußisches Justizministerium

Geheimes Staatsarchiv der Stiftung Preußischer Kulturbesitz
  Rep 76   Reichsministerium für Wissenschaft, Erziehung und Volksbildung
  Rep 77   Preußisches Ministerium des Innern
  Rep 90   Preußisches Staatsministerium

Rep 355/9   Prozess gegen Otto Ohlendorf und Genossen, »Einsatzgruppen-Prozeß«
Rep 335/11   Prozess gegen Ernst von Weizsäcker und Genossen, »Wilhelm-straßen-Prozeß«

Archiv des Vereins zur Pflege kommunalwissenschaftlicher Aufgaben e. V., Berlin
DGT Akten des ehemaligen Deutschen Gemeindetages 1933–1945

Landesarchiv Berlin
Rep 142/A   Organisationsakten der ehemaligen kommunalen Spitzenver-bände vor 1933
Rep 142/B   Sachakten der ehemaligen kommunalen Spitzenverbände vor 1933

Staatsarchiv Nürnberg
Anklagedokumente aus den Nürnberger Militärgerichtsprozessen, nach Serien und Nummern geordnet.
(Zitierweise: NG 347 1, NG 347 11 pp.)

Staatsanwaltschaft beim Landgericht Hechingen
KLs 23–27/47 Prozess gegen Paul Schraermayer und andere

Schriftliche Auskünfte erteilten:
Prof. Dr. Yehuda Bauer, Jerusalem
StS a. D. Dr. Hans Globke, Bonn
Prof. Dr. Reinhard Höhn, Bad Harzburg
StS a. D. Dr. Wilhelm Loschelder, Düsseldorf
Herr Avraham Margaliot, Jerusalem
Reichsminister a. D. Lutz Graf Schwerin von Krosigk

B. Gedruckte Quellen, Monographien, Aufsätze

Absolon, Rudolf: Wehrgesetz und Wehrdienst 1933–1945. Zum Personalwesen, in der Wehrmacht (Schriften des Bundesarchivs 5). Boppard/Rhein 1960.
– : Die Wehrmacht im Dritten Reich. Bd. 1: Vom 30. Januar 1933 bis 2. August 1934. Mit einem Rückblick auf das Militärwesen in Preußen, im Kaiserreich und in der Weimarer Republik (Schriften des Bundesarchivs 16/1). Boppard/Rhein 1969.
Adler, H.G.: Die verheimlichte Wahrheit. Theresienstädter Dokumente. Tübingen 1958.
Anschütz, Gerhard: Die Verfassung des Deutschen Reichs vom 11. August 1919. Unveränderter Nachdruck der 14. Aufl. (1933). Darmstadt 1965.
Archiv, Das: Nachschlagewerk für Politik, Wirtschaft, Kultur, bearb. v. Ernst Jaenicke, hrsg. v. Kurt Jahncke (ab 1935 Alfred Ingemar Berndt). Berlin 1934–1944.

Arendt, Hannah: Elemente und Ursprünge totaler Herrschaft. Frankfurt/M. 1962.

– : Eichmann in Jerusalem. Ein Bericht über die Banalität des Bösen. München 1964.

Aronson, Shlomo, Heydrich und die Anfänge des SD und der Gestapo 1931–1935. Diss. phil. Berlin 1967.

Akten zur Deutschen Auswärtigen Politik 1918–1945. Aus dem Archiv des Deutschen Auswärtigen Amts. Serie D. Bd. 1–X.

Auerbach, H.: Der Begriff »Sonderbehandlung« im Sprachgebrauch der SS. In: Gutachten des Instituts für Zeitgeschichte München, Bd. II. Stuttgart 1966. s. 182 ff.

Aufbau und Aufgaben des Reichsausschusses für Volksgesundheitsdienst beim Reichs- und Preußischen Minister des Innern (Schriftenreihe des Reichsausschusses für Volksgesundheitsdienst, Heft 2). Berlin 1934.

Bay, Jürgen, Der Preußenkonflikt 1932/33. Ein Kapitel aus der Verfassungsgeschichte der Weimarer Republik, Diss. jur. Erlangen 1965.

Bayerischer Staatsanzeiger 1933–1934.

Ben Elissar, Eliahu: La Diplomatie du IIIe Reich et les juifs 1933–1939. Paris 1969.

Besson, Waldemar: Neue Literatur zur Geschichte des Nationalsozialismus. In. VJhefteZG 9 (1961), S. 314 ff.

Best Werner: Die Deutsche Polizei (Forschungen zum Staats- und Verwaltungsrecht, Reihe A Bd. V). Darmstadt 1941.

Blau, Bruno: Das Ausnahmerecht für die Juden in den europäischen Ländern. 1. Teil: Deutschland, 3. Aufl. Düsseldorf 1965 (1. Aufl. New York 1952).

Boberach, Heinz: Meldungen aus dem Reich. Auswahl aus den geheimen Lageberichten des Sicherheitsdienstes der SS 1939–1944. Neuwied 1965.

Boelcke, Willi A.: Kriegspropaganda 1939–1941. Geheime Ministerkonferenzen im Reichspropagandaministerium. Stuttgart 1966.

– : Wollt ihr den totalen Krieg? Die geheimen Goebbels-Konferenzen 1939–1943. Stuttgart 1967.

Bollmus, Reinhard: Das Amt Rosenberg und seine Gegner. Zum Machtkampf im nationalsozialistischen Herrschaftssystem (Studien zur Zeitgeschichte). Stuttgart 1970.

Bracher, Karl Dietrich/Wolfgang Sauer/Gerhard Schulz: Die nationalsozialistische Machtergreifung. Studien zur Errichtung des totalitären Herrschaftssystems in Deutschland 1933/34 (Schriften des Instituts für politische Wissenschaft, Bd. 14). 2. Aufl. Köln 1962.

Bracher, Karl Dietrich: Die Auflösung der Weimarer Republik. Eine Studie zum Problem des Machtverfalls in der Demokratie (Schriften des Instituts für politische Wissenschaft, Bd. 4). 4. Auflage Stuttgart 1964.

– : Die Deutsche Diktatur. Entstehung – Struktur – Folgen des Nationalsozialismus. 2. Aufl. Köln 1969

Bramsted, Ernest K.: Goebbels und die nationalsozialistische Propaganda 1925–1945. Frankfurt/M. 1971.

Braubach, Max: Der Einmarsch deutscher Truppen in die entmilitarisierte Zone

am Rhein im März 1936. Ein Beitrag zur Vorgeschichte des Zweiten Weltkrieges (Arbeitsgemeinschaft für Forschung des Landes Nordrhein-Westfalen,
Geisteswissenschaften, Heft 54). Köln 1956.

Breitling, Rupert: Die nationalsozialistische Rassenlehre. Entstehung, Ausbreitung, Nutzen und Schaden einer politischen Ideologie. Meisenheim am Glan
1971.

Broszat, Martin: Zur Perversion der Strafjustiz im Dritten Reich. In: VJhefte ZG 6
(1958). S. 390 ff.

– : Der Nationalsozialismus. Programm, Weltanschauung und Wirklichkeit.
Stuttgart 1960.

– : Nationalsozialistische Polenpolitik 1939-1945 (Fischer Bücherei 692). Frank-
furt/M. 1965.

– : Der Staat Hitlers. Grundlegung und Entwicklung seiner inneren Verfassung
(dtv Weltgeschichte des 20. Jahrhunderts, Bd. 9). München 1969.

– : Soziale Motivation und Führer-Bindung im Nationalsozialismus. In:
VJhefteZG 18 (1970). S. 392 ff.

Brunner, Andreas: Rechtsstaat gegen Totalstaat. 2 Teile. Zürich 1948.

Buchheim, Hans u. a.: Anatomie des SS-Staates (dtv 462/63). 2 Bde München
1967.

Buchheim, Hans: Die SS in der Verfassung des Dritten Reiches. In: VJhefteZG 3
(1955). S. 127 ff.

Bullock, Alan, Hitler: Eine Studie über Tyrannei. Vollständig überholte Neuausgabe. Düsseldorf 1967.

Calic, Edouard: Ohne Maske. Hitler-Breiting Geheimgespräche 1931. Frankfurt/
M. 1968.

Claß, Heinrich: Kriegsziele. Berlin 1917.

Conway, John S.: Die nationalsozialistische Kirchenpolitik 1933–1945. Ihre
Ziele, Widersprüche und Fehlschläge. München 1969.

Daim, Wilfried: Der Mann der Hitler die Ideen gab. Von den religiösen Verirrungen eines Sektierers zum Rassenwahn des Diktators. München 1958.

Daniels, Heinrich: Pflichten und Rechte der Beamten. In: Anschütz/Thoma:
Handbuch des Deutschen Staatsrechts. Bd. 2. Tübingen 1932, S. 41 ff.

Deeg, Peter: Die Judengesetze Großdeutschlands. 1.–3. Aufl. Nürnberg 1939.

Deuerlein, Ernst: Hitlers Eintritt in die Politik und die Reichswehr. In: VJhefteZG
7 (1959). S. 177 ff.

Deutsche Juristenzeitung. 38.–41. Jg. (1933–1936).

Deutsche Justiz, Rechtspflege und Rechtspolitik. Amtliches Organ des Reichsministers der Justiz, des Preußischen Justizministers und des Bayerischen Justizministers. 1. Jg. (1933) ff.

Deutsche Wissenschaft, Erziehung und Volksbildung. Amtsblatt des Reichs- und
Preußischen Ministers für Wissenschaft, Erziehung und Volksbildung und der
Unterrichtsverwaltungen der anderen Länder. I. Jg. (1935) ff.

Deutscher Reichs- und Preußischer Staatsanzeiger. 1933 ff.

Deutsches Recht. Zeitschrift des Bundes nationalsozialistischer deutscher Juristen, hrsg. v. Hans Frank. 1.–8. Jg. (1931–1938).

Dickmann, Fritz: Machtwille und Ideologie in Hitlers außenpolitischen Zielsetzungen vor 1933. In: Im Spiegel der Geschichte. Festgabe für Max Braubach zum 10. April 1964, hrsg. v. Konrad Repgen und Stephan Skalweit. Münster 1964. S. 115 ff.

Diehl-Thiele, Peter: Partei und Staat im Dritten Reich. Untersuchungen zum Verhältnis von NSDAP und allgemeiner innerer Staatsverwaltung 1933–1945. München 1969.

Diels, Rudolf: Lucifer ante portas . . . es spricht der erste Chef der Gestapo. Stuttgart 1950.

Dietrich, Otto: 12 Jahre mit Hitler, München 1955.

Documents on British Foreign Policy 1919–1939. Second Series, vol. IV 1932–33.

Dörner, Klaus: Nationalsozialismus und Lebensvernichtung, In: VJhefteZG 15 (1967). S. 121 ff.

Dokumente zur Geschichte der Frankfurter Juden, hrsg. von der Kommission zur Erforschung der Geschichte der Frankfurter Juden. Frankfurt/M. 1963.

Domarus, Max: Hitler – Reden und Proklamationen 1932–1945; kommentiert von einem deutschen Zeitgenossen. 2 Bde. Neustadt/Aisch 1962/63.

– : Der Reichstag und die Macht. Neustadt/Aisch 1968.

Echterhölter, Rudolf: Das öffentliche Recht und der Nationalsozialismus (Quellen und Darstellungen zur Zeitgeschichte, Bd. 16/II: Die Deutsche Justiz und der Nationalsozialismus). Stuttgart 1970.

Erhardt, Helmut: Euthanasie und Vernichtung »lebensunwerten« Lebens (Forum der Psychiatrie, Nr. 11). Stuttgart 1965.

Esh, Shaul: Designs for Anti-Jewish Policy in Germany up to the Nazi Rule. In: Yad Vashem Studies on the European Catastrophe and Resistance IV. Jerusalem 1967. S. 83 ff.

Fabry, Philipp W.: Mutmaßungen über Hitler. Urteile von Zeitgenossen. Düsseldorf 1969.

Facius, Friedrich: Wirtschaft und Staat. Die Entwicklung der staatlichen Wirtschaftsverwaltung in Deutschland vom 17. Jahrhundert bis 1945 (Schriften des Bundesarchivs 6). Boppard/Rhein 1959.

Faschismus – Getto – Massenmord. Dokumentation über Ausrottung und Widerstand der Juden in Polen während des Zweiten Weltkrieges, hrsg. vom jüdischen Historischen Institut Warschau. 2. Aufl. Berlin (Ost) 1961.

Fauck: Vermögensbeschlagnahme an jüdischem Eigentum vor Erlaß der 11. DVO zum Reichsbürgergesetz. In: Gutachten des Instituts für Zeitgeschichte. Bd. II. Stuttgart 1966. S. 25 ff.

Feder, Gottfried: Das Programm der NSDAP und seine weltanschaulichen Grundlagen. 71.–79. Aufl. München 1932.

Fest, Joachim C.: Franz von Papen und die konservative Kollaboration. in: Von Weimar zu Hitler 1930–1933, hrsg. von Gotthard Jasper (Neue Wissenschaftliche Bibliothek 25). Köln 1968. S. 229 ff.

Fetscher, Iring: Politikwissenschaft (Fischer Bücherei 871). Frankfurt/M. 1968.

Fischer; Horst: Judentum, Staat und Heer in Preußen im frühen 19. Jahrhundert

(Schriftenreihe wissenschaftlicher Abhandlungen des Leo Baeck Instituts, Bd. 20). Tübingen 1968.

Flitner, Fritz: Rassenhygienische Betrachtungen im Recht. In: Juristische Wochenschrift 1933. Sp. 2490 ff.

Fraenkel, Ernst: The Dual State. A Contribution to the Theory of Dictatorship, New York 1941 (Manuskript im Otto Suhr Institut Berlin unter dem Titel: der Doppelstaat. Ein Beitrag zur Staatslehre der deutschen Diktatur).

Frank, Hans: Im Angesicht des Galgens. 2. Aufl. Neuhaus 1955.

Franke, Hans: Geschichte und Schicksal der Juden in Heilbronn vom Mittelalter bis zur Zeit der nationalsozialistischen Verfolgungen (Veröffentlichungen des Archivs der Stadt Heilbronn, Heft 11). Heilbronn 1963.

Frick, Wilhelm: Ansprache des Herrn Reichinnenministers Dr. Frick auf der ersten Sitzung des Sachverständigenbeirats für Bevölkerungs- und Rassenpolitik am 28. Juni 1933 in Berlin (Schriftenreihe des Reichsausschusses für Volksgesundheitsdienst, Heft 1). Berlin 1933.

– : Das Reichsbürgergesetz und das Gesetz zum Schutze des deutschen Blutes und der deutschen Ehre. In: Deutsche Juristen Zeitung 1935. S. 1390 ff.

Friedrich, Carl Joachim: Totalitäre Diktatur. Stuttgart 1957.

Friedrichs, Karl: Mischblütige im Verwaltungsrecht. In: Reichsverwaltungsblatt Bd. 57 (1936). S. 109 ff.

Frymann, Daniel (d. i.: Heinrich Claß): Wenn ich der Kaiser wär' – Politische Wahrheiten und Notwendigkeiten. 4. Aufl. Berlin 1913. 7. Aufl. Berlin 1925.

Führerlexikon, Das Deutsche. 1934/35. Berlin 1934.

Gamm, Hans Jürgen: Führung und Verführung. Pädagogik des Nationalsozialismus. München 1964.

Gauweiler, Otto: Rechtseinrichtungen und Rechtsaufgaben der Bewegung. München 1939.

Gelbe Fleck, Der. Die Ausrottung von 500 000 deutschen Juden, mit einem Vorwort von Lion Feuchtwanger. Paris 1936.

Gemeinsame Geschäftsordnung der Reichsministerien. Besonderer Teil (GGO II), hrsg. vom Reichsministerium des Innern. 2. neu bearbeitete Ausgabe. Berlin 1929.

Genschel, Helmut: Die Verdrängung der Juden aus der Wirtschaft im Dritten Reich (Göttinger Bausteine zur Geschichtswissenschaft, Bd. 38). Göttingen 1966.

Georg, Enno: Die wirtschaftlichen Unternehmungen der SS (Schriftenreihe der Vierteljahrshefte für Zeitgeschichte, Nr. 7). Stuttgart 1963.

Gerber, Hans: Die politische Erziehung des Beamten zum neuen Staat. Berlin 1933.

Gesetz- und Verordnungsblatt für den Freistaat Bayern. 1933 ff.

Gisevius, Hans Bernd: Bis zum bitteren Ende. 2 Bde. Hamburg 1947.

Goebbels, Joseph: Vom Kaiserhof zur Reichskanzlei. Eine historische Darstellung in Tagebuchblättern. Berlin 1933.

– : Der Angriff. Aufsätze aus der Kampfzeit. 6. Aufl. München 1937.

– : Tagebücher aus den Jahren 1942/43, mit anderen Dokumenten hrsg. von Louis P. Lochner. Zürich 1948.

Göhring, Martin: Alles oder nichts. Zwölf Jahre totalitärer Herrschaft in Deutschland. Bd. 1: 1933–1939. Tübingen 1966.

Göppinger, Horst: Der Nationalsozialismus und die jüdischen Juristen. Villingen 1963.

Görgen, Hans Peter: Düsseldorf und der Nationalsozialismus. Düsseldorf 1969.

Graml, Herrmann: Der 9. November 1938. »Reichskristallnacht« (Schriftenreihe der Bundeszentrale für Heimatdienst, Heft 2). 6. Aufl. Bonn 1958.

– : Zur Stellung der Mischlinge 1. Grades. In: Gutachten des Instituts für Zeitgeschichte. Bd. 2. Stuttgart 1966. S. 31.

Grau, Wilhelm: Die Judenfrage als Aufgabe geschichtlicher Forschung (Kleine Weltkampfbücherei, Nr. 3). München 1943.

Groß, Walter: Rassenpolitische Erziehung (Schriften der Deutschen Hochschule für Politik. Reihe 1, Heft 6). Berlin 1934.

– : Rasse. Eine Rundfunkrede vom 10. Oktober 1934 (Schriften des Rassenpolitischen Amtes der Reichsleitung der NSDAP 2). Berlin 1935.

– : Ziel und Wesen der nationalsozialistischen Rassenpolitik. In: Sammelheft ausgewählter Vorträge und Reden für die Schulung in nationalsozialistischer Weltanschauung und nationalpolitischer Zielsetzung). Berlin 1939.

– : Die rassenpolitischen Voraussetzungen zur Lösung der Judenfrage (Kleine Weltkampfbücherei, Nr. 1). München 1943.

Gütt, Arthur/Herbert Linden/Georg Maßfeller: Kommentar zum Blutschutzgesetz und Ehegesundheitsgesetz. München 1936.

Gütt, Arthur: Dienst an der Rasse als Aufgabe der Staatspolitik (Schriften der Deutschen Hochschule für Politik. Reihe 1, Heft 7). Berlin 1934.

Hagemann, Jürgen: Die Presselenkung im Dritten Reich. Bonn 1970.

Halder, Franz: Kriegstagebuch. Tägliche Aufzeichnungen des Chefs des Generalstabes 1939–1942, hrsg. vom Arbeitskreis für Wehrforschung. 3 Bde. Stuttgart 1962–1964.

Handbuch über den Preußischen Staat, hrsg. vom Preußischen Staatsministerium für das Jahr 1934.

Hanfstaengl, Ernst. Zwischen Weißem und Braunem Haus. Memoiren eines politischen Außenseiters. München 1970.

Hanke, Peter: Zur Geschichte der Juden in München zwischen 1933 und 1945. München 1967.

Hassell, Ulrich von: Vom anderen Deutschland. Aus den nachgelassenen Tagebüchern 1938–1944. Zürich 1946.

Heiber, Helmut: Joseph Goebbels. Berlin 1962.

– : Walter Frank und sein Reichsinstitut für Geschichte des neuen Deutschland (Quellen und Darstellungen zur Zeitgeschichte 13). Stuttgart 1966.

– : Reichsführer! . . . Briefe an und von Himmler. Stuttgart 1968.

Henkys, Reinhard: Die nationalsozialistischen Gewaltverbrechen. Geschichte und Gericht. Stuttgart 1964.

Herrmann, Gert-Julius: Jüdische Jugend in der Verfolgung. Eine Studie über das Schicksal jüdischer Jugendlicher aus Württemberg und Hohenzollern. Diss. phil. Tübingen 1967.

Herrmann, Klaus J.: Das Dritte Reich und die deutsch jüdischen Organisationen 1933–1934 (Schriftenreihe der Hochschule für politische Wissenschaften München, NF Heft 4). Berlin 1969.

Heydebrand und der Lasa, Ernst von: Sind in Deutschland allgemeine Maßnahmen gegen die Juden ohne Änderung der Reichsverfassung möglich? In: Deutsches Recht, 1 (1931). S. 53–63 und 96–105.

Heyen, Franz Josef: Nationalsozialismus im Alltag. Quellen zur Geschichte des Nationalsozialismus vornehmlich im Raum Mainz-Koblenz-Trier. Boppard/Rhein 1967.

Heyland, Werner: Das Reichsgesetz zur Wiederherstellung des Berufsbeamtentums. In: Juristische Wochenschrift 1933. S. 1146.

Hilberg, Raul. The Destruction of the European Jews. Chicago 1960.

Hillgruber, Andreas: Hitlers Strategie. Politik und Kriegsführung 1940–41. Frankfurt/M. 1965.

Hippel, Fritz von: Die Perversion von Rechtsordnungen, Tübingen 1955.

Hitler, Adolf: Mein Kampf. 588.–592. Aufl. München 1941.

–: Hitlers Zweites Buch. Ein Dokument aus dem Jahre 1928, hrsg. und eingeleitet von Gerhard L. Weinberg. Stuttgart 1961.

Hoche, Werner. Grundsätze, Verwaltung und Aufbau des nationalsozialistischen Staates. In: Jahrbuch des Deutschen Rechts. NF 1 (1934). S. 237 ff.

Höhn, Reinhard: Gemeinschaft als Rechtsprinzip. In. Deutsches Recht 4 (1934). S. 301 ff.

–: Das Gesetz als Akt der Führung. In: Deutsches Recht 4 (1934). S. 433 ff.

–: Der Führerbegriff im Staatsrecht. In: Deutsches Recht 5 (1935). S. 296 ff.

–: Partei und Staat. In: Deutsches Recht 5 (1935). S. 474 ff.

–: Staat und Rechtsgemeinschaft. In: ZgesStW 95 (1935). S. 656 ff.

–: Polizeirecht im Umbruch. In: Deutsches Recht 6 (1936). S. 128 ff.

Höhne, Heinz: Der Orden unter dem Totenkopf. Die Geschichte der SS, Gütersloh o. J. (1968).

Hoßbach, Friedrich: Zwischen Wehrmacht und Hitler 1934–1938. 2. Aufl. Wolfenbüttel 1965.

Hubatsch, Walter: Hindenburg und der Staat. Aus den Papieren des Generalfeldmarschalls und Reichspräsidenten 1878–1934. Göttingen 1966.

Huber, Ernst Rudolf: Verfassungsrecht des Großdeutschen Reiches. 2. Aufl. Hamburg 1939.

Hüttenberger, Peter: Die Gauleiter. Studie zum Wandel des Machtgefüges in der NSDAP (Schriftenreihe der Vierteljahreshefte für Zeitgeschichte, Nr. 19). Stuttgart 1969.

Huss, Herrmann/Andreas Schröder: Antisemitismus. Zur Pathologie der bürgerlichen Gesellschaft. Frankfurt/M. 1965.

Jacobi, Erwin: Zur Fehlerhaftigkeit von Rechtsverordnungen. In: Anschütz/Thoma: Handbuch des Deutschen Steuerrechts. Bd. 2, S. 263 ff.

– : Die Rechtsverordnungen. In: Anschütz/Thoma: Handbuch des Deutschen Staatsrechts, Bd. 2. S. 254 ff.

Jacobsen, Hans Adolf/Werner Jochmann: Ausgewählte Dokumente zur Geschichte des Nationalsozialismus 1933–1945. Bielefeld o. J. (1966).

Jacobsen, Hans Adolf: Der Zweite Weltkrieg. Grundzüge der Strategie und Politik in Dokumenten (Fischer Bücherei 645/46). Frankfurt/M. 1965.

– : Nationalsozialistische Außenpolitik 1933–1938. Frankfurt/M. 1968.

Jahrbuch des Deutschen Rechts, hrsg. von Franz Schlegelberger. NF 1–9 (1934–1942).

Jochmann, Werner: Nationalsozialismus und Revolution. Ursprung und Geschichte der NSDAP in Hamburg 1922–1933 – Dokumente (Veröffentlichungen der Forschungsstelle für die Geschichte des Nationalsozialismus in Hamburg, Bd. III). Frankfurt/M. 1963.

Johe, Werner: Die gleichgeschaltete Justiz. Organisation des Rechtswesens und Politisierung der Rechtssprechung 1933–1945, dargestellt am Beispiel des Oberlandesgerichtsbezirks Hamburg (Veröffentlichungen der Forschungsstelle für die Geschichte des Nationalsozialismus, Bd. V). Frankfurt/M. 1967.

Junker, Heinrich: Die Wandlung der deutschen Gesetzessprache in den Jahren 1933–1945. Diss. Jur. Tübingen 1950.

Juristische Wochenschrift. Jg. 62–67 (1933–1938) ab 1. 4. 1939 vereinigt mit »Deutsches Recht«.

Keil, Heinz: Dokumentation über die Verfolgung der jüdischen Bürger von Ulm/Donau, hergestellt im Auftrag der Stadt Ulm. Ulm 1961.

Kempner, Robert M.W./Carl Haensel: Das Urteil im Wilhelmstraßenprozeß. Der amtliche Wortlaut der Entscheidung im Fall Nr. 11 des Nürnberger Militärtribunals gegen v. Weizsäcker und andere. Schwäbisch Gmünd 1950.

Kempner, Robert M.W.: Eichmann und Komplicen. 2. Aufl. Stuttgart 1961.

Kernholt, Otto (d. i.: Otto Bonhard): Deutschlands Schuld und Sühne. Geschichtliche Betrachtungen zur Entstehung und Lösung der Judenfrage. Leipzig 1923.

Kienast, E. (Hrsg.): Der Deutsche Reichstag 1936. III. Wahlperiode nach dem 30. Januar 1933. Berlin 1936.

Kirschenmann, Dietrich: »Gesetz« im Staatsrecht und in der Staatsrechtslehre des NS (Schriften zum öffentlichen Recht, Bd. 135). Berlin 1970.

Kleist-Schmenzien, Ewald von: Die letzte Möglichkeit. Zur Ernennung Hitlers zum Reichskanzler am 30. Januar 1933. In: Politische Studien 10 (1959). S. 89 ff.

Klemperer, Victor: »LTI« Die unbewältigte Sprache. Aus dem Notizbuch eines Philologen (dtv Taschenbuch 575). München 1969.

Klotzbach, Kurt: Gegen den Nationalsozialismus. Widerstand und Verfolgung in Dortmund 1930–1945 (Schriftenreihe des Forschungsinstituts der Friedrich Ebert Stiftung). Hannover 1969.

Koellreutter, Otto: Die politische und rechtliche Bedeutung des Rassebegriffs. In: Deutsches Recht 4 (1934). S. 74 ff.

– : Deutsches Verfassungsrecht. Ein Grundriß, Berlin 1935.

Kogon, Eugen: Der SS-Staat. Das System der deutschen Konzentrationslager. 5. Aufl. Frankfurt/M. 1965 (1. Aufl. Berlin 1947).

Kotze, Hildegard von/Helmut Krausnick: Es spricht der Führer. 7 exemplarische Reden Hitlers. Gütersloh 1966.

Krausnick, Helmut: Himmlers Denkschrift über die Behandlung der Fremdvölkischen im Osten. In: VJhefteZG 5 (1957). S. 197 ff.

– : Hitler und die Morde in Polen. Ein Beitrag zum Konflikt zwischen Heer und SS in den besetzten Gebieten. In: VJhefteZG 11 (1963). S. 196 ff.

Krebs, Albert: Tendenzen und Gestalten der NSDAP. Erinnerungen an die Frühzeit der Partei (Quellen und Darstellungen zur Zeitgeschichte, Bd. 6). 2. Aufl. Stuttgart 1960.

Kruck, Alfred: Geschichte des Alldeutschen Verbandes 1890–1939 (Veröffentlichungen des Instituts für europäische Geschichte Mainz, Bd. 3). Wiesbaden 1954.

Kühnert, F. (Hrsg.) Taschenkalender für Verwaltungsbeamte. 51. Jg. 1934).

Lamm, Hans: Über die innere und äußere Entwicklung des deutschen Judentums im Dritten Reich. Diss. phil. Erlangen 1951.

Lammers, Hans-Heinrich: Staatsführung im Dritten Reich. In: DtJustiz 1934. S. 1296 ff.

– : Partei und Staat. In: RVerwBl 1938. S. 609 ff.

Lang, Serge/Ernst von Schenk: Alfred Rosenberg. Portrait eines Menschheitsverbrechers. Aus den hinterlassenen Memoiren des ehemaligen Reichsministers Alfred Rosenberg. St. Gallen 1947.

Lange, Heinrich: Das Judentum und die deutsche Rechtswissenschaft. In: Deutsche Juristenzeitung 41 (1936). S. 1129 ff.

Lange, Karl: Hitlers unbeachtete Maximen. Mein Kampf und die Öffentlichkeit. Stuttgart 1968.

Larenz, Karl: Deutsche Rechtserneuerung und Rechtsphilosophie (Recht und Staat in Geschichte und Gegenwart, Heft 109). Tübingen 1934.

Leers, Johannes von: Juden sehen Dich an. Berlin 1933.

– : Blut und Kasse in der Gesetzgebung. Berlin 1938.

Leitfaden für Gesetz- und Verordnungsentwürfe. Zusammengestellt für den Dienstgebrauch im Reichs- und Preußischen Arbeitsministerium. Berlin 1937.

Leppin, Rudolf: Der Schutz des deutschen Blutes und der deutschen Ehre. Ein Überblick über Rechtsprechung und Schrifttum. In: Juristische Wochenschrift 66 (1937). Sp. 3076 ff.

Lösener, Bernhard: Die Hauptprobleme der Nürnberger Grundgesetze und ihrer Ersten Ausführungsverordnungen. In: Reichsverwaltungsblatt 56 (1935). S. 929 ff.

– : Als Rassereferent im Reichsministerium des Innern. In: VJhefteZG 9 (1961). S. 264 ff.

Lohalm, Uwe: Völkischer Radikalismus. Zur Geschichte des Deutschvölkischen Schutz- und Trutzbundes 1919–1923 (Hamburger Beiträge zur Zeitgeschichte, Bd. VI). Hamburg 1970.

Lorenzen, Sievert: Die Juden und die Justiz (Schriften des Reichsinstituts für Geschichte des neuen Deutschland 26). Wolfenbüttel 1942.

Mallmann, W.: Die Verkündung von Rechtsvorschriften. In: ZAkDR 13 (1944). S. 47 ff.

Marr, Wilhelm: Der Sieg des Judentums über das Germanentum. Berlin 1879.

Maser, Werner: Die Frühgeschichte der NSDAP. Hitlers Weg bis 1924. Bonn 1965.

Matzerath, Horst: Nationalsozialismus und kommunale Selbstverwaltung (Schriftenreihe des Vereins für Kommunalwissenschaften e. V. Berlin, Bd. 29). Stuttgart 1970.

Matzke, W.: Die Anfechtung der Rassenmischehe nach geltendem Recht. In: juristische Wochenschrift 1934. Sp. 2593 ff.

Medicus, Franz Albrecht: Das Reichsministerium des Innern (Schriften zum Staatsaufbau, NF der Schriften der deutschen Hochschule für Politik. Teil II, Heft 41/42). Berlin 1940.

Meinecke, Friedrich: Die deutsche Katastrophe. Betrachtungen und Erinnerungen. 4. Aufl. Wiesbaden 1949 (1. Aufl. 1946).

Meißner, Otto/Georg Kaisenberg: Staats- und Verwaltungsrecht im Dritten Reich. Berlin 1935.

Meister, Wilhelm (d. i.: Paul Bang). Judas Schuldbuch. Eine deutsche Abrechnung. München 1919.

Milatz, Alfred: Wähler und Wahlen in der Weimarer Republik (Schriften der Bundeszentrale für politische Bildung). 2. Aufl. Bonn 1968.

Ministerialblatt für die Preußische Innere Verwaltung, 93.–96. Jg. (1932–1935), fortgeführt unter dem Titel: Ministerialblatt des Reichs- und Preußischen Ministers des Innern 1–10 (1936–1945).

Mitscherlich, Alexander/Fred Mielke: Medizin ohne Menschlichkeit. Dokumente des Nürnberger Ärzteprozesses. 51–75. Tsd. Frankfurt/M. 1962.

Mössmer, F.: Rassenmischehe und geltendes Recht. In: ZAkDR 1 (1934). S. 86 ff.

Mohler, Armin: Die konservative Revolution in Deutschland 1918–1932. Grundriß ihrer Weltanschauungen. Stuttgart 1950.

Mommsen, Hans: Der nationalsozialistische Polizeistaat und die Judenverfolgung vor 1938. In: VJhefteZG 12 (1962). S. 68 ff.

– : Aufgabenkreis und Verantwortlichkeit des StS der Reichskanzlei Dr. Wilhelm Kritzinger. In: Gutachten des Instituts für Zeitgeschichte Bd. II. Stuttgart 1966. S. 369 ff.

– : Beamtentum im Dritten Reich. Mit ausgewählten Quellen zur nationalsozialistischen Beamtenpolitik (Schriftenreihe der Vierteljahreshefte für Zeitgeschichte, Nr. 13). Stuttgart 1966.

Morsey, Rudolf: Das Ermächtigungsgesetz vom 24. März 1933 (Historische Texte/Neuzeit, Heft 4). Göttingen 1968.

Mosse, Werner E.: Entscheidungsjahr 1932. Zur Judenfrage in der Endphase der Weimarer Republik (Schriftenreihe wissenschaftlicher Abhandlungen des Leo Baeck Instituts 13). Tübingen 1965.

Müller, Heinz: Beamtentum und Nationalsozialismus (Nationalsozialistische Bibliothek, Heft 30). 2. erw. Aufl. 6.–10. Tsd. München 1932.

Müller, Horst: Die Entwicklung des bürgerlichen Rechts seit der Machtübernahme (Freiburger Universitätsreden, Heft 28). Freiburg 1938.

Müller, Klaus Jürgen: Das Heer und Hitler. Armee und nationalsozialistisches Regime 1933–1940 (Schriftenreihe des Militärgeschichtlichen Forschungsamts, Beiträge zur Militär- und Kriegsgeschichte, 10. Bd.). Stuttgart 1970.

– : Himmlers Rechtfertigung der Polenpolitik und die Generalität. In VJhefteZG 18 (1970). S. 95 ff.

Müllerheim, Fritz: Die gesetzlichen und außergesetzlichen Maßnahmen zur wirtschaftlichen Vernichtung der Juden in Deutschland 1933–1945. Hamburg 1952.

Nationalsozialistisches Strafrecht. Denkschrift des Preußischen Justizministers, mit einem Vorwort von Hanns Kerrl und einer Einführung von Roland Freisler. Berlin 1933.

Nazi Conspiracy and Aggression. Bd. I–VII. Washington 1946–1948.

Neeße, Gottfried: Das Verhältnis von Partei und Staat nach fünf Jahren nationalsozialistischer Herrschaft. In: Verwaltungsarchiv 1938. S. 1 ff.

Nellessen, Bernd: Der Prozeß von Jerusalem. Ein Dokument. Düsseldorf/Wien 1964.

Neumann, Franz: Behemoth. The Structure and Practice of National-Socialism 1933–1944. 2. Aufl. Toronto 1944.

Neumann, Sigmund: Permanent Revolution. A Total State in a World at War. New York/London 1942.

Nicolai, Helmut: Die rassengesetzliche Rechtslehre (Nationalsozialistische Bibliothek, Heft 39). München 1932.

– : Der staatsrechtliche Aufbau des Dritten Reiches. Berlin 1933. Ab der 2. Aufl. Berlin 1933 (Mai) unter dem Titel: Grundlagen der kommenden Verfassung. Über den staatsrechtlichen Aufbau des Dritten Reiches.

– : Der Staat im Nationalsozialistischen Weltbild (Neugestaltung von Recht und Wirtschaft, Heft 1). Leipzig 1933.

– : Grundsätzliches über den Zusammenhang von Rasse und Recht. In: Deutsches Recht 4 (1934). S. 74 ff.

Olenhusen, Albrecht Götz von: Die »nichtarischen« Studenten an den deutschen Hochschulen. Zur nationalsozialistischen Rassenpolitik 1933–1945. In: VJhefteZG 14 (1966). S. 175 ff.

Organisationsbuch der NSDAP, hrsg. vom Reichsorganisationsleiter der NSDAP. 4. Aufl. 151.–200. Tsd. München 1937.

Papen, Franz von: Der Wahrheit eine Gasse, München 1952.

Parteien in Deutschland, Die bürgerlichen: Handbuch der Geschichte der bürgerlichen Parteien und anderer Interessenorganisationen vom Vormärz bis zum Jahr 1945, hrsg. von einem Redaktionskollektiv unter Leitung von Dieter Fricke. 2 Bde. Leipzig 1968/70.

Reichsparteitage der NSDAP:

Der Kongreß zu Nürnberg vom 5.–10. September 1934. Offizieller Bericht über den Verlauf des Reichsparteitages mit sämtlichen Reden. München 1935.

Der Parteitag der Freiheit vom 10.–16. September 1935. Offizieller Bericht über den Verlauf des Reichsparteitages mit sämtlichen Kongreßreden. München 1935.

Der Parteitag der Ehre vom 8.–14. September 1936. Offizieller Bericht über den Verlauf des Reichsparteitages mit sämtlichen Kongreßreden. München 1936.

Der Parteitag der Arbeit vom 6.–13. September 1937. Offizieller Bericht über den Verlauf des Reichsparteitages mit sämtlichen Kongreßreden. München 1938.

Der Parteitag Großdeutschland vom 5.–12. September 1938. Offizieller Bericht über den Verlauf des Reichsparteitages mit sämtlichen Kongreßreden. München 1938.

Paucker, Arnold: Der jüdische Abwehrkampf gegen Antisemitismus und Nationalsozialismus in den letzten Jahren der Weimarer Republik (Hamburger Beiträge zur Zeitgeschichte, Bd. IV). Hamburg 1968.

Peters, Karl: Die Umgestaltung des Strafgesetzes 1933–1945. In: Deutsches Geistesleben und Nationalsozialismus. Eine Vortragsreihe der Universität Tübingen, hrsg. von Andreas Flitner. Tübingen 1965. S. 160 ff.

Petwaidic, Walter: Die autoritäre Anarchie. Hamburg 1946.

Petzke, Herrmann: Die Maßnahmen der Bezirksverwaltung Wilmersdorf gegen die Juden. In: Berliner Kommunale Mitteilungen. Blätter für Gemeindeverwaltung und allgemeine Politik 11 (1940). S. 2 f.

Pfundtner, Hans: Die neue Stellung des Reichs. Vortrag gehalten in der Verwaltungs-Akademie zu Berlin am 4. Juli 1933 (öffentliche Verwaltung im neuen Reich, hrsg. von der Verwaltungs-Akademie Berlin, Heft 1). Berlin 1933.

Pfundtner/Neubert: Das neue deutsche Reichsrecht. Neudruck Berlin 1942.

Phelps, Reginald H.: Hitlers »grundlegende« Rede über den Antisemitismus. In: VJhefteZG 16 (1968). S. 390 ff.

Picker, Henry: Hitlers Tischgespräche im Führerhauptquartier 1941–1942, hrsg. von P.E. Schramm in Zusammenarbeit mit A. Hillgruber und Martin Vogt. Stuttgart 1963.

Platen-Hallermund, Alice: Die Tötung Geisteskranker in Deutschland. Frankfurt/M. 1948.

Plum, Günther: Staatspolizei und innere Verwaltung 1934–1936. In: VJhefteZG 14 (1965). S. 196 ff.

Poliakov, Léon/Joseph Wulf: Das Dritte Reich und die Juden. Dokumente und Aufsätze. Berlin 1961.

Popitz, Johannes: Der künftige Finanzausgleich zwischen Reich, Lindern und Gemeinden. Gutachten für die Studienkommission für den Finanzausgleich. Berlin 1932.

Preußische Gesetzessammlung, 1933–1944.

Prozeß, Der, gegen die Hauptkriegsverbrecher vor dem Internationalen Militärgerichtshof Nürnberg. 14. November 1945 – 1. Oktober 1946. Bd. I-XLII. Nürnberg 1947/48.

Pulzer, Peter G.J.: Die Entstehung des Politischen Antisemitismus in Deutschland und Österreich 1867–1914. Gütersloh 1966.

Quecke, Hans: Das Reichswirtschaftsministerium. Werdegang und Stand der Wirtschaftsverwaltung (Schriften zum Staatsaufbau. Teil II, Heft 57/58). Berlin 1941.

Rasse und Recht: Monatsschrift, hrsg. von Erich Ristow, Jg. 1–2. Heft 6 (1937–38).

Reichmann, Eva G.: Die Flucht in den Haß. Die Ursachen der deutschen Judenkatastrophe. Stuttgart o. J. (1956).

Reichsärzteordnung, mit allen Anordnungen, Durchführungs- und Ausführungsbestimmungen bis zum 31. Dezember 1942 einschließlich der Berufsordnung für die deutschen Ärzte (Standespolitische Reihe, Heft 1). Berlin/ Wien 1943.

Reichsarbeitsblatt. Abtlg. I: Amtlicher Teil. 1933–1944.

Reichsband, Adressenwerk der Dienststellen der NSDAP mit den angeschlossenen Verbänden, des Staates und der Berufsorganisationen in Kultur, Reichsnährstand, Gewerbliche Wirtschaft, hrsg. unter Aufsicht der Reichsleitung der NSDAP. Berlin 1939.

Reichsgesetzblatt, 1932–1945.

Reichsministerialblatt. Zentralblatt für das Deutsche Reich, hrsg. vom Reichsminister des Innern. 61.–72. Jg. (1933–1944).

Reichssteuerblatt, hrsg. im Reichsfinanzministerium. 23.–35. Jg. (1933–1945).

Reitlinger, Gerald: Die Endlösung. Hitlers Versuch der Endlösung der Juden Europas. 3. Aufl. Berlin 1960.

Robinson, Jacob/Philip Friedmann: Guide to Jewish History under Nazi Impact (Yad Vashem Martyrs and Heves' Memorial Authority Jerusalem – Yivo Institute for Jewish Research New York. Joint Documentary Projects – Bibiliographical Series No 1). New York 1960.

Roloff, Ernst August: Wer wählte Hitler. In: Politische Studien 15 (1964). S. 293.

Rosenberg, Alfred: Der Mythos des Zwanzigsten Jahrhunderts. 5. Aufl. München 1933.

Runge, Wolfgang: Politik und Beamtentum in Preußen zwischen 1918 und 1933 (Industrielle Welt. Schriftenreihe des Arbeitskreises für moderne Sozialgeschichte, hrsg. Von Werner Conze). Stuttgart 1965.

Ruttke, Falk: Die Verteidigung der Rasse durch das Recht (Schriften der Hochschule für Politik. Reihe 1, Heft 45). Berlin 1939.

Sächsisches Gesetzblatt, hrsg. von der Sächsischen Staatskanzlei in Dresden. 1933–1943.

Saller, Karl: Die Rassenlehre des Nationalsozialismus in Wissenschaft und Propaganda. Darmstadt 1961.

Sauer, Paul (Bearbeiter): Dokumente über die Verfolgung der jüdischen Bürger in Baden-Württemberg durch das nationalsozialistische Regime 1933–1945 (Veröffentlichungen der staatlichen Archivverwaltung Baden-Württemberg, Band 16/17). 2 Teile. Stuttgart 1966.

– : Die Schicksale der jüdischen Bürger Baden-Württembergs während der nationalsozialistischen Verfolgungszeit 1933–1945. Statistische Ergebnisse der Erhebungen der Dokumentationsstelle bei der Archivdirektion Stuttgart und zusammenfassende Darstellung (Veröffentlichungen der Staatlichen Archivverwaltung Baden-Württemberg, Band 20). Stuttgart 1969.

Schacht, Hjalmar: Abrechnung mit Hitler. Berlin 1949.

– : 76 Jahre meines Lebens, Bad Wörishofen, 1953.

Schäfer, Wolfgang: NSDAP – Entwicklung und Struktur der Staatspartei des Dritten Reiches (Schriftenreihe des Instituts für wissenschaftliche Politik in Marburg/Lahn, Nr. 3). Hannover 1957.

Scheffler, Wolfgang: Die nationalsozialistische Judenpolitik. Unterlagen für den Unterricht in Politik und Zeitgeschichte (Zur Politik und Zeitgeschichte, Heft 4/5). Berlin 1960.

– : Judenverfolgung im Dritten Reich 1933-1945. Berlin 1960.

Schellenberg, Walter: Memoiren, hrsg. von Gita Petersen. Köln 1959.

Scheunes, Karl A.: The Twisted Road to Auschwitz. Nazi Policy toward German Jews 1933–1939. Urbana 1970.

Schmidt, Paul: Statist auf diplomatischer Bühne. Erlebnisse eines Chefdolmetschers im Auswärtigen Amt mit den Staatsmännern Europas. Bonn 1950.

Schmitt, Carl: Die Diktatur des Reichspräsidenten nach Art. 48 der Reichsverfassung (Veröffentlichungen der Vereinigung der Deutschen Staatsrechtslehrer, Heft 1). Leipzig 1924. S. 63–104.

– : Der Begriff des Politischen. Text von 1932 mit einem Vorwort und drei Corollarien. Berlin 1963.

– : Staat, Bewegung, Volk. Berlin 1933.

– : Verfassungsrechtliche Aufsätze aus den Jahren 1924–1954. Materialien zu einer Verfassungslehre. Berlin 1958.

Schneider, Hans: Das Ermächtigungsgesetz vom 24. März 1933. Bericht über das Zustandekommen und die Anwendung des Gesetzes (Schriftenreihe der Bundeszentrale für Heimatdienst, Heft 10). 2. erw. Auflage Bonn 1961.

Schoenberner, Gerhard: Der Gelbe Stern. Die Judenverfolgung in Europa 1933–1945. Gütersloh o. J.

Schorn, Hubert: Die Gesetzgebung des Nationalsozialismus als Mittel der Machtpolitik. Frankfurt/M. 1963.

Schultheß' Europäischer Geschichtskalender. NF 52./53. Jg. 1936/37.

Schulz, Edgar Hans: Judentum und Kriminalität (Schriften des rassenpolitischen Amtes 5). Berlin 1934.

– : Warum Arierparagraph? Ein Beitrag zur Judenfrage. Berlin 1934.

Schulz, Gerhard: Der Begriff des Totalitarismus und der Nationalsozialismus. In: Soziale Welt 12 (1961). S. 122; neuerdings abgedruckt in: Wege der Totalitarismus-Forschung, hrsg. von Bruno Seidel und Siegfried Jenkner (Wege der Forschung, Bd. CXL). Darmstadt 1968, S. 438 ff.

– : Der nationale Club von 1919 zu Berlin. Zum politischen Zerfall einer Gesellschaft. In: Jahrbuch für die Geschichte Mittel- und Osteuropas 11 (1962). S. 207 ff.

– : Das Zeitalter der Gesellschaft. Aufsätze zur politischen Sozialgeschichte der Neuzeit. München 1969.

Schwarz: Das Verbrechen der Rassenschande. In: ZAkDR 4 (1937). S. 459 ff.

Schwarzbuch, Das. Tatsachen und Dokumente. Die Lage der Juden in Deutschland 1933, hrsg. vom Comité des Délégations Juives. Paris 1934.

Schwerin von Krosigk, Lutz Graf: Es geschah in Deutschland. Menschenbilder Unseres Jahrhunderts. Tübingen 1951.

Seel, Hanns: Die Erneuerung des Berufsbeamtentums (Das Recht der nationalen Revolution, Heft 4). Berlin 1933.

– : Der Beamte im neuen Staat (öffentliche Verwaltung im neuen Reich, Heft 2). Berlin 1933.

Seraphim, Hans-Günther: Das Politische Tagebuch Alfred Rosenbergs 1934/35 und 1939/40 (Quellensammlungen zur Kulturgeschichte, Bd. 8). Göttingen 1956.

Seraphim, Peter-Heinz: Bevölkerungs- und wirtschaftliche Probleme einer europäischen Gesamtlösung der Judenfrage (Kleine Weltkampfbücherei, Nr. 2). München 1943.

Shirer, William L.: Aufstieg und Fall des Dritten Reiches, 2 Bde. München 1963.

Sievers, Rudolf (Hrsg.): Das Beamtenrecht der Reichsverfassung in der Rechtsprechung des Reichsgerichts. Berlin 1932.

Speer, Albert: Erinnerungen. Frankfurt/M. 1969.

Staff, Ilse (Hrsg.): Justiz im Dritten Reich. Eine Dokumentation (Fischer Bücherei 559). Frankfurt/M. 1964.

Stammer, Otto: Aspekte der Totalitarismus-Forschung. In: Soziale Welt 12 (1961). S. 97–111. Auch in: Wege der Totalitarismus-Forschung, S. 428 ff.

Steinert, Marlis G.: Hitlers Krieg und die Deutschen. Stimmung und Haltung der deutschen Bevölkerung im zweiten Weltkrieg. Düsseldorf 1970.

Stockhorst, Erich: Fünftausend Köpfe. Wer war was im Dritten Reich. Bruchsal 1967.

Strecker, Reinhard-M.: Dr. Hans Globke. Aktenauszüge – Dokumente. Hamburg 1961.

Strupp, Karl/Hans-Jürgen Schlochauer: Wörterbuch des Völkerrechts. 3 Bde. Berlin 1960–1962.

Stutterheim, Hermann von: Die Reichskanzlei (Schriften zum Staatsaufbau. Teil II, Heft 45). Berlin 1940.

Sulzbach, Walter: Die zwei Wurzeln und Formen des Judenhasses (Abhandlungen und Texte aus dem Institutum Judaicum Deltzschianum Münster/Westf.). 2. Aufl. Stuttgart 1960.

Tobias, Fritz: Der Reichstagsbrand. Legende und Wirklichkeit, Rastatt 1962.

Treue, Wilhelm: Hitlers Denkschrift zum Vierjahresplan. In: VJhefteZG 3 (1955). S. 184 ff.

Trevor-Roper, Hugh: Hitlers Kriegsziele. In: Stationen der deutschen Geschichte, hrsg. von Burghard Freudenfeld. Stuttgart 1962, S. 9 ff.

Tyrell, Albrecht (Hrsg.): Führer befiehl ... Selbstzeugnisse aus der »Kampfzeit« der NSDAP. Dokumentation und Analyse. Düsseldorf 1969.

Unsere Ehre heißt Treue. Kriegstagebuch des Kommandostabes RFSS. Tätigkeitsberichte der 1. und 2. SS-Inf. Brigade, der 1. SS-Kav. Brigade und von Sonderkommandos der SS (Zeitgeschichte in Dokumenten). Wien 1965.

United Restitution Organization, Judenverfolgung in Italien, den italienisch besetzten Gebieten und in Nordafrika. Dokumentensammlung. Frankfurt/M. 1962.

Ursachen und Folgen. Vom deutschen Zusammenbruch 1918 und 1945 bis zur staatlichen Neuordnung Deutschlands in der Gegenwart. Eine Urkunden- und Dokumentensammlung zur Zeitgeschichte. Bd. 7 u. 11. Frankfurt/M. 1960/62.

Vogel, Bernhard u. a.: Wahlen in Deutschland. Theorie-Geschichte-Dokumente 1848–1970. Berlin 1971.

Vogelsang, Thilo: Reichswehr, Staat und NSDAP. Stuttgart 1962.

Walk, Joseph: The Education of the Jewish Child in Nazi Germany. The Law and its Execution. Jerusalem 1971.

Walz, Gustav Adolf: Der Begriff der Verfassung (Schriften der Akademie für Deutsches Recht. Gruppe Verfassung- und Verwaltungsrecht, Heft 4). Berlin 1942.

Weber, Werner. Die Verkündung von Rechtsvorschriften (Gegenwartsaufgaben der Zivilrechtswissenschaft, hrsg. von Karl Michaelis). Stuttgart 1942.

Weinkauf, Hermann/Albrecht Wagner: Die deutsche Justiz und der Nationalsozialismus. Ein Überblick – Die Umgestaltung der Gerichtsverfassung und des Verfassungs- und Richterrechts im nationalsozialistischen Staat (Quellen und Darstellungen zur Zeitgeschichte, Bd. 16/I). Stuttgart 1968.

Wer ist's, Berlin 1935.

Wulf, Joseph. Martin Bormann – Hitlers Schatten. Gütersloh 1962.

– : Literatur und Dichtung im Dritten Reich. Eine Dokumentation. Gütersloh 1966.

Zeitschrift der Akademie für Deutsches Recht, hrsg. von Hans Frank. 1.–10. Jg. (1934–1943).

Zelzer, Maria: Weg und Schicksal der Stuttgarter Juden. Ein Gedenkbuch, hrsg. von der Stadt Stuttgart (Sonderband der Veröffentlichungen des Archivs der Stadt Stuttgart). Stuttgart 1964.

Zentralblatt für die gesamte Unterrichtsverwaltung in Preußen 1933/34.

Ziegler, Wilhelm: Die Judenfrage in der modernen Welt (Schriften der deutschen Hochschule für Politik. Reihe 1, Heft 27). Berlin 1937.

Zipfel, Friedrich: Gestapo und Sicherheitsdienst (Das Dritte Reich, Heft 3). Berlin 1960.

Zmarzlik, Hans-Günter: Der Sozialdarwinismus in Deutschland als geschichtliches Problem. In: VJhefteZG 11 (1963). S. 246–273.

Anmerkungen

Einleitung

1 Die These eines allumfassenden, konzentrierten Machtstaates vertrat wohl zuerst Hannah Arendt: Elements and Origins of Totalitarian Dictatorship. New York 1951. Ebenso auch C.J. Friedrich: Totalitäre Diktatur. Stuttgart 1957. S. 9 f.

2 So der treffende Titel einer kleinen Broschüre von Walter Petwaidic, Hamburg 1946, die beispielhaft für eine Anzahl ähnlicher Literatur stehen mag.

3 Zu dieser Literatur siehe mit weiteren Hinweis Martin Broszat: Soziale Motivation und Führerbindung im Nationalsozialismus. In: VJhefteZG, 18 (1970), S. 392 ff. Reinhard Bollmus: Das Amt Rosenberg und seine Gegner. Zum Machtkampf im nationalsozialistischen Herrschaftssystem (Studien zur Zeitgeschichte, hrsg. vom Institut für Zeitgeschichte). Stuttgart 1970. S. 10.

4 Die Frage nach der Kontinuität von Hitlers Zielsetzungen in »Mein Kampf« hat in jüngster Zeit beständig an Gewicht zugenommen. Uneingeschränkt bejaht werden die politischen Maximen Hitlers insbesondere bei der Kriegsziel- und Lebensraumpolitik. Hierzu die im Literaturverzeichnis aufgeführten Arbeiten von H. Trevor-Roper, Fritz Dickmann, Andreas Hillgruber und Martin Broszat. (Der Nationalsozialismus. Programm, Weltanschauung und Wirklichkeit. Stuttgart 1960. S. 35 f.)

5 So Waldemar Besson. Neuere Literatur zur Geschichte des Nationalsozialismus. In: VJhefteZG, 9 (1961). S. 328 f.

6 Die Verschwörungsthese – auch für Judenpolitik – wurde erstmals von der Anklage im Nürnberger Kriegsverbrecherprozess vertreten und hat seitdem in mehr oder minder ausgeprägter Form Eingang in zahlreiche Darstellungen gefunden. Siehe Punkt VI der Anklageschrift, IMT Bd. 1. S. 70 f.

7 Raul Hilberg: The Destruction of the European Jews. Chicago 1961. S. 39 und in Anlehnung an Hilberg auch Hannah Arendt: Eichmann in Jerusalem. Ein Bericht über die Banalität des Bösen. München 1964.

8 Eine Zusammenstellung aller antijüdischen Maßnahmen unternahm erstmals Bruno Blau: Das Ausnahmerecht für die Juden in den europäischen Ländern. Teil 1: Deutschland. New York 1952 (3. Aufl. Düsseldorf (1965). Diese Sammlung war ebenso von praktischen Bedürfnissen bestimmt wie die Arbeit von Fritz Müllerheim: Die gesetzlichen und außergesetzlichen Maßnahmen zur wirtschaftlichen Vernichtung der Juden Deutschlands 1933–1945. Hamburg 1952. Einen engeren, aber genaueren Überblick bieten die Spezialstudien für einzelne Städte oder Verwaltungsgebiete. Hierzu siehe die im Litera-

turverzeichnis oder im Text näher aufgeführten Arbeiten zur Geschichte der Frankfurter und baden-württembergischen Juden, sowie die Beiträge von Franke (Heilbronn), Görgen (Düsseldorf), Hanke (München), Keil (Ulm), Zelzer (Stuttgart). Außer acht gelassen wird hier die in den Nachkriegsjahren weitverbreitete These, das Dritte Reich nur als Endprodukt und Vollstrecker fortlaufender Fehlentwicklungen der deutschen Geschichte zu sehen, eine These, die auch auf das Gebiet der Menschenvernichtung ausgedehnt wurde. Siehe hierzu: William L. Shirer: The Rise and Fall of the Third Reich. A History of Nazi Germany. New York 1960 (deutsch München 1963), und Shlomo Aronson: Heydrich und die Anfänge des SD und der Gestapo 1931–1935. Diss. phil. Berlin 1967. S. 16.

9 Zu diesen Arbeiten zählen: Horst Göppinger: Der Nationalsozialismus und die jüdischen Juristen. Villingen 1963; Helmut Genschel: Die Verdrängung der Juden aus der Wirtschaft im Dritten Reich. Göttingen 1966; A.G. v. Olenhusen, Die »nichtarischen« Studenten an den deutschen Hochschulen. Zur nationalsozialistischen Rassenpolitik. In: VJhefteZG 14 (1966) S. 175 ff.

10 Den Begriff der »Maßnahme« grenzte erstmals Carl Schmitt näher ab; die »Maßnahmen« nach dem präsidialen Notverordnungsrecht des Art. 48 WRV legte er dahingehend aus, sie würden aus der »Zweckabhängigkeit von der konkreten Sachlage« bestimmt. (Die Diktatur des Reichspräsidenten nach Art. 48 der Reichsverfassung. In: Veröffentlichungen des Vereins der Deutschen Staatsrechtslehrer 1 (1924) S. 63–104, hier: S. 95 f.) Schmitt sah die strenge theoretische Trennung zwischen Maßnahmen und anderen Akten oder Normen darin, dass die letzten von der Rechtsidee und von der Rechtsförmigkeit beherrscht werden. Diese Definition Schmitts ist für die vorliegende Arbeit fruchtbar. Die Maßnahme ist somit in einem allgemeinen Sinne sowohl politische Entscheidung wie rechtsförmige Anordnung.

I. Kapitel: Von den Anfängen zum Durchbruch einer »völkischen Gesetzgebung«

1 Gottfried Feder: Das Programm der NSDAP und seine weltanschaulichen Grundgedanken. 71.–79. Aufl. München 1932. S. 30.

2 Über die für die Frühzeit der NSDAP äußerst wichtige Rolle Feders liegt noch keine Darstellung vor. Er wurde am 27. 1. 1883 geboren und machte 1905 in München sein Examen als Bauingenieur. 1919 befand er sich ebenso wie Hitler beim Reichswehrgruppenkommando 4 in München und wurde ebenso wie dieser als Aufklärungsredner eingesetzt. Zur gleichen Zeit gründete er einen »Bund zur Brechung der Zinsknechtschaft« und propagierte eine neuartige Wirtschafts- und Finanztheorie. Obwohl er eines der ältesten Mitglieder der NSDAP war und diese seit 1924 im Reichstag vertrat, verlor er mit dem Anwachsen seiner Partei zusehends an Bedeutung und starb schließlich, nahezu unbeachtet, 1941.

3 Hierzu Walter Sulzbach: Die zwei Wurzeln und Formen des Judenhasses

(Abhandlungen und Texte aus dem Institutum Judaicum Delitzschianum). 2. Aufl. Stuttgart 1960.

4 Dieses begrifflich völlig diffuse Schlagwort geht zurück auf Wilhelm Marr: Der Sieg des Judentums über das Germanentum. 1. Aufl. Berlin 1879, der die rassisch fixierte Formel des »Semitismus« prägte.

5 Näheres über diese Entwicklung bei Peter G.J. Pulzer: Die Entstehung des politischen Antisemitismus in Deutschland und Österreich. Gütersloh 1966.

6 Eva G. Reichmann: Die Flucht in den Haß. Die Ursache der deutschen Judenkatastrophe. Stuttgart 1956. S. 73.

7 Die beste Zusammenfassung findet sich bei Pulzer, aaO.

8 Ausgehend von Österreich-Ungarn, das seinen Juden 1867 die volle rechtliche Gleichstellung sicherte, folgte Preußen im Jahr 1869, Pulzer, S. 18.

9 Daniel Frymann (d. i.: Heinrich Claß): Wenn ich der Kaiser wär! Politische Wahrheiten und Notwendigkeiten. 4. Aufl. Berlin 1913. S. 67 ff.

10 Die von Claß propagierten Forderungen tauchten bereits 1880 auf, als die »Christlich-soziale Partei« des Hofpredigers Adolf Stöcker und die »Antisemitenliga« Wilhelm Marrs eine Kampagne gegen das Judentum führten, über die am 20. und 22. November im preußischen Abgeordnetenhaus verhandelt wurde. (Verhinderung bzw. Beschränkung der Einwanderung von Juden – Entfernung aller Juden aus den Staatsämtern – Betonung des christlichen Charakters der Schulen – Führung örtlicher Statistiken über das Judentum). 1882 trat der österreichische Antisemit Georg Ritter von Schönerer mit einem Parteiprogramm an die Öffentlichkeit, das 1884 von seinen Anhängern als »Linzer Programm« angenommen wurde (Punkt 12: Juden müssen aus allen Bereichen des öffentlichen Lebens verbannt werden). 1889 einigten sich die führenden antisemitischen Gruppierungen in Bochum auf ein gemeinsames Programm (Abschaffung der Gleichheit vor dem Gesetz – Stellung der Juden unter Fremdenrecht). Die später sogar im Reichstag vertretene »Deutschsoziale Partei« des Liebermann von Sonnenberg und die »Antisemitische Volkspartei« (später: »Deutsche Reformpartei«) machten sich diese Forderungen zu eigen. 1892 nahm die Konservative Partei in ihrem »Tivoli-Programm« ebenfalls offiziell eine betont antijüdische Haltung ein: »Wir kämpfen gegen den wachsenden jüdischen Einfluß, der das Leben unserer Nation zersetzt«. Bis hin zum Ersten Weltkrieg wurden diese Anstöße in leicht modifizierter Form immer wieder von einzelnen Gruppen wiederholt. Shaul Esh: Designs for Anti-Jewish Policy up to the Nazi Rule. In: Yad Vashem Studies IV. Jerusalem 1967. S. 83 ff.; Dieter Fricke u. a.: Die Bürgerlichen Parteien in Deutschland. Stichwort: Antisemitische Parteien. Bd. 1 Berlin (Ost) 1968. S. 38 ff.

11 Die Erstveröffentlichung erfolgte 1912. Weitere Auflagen erschienen in schneller Reihenfolge (5. Aufl. 1913). Nach dem Krieg wurde es in 7. Aufl. unter dem Titel »Das Kaiserbuch« 1925 in Leipzig aufgelegt.

12 Inwiefern der Alldeutsche Verband die Lebensraumtheorie Hitlers und seinen Judenhass vorwegnahm, zeigt Alfred Kruck: Die Geschichte des Alldeutschen Verbandes 1890–1939 (Veröffentlichungen des Instituts für europäische Geschichte Mainz, Bd. 3). Wiesbaden 1954. S. 31 ff., 131 ff. Auf welchen Wegen der Alldeutsche Verband auf direktem Wege in den Nationalsozialismus einmündete, belegt anschaulich Uwe Lohalm: Völkischer Radi-

kalismus. Zur Geschichte des Deutschvölkischen Schutz- und Trutzbundes 1919–1923 (Hamburger Beiträge zur Zeitgeschichte, Bd. IV). Hamburg 1970.

13 Zur Auseinandersetzung um die Militärdienstpflicht der Juden in Preußen siehe: Horst Fischer: Judentum, Staat und Heer in Preußen. Zur Geschichte der staatlichen Judenpolitik (Schriftenreihe wissenschaftlicher Abhandlungen des Leo Baeck Instituts, Bd. 20). Tübingen 1968.

14 Frymann, Kaiser, S. 67 ff.

15 Heinrich Claß: Kriegsziele. Berlin 1917, S. 27; es handelt sich hier um die vieldiskutierte »Denkschrift zum deutschen Kriegsziel«, die Claß Ende August 1914 dem geschäftsführenden Ausschuss des Alldeutschen Verbandes vorlegte und die von diesem gebilligt wurde. Siehe: Fritz Fischer: Griff nach der Weltmacht. Die Kriegszielpolitik des kaiserlichen Deutschland 1914/18. 3. verb. Aufl. Düsseldorf 1964. S. 120. Wie Claß in einem Schreiben an Frhr. von Gebsattel ausführte, zählte zu den Kriegszielen ». . . Die Lösung der Judenfrage im Sinne Frymanns«. Die bürgerlichen Parteien. Bd. 1, S. 15.

16 Die aufschlussreichste Zusammenstellung all jener Vorstellungen vom verlorenen Krieg und der Rolle des Judentums findet sich bei Hitler: Mein Kampf. 588.–592. Aufl. München 1942, S. 211, 359, 585.

17 Siehe: Werner Maser: Die Frühgeschichte der NSDAP. Hitlers Weg bis 1924, Frankfurt/M. 1965.

18 Vgl. die schriftlichen Ausführungen Hitlers über die Judenfrage vom 16. September 1919 bei Ernst Deuerlein: Hitlers Eintritt in die Politik und die Reichswehr. VJhefteZG 7 (1959) S. 205 Dok. 12, und Reginald H. Phelps: Hitlers »grundlegende« Rede über den Antisemitismus am 13. August 1920. VJhefteZG 16 (1968) S. 390 ff.; zur Bedeutung dieser Rassenideologie siehe auch: Rupert Breitling: Die nationalsozialistische Rassenlehre. Entstehung, Ausbreitung, Nutzen und Schaden einer politischen Ideologie. Meisenheim am Glan 1971. S. 37 ff.

19 Der Begriff »Arier« ist in seiner Anwendung, auf die Rassenlehre missverständlich. Es ist kein Begriff der Anthropologie oder der Rassenkunde, sondern bezeichnet sprachgeschichtlich die Indogermanen. Karl Saller: Die Rassenlehre des Nationalsozialismus in Wissenschaft und Propaganda. Darmstadt 1961. S. 49. Zum Gesamtkomplex und der Genesis dieser Vorstellungen siehe Hans Günter Zmarzlik: Der Sozialdarwinismus in Deutschland als geschichtliches Problem. VJhefteZG 11 (1963) S. 246 ff.

20 Hierzu »Mein Kampf«, S. 317; inwieweit Hitler seine Rassenideologie früheren Vorstellungen entlehnte, zeigt Wilfried Daim: Der Mann, der Hitler die Ideen gab. Von den religiösen Verirrungen eines Sektierers zum Rassenwahn des Diktators. München 1958.

21 Zu diesen baltendeutschen Russlandhassern zählten insbesondere Erwin von Scheubner-Richter und Alfred Rosenberg. Siehe Z. Barbu: Die sozialpsychologische Struktur des nationalsozialistischen Antisemitismus. In: Werner E. Mosse (Hrsg.): Entscheidungsjahr 1932. Zur Judenfrage in der Endphase der Weimarer Republik (Schriftenreihe wissenschaftlicher Abhandlungen des Leo Baeck-Instituts, Bd. 13). Tübingen 1965. S. 157. Siehe hierzu auch Ernst Hanfstaengl: Zwischen Weißem und Braunem Haus. Memoiren eines politischen Außenseiters. München 1970. S. 48.

22 »Der unerbittliche Jude kämpft für seine Herrschaft über die Völker. Kein Volk entfernt diese Faust anders von seiner Gurgel, als durch das Schwert … Das Recht auf Grund und Boden kann zur Pflicht werden, wenn ohne Bodenerweiterung ein großes Volk dem Untergang geweiht scheint … Wenn wir aber heute in Europa von Grund und Bogen reden, können wir in erster Linie nur an Rußland und die ihm untertanen Randstaaten denken … Das Riesenreich im Osten ist reif zum Zusammenbruch und das Ende der Judenherrschaft wird auch das Ende Rußlands als Staat sein«. Mein Kampf, S. 733, 742 f.

23 Feder, Das Programm, S. 19 ff.

24 § 2 der Satzung des »Nationalsozialistischen Arbeitervereins« bezeichnete das Programm der NSDAP als »unabänderlich«. Ebenso äußerte sich Hitler auf der »Reichsführertagung« der NSDAP am 31. August 1928. Feder, S. 3, 22.

25 Peter Hüttenberger: Die Gauleiter. Studie zum Wandel des Machtgefüges in der NSDAP (Schriftenreihe der VJhefteZG, Nr. 19). Stuttgart 1969. S. 45.

26 Esh, S. 112.

27 Siehe Wolfgang Scheffler: Judenverfolgung im Dritten Reich 1933–1945. Berlin 1960, mit Beispielen der Polemik des Gauleiters von Brandenburg, Wilhelm Kube.

28 Zur Wirkung des Legalitätseides auf die Reichswehr siehe: Thilo Vogelsang: Reichswehr, Staat und NSDAP. Stuttgart 1962. S. 91 f., 120; zur Frage, inwieweit Hitlers in »Mein Kampf« niedergelegte Maximen bei allen Gegnern nahezu unbeachtet blieben: Karl Lange: Hitlers unbeachtete Maximen. Mein Kampf und die Öffentlichkeit. Stuttgart 1968.

29 Interview mit Karl v. Wiegand vom »New York American«. Philip W Fabry: Mutmaßungen über Hitler. Urteile von Zeitgenossen. Düsseldorf 1969. S. 156.

30 So der Kreis um Hans-Joachim Schoeps, der zeitweilig dem »jungdeutschen Orden« Arthur Mahrauns nahe stand, Fabry, S. 134 und G. L. Mosse: Die deutschen Rechte und die Juden. In: Entscheidungsjahr 1932. S. 205. In welchem Maße das deutsche Judentum bemüht war, den antisemitischen Parolen entgegenzutreten, zeigt Arnold Paucker: Der jüdische Abwehrkampf gegen Antisemitismus und Nationalsozialismus in den letzten Jahren der Weimarer Republik (Hamburger Beiträge zur Zeitgeschichte, Bd. IV). Hamburg 1968.

31 Die entsprechenden Statistiken und Schlussfolgerungen bei Esra Bennathan: Die demographische und wirtschaftliche Struktur der Juden. In: Mosse, S. 87 ff. Ebenso die Angaben bei Paul Sauer (Hrsg.): Die Schicksale der jüdischen Bürger Baden-Württembergs während der nationalsozialistischen Verfolgungszeit 1933–1945. Stuttgart 1969. S. 54 f.

32 Rede Görings, zitiert nach der »Münchner Wochenschau« Nr. 22 vom 11. Juni 1932, Aronson, S. 98 Anm. 11.

33 So zwei Gespräche mit Richard Breiting von den »Leipziger Neuesten Nachrichten« im Mai und Juni 1931. Edouard Calic: Ohne Maske. Hitler-Breiting Geheimgespräche 1931. Frankfurt/M. 1968.

34 Gespräch Hitler-Breiting vom 4. Mai 1931, S. 48.

35 Gespräch Hitler-Breiting vom Juni 1931, S. 94.

36 Außer acht gelassen wird hier neben vielen ähnlichen Schriften auch Rosenbergs »Der Mythos des Zwanzigsten Jahrhunderts«, deren gesetzliche Aus-

wirkungen quellenmäßig kaum belegbar sind. Dies besagt jedoch nicht, dass sie nicht für die Ideologie des Nationalsozialismus von erheblicher Bedeutung waren.

37 Die biographischen Daten Nicolais finden sich in einem Schreiben an Reichsschatzminister Schwarz vom 1. Oktober 1932, in dem Nicolai bittet, anlässlich seiner erneuten Verwendung im preußischen Staatsdienst seine Mitgliedsnummer 575059 zurückzudatieren. BDC/Nicolai/Partei-Korrespondenz. Die Entlassung Nicolais als Regierungsrat erfolgte auf Grund eines Verbotes Severings, als Beamter für die NSDAP tätig zu werden oder ihr anzugehören. Martin Broszat: Der Staat Hitlers. Grundlegung und Entwicklung seiner inneren Verfassung (dtv Taschenbuch 4009). München 1969. S. 17. Was die Angaben Albrecht Tyrells: Führer befiehl … Selbstzeugnisse aus der Kampfzeit der NSDAP. Dokumentation und Analyse. Düsseldorf 1969. S. 364, zur Tätigkeitsdauer Nicolais in der innenpolitischen Abteilung betrifft, so sind diese zu verbessern. Die Abteilung unterstand dem Reichsorganisationsleiter II, Constantin Hierl. Am 10. Juni 1932 wurden die beiden Organisationsleitungen zusammengefasst. Die innenpolitische Abteilung wurde am 14. Dezember 1932, nach dem Ausscheiden Strassers, der »Rechtsabteilung« Franks eingegliedert.

38 Heydebrand wurde am 1. April 1931 in die NSDAP aufgenommen und trug die Mitgliedsnummer 489676. BDC/Heydebrand/NSDAP-Zentralkartei. In einem Schreiben an Lammers vom 29. März 1933 versichert er, mit der NSDAP seit 1926 in Verbindung gestanden zu haben. Abschrift des Schreibens im GStA Rep 77/10.

39 Otto Gauweiler: Rechtseinrichtungen und Rechtsaufgaben der Bewegung. München 1939. S. 30.

40 Zum Lebensweg Franks siehe seine in Nürnberger Haft geschriebenen Erinnerungen »Im Angesicht des Galgens«. 2. Aufl. Neuhaus, 1955.

41 Dr. med. Achim Gercke trat im März 1926 der NSDAP bei; seit 1931 war er Amtsleiter in der RL/NSDAP, zuständig für die rassische Nachprüfung der Parteimitglieder (Das deutsche Führerlexikon. Berlin 1934/35. S. 144). Am 18. April 1933 wurde er als »Sachverständiger für Rassenforschung« ins RMdI berufen. G. Schulz: Die Anfänge des totalitären Maßnahmenstaates. In: K. D. Bracher/W. Sauer/G. Schulz: Die nationalsozialistische Machtergreifung. Studien zur Errichtung des totalitären Herrschaftssystems in Deutschland. (Schriften des Instituts für politische Wissenschaft, Bd. 14). 2. Aufl. Köln 1962. S. 412 Anm. 146.

42 Pfaff gehörte seit der 7. Wahlperiode (31. 7. 1932) als Mitglied der NSDAP dem Reichstag an. Der Deutsche Reichstag 1936. III. Wahlperiode 1936, Berlin 1936. S. 258.

43 Der Gesetzentwurf Heydebrands ist aller Wahrscheinlichkeit nach identisch mit einem von ihm vorgelegten Entwurf in dem Aufsatz »Sind in Deutschland allgemeine Maßnahmen gegen die Juden ohne Änderung der Reichsverfassung möglich?« (DtRecht 1 (1931) S. 53–63 und S. 96–105, insbes. S. 100 f.) Hier versuchte Heydebrand den Gleichheitsartikel Art. 109 WRV (»Alle Deutschen sind vor dem Gesetz gleich … Öffentlichrechtliche Nachteile des Standes oder der Geburt sind aufzuheben«) neu zu interpretieren, indem er in sophistischer Auslegung der Verfassung und anderer Rechtsvor-

schriften die Auffassung herleitet, dass die Reichsverfassung sehr wohl eine ungleiche Behandlung von Reichsbürgern mittels einfacher Reichsgesetze gestatte. So die Beschränkung der Freizügigkeit und der Berufswahl, Ausschluss vom Besuch höherer Schulen und vom Beruf des Lehrers, die Aberkennung der Fähigkeit, öffentliche Ämter zu bekleiden, das Verbot des Besuchs von Erholungsstätten, Kurorten etc. (S. 58 f.) Für vordringlich hielt Heydebrand jedoch die Änderung des Reichs- und Staatsangehörigkeitsgesetzes. In seinem Entwurf scheidet er »Reichsdeutsche« von »Reichsfremden« (»... wer mindestens zur Hälfte semitisches, nicht arisches oder sonst wie fremdstimmiges Blut hat«). Folge dieser Neueinteilung wäre, »daß die von dieser Maßregel Betroffenen nicht mehr als deutsche Reichs- oder Landesangehörige anzusehen wären. Sie würden staatenlos mit allen sich daraus ergebenden Folgerungen.« Um das Ausland nicht zu erregen, schlug Heydebrand vor, »nicht sogleich allzu grausige Folgen an die ersten Maßregeln zu knüpfen«, sondern zuerst ein Judenverzeichnis aufzustellen, sie aus der Beamtenschaft zu verdrängen, »im übrigen aber zunächst alles auf sich beruhen zu lassen und beruhigende Erklärungen abzugeben«. (S. 98).

44 Die Liste der Entwurfsarbeiten übersandte Heydebrand am 29. März 1933 dem StS in der Reichskanzlei Lammers, mit der Bitte, die Vorschläge zu prüfen und eventuell zu verwenden. GStA Rep 77/10. Siehe auch Schulz, Machtergreifung, S. 412, Anm. 147.

45 Unbekannt sind mir auch die Quellen, aus denen Hans Mommsen die Auffassung herleitete, die Entwürfe seien »zaghaft« gewesen. H. Mommsen: Beamtentum im Dritten Reich. Ausgewählte Quellen zur nationalsozialistischen Beamtenpolitik, (Schriftenreihe der VJhefteZG 13) Stuttgart 1966. S. 29. Die von Heydebrand an Lammers übermittelte Liste enthält nur eine schematische Aufzählung der Entwürfe, aus der sich nichts über den Inhalt sagen lässt.

46 Aufschlussreich für die Arbeiten, die Nicolai in der RL/NSDAP verfasste, ist seine im Frühjahr 1933 erschienene Publikation »Der staatsrechtliche Aufbau des Dritten Reiches« (Die zweite, leicht veränderte Auflage folgte im Juni 1933 unter dem Titel: »Die Grundlagen der kommenden Verfassung. Über den staatsrechtlichen Aufbau des Dritten Reiches. Berlin 1933). Wie Nicolai im Vorwort vermerkt, geht die Veröffentlichung auf eine »wissenschaftliche Vorarbeit« aus dem Jahr 1931 zurück. So heißt es, »Reichangehörige nichtdeutscher Abstammung dürfen sich nicht als Deutsche bezeichnen ... Die fremden Reichsangehörigen sind aus dem Blutkörper des deutschen Volkes auszuscheiden und einem besonderen Minderheitsrecht zu unterwerfen« (1. Aufl. Berlin 1933, S. 20, 23). In der Schrift »Der Staat im nationalsozialistischen Weltbild«. Leipzig 1933, sollten Juden als Staatsangehörige mit verminderten Inländerrechten gelten. (S. 24).

47 Nicolai, Der staatsrechtliche Aufbau, S. 23: »Die fremden Reichsangehörigen sind einem besonderen ... Recht zu unterwerfen. In einem Rassenschutzgesetz sollen Eheschließungen zwischen Deutschen und Juden unmöglich gemacht werden.«

48 H. Nicolai, Die rassengesetzliche Rechtslehre (NS-Bibliothek, Heft 39). München 1932. S. 54: »Besonderer Wert ist auf die Säuberung der Gerichte und Behörden von Juden zu legen«.

49 Hierzu der Abschnitt über das Berufsbeamtengesetz.

50 Lammers übersandte die ihm von Heydebrand übergebene Übersicht erst am 18. April dem StS Grauert/PrMdI (GStA Rep 77/10), der offensichtlich hierfür keine weitere Verwendung hatte. Vgl. auch Schulz: Machtergreifung, S. 412, Anm. 147.

51 Eigenhändiger Lebenslauf Gütts vom 12. März 1933. BDC/Gütt/Personalakte RFSS. Eintritt in die NSDAP am 1. 9. 1932 mit der Mitgliedsnummer 1325946. AaO, NSDAP-Zentralkartei. Siehe auch die Angaben im Führerlexikon, S. 159 und Arthur Gütt: Dienst an der Rasse als Aufgabe der Staatspolitik (Schriften der deutschen Hochschule für Politik, 1. Reihe, Heft 7). Berlin 1934.

52 Zur Person Kubes: Hüttenberger, S. 215.

53 Persönliches Handschreiben – Vertraulich – vom 4. 2. 1933. BDC/Gütt/Personalakte RFSS.

54 Kurt Daluege, geh. 15. 10. 1897, von Beruf Bauingenieur, war Gründer und Organisator der Berliner SA. 1928 trat er zur SS über und war bis 1933 SS-Führer Ost, seit April 1932 Mitglied des Preußischen Landtages, seit November 1933 MdR. Im Mai 1933 wurde er MDir im PrMdI, zuständig für die Polizeiabteilung. Führerlexikon S. 90. Weitere biographische Angaben bei Heinz Höhne: Der Orden unter dem Totenkopf. Die Geschichte der SS. Gütersloh o. J. (1968) S. 60.

55 Leonardo Conti, geb. 24. 8. 1900, schloss sich während seiner Studienzeit in Berlin dem »Deutsch-völkischen Schutz- und Trutzbund« an. 1927 trat er in die NSDAP ein und wurde SA-Arzt von Berlin. Seit Dezember 1930 war er SS-Oberarzt Ost, Mitglied des Preußischen Landtages seit Mai 1932, seit April 1933 MRat im PrMdI., Führerlexikon, S. 86.

56 Verfügung Dalueges vom 16. Februar auf der Denkschrift Gütts, aaO. Aufschlussreich mag sein, dass sich die Denkschrift Gütts in den Personalakten des RFSS findet. Es ist sehr wahrscheinlich, dass sie von Daluege oder Conti, beide zu jener Zeit bereits SS-Angehörige, an Himmler weitergegeben wurde.

57 Hierzu siehe Einleitung.

58 Das Handbuch für den Preußischen Staat, hrsg. vom Preußischen Staatsministerium für das Jahr 1934 (138. Jg.), Berlin 1944, verzeichnet nur einen Rechtsanwalt Dr. Becker beim Kammergericht in Berlin (S. 284).

59 Diels, geb. am 16. 12. 1900, war erster Leiter des mit Gesetz vom 26. April 1933 gegründeten Geheimen Staatspolizeiamts, (PrGS, S. 122) dem er bis April 1934 vorstand. Sein NSDAP-Eintritt datiert vom 1. 5. 1937 BDC/ Diels/NSDAP-Zentralkartei). Zu weiteren biographischen Daten siehe: Rudolf Diels: Lucifer ante Portas ... es spricht der erste Chef der Gestapo. Stuttgart 1950.

60 Ziegler bearbeitete in der Propagandaabteilung (Abtlg. II) des RmfVuP das Referat »gegnerische Weltanschauungen«. F. Kühnert (Hrsg.): Taschenkalender für Verwaltungsbeamte. 51 (1934). S. 36. Siehe auch: W. Ziegler: Die Judenfrage in der modernen Welt (Schriften der deutschen Hochschule für Politik, 1/27). Berlin 1937.

61 Julius Lippert, geb. am 9. 7. 1895, hatte von 1919–1921 der DNVP und von 1922–1927 der Deutsch-Völkischen Freiheitspartei angehört. Am 19. 4. 1927 trat er der NSDAP bei. BDC/Lippert/NSDAP-Zentralkartei-Parteikorrespondenz). Von 1923–1927 war er Redakteur des Deutschen Tagblatts« Berlin, von

1927–1932 Chefredakteur des »Angriff« (Führerlexikon, S. 281). Seit Februar 1933 war er Staatskommissar der Reichshauptstadt Berlin, seit 1936 deren Oberbürgermeister und Stadtpräsident. Hierüber siehe Horst Matzerath: Nationalsozialismus und kommunale Selbstverwaltung (Schriftenreihe des Vereins für Kommunalwissenschaften, Bd. 29). Stuttgart 1970, passim.

62 Edgar-Hans Schulz hatte 1931 eine Berufs- und Bevölkerungsstatistik der Juden veröffentlicht. Weitere Arbeiten: Warum Arierparagraph? Ein Beitrag zur Judenfrage. Berlin 1934; Judentum und Kriminalität: (Schriften des Rassenpolitischen Amtes 5), Berlin 1934 worin er zu beweisen suchte, dass das Judentum weitaus häufiger als die Arier zum »Verbrechertum« tendierte.

63 Johannes v. Leers, geb. am 25. 1. 1902 trat 1929 der NSDAP bei und wurde Gauredner von Groß-Berlin. (Führerlexikon, S. 272). Weiteres siehe bei Joseph Wulf: Literatur und Dichtung im Dritten Reich. Eine Dokumentation. Gütersloh 1963. S. 280 und Wiener Library Bulletin 5 (1951), S. 19; 9 (1955), S. 42; 10 (1956), S. 43. Siehe auch »Der Spiegel« 1967, Heft 11, S. 150 f.

64 Hierzu siehe Anm. 66.

65 Becker übersandte den Entwurf nebst der Einführung, einer eigenhändigen Randbemerkung zufolge, am 21. Juli 1933 dem VLR v. Bülow-Schwante/AA auf dessen Anforderung. PolAA Referat Deutschland, betr. Judengesetzgebung Bd. 1.

66 Dr. Saul Esh vom Institut für Zeitgeschichte der Universität Jerusalem hat dies am 1. 4. 1963 in der Zeitung »Haaretz« (Tel Aviv) vertreten. Esh hat auch das obige Dokument ausfindig gemacht und zum ersten Mal veröffentlicht. Den Hinweis verdanke ich Aronson, S. 124 ff. Weitere Auskünfte über die Arbeit des verstorbenen Dr. Esh gaben mir Dr. Yehuda Bauer und Herr Avraham Margaliot.

67 Ausgenommen Leers. Siehe seine Schriften: Juden sehen Dich an. Berlin 1933 und: Blut und Rasse in der Gesetzgebung. Berlin 1938.

68 In der »Einführung zum Judengesetz« findet sich der Passus: Der Arbeitsgemeinschaft kam es darauf an, »unmittelbar praktische Arbeit zu leisten, die dem berufenen Minister und Führer die schnelle Fertigstellung ... eines politisch durchführbaren Judengesetzes erleichtern könnte.« Denkbar, wenn auch wenig wahrscheinlich ist, dass die Arbeitsgemeinschaft auf Anregung Fricks zusammengetreten war. Doch hatte das RMdI das Berufsbeamtengesetz zu dieser Zeit bereits abgeschlossen.

69 So heißt es in der »Einführung zum Judengesetz«. »Daß der Kampf (zwischen Deutschen und dem Judentum, d. Verf.) zuletzt im Geistigen durch die größere sittliche Kraft entschieden wird, davon bleiben die Mitarbeiter ... durchdrungen.«

70 Ebenda.

71 Einführung zum Judengesetz, S. 2.

72 Ich verwende hier einen Begriff, mit dem Armin Mohler in seinem gleichnamigen Buch (Die konservative Revolution in Deutschland 1918–1932. Grundriß ihrer Weltanschauungen. Stuttgart 1950), in typologischer Vereinfachung die unterschiedlichen Strömungen und Denkformen der konservativ geprägten Weltanschauungen zu fassen suchte. Die bei Mohler beschriebenen und analysierten Gruppen – Völkische, Jungkonservative,

Nationalrevolutionäre, Landvolk, Bündische – vertraten insgesamt einen mehr oder weniger stark ausgeprägten Antisemitismus. Die im folgenden Abschnitt geschilderten anti-jüdischen Bestrebungen sind nicht eindeutig dem Nationalsozialismus zuzuordnen, so dass sie mit dem übergreifenden Begriff Mohlers noch am präzisesten gekennzeichnet werden.

73 Zur Gliederung der NSDAP-Mitglieder siehe: Wolfgang Schäfer: NSDAP-Entwicklung und Struktur der Staatspartei des Dritten Reiches (Schriftenreihe des Instituts für Wissenschaftliche Politik, Marburg/Lahn, Nr. 3) Hannover 1957. S. 19, 35; hierzu auch: E.A. Roloff: Wer wählte Hitler. In: Politische Studien 15 (1964) S. 293. Ergänzend: Alfred Milatz: Wähler und Wahlen in der Weimarer Republik (Schriftenreihe der Bundeszentrale für politische Bildung, Heft 66), 2. Aufl. Bonn 1968. S. 127 ff., B. Vogel/D. Nohlen/R.O. Schulze: Wahlen in Deutschland, Theorie – Geschichte – Dokumente 1848–1970. Berlin 1971. S. 162.

74 Schulz, Machtergreifung, S. 636 f.; Feder, S. 6 ff.

75 Schulz, Machtergreifung, S. 637.

76 Hierzu Kapitel II B 2.

77 Karl Dietrich Bracher: Die Auflösung der Weimarer Republik. Eine Studie zum Problem des Machtverfalls in der Demokratie (Schriften des Instituts für politische Wissenschaft, Bd. 4). 3. Aufl. Villingen 1960. S. 181.

78 AaO, S. 185.

79 Hierzu siehe: Wolfgang Runge: Politik und Beamtentum im Parteienstaat. Die Demokratisierung der politischen Beamten in Preußen zwischen 1918 und 1933 (industrielle Welt. Schriftenreihe des Arbeitskreises für moderne Sozialgeschichte, hrsg. von Werner Conze, Bd. 5). Stuttgart 1965. S. 143, 204 ff.

80 So nahezu wörtlich der ehemalige StS im RFM, Johannes Popitz, in seinem 1931 verfertigten Gutachten »Der künftige Finanzausgleich zwischen Reich, Ländern und Gemeinden«. Berlin 1932. S. 81. Der StS zielte mit seiner Äußerung zwar gegen die von antirepublikanischer Seite betriebene Politisierung, doch konnte seine Forderung von dieser Seite ebenso, nur unter den entgegengesetzten Vorzeichen, angeführt werden.

81 Durch die »Zweite VO des Reichspräsidenten zur Sicherung von Wirtschaft und Finanzen« vom 5. Juni 1931, RGBl I, S. 282, erfolgte eine Kürzung der Dienstbezüge aller Reichsbeamten mit Wirkung vom 1. Juli 1931, gestaffelt nach dem Einkommen. Eine weitere Kürzung der Bezüge generell um 9 v. H. brachte die »Vierte VO des Reichspräsidenten zur Sicherung von Wirtschaft und Finanzen und zum Schutze des inneren Friedens« vom 8. Dezember 1931, RGBl I, S. 738.

82 Näheres über Sprenger bei Aronson, S. 206.

83 Heinz Müller: Beamtentum und Nationalsozialismus (Nationalsozialistische Bibliothek, Heft 30). 2. erw. Aufl. München 1932. S. 60.

84 So wörtlich Hitler bei seiner Zeugenvernehmung im Hochverratsprozess gegen die Ulmer Reichswehroffiziere am 25. September 1930. Ursachen und Folgen. Vom deutschen Zusammenbruch 1918 und 1945 bis zur staatlichen Neuordnung Deutschlands in der Gegenwart. Bd. 7, Berlin 1962. S. 531.

85 Zu den insbesondere für die Beamten bedeutsamen ständestaatlichen Vor-

282

stellungen des Nationalsozialismus siehe die entsprechenden Beiträge von Bracher und Schulz, Machtergreifung, S. 175 ff., 544 ff.

86 Hans Pfundtner, geb. am 15. 7. 1881, war MRat mit dem Titel eines Geheimen Regierungsrates, eifriger Befürworter der »Harzburger Front«, und aktives Mitglied der DNVP. Er galt lange Zeit als Vertrauensmann Hugenbergs, in dessen Auftrag er Kontakte zu nationalen Kreisen und zur Wirtschaft zu knüpfen hatte. Nachdem er praktisch von einem Tag zum andern am 1. März 1932 zur NSDAP übergetreten war CBDC/Pfundtner/NSDAP-Zentralkartei), versuchte er als Vizepräsident des »Berliner Nationalclubs« diesen in ein politisches Instrument der NSDAP zu verwandeln. Siehe Schulz, Machtergreifung, S. 409 f. und ders., Der »Nationale Club von 1919« zu Berlin. Zum politischen Zerfall einer Gesellschaft. In: Jahrbuch für die Geschichte Mittel- und Ostdeutschlands, Bd. 11 (1962), S. 207–237. Neuerdings abgedruckt in: Gerhard Schulz: Das Zeitalter der Gesellschaft. Aufsätze zur politischen Sozialgeschichte der Neuzeit. München 1969.

87 Die Denkschrift ist wiedergegeben bei Mommsen, Beamtentum S. 127 ff.

88 Zur verfassungsrechtlichen Problematik einer Änderung des Beamtenrechts siehe den Abschnitt I B 2.

89 Zweifellos ist die Aussage von Schulz (Machtergreifung, S. 410) überspitzt, die Denkschrift Pfundtners sei eine erste Vorbereitungsstufe des späteren Beamtengesetzes vom 7. April 1933. Hitler war sich bereits im Mai 1931 über die Konsequenzen seiner Politik für »Parteibuchbeamte« im Klaren. Auch die Gesetzentwürfe Heydebrands und Nicolais lassen gleichgerichtete Überlegungen erkennen.

90 »Tatsächlich reichten die Übereinstimmungen weit über taktische Gesichtspunkte hinaus, und zwar nicht nur negativ in der gemeinsamen Wendung gegen Demokratie, Liberalismus und freiheitliche Ordnungen überhaupt, sondern auch positiv in den doch nur graduell voneinander abweichenden Leitbildern einer autoritären, nationalen, ständischen Lebensordnung mit ihren militärisch orientierten Strukturen ...« Joachim C. Fest: Franz von Papen und die konservative Kollaboration. In: Von Weimar zu Hitler, hrsg. v. Gotthard Jasper (Neue wissenschaftliche Bibliothek 25 – Geschichte) Köln 1968. S. 234.

91 Mit vollem Recht wird der »Preußenschlag« als eine der wesentlichen Voraussetzungen der späteren nationalsozialistischen Machtergreifung gewertet. Siehe Bracher, Auflösung, S. 559 f., 582 ff.

92 Bis zu der am 10. Oktober 1932 beginnenden Verhandlung Preußen contra Reich vor dem Staatsgerichtshof ergab sich folgendes Bild: von 588 politischen Beamten waren 94 in den einstweiligen Ruhestand versetzt und 11 zwangsbeurlaubt. MRat Landfried aus dem PrFM wurde MDir im PrStM, im PrMdI avancierte MRat Schütze zum Leiter der Verfassungsabteilung, die Leitung der Kommunalabteilung übernahm der neuernannte MDir Surén. Jürgen Bay: Der Preußenkonflikt 1932/33. Ein Kapitel aus der Verfassungsgeschichte der Weimarer Republik. Diss. jur. Erlangen-Nürnberg 1965. S. 149 ff.

93 Rede des Abgeordneten Dr. Kaehler, DNVP, am 29. November 1922 im preußischen Landtag über die Einwanderung der Ostjuden. Ursachen und Folgen, Bd. 7, S. 203.

94 Schreiben (Abschrift) des RMdI (gez.: v. Gayl) an die Landesregierungen vom 3. Oktober 1932. GStA Rep. 90/2256.

95 Ebenda.

96 MbliV, S. 1201.

97 RdSchrb. des PrMdI vom 23. Dezember 1932. Reinhard-M. Strecker: Dr. Hans Globke: Aktenauszüge – Dokumente. Hamburg 1961. S. 23.

98 Bang, geb. am 18. 1. 1879, war Alldeutscher und glühender Bewunderer von Heinrich Claß. Unter dem Pseudonym »Wilhelm Meister« veröffentlichte er das Pamphlet »Das Schuldbuch. Eine deutsche Abrechnung« München 1919. (Esh, S. 99, Anm. 52). Beim Kapp-Putsch war er als Finanzminister in Aussicht genommen worden. (Bürgerliche Parteien, Bd. 1, S. 21). Er wurde Finanzsachverständiger der DNVP und schrieb für die gesamte völkische Presse, insbesondere für die Zeitschrift »Deutschlands Erneuerung« des Verlegers J.F. Lehmann, München, der seit der Jahrhundertwende dem »Alldeutschen Verband« nahe stand und zu den überzeugtesten Vertretern der antisemitischen Richtung innerhalb des Verbandes zählte. Mosse, S. 222.

99 Persönliches Schreiben Bangs an Lammers vom 6. März 1933. BA R 43 II/134.

100 Schreiben Lammers (hdschrftl.: »Nicht Geschäftsgang«) BA R 43 II/137 an Frick vom 9. März 1933.

101 RdErl. des RMdI vom 15. März 1933 an die Landesregierungen: »Zur ersten Einleitung einer bewusst völkischen Politik ist es zunächst erforderlich:
   1. die Zuwanderung von Ausländern ostjüdischer Nationalität abzuwehren,
   2. soweit solche Ausländer sich z. Zt. noch unbefugt im Inland aufhalten, sie zu entfernen.
   3. Von der Einbürgerung ostjüdischer Ausländer ist bis auf weiteres abzusehen...
   Zu 2: Gegen Ausländer ostjüdischer Nationalität, die sich unbefugt im Inland aufhalten, ist im Rahmen der bestehenden Gesetze und Staatsverträge mit Ausweisungsmaßnahmen vorzugehen.« BA R 18/3746 b.

102 Schreiben der DNVP, Landesverband Niederschlesien Liegnitz an die Preußische Staatsregierung. (Müsste heißen: »Preußisches Staatsministerium«) vom 1. März 1933, Strecker, S. 25.

103 Erwin Schütze, geb. am 21. 3. 1887, wurde am 27. September 1932 offiziell Leiter der Abtlg. I des PrMdI (Siehe S. 42 Anm. 92). Nach der Machtergreifung wechselte er in die Zentralabteilung des Ministeriums über (Handbuch über den preußischen Staat 1934, S. 65) und trat am 1. Mai 1933 in die NSDAP ein (BDC/Schütze/NSDAP-Zentralkartei). Nach Zusammenlegung des Reichs- mit dem preußischen Innenministerium wurde er Leiter der Personalabteilung (Taschenbuch für Verwaltungsbeamte 1935, S. 6).

104 Vorlegungsvermerk Schützes für den Minister vom 29. März 1933, Strecker, S. 26 f.

105 Herbert von Bismarck, Reichsjugendführer der DNVP (Die bürgerlichen Parteien, Bd. 1, S. 746), wurde bereits am 10. April 1933 von dem bisherigen MDir Grauert, einem ehemaligen Funktionär der Schwerindustrie, als Staatssekretär abgelöst, Bracher, Machtergreifung, S. 210 f.

106 Vorlegungsvermerk v. Bismarcks, S. 27 f.

107 Dies ergibt sich aus einem Schreiben des PrMdI an den RMdI vom 28. Juli 1933 (Strecker, S. 30 f.) Bei den Akten des StS Grauert befindet sieh übrigens die undatierte und ungezeichnete Abschrift eines Entwurfes »Gesetz betreffend Namensänderungen vom . . .« Die Begründung des Gesetzentwurfes verweist auf die »nationale Erhebung«, die es erlaube, mit staatlichen Maßnahmen gegen »rassenfremde Elemente« vorzugehen. (GStA Rep 77/10) Mit einer gewissen Wahrscheinlichkeit handelt es sich bei diesem Entwurf um eine aus der Zusammenarbeit der beiden Innenministerien entstandene Gesetzesvorlage.

108 Schreiben des PrMdI an den PrJM/KdR vom 7. April 1933, Strecker S. 28 f.

109 Dass der Terror innerhalb totalitärer Systeme einen integralen Bestandteil darstellt, wurde sowohl von der politischen Wissenschaft wie der Geschichtsschreibung anerkannt. Siehe Carl Joachim Friedrich: Totalitäre Diktatur. Stuttgart 1957. S. 29 und Broszat, Nationalsozialismus, S. 12 ff.

110 Hierzu Sauer, Machtergreifung, S. 695 f.

111 Sir Horace Rumbold an Sir John Simon am 3. März 1933, DBFP, 2nd Series Bd. IV. S. 438 f. Nr. 254.

112 Neue Wiener Presse am 7. März 1933, Eliahu Ben Elissar: La Diplomatie du IIIe Reich et les Juifs 1933–1939. Paris 1969. S. 26.

113 Meldung der »Deutschen Allgemeinen Zeitung« vom 9.3.1933, Das Schwarzbuch – Tatsachen und Dokumente. Die Lage der Juden in Deutschland 1933. Paris 1934. S. 45, 472. Die Berliner Pressevertretungen verbreiten am 11. März 1933 die Nachricht, dass schon im Laufe der letzten Tage SA- und SS-Einheiten ohne Auftrag auf eigene Faust Polizei spielten und diese Aktionen schließlich mehr und mehr einheitlich zu antisemitischen Kampagnen wurden. Jürgen Hagemann: Die Presselenkung im Dritten Reich. Bonn 1970. S. 139 Anm. 1.

114 SA-Obergruppenführer Edmund Heines, MdR und nachmals preußischer Staatsrat, Opfer des Röhm-Putsches.

115 Frankfurter Zeitung vom 13.3.1933, Schwarzbuch, S. 94.

116 Vossische Zeitung vom 14.3.1933, aaO, S. 95.

117 Vossische Zeitung vom 28.3.1933, aaO, S. 105.

118 Vossische Zeitung vom 31.3.1933, ebenda.

119 Der Angriff vom 29.3.1933, aaO, S. 106.

120 Göppinger, S. 14. Leiter des BNSDJ war der Leiter der Rechtsabteilung der RL/NSDAP, Dr. Hans Frank.

121 Vossische Zeitung vom 24. März 1933, Schwarzbuch, S. 104.

122 Deutsche Allgemeine Zeitung vom 4. April 1933, aaO, S. 116.

123 Die BNSDJ-Mitglieder des Oberlandesgerichtsbezirks Berlin forderten am 22. März 1933 die Amtsentfernung der jüdischen Armenanwälte, Pfleger, Vormünder, Testamentsvollstrecker, Zwangs- und Konkursverwalter, Vossische Zeitung vom 23. März 1933, aaO, S. 115 f.

124 AaO, S. 105.

125 Ebenda.

126 Nach einer Meldung der Vossischen Zeitung vom 20. März sollten diese Umbesetzungen alle preußischen Gerichte umfassen. AaO, S. 103.

127 Frankfurter Zeitung vom 26. März 1933, aaO, S. 104.

128 In Frankfurt/M. am 23. März, in Stuttgart am 27. März. AaO, S. 106. Göppinger, S. 26.

129 Werner Johe: Die gleichgeschaltete Justiz. Organisation des Rechtswesens und Politisierung der Rechtsprechung 1933–1945, dargestellt am Beispiel des Oberlandesgerichtsbezirks Hamburg (Veröffentlichungen der Forschungsstelle für die Geschichte des Nationalsozialismus, Bd. V). Frankfurt/M 1967. S. 85.

130 Vossische Zeitung vom 1. 4. 1933, Schwarzbuch, S. 109.

131 Völkischer Beobachter vom 29. 2. 1933, aaO, S. 196.

132 Frankfurter Zeitung vom 18. März 1933, aaO, S. 197.

133 Frankfurter Zeitung vom 4. April 1933, aaO, S. 198.

134 Siehe die weiteren Angaben, aaO, S. 198 ff.

135 Dies bedeutete die Entfernung aller jüdischen richterlichen Beamten aus exponierten Stellungen der Gerichtsbarkeit in solche geringerer Öffentlichkeitswirkung.

136 So ein Bericht über die Unruhen an den Berliner Gerichten vom 31. März in der Vossischen Zeitung. Schwarzbuch, S. 107 mit weiteren Angaben.

137 Der Text des Funkspruchs findet sich im BayStAnz. Nr. 78, vom 2./3. April 1933.

138 Sievert Lorenzen: Die Juden und die Justiz. (Schriften des Reichsinstituts für Geschichte des neuen Deutschland, Bd. 26) Hamburg, 1942. S. 173.

139 RV des PrJM/KdR vom 1. April 1933. Dokumente zur Geschichte der Frankfurter Juden. Frankfurt 1963. S. 95.

140 So StS Schlegelberger/RJM in einem persönlichen Schreiben an Hitler vom 3. April 1933, in dem er das Vorgehen der Länder gegen jüdische Beamte aufzählt, BA R 43 II/600.

141 RV des PrJM/KdR vom 3. April. Lorenzen, S. 176.

142 RV des PrJM/KdR vom 4. April, aaO, S. 173. Das Vertretungsverbot umschrieb alle Maßnahmen, die Kerrl durch Funkspruch vom 31. März angeordnet hatte.

143 RV des PrJM/KdR vom 6. April, aaO, S. 174.

144 Zuvor beseitigte eine Notverordnung des Reichspräsidenten noch die theoretisch bestehenden Hoheitsrechte der Regierung Braun. VO vom 6. Februar 1933, RGBl I, S. 43.

145 Matzerath, Stuttgart 1970.

146 PrGS, S. 21.

147 Zu einigen Fällen, die einen kleinen Ausschnitt des mit allen Mitteln betriebenen Personalwechsels geben, siehe Schulz, Machtergreifung, S. 446

148 Niederschrift über die Ministerbesprechung am 15. März 1933 nachm. 6.30 Uhr in der Reichskanzlei. IMT Bd. XXXI, S. 402 ff. Dok. 2962–PS.

149 Niederschrift (Abschrift) der Chefbesprechung der Kommissare des Reichs am 15. März 1933. GStA Rep 90/Sitzungsprotokolle.

150 Niederschrift der Ministerbesprechung am 15. März. IMT Bd. XXXI, S. 406.

151 Danach gehörten der Kommission an: Frick (RMdI) – Schwerin v. Krosigk (RFM) – Göring (PrMdI/KdR) – Popitz (PrFM/KdR).

152 R. Sievers (Hrsg.): Das Beamtenrecht der Reichsverfassung in der Rechtspre-

chung des Reichsgerichts. Berlin 1932. S. 8. Ähnlich: Heinrich Daniels: Pflichten und Rechte der Beamten, in: Anschütz/Thoma: Handbuch des deutschen Staatsrechts, Bd. 2. Tübingen 1932. S. 41.

153 G. Anschütz. Die Verfassung des Deutschen Reichs vom 11. August 1919. Unveränderter Nachdruck der 14. Aufl. 1933. Darmstadt 1965, S. 591.

154 Sievers, S. 31.

155 AaO, S. 33.

156 AaO, S. 38 und R. Echterhölter. Das öffentliche Recht im nationalsozialistischen Staat (Quellen und Darstellungen zur Zeitgeschichte, Bd. 16/II) Stuttgart 1970. S. 198.

157 Sievers, S. 38.

158 Sievers, S. 59.

159 »VO über die einstweilige Versetzung der unmittelbaren Staatsbeamten in den Ruhestand«, PrGS, S. 33.

160 Nach § 3 der o. a. VO fielen darunter: Unterstaatssekretäre, Ministerialdirektoren, Ober- und Regierungspräsidenten, der Vorsitzende der Ansiedlungskommission für Westpreußen und Posen, Beamte der Staatsanwaltschaft, Vorsteher staatlicher Polizeibehörden, Landräte, Gesandte und andere diplomatische Agenten. Die Neufassung der VO durch Gesetz vom 31. Dezember 1922 (PrGS, 1923, S. 1) bezog ein: Ministerialdirigenten, Vertreter der Ober- und Regierungspräsidenten und den Polizeipräsidenten von Berlin.

161 Schreiben des Deutschen Beamtenbundes vom 17. März an Hitler, abschriftlich an Seldte. BA (GStA) Rep 318/842.

162 Niederschrift über die Sitzung des engeren Vorstandes des Deutschen und Preußischen Städtetages am 17. März 1933 im Städtehaus. LAB Rep 142/A 162.

163 Am 18. März 1933 informierte der Verband der Kommunalbeamten und Angestellte Preußens e. V. seine Bezirksverbände – »Vertraulich! Nicht für die Presse« – über eine Unterredung seiner Vertreter mit zwei Kommissaren aus der Umgebung Görings, erfuhren aber nur, dass abgewartet werden müsse, was an gesetzgeberischen Änderungen geschehen werde. GStA Rep 77/1.

164 Dies waren v. Papen, Hugenberg, Göring.

165 So StS. a./ei/D. Dr. Hans Globke, seinerzeit RRat im preußischen Innenministerium, in einer Aufzeichnung für den Verf. vom 2. Februar 1970.

166 Hölscher wurde am 22. März von Hanns Kerrl abgelöst und zum Präsidenten des Kammergerichts in Berlin ernannt.

167 Schreiben Hölschers an MDir Landfried/PrStM vom 20. März 1933, GStA Rep 90/2338.

168 Popitz, geb. am 2. 12. 1884, war von 1925 bis 1929 StS im RFM, vom 31. 10. 1932 bis 28. 1. 1933 Reichsminister ohne Geschäftsbereich und KdR für das PrFM und ab 11. 4. 1933 bis 1944 preußischer Finanzminister. Siehe auch: Wer ist's. Berlin 1935. S. 1229.

169 Persönliches Schreiben Popitz' an MDir Landfried/PrStM vom 23. März 1933, beigefügt zwei Abdrucke des Entwurfs (n. b. d. A.), GStA Rep 90/469.

170 Von Papen paraphierter Entwurf eines Schreibens vom 25. März, GStA Rep 90/469.

171 Schnellbrief (Entwurf) des PrStM vom 25. März mit Abgangsvermerk 16.15

Uhr und z. d. A-Verfügung des MRats Bergbohm/PrStM vom 29. März 1933, GStA Rep 90/469.

172 Hierin stimmen auch Schulz (Machtergreifung, S. 495, Anm. 133) und Mommsen (Beamtentum, S. 42) überein.

173 Die Niederschrift der Ministerbesprechung ist auszugsweise wiedergegeben bei Fritz Tobias: Der Reichstagsbrand. Legende und Wirklichkeit. Rastatt 1962. S. 627.

174 Natürlich war die Regelung der Beamtenfrage im kommunalen Bereich von besonderer Wichtigkeit, konnte doch kein Gesetz die unübersichtliche Situation dieses Personenkreises negieren. Im DStT vermutete man denn auch am 22. März eine bevorstehende Regelung der Wahlbeamtenfrage, ohne allerdings hierfür konkrete Anhaltspunkte zu haben. Vorlegungsvermerk des Referenten Meyer-Lülmann an Mulert, LAB Rep 142/B 52.

175 Diese Verfassungslage bestätigt auch StS a. D. Dr. Hans Globke in einer Aufzeichnung an den Verf. vom 22. 2. 1970.

176 Wie mir Graf Schwerin v. Krosigk mitteilte, wartete Popitz offensichtlich den zeitlich günstigsten Augenblick ab, um seinen Entwurf im Preußen-Kabinett zur Sprache zu bringen. Da dessen sämtliche Mitglieder Beamte oder zumindest Beamtensöhne waren, erhoffte er sich hier eine stärkere Unterstützung als im Reichskabinett, dessen führende Mitglieder den besonderen Bedingungen des Beamtenrechts eher verständnislos gegenüberstanden. (Mitteilung vom 13. 5. 1970). Aufschlussreich für die Durchkreuzung seines taktischen Vorgehens ist auch der Satz: »Über die Art der Behandlung und über etwaige Rückzugslinien behalte ich mir mündlichen Vortrag vor.« Schreiben Popitz' an Landfried vom 23. März, GstA Rep 90/469.

177 Seel, geb. am 19. 2. 1876, war ein alter Mitarbeiter Fricks aus dessen bayerischer Beamtenzeit. Er wurde im Mai 1932 Mitglied der NSDAP und betätigte sich seit Sommer 1932 in der NS-Beamten-Arbeitsgemeinschaft. BDC/Seel/Parteistatistische Erhebungen.

178 Der Entwurf wurde Mulert am 28. März übersandt und trägt die handschriftliche Mitteilung: »Erg. unter verb. Dank für die gestrigen Mitteilungen. In aufrichtiger Verehrung Seel 28/3.« LAB Rep 142/B 52.

179 Aktennotiz (wahrscheinlich) Mulerts über eine vertrauliche Unterredung mit MRat Dr. Seel/RMdI am 27. März 1933, aaO.

180 Während Schulz (Machtergreifung, S. 495 f.) davon ausgeht, dass der Entwurf eine eigenständige Arbeit des RMdI darstellt, versucht Mommsen (Beamtentum, S. 151, Anm. 1) zu beweisen, dass der von Seel vorgelegte Entwurf identisch mit dem ursprünglichen Popitz-Entwurf ist. Solange keine weiteren Dokumente erschlossen werden können, wird sich diese Frage nicht endgültig beantworten lassen. Der Verfasser neigt allerdings eher der Deutung Mommsens zu. Siehe hierzu auch die folgende Anmerkung.

181 Zweifellos irrig ist die Ansicht Mommsens (Beamtentum, S. 41), die Initiative der Frage der Beamtengesetzgebung sei vom RMdI ausgegangen und von der preußischen Regierung »durchkreuzt« worden, indem sie durch v. Papen einen eigenen Entwurf vorlegte. Erstens hatte Papen sein Einladungsschreiben vom 25. März in seiner Eigenschaft als Vizekanzler gezeichnet und damit Reichsangelegenheiten vertreten; zum anderen gin-

gen die Anstöße zur Reform des Beamtenrechts eindeutig von Preußen aus, wie schon die Chefbesprechung der Reichskommissare vom 15. März beweist. Auch kann ich mich nicht der Auffassung von Schulz (Machtergreifung, S. 496) anschließen, Frick habe der preußischen Regierung die Initiative in der Beamtenpolitik entrissen. Der preußischen wie der Reichsregierung darf wohl ohne weiteres unterstellt werden, dass man nicht eine im Rahmen der verfassungsmäßigen Grenzen modifizierte Regelung des Beamtenrechts, sondern im Hinblick auf das Ermächtigungsgesetz eine durchgreifende »Reform« anstrebte. Was immer man darunter verstehen mag. Neuregelungen des vorgesehenen Umfangs waren mit der Reichsverfassung zweifellos nicht zu decken, ganz abgesehen von den bereits vollzogenen Personalveränderungen auf allen Ebenen. Es muss Popitz bewusst geworden sein, dass mit einem einfachen Änderungsgesetz zum Beamtenrecht weder den Wünschen der Nationalsozialisten, noch der faktischen Lage entsprochen werden konnte, alle anderen Überlegungen wären von einem Wunschdenken ausgegangen. Wenn Popitz demnach einen Entwurf vorlegte, der diesen Tatsachen Rechnung trug, so musste er einfach die Reichsverfassung negieren und den materiellrechtlichen Inhalt auf die Möglichkeiten des Ermächtigungsgesetzes abstellen. Frick nahm mit der Bearbeitung des Beamtengesetzes somit nur seine Kompetenzbefugnisse wahr. Im übrigen ist es höchst wahrscheinlich, dass Popitz mit seinem Entwurf das Reich in die von ihm gewünschte Richtung eines Beamtengesetzes zu manövrieren gedachte. Auf eine diesbezügliche Frage erhielt ich von Graf Schwerin v. Krosigk die Antwort: »Nach meiner dunklen Erinnerung ging dieser Entwurf [der von Seel am 27. März vorgelegte] auf den Popitz-Entwurf zurück.« (Mitteilung vom 23. 4. 1970) Wie weitgehend der kommissarische preußische Finanzminister die Frage des Beamtenrechts geregelt wissen wollte, zeigt auch die Tatsache, dass man am 5. Mai 1933 in einer Sitzung des Staatsministeriums auf den Gegenentwurf von Popitz verwies, der vorgesehen habe, »daß jeder Beamte ohne Angabe von Gründen während der Geltungsdauer des Gesetzes unter Gewährung des ihm gesetzlich zustehenden Ruhegehalts pensioniert werden könne.« (GStA Rep 90/ 2338) Eine ähnliche Regelung traf ja auch der vom RMdI am 27. März vorgelegte Entwurf. Eine gesetzgeberische Aktivität des RMdI lässt sich übrigens vor dem 25. März nicht nachweisen. Es steht zu vermuten, daß sich das Reich also erst nach der Papen-Initiative in die Beamtengesetzgebung einschaltete. Im DStT wurde am 25. März eine Denkschrift zur Frage der Kommunalbeamten gefertigt, die offensichtlich auf einer dezidierten Fragestellung basierte und vom RMdI als Arbeitsmaterial angefordert sein könnte (Durchschrift einer Aufzeichnung über die Frage der kommunalen Ehrenbeamten vom 25. März 1933, LAB Rep 142/B 52). Schließlich wäre es unverständlich, weshalb der von Seel vorgelegte Entwurf nach dem 30. März noch derart radikal umgeschrieben wurde, kam doch die endgültige Fassung vom 7. April 1933 den Intentionen der Nationalsozialisten sehr viel näher.

182 Diese Auffassung wurde auch vom Preußischen Staatsministerium vertreten, das in einer Sitzung vom 5. Mai 1933 die aus dem Beamtenrecht

resultierende Unsicherheit kritisierte und als Ausweg auf den Gesetzentwurf von Popitz verwies. GStA Rep 90/2338.

183 Niederschrift der Sitzung des Arbeitsausschusses des DStT am 28. März 1933, LAB Rep 142/A 162.

184 J. Goebbels: Vom Kaiserhof zur Reichskanzlei. Eine historische Darstellung in Tagebuchblättern. Berlin 1933. S. 228.

185 Hierzu Bracher, Machtergreifung, S. 287.

186 Meldung der jüdischen Telegraphen-Agentur vom 28. März 1933, Schwarzbuch, S. 292.

187 Privatschreiben Fabricius' an Pfundtner, BA (GStA) Rep 320/547.

188 Siehe S. 26, Anm. 44.

189 Es handelte sich um eine Rede vor Beamten des Reichsinnenministeriums und nachgeordneter Behörden, Hanns Seel: Der Beamte im neuen Staat (öffentliche Verwaltung im neuen Reich, Heft 2). Berlin 1933. S. 13.

190 In einem Schreiben an Hindenburg und Beneckendorff vom 5. April 1933 bestätigte Hitler, dass das Gesetz »schon Ende der vergangenen Woche« durchgesprochen worden ist, demnach am Freitag, dem 31. März oder Sonnabend, dem 1. April. Walter Hubatsch: Hindenburg und der Staat. Göttingen 1966. S. 376 ff., Dok. 110, und Klaus J. Herrmann: Das Dritte Reich und die deutsch-jüdischen Organisationen 1933–1934 (Schriftenreihe der Hochschule für Politische Wissenschaften München, NF. Heft 4). Köln 1969. S. 90 f. StS a. D. Loschelder, 1933 Referent in der Abteilung IV (Kommunalabteilung) des PrMdI, weiß nur, dass die Anordnung des Arierparagraphen »von hoher Ebene kam«. (Mitteilung an den Verf. vom 2. 3. 1970).

191 Seel, von Pfundtner als »Vater des Berufsbeamtengesetzes« gefeiert, beschreibt die Alternative zwischen Popitz-Plan und Hitler-Anweisung wie folgt: »... die Regierung ... konnte eine allgemeine Pensionierungsmöglichkeit schaffen und es einer Anweisung an die Vollzugsbehörden überlassen, gegen welche Beamte sich die Maßnahme richten sollte. Oder sie konnte die Beamtengruppen ... selbst genau bezeichnen und umschreiben und zur Erreichung des Zwecks verschiedene Maßnahmen und Mittel vorsehen.« Seel: Die Erneuerung des Berufsbeamtentums (Das Recht der nationalen Revolution, Heft 4). Berlin 1933. S. 3.

192 Hans Pfundtner: Die neue Stellung des Reichs (öffentliche Verwaltung im neuen Reich, Heft 1). Berlin 1933. S. 26: »Die bedeutungsvollste Bestimmung des Gesetzes ist der Arier-Paragraph.« Seel: Der Beamte, S. 13: »Gegen wen sich das Gesetz vom 7. April richtet, weiß jeder: es waren und sind vor allem die Juden.«

193 Seel: Die Erneuerung, S. 3. begründet dies mit dem Argument der Rechtssicherheit: »... ausgehend von der Überzeugung, daß es besser sei, wenn Volk und Beamtenschaft von vornherein wissen, auf was es ankommt ...«

194 So Seel, Die Erneuerung, S. 4. Schwerin v. Krosigk teilte mir mit, dass er sich daran nicht genau erinnern könne, dies aber durchaus möglich sei. (Mitteilung von 23. 4. 1970).

195 Die »Vorschläge zu dem Entwurf eines Gesetzes zur Wiederherstellung (des Berufsbeamtentums« sind zwar undatiert und ungezeichnet, stammen

jedoch zweifellos vom Zentrum, da im Schriftstück ausdrücklich auf die Zusicherungen Hitlers gegenüber dem Zentrum Bezug genommen wird. BA R 43 II/423.

196 Die Berliner Zeitungsvertretungen wussten am 31. März von einer Unterredung Hindenburg, Hitler, Papen zu berichten, wonach der RPräs gegen den Boykott schwerste Bedenken geäußert und Hitler ihm geantwortet hätte, »daß er den Boykott durchführen müsse und nicht mehr in der Lage wäre, die Geschichte aufzuhalten.« Jürgen Hagemann: Die Presselenkung im Dritten Reich. Bonn 1970. S. 139, Anm. 2.

197 Hubatsch, S. 375, Dok. 109.

198 Vertrauliches Schreiben des RMdI (gez.: Frick) an den StS in der RK'zlei vom 6. April 1933. BA R 43 11/423.

199 Nach der gemeinsamen Geschäftsordnung der Reichsministerien, Besonderer Teil (GGO II), Hrsg. v. RMdI, 2. neu bearbeitete Ausgabe, Berlin 1929, erscheint nach § 73 das Reichsgesetzblatt in regelmäßiger Folge mit Dienstag oder Freitag als Ausgabetag. Am 7. April war die Nr. 33 des RGBl bereits ausgeliefert, das Gesetz wurde noch unter Nr. 34 am gleichen Tag nachgeschoben, RGBl I, S. 175.

200 Allein bis Ende des Jahres 1934 ergingen 6 Änderungsgesetze und mehr als zehn Durchführungsverordnungen.

201 So auch E.R. Huber: Verfassungsrecht des Großdeutschen Reiches. 2. Aufl. 1939. S. 404.

202 Hierzu siehe Heinrich Junker: Die Wandlung der deutschen Gesetzessprache 1933–1945. Diss. Jur. Tübingen 1950 und Fritz v. Hippel, Die Perversion von Rechtsordnungen. Tübingen 1955. S. 111.

203 Schulz, Machtergreifung, S. 498.

204 In den größten Städten Preußens gab es vor dem 7. 4. 1933 3378 jüdische Rechtsanwälte. Auf Grund des Rechtsanwaltgesetzes (siehe S. 65 f.) mussten 1087 ausscheiden, aus sonstigen Gründen 225, so dass insgesamt nur 38,84 % eliminiert wurden. E.H. Schulz, Arierparagraph, S. 51. Siehe auch die Zusammenstellung bei Mommsen, Beamtentum, S. 54 ff.

205 Zu Recht wird deshalb das Gesetz von allen zitierenden Autoren als erstes antisemitisches Maßnahmengesetz gewertet. Als Beispiel siehe Hans Gerber: Die politische Erziehung des Beamten zum neuen Staat. Berlin 1933.

206 Das rituelle Schächten war bereits ausgangs des 19. Jahrhunderts Gegenstand erregter Debatten in nahezu allen deutschen Länderparlamenten gewesen. Seit 1926 hatte die NSDAP diesen sowohl gefühlsträchtigen wie propagandawirksamen Punkt zum Gegenstand ihrer Politik gemacht. 1930 erging dann für Bayern ein erstes generelles Verbot dieses Schlachtrituals, dem die vor 1933 zeitweilig nationalsozialistisch regierten Länder Braunschweig, Oldenburg und Thüringen alsbald folgten. Esh, S. 115. Der Polizeipräsident von Frankfurt/M. zu dieser Frage am 21. März 1933: »... ich werde es auch nicht länger dulden, daß auf deutschem Boden geborene Tiere unter der sadistisch-asiatischen Schlächtermethode qualvoll verenden müssen«. Schwarzbuch, S. 60.

207 »VO über die Unzulässigkeit von Schlachtungen ohne Betäubung (Schächten)« vom 22. März 1933, SächsGBl, S. 19.

208 »VO zur Änderung der Schulgeldverordnung« vom 22. März 1933, ThürGS, S. 243.

209 Hierzu in besonderer Ausführlichkeit Schwarzbuch, passim.

210 Darauf nimmt Schlegelberger Bezug in einem persönlichen Schreiben an Hitler vom 3. April 1933. BA R 43 II/600.

211 Der Judenboykott war bis zum 3. April 1933 befristet; je nach Haltung des »internationalen Judentums« sollte er danach eingestellt oder fortgeführt werden.

212 Schreiben Schlegelbergers an Hitler vom 3. April 1933, BA R 43 II/600.

213 Unter dem Kopfstück des Schreibens befindet sich der hdschrftl. Vermerk: »Einverstanden H 3/4.«

214 Auszug aus einer Niederschrift über die Sitzung des Reichsministeriums vom 4. April 1933, nachm. 4 Uhr in der Reichskanzlei, BA R 43 II/600.

215 In diesem Zusammenhang bat Gürtner in einem persönlichen Schreiben an Hitler vom 8. April 1933, er möge seinen Willen kundtun, »daß auch diese Anordnung der Regierung von jedermann zu respektieren ist.« Nach Meinung der Landesjustizminister könne der Erlass dieses Gesetzes »zu einer ungeheuren Erregung des Volkes und zu Zusammenstößen« führen. BA R 43 II/1534.

216 So Gärtner in der Ministerbesprechung vom 7. April 1933. BA R 43 II/600 und R 43 II/1534.

217 Ebenda.

218 Dies wurde bereits wegen der Überfüllung dieses Berufes 1932 erwogen, konnte jetzt jedoch wegen des Ausscheidens der jüdischen Rechtsanwälte fallengelassen werden.

219 Ministerbesprechung vom 7. April 1933.

220 RGBl I, S. 188.

221 KV des PrJM, Lorenzen, S. 179.

222 Ebenda.

223 RV des PrJM betr. die Behandlung jüdischer Justizbediensteter. PrJMBl, S. 160.

224 RV des PrJM, betr. Stellenbesetzungen, Lorenzen, S. 180.

225 RV des PrJM, betr. Zuteilung von Armensachen, Pflichtverteidigern und dgl. an Rechtsanwälte nichtarischer Abstammung vom 31. Mai 1933, BA P 135/1603.

226 Niederschrift über die Ministerbesprechung vom 7. April 1933. BA R 43 II/600.

227 »VO über die Zulassung von Ärzten zur Tätigkeit bei den Krankenkassen«, RGBl I, § 222.

228 »VO über die Tätigkeit von Zahnärzten und Zahntechnikern bei den Krankenkassen« vom 2. Juni 1933, RGBl I, S. 350.

229 Mit RdSchrb vom 30. März 1933 hatte zum Beispiel der Staatskommissar für die badische Ärztekammer die Ausschließung der jüdischen Ärzte von ihrer Tätigkeit bei den Krankenkassen verfügt. Dokumente über die Verfolgung der jüdischen Bürger Baden-Württembergs durch das nationalsozialistische Regime 1933–1945 (Veröffentlichungen der staatlichen Archivverwaltung Baden-Württemberg, Bd. 16/17). Stuttgart 1966.

230 Hierzu siehe allgemein Albrecht Götz v. Olenhusen: Die «nichtarischen« Studenten an den deutschen Hochschulen. Zur nationalsozialistischen

Rassenpolitik. In: VJhefteZG 14 (1966). S. 175 ff.; Schulz, Machtergreifung, S. 567 ff.

231 Olenhusen, S. 176.

232 Meldung der Frankfurter Zeitung vom 13. Februar 1933, Schwarzbuch, S. 242.

233 Siehe die Aufzählung der Schulverbote für jüdische Schüler in: Schwarzbuch, S. 242 ff.

234 Der kommissarische bayerische Innenminister verfügte am 7. April 1933 eine Zulassungssperre für jüdische Studierende der Medizin, Schwarzbuch, S. 246; generelle Studienverbote galten für Baden und Sachsen, Schwarzbuch, S. 257 und Olenhusen, S. 178.

235 Schulz, Machtergreifung, S. 567, schreibt die Initiative zu diesem Gesetz der kulturpolitischen Abteilung des RMdI zu, gibt hierzu jedoch keine Quellen an. Sicher ist m. E. nur, dass diese Abteilung den Entwurf ausarbeitete.

236 Schreiben des RMdI an den StS in der RK'zlei vom 11. April, mit der Bitte, den beigelegten Entwurf auf die Tagesordnung einer Kabinettssitzung zu setzen. BA R 43 II/943.

237 Schreiben des RMdI an den StS in der RK'zlei vom 18. April 1933, aaO.

238 Die 1. DVO zum GWBB vom 11. April 1933, RGBl I, S. 195, in der Auslegung zu § 3 Abs. 1 GWBB:»Als nichtarisch gilt, wer von nichtarischen, insbesondere jüdischen Großeltern abstammt. Es genügt, wenn ein Elternteil oder Großelternteil nichtarisch ist. Dies ist anzunehmen, wenn ein Elternteil oder Großelternteil der jüdischen Religionsgesellschaft angehört hat.«

239 Schreiben des RMdI an den StS in der RK'zlei vom 21. April 1933, BA R 43 II/943.

240 Zur völkerrechtlichen Lage Oberschlesiens siehe: Strupp/Schlochauer: Wörterbuch des Völkerrechts. Bd. 2 Berlin 1961. S. 645 ff.

241 Persönliches Schreiben Neuraths an Frick vom 21. April 1933, BA R 43 II/2236.

242 Auszug aus der Niederschrift über die Sitzung des Reichskabinetts vom 25. April 1933, BA R 43 II/936.

243 Gesetz gegen die Überfüllung deutscher Schulen und Hochschulen vom 25. April 1933, RGBl I, S. 225.

244 1. DVO zum Gesetz gegen die Überfüllung deutscher Schulen und Hochschulen vom 25. April 1933, RGBl I, S. 226.

245 Erlass des MfWKuV vom 4. April 1934, ZBl S. 127.

246 Zu den Säuberungen nach § 3 GWBB siehe Mommsen, Beamtentum, S. 48 ff. Schwerin v. Krosigk teilte mir am 13. 5. 1970 mit, dass er noch 1933 bis auf wenige, offen gebliebene Fälle die Bestimmungen des Gesetzes erfüllt habe. Dies gehört sicherlich zu den Ausnahmen, in vielen Behörden schleppten sich die Entlassungen bis Ende 1934 hin.

247 »VO über die Zulassung von Rechtsanwälten«, vom 22. Mai 1934, ThürGS, S. 281.

248 »VO über das Schiedsgerichtswesen«, vom 4. Mai 1933, BayGVOBl, S. 125.

249 RdErl. des PrMdI, betr. Zusammensetzung der Jugendämter und Landesjugendämter vom 1. Juni 1933, MBliV, S. 665.

II. Kapitel: Die Zeit des Übergangs

1 Bereits die Gleichschaltung der Rechtsanwälte und Ärzte hatte gezeigt, dass sehr oft Neidkomplexe gegenüber den erfolgreicheren jüdischen Kollegen und der Wunsch nach Ausschaltung unliebsamer Konkurrenz die Triebfedern zur Hinwendung an den Nationalsozialismus waren. Siehe hierzu Beispiele in Schwarzbuch, S. 114.

2 Schreiben des Verbandes deutscher Patent- und Zivilingenieure (gez.: Meißner) an Kerrl vom 30. März 1930 und Schreiben an Gürtner vom 31. März 1933, BA P 135/4131.

3 Der Verband dankte Kerrl für seine Bereitschaft, die jüdischen Patentanwälte entfernen zu wollen, mit Schreiben vom 11. April 1933, aaO.

4 RGBl I, S. 217. Natürlich ging es dem Verband nicht primär um die Entfernung der jüdischen Patentanwälte, sondern um die Durchsetzung eigener Berufsinteressen gegenüber dem mächtigeren Verband der Patentanwälte. Nachdem dessen jüdische Mitarbeiter durch das Gesetz vom 22. April zum Ausscheiden gezwungen worden waren und der Verband der Patentingenieure vergeblich die Ernennung älterer, verdienter Mitglieder zu Patentanwälten betrieben hatte, musste er nach Erlass des Patentanwaltgesetzes vom 28. September 1933 (RGBl I, S. 669) enttäuscht feststellen, dass der »starre Standesdünkel der Anwälte« geblieben war. (Schreiben des Verbandes an Kerrl vom 30. September 1933, BAP 135/4131).

5 RdErl des RFM an die Landesfinanzpräsidenten vom 6. April 1933, wiedergegeben im gemeinsamen RdErl des RFM und des RMdI über die Zulassung von Steuerberatern vom 14. Juni 1933, RMBliV, S. 698.

6 Art. I Abs. 1 des Gesetzes über die Zulassung von Steuerberatern vom 6. Mai 1933, RGBl I, S. 257. Zur Form des Gesetzes siehe auch Echterhölter, S. 56.

7 Die laufende Wahlperiode der Schöffen, Geschworenen und Handelsrichter wurde durch Gesetz vom 7 April 1933 (RGBl I, S. 188) mit dem 30. Juni 1933 beendet, sodann Neuwahlen zur Pflicht gemacht. Nach Art. I des »Gesetzes über die Neubildung der Steuerausschüsse« vom 22. April 1933 (RGBl I, S. 219) und nach § 1 des »Gesetzes über Ehrenämter in der sozialen Versicherung und der Reichsversicherung« vom 18. Mai 1933 (RGBl I, S. 277) wurde ebenso verfahren. Die erste DVO zum Gesetz über die Reichsversicherung vom 19. Mai 1933 (RGBl I, S. 283) bestimmte, dass für die Amtsenthebung und Neubesetzung die Grundsätze des GWBB anzuwenden seien. Das Land Thüringen verzichtete auf die vorsichtige Umschreibung der Reichsgesetze und verfügte in der »VO über die Ausschließung von ungeeigneten Schöffen, Geschworenen und Handelsrichtern« vom 10. Mai 1933 S. 274) bündig und verständlich: »Personen nichtarischer Abstammung sind zu o. a. Ämtern nicht geeignet und nicht heranzuziehen.« Das »Gesetz zur Änderung einiger Vorschriften der Reichsabgabenordnung, der Zivilprozessordnung und des Arbeitsgerichtsgesetzes« vom 20. Juli 1933 (RGBl I, S. 523) schaltete sodann Juden aus, die nach den Vorschriften dieser Gesetze Ehrentätigkeiten ausübten. Wie der RJM in einem Schreiben vom 23. Januar 1934 dem AA mitteilte, sei das Gesetz ergangen, um einem Ausweichen stellungsloser Juden auf das Gebiet der Schiedsgerichtsbarkeit vorzubeugen. (DtJustiz 1934, S. 110).

8 RGBl I, S. 433.

9 RdErl. des MfWKuV vom 28. April 1933, ZBl, S. 127.

10 RdErl. des MfWKuV vom 25. August 1933, ZBl, S. 232.

11 RdErl. des MfWKuV vom 15. September 1933, ZBl, S. 250. Bereits am 12. August 1933 hatte das Land Oldenburg gesetzlich den Widerruf der Genehmigungen zur Erteilung von Privatunterricht durch jüdische Lehrer verfügt. Echterhölter, S. 39.

12 RdErl. des MfWKuV (gez.: Stuckart) vom 19. Dezember 1933, ZBl 1934, S. 10 und RdErl. vom 24. April 1934, ZBl S. 149. Folgerichtig wurde durch RdErl. des MfWKuV vom 2. August 1934 (ZBl, S. 247) Personen nicht- arischer Abstammung die staatliche Anerkennung als Wohlfahrtspfleger versagt.

13 Nach § 1 der »DVO über die Gewährung von Ehestandsdarlehen« vom 20. Juni 1933 (RGBl I, S. 377) wurden solche nicht gewährt, wenn anzu- nehmen war, dass einer der Ehegatten sich nicht jederzeit rückhaltlos für den nationalen Staat einsetzt. In einer AO des RFM vom 5. Juli 1933 wurde das dahingehend präzisiert, dass ein Darlehen nicht vergeben wurde, wenn einer der Ehegatten nichtarisch war. Helmut Krausnick: Judenverfolgungen. In: H. Buchheim / M. Broszat / H.A. Jacobsen / H. Krausnick, Anatomie des SS-Staates (dtv 462/463) 2 Bde. München 1967. Bd. 2, S. 263.

14 »Zweite VO zur Durchführung des Gesetzes über die Zulassung zur Rechts- anwaltschaft und Patentanwaltschaft« vom 1. Oktober 1933, RGBl I, S. 699.

15 Erl. des SächsJM betr. Beiordnung von Armenanwälten vom 27. April 1934, SächsJMBl, S. 51.

16 Siehe Erlass des PrJM vom 31. Mai 1933, S. 67, Anm. 225.

17 AV des PrJM betr. Auswahl von Armenanwälten vom 10. Dezember 1934, DtJustiz, S. 1572.

18 § 6 der »VO über die Zulassung zum Prozeßagenten« vom 19. Januar 1934, ThürGS, S. 12.

19 § 4 b der »VO über die erste juristische Staatsprüfung in Sachsen« vom 9. Oktober 1933, SächsGBl, S. 176.

20 »Erstes Gesetz zur Überleitung der Rechtspflege auf das Reich« vom 16. Feb- ruar 1934, RGBl I, S. 91.

21 § 11 der »Justizausbildungsordnung« vom 22. Juli 1934, RGBl I, S. 727.

22 Punkt 3 i der »VO zur Änderung der Prüfungsordnung für den gehobenen mittleren Justizdienst in Thüringen« vom 19. Dezember 1933, ThürGS, S. 412; § 3 c der »Ersten VO über die Änderung der Vorbedingungen für den höheren Vermessungsdienst« vom 29. September 1934, BayGVOBl, S. 364; § 4 der »Prüfungsordnung für Krankenkassenangestellte in Preußen« vom 19. Oktober 1934, PrGS, S. 412.

23 § 1 der Dritten DVO zum GWBB vom 6. Mai 1933, RGBl I, S. 245.

24 Nichtveröffentlichter Erl. des RWM vom 28. Februar 1934. Rudolf Absolon: Wehrgesetz und Wehrdienst 1933–1945. Das Personalwesen in der Wehr- macht (Schriften des Bundesarchivs 5). Boppard 1960. S. 117; durch Erlass vom 7. Mai 1933 hatte der RWM bereits allen bei der Wehrmacht beschäftig- ten jüdischen Angestellten und Arbeitern gekündigt. Mit Erlass vom 20. Juli

1933 erging eine Änderung der Heirats-Verordnung, wonach nun auch die Bräute von Soldaten ihre »arische Abstammung« nachweisen, mussten. Rudolf Absolon: Die Wehrmacht im Dritten Reich. Bd. 1: 30. Januar 1933 – 2. August 1934 (Schriften des Bundesarchivs 6/I) Boppard 1969. S. 154.

25 RMBl, S. 300.
26 »VO zur Änderung der Prüfungsordnung für Zahntechniker« vom 9. Februar 1934, ThürGS, S. 17.
27 »VO über die Anerkennung als Zahntechniker« vom 20. April 1934, SächsGBl, S. 57.
28 »Prüfungsordnung für Apotheker« vom 8. Dezember 1934, RMBl, S. 769.
29 »Prüfungsordnung für Ärzte und Zahnärzte« vom 5. Februar 1935, RMBl, S. 65.
30 RdErl des RMdI vom 7. November 1933, MBliV, S. 1335.
31 »Zulassungsordnung für Kassenärzte« vom 17. Mai 1934, RGBl I, S. 399; bereits die Zweite DVO über die soziale Versicherung und die Reichsversicherung vom 23. Juni 1933 (RGBl I, S. 397) hatte bestimmt, dass für Vertrauensärzte die Ausnahmebestimmungen des GWBB nicht Platz greifen dürfen.
32 RMinAmtsbl 1935, S. 6.
33 »Gesetz zur Änderung der Rechtsanwaltsordnung, RGBl I, S. 1258 und amtliche Erläuterungen des RJM, DtJustiz 1935, S. 6. Welchen Wandel die offizielle Judenpolitik innerhalb eines Jahres durchlaufen hatte, zeigt sich an einer Anweisung des MfWKuV vom 15. Dezember 1933, Reichsdeutsche nichtarischer Abstammung seien unbeschränkt zu allen akademischen Prüfungen zuzulassen. ZBl 1934, S. 6.
34 Siehe hierzu: Joseph Goebbels: Der Angriff. Aufsätze aus der Kampfzeit. 6. Aufl. München 1937. S. 322 ff.
35 Siehe S. 33.
36 § 7 der »VO des Reichspräsidenten zum Schutz des deutschen Volkes«, RGBl I, S. 35.
37 Entwurf eines persönlichen Schreibens Lammers' an Frick vom 28. April 1933, BA R 43 II/457.
38 Erlass über die Errichtung des Reichsministeriums für Volksaufklärung und Propaganda vom 13. März 1933, RGBl I, S. 104.
39 Schreiben des RMfVuP (gez.: Funk) an den StS in der RK'zlei, BA R 43 II/467.
40 Hinkel war Mitglied der NSDAP Reichstagsfraktion seit der V. Wahlperiode 1930. Seit 1930 leitete er auch den von Rosenberg gegründeten »Kampfbund für deutsche Kultur« in Preußen. (Der Deutsche Reichstag 1936, Berlin 1936, S. 184) Nach Gründung des RMfVuP führte er die Abteilung »Besondere Kulturaufgaben« und übernahm nach dem 20. Juli 1944 die Filmabteilung. (Boelcke, Kriegspropaganda, S. 86) Am 25. Juli 1935 wurde er »Sonderbeauftragter für die Überwachung der Nichtarier auf kulturellem Gebiet«, Das Archiv 1935 , S. 711.
41 Schwarzbuch, S. 411 ff.
42 Einer der »Erfolge« Hinkels war die Ablösung Max Reinhardts von der Intendanz des »Deutschen Theaters«, Schwarzbuch, S. 410.
43 Gesetz vom 14. Juli 1933, RGBl I, S. 531.
44 Siehe § 4 des Gesetzes und Schwarzbuch, S. 426 ff.
45 Schreiben des RMfVuP an den StS in der RK'zlei, BA R 43 II/467.

46 RGBl I, S. 661; siehe auch Bracher, Machtergreifung, S. 291.

47 Nach § 68 GGO II war als Chefbesprechung nur ein persönlicher Verständi-
gungsversuch zwischen den beteiligten Ministern oder deren unmittelbaren
Vertretern anzusehen.

48 Schreiben des RMfVuP an den StS in der RK'zlei vom 21. September 1933, BA
R 43 II/467.

49 Niederschrift der Ministerbesprechung vom 4. Oktober 1933, vorm. 11.15
Uhr in der Reichskanzlei, aaO.

50 RGBl I, S. 713.

51 Zur Definition des Berufes siehe § 1 Schriftleitergesetz.

52 Nach § 9 Schriftleitergesetz konnte der RMfVuP Ausnahmen vom Erfordernis der »arischen Abstammung« bewilligen.

53 Als Beispiel siehe § 4 Abs. 2 Theatergesetz vom 15. Mai 1934, RGBl I, S. 411.
»Der RMfVuP kann die Tätigkeit unterbinden, wenn sich der Mangel der
Zuverlässigkeit oder Eignung ergibt«.

54 § 16 der »VO über das Inkrafttreten und die Durchführung des Schriftleiter-
gesetzes« vom 19. Dezember 1933, RGBl I, S. 1085.

55 § 10 der Ersten DVO zum Reichskulturkammergesetz vom 1. November
1933, RGBl I, S. 797.

56 Hierzu die Angaben im Schwarzbuch, S. 431 ff.

57 Siehe S. 36, Anm. 101.

58 So bemängelte MRat Kritzinger/RJM, dass die beabsichtigte Rückwirkung des
Gesetzes schwerwiegende Verwirrungen schaffe, da auch andere Rechtsakte,
wie z. B. Heirat, Erbschaft etc. dann nicht mehr gültig seien. Aktenvermerk
des ORRats Willuhn/RK'zlei über eine Ressortbesprechung betr. Zurücknahme von Einbürgerungen am 18. Mai 1933, GStA Rep 335/11/480.

59 Ebenda.

60 Auszug aus der Niederschrift über die Sitzung des Reichsministeriums vom
14. Juli 1933, vorm. 11.15 Uhr in der Reichskanzlei, BA R 43 II/134.

61 »Gesetz über den Widerruf von Einbürgerungen und die Aberkennung der
deutschen Staatsangehörigkeit« vom 14. Juli 1933, RGBl I, S. 480.

62 Die DVO des Gesetzes vom 26. Juli 1933 (RGBl I, S. 538) bestimmte, dass für den
Widerruf insbesondere Ostjuden in Betracht kommen. Darauf wies noch ein-
mal der RMdI den PrMdI mit Schreiben vom 16. Mai 1934 hin, wobei er in erster
Linie »auf früher beamtete Ostjuden« aufmerksam machte, GStA Rep 90/2256.

63 1933 flüchteten 37 000 Juden. Bracher, Machtergreifung, S. 283.

64 ZAkDR 1 (1934). S. 92.

65 In Sachsen wurden mit Stichtag vom 31. 12. 1936 insgesamt 2220 Widerrufe
ausgesprochen. Rasse und Recht (hrsg. v. Erich Ristow) 1 (1937). S. 423.

66 RGBl I, S. 979.

67 AaO, Änderung von § 1325 BGB.

68 AaO, Änderung von § 1754 BGB.

69 So bestimmte ein RdErl des RMdI vom 8. Dezember 1933 in offenbar diffamierender Absicht, dass die Übernahme einer Ehrenpatenschaft die »arische
Abstammung« voraussetze. MBliV, S. 1432.

70 Dies ausdrücklich in einem RdErl des RMdI vom 18. Dezember 1933, MBliV,
S. 1474.

71 Dies belegt W. Matzke: Die Anfechtung der Rassenmischehe nach geltendem Recht. In: JW 1934. Sp. 2593 ff.

72 Der Rechtsanwalt F. Mössner griff ein Reichsgerichtsurteil an, nach dem der auf Scheidung klagende »arische« Ehepartner gezwungen wurde, mit seiner jüdischen Ehefrau weiterhin zusammenzuleben (Rassenmischehe und geltendes Recht. ZAkDR, 1 (1934), S. 86 ff.) Zu einem ähnlichen Fall Horst Müller: Die Entwicklung des bürgerlichen Rechts seit der Machtübernahme, (Freiburger Universitätsreden, Heft 28). Freiburg 1938. S. 18 f.

73 Vortrag Pfundtners vor der Verwaltungsakademie zu Berlin, in: Pfundtner, Die neue Stellung, S. 32 f.

74 RGBl I, S. 529.

75 Zum Komplex der nationalsozialistischen Lebensvernichtung und ihren wissenschaftstheoretischen und gesetzlichen Vorläufern siehe: Helmuth Ehrhardt: Die Vernichtung ›lebensunwerten‹ Lebens (Forum der Psychiatrie, Nr. 11). Stuttgart 1965.

76 RdSchrb (Abschrift) des RMdI (gez.: Frick) an die Landesregierungen vom 18. Juli 1933, BA R 43 II/720 a.

77 Zu den antijüdischen Maßnahmen auf wirtschaftlichem Gebiet siehe den folgenden Abschnitt.

78 Hingewiesen sei hier auf Gürtner, v. Neurath, v. Papen, Schwerin und andere. Nicht zu Unrecht hatte Gütt seiner Denkschrift über staatliche Bevölkerungspolitik (S. 32) beigefügt: »So sind sicherlich Hugenberg, Popitz etc. Gegner solcher Gedanken«.

79 Nicolai wies auf diese rechtstechnischen Schwierigkeiten während des Leipziger Juristentages 1933 hin. (H. Nicolai: Rasse und Recht: Berlin 1934. S. 8) MRat Hoche/RMdI erklärte in dem Aufsatz »Grundsätze, Verwaltung und Aufbau des nationalsozialistischen Staates«, dass eine Reform des Staatsangehörigkeitsrechts in die Wege geleitet, aber noch nicht abgeschlossen sei (Jahrbuch des Deutschen Rechts NF Bd. 1. Berlin 1934. S. 143).

80 Siehe S. 35.

81 Entwurf eines Schreibens des PrMdI (Referent ORRat Globke) an den RMdI, Faksimile bei Strecker, S. 30 f. Am 12. Juni 1933 gab MRat Conti auf einer Pressekonferenz des RMfVuP bekannt, dass man auf dem Gebiet der Bevölkerungspolitik »die seit dem 14. August 1914 vorgenommenen jüdischen Namensänderungen rückgängig machen werde«. Schwarzbuch, S. 450.

82 RdErl des PrMdI vom 25. Juni 1934, MBliV, S. 886.

83 Nationalsozialistisches Strafrecht. Denkschrift des Preußischen Justizministers. Berlin 1933.

84 Pfundtner, Die neue Stellung, S. 33.

85 Der »Schutz von Rasse und Volkstum« bildete einen besonderen Teilabschnitt der Denkschrift.

86 Nationalsozialistisches Strafrecht, S. 47 f.

87 Die häufige Bezugnahme der Denkschrift auf eventuelle Gesetze über die Reinerhaltung des Blutes lässt als wahrscheinlich gelten, dass zwischen dem PrMdI und dem PrJM hierüber laufend Informationen getauscht wurden.

88 Zur Genesis des wirtschaftlich motivierbaren Judenhasses siehe Pulzer, S. 32 ff. Von einer soziologischen Betrachtungsweise her Reichmann, S. 73.

89 Feder propagierte eine primitive Wirtschafts- und Finanzpolitik, die er »Brechung der Zinsknechtschaft« nannte. Mit Annäherung Hitlers an die Großindustrie verlor er zusehends an Bedeutung. Auf Druck Schachts schließlich wurde er noch im August 1934 von seinen Posten als StS im RWiM entfernt. H. Schacht: 76 Jahre meines Lebens. Bad Wörishofen 1953, S. 410.

90 Siehe hierzu die unterschiedlichen Erklärungen Hitlers und Görings zur Stellung der Juden in der Wirtschaft, S. 26 ff.

91 Zu dem von vielerlei Organisationen getragenen Terror siehe Schulz, Machtergreifung, S. 638. Einige der zahllosen Übergriffe sind zusammengefasst in Schwarzbuch, S. 284 ff. Zum Gesamtkomplex der nationalsozialistischen Wirtschaftspolitik gegenüber den Juden vgl. Genschel, S. 43 ff.

92 Rudolf Diels: Lucifer ante portas ... Es spricht der erste Chef der Gestapo. Stuttgart 1950. S. 279.

93 Genschel, S. 51 f.; Schulz, Machtergreifung, S. 638.

94 Genschel, S. 52.

95 AaO, S. 63.

96 Unter diesem Rubrum firmierte ab 7. Mai 1933 der frühere »Kampfbund für den gewerblichen Mittelstand«.

97 Genschel, S. 67.

98 Schwarzbuch, S. 333.

99 Diels, S. 61, nennt hier Popitz, seinen StS Landfried, den MDir Neumann vom PrStM und MDir Nicolai aus dem RMdI.

100 Genschel, S. 63.

101 Heß mit AO vom 7. Juli 1933, Frick mit Weisung an die Landesregierungen vom 10. Juli 1933, Genschel, S. 63.

102 RdErl des PrMfWuA und des PrFM vom 24. Juli 1933, MBliV, S. 983.

103 Der RFM war in einem RdErl vom Juni 1933 diesen Forderungen gefolgt und hatte angeordnet, öffentliche Aufträge an jüdische Firmen nicht mehr zu vergeben, Schwarzbuch, S. 328.

104 RGBl I, S. 262. Das Gesetz schaffte Sonderbestimmungen für Warenhäuser und Einheitspreisgeschäfte. Sie durften bestehende Geschäfte anderer Besitzer nicht mehr übernehmen und wurden damit in ihren Expansionsmöglichkeiten beschränkt.

105 RdErl des PrMdI vom 18. August 1933, MBliV, S. 987.

106 Gauleiter Bürckel (Pfalz) erließ am 3. Oktober 1933 eine öffentliche Bekanntmachung, in der er Auslassungen »irgendeines Renommiernazis« und »irgendwelche Erlasse« zur wirtschaftlichen Seite der Judenfrage für völlig unwichtig erklärte. Genschel, S. 82.

107 Genschel, S. 81.

108 Der ehemalige »Kampfbund«, als NS Handels- und Gewerbeorganisation am 8. August 1933 in die DAF eingegliedert. Genschel, S. 63.

109 Genschel, S. 84.

110 Dokumente über die Verfolgung, Bd. 1, Nr. 122; der Erlass richtete sich gegen die Standesgemeinschaft deutscher Apotheker, die den Ausschluss der »nichtarischen« Apotheker von der Belieferung an Mitglieder der Ersatzkassen betrieb.

111 RdErl. des RMdI betr. Ariergesetzgebung vom 14. Januar 1934, MBliV, S. 159. Der Entwurf wurde von MRat Lösener gefertigt, BA R 18/3746 b (Photokopie des Entwurfs).

112 Schreiben des RMdI an den PrMdI vom 2. August 1934 und der Mitteilung, dass das Reichskabinett am 20. Februar 1934 über die nichtarischen Apotheker beraten hatte und man die Stellungnahme der Standesgemeinschaft abwarten wolle, aaO.

113 Schreiben des RWiM an den DGT vom 10. Februar 1934, LAB Rep 142/B 430.

114 Schacht, 76 Jahre, S. 403 f.

115 Ebenda.

116 Schreiben des RWiM und PrMfWuA an den RMdI vom 12. Dezember 1934, Dokumente über die Verfolgung, Bd. 1, Nr. 145.

117 Hitler in einer Rede vor den Gauleitern am 13. Juli 1933, Allan Bullock: Hitler – Eine Studie über Tyrannei. Vollständig überholte Neuausgabe. Düsseldorf 1967. S. 288.

118 So intervenierte v. Neurath gemeinsam mit v. Papen bei Hindenburg während der Entwurfsarbeiten zum GWBB (S. 63, Anm. 196). Ebenso widersprach v. Neurath wegen der außenpolitischen Wirkungen den Bestimmungen des Überfüllungsgesetzes (S. 69 f.), so dass sich auch Kerrl am 22. Juli 1933 gezwungen sah, seine Behörden auf das Oberschlesien-Abkommen aufmerksam zu machen (Schreiben – Abschrift – des PrJM an die OLGPräsn und Generalstaatsanwälte, BA P 135/1603).

119 Schreiben (Abschrift) des RuPrMdI an die Herrn Reichsminister – Eilt sehr! Vertraulich! – vom 9. Februar 1935, GStA Rep 90/2256.

120 Schreiben des RuPrMdI an die Reichsminister vom 9. Februar 1935, aaO nebst Vermerk vom 19. April 1935 und dem Zusatz:»Dieser Runderlaß ist streng vertraulich zu behandeln und nicht zur Veröffentlichung oder Weitergabe bestimmt«. Auf der Sitzung am 15. November 1934 hatte überdies Nicolai, um allen außenpolitischen Verwicklungen aus »dem Wege zu gehen, den Vorschlag gemacht, den Gesetzesbegriff des »Nichtariers«, der praktisch alle nichtindoeuropäischen Völker traf, durch den Gesetzesbegriff »Jude« zu ersetzen. Ben Elissar, S. 146; Nicolais Vorschlag setzte sich seinerzeit noch nicht durch. Die ein Jahr später ausgearbeiteten Nürnberger Gesetze legten diesen Begriff dann jedoch gesetzlich fest.

Exkurs: Aspekte des staatlichen Wandels und ihre Bedeutung für die Judenpolitik

1 Siehe Art. 58 WRV und dessen Auslegung bei Anschütz, Verfassung, S. 330 f.

2 Diesen Vorgang zeichnet schon Lutz Graf Schwerin von Krosigk: Es geschah in Deutschland. Menschenbilder unseres Jahrhunderts. Stuttgart 1951. S. 202.

3 Mit der Erklärung Hitlers, die »nationale Revolution« sei beendet, schließt auch die erste Phase der revolutionär bestimmten Judengesetzgebung.

4 So in gewiss apologetischer Absicht, jedoch nicht ohne sachliche Berechtigung Franz v. Papen: Der Wahrheit eine Gasse. München 1952. S. 321. Wie-

weit die konservativ geprägten Minister zu gehen bereit waren und von welchen Gesichtspunkten sie sich leiten ließen, siehe Aussage Schacht vom 17. 10. 1946, IMT, Bd. XXXIII, S. 17 f.

5 Vgl. die Äußerung v. Papens: »In zwei Monaten haben wir Hitler in die Ecke gedrückt, daß er quietscht«. Ewald v. Kleist-Schmenzien: Die letzte Möglichkeit. Zur Ernennung Hitlers zum Reichskanzler am 30. Januar 1933. In: Politische Studien 10 (1959). S. 92.

6 Beispielsweise rechtfertigte Hitler dem Fraktionsführer des Zentrums gegenüber die geplanten Maßnahmen, auf dem Beamtensektor mit der »furchtbaren, finanziellen Lage des Reichs«, einem Argument, von dem Hitler wusste, dass man ihm guten Gewissens kaum widersprechen konnte. Rudolf Morsey: Das Ermächtigungsgesetz vom 24. März 1933 (Historische Texte/Neuzeit, Heft 4). Göttingen 1966. S. 24.

7 Diels, S. 281.

8 Typisch für diese Verschleierungstaktik Hitlers sind seine Erklärungen vor dem Kabinett. So, als er sich am 7. April der gemäßigten Auffassung Gürtners anschloss oder eine Regelung der Ärztefrage von einer »umfassenden Aufklärungsarbeit« abhängig machte (S. 66).

9 Vgl. hier die Eintragung Goebbels' vom 22. April 1933, Kaiserhof, S. 302.

10 Sehr treffend charakterisiert dies Hans Bernd Gisevius: Bis zum bitteren Ende, 2 Bde., Hamburg 1947. Bd. 1, S. 267, im Sinn einer persönlichen Technik Hitlers: »Stets wich er Entscheidungen so lange aus, bis eine allgemein beredete, durch Monate im Für und Wider besprochene (und faktisch längst vollzogene) Tatsache gewissermaßen nur noch sanktioniert zu werden braucht«.

11 RGBl I, S. 75.

12 Nach dem Zusammenschluss entstanden folgende, hinfort nach den im MBliV angegebenen Siglen benannte Ministerien: RuPrAM – RrPrJM – RuPrMdI – RuPrMfdkirchlA – RuPrMfEuL – RuPrVM – RuPrWiM – RuPrMfWEuV.

13 Zu den Auswirkungen des Neuaufbaugesetzes« siehe Schulz, Machtergreifung, S. 600.

14 »Gesetz über das Staatsoberhaupt des Deutschen Reiches« vom 1. August 1934, RGBl I, S. 747.

15 Der verzweifelte Versuch, die Rechtsreform des »Führers« zu erfassen, ging so weit, dass man nach dem Enumerationsprinzip aufzählte, was der Führer nicht ist (Reinhard Höhn: Der Führerbegriff im Staatsrecht. In DtRecht 5 [1935]. S. 296 ff.); seine Stellung mit tautologischen Leerformeln umschrieb (ders.: Staat und Rechtsgemeinschaft. ZgesStW 95 (1935) S. 684: »Es gibt gar keine größere Macht des Führers, als die, daß man erklärt, er sei der Führer«.), ihn so von allen fassbaren Rechtsbindungen freistellte und seine Legitimation auf den diffusen Begriff der »Gemeinschaft« gründete (ders.: Rechtsgemeinschaft oder konkrete Gemeinschaft. In: DtRecht 5 (1935) S. 233 ff.

16 Die letzte ordentliche Kabinettssitzung fand am 26. November 1937 statt. In einer Sitzung Anfang Februar 1938 gab Hitler dem Kabinett nur die durch die Blomberg-Fritsch Krise eingetretenen Personalveränderungen bekannt. Aussage Lammers, IMT, Bd. XI, S. 64.

17 Hierzu auch Otto Dietrich: 12 Jahre mit Hitler. München 1955. S. 132.

18 Im Mai 1933 musste Rust die allzu willkürliche Auslegung der Bestimmungen des »Überfüllungsgesetzes« durch einige Schulbehörden kritisieren, die kurzerhand alle »nichtarischen« Schüler von höheren oder mittleren Schulen verwiesen hatten. (RdErl des MfWKuV vom 8. Mai 1933, ZBl, S. 138) Das RMdI hatte sich gegen die Absicht der Württembergischen Politischen Polizei zu wehren, den Juden das Führen der Flaggen des neuen Reichs zu untersagen und musste mit aller Deutlichkeit auf die Rechtssetzungskompetenz des Reichs für diese Frage hinweisen. (Schreiben des RMdI an die WürttPoPo Stuttgart vom 2. August 1933, BA R 18/3746 b) Wie gesetzliche Regelungen dennoch immer wieder unterlaufen oder schlicht ignoriert wurden, zeigt ein Schreiben des DGT an den OB von Frankfurt vom 22. Oktober 1934: »In Erledigung Ihres dortigen Schreibens ... teile ich Ihnen mit, daß das Recht des Versteigerergewerbes durch Gesetz vom 16. 10. 1934 neu geregelt worden ist. Wenn auch in diesem Gesetz ein Verbot der Ausübung des Versteigerergewerbes nicht enthalten ist, so gibt es doch eine genügende Handhabe, die Ausübung dieses Gewerbes durch Nichtarier zu verhindern«. Entwurf mit Abgangsvermerk, AVfK DGT 1–11–1/27.

19 So hatte die Reichsfinanzverwaltung im Herbst 1933 die Beförderung »nichtarischer« oder »jüdisch-versippter« Beamter untersagt. Daraufhin hielt der RPM eine reichseinheitliche Regelung dieser Frage für notwendig (Schreiben des RPM an den RMdI vom 30. Dezember 1933, BA R 43 II/421 a). In einer kommissarischen Besprechung am 17. Januar 1934 einigten sich alle Reichsministerien auf ein gleiches Vorgehen. Der RMdI machte am 21. Juli 1934 die Landesregierungen auf diese Regelung aufmerksam. GStA Rep 90/2338.

20 Zu dem hier nicht darzustellenden Thema des vielschichtigen Verhältnisses von Partei und Staat im Dritten Reich siehe die Beiträge von Bracher und Schulz, Machtergreifung, S. 214 ff., 509 ff. In einer neueren Gesamtdarstellung: Peter Diehl-Thiele: Partei und Staat im Dritten Reich. Untersuchungen zum Verhältnis von NSDAP und allgemeiner innerer Staatsverwaltung. München 1969.

21 Carl Schmitt versuchte die Lösung des Problems durch die Trias von »Staat, Bewegung, Volk« (Berlin 1933), wobei er jedem Begriff eine unterschiedliche, aufs gleiche Ziel gerichtete Intensität zuordnete. Vorsichtig die Rolle des Staates betont Hans-Heinrich Lammers: Staatsführung im Dritten Reich. DtJustiz 1934. S. 1296, und ders.: Partei und Staat. RVerwBl 1938. S. 609 ff. Die Auffassung der Partei unterstreicht G. Neeße: Das Verhältnis von Partei und Staat nach fünf Jahren nationalsozialistischer Herrschaft. VerwArch 1938. S. 1 ff.

22 Von den 32 Gauleitern (1935) waren acht gleichzeitig Oberpräsidenten, zwei waren Reichsminister, einer war Staatskommissar für das Saarland, einer Staatsminister in Bayern. Vier Reichsleiter waren in Personalunion auch Reichsminister.

23 Siehe hierzu die Rede Hitlers vom 7. September 1934 auf dem Reichsparteitag: Der Kongreß zu Nürnberg 1934, 5.–10. September. Offizieller Bericht über den Verlauf des Reichsparteitages mit sämtlichen Kongressreden. München 1935. S. 162 f.

24 Den Widerstand der Ministerialbürokratie einiger Ministerien gegen die Rassengesetzgebung der Partei betont auch Schwerin v. Krosigk. (Mitteilung an den Verf. vom 13. 5. 1970) Man sollte diesen Widerstand zwar nicht überbewerten, doch wie zu zeigen sein wird, war er gegen gewisse Maßnahmen nicht unbeträchtlich.

25 Um sein Ressortinteresse zu wahren, stellte sogar ein engagierter Nationalsozialist seine rassischen Überzeugungen hintan. Als ihm der Rektor der Universität Bonn am 7. April 1933 meldete, die NSDAP-Hochschullehrer-Beamtenabteilung habe den jüdischen Dozenten jegliche Tätigkeit untersagt, kabelte Rust zurück: »Sie erhalten ihre Anordnungen vom Kultusministerium und von niemanden sonst«. GStA Rep 76/89.

26 Es bedarf wohl keiner Begründung, dass bei steigender Ressortzahl die Ressortgrenzen proportional ansteigen, Ressortüberschneidungen kaum zu vermeiden sind und damit ein Anhaltspunkt über die Häufigkeit von Konflikten gegeben ist. Eine rein rechnerische Demonstration der Funktion der Ressortgrenzen von der Zahl der Ressorts ergibt folgendes: drei Ressorts = drei Ressortgrenzen, vier Ressorts = sechs Ressortgrenzen, neun Ressorts = 36 Grenzen, 19 Ressorts = 171 Grenzen. Iring Fetscher: Politikwissenschaft (Fischer Bücherei 871). Frankfurt/M. 1968. S. 161.

27 Carl Schmitt: Der Zugang zum Machthaber. Ein zentrales verfassungsrechtliches Problem. In: ders.: Verfassungsrechtliche Aufsätze, S. 430 f.

28 So auch Dr. Hans Globke in einer Aufzeichnung an den Verf. vom 2. 2. 1970.

29 Diehl-Thiele, S. 15, bemerkt hierzu: »Beiden, Staat und Partei, beließ der Führer ... zunächst soviel Eigenständigkeit, daß sie geradezu zwangsläufig in eine rivalisierende Gegnerschaft hineintrieben ...«

30 Heß fungierte bis 1932 unter der nichtssagenden Bezeichnung eines Privatsekretärs Hitlers. Nach Neuorganisierung der PO durch Robert Ley übernahm er am 15. 12. 1932 die »Politische Zentralkommission« zuständig für die Beratung und Überwachung der parlamentarischen Arbeit der NSDAP in allen Parlamenten, der Überwachung der NSDAP-Presse und allgemeine Wirtschaftsfragen. Tyrell, S. 215.

31 Bormann war bis dahin Leiter der Hilfskasse der NSDAP, die bedürftige Parteimitglieder unterstützte. Weitere biographische Angaben bei Joseph Wulf: Martin Bormann, Hitlers Schatten. Gütersloh 1962.

32 Sachbearbeiter für Fragen der Arbeitsbeschaffung, Finanz- und Steuerpolitik im Stab StdF war Fritz Reinhardt, gleichzeitig StS im RFM. Gütt konnte am 7. April 1933 dem obersten Parteirichter Buch mitteilen, dass Reinhardt »unseren Bestrebungen großes Verständnis entgegenbringt und zukünftige Maßnahmen nach bevölkerungspolitischen Gesichtspunkten vornehmen wird«. BDC/Gütt/Oberstes Parteigericht. Auch Schwerin v. Krosigk nimmt an, dass bei den späteren antijüdischen Steuergesetzen zuvor eine Fühlungsnahme zwischen Reinhardt und dem StdF stattfand. Mitteilung an den Verf. vom 13. 5. 1970.

33 Bracher, Machtergreifung, S. 213.

34 § 2 des Gesetzes zur Sicherung der Einheit von Partei und Staat, RGBl I, S. 1016.

35 Schreiben Heß' an Göring vom 18. Februar 1938, in dem Heß auf die Verbin-

dung von Röhm-Putsch und der ihm gegebenen Ermächtigung Bezug nimmt. Diehl-Thiele, S. 215 Anm. 37.

36 Gauweiler, S. 20. Wie es zum Führererlass vom 6. April 1935 kam, der die Mitwirkungsrechte des StdF außerordentlich erweiterte und faktisch dazu führte, dass der StdF selbst an interministeriellen Runderlassen beteiligt wurde, umreißt der damalige ORRat im RuPrMdI, Dr. Hans Globke: »Der StdF beklagte sich aber bald, diese Anordnung (gemeint ist die AO Hitlers vom 24. Juli 1934, d. Verf.) habe dazu geführt, dass er in ihn interessierenden Angelegenheiten ausgeschaltet geblieben sei. Daraufhin erging eine Anordnung etwa des Inhalts, daß der StdF bei allen Angelegenheiten der Gesetzgebung ... als beteiligtes Ressort anzusehen sei und als solches in diesen Fragen immer von vornherein beteiligt werden müsse«. Aufzeichnung für den Verf. vom 2. 2. 1970.

37 Fachlich unterstand es dem Reichsorganisationsleiter. Reichsband – Adressenwerk der Dienststellen der NSDAP, des Staates und der Berufsorganisationen, Berlin 1939, Teil I A, S. 17.

38 Siehe: Organisationsbuch der NSDAP (hrsg. vom Reichsorganisationsleiter der NSDAP). München 1937. S. 234 ff.

39 Wagner gehörte seit 1928 der NSDAP an, BDC/Wagner/NSDAP-Zentralkartei. 1938 kam er bei einem Autounfall ums Leben. Sein Nachfolger wurde Dr. med. Leonardo Conti.

40 Vgl. die Gliederung des Hauptamtes in: Organisationsbuch, S. 235.

41 Groß, geb. am 21. 4. 1904, trat der NSDAP am 1. 3. 1925 bei (BDC/Groß/ NSDAP-Zentralkartei) Im Jahr 1941 wurde er Leiter des Amtes Wissenschaft in der Dienststelle Rosenberg. Er endete 1945 durch Freitod (Bollmus, S. 69 Anm. 51).

42 Organisationsbuch, S. 330. Diese Dienststellenbezeichnung führte es seit dem 15. 4. 1935. Vordem hieß es »Aufklärungsamt der NSDAP für Bevölkerungs- und Rassenpolitik«. VOBl/NSDAP 1935, S. 163.

43 Siehe seine Schriften. »Rassenpolitische Erziehung« (Schriften der Hochschule für Politik, Reihe 1 Heft 6), Berlin 1934; »Rasse – Eine Rundfunkrede vom 10. Oktober 1934« (Schriften des Rassenpolitischen Amtes der RL/ NSDAP 2) Berlin 1935.

44 Gauweiler, S. 70.

45 Verfügung des StdF vom 17. 11. 1934, Organisationsbuch, S. 330. Wenn Bollmus (S. 69 Anm. 51) behauptet, das Rassenpolitische Amt sei im wesentlichen bedeutungslos geblieben und habe sich in erster Linie mit Schulungsaufgaben befasst, so ist dies irrig, auch wenn Bollmus diese Behauptung mit einem Schreiben des RuSHA vom Mai 1940 stützt, als die SS die Judenpolitik längst an sich gerissen hatte und offenbar bestrebt war, Konkurrenten auszuschalten. Die Bedeutung des Amtes für die Judenpolitik vor 1939 wird im folgenden mehrfach belegt werden; sie ist auch für die Kriegszeit nicht zu unterschätzen.

46 Zur Gliederung des Rassenpolitischen Amtes: Organisationsbuch, S. 333.

47 Es war die frühere Rechtsabteilung der RL/NSDAP, umbenannt durch Anordnung Franks vom 10. Januar 1935, Gauweiler, S. 33.

48 Organisationsbuch, S. 318.

49 Heß lobte Sommer, er entdecke bei den Kämpfen mit der Ministerialbürokratie immer »Unnationalsozialistisches«. (Diehl-Thiele, S. 232) Sommer wurde

1940 erster Präsident des neuerrichteten Reichsverwaltungsgerichts. Echterhölter, S. 51.
50 Gauweiler, S. 43.
51 Die Gründung der Akademie erfolgte am 26. Juni 1933 (Gauweiler, S. 58) Durch Reichsgesetz vom 11. Juli 1934 (RGBl I, S. 605), wurde sie zur Körperschaft des öffentlichen Rechts.
52 § 4 der Satzung der AkDR vom 11. Juli 1934, RGBl I, S. 605.
53 Organisationsbuch, S. 283 ff.
54 Zum DGT siehe Schulz, Machtergreifung, S. 612 und Matzerath, passim.
55 Beispiele bei Matzerath, S. 208, 306.
56 Nach Ribbentrops Ernennung zum Reichsaußenminister führte das Amt allerdings nur noch ein kümmerliches Dasein. Hans Adolf Jacobsen: Nationalsozialistische Außenpolitik. Frankfurt/M. 1968. S. 246 f.
57 Zur Judenpolitik des Amtes siehe Jacobsen, Außenpolitik, S. 449 f.
58 Die AO/NSDAP bekämpfte energisch das »Haavara-Abkommen«, zwischen dem RWiM und jüdischen Organisationen geschlossen, um auswandernden deutschen Juden die Transaktion ihres Kapitals zu ermöglichen. Siehe hierzu Jacobsen, Außenpolitik, S. 156.
59 Beispiele bei Hüttenberger, S. 75 ff.
60 Höhne, S. 122.
61 Zur Frühzeit des SD siehe Aronson, S. 59 ff.
62 AaO, S. 264.
63 Ebenda; zu Rosenbergs Nachrichtenapparat siehe Jacobsen, Außenpolitik, S. 58.
64 Aronson, S. 264; Höhne, S. 166.
65 Hierzu Diehls, passim und Hans Buchheim: Die SS – Das Herrschaftsinstrument. In: Anatomie, Bd. 1, S. 35 ff.
66 Diels, S. 228.
67 Siehe §§ 1 ff. des »Gesetzes gegen die Neubildung von Parteien« vom 14. Juli 1933, RGBl I, S. 479.
68 Carl Schmitt: Der Begriff des Politischen. Text von 1932 mit einem Vorwort und drei Corollarien. Berlin 1963. S. 26.
69 RGBl I, S. 83.
70 Martin Broszat: Nationalsozialistische Konzentrationslager. In: Anatomie des SS-Staates, Bd. 2, S. 15 f.
71 »Gesetz über die Geheime Staatspolizei«, PrGS, S. 413; die endgültige Herauslösung der Gestapo aus der inneren Verwaltung brachte ein RdErl Görings vom 14. März 1934 (MBliV, S. 471) wonach die Stapostellen aus ihrem bisherigen organisatorischen Zusammenhang mit der Bezirksregierung gelöst und zu selbstständigen Behörden der inneren Verwaltung erhoben wurden.
72 Beschluss des PrOVG vom 2. Mai 1935, Höhne, S. 179.
73 So Reinhard Höhn: Polizeirecht im Umbruch. In: DtRecht 1936, S. 128 ff. Der Aufsatz ist deshalb besonders beachtenswert, weil Höhn im Herbst 1935 als SS-Hauptsturmführer die Abteilung II/2 (Lebensgebiete Inland) übernahm, die er bis April 1937 leitete. (Mitteilung von Prof. Dr. R. Höhn an den Verf. vom 26. 9. 1969.) Ab 1. November 1935 leitete Hahn auch das von Poetzsch-Heffter begründete Institut für Staatsforschung, das nach Erlass des RFSS vom

29. 8. 1938 im Mob-Fall dem RFSS unterstellt werden sollte. GStA Rep 76/46.

74 So § 10 II 17 des Allgemeinen Preußischen Landrechts.

75 Höhn, Polizeirecht, S. 131.

76 Werner Best: Die Deutsche Polizei (Forschungen zum Staats- und Verwaltungsrecht, Reihe A, Bd. 5). Darmstadt 1942. S. 26.

77 Best, S. 32 f.

78 Beispiele für diesen Personaltausch bei Aronson, passim.

79 Geschäftsverteilungsplan des Gestapa vom 22. 1. 1934. Leiter des Referats war Gerichtsassessor Dr. Karl Hasselbacher, aaO, S. 236.

80 Himmler war als Vertreter Görings Inspekteur der Gestapo. Sein Stellvertreter und gleichzeitiger Leiter der obersten Landesbehörde der Politischen Polizei, dem Geheimen Staatspolizeiamt, war Heydrich. Diese Regelung galt bis zum. Frühjahr 1936. Siehe: Handbuch über den preußischen Staat 1934, S. 47 und Schulz, Machtergreifung, S. 539.

81 Geschäftsverteilungsplan der Gestapa vom 25. 10. 1934. Das Sachgebiet »Judenfragen« bearbeiteten ein Polizeiinspektor und ein SS-Oberscharführer, Aronson, S. 294.

82 Das SD-Hauptamt gliederte sich in die Ämter: Verfassung und Verwaltung (Amt I, Leiter Dr. Werner Best); SD-Inland (Amt II, Dr. Hermann Behrends); SD-Ausland (Amt III, Heinz Jost). Best wechselte im Frühjahr 1935 ins Gestapa und übernahm dort die Hauptabteilung »Verwaltung und Recht«, Aronson, S. 19.

83 Sachbearbeiter des Sachgebiets II 1123 (Jüdische Organisationen) waren ab Ende 1934 die SS-Männer Dannecker und Eichmann, aaO, S. 221.

84 Zur reichseinheitlichen Lenkung seiner Politischen Polizei hatte Himmler ein »Zentralbüro des Politischen Polizeikommandeurs der Länder« errichtet. Siehe Günter Plum: Staatspolizei und innere Verwaltung 1934–1936. In: VJhefteZG 14 (1965). S. 224 ff.

85 Aronson, S. 223.

86 Siehe Bracher, Machtergreifung, S. 285, der allerdings eine anders lautende Behördenbezeichnung angibt und: »Ansprache des Herrn Reichsministers Dr. Frick auf der ersten Sitzung des Sachverständigenbeirats für Bevölkerungs- und Rassenpolitik am 28. Juni 1933 in Berlin« (Schriftenreihe des Reichsausschusses für Volksgesundheitsdienst Heft 1) Berlin 1933.

87 Aufbau und Aufgaben des Reichsausschusses für Volksgesundheitsdienst beim Reichs- und Preußischen Minister des Innern (Schriftenreihe des Reichsausschusses für Volksgesundheitsdienst, Heft 2) Berlin 1934.

88 Irrig ist die Ansicht Brachers (Machtergreifung, S. 285 Anm. 119), die Abteilung für Volksgesundheit sei erst unter Gütt errichtet worden. Sie bildete schon immer eine selbstständige Abteilung innerhalb des Ministeriums. Siehe: F.A. Medicus. Das Reichsministerium des Innern (Schriften zum Staatsaufbau, Teil II Heft 41/42). Berlin 1940. S. 28.

89 Gercke (siehe auch S. 29, Anm. 41) begann seine Tätigkeit als Beauftragter für Abstammungsfragen bei der RL/NSDAP. Im April 1933 wechselte er ins RMdI über, wo Frick am 6. Juli 1933 seine Ernennung offiziell bekannt machte. Bracher und Schulz, Machtergreifung, S. 285 Anm. 119; S. 503 Anm. 158.

90 Siehe die Aufzeichnung Löseners: Als Rassereferent im Reichsministerium des Innern. In: VJhefteZG 9 (1961). S. 264 ff.

91 Nicht zu verwechseln mit Siegfried Taubert, dem ersten Stabsführer des SD, Aronson, S. 281.

92 Willi A. Boelcke: Kriegspropaganda 1939–1941. Geheime Ministerkonferenzen im Reichspropagandaministerium. Stuttgart 1966. S. 86; Taschenkalender für Verwaltungsbeamte (hrsg. von F. Kühnert) 1935. S. 38 f.

93 Taschenkalender 1935, S. 39; siehe auch S. 33, Anm. 60.

94 Bracher, Machtergreifung, S. 285 Anm. 119; das Organisationsschema des RMfVuP findet sich bei Helmut Heiber: Joseph Goebbels. Berlin 1962 (Innenseite der Buchdeckel).

95 Zur Person Hinkels siehe S. 78 Anm. 40; 1939 leitete Hinkel die Abteilung II A (Betätigung von Nichtariern) des RMfVuP, Reichsband, Teil III, S. 27.

96 Hierüber fertigte II 112 während des Jahres 1936 mehrere Vermerke, in denen immer wieder das gute Verhältnis zu Hinkel herausgehoben wird. BA R 58/1239. Überdies verfügte die Gestapo über ein Referat II 2 A 2 b (Überwachung der inländischen Journalisten, Schriftleiter und Verleger), das unbesetzt war, was auf eine Absprache mit dem RMfVuP schließen lässt, das die gleiche Materie überwachte. Aronson, S. 301.

97 Das »Referat Deutschland« wurde am 20. März 1933 errichtet. Ein derartiges Referat war in der Weimarer Republik im Januar 1931 aufgelöst worden. Ben Elissar, S. 134; Jacobson, Außenpolitik, S. 23 f.

98 Jacobsen, Außenpolitik, S. 625, sowie Geschäftsverteilungsplan des AA vom 15. 2. 1939, ADAP, Serie D Bd. IV, S. 628.

99 Lösener, Rassereferent, S. 267.

100 Friedrich Facius: Wirtschaft und Staat. Die Entwicklung der staatlichen Wirtschaftsverwaltung in Deutschland vom 17. Jahrhundert bis 1945 (Schriften des Bundesarchivs 6). Boppard 1959. S. 170, 262; Hans Quecke: Das Reichswirtschaftsministerium. Werdegang und Stand der Wirtschaftsverwaltung (Schriften zum Staatsaufbau, NF Teil II, Heft 57/58). Berlin 1941. S. 72 f.

101 Die Abteilung wurde geleitet von Dr. Wilhelm Grau. Näheres bei Wilhelm Grau: Die Judenfrage als Aufgabe geschichtlicher Forschung (Kleine Weltkampfbücherei Nr. 3). München 1943.

102 Bollmus, S. 121 f.

103 Leiter des Instituts war wiederum Grau. Allerdings verlor er infolge der ständigen Reibereien zwischen Frank, dem Leiter des »Reichsinstituts«, und Rosenberg diesen Posten. Hierzu Bollmus, S. 122 und Helmut Heiber: Walter Frank und sein Reichsinstitut für Geschichte des neuen Deutschland (Quellen und Darstellungen zur Zeitgeschichte 13). Stuttgart 1966. S. 916–1001.

104 So Diels in Schreiben an Göring vom 5. November 1934, Höhne, S. 180.

105 Das Schwinden der Bedeutung des formellen Gesetzes zeigt sich an einer Gegenüberstellung der parlamentarisch beschlossenen Gesetze und der Notverordnungen:
1930   5 Notverordnungen 98 Reichstagsgesetze
1931 42 Notverordnungen 34 Reichstagsgesetze

1932   60 Notverordnungen   5 Reichstagsgesetze
1933   24 Notverordnungen   1 Reichstagsgesetz (bis 24. März)
Morsey, S. 29 und Hans Schneider: Das Ermächtigungsgesetz vom 24. März 1933. Bericht über das Zustandekommen und die Anwendung des Gesetzes (Schriftenreihe der Bundeszentrale für Heimatdienst, Heft 10). 2. erw. Aufl. Bonn 1961. S. 7.

106 Vgl. Schulz, Machtergreifung, S. 420, 476 f.

107 Schneider, S. 24.

108 Vgl. die aufschlussreichen Ausführungen des Präsidenten des Deutschen Landgemeindetages, der kritisiert, dass die Sachbearbeiter »mit der meistens in wenigen Stunden zu bewerkstelligenden Ausarbeitung der entsprechenden Vorschriften beauftragt« werden. Schulz, Machtergreifung, S. 421. Eine in diese Richtung zielende Kritik äußerte auch der Präsident des DGT, Fiehler, in einer Rede vor den Gauleitern am 10. Juni 1936, Matzerath, S. 305 Anm. 233.

109 Politwissenschaftler haben in der Flut gesetzlicher Maßnahmen geradezu ein Charakteristikum des totalen Staates gesehen. Vgl. Hannah Arendt, Elemente, S. 486.

110 Siehe: G. Meißner / O. Kaisenberg: Staats- und Verwaltungsrecht im Dritten Reich. Berlin 1935. S. 108; Otto Koellreutter: Deutsches Verfassungsrecht. Ein Grundriß. Berlin 1935. S. 169.

111 Reinhard Höhn: Das Gesetz als Akt der Führung. in: DtRecht 4 (1934). S. 433.

112 Karl Larenz: Deutsche Rechtserneuerung und Rechtsphilosophie (Recht und Staat in Geschichte und Gegenwart, Heft 199). Tübingen 1934. S. 32, 34.

113 G.A. Walz: Der Begriff der Verfassung (Schriften der Akademie für Deutsches Recht, Gruppe Verfassungs- und Verwaltungsrecht, Heft 4). Berlin 1942. S. 53.

114 Reinhard Höhn: Partei und Staat. In: DtRecht, 5 (1935). S. 474.

115 Reinhard Höhn: Gemeinschaft als Rechtsprinzip. In: DtRecht, 4 (1934), S. 546.

116 Art. 57 WRV und § 18 Ziffer 1 a GGO II.

117 Erste Änderung der GGO II« vom 20. Juli 1933, RMBl, S. 386.

118 Siehe die entsprechende Erklärung Schwerin v. Krosigks vor dem Internationalen Militärgerichtshof, DGT , Bd. XLII, S. 412.

119 Broszat, Staat Hitlers, S. 355.

120 Werner Weber: Die Verkündung von Rechtsvorschriften (Gegenwartsaufgaben der Zivilrechtswissenschaft, hrsg. von Karl Michaelis). Stuttgart 1942. S. 10.

121 Nach dem »Gesetz über die Verkündung von Rechtsverordnungen« vom 13. Oktober 1923, RGBl I, S. 959, mussten Rechtsverordnungen des Reichs im Reichsgesetzblatt, Reichsministerialblatt oder im Reichsanzeiger veröffentlicht werden. Im Dritten Reich begannen die Ministerien indessen, auch ihre Amtsblätter als Publikationsorgane heranzuziehen. Das Reichspropagandaministerium und der Reichsnährstand veröffentlichten ihre Weisungen im »Völkischen Beobachter«.

122 Beispiele bei Junker, S. 27.

123 Mit Schreiben vom 29. Januar 1936 begrüßte StS Schlegelberger den Plan einer Neuregelung des Veröffentlichungswesens und fügte an: »Es geht m. E. auf die Dauer nicht an, daß z. B. Anordnungen der Reichskulturkammer und ihrer Gliederungen, die in die verschiedensten Rechtsgebiete eingreifen, nur in der Tagespresse bekannt gemacht werden«. (Entwurf eines Schreibens an die Obersten Reichsbehörden, BA R 22/12.) Zum gleichen Thema bemerkte der Reichskirchenminister, dass »solange noch keine Klarheit über die Technik der Rechtssetzung besteht, insbesondere darüber, ob materielles Recht in Zukunft nur durch formelles Gesetz und Verordnungen geschaffen werden kann, die Frage der Verkündung von zweitrangiger Bedeutung ist.« (Schreiben vom 20. April 1936 an die Obersten Reichsbehörden, BA R 43 II/694.)

124 Da sich nach längeren Auseinandersetzungen keine Einigung herstellen ließ, wurde die Frage einer Neuregelung des Verkündigungswesens Ende 1936 auf Eis gelegt. Siehe hierzu auch Broszat, Staat Hitlers, S. 360.

125 In diesem Sinn lobte Hitler die Fähigkeit des Chefs der Reichskanzlei, Hans-Heinrich Lammers. Henry Picker: Hitlers Tischgespräche im Führerhauptquartier 1941–1942. Stuttgart 1963. S. 315, Eintrag vom 5. Mai 1942.

126 So Hitler 1928 vor Hamburger Parteigenossen. Albert Krebs: Tendenzen und Gestalten der NSDAP. Erinnerungen an die Frühzeit der Partei (Quellen und Darstellungen zur Zeitgeschichte Bd. 6.) 2. Aufl. Stuttgart 1960. S. 128.

127 In einer Rede vor Kreisleitern auf der Ordensburg Vogelsang bezog sich Hitler konkret auf den »Unsinn einer Kodifikation mit 2641 Paragraphen«. (Höchstwahrscheinlich bezog sich Hitler auf das BGB.) Hildegard v. Kotze – Helmut Krausnick: Es spricht der Führer. 7 exemplarische Reden Hitlers. Gütersloh 1966. S. 158.

128 Leitfaden für Gesetz- und Verordnungsentwürfe. Zusammengestellt für den Dienstgebrauch im Reichs- und Preußischen Arbeitsministerium. Berlin 1936. S. 15; Matzerath, S. 303. Gesetze im vereinfachten Verfahren waren laut einem Erlass des Führers und Reichskanzlers vom 20. März 1935 diejenigen Vorschriften, die mit Zustimmung des RuPrMdI und des RFM sowie des Fachministers ergangen waren, sofern der StdF und die Reichskanzlei keinen Widerspruch erhoben hatten, RMBl, S. 432.

129 Lösener, Rassereferent, S. 267.

130 Hierzu Buchheim, Die SS, S. 53 ff.

131 Zur Gliederung des Hauptamtes siehe aaO, S. 57. Das Judenreferat trug nun die Geschäftsbezeichnung II B 4.

132 Aufzeichnung Dr. Globke vom 2. 2. 1970.

133 Am 1. September 1934 wurde die Reichskanzlei Oberste Reichsbehörde und Lammers führte die Bezeichnung »Staatssekretär und Chef der Reichskanzlei«. Am 26. November 1937 wurde Lammers Reichsminister. Herrmann von Stutterheim: Die Reichskanzlei (Schriften zum Staatsaufbau, Teil II, Heft 45). Berlin 1940. S. 37. Siehe auch Aussage Lammers, IMT, Bd. XXXI, S. 461 f.

III. Kapitel: Die »Nürnberger Gesetze«

1 Das Jahr 1934 brachte nur zwei Gesetze, welche offen als judenfeindlich bezeichnet werden können. Das »Theatergesetz« vom 15. Mai 1934, RGBl I, S. 411, und das »Gesetz über den Ausgleich bürgerlich-rechtlicher Ansprüche« vom 13. Dezember 1934, RGBl I, S. 1235.

2 Der »Völkische Beobachter« schätzte die Zahl der zurückgekehrten Juden im Frühjahr 1935 auf 10 000. Diese Zahl darf aber sicherlich als übertrieben angesehen werden. Hierzu: Hans Lamm: Über die innere und äußere Entwicklung des deutschen Judentums im Dritten Reich. Diss. phil. Erlangen 1951. S. 47.

3 Vgl. die Vorgänge in: Der Gelbe Fleck – Die Ausrottung von 500 000 deutschen Juden. Paris 1936. S. 69 ff.

4 Es genügt ein Blick auf die fortlaufenden Nummern des »Stürmer«, beginnend mit dem August 1934.

5 Beispiele der Überschriften aus Nr. 4 vom 8. März 1935: »Schweinische Rassenmoral« – »Judenweiber sielen auf der Butter herum« – »Geile Judengier nach deutschen Frauen«.

6 Der Angriff. 26. April 1935.

7 Noch in einer AO vom 9. Februar 1935, betr. das Verhältnis von Partei und Reichsnährstand, hatte der StdF darauf hingewiesen, dass Juden nach den Gesetzen deutsche Staatsbürger seien und somit die Mitgliedschaft im Reichsnährstand erwerben könnten. VOBl/NSDAP 1935, S. 235.

8 AO des StdF, Nr. 63/65, BA R 18/3746 b.

9 Genschel, S. 108.

10 Schreiben des RMdI an die Regierungen der Hochschulländer (Fotokopie einer Abschrift), BA R 18/3746 b.

11 »VO über die Änderung der Prüfungsordnung für Ärzte und Zahnärzte« vom 5. Februar 1935, RGBl I, S. 651; »VO über die Änderung der Prüfungsordnung für Tierärzte« vom 1. April 1935, RGBl I, S. 426; eine Ausführungsanweisung des RuPrMdI vom 5. Februar 1935 milderte stillschweigend die Prüfungsordnung für Ärzte: die Zulassung zu den Prüfungen wurde jüdischen Kandidaten offen gehalten und nur die Approbation untersagt. RMBl, S. 65.

12 Der Gelbe Fleck, S. 44.

13 Die »Grundsätze« ergingen am 7. April 1935, MBliV, S. 629; Bayern hatte eine entsprechende Regelung bereits mit VO vom 7. 12. 1933 vorweggenommen, BayGVOBl, S. 461.

14 Eine AV des RuPrJM vom 23. März 1935 (DtJustiz, S. 486) übernahm die Arierklausel für den Beruf des Prozessagenten. Mit RdErl vom 27. März 1935 beschränkte der RuPrMfWEuV nichtarischen Schülern die Vergünstigung des gebührenfreien Schulbesuchs ((RMinAmtsbl, S. 125). Durch die »Dritte VO über die Zulassung von Ärzten und Zahnärzten zu den Krankenkassen« vom 13. Februar 1935 (RGBl I, S. 192) wurde der Kreis der Betroffenen entsprechend dem Gesetz vom 30. Juni 1933 auch auf diejenigen ausgedehnt, die einen »nichtarischen« Ehepartner hatten.

15 RGBl I, S. 609.

16 Der »Verband nationaldeutscher Juden« und der »Verband jüdischer Front-
soldaten« hatten sich im März 1935 mit Glückwunschbekundungen an
Hitler für die Wiedereinführung der Wehrpflicht bedankt. (Ursachen und
Folgen, Bd. 11, S. 159, 161) Wie General von Reichenau, der Chef des Wehr-
machtsamtes, am 22. Mai der Presse indes mitteilte, waren die im Wehrge-
setz enthaltenen Vorschriften über die Stellung der »Nichtarier« nach
Grundsätzen entstanden, »die der Führer und Reichskanzler aufgestellt hat«.
Das Archiv 1935, S. 219.

17 VO vom 25. Juli 1935, RGBl I, S. 1947.

18 Nicht zum Wehrdienst herangezogen wurden demnach nur Personen, deren
beide Elternteile »jüdisches Blut« oder die drei jüdische Großelternteile hatten.
§ 19 der »VO über die Musterung und Aushebung« vom 29. Mai 1935 (RGBl I,
S. 697) i. Vbdg. m. § 2 der »VO über die Zulassung von Nichtariern«, aaO.

19 So beabsichtigte der RuPrAM im Frühjahr 1935 die Prozessvertretung
derjenigen Verbände vor den Arbeitsgerichten festzulegen, die nicht
die Mitgliedschaft der DAF erwerben konnten. (§ 11 des ArbGG vom
27. Dezember 1934, RGBl I, S. 1117.) In einem ersten Referentenentwurf
regte der RuPrAM an, Angehörige jüdischer Organisationen als Prozess-
vertreter zuzulassen. (Erster Entwurf für Richtlinien gem. § 11 Abs. 1 ArbGG
vom 21. März 1935, BA R 22/2076.) Dagegen wehrte sich in einer kommissarischen Arbeitsbesprechung der Vertreter des StdF, da wegen der »grundsätzlichen Stellung seines Ministers zur Judenfrage« die Prozessbeteiligung
eines Juden nicht gebilligt werden könne. Sofort leiteten die Vertreter des
RMdI und des RuPrAM den Rückzug ein und erklärten, von einer positiven
Regelung dieser Frage Abstand nehmen zu wollen. (Niederschrift der kommissarischen Besprechung gem. § 11 Abs. 1 ArbGG am 3. Mai 1935, aaO.)
Dagegen hatte das federführende RuPrJM am 30. April einen weiteren Entwurf vorgelegt, der die jüdischen Verbände berücksichtigte. (Schreiben des
RuPrJM an den StdF, aaO. Der RuPrMdI, nachdem er einmal die Position
des StdF ergriffen hatte, akzeptierte den Entwurf nur insofern, »als Leiter
oder Angestellte jüdischer Verbände nicht zugelassen werden« und fügte an:
»Dies braucht jedoch nicht in den Richtlinien ausgesprochen zu
werden, sondern könnte erforderlichenfalls durch eine Rundverfügung
den Vorsitzenden der Arbeitsgerichte mitgeteilt werden«. (Schreiben des
RuPrMdI an den RuPrJM vom 15. Mai 1935, aaO.) Dieser rechtstechnische
Kniff, der die Beteiligten aller weiteren Zwistigkeiten enthob, wurde von
allen sofort gebilligt. Der entsprechend gereinigte Entwurf wurde vom
RuPrJM ausgefertigt und am 13. Juni 1935 verkündet. (Richtlinien zu § 11
Abs. 1, S. 1 ArbGG, DtJustiz, S. 904.)

20 Beispielhaft ist hierfür der Fall eines jüdischen Arztes, der im Kreiskranken-
haus von Belgard vertragsgemäß seine Patienten weiterbehandeln konnte.
Seit Mitte 1934 drängte die kassenärztliche Vereinigung des Landkreises auf
die sofortige Aufkündigung des Vertragsverhältnisses. Der Kreisausschuss
sah mangels jeder Rechtsgrundlage zu einer Kündigung keinen Anlass,
woraufhin sich die kassenärztliche Vereinigung an den Landrat wandte und
in scharfer Form auf »die Beseitigung dieses Zustands« drängte. (Schreiben –
Abschrift – der kassenärztlichen Vereinigung in Köslin an den Landrat des

Kreises Belgard vom 9. September 1934, AVfK DGT 1-8-1/13.) Der Kreisausschuss bat daraufhin den DGT um Klarstellung der Rechtslage (Schreiben vom 15. September 1934, aaO.) Hier wagte man allerdings nicht, diese Frage zu beantworten und wälzte die Entscheidung auf den RuPrMdI ab. (Schreiben des DGT an den RuPrMdI vom 11. Oktober 1934, aaO.) Auch das Ministerium hatte offensichtlich nicht den Mut, das rechtswidrige Begehren der kassenärztlichen Vereinigung zurückzuweisen. Nach mehreren Anmahnungen des DGT beschied man diesen mit einer Antwort, die alles in der Schwebe ließ: »Eine sachliche Stellungnahme zu Ihrer Anfrage hängt von der weiteren Entwicklung der Gesetzgebung auf dem Gebiet des Ärztewesens ab. Ich sehe daher zunächst, zumal nur eine einzige Anfrage vorliegt, davon ab, die von Ihnen aufgeworfene Frage zu beantworten«. Schreiben des RuPrMdI – gez.: Surén – vom 28. Juni 1935, aaO.)

21 Schreiben (Abschrift) des Gestapa (gez.: Best) an alle Staatspolizeistellen vom 21. Februar 1935, BA R 58/276. Weitere, hierauf Bezug nehmende Weisungen erließ das Gestapa am 6. März und 20. Mai 1935, Hans Mommsen: Der nationalsozialistische Polizeistaat und die Judenverfolgung. In: VJhefteZG 11 (1962), S. 84.

22 RAnz Nr. 96.

23 Erlass des Gestapa (gez.: Heydrich) an alle Staatspolizeistellen vom 4. April 1935, Dokumente über die Verfolgung, Bd. 1, Nr. 196. Es kann kaum ein Zweifel daran bestehen, wie der versteckte Sinngehalt des Wortes »Überholung« interpretiert werden sollte. Der nüchterne, trockene Stil der polizeilichen Verfügung wird zur Zeit des Nationalsozialismus auf bemerkenswerte Weise sprachlich-ideologisch befrachtet. So heißt es im obigen Erlass weiter: »Es kann keineswegs geduldet werden, daß Personen, die nicht zur deutschen Volksgemeinschaft zählen, junge, arische Volksgenossen durch jüdische Kniffe examensreif machen«.

24 »Jüdische Repetitoren«, RdErl des RuPrMfWEuV vom 25. November 1935, RMinAmtsbl 1936, S. 96.

25 Vgl. die Ausführungen Pfundtners vom 4. Juli 1933, S. 82 f.

26 Die Verordnung erging am 5. Februar 1934, RGBl I, S. 85.

27 Der RMdI unterrichtete den badischen Innenminister mit Schreiben vom 22. Februar 1935 über diesen Entwurf. Er bat gleichzeitig, die Einbürgerung beim Vorliegen eines Einbürgerungsanspruchs bis auf weiteres auszusetzen, wenn der Bewerber als unerwünschter Bevölkerungszuwachs zu betrachten war. GStA Rep 90/2256.

28 Das Gesetz (RGBl I, S. 523), mit Ausnahme des § 2 noch heute in Kraft, war im wesentlichen eine Ergänzung des Gesetzes über den Widerruf von Einbürgerungen und die Aberkennung der deutschen Staatsangehörigkeit vom 14. Juli 1933, siehe S. 60.

29 Schreiben des RuPrMdI (gez.: Frick) an den StSuChdRK'zlei vom 15. April 1935, GStA Rep 90/2256. Die Begründung war insofern lächerlich, als die geringe Zahl der Fälle, die als Ursache zur Fertigung dieses Gesetzes angeführt wurden, wohl kaum den Erlass eines Reichsgesetzes rechtfertigten. Wahrscheinlicher ist, dass man sich diese apologetische Argumentation zurechtlegte, um die rassengesetzlichen Bemühungen des Ministeriums unter Beweis zu stellen.

30 Rede Franks vor den Rechtswahrern Niedersachsens am 4. Mai 1935, Das Archiv 1935, S. 196.

31 Meldung vom 7. Juni 1935, DtJustiz 1935, S. 860.

32 Der Gelbe Fleck, S. 48.

33 AaO, S. 61.

34 Rede Goebbels' auf dem Gautag in Essen am 2. August 1935, Das Archiv 1935, S. 652.

35 Zu näheren Einzelheiten und Beispielen: Der Gelbe Fleck, S. 49 und Genschel, S. 109.

36 Der Gelbe Fleck, S. 54.

37 Ebenda.

38 Der Gelbe Fleck, S. 55.

39 AaO, S. 54 f.

40 Genschel, S. 111 Anm. 27.

41 RdSchrb des StdF (gez.: Bormann), Nr. 160/35: »Eine Veranlassung, zur Selbsthilfe gegen jüdische Provokateure zu schreiten, besteht um so weniger, als die Partei ihre grundsätzliche Einstellung zur Judenfrage nicht geändert hat und niemals ändern wird«, VOBl/NSDAP, Folge 102. Vergleicht man die Erlasse Helldorfs und Bormanns, so ergibt sich die kaum beabsichtigte Deutung, dass die Provokationen von jüdischen Provokateuren ausgingen.

42 RdSchrb des StdF an alle Gauleiter, BA NS/6 vorl. 217 a.

43 Dabei hatte auch die Gestapo im Verlauf der Aktionen eine rege Tätigkeit entfaltet. In einem Erlass des Gestapa Karlsruhe heißt es: »Ich ersuche, im Verlauf der eingeleiteten Abwehraktionen gegen die wieder offen zu Tage getretenen jüdischen Überheblichkeiten einzuschreiten ... mit aller Schärfe einzugreifen ... und diese in Schutzhaft zu nehmen«. Dokumente über die Verfolgung, Bd. 1, Nr. 11. Durch andere Maßnahmen, wie Versammlungsverbote etc. schuf die Gestapo für die Juden ein Klima latenter Unsicherheit. Siehe Mommsen, Polizeistaat, S. 78–83.

44 RdSchrb des RuPrMdI vom 20. August 1935 an die Landesregierungen, BA R 58/276.

45 So hatte Hitler erst am 21. Mai 1935 ein allgemeines Friedensangebot unterbreitet, was insbesondere auf die Engländer positiv wirkte. Am 18. Juni 1935 wurde das für die Außenpolitik Hitlers überaus erfolgreiche deutsch-britische Flottenabkommen unterzeichnet. Am 17. Juni begannen deutsch-französische Wirtschaftsverhandlungen. Bullock, S. 343; Schultheß' Europäischer Geschichtskalender, NF 51 (1935).

46 Aus einem Informationsbericht der Berliner Zeitungsbüros (zwischen dem 1. Juli und 24. September 1935): »Die Entwicklung der letzten Wochen deutet auf den Beginn einer planmäßigen Aktion hin, die einheitlich im Reich von der Partei in Zusammenarbeit mit dem Staat durchgeführt wird. Die strengen Maßnahmen gegen die Juden lassen keinen Zweifel über die Zielrichtung der neuen Aktion aufkommen«. Hagemann, S. 140 Anm. 9.

47 Mit Erl. vom 10. Mai 1935 konnten Jüdinnen nicht mehr landwirtschaftliche Haushaltungslehrerinnen werden (RMinAmtsbl, S. 196), ab 20. Juni erhielten Bewerber mit einem »nichtarischen« Ehegatten keine Unterrichts-

erlaubnisscheine und Privatschulkonzessionen mehr (RMinAmtsbl, S. 294). Am 12. August wurde »nichtarischen« Bewerbern die Ausbildung zum Gewerbelehrer untersagt (RMinAmtsbl, S. 386).

48 RdErl des RuPrAM, verkündet vom RuPrMdI am 13. Juli 1935, RMBliV, S. 916.

49 Das Archiv 1935, S. 735, Meldung vom 30. August 1935.

50 RdErl des RuPrMfWEuV vom 10. Juli 1935, Dokumente Frankfurter Juden, S. 341. Es ist interessant, dass sich die antijüdischen Aktionen mit Bestrebungen vereinten, die sich gegen die Kirchen richteten. So wurde im Mai 1935 ein propagandistisch ausgeschlachtetes Verfahren gegen einen katholischen Orden wegen »Devisenschiebereien« aufgezogen (Schultheß' 1935, S. 96, Meldung vom 13. Mai 1935) Am 7. Juli kam es zu Kundgebungen gegen den »politischen Katholizismus«, auf denen Frick mit den »Provokationen« katholischer Kirchenstellen abrechnete. (Schultheß', aaO, S. 138.) Am 20. Juli wurde durch Erlass des RuPrMdI die Tätigkeit der konfessionellen Jugendverbände stark eingeengt (Schultheß', aaO, S. 138). Siehe hierzu: John S. Conway: Die nationalsozialistische Kirchenpolitik. Ihre Ziele, Widersprüche und Fehlschläge. München 1969. S. 142 ff. Der bayerische Kultusminister erließ in diesem Zusammenhang am 31. Juli 1935 eine Weisung, wonach jüdische Klassenschüler vom Besuch eines Schullandheimes ausgeschlossen wurden und während der Abwesenheit ihrer Klasse dem Unterricht einer anderen Klasse beiwohnen mussten, RMinAmtsbl, S. 388.

51 »Mitwirkung der Standesbeamten bei der Eheschließung zwischen Ariern und Nichtariern«, RdErl des RuPrMdI vom 26. Juli 1935, MBliV, S. 980 c.

52 Genschel, S. 111 ; Schacht, 76 Jahre, S. 43 7 f.

53 Schreiben Schachts an das AA, den StdF, den RuPrMdI, den RuPrJM, den RuPrAM, den RMfVuP, das Rassenpolitische Amt der NSDAP, das Gestapa und den SD. StANürnberg NG 4067 I.

54 Die Rede Schachts ist abgedruckt in: IMT, Bd. XII, S. 638 ff.

55 Wie Schacht mit Schreiben vom 15. August dem geladenen Personenkreis mitteilte, hatte man ihn aus der Mitte des Kabinetts heraus gebeten, die anberaumte Sitzung zu einer Chefbesprechung zu machen. StANürnberg NG 4067 I.

56 Adolf Wagner war Gauleiter des Gaues München-Oberbayern, bayerischer Innenminister und im Stab des StdF »Beauftragter für den Neubau des Reichs«, Diehl-Thiele, S. 219.

57 Niederschrift der Chefbesprechung bei Reichswirtschaftsminister Schacht am 20. August 1935 – Geheim – Wie die Anwesenheitsliste ausweist waren zugegen: Schacht, Frick, Gürtner, Schwerin v. Krosigk, Rust und die Staatssekretäre der übrigen Ministerien. StA Nürnberg NG 4067 II.

58 Aao.

59 Im August 1935 übersandte der RuPrMdI dem StdF und dem RuPrJM den Entwurf eines Gesetzes über die Änderung von Familiennamen und Vornamen, der auf Vorschlägen des MdR v. Loewenstein zu Loewenstein basierte. (Loewenstein zu Loewenstein gehörte dem Reichstag seit der III. Wahlperiode im März 1933 als Gast der NSDAP an. Der Deutsche Reichstag, S. 226.) Die Ministerialbürokratie hatte den Entwurf allerdings mit derart

vielen Vorbehalten befrachtet, dass an eine kurzfristige Realisierung des Entwurfs nicht zu denken war. Schreiben des RuPrMdI vom 19. August 1935, als Faksimile bei Strecker, S. 54.

60 In einem Schreiben vom 11. September 1935 wies Schacht die Sparkassen an, eigenmächtige Boykottmaßnahmen gegen Juden sofort zu unterlassen. Dokumente über die Verfolgung, Bd. 1 S. 160.

61 Aktenvermerk der Reichskanzlei vom 5. September 1935, StANürnberg NG 4067 I.

62 Dies wird andeutungsweise belegt durch ein Schreiben des RuPrVM v. Eltz-Rübenach, der am 30. August der Reichskanzlei mitteilte:»Solange Juden die Benutzung von öffentlichen Verkehrsmitteln nicht verboten ist, ersuche ich darauf hinzuwirken, daß allen Reisenden ohne Unterschied der Rasse ... die für sie bestimmten Einrichtungen offengehalten werden«. BA R 43 II/602.

63 Diese Technik präzisierte Hitler in seltener Offenheit in einer Rede vor Kreisleitern auf der Ordensburg Vogelsang am 29. April 1937: »Ich will ja nicht gleich einen Gegner mit Gewalt zum Kampf fordern, ich sage nicht ›Kampf‹, weil ich kämpfen will, sondern ich sage: ›Ich will Dich vernichten!‹ Und jetzt Klugheit hilf mir, Dich so in die Ecke hineinzumanövrieren, daß Du zu keinem Stoß kommst und dann kriegst Du den Stoß ins Herz hinein«. Besonders aufschlussreich ist, dass Hitler diese Ausführungen in unmittelbarem Zusammenhang mit einer zuvor geäußerten Sentenz zur Judenfrage bringt. Kotze-Krausnick, S. 148.

64 Das Archiv 1935, S. 878. Der Text des Erlasses ist abgedruckt bei Hans Jürgen Gamm: Führung und Verführung. Pädagogik des Nationalsozialismus. München 1964. S. 143.

65 Rede auf der 2. Sitzung des Parteikongresses. Der Parteitag der Freiheit vom 10.–16. September 1935. Offizieller Bericht über den Verlauf des Reichsparteitages mit sämtlichen Kongressreden. München 1935. S. 98.

66 Dass Wagner den weiteren Ereignissen bei seiner Ankündigung vorgriff und die Bürokratie ein derartiges Gesetz noch gar nicht bearbeitete, gab er ein Jahr später, auf dem »Parteitag der Ehre« sogar indirekt zu: »Als ich im vorigen Jahr die Notwendigkeit eines Gesetzes zum Schutze des deutschen Blutes herausstellte, dachte keiner von uns, daß der Führer wenige Tage später seinem Volk mit kühnem Entschluß die Nürnberger Gesetze bescheren würde«. (Der Parteitag der Ehre vom 8.–14. September 1936. Offizieller Bericht über den Verlauf des Reichsparteitages mit sämtlichen Kongressreden. München 1936. S. 151.) Wagner verschwieg hier nur, dass er nicht »die Notwendigkeit eines Gesetzes gefordert«, sondern ein solches tatsächlich angekündigt hatte. Dies könnte darauf hindeuten, dass Hitler bereits vor der Rede Wagners diesem ein solches Gesetz versprochen hatte.

67 Die weitere Schilderung der Ereignisse folgt der Darstellung Löseners, Rassereferent, S. 272 ff.

68 Wilhelm Stuckart, geb. am 16. 11. 1902, hatte sich der NSDAP im Frühjahr 1930 angeschlossen und war Rechtsberater der SA. Im März 1933 wurde er kommissarischer Oberbürgermeister von Stettin, im April 1933 MDir im PrMfWKuV, kurz darauf dessen StS (Schulz, Machtergreifung, S. 507 Anm. 175) Wegen dauernder persönlicher und sachlicher Differenzen mit Rust verließ er

das Ministerium und wurde Präsident des OLG Darmstadt. BDC/Stuckart/ Personalakte RFSS) Nach dem erzwungenen Abgang Nicolais aus dem RMdI (zu den Hintergründen: BDC/Nicolai/Oberstes Parteigericht) wurde Stuckart im März 1935 dessen Nachfolger. Er hatte die Dienststellung eines MDir, durfte aber ehrenhalber den Titel eines StS führen, der ihm im Bereich des RuPrMdI erst am 1. 4. 1938 offiziell verliehen wurde (GStA Rep 335/11/ 1831).

69 Lösener, Rassereferent, S. 273. Weitere Fragen in diesem Zusammenhang waren: Verbot des außerehelichen Geschlechtsverkehrs zwischen Deutschen und Juden und das Verbot der Beschäftigung »arischer« Dienstmädchen in jüdischen Haushalten. Es darf hierbei nicht vergessen werden, dass diese »Parteiforderungen« auch von Rosenberg beeinflusst wurden. In seinem Erfolgswerk »Der Mythos des Zwanzigsten Jahrhunderts« findet sich die Stelle: »Ehen zwischen Deutschen und Juden sind zu verbieten, solange überhaupt noch Juden auf deutschem Boden leben dürfen«. (5. Aufl. München 1933, S. 579).

70 Dies ist im übrigen ein Indiz, dass, entgegen Fricks Ankündigung, Vorarbeiten zu einem Gesetz gegen Mischehen kaum vorhanden gewesen sein dürften.

71 So hatte Lösener beispielsweise vom Donnerstagmorgen bis in die Nacht zum Sonntag nur zwei Stunden geschlafen.

72 Das »Reichflaggengesetz« war bereits vor Beginn des Parteitages im RuPrMdI ausgearbeitet worden. Lösener, Rassereferent, S. 272.

73 Nach § 49 GGO II waren für die Beratung und Beschlussfassung von Initiativanträgen des Reichstags mindestens 15 Abgeordnete vorgeschrieben. Daran hatte man sich in Nürnberg gehalten. Weitere Antragsteller waren. Buch, v. Epp, Dr. Frank, Dr. Goebbels, Himmler, Ley, Lutze, Rosenberg, Sauckel, v. Schirach, Streicher, Wagner (Bayern) Drucksachen Nr. 8, 9, 10 des Reichstages, IX. Wahlperiode, GStA Rep 90/2256.

74 Lösener (Rassereferent, S. 276) berichtet, Pfundtner und Stuckart hätten versucht, Neurath und Gürtner zu bewegen, bei Hitler für die Fassung D zu votieren. Einer von ihnen habe dann Hitler persönlich angesprochen.

75 In der Reihenfolge der Drucksachen: Reichsflaggen- und Reichsbürgergesetz.

76 Müsste im logischen Satzzusammenhang »dritte« heißen.

77 Der Parteitag der Freiheit, S. 258.

78 Aao, S. 30 und: Max Domarus: Hitler – Reden und Proklamationen 1932–1945. Kommentiert von einem deutschen Zeitgenossen. 2 Bde., Neustadt/ Aisch 1962/63. Bd. 1, S. 525.

79 Die Nürnberger Gesetze – im folgenden werden darunter allein das Blutschutz- und Reichsbürgergesetz verstanden – wurden mit 649 Stimmen angenommen. Die Mitgliederzahl des Reichstags betrug 669, davon waren 20 Mitglieder abwesend. Pfundtner / Neubert: Das neue deutsche Reichsrecht. Stand 1943, Punkt 23.2

80 So war für Lösener Reichsärzteführer Wagner der »böse Geist«, weil er sich stundenlang bei Hitler aufhielt und diesem immer neue Einwendungen suggerierte. (Rassereferent, S. 274) Es erstaunt, dass Lösener die eigentliche Sachlage so völlig verkennt. Wagner konnte sich doch nur so lange bei Hitler aufhalten, weil es dieser offensichtlich befohlen hatte. Wenn Wagner nun die

Entwürfe immer wieder kritisierte, dann doch gewiss nicht ohne Billigung, wahrscheinlicher noch auf ausdrücklichen Wunsch Hitlers.

81 Im Nürnberger Ärzteprozess berichtete der Begleitarzt Hitlers, Prof. Karl Brandt, Hitler habe im Anschluss an einen Vortrag Wagners über Fragen der Rassen- und Erbhygiene diesem gegenüber verlautbart, dass er in einem künftigen Krieg alle Euthanasiefragen aufgreifen und zur Durchführung bringen wolle. (Alice Platen-Hallermund: Die Tötung Geisteskranker in Deutschland. Frankfurt/M. 1948. S. 23) Tatsächlich hatte Wagner Fragen der Erbkrankheit sowie deren finanzielle und moralische Auswirkungen berührt. Siehe. Parteitag der Freiheit, S. 90–104.

82 Schlegelberger sagte später aus, weder er noch Gürtner hätten von der Einbringung der Gesetze etwas gehört, er selbst habe davon erst aus dem Rundfunk erfahren. IMT, Bd. XX, S. 293; Schacht glaubte irrtümlich, der Erlass der Gesetze stelle eine zwischen dem StdF und dem Reichsinnenministerium abgekartete Aktion dar. H. Schacht: Abrechnung mit Hitler. Frankfurt/M 1949. S. 276 f.

83 Es bezeichnet einen grotesken Irrtum der Ministerialbeamten, man müsse das Reichsbürgergesetz so inhaltsleer wie möglich und damit zunächst ohne praktische Konsequenzen fertigen (Lösener, Rassereferent, S. 275), wobei man gerade mit dieser Methode unwissentlich den Vorstellungen Hitlers über Form und Inhalt eines Gesetzes entsprach.

84 Hierzu Lösener, Rassereferent, S. 276 f.; Genschel, S. 188.

85 Parteitag der Freiheit, S. 258.

86 RGBl I, S. 1146; das Gesetz trat an dem der Verkündigung folgenden Tag in Kraft, also am 17. September 1935.

87 RGBl I, S. 1146; das Gesetz wurde am 16. September 1935 verkündet. Da es nichts anderes bestimmte, trat es nach Art. 77 WRV mit dem vierzehnten Tag nach Ablauf der Verkündung, also am 1. Oktober 1935, in Kraft.

88 § 2 Abs. 1 RBüG: »Reichsbürger ist nur der Staatsangehörige deutschen oder artverwandten Blutes, der durch sein Verhalten beweist, daß er gewillt und geeignet ist, in Treue dem deutschen Volk und Reich zu dienen.«

89 Auf die organisatorischen und technischen Schwierigkeiten zur Verleihung des »Reichsbürgerbriefes« machte bereits im Dezember 1935 Reichsinnenminister Frick aufmerksam. Vgl. seinen Aufsatz: »Das Reichsbürgergesetz und das Gesetz zum Schutz des deutschen Blutes und der deutschen Ehre«. In: DJZ 1935. S. 1390 ff.

90 Genschel, S. 117.

91 Der Gelbe Fleck, S. 153.

92 Dokumente über die Verfolgung, Bd. 1, Nr. 58.

93 Wie das RMfVuP verlautbaren ließ, war der Erlass »in Vereinbarung mit der Gestapo« ergangen, Das Archiv 1935, S. 1126.

94 Gegen die Ausschließung der jüdischen Kunst- und Antiquitätenhändler wandte sich mit Schreiben vom 28. September 1935 StS Posse/RWiM und forderte von Funk die Zurücknahme dieser Entscheidung, StANürnberg NG 4067 V.

95 Schreiben des RuPrMdI an den StSuChdRK'zlei vom 30. September 1935, BA R 43 II/602.

96 Rede Fricks in Saarbrücken, Das Archiv 1935, S. 984.

97 Mit Schreiben vom 4. November und 12. Dezember 1935 hatte Schacht noch einmal persönlich bei Goebbels gegen die Ausschaltung der jüdischen Kunst- und Antiquitätenhändler interveniert, ohne jedoch Antwort zu erhalten. Lammers vermerkte hierzu am 18. Dezember 1935: »Der Führer hat Kenntnis. Von hier aus nichts zu veranlassen.« StANürnberg NG 4067 VI/X.

98 RdErl des RuPrWiM vom 4. November 1935, Dokumente über die Verfolgung, Bd. 1, S. 154.

99 »Durchführungsbestimmungen über die Gewährung von Kinderbeihilfen an kinderreiche Familien«, RGBl I, S. 1206. Das RFM schob erst mit RdErl vom 10. Oktober 1935 eine Begriffsbestimmung nach: »Bis die entsprechenden Verordnungen zum RBüG erschienen sind, gilt bei der Anwendung der o. a. VO als Reichsbürger, wer die deutsche Staatsangehörigkeit besitzt, deutschen oder artverwandten Blutes ist und am 16. September 1935 das Reichstagswahlrecht besessen hat«, RStBl, S. 1345.

100 RdErl vom 28. September 1935, MBliV, S. 1341.

101 Schnellbrief (Abschrift) des RuPrMdI (gez.: Frick) an die Obersten Reichsbehörden. Von einer Veröffentlichung des Erlasses war abzusehen. BA R 4311/424.

102 Schnellbrief des RuPrMdI (gez.: Frick) an die Obersten Reichsbehörden vom 30. September 1935, BA R 43 II/595.

103 Lorenzen, S. 185.

104 Aufzeichnung des MDir Wienstein/RK'zlei vom 10. Oktober 1935 über die Durchführung des Erlasses vom 30. September und der Empfehlung, dem Vorgehen des RMF zu folgen. BA R 43 II/424.

105 Vertraulicher Vermerk des Beigeordneten Staenicke/DGT über eine Unterredung mit dem MRat Krauthausen/RuPrMdI am 6. November 1935 und entsprechender Entwurf mehrerer Schreiben an die Provinzialdienststellen des DGT vom 6. November 1935, AWK DGT 1–8–1/17.

106 Am 2. Oktober 1935 informierte der RMfVuP (Vertrauliche Information Nr. 48) die Presse, dass die Ausführungsbestimmungen zum Reichsbürgergesetz noch einige Zeit auf sich warten lassen würden, da sich bei den Ausarbeitungen eine Fülle von Schwierigkeiten ergeben hätte, Hagemann, S. 140 Anm. 10.

107 Zu einer dieser Sitzungen siehe Schacht, 76 Jahre, S. 448, dessen Schilderung allerdings nicht frei von eitler Selbstdarstellung ist, immerhin jedoch etwas vom Widerstand einiger konservativer Minister ahnen lässt.

108 Obwohl starke Bedenken zu der von Lösener behaupteten Hilfestellung Stuckarts bestehen (zu den Entlastungsversuchen Löseners zugunsten seines einstmaligen Vorgesetzten siehe: R.M.W. Kempner / Carl Haensel: Das Urteil im Wilhelmstraßenprozeß. Der amtliche Wortlaut im Fall Nr. 11 des Nürnberger Militärtribunals gegen v. Weizsäcker und andere, Schwäbisch Gmünd 1950. S. 167) folge ich in diesen Punkten seinen Aufzeichnungen, Rassereferent, S. 280 ff.

109 Friedrich Georg Christian Bartels, geb. am 21. 7. 1892, gehörte seit März 1930 der NSDAP an (BDC/Bartels/NSDAP-Zentralkartei), ist als Vertreter Wagners jedoch kaum hervorgetreten.

110 Lösener, Rassereferent, S. 280.

111 AaO, S. 281.

112 Siehe den Titelbericht des »Spiegel« über Dr. Hans Globke, Nr. 14, 1956, und das Interview Globkes mit der »Zeit«, 17. 2. 1961, S. 4.

113 »Material zur Lösung der Halbjudenfrage – Geheime Reichssache«. Aufzeichnung Löseners vom 11. Oktober 1935, GStA Rep 335/11/480 NO–NG 3941.

114 Diese Argumentation Löseners war offenbar auf die Bedenken der Gestapo zugeschnitten.

115 Das Datum erklärt sich aus dem Zeitraum der Rechtsunwirksamkeit des Gesetzes und der Dauer der Schwangerschaftsperiode.

116 »Geheime Reichssache! Entwurf einer Ersten Verordnung zum Reichsbürgergesetz und einer Ersten Verordnung zum Gesetz zum Schutze des deutschen Blutes und der deutschen Ehre, Fassung Pg. Dr. Wagner«, GStA Rep 335/11/480 NO–NG 3941.

117 Diese Forderung karikierte der damalige ORRat Dr. Globke in einer der Sitzungen wie folgt: »Es würde ein Mann, der mit einer Vierteljüdin verheiratet ist und als Volljude gilt, durch Ehebruch mit der volljüdischen Freundin seiner Frau wieder zum Arier werden können.« Der Spiegel. Heft 14, 1956. S. 20.

118 »Geheime Reichssache! Erläuterungen und Bemerkungen zur Reichsbürgerrechts-Verordnung und zur Blutschutzgesetzverordnung in der von Reichsärzteführer Wagner vorgelegten Fassung« vom 31. Oktober 1935, GStA Rep 335/11/480. Des näheren kritisierte Lösener, dass der Entwurf Wagners nicht vom Reichsbürgerrecht, sondern vom Judenbegriff ausgehe. Weiter bemängelte er die Bestimmung, wonach Hitler einen »Geltungsjuden« zu den »staatsangehörigen jüdischen Mischlingen« schlagen konnte, während der »deutschblütige« Ehepartner eines Juden als Jude galt. Hierzu gab er ein Beispiel: Ein Deutschblütiger in Mischehe, dessen Kind die Mutter nur um Sekunden überlebt, gilt weiterhin als Jude. Stirbt das Kind indessen Sekunden vor der Mutter, wird er wieder Reichsbürger.

119 Vertrauliches Privatschreiben – Geheime Reichssache – an v. Neurath vom 1. November 1935, GStA Rep 335/11/480.

120 Privatschreiben Schachts an Frick vom 30. Oktober 1935, StANürnberg, NG 4067 IV.

121 Schreiben des Reichsbankdirektoriums (gez.: Schacht – Dreyse) an StS Lammers vom 1. November 1935. Das Kopfstück des Schreibens trägt den Vermerk: »Der Führer hat Kenntnis«. StANürnberg NG 4067 III.

122 Hitler kam sofort einem Wunsch Schachts nach, der ihn mit Schreiben vom 5. November 1935 gebeten hatte, er möge die Angriffe des »Schwarzen Korps« gegen die Wirtschaftspolitik der Regierung abstellen. Die Reichskanzlei vermerkte am 7. November, der RFSS sei gebeten worden, »in den oben genannten Angriffen künftighin eine gewisse Rückhaltung zu beachten«. StANürnberg NG 4067 VII/IX.

123 Undatierter, hdschrftl. Vermerk Lammers' auf dem Schreiben Schachts an Frick vom 30. Oktober 1935, StANürnberg NG 4067 IV.

124 Bernhard Lösener. Die Hauptprobleme der Nürnberger Grundgesetze und ihrer Ersten Ausführungsverordnungen. In: RVerwBl 56 (1935). S. 929.

125 RGBl I, S. 1333.
126 Erlassdatum war der 16. September 1935.
127 Allerdings enthielt § 1 Abs. 1 S. 1 der 1. VO/RBüG eine Gesetzeslücke, die später von Bedeutung werden sollte. Das vorläufige Reichsbürgerrecht erhielten nach § 1 i. Vbdg. m. § 2 diejenigen jüdischen »Mischlinge«, die beim Inkrafttreten des RBüG das Wahlrecht besessen hatten. Ungeregelt blieb hingegen die Stellung derjenigen Mischlinge, die am 30. Oktober 1935 noch nicht das 21. Lebensjahr vollendet hatten.
128 RGBl I, S. 1333.
129 Walter Groß, Ziel und Wesen, S. 22.
130 Dieser Widerspruch war auch dem Reichsinnenminister bewusst. In einem RdErl vom 26. November 1935 führte er aus, dass bei der Beurteilung, ob jemand Jude ist oder nicht, nicht die Zugehörigkeit zur Religionsgemeinschaft, sondern die jüdische Rasse maßgeblich ist. Die Koppelung von Rassen- und Religionszugehörigkeit sei nur getroffen worden, um Schwierigkeiten bei der Beweisführung auszuschließen. Allerdings widersprach sich der Erlass im Schlusssatz selbst: Ein Gegenbeweis gegen die »ohne weiteres« bestehende Vermutung der Rassenzugehörigkeit auf Grund der Religionszugehörigkeit war nicht zulässig (MBliV, S. 1429).
131 Nach § 1 BlSchG waren Eheschließungen zwischen Juden und Staatsangehörigen deutschen oder artverwandten Blutes verboten. Als Sanktion drohte § 5 Abs. 1 die Zuchthausstrafe an. Erst durch die 1. VO/RBüG wurde indessen eine nähere Begriffsbestimmung des Juden getroffen, der Kreis der Adressaten durch § 5 Abs. 2 der 1. VO/RBüG auch erheblich vergrößert. Die 1. VO/BlSchG, welche die Eheverbote erst im einzelnen aufzählte, trat nach § 17 am 15. November 1935 in Kraft. Demnach konnte eine Strafsanktion wegen Verstoßes gegen das BlSchG für die unter § 5 Abs. 2 der 1. VO/RBüG fallenden Personen wegen des seinerzeit noch geltenden Grundsatzes nullum crimen sine lege nicht in Betracht kommen. Zu diesem Problem, das in mehreren Prozessen stillschweigend ignoriert wurde, siehe die Ausführungen des Reichsgerichtsrats Schwarz: Das Verbrechen der Rassenschande. In: ZAkDR, 4 (1937 S. 459 f.
132 Die Unterscheidung dieser Rassengruppen wird in allen entsprechenden Kommentaren einheitlich durchgeführt. Siehe als Beispiel: Gütt/Linden/Maßfeller: Kommentar zum Blutschutzgesetz und Ehegesundheitsgesetz. München 1936.

IV. Kapitel: Stationen der Ausschaltung aus der Wirtschaft

1 Parteitag der Freiheit, S. 267.
2 Lösener, Rassereferent, S. 283. Hitler hütete sich jedoch gleichzeitig, das Ausland zu verärgern. In einer »Bekanntmachung über Nichtanwendung § 3 BlSchG auf ausländische Diplomaten und Konsuln« vom 21. November 1935 gestattete er diesen, sofern sie Juden waren, weiterhin »arische« Hausmädchen unter 45 Jahren zu beschäftigen. RMBl, S. 835.

3 § 3 der 1. VO/BlSchG. Auch Hitler konnte von den Vorschriften des Gesetzes freistellen, doch stellte ein RdErl des RuPrMdI vom 4. Dezember 1935 klar, dass an derartige Bewilligungen allerstrengste Maßstäbe geknüpft würden. RMBl, S. 881.

4 »Ausführungsanweisung zu § 3 der 1. VO/BlSchG« erlassen vom RuPrMdI zgl. i. N. d. StdF vom 23. Dezember 1935, RMBl, S. 881 Der »Reichsausschuß«, später umbenannt in »Reichsausschuß zum Schutze des deutschen Blutes«, entschied endgültig. Er umfasste 17 Mitglieder, die auf Vorschlag des StdF und des RuPrMdI von Hitler ernannt wurden.

5 Wenn Lösener (Rassereferent, S. 284) von Stuckart erfuhr, er habe einige besonders krasse Fälle gegen die Parteivertreter durchzusetzen versucht, so weist das Protokoll der konstituierenden Sitzung des »Reichsausschusses« am 14. Februar 1936 nur aus, dass Stuckart bestrebt war, nicht in Gegensatz zur Auffassung der Parteivertreter zu geraten. GStA Rep 335/11/1231.

6 Lösener (Rassereferent, S. 284) spricht »von ein paar Dutzend«, die unter mehreren hundert eingereichten Gesuchen Erfolg hatten. Walter Groß, dessen Vertreter Dr. Blome im Ausschuss vertreten war, bemerkte hierzu: »Die Paragraphen im Gesetz, die scheinbar dort einige Ausnahmen erwünscht sein lassen, werden sehr streng angewendet! Praktisch haben wir nur ganz selten einen Halbjuden heiraten lassen, und dann nur aus außenpolitischen Gründen.« Groß, Ziel und Wesen, S. 23.

7 Lösener, Rassereferent, S. 284.

8 StANürnberg NG 4067 IX.

9 Hdschrftl. Vermerk Lammers' vom 21. November, der Vortrag beim Führer sei am 27. November angesetzt. AaO, NG 4067 VIII.

10 Niederschrift (Abschrift) der kommissarischen Besprechung über Durchführung des § 6 der Ersten Verordnung zum Reichsbürgergesetz am 27. November 1935, GStA Rep 90/2256.

11 Niederschrift, S. 11.

12 Niederschrift, S. 9.

13 Niederschrift, S. 11.

14 Niederschrift, S. 12.

15 Niederschrift, S. 10.

16 »Nachweis der arischen Abstammung von Notaren und Notarvertretern«, AV des RuPrJM vom 21. November 1935, DtJustiz, S. 1688.

17 Der Nachweis der »arischen Abstammung« für Beamte war bis dahin unterschiedlich geregelt. In Bayern begnügte man sich mit dem Vorlegen der Geburtsurkunde (RdErl vom 6. Juli 1933, BayGVOBl, S. 173). Die 3. DVO/GWBB vom 6. Mai 1933 (BGBl I, S. 245) hatte den Reichsministern die Durchführung des Nachweises für den eigenen Geschäftsbereich freigestellt.

18 Schreiben des RuPrMdI (gez.: Frick) an den StSuChdRK'zlei vom 4. Dezember 1935, BA R 43 II/424.

19 »Übertritt der jüdischen Beamten in den Ruhestand«, RdErl des RuPrMdI vom 9. Dezember 1935, MBliV, S. 1467.

20 Mit Schreiben vom 5. Dezember wies der RuPrMdI den RegPräs in Breslau an, Entlassungen von Juden in der Schlachtvieh- und Fleischbeschau sofort rückgängig zu machen. BA R 18/3746 b.

21 So glaubte man beispielsweise im PrStM, die Beamten könnten von der NSDAP und ihren Gliederungen als »minderwertig« angesehen werden, da sie ihre »Ariereigenschaft« nur bis zu den Großeltern nachzuweisen hatten, die Partei hingegen den »Abstammungsnachweis« bis zum Jahr 1800 forderte. »Aufzeichnung zur Chefbesprechung am 12. Dezember«, GStA Rep 90/2256.

22 Schnellbrief des RuPrMdI (gez.: Pfundtner) vom 9. Dezember 1935, GStA Rep 90/2256.

23 Das Protokoll der Chefbesprechung ist n. b. d./A.

24 Dass auf der Chefbesprechung auch die Frage der wirtschaftlichen Ausschaltung auf der Tagesordnung stand, beweist ein Schreiben Schachts an Goebbels vom 12. Dezember 1935, in dem er bat »unter Bezugnahme auf die ... Besprechung ... bis zur endgültigen Klärung« den jüdischen Kunst- und Antiquitätenhändlern die Ausübung ihres Berufes zu ermöglichen. (StA-Nürnberg NG 4067 X) Am 28. Dezember 1935 machte dann ein RdErl Schachts an die Landesregierungen deutlich, dass die wirtschaftliche Ausschaltung der Juden endgültig zurückgestellt worden war. Hier heißt es: »Es obliegt allein der Reichsregierung, ob die wirtschaftliche Betätigung der Juden eingeschränkt werden soll oder nicht.« Des weiteren wandte sich Schacht »im Einvernehmen« mit dem RuPrMdI gegen das Vorgehen der Polizei, den Juden die Legitimationskarten und Wandergewerbescheine zu entziehen bzw. zu versagen. Er stellte klar, dass die Zugehörigkeit zur jüdischen Rasse allein noch keinen hinreichenden Versagungsgrund darstellt. (AVfK DGT 1–11–1/13) Zwar hatte das RuPrWiM im November 1935 selbst das Ausscheiden aller amtlich bestellten jüdischen Kursmakler bestimmt, doch war dies wohl eher eine prophylaktische Maßnahme, um den weiteren Verkauf von Reichsmark durch Juden zu stoppen. Das Archiv 1935, S. 1137.

25 Mitteilung der Funkstelle des RuPrMdI im Namen Pfundtners, BA R 43 II/424.

26 Berichtigung der Kanzlei vom 16. Dezember 1935, aaO.

27 »Ausscheiden der jüdischen Träger eines öffentlichen Amtes«, RdErl des RuPrMdI zg. i. N. sämtlicher Reichsminister, MBliV. S. 1506, und DtJustiz 1936, S. 98.

28 RGBl I, S. 1524.

29 Hierbei darf nicht vergessen werden, dass manche höhere Beamte von der Rassendoktrin betroffen wurden, was naturgemäß zu einem weniger harten Vorgehen gegen »jüdisch-versippte« oder »halbjüdische« Beamte führte.

30 Gesetz vom 13. Dezember 1935, RGBl I, S. 1433.

31 »Zweites Gesetz zur Änderung der Rechtsanwaltsordnung« vom 13. Dezember 1935, RGBl I, S. 1470.

32 Gesetz und AVO vom 13. Dezember 1935, RGBl I, S. 1479 ff. In der Weimarer Republik waren Rechtsverordnungen, die in derselben Ausgabe des RGBl erschienen, wie das ermächtigende Gesetz, ungültig. Erwin Jacobi: Die Rechtsverordnungen. In: Anschütz / Thoma, Bd. 2, S. 245.

33 DtJustiz, S. 1858. Die Weisung ist wohlweislich in Form einer Empfehlung an die Gerichte »zur Ausübung des richterlichen Ermessens« gehalten.

34 Der vom RuPrMfWFuV vorgelegte Entwurf beabsichtigte, den Gemeinden mit Unterstützung des Reichs aufzugeben, für alle Juden gesonderte Schulen

zu errichten. Zwar stimmten alle beteiligten Stellen zu, doch scheiterte das Vorhaben an finanziellen Erwägungen. Rust unterstützte daraufhin das Vorgehen von Bayern und Baden, die ihre jüdischen Schüler aus den Klassen herauszogen und für sie besondere Klassen an den Schulen errichteten. Joseph Walk: The Education of the Jewish Child in Nazi Germany. The Law and its Execution. Jerusalem 1971 (MS).

35 Erl. des RuPrMfWEuV vom 3. Dezember 1935, RMinAmtsbl 1936, S. 18.

36 Erl des RuPrMfWEuV vom 12. Dezember 1935, aaO, S. 9.

37 RdErl des RuPrWiM vom 13. Januar 1936, RMBl, S. 10.

38 »VO über die geschäftsmäßige Hilfeleistung in Devisensachen vom 29. Juni 1936, RGBl I, S. 524.

39 Juden durften nicht mehr Wirtschaftsprüfer werden (Punkt 6 f. der »VO über öffentlich geprüfte Wirtschaftsprüfer im Genossenschaftswesen« vom 7. Juli 1936, RGBl I, S. 559), sie wurden ausgesperrt vom Beruf des technischen Baubeamten (Gesetz vom 16. Juli 1936, RGBl I, S. 563), des Dolmetschers (RdErl des RuPrMdI vom 6. April 1936, RMBliV, S. 498), sie durften keine öffentlichen Apotheken mehr pachten (»VO über die Verwaltung und Verpachtung öffentlicher Apotheken« vom 26. März 1936, RGBl I, S. 317). Für »Mischlinge« stand der Apothekerberuf nach der Prüfungsordnung für Apotheker und einem diesbezüglichen RdErl des RuPrMdI vom 15. Juni 1936 (RMBliV, S. 829) weiterhin offen. Da der Reichsnährstand die Hinzuziehung jüdischer Tierärzte grundsätzlich ablehnte (Schreiben des RuPrMdI an den StSuChdRK'zlei vom 2. März 1936, BA R 43 II/741), erging die »Reichstierärzteordnung« vom 3. April 1936 (RGBl I, S. 347) mit der Klausel, dass dem Bewerber die Bestallung zu versagen ist, wenn er oder sein Ehegatte nicht Beamter werden kann. Juden wurden weiterhin von der Ausbildung und Prüfung zum Archivdienst ausgeschlossen (AV des PrMPräs vom 24. November 1936, RMBliV 1937, S. 35) und durften die staatlichen Lehrgänge für Taubstummen- und Blindenlehrer nicht mehr besuchen (RdErl des RuPrMfWFuV vom 15. Februar 1936, RMBl, S. 119).

40 Das »Wehrgesetz« vom 26. Juni 1936, RGBl I, S. 518, brachte nur die geänderte Begriffsbestimmung des Juden. Ansonsten behandelte die Wehrmacht »Mischlinge 1. und 2. Grades« gleich. Sie mussten die aktive Dienstpflicht und die nachfolgenden Wehrübungen ableisten, durften jedoch keine andere Dienstverpflichtung eingehen und nicht Vorgesetzte werden. Absolon, Wehrgesetz, S. 118. Nach § 1 des Gesetzes über das Reichstagswahlrecht vom 7. März 1936 waren nur Reichsbürger wahlberechtigt, RGBl I, S. 133.

41 So nahmen die »Durchführungsbestimmungen« über die Gewährung von Kinderbeihilfen« vom 24. März 1936, RGBl I, S. 252, nur eine bestehende Verwaltungsübung auf. Siehe S. 144.

42 Beispielhaft hierfür ist das Bemühen Löseners, gemeinsam mit Vertretern des Reichsjustiz- und Reichskirchenministeriums einen RdErl derart zu formulieren, dass der Austritt eines »Geltungsjuden« aus der jüdischen Religionsgemeinschaft vor dem 16. September 1935 auch die Fälle einbezog, in denen ein Austritt aus der jüdischen Synagogengemeinde erfolgte. Dies hätte rechtlich bedeutet, dass der Austritt aus der Synagogengemeinde dem Ausgetretenen den Status des Reichsbürgers sicherte. Der Entwurf wurde folgerichtig

»Austritt aus dem Judentum« genannt. (Niederschrift einer Besprechung am 13. Februar 1936, BA R 22/1902, Bd. 1) StS Pfundtner der die politische Sprengkraft eines derartigen Erlasses erkannt hatte, scheute sich, hierfür die Verantwortung zu übernehmen und suchte durch entsprechende Änderungen die Wirkung des Erlasses zu mindern. (Aktenvermerk des MRats Kaulbach/RuPr vom 3. April 1936 über ein Gespräch mit MRat Lösener, der mehrere vergebliche Einwirkungsversuche auf Pfundtner schilderte, aaO) Der Erlass erging dann am 27. April 1936 im Sinne Pfundtners (RV des RuPrJM an die OLGPräsn in Preußen, aaO).

43 Das RuPrJM hatte einen Entwurf über die Entschuldung landwirtschaftlicher Güter vorbereitet, musste sich jedoch vom RMfEuL sagen lassen, dass das »Gesetz zur Regelung landwirtschaftlicher Schuldverhältnisse« (dieses Gesetz vom 1. Juni 1933, RGBl I, S. 331, brachte die propagandawirksame Regelung einer staatlichen Hilfe bei verschuldetem bäuerlichen Grundbesitz) keinesfalls auf »nichtarische« Betriebsinhaber angewendet werden dürfe. (Schreiben des RMfEuL an den RuPrJM vom 14. Februar 1936, BA R 22/2087.) Die Einwände wurden vom RuPrJM zwar übernommen, jedoch durch den Passus abgeschwächt, die Entschuldung werde nicht nur im Interesse des Besitzers, sondern auch unter Berücksichtigung der Gesamtgläubigerschaft durchgeführt. (Vermerk eines Sachbearbeiters im RuPrJM und diesbezügliches Schreiben an den OLGPräs in Darmstadt vom 24. April 1936, aaO). Dem wurde jedoch heftigst vom RuPrMfEuL widersprochen. Nach seiner Überzeugung musste die Eröffnung eines Entschuldungsverfahrens für einen »Nichtarier« auch dann abgebrochen werden, wenn dessen Durchführung für einen Gläubiger von Vorteil sein sollte. (Schreiben des RuPrMfEuL an den RuPrJM vom 12. Juni 1936, aaO.) Das RuPrJM sah nun keine andere Möglichkeit mehr, als dem harten Kurs des mitspracheberechtigten Ressorts zu folgen. Am 7. Juli 1936 wurden die OLGPräsn entsprechend angewiesen. (AaO.)

44 In seltener Übereinstimmung reagierten die Ministerien, als der RuPrMdI einen Entwurf vorlegte, der allen im öffentlichen Dienst Tätigen die Konsultation jüdischer Ärzte untersagte und im Weigerungsfall hierfür weder Beihilfen noch Unterstützungen gewähren wollte (Schreiben des RuPrMdI an die Obersten Reichsbehörden, den PrMPräs und den PrFM vom 19. Mai 1936, BA R 43 II/430). Das RuPrJM forderte zusätzlich, das Verbot auch auf die Inanspruchnahme jüdischer Apotheken, Kranken- und Heilanstalten auszudehnen (Schreiben des RuPrJM an den RuPrMdI vom 28. Mai 1936, aaO). Dem RKM schien selbst dies noch ungenügend. Er schlug vor, das Verbot auf die Ruhegehaltsempfänger und ihre Hinterbliebenen anzuwenden (Schreiben des RKMuObdW an den RuPrMdI vom 16. Juni 1936, aaO). Der RuPrMdI machte sich diese Vorschläge zu eigen und arbeitete sie seinem Erlassentwurf ein, so dass dessen Veröffentlichung im Oktober 1936 eine erneute finanzielle Schlechterstellung der betroffenen jüdischen Berufe und Einrichtungen mit sich brachte. Besonders diskriminierend wirkte dabei das Verbot, Zeugnisse oder Atteste jüdischer Ärzte zum Nachweis einer vorübergehenden oder dauernden Krankheit vorzulegen. (»Inanspruchnahme jüdischer Ärzte, Zahnärzte, Apotheker, Heilpersonen, Kranken- und Heilanstalten, Entbindungsheime, Rechtsanwälte usw. durch Beamte, Behörden-

angestellte und Arbeiter«, RdErl des RuPrMdI zg. i. N. sämtlicher Reichsminister vom 9. Oktober 1936, RMBliV, S. 1330; DtJustiz, S. 1674).

45 Am 11. März 1936 hatte das RuPrMdI einen Verordnungsentwurf über das
»Reichstreudienstabzeichen« auf den Umlaufweg gegeben, das an Juden
nicht verliehen werden sollte. Der Chef der Präsidialkanzlei empfahl
daraufhin, den Begriff des »Juden« i. S. des § 5 der 1. VO/RBüG zu umgren-
zen. (Schreiben des StMuChdPräsK'zlei an den RuPrMdI vom 24. März
1936, BA R 43 II/297) Der RMfEuL verwies auf eine AVO zum Ordensgesetz,
wonach die zu Beleihenden »arischer Abstammung« sein mussten, was
auch »Mischlinge« von der Vergabe dieses Ehrenzeichens ausgeschlossen
hätte. Da der RMfEuI jedoch auch »Mischlingen« dieses Zeichen verleihen
wollte, bat er um eine entsprechende Abänderung des Ordensgesetzes.
(Schreiben des RMfEuL an den RuPrMdI vom 3. April 1936, aaO) Nachdem
sich auch der RuPrWiM für die Vergabe des Zeichens an »Mischlinge« ausgesprochen hatte (Schreiben an den RuPrMdI vom 8. Juni 1936, aaO), hielt
der StdF die Einführung des Ehrenzeichens nicht mehr für notwendig, und
der RuPrMdI stellte die Angelegenheit bis auf weiteres zurück. (Schreiben
des RuPrMdI – gez.: Stuckart – an die Reichsminister vom 14. November
1936, aaO)

46 Rede Hitlers beim Begräbnis Gustloffs in Schwerin am 12. Februar 1936,
Domarus, Bd. 1, S. 572.

47 Verfügung des WürttPolPolAmts vom 10. Februar 1936. Heinz Keil: Dokumentation über die Verfolgung der jüdischen Bürger von Ulm/Donau. Ulm
1961. S. 78.

48 Man vergleiche die nahezu gleiche Situation bei der Ermordung des
Gesandtschaftsrats v. Rath in Paris am 7. November 1938.

49 In den USA hatte sich bereits ein Boykottkomitee gegen die Abhaltung der
Spiele in Deutschland konstituiert. Hagemann, S. 142 Anm. 11.

50 Mommsen, Polizeistaat, S. 88.

51 Vermerk des SS-Unterstumführers v. Mildenstein, Leiter des Referats II 112
des SD vom 2. April 1936, BA R 58/1239; siehe auch Deeg, S. 17.

52 Schreiben (Abdruck) Gürtners an den OLGPräs in Köln vom 27. April 1936,
BA R 58/276.

53 Vermerk v. Mildensteins vom 2. April 1936 und handschriftlicher Zusatz
»Einverstanden, C«, BA R 58/1239. Hinter »C« verbarg sich Heydrich. Siehe
Höhne, S. 200.

54 Eine Anordnung des BayPoPo vom 28. Januar belegt diese Taktik mit hinreichender Deutlichkeit: »Die Tätigkeit der zionistisch eingestellten Jugend-
organisationen ... liegt im Interesse der Staatsführung. Jedenfalls sind die
Mitglieder der zionistischen Verbände nicht mit derjenigen Strenge zu
behandeln, wie sie gegenüber den Angehörigen der deutsch-jüdischen Organisationen notwendig ist.« Mommsen, Polizeistaat, S. 78.

55 Vgl. Hans Buchheim. Die SS in der Verfassung des Dritten Reiches, VJhefteZG, 3. Jg. (1955), S. 135.

56 Als staatliches Organ konnte der SD erst ab 11. November 1938 gelten, als ein
Erlass des RMdI ihm auch ein Handeln auf Grund staatlichen Auftrags
zusprach. Buchheim, Die SS, S. 65.

57 Zum Jahresende 1937 konnte die Abteilung II 112 befriedigt feststellen, dass die Verbindung mit dem Referat II B 4 des Gestapa sich außerordentlich positiv für beide Seiten entwickelt hatte. Bericht der Abteilung II 112 über den Umbau der Abteilungen innerhalb der Zentralabteilung II 1 vom 7. Dezember 1937, BA R 58/991.

58 Wie das AA am 30. April 1936 allen Reichsministerien mitteilte, hatten die o. a. Ministerien sich darauf geeinigt, dass nunmehr zwischen »Juden« und »Personen deutschen oder artverwandten Blutes« unterschieden wird. BA R 22/1933.

59 AO des Gestapa Karlsruhe an die Bezirksämter und Polizeidirektionen vom 6. September 1935, Dokumente über die Verfolgung, Bd. 1, S. 235.

60 Schreiben des Gestapa Berlin an die politischen Polizeiämter der Länder vom 7. Januar 1936, BA R 58/276. Die entsprechende AO des WürttPolPolAmts vom 10. Januar 1936 in: Dokumente über die Verfolgung, Bd. 1, S. 67.

61 Juden wurden erst durch eine AO des Reichssportführers vom 18. November 1942 vom Tragen dieses Zeichens ausgeschlossen, RMBl, S. 242.

62 »Ausführungsbestimmungen zum Gaststättengesetz«, RdErl des RFSS und Chef der Deutschen Polizei im RMdI vom 27. Juli 1936, RMBliV, S. 1067.

63 Vertraulicher Erlass des Gestapa (gez.: Heydrich) vom 6. Januar 1936, Dokumente über die Verfolgung, Bd. 1, S. 27.

64 In einem Schreiben vom 25. Januar 1937 regte das Gestapa (gez.: Müller) beim RuPrJM an, die Notariate und Grundbuchämter anzuweisen, Grundstücksveräußerungen von Juden der zuständigen Stapostelle mitzuteilen. Das RuPrJM war der Auffassung, dass eine diesbezügliche Zusammenarbeit mit den Landesfinanzämtern genügen müsste. (Schreiben des Gestapa und Aktenvermerk des RuPrJM vom 4. Februar 1937, BA R 22/1989) Am 25. März teilte dann der RFM dem RuPrJM mit, man habe mit der Gestapo vereinbart, dass die Finanzämter bei entsprechenden Fällen das Einschreiten der Zollfahndungspolizei veranlassen werden. (AaO).

65 Das im Stil unerträgliche Schreiben Himmlers an Pfundtner vom 15. Juni 1936 lautet: »Der Führer hat kürzlich bei einem Vortrag, den ich über die Verwendung deutscher Namen hielt, mir den Auftrag gegeben, den ich weitergeben soll, daß Juden den Namen Siegfried oder Thusnelda nicht führen dürfen und daß, soweit sie ihn führen, ablegen müssen. Notwendig wäre hierzu die Anlegung eines Verzeichnisses jüdischer Namen, also Namen, die Juden führen dürfen, von Lewi bis Jakob usw. Für eine Mitbeteiligung bei dem Entwurf des Gesetzes wäre ich dankbar.« Faksimile bei Strecker, S. 68.

66 Matzerath, S. 310 Anm. 241.

67 Die Sommerspiele währten vom 1. bis 16. August 1936.

68 Vorschlagsnotiz des ORRats Dr. Globke/RuPrMdI vom 1. Juli 1936, Strecker, S. 69.

69 Aussage Globkes im Wilhelmstraßenprozess, aaO, S. 134.

70 Mit Schreiben vom 6. Juli 1936 kritisierte der Stab/StdF (gez.: Sommer) beim RFM die Zahlung von Übergangsgeldern an die entlassenen jüdischen Beamten und forderte die baldige Abstellung dieser – übrigens gesetzlich vorgeschriebenen – Zahlungen. BA R 43 II/424.

71 Tätigkeitsbericht der Abteilung II 112: »Ausbau der Arbeit der Abteilung II

112 im Jahr 1937«von SS-Untersturmführer Herbert Hagen vom 18. Dezember 1937, BA R 58/991.

72 Am 6. April 1937 wies der SD seine Unterabschnitte an, eine Aufstellung aller jüdischen Ärzte, Zahnärzte, Homöopathen, Naturheilkundigen uni Heilgymnastiker zu übersenden. Dokumente über die Verfolgung, Bd. 1, Nr. 169 a.

73 Bericht der Abteilung II 112 vom 7. Dezember 1937, BA R 58/991. Für wie kompetent sich der SD bereits 1937 in der Judenfrage hielt, zeigt der Tätigkeitsbericht von II 112 über die Zeit vom 1. 7.–31. 12. 1937, wo man»die falsche personelle Besetzung derjenigen Stellen, die sich befugt oder unbefugt mit der Judenfrage im Reich befassen«, kritisierte. Bericht vom 15. Januar 1938, aaO.

74 So wusste man zwar im RuPrJM, dass jüdische milde Stiftungen zukünftig nicht mehr anerkannt werden sollten, wagte aber wegen der ungeklärten Rechtslage keine Entscheidungen darüber zu treffen. (Vermerk des RuPrJM vom 21. Juli 1936, BA R 22/1856) Eine diesbezügliche Anfrage beim RuPrMdI blieb unbeantwortet (Entwurf eines Schreibens vom 26. Oktober 1936 mit Abgangsvermerk, aaO), desgleichen eine dringliche Anfrage des PrFM, dessen Zuständigkeit in dieser Frage für den Bereich Preußens auf den RFM übergegangen war, der die Anerkennung dieser Stiftungen vorbehaltlos bejahte (Schreiben – Abdruck – des PrFM an den RuPrMdI vom 17. September 1936, aaO).

75 Auf eine Anfrage der Stadt Breslau, ob die Juden vom dortigen Weihnachtsmarkt ausgeschlossen werden könnten, antwortete der DGT, dass zwar die zuständigen Reichsstellen ein Verbot aller Einzelaktionen in der Judenfrage ausgesprochen hätten, die Gemeinden indessen nicht gehindert seien, die Benutzung der städtischen Einrichtungen durch Juden anders zu regeln. Auch sei eine gesetzliche Sonderbehandlung der Juden nach den Bestimmungen der Deutschen Gemeindeordnung einwandfrei möglich und zulässig. (Entwurf mit Abgangsvermerk vom 24. August 1936. Der Beigeordnete v. d. Lühe vermerkte seinen Vorbehalt gegenüber dieser Auskunft mit den Worten: »Ich halte diese Auskunft für juristisch zweifelhaft.« AVfK DGT 4–10–2/13) Im vorliegenden Fall ging es aber nicht nur um eine Einzelaktion, sondern um den eindeutigen Versuch, die wirtschaftliche Konkurrenzfähigkeit der Juden zu schmälern, was sowohl die Reichsregierung wie der Reichswirtschaftsminister mehrmals untersagt hatten. In einem anderen Fall billigte der DGT das Vorgehen der Kreisstadt Hechingen, die ihren jüdischen Bürgern die Nutzung des Allmendevermögens untersagen wollte. Nachdem die betroffenen Juden gegen diese Maßnahme nie Verwaltungsstreitklage erhoben hatten und die Angelegenheit vor dem PrOVG entschieden werden sollte, änderte der DGT seine Rechtsauskunft plötzlich dahingehend, dass eine Rechtsgrundlage für das Vorgehen des Bürgermeisters nicht gegeben sei. AVfK DGT 1–2–6/1.

76 So hatte fast jedes Ministerium seine eigenen Rechtsbegriffe, die ein eindrucksvolles Bild der begrifflichen Unklarheit vermitteln. Noch am häufigsten angewendet wurden: deutschstämmig, deutschblütig, deutschen oder artverwandten Blutes, Deutscher, Arier, Nichtarier, arischen Blutes, deutscher Abstammung, arischer Abstammung.

77 RdSchrb des RuPrMdI (gez.: Pfundtner) vom 7. Dezember 1936, BA R 22/12.

78 In einem RdErl »Reichsbund jüdischer Frontsoldaten« vom 9. Oktober 1936 nahm der RFSS dem Verband praktisch alle Betätigungsmöglichkeiten. (Dokumente Frankfurter Juden, S. 343) jüdische Kleinrentner wurden von gewissen Unterstützungszahlungen ausgenommen (RdErl des RuPrAM vom 20. November 1936, RABl, S. 317). Das Einführungsgesetz zu den Realsteuergesetzen vom 1. Dezember 1936 (RGBl I, S. 961) legte steuerrechtlich zum erstenmal fest, dass zwischen Deutschen und Juden auch auf diesem Gebiet keine Gleichheit besteht. Den in »Mischehe« lebenden Deutschen wurde das Hissen der Reichs- und Nationalflaggen untersagt (»Auslegung des § 4 BlSchG, RdErl des RuPrMdI vom 7. Dezember 1936, RMBliV, S. 1631; siehe auch Deeg, S. 55). Berufsverbote- und -beschränkungen trafen jüdische Viehhändler (§ 3 Abs. 3 der »VO über den Handel mit Vieh« vom 25. Januar 1937, RGBl I, S. 28) und Notare (§ 3 Abs. 2 der »Reichsnotarordnung« vom 13. Februar 1937, RGBl I, S. 191, ließ jüdische Notare als Bewerber nicht mehr zu), Diätküchenleiter (RdErl es RuPrMdI vom 5. April 1937, RMBliV, S. 583) und Schornsteinfegermeister (»Ausführungsanweisung zur VO über das Schornsteinfegerwesen« vom 28. Juli 1937, RGBl I, S. 841). Weitere Rechtsvorschriften wurden in ihren Bestimmungen der geänderten Rechtslage angepasst. Juden konnte die Erteilung eines Jagdscheins nun allein auf Grund ihrer Eigenschaft versagt werden, während man vordem die Versagung auf den Ermessensbegriff der »Unzuverlässigkeit« gestützt hatte. (VO zur Änderung der AVO des Reichsjagdgesetzes vom 5. Februar 1937, RGBl I, S. 179) Juden unterlagen nicht mehr der allgemeinen Luftschutzdienstpflicht (§ 10 Abs. 3 der 1. DVO zum Luftschutzgesetz vom 4. Mai 1937, RGBl I, S. 559), der Erwerb eines Doktorgrades wurden ihnen verboten (Erl. des RuPrMfWEuV vom 15. April 1937, RMinAmtsbl, S. 224).

79 Lösener, Rassereferent, S. 281.

80 Schacht, Abrechnung, S. 62.

81 Siehe die Dokumentation von Wilhelm Treue: Hitlers Denkschrift zum Vierjahresplan. In: VJhefteZG 4 (1955). S. 193 ff.

82 Rede Hitlers am 9. September 1936, Parteitag der Ehre, S. 42; Domarus, Bd. 1, S. 637.

83 . . . Göring trifft die zur Erfüllung der ihm gestellten Aufgaben erforderlichen Maßnahmen und hat soweit die Befugnis zum Erlass von Rechtsverordnungen und Verwaltungsvorschriften. Er ist berechtigt, alle Behörden, einschließlich der Obersten Reichsbehörden, anzuhören und mit Weisungen zu versehen.« RGBl I, S. 887. Siehe zu dem Machtbereich Görings auch die Aussage seines langjährigen Staatssekretärs Körner, Kempner / Haensel, S. 55.

84 Treue, S. 210.

85 So vermerkte MDir Wienstein/RK'zlei zu der Frage, ob die nachträgliche Verleihung eines EK II entgegen der bestehenden rechtlichen Vorschriften angängig sei, am 15. März 1937: »Für den Führer müßte wohl – wie immer – eine Ausnahmemöglichkeit gelten«. BA R 43 II/297 a.

86 RGBl I, S. 996.

87 Geheime Aufzeichnung Gürtners vom 12. Dezember 1936, GStA Rep 335/ 11/480 NG 3939.

88 Privatdienstschreiben – Geheim – mit beigelegtem »Entwurf eines Leistungs-

ausgleichssteuergesetzes« vom 18. Dezember 1936. Die projektierte Sondersteuer sollte als Zuschlag auf die Einkommens-, Vermögens- oder Körperschaftssteuer erhoben und vierteljährlich vom RFM im Einvernehmen mit dem StdF festgesetzt werden. § 3 Abs. 2 des Entwurfs bestimmte, dass das durch die Sondersteuer gebildete Sondervermögen auch zur Förderung der jüdischen Auswanderung verwendet werden konnte, ansonsten entschieden über diese Mittel der RFM und der StdF. GStA Rep 335/11/480 NG 3939.

89 Frankfurter wurde vom Kantonsgericht Graubünden zu 18 Jahren Zuchthaus verurteilt, Schultheß' 1936, S. 416.

90 Schreiben (Abschrift) des MDir Hedding/RFM an Stuckart vom 17. Januar 1937. Das RFM hielt auf dem Gebiet der Einkommenssteuer den Wegfall der tarifmäßigen Kinderermäßigung für ausreichend. Ledige und kinderlose verheiratete Juden sollten durch eine Erhöhung der Lohn- und Einkommenssteuer belastet werden, was nach Meinung des RFM frühestens ab 1.1.1938 möglich war. GStA Rep 335/11/480 NG 3939.

91 Insbesondere ging es um Fragen auf dem Gebiet der Vermögenssteuer, wo die Sonderbesteuerung nach Meinung des RFM nur auf Grund besonderer Maßnahmen und Änderungen des geltenden Vermögenssteuerrechts möglich war.

92 Schnellbrief des RFM vom 9. Februar 1927 an den RuPrMdI, den StdF, den BVP, das AA, den RuPrWiM, den RMfVuP und den StSuChdRK'zlei, GStA Rep 335/11/480 NG 3939.

93 Vorlegungsnotiz des LRats Hinrichs/AA für den Gesandten v. Bülow-Schwante, aaO.

94 Dies ergibt sich aus einem Schreiben des MDir Hedding/RFM an das AA vom 16. Juni 1937, aaO.

95 Ebenda.

96 Schreiben – Geheim – des RuPrMdI (gez.: Frick) an Göring mit beigelegtem Entwurf einer Dritten Verordnung zum Reichsbürgergesetz, GStA Rep 90/2256.

97 Siehe S. 86. Im AA, das den Entwurf zur Kenntnis erhalten hatte, machte LRat Hinrich in einem Aktenvermerk auf einen ähnlichen Vorgang aufmerksam. Hier hatte der Leiter der NS-Volkswohlfahrt, Hilgenfeld, vorgeschlagen, deutsche Geschäfte mit der NSV-Plakette zu kennzeichnen. GStA Rep 335/11/480 NG 3940.

98 § 2 und § 15 des Entwurfs.

99 Schreiben des RuPrMdI (gez.: Hering) an das AA vom 20. Juni 1937, aaO.

100 Ebenda, mit dem Passus, es lasse sich nicht absehen, wann mit dem Erlass der Verordnung gerechnet werden könne.

101 Mit Vorliebe erließ der nationalsozialistische Staat seine sogenannten »Staatsgrundgesetze« an den Jahrestagen der Machtergreifung. Dies war bislang nur am 30. 1. 1936 ausgeblieben.

102 Schreiben des RuPrMdI (gez.: Frick) an die Reichsminister – Eilt sehr! Streng vertraulich! –, GStA Rep 90/2256.

103 »Hitlerschule« ist offensichtlich ein Druckfehler und müsste »Hitlerjugend« heißen.

104 Siehe S. 105.

105 Schreiben (Abschrift) des RKMuObdW an den RuPrMdI vom 13. Januar 1937, GStA Rep 90/2256.

106 Schreiben des RFM – Streng vertraulich – an den RuPrMdI vom 15. Januar 1937, aaO.

107 Schreiben des PrFM an den RuPrMdI vom 3. Februar 1937, aaO.

108 Ebenda bemerkte MDirig Bergbohm ironisch:»Welchen Ausgang das hat, kann abgesehen werden. Bis dann z. d. A.«

109 Schreiben des RuPrMdI (gez.: Pfundtner) an die Reichsminister vom 28. Mai 1937, aaO.

109a Auskunft der Abteilung I an Abteilung IV des DGT vom 17. Februar 1937, AWK DGT 4–10–2/13.

110 Der Streit hatte sich auch an dem vom RuPrMfWEuV vorgelegten Reichsschulgesetz entzündet, was im April 1937 in Kraft treten sollte. Wie MDir Volkmar/RuPrJM in einem Vermerk vom 8. April 1937 festhielt, hatte Hitler dessen Rückstellung persönlich angeordnet, um weitere Streitigkeiten mit den Kirchen zu vermeiden. BA R 22/1901. Zu weiterem siehe auch Conway, S. 176,196 f.

111 Auf die Kennzeichnung der jüdischen Gewerbebetriebe angesprochen, bemerkte Hitler am 29. April in einer Rede vor Kreisleitern:»... dieses Problem der Kennzeichnung wird seit zwei, drei Jahren fortgesetzt erwogen [sic] und es wird eines Tages – so oder so – natürlich durchgeführt«. (v. Kotze-Krausnick, S. 147) Bemerkenswert ist, dass Hitler selbst der höheren Parteigarde gegenüber von den laufenden Vorarbeiten der »Dritten Verordnung« nichts erwähnt.

112 Hierzu siehe Max Braubach: Der Einmarsch deutscher Truppen in die entmilitarisierte Zone am Rhein im März 1936. Ein Beitrag zur Vorgeschichte des Zweiten Weltkrieges (Arbeitsgemeinschaft zur Forschung des Landes Nordrhein-Westfalen, Geisteswissenschaften, Heft 54). Köln/Opladen 1956. Für Hitler sollen die Stunden der Besetzung die aufregendsten seines bisherigen Lebens gewesen sein. Paul Schmidt: Statist auf diplomatischer Bühne. Erlebnisse mit den Staatsmännern Europas. Bonn 1950. S. 325; Bullock, S. 351.

113 Das »Gesetz über Maßnahmen im ehemaligen oberschlesischen Abstimmungsgebiet« vom 30. Juni 1937, RGBl I, S. 717, entließ Beamte, Angestellte oder Arbeiter, die Juden oder »Mischlinge« waren. Die Zulassungen und Bestallungen jüdischer Rechtsanwälte, Ärzte, Tierärzte, Zahnärzte und Apotheker erloschen, soweit die Behörden sie nicht bestätigten.

114 »Mischlinge«, Ärzte und Rechtsanwälte mit Frontkämpfereigenschaft durften im Reich noch praktizieren.

115 Schreiben des RFM an die Obersten Reichsbehörden vom 29. April 1937, BA R 43 II/424.

116 In einem vertraulichen Schnellbrief des RFM an die Obersten Reichsbehörden vom 19. Juni 1937 bat der RFM, die Frage des Ausscheidens der jüdischen Angestellten nach denselben Gesichtspunkten zu entscheiden, die für die Entfernung oder Beibehaltung eines aktiven Beamten maßgebend gewesen waren (AVfK DGT 3–9–9/1). Am 5. Januar 1938 vermerkte Haupt-

referent Schied/DGT nach einer Unterredung mit MRat Schilling/RFM, dass der Erlass vom 19. Juni 1937 natürlich auch für die Arbeiter des öffentlichen Dienstes gelte, »aber der Herr RFM nicht in Bezug genommen werden möchte. Er lege vielmehr Wert darauf, aus dieser Sache herausgehalten zu werden. Deshalb sei auch kein weiterer Erlaß ergangen, da er aus außenpolitischen Gründen eine Massen-Maßnahme vermeiden wollte«. (AaO)

117 Schreiben des RuPrMdI (gez.: Seel) an den RPM vom 2. Juli 1937, BA R 43 II/ 423 a.

118 Ebenda.

119 Schreiben (Abschrift) des StdF an den RuPrJM vom 17. Dezember 1937, BA R 22/4158. Die Bestrebungen des StdF trafen insbesondere den RuPrMfWEuV, der am 2. Juli 1937 verfügt hatte, dass jüdische Volksschullehrer unter bestimmten Bedingungen und mit niedrigerem Gehalt weiterverwendet werden konnten. RMinAmtsbl, S. 348.

120 So der RuPrMdI in der »Ausbildungs- und Prüfungsordnung für den gehobenen kartographischen Dienst« vom 29. Juli 1937. RMBliV, S. 1309, und »Reichsforstmeister« Göring in der »VO über die Ausbildung zum höheren Forstdienst« vom 11. Oktober 1937, RGBl I, S. 1129.

121 Schreiben des Reichsverwalters NSRB an den RuPrJM vom 21. April 1937, BA R 22/2067.

122 Entwurf eines Schreibens mit Abgangsvermerk vom 8. Juli 1937 an den NSRB, aaO.

123 Persönliches Schreiben Lammers' an Schlegelberger vom 6. September 1937 mit beigefügter Niederschrift der Besprechung Hitler–Wagner (n. b. d. A.) und der Einladung auf den Obersalzberg am 9. September. Neben der Ausschaltung der jüdischen Ärzte sollten noch »Sterilisationsfragen« besprochen werden. BA R 43 II/735.

124 »Gesetz zur Änderung des Hebammengesetzes« vom 7. Dezember 1937, ThürGS, S. 158.

125 Erl des RuPrJM vom 7. Oktober 1937. Hermann Weinkauf – Albrecht Wagner: Die deutsche Justiz und der Nationalsozialismus (Quellen und Darstellungen zur Zeitgeschichte, Bd. 16/1). Stuttgart 1968. S. 122.

126 § 1 der »Durchführungsbestimmungen über die Gewährung von Kinderbeihilfen« vom 31. August 1937, RGBl I, S. 989; ebenso § 2 des »Heimstättengesetzes vom 24. November 1937, RGBl I, 1289, und »Drittes Änderungsgesetz zum Gesetz über Eheschließungen« vom 3. November 1937, BGBl I, S. 1158.

127 Schnellbrief des RuPrMdI an die Landesregierungen vom 24. Juli 1937. Juden sollten möglichst getrennt von den übrigen Kurgästen untergebracht werden. Es war angängig, ihnen bei Gemeinschaftseinrichtungen örtliche und zeitliche Beschränkungen aufzuerlegen. Von Kurgärten, Gaststätten und Sportplätzen konnten sie ausgeschlossen werden. BA R 58/276.

128 »Der Deutsche Gruß im Verkehr mit den Gerichten«, AV des RuPrJM vom 4. November 1937, DtJustiz, S. 1760.

129 Siehe S. 112, Anm. 74.

130 Der Reichsinnenminister begründete diese Regelung mit den Bestimmungen des Steueranpassungsgesetzes, wonach steuerlich absetzbare »mild-

tätige Zwecke« allein deutschen Volksgenossen zugute kommen durften (Schreiben des RuPrMdI vom 1. April 1937 an den PrFM, BA R 22/1856). Der RdErl »Jüdische milde Stiftungen« wurde am 6. Juni 1937 vom RuPrJM erlassen, RMBliV, S. 1050.

131 »Änderung von Familiennamen und Vornamen«, RdErl des RuPrMdI vom 10. August 1937, RMBliV, S. 1399.

132 Aussage des Sachbearbeiters für Namensänderungsfragen im RuPrMdI, Dr. Hans Globke, im Wilhelmstraßenprozess, Strecker, S. 34.

133 Entwurf eines Schreibens des RuPrMdI an den StSuChdRK'zlei mit der Bitte, den anliegenden Gesetzentwurf auf dem Umlaufweg zu verabschieden, Faksimile aaO, S. 71 f.

134 Schreiben des CdS (gez.: Best) vom 29. November und des RFSS vom 20. Dezember an die Abtlg. I des RuPrMdI, Faksimile aaO, S. 76, 78.

135 Schreiben des StSuChdRK'zlei an den RuPrMdI vom 20. Dezember 1937, dass der StdF und der Führer und Reichskanzler dem Entwurf zugestimmt hätten, Faksimile aaO, S. 73.

136 RGBl I, S. 9.

137 »Widerruf von Namensänderungen«, AV des RuPrJM vom 21. April 1938, DtJustiz, S. 658.

138 Aussage Globke im Wilhelmstraßenprozess, Strecker, S. 79.

139 Die »Richtlinien über die Führung von Vornamen« erschienen gleichfalls am 17. August 1938 und stellten einen Namenskatalog jüdischer Vornamen dar, RMBliV, S. 1401.

140 § 2 der »Zweiten Durchführungsverordnung zum Gesetz über die Änderung von Familiennamen und Vornamen« vom 17. August 1938, RGBl I, S. 1044.

141 Nach § 3 der VO mussten die zusätzlichen Vornamen auch im Rechts- und Geschäftsverkehr geführt werden. Wie mir Prof. Hans Rothfels bei einem Gespräch am 6. September 1970 mitteilte, wurden sogar alte Kirchen- und Personenstandsbücher nachträglich durch Einfügen dieser Namen auf den neuesten Stand gebracht.

142 »Kindesannahmeverfahren«, RdErl des RuPrMdI vom 6. August 1937, RMBliV, S. 1345.

143 Schreiben des StdF an den RuPrMdI vom 4. November 1937, Strecker, S. 135.

144 Entwurf eines Schreibens des RuPrMdI an den RuPrJM mit Abgangsvermerk vom 4. April 1938, aaO, S. 136.

145 Schreiben des RuPrJM an den RuPrMdI vom 22. April 1938, aaO, S. 137. Das Gesetz, das zur Überraschung des RuPrMdI die Materie regelte – ein gewiss aufschlussreiches Zeichen für die völlige Desorganisation der Rechtssetzung – war das »Gesetz über die Änderung und Ergänzung familienrechtlicher Vorschriften und die Rechtsstellung der Staatenlosen« vom 12. April 1938, RGBl I, S. 380. Nach § 3 konnte ein Kindesannahmeverhältnis »durch gerichtliche Entscheidung aufgehoben werden, wenn wichtige Gründe in der Person des Kindes oder des Annehmenden die Aufrechterhaltung des Annahmeverhältnisses nicht mehr gerechtfertigt erscheinen lassen«.

146 RGBl I, S. 1161.

147 Facius, S. 226. Zu den Gründen siehe Schacht, 76 Jahre, S. 366.

148 Dies soll nicht in dem Sinn verstanden werden, dass Hitler seine rassenpoli-

tischen Pläne wegen der Oppositionshaltung zurückgestellt oder aufgegeben hätte, wenn ihm der Zeitpunkt hierfür richtig erschien. Es soll hier nur unterstreichen, wie labil die Realisierung der Rassenpolitik war, wenn sie auf entsprechenden Widerstand stieß.

149 Göring leitete das Ministerium vom 26. 11. 1937–5. 2. 1938, versetzte einen Großteil der Beamten Schachts an andere Stellen und holte sich hierfür Leute seines Vertrauens. Facius, S. 223.

150 AaO, S. 158 f., und Aussage Funk, IMT Bd. XII, S. 113 f.

151 Zu dieser Besprechung, deren Ergebnis als »Hoßbach-Protokoll« bekannt wurde, siehe: Friedrich Hoßbach: Zwischen Wehrmacht und Hitler 1934 bis 1938, 2. Aufl. Wolfenbüttel 1965. S. 186. Das Dokument ist auch abgedruckt in IMT Bd. XXV, S. 403–413, Dok. 386–PS.

152 Parteitag der Arbeit, S. 372 ff., 380; Domarus, Bd. 1, S. 728 ff.

153 Über die wirtschaftliche und finanzielle Lage des Reichs siehe Genschel, S. 145 ff.

154 AaO, S. 146.

155 Immerhin ist anzumerken, dass die Zeitspanne zwischen dem Erlass der Nürnberger Gesetze und dem Beginn des Jahres 1938 zumindest äußerlich relativ ruhig war. Unverständlich ist demnach die Formulierung Brachers (K.D. Bracher: Die deutsche Diktatur. Entstehung–Struktur–Folgen des Nationalsozialismus. 2. Aufl. Köln 1969. S. 389), »die 1935–1938 aufeinanderfolgenden Verordnungen zu den Nürnberger Gesetzen bilden einen Katalog der umfassenden Diskriminierung«. Tatsächlich erging die 3. VO/RBüG erst am 4. Juni 1938.

156 Schreiben des RFM (gez.: Reinhardt) – Geheim – an das AA vom 23. November 1937, GStA Rep 335/11/480 NG 3939.

157 § 32 Punkt 3 des Gesetzes, RGBl I, S. 99.

158 Punkt I.3 der »Zweiten Lohnsteuerdurchführungsverordnung«, RdErl des RFM vom 10. Februar 1938, RStBl, S. 161, und Punkt E II der »Richtlinien für die Veranlagung zur Einkommens- und Körperschaftssteuer«, RdErl des RFM vom 15. Februar 1938, RStBl, S. 193.

159 Das Hauptamt für Kommunalpolitik schlug vor, auch die im »Bürgersteuergesetz« vorgesehenen Vergünstigungen für »Nichtarier« zu streichen. Diesem Wunsch schloss sich der DGT am 12. März 1938 an (Schreiben des DGT an den RFM, AWK DGT 1–2–6/1). Die Änderung des Gesetzes vom 31. Oktober 1938 (RGBl I, S. 1543) folgte dann diesen Vorschlägen.

160 Als Körperschaften des öffentlichen Rechts verfügten sie über bestimmte Steuerfreiheiten.

161 Schreiben an den RMdI vom 4. Juli 1934, Dokumente über die Verfolgung, Bd. 1, S. 262.

162 Schreiben der Badischen Staatskanzlei an den RuPrMdI vom 7. Januar 1937, Dokumente über die Verfolgung, Bd. 1, S. 262.

163 Vertrauliches Schreiben (Abschrift) des RuPrMfdkirchlA an den RuPrMdI vom 8. März 1938, BA R 43 II/135.

164 »Gesetz über die Rechtsverhältnisse der jüdischen Kultusvereinigungen« vom 28. März 1938, RGBl I, S. 338.

165 § 3 der 2. DVO des Grundsteuergesetzes vom 29. März 1938, RGBl I, S. 360,

und »Durchführung des Grundsteuergesetzes«, RdErl des RFM vom 29. März 1938, RMBliV, S. 609.

166 § 1 des 3. Gesetzes zur Gebäudeentschuldungssteuer vom 23. April 1938, RGBl I, S. 409.

167 »Richtlinien für Billigkeitsmaßnahmen auf dem Gebiet der Grundsteuer«, RdErl des RFM zgl. i. N. des RuPrMdI vom 19. April 1938, RStBl, S. 409. Da die Durchführung des Erlasses auf rechtliche Bedenken stieß, wurden die Vorschriften über die Behandlung des jüdischen Grundbesitzes durch Erlass des RFM und des RMdI vom 30. September 1938 noch einmal klargestellt. RMBliV, S. 1647.

168 »Grundsteuer-Billigkeitsrichtlinien«, RdErl des RFM und des RMdI vom 17. August 1938, RStBl, S. 822.

169 Der Erlass des RuPrWiM vom 23. September 1937 beginnt: »Im Einvernehmen mit dem Reichsminister für Volksaufklärung und Propaganda teile ich folgendes mit . . .«, Dokumente über die Verfolgung, Bd. 1, S. 165.

170 RdErl des RuPrWiM (gez.: Göring) an die Devisenüberwachungsstellen vom 15. Dezember 1937, AVfK DGT 1–2–6/1.

171 RdSchrb des RuPrWiM an die Industrie- und Handelskammern vom 4. Januar 1938, aaO.

172 Organisatorischer und fachlicher Zwangsverband aller Wirtschaftszweige.

173 Erl des RuPrWiM vom 29. Dezember 1937, Das Archiv 1937, S. 1232.

174 Vertraulicher Erlass des RuPrWiM, AVfK DGT 1–2–6/1.

175 Schreiben des RuPrWiM (gez.: Göring) an den RMuChdRK'zlei mit beiliegendem Gesetzentwurf vom 4. Januar 1938, BA R 43 II/284 b.

176 »Viertes Gesetz zur Änderung des Gesetzes über das Versteigerergewerbe«, RGBl I, S. 115.

177 Schreiben (Abdruck) – Geheim – des RuPrMdI an die Obersten Reichsbehörden, BA R 21/217. Der Einführungspassus: »Das Reichskabinett hat auf Antrag beschlossen . . .« ist eine bewusste Irreführung, da Kabinettsitzungen zu diesem Zeitpunkt nicht mehr stattfanden.

178 Aktennotiz (Handzeichen unleserlich) für II 112 vom 18. Januar 1938 und dem Vermerk, Hauptsturmführer Schellenberg sei davon in Kenntnis gesetzt, dass SA-Führer Krieger das Referat besetzen werde. BA R 58/1239.

179 RGBl I, S. 404.

180 RGBl I, S. 414.

181 RGBl I, S. 415.

182 Genschel, S. 151.

183 Bei der Veräußerung oder Verpachtung eines gewerblichen land- bzw. forstwirtschaftlichen Betriebes war eine behördliche Genehmigung erforderlich, wenn an dem Rechtsgeschäft ein Jude beteiligt war. Damit wurde diesen die Gelegenheit genommen, ihre Betriebe zu verkaufen.

184 Schreiben (Abschrift) des RMdI (gez.: Frick) – Geheim – an den BVP pp. vom 14. Juni 1938 mit einleitenden Ausführungen über die Ministerratssitzung vom 29. April 1938, GStA Rep 335/11/481.

185 Schnellbrief (Abschrift) des RuPrMdI an den RuPrAM, bezugnehmend auf die Ministerbesprechung vom 28. April 1938, BA R 22/2059.

186 Entwurf eines Schreibens des RuPrJM (Abgangsvermerk 10. Mai) an den RuPrMdI, aaO.

187 Der RuPrMdI teilte am 16. Mai 1938 den RuPrJM mit, man wolle die Verordnung auf § 7 der Anmeldungsverordnung stützen. (Aao) Diese Ermächtigung lautete: »Der BVP kann die Maßnahmen treffen, die notwendig sind, um den Einsatz des anmeldepflichtigen Vermögens im Einklang mit den Belangen der deutschen Wirtschaft sicherzustellen«.

188 »Zweite VO zur Ausschaltung der Juden aus dem deutschen Wirtschaftsleben« vom 14. Dezember 1938, RGBl I, S. 1902.

189 Schreiben Fricks an den BVP vom 14. Juni 1938, aaO.

190 Schreiben des StdF (gez.: Bormann) an den RuPrWiM vom 11. April 1938, AWK DGT 1–11–1/13.

191 FS des DGT an OB Fiehler vom 29. April 1938, dass Funk in der Frage der Gewerbelegitimationskarten »eine grundsätzliche Entscheidung« getroffen habe. AVfK DGT 1–1–6/1.

192 FS Fiehlers an den DGT vom 3. Mai 1938, aaO.

193 Schnellbrief – Geheim – des RuPrWiM an den RuPrMdI und den RMuChdRK'zlei vom 20. Mai 1938, BA R 43 II/284 b. Folgende Berufe sollten den Juden versperrt werden: Bewachungsgewerbe, gewerbsmäßige Auskunfterteilung über Vermögensverhältnisse, der Handel mit Grundstücken, Haus- und Immobilienmakler, Wander- und Hausiergewerbe, Heiratsvermittler, Vertreter.

194 Schreiben – Geheim – des RAM an den RMuChdRK'zlei vom 1. Juni 1938, BA R 43 II/284 b.

195 Schreiben – Geheim – des RMfdkirchlA an die Reichsminister vom 3. Juni 1938, aaO.

196 Eigenhändiger Vermerk Lammers' vom 6. Juli 1938, aaO. Das »Gesetz zur Änderung der Gewerbeordnung für das Deutsche Reich« wurde am 7. Juli 1938 veröffentlicht, RGBl I, S. 823.

197 Das Gesetz untersagte die aufgezählten Berufe ab Inkrafttreten des Gesetzes. Ausnahmen (Art. II Abs. 2) gab es nur für den Handel mit Grundstücken, die Geschäfte gewerbsmäßiger Vermittler und »für Grundstücksverwalter, die ihr Gewerbe bis zum 31. 12. 1938 ausüben konnten. Die sofortige Entlassung der jüdischen Handelsvertreter hatte geringere Auftragsbestände, Absatzschwierigkeiten und die drohende Gefährdung von Arbeitsplätzen zur Folge. Das RWiM sah deshalb keinen anderen Ausweg, als den jüdischen Vertretern ihre Gewerbelegitimationskarten bis zum 31. 12. 1938 wieder auszustellen und unbefristete Sondergenehmigungen für die Tätigkeit im Ausland auszuschreiben. Vertraulicher Schnellbrief des RWiM an die Landesregierungen vom 28. September 1938, AWK DGT 1–2–6/1.

198 Aktenvermerk des Referenten Knorr/DGT vom 9. August 1938, AVfK DGT 4–10–2/13. zu den auf weitere Maßnahmen Drängenden zählten auch die staatlichen Leihhäuser Berlin und Frankfurt/M., die mehrere Male beim DGT die Ausschaltung der jüdischen Leihhausbesitzer forderten. AVfK DGT 4–10–3/24.

199 Schnellbrief (Abschrift) des RuPrMdI (gez.: Stuckart) an den RuPrWiM, den RuPrJM und den StdF, GStA Rep 335/11/480 NG 3938.

200 Wie Stuckart in seinem Schreiben vom 30. April angemerkt hatte, war der zuständige Sachbearbeiter im RuPrMdI MRat Lösener. Dieser bemühte sich in der Folgezeit mit aller Kraft, seine weitere Mitarbeit an dem Entwurf sicherzustellen und hatte hierin insoweit Erfolg, als der RFM die Ansicht vertrat, alle Bestimmungen über die rechtliche Behandlung der Juden müssten im RuPrMdI getroffen werden. Schreiben – Geheim – des RFM (gez.: Reinhardt) an den RuPrMdI vom 11. Mai 1938, aaO.

201 RGBl I, S. 627.

202 Der Leiter der Inlandspresse im RMfVuP, Hans Fritzsche, verlautbarte in der Reichspressekonferenz am 20. Juni 1938, Einzelaktionen in der Judenfrage seien nicht mehr am Platz, jetzt greife der Staat ein, die jüdischen Geschäfte würden gekennzeichnet. Hagemann, S. 144 Anm. 47.

203 Am 6. September 1938 verfügte der RAM indessen, dass Gewerbebetriebe nach der 3. VO/RBüG von der Annahme von Fettverbilligungsscheinen und der kommunalen Wohlfahrtsgutscheine ausgenommen sind. RABl, S. 313.

204 Noch im Mai wusste man im RWiM nicht, wie die Frage nach dem Geschäftsverkehr von »Ariern« mit Juden beantwortet werden konnte. Man verwies unverbindlich auf einschlägige Anordnungen des BVP, die in Vorbereitung seien. Entwurf eines Schreibens des DGT an die Stadt Plettenberg vom 9. Mai 1938, AVfK DGT 1–2–6/1.

205 Wie der MdI dem StdF mit Schreiben vom 25. Mai 1938 mitteilte, sollten die wirtschaftlichen Ausschaltungsgesetze »mit der größtmöglichen Beschleunigung ergeben. (StANürnberg NG 347) Doch wurden allenthalben und völlig unzusammenhängend nur Einzelfragen vorangetrieben. Vom RWiM wusste man nur, dass es eine Vielzahl von Rechtsvorschriften plante (Aufzeichnung eines Gesprächs II 112 mit Reichsbankrat Wolf vom 25. Mai 1938, BA R 58/984) Allerdings lässt sich kaum erkennen, worauf diese schwerpunktmäßig abzielten. Es machte am 14. Juni 1938 nur bekannt, dass nun der »Arierparagraph« auch in der Wirtschaft gelte. (Schreiben des RWiM an den Deutschen Sparkassen- und Giroverband mit dem bezeichnenden Passus, es sei unzweckmäßig den Geschäftsverkehr mit jüdischen Firmen abzubrechen, sofern es sich um die Annahme von Sparguthaben und sonstigen Einlagen handelt. AVfK DGT 1–2–6/1).

206 Schreiben des RMdI an den BVP vom 14. Juni 1938, aaO.

207 Der RMdI beabsichtigte, die Juden mit Anleihestücken in Höhe von 50 v. H. des Nennwertes abzufinden, von denen sie künftig leben sollten.

208 Aktennotiz des MRats Schwandt/RFM über eine Besprechung bei Schwerin v. Krosigk am 1. Juli 1938, GStA Rep 335/11/521 NG 4031.

209 Schreiben (Abschrift) des RFM (gez.: v. Krosigk) – Geheim – an den RMdI vom 30. August 1938, GStA Rep 335/11/481 NG 3937.

210 Bei einem Fortgang des bisherigen Arisierungstempos wäre die deutsche Wirtschaft frühestens 1945 »arisiert« gewesen. Die entsprechenden Zahlen bei Genschel, S. 206 ff.

211 Schreiben Schachts an Frick vom 7. Juli 1938, aaO, S. 169.

212 Schreiben des RMdI (gez.: Lösener) an den RWiM vom 22. September 1938, StANürnberg NG 347/7.

213 Aktennotiz des Chef Wehrwirtschaftsstab des OKW, Thomas, über die

Besprechung bei Göring am 14. Oktober 1938, IMT Bd. XVII, S. 160 ff. Dok. 1301–PS.

214 AaO, S. 163.

215 Schreiben des Reichsstatthalters in Österreich an Lammers vom 24. Oktober 1938, IMT Bd. XXXII, S. 291 Dok. 3448–PS. Dieser Entwurf muss in erster Linie unter dem Aspekt der in Österreich wütenden »Arisierungen« betrachtet werden, siehe hierzu Genschel, S. 244.

216 Entwurf eines Schreibens des RMuChdRK'zlei an den RStH in Österreich vom 2. November 1938, IMT, Bd. XXXII, S. 290.

217 Aktenvermerk des Beigeordneten Schöne/DGT über ein Gespräch mit Assessor Sommer/RWiM am 4. November 1938, AWK DGT 4–10–2/13.

218 Das Devisenfahndungsamt wurde mit Erlass Görings am 16. Februar 1938 errichtet. Am 4. Juli 1938 teilte Göring dann die Ernennung Heydrichs zum Chef des Amtes mit. BA R 43 II/357.

219 RdSchrb an die Mitgliederverbände vom 28. Oktober 1938, AWK DGT 1–2–6/1.

220 Schreiben des RuPrMdI (gez.: Pfundtner) an den StdF vom 25; Mai 1938, bezugnehmend auf ein Schreiben des StdF vom 26. Februar 1938, StANürnberg, NG 347/1.

221 Ebenda. »Deutschblütige« Frauen sollten in folgenden jüdischen Gewerbebetrieben nicht mehr arbeiten dürfen: Schneidereien, Gastwirtschaften, Pensionen, Fremdenheimen, Hotels, Sanatorien und Kurhäusern. Sie sollten folgende Berufe bei Juden nicht mehr ausüben dürfen: Privatsekretärinnen, Sprechstundengehilfinnen, Einkäuferinnen, Vorführdamen, Reisevertreterinnen.

222 Ebenda.

223 Ebenda.

224 Am 22. September 1938 nahm Lösener in einem Schreiben an den RWiM wiederum Bezug auf das Verbot Hitlers einer Änderung der Nürnberger Gesetze, am 6. Dezember 1938 erklärte das RMdI gegenüber dem RJM die Angelegenheit für überholt. StANürnberg NG 347/6, 7.

225 Diese Korrekturen waren allerdings nicht ohne Bedeutung. So legte Lösener immer wieder Wert darauf, dass der Begriff »nichtarische Abstammung«, der ja auch »Mischlinge« umfasste, durch den Begriff des »Juden« ersetzt wird. Aktenvermerk des RJM über eine Besprechung betr. Mitteilungspflicht in Devisensachen am 29. März 1938, BA R 22/1990.

226 Gehörte zum Geschäftsbereich des RMfVuP.

227 »Völkischer Beobachter« vom 6. Januar 1938.

228 Siehe S. 119.

229 Aufzeichnung des Vertreters II 112 (Dannecker) über eine Besprechung bei MRat Lösener am 4. April 1938 in Anwesenheit von Vertretern der Orpo und Sipo sowie der Abteilungen IV und V des Ministeriums, BA R 58/1242.

230 Vertrauliches Schreiben des RuPrMdI an die Reichsminister mit beiliegendem Entwurf nebst Begründung. Diese gab an, dass die beabsichtigte Regelung im Sinne des Parteiprogramms ergehe. BA R 43 II/135 und GStA Rep 90/2256.

231 Der Entwurf des RuPrMdI zielte nicht auf eine Rückwirkung, so dass die

bestehende Staatsangehörigkeit der »Mischlinge« unangetastet blieb. Gerade dies aber widerlief der erklärten Absicht des StdF.

232 Schreiben (Abschrift) des PrFM (gez.: Popitz) an den RuPrMdI vom 6. April 1938, BA R 43 II/135. Die Argumentation von Popitz war äußerst sublim. Da er die Unhaltbarkeit der Bestimmung gesetzesimmanent herleitete, konnte er zu Recht fordern, dass ausländische »Mischlinge« die deutsche Staatsangehörigkeit erwerben konnten. Dann musste es aber absurd sein, diese den in Deutschland geborenen »Mischlingen« zu verweigern.

233 Schreiben (Abschrift) – Geheim – des OKW an den RuPrMdI vom 28. April 1938, BA R 43 II/135.

234 Vertrauliches Schreiben des RJM (gez.: Schlegelberger) an den RMdI vom 19. Juli 1938, aaO.

235 Schreiben (Abschrift) des AA (gez.: Ribbentrop) an den RMdI vom 12. August 1938, GStA Rep 90/2256; es kennzeichnet die persönlichen und menschlichen Verstrickungen, in die das Dritte Reich seine Diener zog, dass dieses Schreiben vom Leiter der Rechtsabteilung des AA, Gaus, entworfen wurde, der eine »Vierteljüdin« zur Frau hatte.

236 Schnellbrief des RuPrMdI an den RMuChdRK'zlei vom 27. April 1938, BA R 43 II/135 a.

237 Aktenvermerk des MDir Kritzinger/RK'zlei vom 27. Mai und Vermerk Lammers vom 28. Mai 1938, dass die weitere Behandlung der Frage ungeklärt sei. BA R 43 II/135 a.

238 Vermerk Kritzingers vom 22. Juli 1935, aaO.

239 § 12 der 1. AVO zum Personenstandsgesetz vom 19. Mai 1938, RGBl I, S. 533; § 12 bestimmte, dass Juden bei Eheschließungen nicht mehr als Zeuge mitwirken durften.

240 Schreiben (Abschrift) des RMdI an den RMfdkirchlA vom 22. August 1938, BA R 22/1903. Siehe dagegen den RdErl des RuPrMdI vom 26. November 1935 (S. 142 Anm. 130), und die Bemühungen Löseners im Frühjahr 1936 (S. 151 Anm. 42).

241 Nachrichtendienst des DGT, Nr. 15 vom 21 Mai 1938. Bereits Ende 1937 hatte der Verband der Angestelltenkrankenkassen nach einer Vereinbarung mit der Kassenärztlichen Vereinigung alle jüdischen Ärzte mit Wirkung zum 1. Januar 1938 von der Ersatzkassenpraxis ausgeschlossen. Das Archiv 1937, S. 1344.

242 Siehe S. 130.

243 VO vom 25. Juli 1938, RGBl I, S. 969.

244 Die »VO über die Teilnahme von Juden an der kassenärztlichen Versorgung« vom 6. Oktober 1938, RGBl I, S. 1391, bestimmte zusätzlich, dass die kassenärztlichen Vereinigungen die Rechte und Pflichten dieser Ärzte abweichend von den allgemeinen Vorschriften regeln konnten.

245 Schnellbrief des RJM an den RMdI, den RFM und den StdF vom 27. August 1938, BA R 43 II/595.

246 Rede Hitlers vom 12. September 1938, Der Parteitag Großdeutschland vom 5.–12. September 1938. Offizieller Bericht über den Verlauf des Reichsparteitages mit sämtlichen Kongressreden. München 1938. S. 336 ff.; Domarus, Bd. 1, S. 906 ff.

247 Zum äußeren Ablauf der Krise und der Haltung Hitlers siehe Bullock, S. 456 ff.

248 Schnellbrief des RJM an den RMuChdRK'zlei vom 16. September 1938, BA R 43 II/595.

249 Schreiben des RJM an den RMuChdRK'zlei vom 23. September 1938, aaO.

250 Vermerk Lammers' auf dem Schreiben des RJM vom 23. September, ebenda.

251 Entwurf eines Schreibens des RMuChdRK'zlei an den RJM vom 29. September 1938, BA R 43 II/595.

252 ADAP, Serie D, Bd. 11, S. 812 f., Dok. 675.

253 Aktenvermerk der RK'zlei vom 14. Oktober 1938, BA R 43 II/595.

254 »Fünfte Verordnung zum Reichsbürgergesetz« vom 27. September 1938, verkündet am 14. Oktober 1938, RGBl I, S. 1403.

255 Die Vergütung der Konsulenten wurde am 13. Oktober geregelt. (DtJustiz, S. 1655) Eine AV des RJM vom 17. Oktober 1938 bestimmte über die Zulassung und die Rechte und Pflichten. (DtJustiz, S. 1666). Nach einer AV des RJM vom 9. Dezember 1938 hatten die Konsulenten auf Schildern, Briefbögen etc. hinzuzusetzen: »Zugelassen nur zur rechtlichen Beratung von Juden« (DtJustiz, S. 1974).

256 Schnellbrief des RJM an den RMdI pp., BA R 43 II/595.

257 Schreiben des RFM an den RMuChdRK'zlei vom 16. September 1938, aaO.

258 Schreiben des Adjutanten des StdF an den RMuChdRK'zlei, aaO.

259 Vermerk der Reichskanzlei vom 8. Oktober 1938, aaO.

260 Vermerk der RK'zlei über eine fernmündliche Benachrichtigung von MDir Volkmar/RJM vom 17. Oktober 1938, BA R 43 II/595.

261 Vermerk Lammers' vom 31. Oktober 1938, aaO.

262 Die »Sechste Verordnung zum Reichsbürgergesetz« vom 31. Oktober 1938 wurde am 1. November 1938 ausgegeben, RGBl I, S. 1545.

263 Nach einer AV des RJM vom 14. September 1938 erhielten die ausgeschiedenen jüdischen Patentanwälte einen Unterhaltszuschuss bis zum Höchstbetrag von RM 250,- monatlich. DtJustiz, S. 1526.

264 »Fünfte VO über die Zulassung von Zahnärzten und Dentisten zur Tätigkeit bei den Krankenkassen« vom 12. Januar 1938, RGBl I, S. 2.

265 »Achte Verordnung zum Reichsbürgergesetz« vom 17. Januar 1939, RGBl I, S. 47.

266 Den Entwurf eines Hebammengesetzes übersandte der RMdI den RMuChdRK'zlei am 18. Juli 1938 (BA R 43 II/735), er wurde am 21. Dezember von Hitler ausgefertigt (RGBl I, S. 1893). Für die Krankenpfleger galt die 1. und 2. VO über die berufsmäßige Ausübung der Krankenpflege, beide vom 28. September 1938, RGBl I, S. 1310, 1314.

267 Gesetz vom 18. März 1938, RGBl I, S. 265.

268 »Ausschluß der Juden vom Börsenbesuch, Erl. des RWiM vom 20. Juni 1938, Das Archiv 1938, S. 425.

269 Schreiben des OB von Berlin an den DGT vom 17. Juli 1935. Der DGT reichte das Schreiben vom 25. Juli dem RuPrMdI weiter. AVfK DGT 3–1–1/5.

270 Schreiben des OB von Königsberg an den DGT vom 15. Oktober 1935, aaO.

271 Entwurf eines Schreibens des DGT an die Provinzialdienststelle Rheinland vom 16. Mai 1937, aaO.

272 Schreiben des RuPrMdI an den DGT vom 25. Juni 1937, aaO.

273 Vermerk des Hauptreferenten Zengerling/DGT über eine Unterredung mit MRat Ruppert/RuPrMdI am 12. November 1937, aaO.

274 Entwurf eines Schreibens des DGT an die Landesdienststelle Hessen vom 8. März 1938, AVfK DGT 1–2–6/1.

275 Schreiben des RuPrMdI (gez.: Ruppert) an den OB der Reichshauptstadt Berlin vom 24. März 1938, AVfK DGT 3–1–1/5.

276 Durchschrift eines Entwurfs einer »VO über die öffentliche Fürsorge für Juden« mit dem hdschrftl. Vermerk: »Besprechung morgen 12 Uhr bei mir, Ruppert, 28/7«. (MRat Ruppert war Referent in der Kommunalabteilung des RuPrMdI) AaO.

277 Dieser Vorschlag stammte offenbar von einem Vertreter der Sipo, die, wie Hauptreferent Preiser/DGT in einem Vermerk vom 4. August über die Sitzung am 28. Juli 1938 festhielt, anwesend war, aaO.

278 RGBl I, S. 1649.

279 Schreiben des RMdI an den DGT vom 16. August 1938, AVfK DGT 3–1–1/5.

280 Entwurf eines Schreibens des DGT an den RMdI vom 19. Juli 1938 und Antwort des RMdI vom 28. Juli 1938, AVfK DGT 1–2–6/1.

281 Bericht des Beauftragten der Stadt Frankfurt in Berlin über die Behandlung der Frage jüdischer Stiftungen vom 12. Dezember 1938, Dokumente Frankfurter Juden, S. 118.

282 Aktenvermerk des Referenten Döbereiner/DGT vom 12. August, das RMdI habe eine generelle Regelung in Aussicht gestellt und Vermerk vom 1. November 1938, der Erlass stehe unmittelbar bevor. AVfK DGT 1–2-6/1; Bericht des Beauftragten der Stadt Frankfurt vom 12. Dezember, Dokumente Frankfurter Juden, S. 118.

283 Schreiben des RMfdkirchlA an den StdF, den RMdI und den RJM vom 23. September 1938 mit dem Entwurf einer DVO über die jüdischen Kultusvereinigungen, deren Ein- und/oder Austritt jedem Juden freigestellt sein sollte. BA R 22/1903.

284 Vermerk des MDir Volkmar/RJM vom 22. Dezember 1938, aaO.

285 Erl. vom 27. März 1935, RMinAmtsbl, S. 125.

286 »Völkische Auslese an höheren Schulen«, Erl. des RuPrMfWEuV vom 12. November 1937, RMinAmtsbl, S. 515.

287 »Auswirkungen des Reichsbürgergesetzes auf das Schulwesen«, Erl. des RuPrMfWEuV vom 2. Juli 1937, RMinAmtsbl, S. 348.

288 »Zulassung jüdischer Schüler zur Reifeprüfung«, Erl. des RuPrMfWEuV vom 18. Januar 1938, RMinAmtsbl, S. 110.

289 Siehe S. 49.

290 § 3 Abs. 7 des Änderungsgesetzes über das Schulgeld an höheren Schulen vom 3. Februar 1938, PrGS. S. 15; Schulgeldgesetz vom 12. Mai 1938, SächsGBl, S. 31.

291 »Grundsteuer«, RdErl des RFM, des RMdI und des RMfWEuV vom 1. Juni 1938, RMBliV, S. 971.

292 Das »Gesetz über die Vereinigung alter Schulden« vom 17. August 1938, RGBl I, S. 1033 nahm Juden von der Möglichkeit aus, vor dem 30. 1. 1933 aufgelaufene Schulden zu bereinigen. Ein RdErl des RAM vom 4. Mai 1938,

RABl, S. 191, stellte kinderreich Versicherte von der Gebühr des Kranken-
scheins frei. Dies galt nicht für Juden.

293 Hierzu der Bürgermeister von Berlin-Wilmersdorf, Hermann Petzke: Die
Maßnahmen der Bezirksverwaltung Wilmersdorf gegen die Juden. In: Berliner kommunale Mitteilungen 11 (1940). S. 1 f.

294 In einem Aktenvermerk hielt Referent Döbereiner/DGT am 3. September
1938 fest, dass RRat Schiedermair/RMdI, Referent bei Lösener, in der Frage
des Ausschlusses von Juden aus bestimmten Stadtgebieten zu möglichster
Zurückhaltung geraten hatte. AVfK DGT 1–2–6/1.

295 RdErl des RMdI vom 16. Juli 1938, RMBliV, S. 1180.

296 RdErl des RPM vom 27. August 1938, AVfK DGT 1–2–6/1.

297 RdErl des RMdI vom 27. Juli 1938, RMBliV, S. 1284 c.

298 RdErl des RuPrMdI vom 24. März 1938, AVfK DGT 1–2–6/1.

299 Der Stadtteil Berlin-Wilmersdorf schloss im Juli-August 1938 alle Juden
von den dortigen Wochenmärkten aus und begann, jüdische Schüler von
den Volksschulen zu verweisen. (Petzke, S. 2) In Daun/Eifel zwang die örtliche Parteistelle die Stadtverwaltung, eine Marktordnung zu erlassen,
die Juden von den Marktständen ausschloss. Die Abtlg. I des DGT hielt
dieses Vorgehen für rechtens. (Schreiben des DGT/Provinzialdienststelle
Rheinland und Hohenzollern an den DGT vom 3. Februar 1938 und Auskunft der Abtlg. I an Abtlg. IV des DGT, AVfK DGT 4–10–2/13) Bereits im
Februar 1937 hatte der württembergische Wirtschaftsminister eine Erhebung über das Vermögen der Juden in der freien Wirtschaft anstellen
lassen. (Hans Franke: Geschichte und Schicksal der Juden in Heilbronn
vom Mittelalter – bis zur Zeit der nationalsozialistischen Verfolgung. Veröffentlichungen des Archivs der Stadt Heilbronn, Heft 11). Heilbronn
1963. S. 122.

300 »Erlaß des Führers und Reichskanzlers über die Vereidigung der Beamten
des Landes Österreich« vom 15. März 1938, RGBl I, S. 245.

301 Am 15. März 1938 wurde das »Reichsflaggengesetz« eingeführt, RGBl I,
S. 247.

302 RGBl I, S. 594.

303 Das bedeutet, dass § 2 Abs. 2 der 1. VO/RBüG für Österreich nicht in Kraft
trat. Ebenso fehlte § 6 Abs. 2 der 1. VO/RBüG, der das im Dezember 1935 so
ausführlich diskutierte Gebot der »Reinheit des Blutes« beinhaltete.

304 RGBl I, S. 607.

305 Schnellbrief des RMdI (gez.: Frick) an den RMuChdRK'zlei vom 15. Juni
1938 mit beigelegter »VO zur Änderung der VO zur Neuordnung des österreichischen Berufsbeamtentums«, BA R 43 II/ 424.

306 Ebenda.

307 Vermerk Lammers' vom 16. Juni 1938, BA R 43 II/424.

308 RGBl I, S. 643.

309 Unklar ist allerdings, weshalb Hitler im obigen Fall allein Punkt 2 b gestrichen haben wollte und mit Punkt 2 a offensichtlich einverstanden war.

310 Genschel, S. 150.

311 Schreiben des RuPrMdI (gez.: Pfundtner) an den StdF vom 25. Mai 1938,
StA Nürnberg NG 347/1.

312 Schreiben des RMuChdRK'zlei an den StdF vom 21. Juli 1938 auf dessen Schreiben vom 23. Mai 1938, GStA Rep 335/11/522 NG 1526.

313 Ebenda.

314 In einem Geheimschreiben des RuPrMdI an das AA vom 20. Juni 1937 heißt es: »Der Führer und Reichskanzler hat sich auch gegen die Aufnahme einer Vorschrift ausgesprochen, die Ausnahmen zugunsten ausländischer Juden ermöglichen sollte, um zwischenstaatlichen Vereinbarungen Rechnung tragen zu können«, GStA Rep 335/11/480 NG 3940.

315 Vgl. S. 137 f.

316 Diese These vertrat zuerst Eugen Kogon: Der SS-Staat. Das System der deutschen Konzentrationslager. Berlin 1947, schwächte sie jedoch in den folgenden Auflagen (5. Aufl. Frankfurt/M. 1965) weitgehend ab.

317 Sehr bedeutsam hierbei ist, dass Himmler mit der Einsetzung von Gendarmerie-Offizieren bei den Landräten und durch die Eingriffsbefugnis der Gestapostellen die politische Aufsichtsbefugnis der unteren Verwaltungsbehörden merkbar einengte. Zeugenaussage des stellv. Landrats von Hechingen, StAnwHechingen KLs 23–27/47 Bd. 1.

318 Höhne, S. 199 (Zitat Schellenbergs).

319 Als Beispiel siehe die Besprechung am 4. April 1938 unter Vorsitz Löseners, S. 130 Anm. 229.

320 Nachdem die Reichsschrifttumskammer anfangs 1937 alle Juden aus ihrem Verband ausgeschlossen hatte, ließ der SD im Dezember 1937 diese Anordnung überprüfen. (Dokumente über die Verfolgung, Bd. 1, S. 163) Im November 1937 überprüfte er die Zahl der Juden im Wandergewerbe und kritisierte die Behörden, die die erforderlichen Genehmigungen ausgestellt hatten. (AaO, S. 172).

321 So ist es bemerkenswert, dass das Schreiben Fricks vom 14. Juni 1938 gesondert an den RFSS und den CdS ging. Die Vorlage des »Waffengesetzes« vom März 1938 und des »Brieftaubengesetzes« kam ebenfalls aus Ämtern des RFSS. Am 4. Februar 1938 hatte der »Sonderbeauftragte für das Brieftaubenwesen« den RuPrMdI auf die hervorragende militärische Bedeutung der Brieftauben aufmerksam gemacht. (BA R 22/1921) Mit Schreiben vom 21. April 1938 legte Himmler der Reichskanzlei daraufhin ein »Brieftaubengesetz« vor. (BA R 43 II/1993) Es wurde am 1. Oktober 1938 ausgefertigt. (RGBl I, S. 1335) § 1 Abs. 3 der 1. DVO vom 29. November 1938 (RGBl I, S. 1749) verbot Juden das Halten von Brieftauben, was mit militärischen Gesichtspunkten begründet wurde. Deeg, S. 84.

322 RdErl des RuPrMdI (gez.: Heydrich) – Nicht zur Veröffentlichung! Vertraulich! – vom 16. November 1937, AVfK DGT 1–2–6/1.

323 RdErl des RuPrMdI vom 10. Februar 1938, RMBliV, S. 256.

324 »Dritte Bekanntmachung über den Kennkartenzwang« vom 23. Juli 1938, RGBl I, S. 922.

325 Siehe die Aufzeichnung des Leiters der Politischen Abteilung im AA vom 10. August 1938, ADAP, Serie D, Bd. V, S. 754.

326 Über den Gang der Verhandlungen, die vom 27.–29. September 1938 währten, siehe Schreiben des RFSS an das AA vom 3. Oktober 1938, ADAP, aaO, S. 755 ff.

327 RGBl I, S. 1342; Schreiben des RFSS an den RMuChdRK'zlei vom 29. Oktober 1938, aaO, S. 98 f. und Höhne, S. 312.

328 Schreiben des RFSSuChdDtPol (gez.: Best) an den RMuChdRK'zlei vom 29. Oktober 1938, ADAP, aaO, S. 98 f. Der Kontrollvermerk sollte bis Monatsende Oktober und nur in Polen eingestempelt werden. Siehe auch Höhne, S. 312.

329 Schreiben des RFSS vom 29. Oktober, aaO.

330 Höhne, S. 304.

331 Siehe die Weisung des AA – Geheime Reichssache – an die Botschaft in London pp. vom 1. Juni 1937. ADAP, Serie S, Bd. V S. 629 f., Dok. 561, daselbst auch die Dokumente 562–564.

332 Hierbei fehlte auch nicht ein pittoresker Abstecher der SD-Judenreferenten Hagen und Eichmann nach Palästina im September/Oktober 1937, Höhne, S. 310.

333 Der Widerstand des AA und der AO/NSDAP richtete sich in erster Linie gegen das »Haavara-Abkommen«, 1933 zwischen dem RWiM und zionistischen Kreisen geschlossen. Juden, die nach Palästina auswandern wollten, zahlten eine bestimmte Summe auf ein Sonderkonto der »Paltreu« (Palästina-Treuhandgesellschaft) in Deutschland ein. Die Paltreu sorgte für den Transfer des Geldes nach Palästina. Gleichzeitig ermöglichte sie den Export deutscher Waren dorthin, so dass die dadurch ins Reich zurückfließenden Devisen und die eingezahlten RM-Beträge gegeneinander aufgerechnet wurden. Genschel, S. 259 Anm. 13; Jacobsen; Außenpolitik, S. 156. Zur Kritik des AA und der AO/NSDAP an dieser Praxis siehe: »Aufzeichnung aus dem Büro des Leiters AO/NSDAP vom 5. Juni und den zustimmenden Vermerk Bülow-Schwantes vom 11. Juni 1938, ADAP, Serie S, Bd. V S. 630 ff. Dok. 562, 563.

334 Schreiben des Außenhandelsamtes der AO/NSDAP an den Leiter der AO/NSDAP im AA vom 1. Februar 1938, dass nach Mitteilung des Außenpolitischen Amtes der Führer auf Vortrag Rosenbergs diese Entscheidung getroffen habe. GStA Rep 335/11/481 NG 3580.

335 Wünschten auswanderungswillige Juden ein polizeiliches Führungszeugnis, so waren eventuelle Straftaten nicht zu vermerken. Für sonstige Juden kam eine vorzeitige Auskunftsbeschränkung nicht in Betracht. RdErl des RMdI – gez.: Frick – an die Landesregierungen vom 24. August 1938, AVfK DGT 1-2-6/1, Wie der RMdI am 30. Juni mitteilte, sollten in einer bevorstehenden Verordnung über Juden im Reisevermittlungsgewerbe jüdische Auswanderungsagenten nicht betroffen werden. (AaO) Juden konnte eine öffentliche Fürsorge gewährt werden, wenn sie deren Auswanderung förderte. (Schreiben des RMdI an den DGT vom 16. August 1938, AVfK DGT 3–1–1/5).

336 Bernd Nellessen. Der Prozeß von Jerusalem. Ein Dokument, Düsseldorf 1964. S. 189.

337 Höhne, S. 310 f.

338 338 Ebenda.

339 In einem Aktenvermerk legte der Leiter II 112 fest, dass das »Schwarze Korps« keine weiteren Vorstöße in der Judenfrage mehr unternehmen werde, ehe nicht der SD eine endgültige Vereinbarung mit dem RWiM über die wirtschaftliche Fundierung der Auswanderung getroffen habe. Vermerk

Hagens über eine Rücksprache mit SS-Untersturmführer d'Alquen am 17. Juni 1938, BA R 58/983 (Hagens Gesprächspartner war Rolf d'Alquen; dessen Bruder Gunter d'Alquen war Hauptschriftleiter des »Schwarzen Korps«. Siehe auch Höhne, S. 207).

340 So wünschte das RWiM vom SD eine völlige Neugestaltung aller Vorschriften, welche Auswanderungsfragen berührten. Aufzeichnung eines Gesprächs Hagens mit Reichsbankrat Wolf/RWiM am 25. Mai 1938, BA R 58/984.

341 Siehe S. 140.

342 Sitzung bei Göring am 14. Oktober 1938, IMT, Bd. XVII, S. 160 ff.

343 Ausführungen des Stadtrates Prellwitz aus Harburg-Wilhelmsburg am 22. November 1935 anlässlich der Sitzung der Nordwestdeutschen Arbeitsgemeinschaft für Wohlfahrtspflege. Niederschrift der Sitzung in AVfK DGT 3–1–1/5.

344 Aktenvermerk des Hauptreferenten Preiser/DGT vom 4. August über eine Besprechung im RMdI am 29. Juli 1938 in Gegenwart von Vertretern der Sipo und Orpo, aaO.

345 Besprechung bei Göring am 14. Oktober.

346 Erl. des Präsidenten des Landesarbeitsamtes Südwestdeutschland vom 21. Oktober 1938 mit den Weisungen des Präsidenten der Reichsanstalt. Dokumente über die Verfolgung, Bd. 1, S. 173.

V. Kapitel: »Die Reichskristallnacht«

1 Zum Anschwellen der judenfeindlichen Propaganda ausgehend von Streichers »Stürmer« siehe Höhne, S. 311.

2 Am 21. Juni spielte er auf einer Kundgebung den Zuzug der Juden nach Berlin hoch und drohte an, man werde im übrigen schon durch gesetzliche Maßnahmen dafür sorgen, in absehbarer Zeit den jüdischen Einfluss auch in der Wirtschaft zu brechen. (Das Archiv 1938, S. 319). In der Pressekonferenz am 22. Juni empfahl Fritzsche die Goebbels-Rede zur Kommentierung mit der Bitte, die Judenfrage aufzugreifen. (Hagemann, S. 144, Anm. 47).

3 So wurde Eichmann nach Nürnberg in Marsch gesetzt, um mäßigend auf Streicher einzuwirken. (Höhne, S. 312). Hierzu zählte wohl auch das Stillhalteabkommen, was der SD am 17. Juni 1938 mit dem »Schwarzen Korps« schloss. Siehe S. 140, Anm. 339.

4 Göring auf der Besprechung vom 12. November 1938, IMT XXVIII Dok. 1816, S. 500.

5 Es ging um Goebbels' Verhältnis zu der Schauspielerin Lida Baarova. Albert Speer, Erinnerungen, Frankfurt/M.–Berlin, S. 161 f. und Heiber, Goebbels, S. 286.

6 Boelcke, Kriegspropaganda, S. 27 f.

7 Aussage des ehemaligen Kompaniechefs und späteren Adjutanten Hitlers, Fritz Wiedemann, vor dem OLG Frankfurt am 8. 3. 1955. United Restitution Organization: Judenverfolgung in Italien, den italienisch besetzten Gebieten und Nordafrika. Dokumentensammlung. Frankfurt/M. 1962. S. VII.

8   Aussage Funk vor dem Nürnberger Militärtribunal, IMTB d. XIII, S. 130.
9   VB Nr. 311 vom 8. November 1938. DNB Rundruf vom 7. 11. 1938: Alle gro-
    ßen Zeitungen sollten in großer Form über das Attentat berichten: »In eige-
    nen Kommentaren ist darauf hinzuweisen, daß das Attentat des Juden die
    schwersten Folgen für die Juden in Deutschland haben muß.« Hagemann,
    S. 148, Anm. 89.
10 Die Rede ist wiedergegeben bei Domarus, Bd. 1, S. 966 ff.
11 Hermann Graml: Der 9. November 1938 – »Reichskristallnacht«. (Schrif-
    tenreihe der Bundeszentrale für Heimatdienst, Heft 2). 6. Aufl. Bonn 1958.
    S. 13.
12 Höhne, S. 313.
13 AaO, S. 314. Die Rede ist wiedergegeben in: Urkunden zur Judenpolitik des
    Dritten Reiches, Das Parlament vom 10. November 1954, S. 582.
14 Höhne, S. 314 f.
15 Hitler hatte sich zudem Himmler gegenüber völlig unwissend über die
    Ereignisse der Nacht gestellt, aaO, S. 315.
16 Über die Zerstörungen im Reich, Graml, S. 49.
17 Höhne, S. 316, der allerdings die Intention Goebbels' an dem Programm
    zu einseitig simplifiziert, wenn er sie auf einen Schlag des RMfVuP gegen
    die »rationale Judenpolitik des SD« reduziert. (AaO, S. 315). Zur Fronde
    gegen Goebbels siehe auch Walter Schellenberg: Memoiren. Köln 1959.
    S. 59.
18 Am Morgen des 14. November suchte Hitler Goebbels in dessen Privat-
    wohnung auf. Höhne, S. 317.
18a Am 11. November notierte Heydrich folgendes Zwischenergebnis: 815
    Geschäfte zerstört, 29 Warenhäuser demoliert, 117 Wohnhäuser vernich-
    tet, 76 Synagogen verwüstet und weitere 191 in Brand gesetzt, 36 Juden
    ermordet, weitere 36 schwer verletzt. Graml, Reichskristallnacht, S. 15.
19 Nach dem Krieg beschrieb Funk die Maßnahmen des RWiM als allmähli-
    ches Vorgehen bei angemessener Entschädigung der arisierten Juden. Dies
    klingt apologetisch, entsprach aber ungefähr den Maßnahmen, mit denen
    das Ministerium an die Öffentlichkeit trat. IMT, Bd. XIII, S. 131.
20 Es handelt sich hierbei um einen Aufsatz Stuckarts vom 29. September
    1938. Gerald Reitlinger: Die Endlösung. Hitlers Versuch der Ausrottung der
    Juden Europas 1939–1945. 3. Aufl. Berlin 1960. S. 8.
21 »AO gegen den Waffenbesitz von Juden«, RdErl des RFSSuChdDt Pol im
    RMdI vom 10. November 1938, Das Archiv 1938, S. 1287.
22 RGBl I, S. 1573.
23 Telegraphische Weisung des RMfWEuV vom 11. November 1938, Das
    Archiv 1838, S. 1288. Faksimile des Dokuments über die Verfolgung, Bd. 1,
    S. 245. Zu den Auswirkungen des Erlasses siehe Gert Julius Herrmann: Jüdi-
    sche Jugend in der Verfolgung. Eine Studie über das Schicksal jüdischer
    Jugendlicher aus Württemberg-Hohenzollern. Diss. phil. Tübingen 1967.
    S. 48.
24 Aussage Funk vor dem Nürnberger Militärtribunal, IMT, Bd. XIII, S. 131.
25 Aussage Göring vor dem Nürnberger Militärtribunal, IMT, Bd. IX, S. 313.
26 Aufruf des Dr. Goebbels an die Bevölkerung am 10. November 1938. Der

Aufruf erschien gleichlautend in allen deutschen Tageszeitungen am 11. November 1938, Das Archiv 1938, S. 1287.

27 Aussage Funk, IMT, Bd. XIII, S. 131.

28 Nach Lösener, Kassereferent, S. 288, waren außer den Vertretern sämtlicher Ministerien anwesend: Frick, Schwerin v. Krosigk, Gürtner, Funk, Goebbels, Fischböck (österr. Minister für Handel und Verkehr). Die Niederschrift der Besprechung, die allerdings in wesentlichen Teilen zerstört ist, findet sich in IMT, Bd. XXVIII, S. 499 f., Dok. 1816–PS. Zusätzliche Aufzeichnungen machten Lösener (Rassereferent, S. 288 f.) und der UStS Woermann/AA. (ADAP, Serie D, Bd. V, S. 716 f., Dok. 649). Die nachfolgenden Angaben beziehen sich durchwegs auf die offizielle Niederschrift. Angegeben werden die Seitenzahlen des Dokumentenbuches.

29 Niederschrift, S. 506.

30 Göring auf der Sitzung des Reichsverteidigungsrats am 18. November 1938: »Sehr kritische Lage der Reichsfinanzen. Abhilfe zunächst durch die der Judenschaft auferlegte Milliarde und durch die Reichsgewinne bei der Arisierung Jüdischer Unternehmen«. Kempner/Haensel, S. 184.

31 Niederschrift, S. 537. Der Vorschlag wurde von Göring in die Debatte geworfen.

32 Göring folgte hier einem Vorschlag Heydrichs (Niederschrift, S. 515). Nachdem das AA Bedenken wegen außenpolitischer Schwierigkeiten machte, regte der CdS an, die Versicherungsgelder stillschweigend einzuziehen, was Göring – ungewollt ironisch mit den Worten ablehnte: »...das muß ganz klares Recht sein«.

33 Vorschläge Görings, Niederschrift, S. 502 ff.

34 Göring dachte zuerst an jüdische Aktienbeteiligungen bei Firmen (Niederschrift, S. 505), Wertpapiere aller Art brachte dann Fischböck ins Gespräch (S. 528). Die anschließende Diskussion über den Enteignungsmodus und die Verwaltung der Wertpapiere führte zu keinem Ergebnis.

35 Niederschrift, S. 508. Wie Goebbels anfügte, hatte er ein derartiges Verbot auf Grund des Kulturkammergesetzes bereits erlassen.

36 Niederschrift, S. 509. Wegen der Eisenbahnabteile kam es zwischen Göring und Goebbels zu einer beiderseitig zynisch geführten Kontroverse.

37 Niederschrift, S. 536 f.

38 Niederschrift, S. 533.

39 Niederschrift, S. 536.

40 Der Turnus mit dem Vorschlag Goebbels' fehlt, doch ergibt sich seine Urheberschaft aus dem ausdrücklichen Bezug Görings auf den Propagandaminister, Niederschrift, S. 536.

41 Niederschrift, S. 536 f.

42 RGBl I, S. 1579.

43 RGBl I, S. 1581.

44 Niederschrift, S. 521. Bei der Frage der Wiederherstellungspflicht kam es zu einer längeren Auseinandersetzung, ob Juden ausländischer Staatsangehörigkeit von dieser Pflicht expressis verbis ausgenommen sein sollten, worauf insbesondere UStS Woermann/AA Wert legte. Die Verordnung erging dann in dem Sinne, dass diese Frage nicht ausdrücklich im Gesetzestext bestimmt

wurde. Wie Göring auf der Sitzung Hitler zitierte, »sollte man es tatsächlich auf verschiedenes ankommen lassen«. Das AA behielt sich aber eine generelle Beteiligung in allen Fällen vor, in denen diese Regelung strittig war. (S. 523).

45 RGBl I, S. 1580.

46 Siehe S. 128.

47 RGBl I, S. 1709.

48 48 § 1 i. Vbdg. m. § 6.

49 DVO über die Sühneleistung der Juden vom 21. November 1938, RGBl I, S. 1638. Ein RdErl des RFM vom 3. Dezember 1938 lehnte Billigkeitsmaßnahmen ab. RStBl, S. 1113. Das Verbot, ausländische Juden mit der Abgabe zu entlasten, erging im RdErl. des RFM vom 23. November 1938, RStBl, S. 1073.

50 »DVO zur Ausschaltung der Juden aus dem deutschen Wirtschaftsleben«, RGBl I, S. 1642.

51 Nach der 2. AO auf Grund der VO über die Anmeldung des Vermögens von Juden vom 24. November 1938 (RGBl I, S. 1668) war für den Einsatz des Vermögens der RWiM im Einvernehmen mit dem RMdI und den »übrigen beteiligten Reichsministern« zuständig. Nach einer Bekanntmachung des DNB vom 25. 11. 1938 durfte die Presse diese Anordnung nicht erwähnen (Hagemann, S. 143, Anm. 35).

Die DVO über den Einsatz des jüdischen Vermögens vom 16. Januar 1939 (RGBl I, S. 282) bestimmte eine Ankaufsstelle für Schmuck, die in die Zuständigkeit des RMfVuP fiel. Über den weiteren Verlauf der Arisierung und nähere Einzelheiten Genschel, S. 195 ff. Auch die Publizierung dieser Verordnung in der Presse wurde untersagt (Hagemann, S. 143, Anm. 36).

52 Drahtnachricht des RMdI an die Landesregierungen vom 12. November 1938, BA R 58/276 und gleichlautende AO des StdF vom gleichen Tag, Dokumente über die Verfolgung, Bd. 2, S. 325.

53 »Schulunterricht an Juden«, Erl. des RMfWEuV vom 15. November 1938, RMinAmtsbl, S. 520. Siehe auch Deeg, S. 101.

54 »Schulunterricht an Juden«, Erl. des RMfWEuV vom 17. Dezember 1938, Dokumente über die Verfolgung, Bd. 1, S. 281. Der Erlass betonte, dass eine Neuregelung des jüdischen Schulwesens in Aussicht genommen sei.

55 »Ausschluß von Juden aus den deutschen Hochschulen«, Erl. des RmfWEuV vom 8. Dezember 1938, RMinAmtsbl, S. 550.

56 »Allgemeines Kraftfahrverbot für Juden«, AO des RFSSuChdDtPol vom 3. Dezember 1938, Das Archiv 1938, S. 1444 und: Ausgewählte Dokumente zur Geschichte des Nationalsozialismus. (Hrsg. v. H.A. Jacobsen und Dr. W. Jochmann) Bielefeld 1966. Dok. vom 3. Dezember 1938.

57 Ein diesbezügliches Gerichtsurteil von 1941 konnte nur mit Mühe der Rechtskraft dieser AO herleiten. Siehe ZAkDR 8 (1941). S. 320. Zur Problematik der Anordnung Weber, S. 43.

58 Vertraulicher Erl. des RVM betr. Einziehung der Führerscheine und Kfz-Scheine von Juden vom 22. Februar 1939, AVfK DGT 1–2–6–/1.

59 Übersendungsschreiben des RFM an den RMuChdRK'zlei, BA R 43 II/793.

60 So der RAM mit Schreiben vom 10. Dezember 1938 an den RMuChdRK'zlei, BA R 43 II/793.

61 »Gesetz zur Änderung des Einkommensteuergesetzes« vom 17. Februar 1939, RGBl I, S. 283 mit Durchführungsbestimmungen des RFM vom 10. März 1939, RStBl, S. 627. Juden fielen grundsätzlich in Steuerklasse I, außer sie hatten nicht als Juden geltende Kinder oder nichtjüdische Stiefkinder, dann fielen sie in Steuerklasse IV.

62 RGBl I, S. 1935 mit Durchführungsbestimmungen des RFM vom 20. Januar 1939, RStBl, S. 129. Nachlässe für Künstler, Privatgelehrte und Handlungsagenten, die Juden waren, wurden nicht mehr gewährt.

63 § 3 des »Gesetzes über die Versorgung der Kapitulanten der früheren Wehrmacht und ihrer Hinterbliebenen«, RGBl I, S. 1222. Es entfielen die Versorgungsgebührnisse für die Hinterbliebenen ehemaliger Kapitulanten.

64 Ausbezahlt wurden nach einem RdErl. des PrFM vom 7. Oktober 1938 (RMBliV, S. 1648) die im Zuge der Gehaltskürzungen 1932 einbehaltenen Beträge.

65 RGBl I, S. 1751.

66 Siehe S. 129.

67 »Erlaß des Führers und Reichskanzlers über die Entziehung des Rechts zum Tragen einer Uniform«, RGBl I, S. 1611.

68 »Reichsberufswettkampf«, RdErl. des RMdI vom 22. November 1938, RMBliV, S. 1921. Der Erlass war vollkommen irreal, denn es lässt sich kaum denken, dass bei früheren Wettkämpfen ein Marschblock jüdischer Lehrlinge auftrat.

69 Art. 2a der »Satzung des Ehrenkreuzes der deutschen Mutter« vom 16. Dezember 1938, RGBl I, S. 1924.

70 RGBl I, S. 1582.

71 Nach § 1 Abs. 2 der VO auch jeder zuständige Reichsminister im Einvernehmen mit dem RMdI.

72 § 1 der PolVO über das Auftreten der Juden in der Öffentlichkeit (gez.: i. A. Heydrich) vom 28. November 1938, RGBl I, S. 1676.

73 RAnz vom 29. November 1938, Nr. 278. An diesem Tag pflegten prominente NS-Größen in der Öffentlichkeit für das »Winterhilfswerk« zu sammeln.

74 RGBl I, S. 83. Die Einleitungsformel–der VO bezog sich auf die »Abwehr kommunistischer staatsgefährdender Gewaltakte«.

75 RdSchrb des Gauleiters der NSDAP Baden, Robert Wagner, an die Parteidienststellen vom 7. Dezember 1938, Dokumente über die Verfolgung, Bd. 2, S. 325.

76 Geheime AO Görings vom 10. Dezember an die Obersten Reichsbehörden, die Leiter und Führer der Partei und der angeschlossenen Verbände, die Gauleiter, Reichsstatthalter, Landesregierungen, Ober- und Regierungspräsidenten sowie die Reichsleiter der Partei, IMT, Bd. XXVII, S. 69 ff., Dok. 1208–PS. Wie hemmungslos sich einzelne Parteianhänger bereicherten, zeigt die von Göring eingesetzte Untersuchungskommission in Franken, wo Streicher mit kriminellen Praktiken in die eigene Tasche »arisierte«.

77 Schreiben (Abschrift) Görings an die Obersten Reichsbehörden vom 14. Dezember 1938, AVfK DGT 1–2–6/1.

78 Schreiben des RAM an die Landesregierungen vom 21. Dezember 1938, a. a. O.

79 RdSchrb der Reichsverkehrsgruppe Schienenbahnen vom 6. Dezember 1938, AVfK DGT 1–2–6/1.

80 Die Mietkündigungen von Juden hatten bereits im Sommer 1938 ein

erschreckendes Ausmaß angenommen. Schreiben der Reichsvereinigung der Juden in Deutschland an die RJM vom 28. Oktober 1938, BA R 22/1921.

81 Hierzu Genschel, S. 189 ff.

82 RdSchrb des Gauleiters der NSDAP Baden, siehe S. 151 Anm. 75.

83 Schreiben des RMdI (gez.: Stuckart) an den RMuChdRK'zlei vom 14. August 1941, bezugnehmend auf die Gauleiterbesprechung vom 6. Dezember 193S, BA R 43 II/1326.

84 Schreiben (Abschrift) des RAM an die Landesregierungen vom 21. Dezember 1938, bezugnehmend auf einen Erlass des RMdI, AVfK DGT 1–2–6/1.

85 Schnellbrief (Abschrift) – Geheim – des MinPräs GenFM Göring vom 28. Dezember 1938. Der RMdI unterrichtete die Staatsbehörden mit Schreiben vom 12. Januar 1939 (AVfK DGT 1–2–6/1), der StdF die Parteigliederungen mit AO Nr. 1/39 g vom 17. Januar 1939 (IMT, Bd. XXV, S. 13 ff.)

86 Schreiben (Abdruck) des RMdI an die Landesregierungen vom 12. Dezember 1938, GStA Rep 90/2256, siehe S. 112.

87 Übersendungsschreiben des RMdI mit Erlass Görings vom 12. Januar 1939, AVfK DGT 1–2–6/1.

88 Auf einer Tagung der Süddeutschen Arbeitsgemeinschaft für Wohlfahrtspflege gaben die Vertreter Stuttgarts und Münchens bekannt, dass ihre Gemeinden keine Fettmarken und Fettverbilligungsscheine mehr an Juden verteilten. Niederschrift der Sitzung vom 27. Januar 1939, AVfK DGT 3–1–1/5.

89 Anfrage der Stadt Bünde beim DGT mit Schreiben vom 7. Juni 1939, AVfK DGT 4–1–2/13.

90 In einer Sprachregelung für die Presse beklagte das RMfVuP, dass einige Zeitungen bei Veröffentlichungen über Gerichtsprozesse von Juden diese noch immer mit ihren Namen zitierten, ohne »Israel« oder »Sarah« anzuhängen. Auszug aus dem »Oberheitmann-Material«, Sprachregelung vom 12. Juni 1939, Bd. 1, S. 212, GStA Rep 335/11/434.

91 Erl des RVM vom 23. Februar 1939, BA R 22/2026.

92 Um unerwünschten Erörterungen in der ausländischen Presse vorzubeugen, hatte der RVM sein Verbot nicht bekannt gemacht. Dies hatte zur Folge, dass Parteidienststellen immer wieder auf ein generelles Verbot drängten. Das Ministerium musste deshalb die Eisenbahnbetriebe darauf hinweisen, dass derartigen Forderungen keinesfalls zu entsprechen ist. Schreiben der Reichsverkehrsgruppe Schienenbahnen an sämtliche Mitgliederverbände vom 2. März 1939, AVfK DGT 1–2–6/1.

93 Am 16. Dezember 1938 informierte MRat Ruppert/RMdI den DGT, dass eine entsprechende Verordnung über Mietbeihilfen in Vorbereitung sei. Vermerk des DGT, AVfK DGT 3–1–1/5. Die »Zweite Verordnung über Mietbeihilfen« erging am 31. 12. 1938, RGBl I, S. 2017.

94 »VO über die Ausgestaltung der Reichshauptstadt Berlin und der Stadt der Bewegung München« vom 8. 2. 1939, RGBl I, S. 159.

95 Lösener, Kassereferent, S. 287.

96 RGBl I, S. 864.

97 Die amtliche Begründung führt an, dass es eine vertrauensvolle Hausgemeinschaft zwischen Deutschen und Juden nicht geben könne. DtJustiz 1939, S. 791.

98 Niederschrift der Sitzung vom 12. November 1938, S. 528.

99 »VO zur Änderung der VO über die Musterung und Aushebung« vom 7. März 1939, RGBl I, S. 425.

100 »Einziehung der Wehrpässe und Aushändigung von Ausschließungsscheinen an Juden«, RdErl des RMdI vom 9. August 1939, RMBliV, S. 1718. Der Wortlaut der Ausschließungsscheine deckte sich mit dem Wortlaut entsprechender Formulare, die »dauernd Wehrunwürdige« erhielten (Zuchthäusler, Personen, denen die bürgerlichen Ehrenrechte entzogen waren oder die Maßregeln der Sicherung und Besserung unterlagen), Absolon, Wehrgesetz, S. 117 Anm. 24.

101 Siehe S. 129.

102 RdErl des RMdI zgl. i. N. des RMfVuP vom 16. Juni 1939, RMBliV S. 1291. Juden hatten zum Kuraufenthalt ein beglaubigtes Attest eines Arztes beizubringen, mussten sich sofort bei der zuständigen Ortspolizei melden und ihre jüdische Eigenschaft unaufgefordert der Kurverwaltung mitteilen.

103 Schreiben des RJM an den RMdI vom 20. Juni 1939, GStA Rep 90/2256.

104 Nach der Rassenlehre des Nationalsozialismus war das englische und niederländische Volk sowie die skandinavischen Völker, was die »Rassereinheit des Blutes« anbetraf, dem deutschen Volk absolut gleichwertig. Die Vorlage des RJM war somit unter rassischen Gesichtspunkten widersinnig.

105 Siehe S. 130 ff.

106 Schreiben des RJM an den RMdI vom 19. Juli 1939, GStA Rep 90/2256.

107 Die Realisierung des Entwurfes hätte bedeutet, der gesamten Maßnahmengesetzgebung die Rechtsgrundlage zu entziehen, da die den Juden auferlegten Verpflichtungen mit ihrer Staatsangehörigkeit legitimiert wurden. Bündig vermerkte auch MRat Bergbohm/PrStM am 26. Juli 1939: »Beteiligung an der endlosen Erörterung des Gesetzes erscheint nicht erforderlich«, GStA Rep 90/2256.

108 AO des StdF vom 5. Januar 1939, Das Archiv 1939, S. 1617.

109 Schreiben (Abschrift) des RVM an den StdF vom 25. März 1939, BA R 22/2026.

110 »14. VO zur Durchführung und Ergänzung des Gesetzes über den Ausgleich bürgerlich-rechtlicher Ansprüche« vom 18. März 1939, RGBl I, S. 614.

111 § 2 der »VO zur Wiederherstellung des Straßenbildes bei jüdischen Gewerbebetrieben« vom 12. November 1938, RGBl I, S. 1581.

112 Auch Lösener (Rassereferent S. 286), betont die ihm völlig unverständliche Initiative des StdF.

113 Aktenvermerk des Referenten Steffens/DGT vom 14. Februar 1939 über ein Gespräch mit RRat Rother/RWiM, AVfK DGT 1–2–6/1.

114 Schreiben (Abschrift) des StAF an den RMdI vom 4. Februar 1939, BA R 22/1915.

115 Der RMdI bat den RJM mit Schreiben vom 21. Februar 1939, die Vormundschaftsgerichte anzuweisen, jüdische Zöglinge nur in jüdischen Anstalten oder Familien unterzubringen. Dieser berief sich indessen auf die Bestimmung, die Vormundschaftsgerichte dürften nur die Anordnung zur Fürsorgeerziehung aussprechen, die Auswahl der Anstalten indessen hätten die Verwaltungsbehörden zu treffen.

116 RdErl des RMdI (gez.: Pfundtner) – Nicht zur Veröffentlichung bestimmt – vom 22. Juli 1939, BA R 22/1915.

117 RdErl des RMdI an die Landesregierungen, Dokumente über die Verfolgung, Bd. 1, S. 125. Der RdErl setzte unter anderem auch die Prüfungsordnung für Apotheker vom 8. Dezember 1934 außer Kraft, ein Beweis, wie unwichtig die Rangfolge der Rechtsquellen geworden war.

118 RdErl des RMfWEuV vom 24. Mai 1939, RMinAmtsbl. S. 356; das Land Sachsen traf – völlig unsinnig, da die reichsrechtliche Regelung ja ergangen war – diese Bestimmung am 18. August 1939, SächsGBl. S. 45.

119 Zur Person Blomes, den Lösener als einen der treibenden judenfeindlichen Kräfte bezeichnet, siehe: Lösener, Rassereferent, S. 286.

120 »Durchführung des Gesetzes zur Ordnung der Krankenpflege«, RdErl des RMdI vom 9. September 1939, RMBliV, S. 2140.

121 So wies Lösener den DGT mit Schreiben vom 24. Mai 1939 darauf hin, dass ein Gemeindefriedhof grundsätzlich für alle im Gemeindegebiet erforderlich werdenden Bestattungen zur Verfügung stehe und die Bestattung von Juden nur verweigert werden könne, wenn diese über einen eigenen Friedhof verfügen, wobei der Begriff des »Juden« streng nach den Nürnberger Gesetzen zu fassen sei. AVfK DGT 1–2–6/14

122 RdErl des RAM und des RMdI vom 25. Mai 1939, RMBliV, S. 1297; Lösener, Rassereferent, S. 291.

123 Schreiben (Abschrift) des RAM an den SächsMfWuA vom 23. Januar 1939, AVfK DGT 3–1–1/5.

124 Rdschrb. des RFM an die Obersten Landesbehörden vom 4. April 1939 BA R 36/1022.

125 So in einem Schnellbrief des RMdI vom 2. Januar 1939 an den SächsMdI, wonach für Juden polnischer Staatsangehörigkeit die Fürsorgeverordnung für Juden nicht gelten sollte. AVfK DGT 3–1–1/5.

126 Vertraulicher Erlass des RWiM an die OFPräsn und den Leiter der Devisenstelle Wien vom 20. März 1939, AVfK DGT 1–2–6/1.

127 Erl. des Präs. der Reichsanstalt für Arbeitsvermittlung und Arbeitslosenversicherung vom 20. Dezember 1938, Dokumente über die Verfolgung, Bd. 2, 3. 329.

128 Ebenda. Dieser Passus ist schlicht unzutreffend. Die »VO über die öffentliche Fürsorge für Juden« vom 19. November 1938 (RGBl I, S. 1649) trat am 1. Januar 1939 in Kraft und verwies jüdische Hilfsbedürftige generell auf die jüdische freie Wohlfahrtspflege. Das musste am 20. Dezember 1938 auch dem Präsidenten bekannt geworden sein.

129 AO Nr. 32/39 des Stabsleiters StdF – Nicht zur Veröffentlichung – vom 4. Februar 1939. Das Originaldokument ist ausgelegt in der Ausstellung »Widerstand gegen den Nationalsozialismus«, Berlin, Stauffenbergstraße 14 (Bendlerblock).

130 Franke, S. 192.

131 Schreiben des Leiters der AO/NSDAP im AA an die Leitung der AO, ADAP Serie D, Bd. V, Dok. 587, S. 671.

132 Hierzu Genschel, S. 260.

133 ADAP, aaO, Dok. 640, 651, 652 ff.

134 Vermerk des Leiters der wirtschaftspolitischen Abtlg. im AA, MDir. Wiehl, vom 12. Dezember 1938, aaO, Dok. 654, S. 768.

135 Aufzeichnung des StS Weizsäcker/AA vom 20. Dezember über ein Gespräch in der deutschen Botschaft in London an das AA vom 21. Dezember 1938. (AaO, Dok. 657, S. 774).

136 Aufzeichnung Schachts vom 16. Januar 1939, ADAP Serie D, Bd. V, S. 775 ff., Dok. 661.

137 Schacht weigerte sich Hitlers Forderung nach einer Erhöhung des Notenumlaufes nachzukommen. Unter seinem Nachfolger Funk wurde Hitlers Forderung erfüllt. Schacht, 76 Jahre, S. 483.

138 Zur Haltung des AA siehe Telegramm des Leiters Referat Deutschland an die deutsche Botschaft in London vom 23. Dezember 1938, ADAP, aaO, S. 774, Dok. 658 und die Weisung Ribbentrops an StS Weizsäcker, Aufzeichnung des StS vom 18. Januar 1939, aaO, S. 779, Dok. 662.

139 Schreiben des Gestapa an alle Stapo(leit)stellen vom 21. Dezember 1938, BA R 58/276.

140 Niederschrift über die 6. Tagung der Süddeutschen Arbeitsgemeinschaft für Wohlfahrtspflege vom 27. 1. 1939, AVfK DGT 3–1–1/5.

141 Tätigkeitsbericht der Abtlg. II 112/SD für die Zeit vom 1. 7.– 31. 12. 1938 vom 1. März 1939, BA R 58/991.

142 RdErl des AA (gez.: Hinrichs) vom 25. Januar 1939, »Die Judenfrage als Faktor der Außenpolitik«. ADAP Serie D, Bd. V, S. 780 ff. Dok. 664.

143 Schreiben des BVP (gez.: Göring) an den RMdI vom 24. Januar 1939, BA R 58/276.

144 Der Reichszentralstelle gehörten Vertreter des AA, des RWiM, des RFM und, als Vertreter der Abtlg. I des RMdI , MRat Lösener an. Geschäftsführer war der Chef der Gestapo, Heinrich Müller, BA R 58/276.

145 Niederschrift über die erste Arbeitsbesprechung des Ausschusses der Reichszentrale für die jüdische Auswanderung am 11. Februar 1939, ADAP Serie D, Bd. V, S. 786 ff., Dok. 665.

146 Die Bemühungen um eine jüdische Auswanderung, die zudem von Hitler offiziell gebilligt worden war, relativiert die Schlussfolgerung Brachers (Diktatur, S. 399), es sei zweifelhaft, ob die Auswanderungspläne jemals als echte Alternative zur Vernichtung eine Chance gehabt hätten. Bracher begeht hier den immer wiederkehrenden Fehler, die Judenpolitik des Dritten Reiches a posteriori zu erklären und einen »roten Faden« zu konstruieren. Er übersieht, dass es ebenso wenig eine nationalsozialistische Judenpolitik wie eine nationalsozialistische Außenpolitik gab, sondern die konkurrierenden Interessen und Absichten getrennt betrachtet und gewertet werden müssen. So wäre es schlechthin unsinnig, aus der Opposition des AA gegen die Judenpolitik der SS zu schlussfolgern, das AA hintertreibe die Auswanderung, um die Juden in die »geplante« Vernichtung zu treiben, während die SS dies verhüten wollte.

147 Nellessen, S. 192. über einen Besuch Löseners in Eichmanns Wiener Auswanderungszentrale siehe Lösener, Rassereferent, S. 292; zu den Praktiken der Auswanderung Höhne, S. 319 f.

148 Tätigkeitsbericht der Abtlg. II 112 des SD für die Zeit vom 1. 7.–31. 12. 1938

vom 1. März 1939, Punkt III Beziehungen: Das Verhältnis zur Gestapo, BA R 58/991.

149 Vertraulicher Schnellbrief des RMdI (gez.: Best) an die außerpreuss. Landesregierungen vom 25. Februar 1939, DGT 1–2–6/1.

150 Entwurf eines Schreibens des DGT an die Landesdienststelle Bayern vom 10. März 1939, AVfK DGT 3–1–1/5.

151 Entwurf eines Schreibens des DGT an OB Fiehler, München, vom 5. April 1939 auf dessen Anfrage vom 22. März 1939, BA R 36/1022.

152 Mit einiger Sicherheit kann vermutet werden, dass Heydrich die Bestimmungen über die Fürsorge nur widerstrebend akzeptierte, da somit diese Gelder seiner unmittelbaren Verfügungsgewalt entzogen waren.

153 Schreiben (Durchschrift) des DGT an die Provinzialdienststelle Schlesien vom 8. Mai 1939, BA R 36/1022.

154 RGBl I, S. 1097.

155 Nach einem RdErl des RMdI vom 8. Mai 1939 – Nicht zur Veröffentlichung – wurden die Stiftungen aufgelöst, der jüdische Name war im Fall des Weiterbestehens zu beseitigen. AVfK DGT 1–2–6/1.

156 Nach einer Ausführungsanweisung des RMfWEuV zgl. i. N. des RMdI vom 14. August 1939 (RMBliV, S. 1985) gehörte zu den Pflichtaufgaben der RV nur die Errichtung von Volksschulen. Freigestellt war ihr der Aufbau höherer Schulen.

157 Die »2. DVO des Gesetzes über die Kultusvereinigungen« vom 4. August 1939 (RGBl. I, S. 1350) bestimmte, dass die Reichsvereinigung den Kultusvereinigungen, die keinen Vorstand hatten, einen solchen vorschreiben und personell besetzen konnte und alle Kultusvereinigungen eine Mustersatzung zu übernehmen hatten.

158 So beinahe wörtlich eine AV des RJM vom 22. Januar 1942 über die Auslegung der §§ 5 ff. der 10. VO zum RBüG, DtJustiz, S. 85.

159 Die bisherigen jüdischen Publikationen wie: »Jüdische Rundschau« (Seit 1896), »CV-Zeitung Organ des Central-Vereins der deutschen Staatsbürger jüdischen Glaubens« (seit 1922), »Informationsblätter« (hrsg. von der Reichsvertretung der Juden in Deutschland seit 1933), »Jüdische Wohlfahrtspflege und Sozialpolitik« (seit 1930), wurden sämtlichst nach der Reichskristallnacht verboten. J. Robinson – P. Friedmann: Guide to Jewish History under Nazi-Impact. New York 1960. S. 299 ff.

Exkurs: Judenpolitik und Führerstaat bei Kriegsausbruch

1 Hitler, Mein Kampf, S. 772.

2 Die These einer seit 1924 geplanten Massenvernichtung der Juden versucht mit diesem Zitat Hubert Schorn: Die Gesetzgebung des Nationalsozialismus als Mittel der Machtpolitik, Frankfurt/M. 1963. S. 85, zu unterstreichen. Ähnlich Graml, Reichskristallnacht, S. 13.

3 Über Hitlers Hetze gegen die Juden im Krieg und den Zusammenbruch siehe Mein Kampf, S. 211 f., 350, 359, 585.

4 Aufzeichnung eines Gesprächs zwischen dem Führer und dem südafrikanischen Verteidigungs- und Wirtschaftsminister Pirow am 24. November 1938, ADAP Serie D, Bd. IV, Dok. 271, S. 293.

5 So Hitler anlässlich der jährlichen Parteigründungsfeier am 24. Februar 1939 in München. Domarus, Bd. II, S. 1086.

6 Hierzu Speer, S. 97 f.

7 Rede Hitlers am 13. Juli 1934, Domarus Bd. 1, S. 410 f.

8 Zu den Anfängen der Euthanasie und den Fall des getöteten, unheilbar kranken Kindes siehe Klaus Dörner: Nationalsozialismus und Lebensvernichtung. In: VJhefteZG 15 (1967). S. 140.

9 Niederschrift über den Empfang des tschechoslowakischen Außenministers durch den Führer und Reichskanzler am 21. Januar 1939, ADAP, Serie D, Bd. IV, S. 170 Dok. 158.

10 Ebenda.

11 Domarus, Bd. II, S. 1057.

12 Niederschrift der Besprechung am 12. November, S. 539.

13 »Schwarzes Korps« vom 24. November 1938, Reitlinger, S. 9.

14 Ulrich von Hassell: Vom anderen Deutschland. Aus den nachgelassenen Tagebüchern 1938–1944. Zürich 1946. Eintrag vom 17. September 1938, S. 19.

15 Für die Technik der Machtteilung ist ein Gespräch mit Rosenberg aufschlussreich, dessen Thema die Päpste waren. Hitler kritisierte, es sei ein Verhängnis gewesen, dass die Päpste von den Kaisern gezwungen wurden, immer Ordnung in der Kirche zu halten. Die Kaiser hätten statt dessen mehr Päpste, je mehr, je besser, unterstützen sollen. H.-G. Seraphim (Hrsg.): Das politische Tagebuch Alfred Rosenbergs 1934/35 und 1939/40. München 1964. Eintrag vom 16. September 1940.

16 Siehe Müller, Beamtentum, S. 44 und »Mein Kampf«, S. 104.

17 Darauf wies H.G. Adler (Die verheimlichte Wahrheit, Theresienstädter Dokumente. Tübingen 1958. S. 18) für den Verwaltungsaufwand bei der »Endlösung« hin.

18 Aussage Funk vor dem Nürnberger Militärtribunal, IMT, Bd. XII, S. 151.

19 So im 1. Vierteljahresbericht 1939 des Sicherheitshauptamtes, Bd. 2, S. 60, BA R 58/717.

20 Erster Vierteljahresbericht 1939 des Sicherheitshauptamtes, Bd. 2, S. 60, BA R 58/717.

21 Siehe hierzu Lösener, Rassereferent, S. 267, 293 sowie die bissigen Bemerkungen Goebbels' in seinen Tagebüchern am 19. März 1942 (Goebbels Tagebücher aus den Jahren 1942–1943, mit anderen Dokumenten hrsg. von Louis P. Lochner. Zürich 1948. S. 124).

22 Tagebucheintragung Goebbels' vom 16. März 1963, S. 274.

23 RGBl I, S. 1539.

24 Siehe die Aufgaben des RVR nach der Niederschrift seiner ersten Sitzung am 18. November 1939, Kempner / Haensel, S. 46.

25 Aussage Lammers' im Wilhelmstraßenprozess, aaO, S. 46.

26 Die Befugnisse der GBW waren bereits im Sommer 1938 von Funk an Göring abgegeben worden, wobei Funk die Stellung des GBW allerdings formell

behielt. Aussage Lammers' vor dem Nürnberger Militärtribunal, IMT, Bd. XI, S. 68.

27 Vertreter Fricks als GBV war Himmler, Stabsleiter des GBV war StS Stuckart, Kempner / Haensel, S. 45.

28 Aussage Görings und Lammers' vor dem Nürnberger Militärtribunal, IMT, Bd. IX, S. 323 und Bd. XI, S. 68. In diesem Zusammenhang muss man fragen, ob Hitler unfähig oder nicht willens war, im Bereich der Organisation sinnvolle Kompetenzabgrenzungen zu schaffen. So konnten während des Krieges folgende Personen oder Einrichtungen »Gesetze« erlassen: Der BVP, der Ministerrat für die Reichsverteidigung, das Dreierkollegium« und Hitler selbst. Siehe zu diesem Chaos der Rechtssetzungskompetenzen Dietrich Kirschenmann: »Gesetz« im Staatsrecht und in der Staatsrechtslehre des NS (Schriften zum öffentlichen Recht, Bd. 135). Berlin 1970. S. 113 ff.

29 Hierzu die Tagebucheintragungen Goebbels' vom 18. März 1943, S. 279 sowie Speer, S. 270.

30 Dennoch wurden Angehörige des SD oder der Sipo streng getrennt weiterhin entweder aus der Partei- oder der Staatskasse besoldet, selbst wenn sie im gleichen Referat arbeiteten. Höhne, S. 238.

31 Es trug dort die Bezeichnung II B 2. Nellessen, S. 200.

32 AaO, S. 192 und Höhne, S. 321.

33 Höhne, S. 321, irrt, wenn er Eichmann später von IV D 4 zu IV B 4 überwechseln lässt. Es handelt sich hierbei nur um eine im März 1941 durchgeführte Umorganisation des RSHA. Siehe Nellessen, S. 200.

34 Erlass des Führers über die Stellung des Leiters der Partei-Kanzlei vom 19. Mai 1941, RGBl I, S. 35, Anlage 1.

35 Ein entsprechender Führererlass erging am 12. April 1943, Speer, S. 266. Den Aufgabenbereich der Parteikanzlei regelte Bormann mit Erlass vom 2. April 1942, IMT, Bd. XL, S. 1 f.

36 Siehe die Tagebucheintragung Goebbels' vom 18. März 1943, S. 279; Speer, S. 265 und Max Domarus: Der Reichstag und die Macht. Neustadt/ Aisch 1968. S. 139.

37 Picker, S. 21; Speer, S. 266.

38 Picker, S. 21.

39 1. Vierteljahresbericht 1939 des Sicherheitshauptamtes Bd. 2, S. 56, BA R 58/ 717.

40 W. Mallmann: Die Verkündung von Rechtsvorschriften. In: ZAkDR, 13 (1944). S. 47 mit weiteren Literaturangaben. Im Gegensatz zu Kirschenmann S. 117, ist dann »Gesetz« (i. S. materiellen Rechts) nicht das, was von den für die Gesetzgebung zuständigen Stellen vorgenommen wird, sondern: Jede Stelle, die für sich mit Erfolg in Anspruch nimmt, eine Regelung auf dem Gebiet des materiellen Rechts zu treffen und durchzusetzen, schafft ein »Gesetz«.

41 Aktennotiz MRat Kritzinger/RJM vom 28. Januar 1938, BA R 22/12.

42 Vermerk Kritzingers über ein Gespräch mit MRat Medicus/RMdI, aaO.

43 Interne AO des RMdI vom 25. Januar 1937 an die Dienststellen des RFSSuCh-dDtPol, Broszat, Staat Hitlers, S. 343.

44 Best, S. 26.

45 So bestimmte § 1 der 1. DVO zum Gesetz über die berufsmäßige Ausübung der Heilkunde ohne Bestallung vom 18. Februar 1939 (RGBl I, S. 259) das Erfordernis des deutschen oder »artverwandten« Blutes für die Zulassung, obwohl § 3 der 4. VO/RBüG als lex generalis dies bereits allgemein bestimmt hatte. Nach der Ausschließung jüdischer Ärzte, Zahnärzte, Tierärzte und Apotheker änderte das RMdI prompt die Reichsärzteordnung und machte eine Neufassung bekannt (RGBl I, S. 1014, VO vom 12. Juni 1939) Obgleich die Generalklausel des § 3 der 1. VO/RBüG längst festgestellt hatte, dass Juden kein öffentliches Amt ausüben durften, wurde dies in jeder spezialisierten VO wiederholt. (So § 1 der »VO über die Ausbildung zum höheren Forstdienst« vom 20. September 1939, RGBl I, S. 1934; »VO über die Ausbildung und Laufbahnen der deutschen Beamten« vom 28. Februar 1939, RGBl I, S. 371). Thüringen wiederholte das Verbot für »nichtarische« Schwimmmeister am 22. Juli 1939 (ThürGS, S. 57), obwohl der RMfWEuV mit RdErl vom 3. Dezember 1935 (RMinAmtsbl 1936, S. 16) diese Frage reichseinheitlich geregelt hatte.

46 So wurde Hitler mit der Frage angegangen, ob die Namen von Juden auf Gefallenentafeln und Denkmälern getilgt werden sollten. Er entschied dahingehend, an bestehenden Monumenten nichts zu verändern, an neu zu errichtenden Denkmälern keine jüdischen Namen aufzunehmen. RdErl -Geheim – des RMfWEuV vom 14. Februar 1939, BA R 21/217.

47 Schreiben des RMuChdRK'zlei an die Obersten Reichsbehörden vom 1. Oktober 1938, BA R 22/12.

48 Schreiben des RMuChdRK'zlei an die Obersten Reichsbehörden vom 28. Februar 1943, BA R 43 II/604.

49 Hierzu siehe auch v. Hippel, S. 41.

50 Es handelte sich um das »Gesetz gegen Straßenraub mittels Autofallen« vom 22. Juni 1938, RGBl I, S. 651, das in lapidarer Kürze bestimmte: »Wer in räuberischer Absicht eine Autofalle stellt, wird mit dem Tode bestraft«. Es trat mit Wirkung vom 1. Januar 1936 in Kraft. Siehe auch Martin Broszat: Zur Perversion der Strafjustiz im Dritten Reich. In: VJhefteZG 6 (1958). S. 396.

51 RdSchrb des RMdI (gez.: Frick) an die Obersten Reichsbehörden vom 21. April 1939, BA R 22/12.

52 Im Dritten Reich gab es mehrere derartiger Gesetze, so das niemals veröffentlichte Reichsverteidigungsgesetz vom 21. Mai 1934, abgelöst durch das Reichsverteidigungsgesetz vom 4. September 1938, veröffentlicht am 30. August 1939 RGBl I, S. 1539. Siehe auch Hüttenberger, S. 152.

53 Platen-Hallermund, S. 18.

54 Zur Rechtskraft eines Führererlasses, die generell verneint wird, BGHZ Bd. 3, S. 106 ff. und Jürgen Baumann: Die strafrechtliche Problematik der nationalsozialistischen Gewaltverbrechen. In: Reinhard Henkys: Die nationalsozialistischen Gewaltverbrechen. Geschichte und Gericht. Stuttgart 1964. S. 267 ff.

55 Siehe S. 149.

56 Beschluss des Reichsgerichts vom 25. Februar 1941, ZAkDR 6 (1941). S. 320 f.

57 Aktenvermerk Lammers (Photokop.) nach einem Vortrag bei Hitler am 21. Februar 1940, BA R 43 II/695.

58 Erlass des Führers und Reichskanzlers – Nicht zur Veröffentlichung – vom

5. Juni 1940. Der Erlass wurde am 20. Dezember 1940 um 6 Monate verlängert und galt ab 16. Mai 1941 bis auf Widerruf. Der Erlass ordnete an, alle Gesetze und Verordnungen zurückzustellen, soweit sie nicht für den Abwehrkampf des deutschen Volkes unerlässlich sind. BA R II/12.

59 Bericht des MDir Volkmar/RJM über die Wochenendtagung des Gaues Wien des NSRB vom 4. April 1944, BA R 22/2076.

60 Dies wird im Zusammenhang mit der Kriegsgesetzgebung aufgezeigt werden.

61 So hatten die 4., 5., 6. und 8. VO zum RBüG Berufsverbote zum Inhalt, die 7. VO regelte Ruhestandsfragen, die 9. VO eine Ergänzung des österr. Scheidungsrechts, die 11. und 12. VO Staatsangehörigkeitsfragen, die 13. VO stellte sich als Strafgesetz dar. Außer der 11. und 12. VO waren alle weiteren VOen im strengen Sinn fehlerhaft und daher nichtig. Siehe hierzu: Erwin Jacobi: Zur Fehlerhaftigkeit von Rechtsverordnungen. In: Anschütz / Thoma, Bd. 2, S. 254 ff.

62 Obwohl § 3 RBüG allein den RMdI im Einvernehmen mit den StdF zum Erlass von DVOen ermächtigte, wurden die 3., 5. und 6. VO zum RBüG in anderen Ministerien ausgearbeitet. Aussage Löseners im Wilhelmstraßenprozess, GStA Rep. 335/11/1841.

VI. Kapitel: Der Zweite Weltkrieg

1 Martin Broszat: Nationalsozialistische Polenpolitik 1939–1945 (Fischer Bücherei Nr. 692). o. J. (1965). S. 31; Höhne, S. 274.

2 Aktenvermerk Canaris' nach einer Besprechung mit Hitler am 12. September 1939, Broszat, Polenpolitik, S. 20. Diese Wendung gebraucht auch GenO Halder in einer Aufzeichnung vom 19. September 1939, Halder – Kriegstagebuch. Tägliche Aufzeichnungen des Chefs des Generalstabes 1939–1942. 3 Bde., Stuttgart 1962/63/64, Bd. 1, S. 79.

3 Zu diesen Vorstellungen Broszat, Polenpolitik, S. 13 f.

4 Höhne, S. 276.

5 AaO, S. 278.

6 Ebenda.

7 Broszat, Polenpolitik, S. 34.

8 Zu den einzelnen Erlassen, Broszat, Polenpolitik, S. 35.

9 Höhne, S. 279 f. und mit einigen bemerkenswerten Beispielen Broszat, Polenpolitik, S. 41 ff.

10 Die Gräueltaten in Polen schienen in weiten Kreisen bekannt geworden zu sein; v. Hassell vermerkte am 19. Oktober 1939: »... die Schmach, mit der die Kriegsführung in Polen teils durch die grauenhaften Bestialitäten der SS den deutschen Namen beschmutzt haben«. (S. 91.) Hierzu auch: Helmut Krausnick: Hitler und die Morde in Polen. Ein Beitrag zum Konflikt zwischen Heer und SS in den besetzten Gebieten. In: VJhefteZG 11 (1963). S. 196 ff.; ergänzend: Klaus Jürgen Müller: Himmlers Rechtfertigung der Polenpolitik und die Generalität. In: VJhefteZG 18 (1970). S. 95 ff.

11 Siehe Mein Kampf, S. 726, 742 und noch betonter in den Aufzeichnungen

von 1928, Hitlers Zweites Buch. Ein Dokument aus dem Jahre 1928. Hrsg. und eingeleitet von G.L. Weinberg. Stuttgart 1961.

12 Aufzeichnungen Heydrichs vom 2. Juni 1940, Krausnick, Morde S. 196.

13 Broszat, Polenpolitik S. 20.

14 Ein Teil der Niederschrift dieser Besprechung ist wiedergebeben bei Broszat, Polenpolitik, S. 21 f.

15 Schnellbrief des CdS (gez.: Heydrich) an die Chefs aller Einsatzgruppen im besetzten Gebiet vom 21. September 1939. Faschismus – Getto – Massenmord. Dokumentation über Ausrottung und Widerstand der Juden in Polen während des Zweiten Weltkrieges. Hrsg. vom Jüdischen Historischen Institut Warschau. Berlin (Ost). 2. Aufl. 1961. S. 37 ff. Dok. 1.

16 Seraphim, S. 98.

17 Zur Abgrenzung der eingegliederten und besetzten Gebiete (Generalgouvernement) Polens siehe Broszat, Polenpolitik, S. 36 ff.

18 Dies hieß an der deutsch-russischen Demarkationslinie in Polen.

19 Höhne, S. 290; Krausnick: Judenverfolgung. In: Anatomie des SS Staates, Bd. 2, S. 290 f.

20 Dennoch begann Generaloberst Blaskowitz, Oberbefehlshaber Ost, erst jetzt, die Zustände in Polen anzuprangern. Krausnick, Morde, S. 204; Höhne, S. 281 f.

21 Stichwortartige Aufzeichnung Keitels, Broszat Polenpolitik, S. 25.

22 AaO, S. 26, Anm. 43, 44.

23 Rede des Generalgouverneurs auf einer Besprechung der Kreishauptleute und Distriktskommissare des Distrikts Radom, Faschismus, S. 46, Dok. 6.

24 Hierzu Broszat, Polenpolitik, S. 54.

25 Die Einsatzgruppen wurden zur Behörde »Befehlshaber der Sicherheitspolizei und des SD«; die Einsatzkommandos zu »Kommandeure der Sicherheitspolizei und des SD« (BDS, KDS). Näheres über diesen Aufbau bei Buchheim, Die SS, S. 66 ff. insbes. S. 74 f.

26 Buchheim, Die SS, S. 113 ff., 189.

27 AaO, S. 113 und Höhne, S. 280.

28 Buchheim, Die SS, S. 113.

29 Vor den Amtschefs des RSHA und den Chefs der Einsatzgruppen hatte Heydrich bereits am 21. September darauf hingewiesen, dass der RFSS »Siedlungskommissar« für den Osten würde. Broszat, Polenpolitik, S. 21.

30 Der Erlass ist wiedergegeben bei Buchheim, Die SS, S. 182 ff.

31 Buchheim, Die SS, S. 187.

32 Buchheim, Die SS, S. 186 und Broszat, Polenpolitik, S. 64 f.

33 Siehe die Schemata der Befehlswege bei Buchheim, Die SS, S. 122.

34 AaO, S. 189.

35 Die im Rahmen der Aufgaben des RKF errichteten »Umwanderzentralstellen« für Polen und Juden waren eine Behörde der Sipo, Broszat, Polenpolitik, S. 66.

36 Hierzu der Erlass Himmlers über die Organisation der Gestapo in den eroberten Ostgebieten vom 7. November 1939, aaO, S. 67.

37 Zur Person Stahleckers siehe Aronson, S. 224.

38 In einer vertraulichen Information unterrichtete das RMfVuP am 9. Oktober

1939 die deutsche Presse über die Gestaltung eines deutschen Interessenbe-
reiches in Polen und führte ein Judenreservat an, in das alle deutschen Juden
verbracht werden sollten. Hagemann, S. 145 Anm. 51. Der Plan einer Ansiedlung der Juden kann entgegen der Auffassung Höhnes (S. 321) nicht von
Eichmann stammen. Dieser wurde erst Anfang Oktober aus Prag zurückberu-
fen. Hitler hatte aber bereits Ende September gegenüber Rosenberg konkrete
Hinweise auf das Reservat gegeben.

39 Broszat, Polenpolitik, S. 43.
40 Weitere 6000 Juden wurden im Februar 1940 aus Wien, Mährisch-Ostrau
   und Stettin abgeschoben. Krausnick, Judenverfolgung, S. 291 ff.
41 AO I/II des RFSS/RKF, Faschismus S. 42 f, Dok. 4. Diese Umsiedlungsaktion
   wurde von der Presse am 20. Oktober bekannt gemacht, Hagemann, S. 146,
   Anm. 62.
42 Schreiben der Abtlg. Arbeit/Amt des GG an den Gouverneur des Distrikts
   Krakau vom 29. Dezember 1939, Faschismus, S. 48 Dok. 9.
43 Januar-Bericht des Distrikt-Chefs Krakau vom 19. Februar 1940, aaO, S. 52 f.,
   Dok. 13.
44 Krausnick, Judenverfolgung, S. 292.
45 Nazi Conspiracy and Aggression. Bd. I–VIII. Washington 1946–1948. Bd. VII,
   S. 402.
46 Der Erlass Görings wurde am 8. April 1940 vom BadMdI weitergegeben.
   Dokument über die Verfolgung, Bd. 2, S. 408). Neue Deportationen bedurften der Genehmigung Görings und das Einverständnis Franks.
47 Am 30. Januar 1940 führte Heydrich auf einer Konferenz in Berlin aus, das
   Referat IV D 4 sei zur Koordinierung der bislang unorganisierten Abschie-
   bungspraxis errichtet worden und habe die zentrale Steuerung der Räu-
   mungstrage zu übernehmen. Faschismus, S. 50, Dok. 12.
48 In einem RdErl des RSHA – IV D 4 – vom 24. April 1940 leugnete Eichmanns
   Referat die Gerüchte über Abschiebungen von Juden ins Generalgouvernement und hob die Aufgabe verstärkter Auswanderung während des Krieges
   hervor. Dokumente über die Verfolgung, Bd. 2, S. 368.
49 Höhne, S. 323; Reitlinger, S. 51.
50 Ab 24. Oktober 1939 in Wloclawek (Krausnick, Judenverfolgung, S. 289), ab
   11. November 1939 in Lodz (Faschismus, Dok. 30, S. 68).
51 VO des GG vom 23. November 1939, VOBlGG, S. 61.
52 RdSchrb der Abteilung innere Verwaltung im Amt des GG vom 6. April 1940,
   Faschismus, Dok. 16, S. 55.
53 VOBlGG, S. 231. Für die dem Deutschen Reich eingegliederten Gebiete
   erging sodann die »VO über die Einführung der Nürnberger Rassengesetze in
   die eingegliederten Ostgebiete« vom 31. Mai 1941, RGBl I, S. 297.
54 VOBlGG, S. 5.
55 »Zweite Durchführungsvorschrift zur VO vom 26. Oktober 1939 über die
   Einführung des Arbeitszwanges« vom 12. Dezember 1939, VOBlGG, S. 246.
56 »VO des GG für die besetzten deutschen Gebiete« vom 26. Januar 1940,
   VOBlGG, S. 45.
57 AO der Abteilung Devisen im Amt des GG vom 20. November 1939,
   VOBlGG, S. 57.

58 Siehe den Bericht des Leiters der Abteilung Umsiedlung beim Gouverneur des Distrikts Warschau vom 20. Januar 1941, Faschismus, Dok. 69, S. 108 f.
59 Krausnick, Judenverfolgung, S. 296.
60 Zu den Arbeitslagern siehe Broszat, Polenpolitik, S. 64, 72.
61 Aufzeichnung Ribbentrops vom 9. Dezember 1938 über ein Gespräch mit Bonnet am 7. Dezember 1938, ADAP, Serie D, Bd. IV, Dok. 372, S. 420.
62 In einem zerstörten Teil der Niederschrift über die Sitzung vom 12. November 1938 findet sich als Bruchstück in unmittelbarem Zusammenhang mit der Judenfrage ein Hinweis auf Madagaskar. (IMT, Bd. XXVIII, S. 420) Urheber des Plans einer Ansiedlung der Juden auf Madagaskar war der Antisemit Paul de Lagarde, der seine »Lösungsvorschläge« auch Bismarck unterbreitete. Marlis G. Steinert: Hitlers Krieg und die Deutschen. Stimmung und Haltung der deutschen Bevölkerung im Zweiten Weltkrieg. Düsseldorf 1970. S. 238.
63 Rede Rosenbergs vor der Auslandspresse in Berlin, IMT, Bd. XLI, Dok. Streicher–8, S. 545. Bezeichnenderweise erschien im Januar 1939 eine Berliner Zeitung mit dem Aufmacher: »Gebt den Juden Madagaskar!«, Hagemann, S. 145 Anm. 47.
64 Aufzeichnung eines Gesprächs Hitlers mit Colin Ross am 12. März 1940, ADAP, Serie D, Bd. VIII, S. 716 ff.
65 Helmut Krausnick: Himmlers Denkschrift über die Behandlung der Fremdvölkischen im Osten. In: VJhefteZG 5 (1957). S. 197.
66 Rademacher hatte das Madagaskar-Projekt erstmals am 3. Juni 1940 angeschnitten, als er in einer Aufzeichnung »Die Judenfrage im Friedensvertrag« (ADAP, Serie D, Bd. X, S. 386) ein jüdisches Reservat auf dieser Insel für möglich hielt. Hitler schien sofort informiert worden zu sein, denn am 17. Juni 1940 sprach er Mussolini darauf an. (Schmidt, S. 495). In den ersten Augusttagen äußerte er zu Abetz, dem deutschen Botschafter in Frankreich, er wolle sämtliche Juden aus Europa evakuieren (Aufzeichnung des UStS Luther/AA vom 15. August 1940, ADAP, Serie D, Bd. X, S. 399). Der RStH Warthegau, Arthur Greiser, erfuhr im Juli 1940 von Himmler persönlich, »daß nunmehr die Absicht bestehe, die Juden über See in bestimmte Gebiete abzuschieben«. (Abteilungsleitersitzung der Regierung des GG im Juli 1940, Faschismus, Dok. 17, S. 57). Auf Grund einer Weisung des GG wurden daraufhin alle Pläne zur Errichtung von Ghettos eingestellt, »da nach dem Plan des Führers die Juden Europas nach Kriegsende auf Madagaskar ausgesetzt werden sollen ...« (Bericht des Leiters der Abteilung Umsiedlung im Amt des GG vom 20. Januar 1941, Faschismus, S. 108 f.). Wie allgemein man eine überseeische Lösung diskutierte, zeigt eine Arbeitstagung des Instituts zur Erforschung der Judenfrage am 27. März 1941, wo Prof. P.H. Seraphim die Ausweisung der Juden aus Europa für den günstigsten Weg einer bevölkerungspolitischen »Radikallösung« ansah. Siehe: P.H. Seraphim: Bevölkerungs- und wirtschaftliche Probleme einer europäischen Gesamtlösung der Judenfrage (Kleine Weltkampfbücherei Nr. 2). München 1943.
67 Krausnick, Judenverfolgung, S. 292 f.
68 Persönliches Schreiben des SS-Hauptsturmführers Dannecker an LRat Rade-

macher/AA vom 15. August 1940 mit anliegender Ausarbeitung des Mada-
gaskar-Plans, GStA Rep 335/11/523 NG-2586.
69 Vermerk (Photok.) des MRats Lösener über eine Besprechung mit SS-Stubaf.
   Eichmann am 3. Dezember 1940, BA R 18/3746 a; siehe auch Höhne, S. 323,
   Krausnick, Judenverfolgung, S. 293; Lösener, Rassereferent, S. 296.
70 Mitteilung des MDir. Hinkel/RMfVuP auf der Ministerkonferenz des Ministeriums am 6. September 1940, Boelcke, Kriegsprogaganda, S. 510. Am
   17. September 1940 teilte Hinkel auf der Ministerkonferenz dann mit, das
   Madagaskar-Projekt sei genehmigt. Nach dem Krieg könne man etwa 3,5
   Millionen Juden in ca. 18 Monaten auf die Insel überführen. Willi A. Boelcke:
   Wollt ihr den totalen Krieg? Die geheimen Goebbels-Konferenzen 1939–
   1943. Stuttgart 1967. S. 105.
71 Schreiben des CdSuSD (gez.: Müller) an das AA vom 29. Oktober 1940 mit
   der Einleitungsformel-. »Der Führer ordnete die Abschiebung ... an«. GStA
   Rep. 335/11/1842.
72 Geheimer Aktenvermerk Bormanns vom 2. Oktober 1940, IMT Bd. XXXIX,
   S. 425, Dok. 172-USSR, sowie Schreiben Lammers – Geheim – an v. Schirach
   vom 3. Dezember 1940, aaO, S. 175 ff., Dok. 1950–PS.
73 Geheimer Aktenvermerk Bormanns vom 2. Oktober 1940, IMT Bd. XXXIX
   S. 425, Dok. 172-USSR und Ausführungen Franks auf der Regierungssitzung
   vom 15. 1. 1941, Faschismus, S. 60 f. Dok. 19.
74 Bericht des HSSPF Krüger auf einer Arbeitssitzung des GG am 15. Januar 1941
   über eine in Berlin stattgefundene Besprechung am 8. Januar 1941, Faschismus, S. 60 Dok. 19.
75 Dies lag im wesentlichen an der durch die Wehrmacht beanspruchten Transportkapazität zur Vorbereitung des Russlandfeldzuges. Weitere Gründe bei
   Broszat, Polenpolitik, S. 98.
76 Krausnick, Judenverfolgung, S. 298.
77 Äußerungen des GG Frank und HSSPF Krüger auf einer Regierungssitzung des
   GG am 25. März 1941, Faschismus, S. 64 Dok. 24.
78 Zu den Vorbereitungen des Unternehmens Barbarossa siehe. H.A. Jacobsen:
   Der Zweite Weltkrieg. Grundzüge der Politik und Strategie in Dokumenten
   (Fischer Bücherei 645/646). Hamburg 1965. S. 107 ff.
79 § 10 der »1. DVO zum Luftschutzgesetz« vom 1. September 1939, RGBl I,
   S. 1631.
80 Satzung des Reichsluftschutzbundes vom 28. Juni 1940, RGBl I, S. 992; diese
   Regelung fand ihren Niederschlag in der 9. Änderungsverordnung zum Luftschutzgesetz vom 31. August 1943, RGBl I, S. 499.
81 Erl. des RFSSuChdDtPol, weitergegeben durch die Gestapoleitstelle Karlsruhe, Dokumente über die Verfolgung, Bd. 2, S. 397.
82 Aussage des Landrats von Hechingen am 16. April 1947, StAnwHechingen,
   KLs 23–27/47, Bd. 1.
83 FS des Gestapa Berlin vom 6. September 1939 (Photokop.), BA R 58/276,
   Abschrift bei StAnwHechingen, KLs 23–27/47, Bd. 1.
84 Schnellbrief der Stapoleitstelle Stuttgart an die Landräte vom 7. September
   1939, StAnwHechingen, KLs 23–27/47, Bd. 1.
85 Erl. des RFSSuChdDtPol im RMdI vom 10. September, weitergegeben von der

Gestapoleitstelle Karlsruhe, Dokumente über die Verfolgung, Bd. 2, S. 397; Am 15. September unterrichtete das RMdVuP darüber vertraulich die Presse, nachdem ausländische Zeitungen diese Meldung gebracht hatten. Auszug aus »Brammer-Material«, Anweisung Nr. 1034 – Vertraulich – Bd. V, S. 32, GStA Rep. 335/11/434– NG 3070.

86 Aufzeichnung Löseners über eine Sitzung im RMfVuP am 13. September 1939, BA R 18/3746 a (Photokop.); siehe auch Lösener, Rassereferent, S. 294 f.

87 Ebenda.

88 Erl. des RSHA an die Stapo(leit)stellen vom 21. September 1939, Dokumente Frankfurter Juden, S. 433, Dok. XII.

89 Erl. des RSHA an die Stapoleitstellen vom 20. November 1939, Dokumente über die Verfolgung, Bd. 2, S. 400 f.

90 Boelcke, Kriegspropaganda, S. 227.

91 Weitergegeben durch Erl. des WürttWiM vom 2. Dezember 1939, Dokumente über die Verfolgung. Bd. 2, S. 406.

92 Aussage des Leiters für Roh- und Werkstoffe im Amt des BVP, Kempner/ Haensel, S. 129. Der entsprechende Erlass erging als FS an die Wirtschaftsbehörden am 24. November 1939, Dokumente Frankfurter Juden, S. 449, Dok. XII 15.

93 RdErl des RWiM vom 23. Januar 1940, Dokumente über die Verfolgung, Bd. 2, S. 407.

94 »Fettverbilligungsscheine für die minderbemittelte Bevölkerung«, RdErl des RAM und des RMfEuL vom 16. März 1940, RMBliV, S. 493.

95 Es charakterisiert die der nationalsozialistischen Weltanschauung immanente Schizophrenie, dass man einmal vom »jüdisch-bolschewistischen«, dann wieder vom »jüdisch-kapitalistischen« Weltfeind sprach. Zu dieser Sprachverwirrung siehe auch Otto Klemperer: LTI – Die unbewältigte Sprache (dtv 4090). Stuttgart 1968.

96 Vertrauliche Information Nr. 11/40 – Geheim – vom 13. Januar 1940. Auszug aus dem Oberheitmann-Material, Bd. 2, S. 171, GStA Rep 335/11/434.

97 Dies geht hervor aus einem Schreiben des Gauleiters von Hessen-Nassau an den OB von Frankfurt vom 30. Januar 1940, Dokumente Frankfurter Juden, S. 445, Dok. XII. 10 E.

98 Die Ausgangsbeschränkung galt für die Zeit vom 1. 4.–30. 9. von 21–5.00 Uhr; für die Zeit vom 1. 10.–31. 3. von 20–6.00 Uhr, Verfügung der Gestapo vom 9. Mai 1940, aaO, S. 433, Dok. XII. 2.

99 Ministerkonferenz vom 25. Juni 1940, Boelcke, Kriegspropaganda, S. 406. Am 5. Juli ordnete Goebbels dann an, dass diese Regelung nicht veröffentlicht werden dürfe. Hagemann, S. 144, Anm. 49.

100 RdErl des RSHA (Abschrift) vom 1. Juli 1940, betr. Ausnahmebehandlung von Juden, BA R 58/276.

101 Siehe Ministerkonferenz des RMfVuP vom 20. August 1940, Boelcke, Kriegspropaganda, S. 469; ein Erlass des RSHA vom 12. Dezember 1941 verbot Juden dann auch die Benutzung öffentlicher Fernsprechzellen, mit der Begründung, sie würden in erheblichem Umfang von Juden benutzt,

wodurch deutschen Volksgenossen die Möglichkeit des Telefonierens genommen würde. Dokumente über die Verfolgung, Bd. 2, S. 428.

102 Äußerungen Goebbels und Hinkels auf der Ministerkonferenz vom 19. Juli 1940, Boelcke, Kriegspropaganda, S. 431; Totaler Krieg, S. 82.

103 Ministerkonferenz vom 6. September 1940, Boelcke, Kriegspropaganda S. 492.

104 »VO zur Änderung und Ergänzung des Gesetzes über Mietverhältnisse mit Juden« vom 10. September 1940, RGBl I, S. 1235.

105 Lösener, Rassereferent, S. 293 f.

106 So der DGT mit Schreiben vom 22. Juli 1940 an den OB in Breslau, in dem auf die Fühlungnahme mit dem RMdI verwiesen wurde. Entwurf AVfK DGT 1–2–6/1.

107 Siehe den Eintrag v. Hassells vom 9. März 1940 (S. 136). Die Aktion wurde daraufhin aufgegeben. Reitlinger, S. 28.

108 § 1 der »2. VO zur Ausführung des Personenstandgesetzes« vom 30. August 1939, RGBl I, S. 1540; AV des RJM vom 19. September 1939, DtJustiz, S. 1527.

109 RdErl des RMdI vom 20. September 1939, RMBliV, S. 2182.

110 RGBl I, S. 1063.

111 AV des RJM vom 25. November 1939, DtJustiz, S. 1800.

112 VO vom 29. April 1940, RGBl I, S. 694. Sie betraf die Gebiete der »Ostmark«, Sudetenland und die in Preußen und Bayern eingegliederten sudetendeutschen Gebiete. Die Matrikenbücher waren dem örtlich zuständigen Landrat zu übergeben.

113 »3. DVO des Gesetzes über die Änderung von Familiennamen und Vornamen« vom 24. Dezember 1940, RGBl I, S. 1669.

114 § 1 der »1. VO über die berufsmäßige Ausübung der Säuglings- und Kinderpflege« vom 15. November 1939, RGBl I, S. 2239.

115 »Ausführungsbestimmungen zu § 123 RVO«, RdErl des RMdI vom 25. November 1939, RMBliV, S. 2396.

116 § 2 der »1. VO über die Ausbildung der medizinisch-technischen Gehilfinnen« vom 17. Februar 1940, RGBl I, S. 371.

117 »Ausbildungs- und Prüfungsordnung für den gehobenen Bibliotheksdienst«, RdErl des RMfWEuV vom 29. Februar 1940, RMBliV, S. 578.

118 Prüfungsordnung vom 6. Juli 1940, RMBliV, S. 184.

119 »VO über die Ausbildung der Beamten des mittleren Forstdienstes« vom 18. Juli 1940, RGBl I, S. 1006.

120 DVO der 5. VO/RBüG vom 12. Juni 1940, RGBl I, S. 872.

121 RGBl I, S. 1747 mit DVO vom 29. September 1939, RGBl I, S. 1967.

122 RGBl I, S. 457.

123 § 3 der VO lautet. »Wehrunwürdige Juden sind vom Wehrdienst ausgeschlossen«. Vgl. hierzu S. 221, Anm. 100.

124 § 4 der 3. DVO zum Feuerlöschwesen vom 24. Oktober 1939, RGBl I, S. 2096.

125 § 7 der 7. DVO zum Feuerlöschwesen vom 17. September 1940, RGBl I, S. 1250.

126 Erlass des OKW vom 20. Januar 1940, Absolon, Wehrgesetz, S. 118, Anm. 26.

127 Unveröffentlichter Erlass des OKW vom 8. April 1940, aaO, S. 118.

128 Schreiben des StdF (gez.: Bormann) an den RMfWEuV vom 16. Dezember 1940, BA R 21/448.

129 Vertrauliches RdSchrb des RMfWEuV an die Unterrichtsverwaltungen der Länder vom 5. Januar 1940, aaO.

130 Schreiben des StdF an den RMfWEuV vom 16. Dezember 1940, aaO.

131 RGBl I, S. 1571.

132 »Richtlinien für die Erhebung des Widerspruchs gegen die Gewährung von Kinderbeihilfen«, RdErl des RFM, des StdF und RMdI vom 3. März 1941, RStBl, S. 313.

133 § 7 der »VO über das Kriegsausgleichsverfahren« vom 30. November 1939, RGBl I, S. 2338.

134 § 6 der VO vom 5. Juli 1940, RGBl I, S. 947; als Freimachungsgebiet galten Teile des Saarlands, der Pfalz und Kehl.

135 »Förderung von Arbeiterwohnstätten«, RdErl des RFM vom 1. August 1940, RStBl, S. 769.

136 »2. DVO über die Sühneleistung der Juden« vom 19. Oktober 1939, RGBl I, S. 2059.

137 »2. DVO über den Einsatz des jüdischen Vermögens« vom 18. Januar 1940, RGBl I, S. 188 mit RdErl des RWiM vom 23. Januar 1940, RMBliV S. 205.

138 RGBl I, S. 191 und AV des RJM vom 12. Februar 1940, DtJustiz, S. 211.

139 Juden durften ihre Konten nur zum Zweck der Bezahlung von Steuern, Gebühren, Beiträgen etc. belasten. RdErl des RWiM vom 8. August 1940, RStBl, S. 743.

140 Nach § 5 der VO vom 31. Oktober 1939, RGBl I, S. 2138, wurden Juden keine Steuerfreibeträge mehr gewährt.

141 Schreiben des RFM an den RMuChdRK'zlei vom 12. Oktober 1939, BA R 43 II/793 a.

142 Näheres bei Genschel, S. 196 ff.

143 Schnellbrief von RFM (gez.: Schwerin v. Krosigk) an den StdF, den RMdI, den CdSuSD, das RAM und die DAF, bezugnehmend auf eine Besprechung am 15. Februar 1940, BA R 43 II/793 a.

144 Obiges Schreiben datiert vom 27. Februar 1940. Wie ein Schnellbrief des RMdI an den RMuChdRK'zlei vom 6. März 1940 ausweist, wurde die Einbeziehung der Juden auf der Sitzung nicht besprochen. Der RFM bezog sich indessen in seinem Übersendungsschreiben vom 27. Februar auf ein nicht näher ausgeführtes Schreiben des StdF, BA R 43 II/793 a.

145 Schnellbrief des RMdI an den RMuChdRK'zlei vom 6. März, aaO.

146 Schnellbrief des AA an den RFM vom 7. März 1940, aaO.

147 So der RMfEuL mit Schreiben vom 12. März, das RWiM mit Schreiben vom 23. März und Schnellbrief des RAM vom 1. April 1940 aaO.

148 Schnellbrief des RFM an den RMuChdRK'zlei vom 21. Juni 1940, BA R 43 II/793 a.

149 RGBl I, S. 1077 mit 1. DVO vom 10. August 1940, RGBl I, S. 1094.

150 Schreiben des RMdI an den RJM, BA R 22/2057.

151 »2. DVO der VO über die Erhebung einer Sozialausgleichsabgabe« vom 24. Dezember 1940, RGBl I, S. 1666.

152 »Ausgleichsabgabe der Polen und Juden«, RdErl des RFM vom 20. September 1941, RMBliV, S. 1788.

153 Ebenda. Nach Erlass des RFM vom 15. September 1941, RStBl, S. 681 waren von der Ausgleichsabgabe diejenigen Juden befreit, die in die Steuergruppe III oder IV fielen (Juden in Mischehe oder mit Kindern, die nicht als Juden galten).

154 Siehe S. 134 f., 157 f.

155 Schreiben des CdSuSD an den StdF, vom 5. November 1940, BA R 22/1022.

156 Das Schreiben des RMdI ist n. b. d. A.; wie der CdSuSD in seinem Schreiben an den StdF vom 5. November 1940 betonte, unterstützte er die Auffassung des RMdI »uneingeschränkt«. BA R 36/1022.

157 So Schreiben des DGT an den Landrat von Niederbarnim vom 13. Juni 1940, bezugnehmend auf eine Mitteilung des RMdI, aaO.

158 Schreiben (Abschrift) des RJM an den RMdI vom 6. November 1939, BA R 22/1915.

159 Schreiben des RJM an den RMdI vom 16. November 1939; ein Aktenvermerk des RJM vom 25. November betont, dies habe der StdF gewünscht. BA R 22/ 1915.

160 Siehe S. 156 f.

161 Darauf weist auch der OPräs der Rheinprovinz mit vertraulichem Schreiben an den DGT vom 17. Januar 1940 hin. BA R 36/1442.

162 Schreiben des DGT an den OPräs der Rheinprovinz vom 29. November 1940, BA R 36/1442.

163 Aktenvermerk des Referenten Schmiljahn/DGT vom 22. September 1943, bezugnehmend auf einen unveröffentlichten RdErl des RMdI, aaO.

164 Siehe S. 153.

165 Schreiben (Abschrift) des RMdI an den StdF vom 29. September 1939 mit der Bitte zu prüfen, »ob und inwieweit dieser Entwurf einer Verschärfung bedürftig ist«. BA R 43 II/424.

166 Schreiben des RMdI an den RMuChdRK'zlei vom 17. November 1939, mit dem Hinweis, dass der beiliegende Neuentwurf der VO auf eine Anregung des StdF zurückgehe, BA R 43 II/424.

167 Schreiben (Abschrift) des RJM an den RMdI, aaO.

168 Schreiben des RPM vom 22. Juli 1940 an den RMdI bezugnehmend auf den Schnellbrief vom 30. November 1939, aaO.

169 Schnellbrief des RMdI an die Obersten Reichsbehörden vom 9. Juli 1940 mit teilweiser Abschrift des Schreibens des StdF, aaO.

170 Ebenda.

171 Schreiben des RPM an den RMdI vom 22. Juli 1940, BA R 43 II/424.

172 Dr. Leo Killy war Leiter des Referats Arbeitseinsatz in der Abtlg. B der RK'zlei; auch bearbeitete er in Vertretung des Abtlgs.-Leiters, des MDir. Kritzinger, Juden- und Mischlingssachen. Seine Frau war Halbjüdin. Hans Mommsen: Aufgabenkreis und Verantwortlichkeit des Staatssekretärs in der RK'zlei Dr. Wilhelm Kritzinger. Gutachten des Instituts für Zeitgeschichte, Bd. II. Stuttgart 1966. S. 370, 376; Killy war überdies einer der engsten Verbündeten Löseners. (Rassereferent, S. 286).

173 Vorlegungsnotiz Killys für Lammers vom 2. August 1940, BA R 43 II/424.

174 Schreiben des RMuChdRK'zlei an den RMdI vom 2. August 1940, BA R 43 II/
424. Der Entwurf des Schreibens wurde von Killy gefertigt, BA R 4311/604.

175 Schreiben des RMdI an den StdF vom 6. September 1940, BA R 43 II/424.

176 Aktenvermerk Killys über einen Vortrag bei Lammers am 4. Oktober 1940,
aaO.

177 RKRat Killy vermerkte nach einem Vortrag bei Lammers am 4. Oktober
1940, in den nächsten Tagen werde MRat Legler/BVP diesen Gegenstand in
der Reichskanzlei besprechen. BA R 43 II/424.

178 Schreiben des BVP (gez.: Körner) an den RMdI vom 27. Dezember 1940,
aaO.

179 Schreiben des RPM an den RMdI vom 22. Juli 1940, aaO.

180 Stuckart trat 1936 als Oberführer in die SS ein. 1940 wurde er Gruppenfüh-
rer, 1944 Obergruppenführer. Erich Stockhorst, 5000 Köpfe. Wer war was
im Dritten Reich, Bruchsal 1967, S. 417.

181 Siehe auch die Auseinandersetzung zwischen Lösener und Stuckart Ende
1941 in: Rassereferent, S. 311.

182 Zur Stellung des Richters im Dritten Reich bislang am ausführlichsten Johe,
passim.

183 Hier sind hervorzuheben die durch das BlSchG angedrohten Strafen sowie
die in den zahlreichen Wirtschaftsgesetzen seit 1938 verankerten Sanktionen. Die Verletzung der Rassengebote wurden teilweise sogar den Tatbeständen des Hoch- und Landesverrats gleichgestellt. Siehe Rudolf Leppin:
Der Schutz des deutschen Blutes und der deutschen Ehre. Ein Überblick
über Rechtssprechung und Schrifttum. In: JW 1937, Sp. 3080.

184 Hierzu siehe Ilse Staff (Hrsg.): Justiz im Dritten Reich. Eine Dokumentation.
Frankfurt/M. 1964, S. 179 ff., 181 ff., 188 f.; bezeichnend auch ein Urteil aus
dem Jahre 1935, nach dem bei einem Arier die Anständigkeit vorausgesetzt,
bei einem Juden die Unanständigkeit a priori vermutet werden muss. Aus-
zugsweise bei Wolfgang Scheffler: Nationalsozialistische Judenpolitik (Zur
Politik und Zeitgeschichte, Heft 4/5). Berlin 1960. S. 58. Siehe auch Karl
Peters. Die Umgestaltung des Strafgesetzes 1933 bis 1945. In: Deutsches
Geistesleben und Nationalsozialismus. Eine Vortragsreihe der Universität
Tübingen, hrsg. v. Andreas Flitner. Tübingen 1965. S. 160 ff.

185 Ein persönliches Schreiben Himmlers an Göring vom 4. Mai 1940 lässt vermuten, dass es Himmler dabei zuallererst um die Gleichstellung mit der
Wehrmacht ging. BA R 43 II/647.

186 Schreiben (Abschrift) des OKW an den RMdI vom 20. Februar 1940 aaO.
Siehe auch Broszat, Polenpolitik, S. 132 ff.

187 Schnellbrief des GBV (gez.: Frick), an den MRfRV vom 21. Februar 1940, aaO.

188 Schreiben des RJM (gez.: Freisler) an den RMdI und den StdF vom 3. Februar
1940. Freisler führte an, die Verordnung sei ausdrücklich von den RStW-
Gauleitern Greiser und Forster gewünscht worden. Broszat, Polenpolitik,
S. 135.

189 Dies mag den Irrtum Globkes erklären, der im Fall 11 aussagte, die VO zur
Bekämpfung von Gewalttaten sei vom RJM vorgelegt worden. Strecker
S. 225.

190 Aktenvermerk vom 27. Februar 1940, GStA Rep 335/11/522–NG 344.

191 Entwurf eines Schreibens des RMuChdRK'zlei an StS Körner/PrStm vom 28. Februar 1940, BA R 43 II/647.

192 Schreiben des StS Körner/BVP/PrStM an Lammers vom 21. März 1940, aaO.

193 Persönliches Schreiben Himmlers an Göring vom 4. Mai 1940, BA R 43 II/647.

194 In der RK'zlei beließ es RKR Ficker bei einem äußerst kurzen Vermerk über den Tenor des Schreibens, der von Lammers ohne weitere Veranlassung abgezeichnet wurde. Wie Ficker am 19. August 1940 vermerkte, beschränkt sich auch das PrStM auf eine nur beobachtende Haltung, aaO.

195 Vermerk Fickers vom 10. Juni 1940, aaO.

196 RGBl I, S. 844.

197 Die Todesstrafe stand auf: Gewalttat gegen Angehörige der Wehrmacht, der SS, des RAD, einer deutschen Behörde (§ 8) der Beschädigung deutscher Behörden (§ 9), der Aufreizung zum Ungehorsam (§ 10), wegen der Tat gegen einen Deutschen (§ 11), wegen Brandstiftung (§ 12), Kenntnis oder Besitz von Waffen oder Sprengmitteln (SS 15 f.).

198 Aktenvermerk Fickers vom 29. August über eine Mitteilung des MRat Globke/BGV, BA R 43 II/647.

199 Schreiben (Abschrift) des CdS an den RJM vom 9. Oktober 1940, BA R 43 II/1549 und GStA Rep 335/11/524–NG 127.

200 So bestand für die Angeklagten noch immer die Möglichkeit, gegen ein Urteil Berufung oder Revision einzulegen.

201 Der RJM hatte folgenden Katalog an reichsrechtlichen Vorschriften zur Einführung in die besetzten Ostgebiete vorgelegt: VO zur Änderung und Ergänzung der VO über die Einführung des deutschen Strafrechts in den eingegliederten Ostgebieten; VO über die Einführung des deutschen Auslieferungsrechts . . .; VO über die Einführung des Gesetzes über den Waffengebrauch der Forst- und Jagdschutzberechtigten . . . ; VO zur Durchführung des Strafhilfegesetzes . . .

202 Schreiben des StdF (gez.: Bormann) an den RMuChdRK'zlei vom 20. November 1940, BA R 43 II/1549.

203 Schreiben des RJM (gez.: Schlegelberger) an den RMuChdRK'zlei vom 21. November 1940, GStA Rep 335/11/524–NG 127.

204 Aktenvermerk des RKR Ficker/RK'zlei vom 26. November 1940 nebst Entwürfen der RK'zlei an den StdF und den RJM vom gleichen Tag, GStA Rep 335/11/524–NG 277.

205 Vorlegungsvermerk Kritzingers für Lammers vom 29. November 1940, bezugnehmend auf eine Besprechung mit Lammers am 27. November, BA R 43 II/1549.

206 Ebenda: »Erklärte der Vertreter der Reichskanzlei, sich zu den allgemeinen Fragen der Polenpolitik nicht äußern zu können. So kommt er . . . in eine unangenehme Lage.«

207 Lammers zeichnete noch am gleichen Tag zwei von Kritzinger entworfene Schreiben an den RJM und den StdF ab, aaO.

208 Ich kann mich hier keinesfalls der Auffassung Broszats (Polenpolitik, S. 135 Anm. 97) anschließen, man habe sich leichtsinnig auf den «Willen des Füh-

rers« berufen, indem man die Ausführungen Bormanns kritiklos übernommen habe. Broszat übersieht hierbei, dass die RK'zlei überhaupt keine andere Entscheidungsmöglichkeit besaß: widersprach sie dem StdF, musste sie eine Führerentscheidung vergegenwärtigen, die wohl eindeutig im Sinne Bormanns ausgefallen wäre. Da sie den RJM indessen nur auf das Schreiben Bormanns verwies, hatte sie selbst nichts präjudiziert und konnte den weiteren Gang der Ereignisse abwarten.

209 Schreiben des RJM (gez.: Schlegelberger) an den RMuChdRK'zlei vom 17. April 1941, IMT Bd. XXXVIII, S. 263 ff.

210 Nr. 1, Abs. 3 des Entwurfs: »Sie werden mit dem Tode, in minder schweren Fällen mit der Freiheitsstrafe bestraft ... wenn sie durch ihr sonstiges Verhalten das Ansehen oder das Wohl des Großdeutschen Reiches oder des Deutschen Volkes herabsetzen oder schädigen.«

211 So auch die Feststellung des RKR Ficker/RK'zlei in einem Aktenvermerk vom 28. April 1941, GStA Rep 335/11/324–NG 130. Dies beweist am deutlichsten, dass der RJM keineswegs vollständig den Forderungen Bormanns stattgegeben hatte, denn diese Regelung betraf gerade den entscheidenden Punkt. Dies im Gegensatz zu Broszat, Polenpolitik, S. 137.

212 Schreiben des RFSSuChdDtPol im RMdI (gez.: Heydrich) an den RMuChdRK'zlei vom 16. Mai 1941, BA R 43 II/1549.

213 Ebenda.

214 So RKR Ficker in einem Aktenvermerk vom 27. Mai 1941, aaO.

215 Schreiben des RMuChdRK'zlei (Entwurf) an den RJM und den StdF, bezugnehmend auf ein Schreiben des StdF vom 24. Mai, BA R 43 II/647 und GStA Rep 335/11/324–NG 136.

216 Aktenvermerk Fickers vom 27. Mai 1941, BA R 43 II/647.

217 Schreiben (Abschrift) des RMuChdRK'zlei an den RJM vom 27. Mai 1941, aaO. Entwurf des Schreibens in BA R 43 II/1549.

218 Schreiben des RJM (gez.: Freisler) an den RMuChdRK'zlei vom 7. Juni 1941; BA R 43 II/1549.

219 So die RK'zlei mit Schreiben vom 17. Juni 1941 an den RJM, worauf der RJM mit Schreiben vom 30. Juni Bezug nahm; BA R 43 II/1549.

220 Schreiben des RJM (gez.: Schlegelberger) an den RMuChdRK'zlei vom 30. Juni 1941 mit beigegebener Abschrift eines Schreibens Freislers an Greiser vom 24. Juni 1941, in dem Freisler die beiderseitigen Abmachungen noch einmal fixiert, aaO.

221 Schreiben Freislers an Greiser vom 24. Juni 1941, aaO.

222 Zu den Machtkämpfen zwischen Gauleitern/Reichsstatthaltern und dem RFSS in den eingegliederten Ostgebieten Hüttenberger, S. 212 ff.

223 So der RJM (gez.: Freisler) mit Schreiben vom 7. Juni 1941 an den RMuChdRK'zlei, BA R 43 II/1549.

224 Schnellbrief des RJM an den RFSSuChdDtPol im RMdI vom 30. Juni 1941 mit beigelegtem Verordnungsentwurf über die Strafrechtspflege gegen Polen und Juden in den eingegliederten Ostgebieten; IMT Bd. XXXVIII, S. 258 ff., Dok. 096–R.

225 Vermerk des RRats Neifeind/RSHA (Leiter Referat II A 2, Minderheitenrecht) über eine Besprechung am 11. Juli, aaO, S. 267 ff.

226 Darauf bezugnehmend der RFSS mit Schreiben (gez.: Heydrich) vom 1. August 1941 an den RJM, aaO, S. 271 ff.

227 Ebenda.

228 Nach einem Aktenvermerk des MRats Grau/RJM vom 22. August 1941 erwartete das Ministerium Sachbearbeiter des RMdI zu einer Besprechung der Polen-VO am 23. August, BA R 22/12.

229 Aktennotiz des StS Freisler vom 10. August 1941, aaO.

230 Aktenvermerk des MRats Grau/RJM vom 20. Oktober 1941, aaO.

231 »VO über die Strafrechtspflege gegen Polen und Juden in den eingegliederten Ostgebieten« vom 4. Dezember 1941, RGBl I, S. 759. Sie trat am 1. Januar 1942 in Kraft.

232 Bezeichnend ist das Urteil gegen die polnische Hausangestellte Rosalie Kulesa, die in einem deutschen Geschäft die Besitzerin vorsätzlich (?) mit einer Handtasche (?) geschlagen haben soll. Sie wurde daraufhin im Januar 1943 zum Tode verurteilt. Staff, S. 221 ff.

233 So gelang es dem CdS insbesondere, den RMdI wieder ins Spiel zu bringen. Broszat (Polenpolitik, S. 138) hingegen hält die Beteiligung des RMdI Freisler zugute, der damit »nicht ohne Geschick einen gänzlichen Ausverkauf der Justiz an die SS und Polizei ... verhindert« hätte. Offenbar hat Broszat nicht das Schreiben Heydrichs vom 1. August 1941 beachtet, in dem er gerade die Beteiligung des RMdI forderte, denn dies war ja die rechtstechnische Voraussetzung, um ein Mitwirkungsrecht der SS an den Standgerichten sicherzustellen.

234 Pfundtner/Neubert: Das neue Deutsche Reichsrecht. Neudruckausgabe (Loseblattsammlung) Berlin 1942. Teil I a, 25.55.

235 Die »Verordnung zur Ergänzung der VO über die Strafrechtspflege gegen Polen und Juden« vom 31. Januar 1942 (RGBl I, S. 52) bestimmte, dass die Vorschriften der VO auch auf Straftaten angewendet werden konnten, die vor deren Inkrafttreten begangen worden waren.

236 FS der Gestapo vom 6. September 1939, StAnwHechingen KLs 23–27/47, Bd. 1.

237 Schnellbrief (Abschrift) des RAM an den RMuChdRK'zlei vom 16. April 1940, BA R 43 II/547.

238 Schreiben des StdF vom 26. Februar 1940, aaO.

239 Schnellbrief (Abschrift) des RAM an den MRfdRV, z. Hd. RMin Lammers vom 16. April 1940, BA R 43 II/547.

240 Aktenverfügung des RKR Killy/RK'zlei vom 19. April 1940, Vermerk und Entwurf eines Schreibens an den BVP, GStA Rep 335/11/522–NG 1143.

241 Persönliches Schreiben des StS Körner/BVP an Lammers vom 26. April 1940, BA R 43 II/547.

242 Schnellbrief des GBV (gez.: Stuckart) an den RMfdRV z. Hd. RMin. Lammers vom 30. April 1940, aaO (Photokopie).

243 Vertrauliches Schreiben des RAM an Lammers, den GBV und StdF vom 3. Juni 1940, BA R 43 II/547 (Fotokopie).

244 Veröffentlicht als vorläufige Anordnung über die arbeitsrechtliche Behandlung der Juden vom »Reichstreuhänder für den öffentlichen Dienst« am 19. Februar 1941, RABl I, S. 195.

245 Am 29. Oktober 1940 vermerkte Killy: »Die Angelegenheit wird vom BVP und den RAM z. Zt. nicht weiter verfolgt«, BA R 43 II/547; in einem Schnellbrief des RAM an den RMdI vom 3. Juni 1941 heißt es nur: ». . . nachdem die VO aus den bekannten Gründen nicht erlassen werden konnte«. BA R 22/2057. Aller Wahrscheinlichkeit nach wollte man die gerade anlaufende Werbung polnischer Arbeitskräfte nicht durch eine derartige Verordnung gefährden. Siehe Broszat, Polenpolitik, S. 99.

246 Schreiben des RMdI (gez.: Stuckart) an den RJM vom 23. Dezember 1940, BA R 22/2057 und X 43 11/547.

247 Vertrauliche RdVfg – Eilt sehr! – der Gestapostelle Bielefeld an die Landräte und Bürgermeister des Bezirks vom 2. November 1940, BA R 58/276. Wie ein Aktenvermerk eines Referenten beim RStH in Wien vom 7. November 1940 ausweist, hatte auch dort die Gestapo mit entsprechenden Vorbereitungen begonnen. IMT Bd. V, S. 342. Goebbels hatte den Arbeitseinsatz der Juden auf der Ministerkonferenz vom 26. Juni 1940 angesprochen, Boelcke, Kriegspropaganda S. 408.

248 So im Schnellbrief des RAM an den RMdI vom 3. Januar 1941, BA R 22/2057.

249 Aktenvermerk der RK'zlei über die Sitzung vom 8. Januar, aaO.

250 So im Entwurf eines Schreibens des RJM an den BVP vom 11. Februar 1941, BA R 22/2057.

251 Schreiben des RAM an den RJM vom 1. März 1941, aaO.

252 Aktenvermerk des ORRats Steiners(?)/RK'zlei über die Besprechung am 8. Januar 1941, BA R 43 II/547.

253 Siehe auch S. 187 Anm. 150. So wünschte der BVP, in diese einheitliche Rechtsvorschrift auch die schwebenden Entwürfe über die Sozialausgleichsabgabe, die soziale Fürsorge und über eine Schwerarbeiterzulage einzubringen.

254 Aktenvermerk der RK'zlei.

255 N. b. d. A.; nach einem Vermerk der RK'zlei vom 12. Februar hatte MRat Lösener mitgeteilt, dass noch keine Äußerungen zu dem Verordnungsentwurf vorlägen; BA R 43 II/547.

256 Im Entwurf eines Schreibens des RJM an den BVP, den StdF, den RFM, den RMfEuL und den RWiM vom 11. Februar 1941 wird auf den Ausfall von Steuerzahlungen ausdrücklich hingewiesen. In einer Aktennotiz vom 7. Februar 1941 bezieht sich der AGRat Mertens/RJM auf diesen Satz, den man »noch etwas stärker auftragen könnte«. BA R 22/2057.

257 Aus den Akten ist eine Reaktion des RFM nicht ersichtlich, doch begründete es am 25. Februar 1941 die Neufassung des Erbschaftssteuergesetzes, dass es untragbar sei, dass Kirchen, Polen und Juden noch immer Steuervorteile hätten. Am 15. Juli stoppte der BVP den Plan und bat um Rückstellung der VO; BA R 43 II/793 b.

258 Schreiben des RAM an den RJM vom 1. März 1941, BA R 22/2057.

259 Entwurf eines Schreibens des RJM an den RAM vom 17. März 1941, BA R 22/2077.

260 Dies war wohl auch dem RAM bewusst geworden, denn am 19. Februar ließ er die vorläufige AO über die arbeitsrechtliche Behandlung der Juden veröffentlichen.

261 Siehe S. 180.

262 Ausführungen Greisers in einer Besprechung mit GG Frank und dem HSSPF Krüger im Juli 1940; Faschismus, aaO, S. 57, Dok. 17.

263 Ein Erlass des RAM vom 14. März 1941 teilte mit, der RStH in Posen habe dem Reich 42 187 männliche und 30 936 weibliche Arbeitskräfte zur Verfügung gestellt. (Dokumente über die Verfolgung, Bd. 2, S. 421) Dies entspricht ungefähr dem Restbestand der von Heydrich geplanten Deportierung von 90 000 Juden.

264 Trotz aller Bemühungen ist es mir nicht gelungen, diesen Geheimerlass nachzuweisen. Er befindet sich offensichtlich weder in den einschlägigen Akten des Bundesarchivs, der Staatsarchive Baden-Württembergs und Bayerns noch in den Aktenbeständen der einzelnen Landesarbeitsämter. Er wird nur kurz zitiert im Erl. des RAM vom 14. März 1941.

265 Ebenda.

266 Erl. des Wehrbeauftragten V des RMfBuM an die Leiter der Unterkommissionen vom 22. April 1941, Dokumente über die Verfolgung, Bd. 2, S. 421 c.

267 Die RK'zlei führte ihre Wiedervorlegungsvermerke zu dieser Frage bis zum 25. Februar 1944, dann z. d. A-Verfügung. Am 14. März 1944 notierte Killy: »Der Stand der seit vier Jahren schwebenden Angelegenheit hat sich trotz fernmündlicher Anfragen beim RMdI nicht feststellen lassen.« Selbst das RMdI war nicht informiert. Am 22. Juni 1943 vermerkte die RK'zlei: »Die Sache ist im RMdI auf Frist gelegt worden.« BA R 43 II/ 547.

268 Vermerk des RHM vom 30. September 1941, BA R 22/2077.

269 Schnellbrief (Abschrift) des RAM an den Reichstreuhänder vom 31. Oktober 1941, aaO.

270 VO über die Beschäftigung von Juden vom 3. Oktober 1941, RGBl I, S. 675; DVO vom 31. Oktober 1941, RGBl I, S. 681.

271 Nach § 24 der DVO sollte diese einstweilig nicht in den eingegliederten Ostgebieten gelten.

272 Aktenvermerk des KGR Brauns/RJM über die Sitzung vom 28. November 1941 betr. Einführung der DVO über die Beschäftigung von Juden in den eingegliederten Ostgebieten vom 29. November 1941, BA R 22/2057.

273 Die Besprechungsniederschrift der sogenannten »Wannseekonferenz« findet sich bei R.M.W. Kempner, Eichmann und Komplizen, 2. Aufl. Zürich-Stuttgart-Wien 1961, S. 133 ff.

274 Aufzeichnung einer Besprechung Thieracks mit Himmler am 18. September im Feldhauptquartier des RFSS, BA R 22/4062 (mit eigenhändigen Korrekturen Thieracks) und IMT Bd. XXVI, S. 200 ff. Dok. 654–PS (dieses Dokument weicht geringfügig vom oberen ab).

275 Nach dem RdErl. es RMdI vom 29. März 1939 (RMBliV, S. 783) über den »Erwerb der deutschen Staatsangehörigkeit im Sudetengau und dem Protektorat« galt als Voraussetzung, ob der Eindeutschwillige als »erwünschter Bevölkerungszuwachs« betrachtet werden konnte.

276 »Erwerb der deutschen Staatsangehörigkeit in den in das Deutsche Reich eingegliederten Ostgebieten«, RdErl des RMdI vom 25. November 1939, RMBliV, S. 2385.

277 Zur Volkstumspolitik in den eingegliederten Ostgebieten, Broszat, Polenpolitik, S. 112 ff.

278 AaO, S. 117.

279 AaO, S. 118. Die Richtlinien ergingen am 12. September 1940.

280 Zu den weiteren Einteilungskriterien siehe Broszat, Polenpolitik, S. 118.

281 AaO, S. 119, und RGBl I, S. 118.

282 Vertrauliches Schreiben des RMdI (gez.: Stuckart) an den StdF, den
RMuChdRK'zlei, den BVP, den RJM, den RFSSuChdDtPol im RMdI , das
KSHA, den RFSS/RKF, den RWiM, den Leiter der AO/NSDAP vom 11. Dezem-
ber 1940, GStA Rep 335/11/512–NG 2610.

283 Die Bezeichnung der Entwürfe ist falsch. Die 10. VO zum RBüG war bereits
am 4. Juni 1939 ergangen und statuierte die Reichsvereinigung der Juden.
Auch die RK'zlei führte irrtümlicherweise den Vorgang weiterhin unter
dem Rubrum »Zehnte Verordnung zum Reichsbürgergesetz«.

284 Vorlegungsvermerk Kritzingers an Lammers vom 13. Dezember 1940, GStA
Rep 335/11/522–NG 2610. Für das Folgende siehe auch das Gutachten von
Hans Mommsen über den Aufgabenbereich und die Verantwortlichkeit
Kritzingers, S. 369, insbes. S. 381 ff. Das Gutachten enthält für einige Doku-
mente allerdings unrichtige Datenangaben.

285 Hier sehe ich mich im Widerspruch zu Mommsen (Kritzinger, S. 388) der
im Vorschlag Kritzingers eine wesentliche Verschärfung der ursprünglichen Absichten des RMdI sieht, nach dessen Plänen das »umfassende
Deportationsprogramm einigermaßen legalisiert« worden wäre. Für die
Juden konnte es wohl kaum von Bedeutung sein, ob ihr Vermögen rechtlich formal oder willkürlich eingezogen wurde. Entscheidend musste doch
sein, den verbliebenen Rechtsspielraum soweit wie möglich aufrechtzuerhalten, denn solange wenigstens im Reich keine totale Willkür möglich
war, konnten die hier noch lebenden Juden zumindest Ende 1940 noch auf
ein physisches Überleben hoffen.

286 Aktenvermerk Lammers' vom 20. Dezember 1940 auf dem Vorlegungsvermerk Kritzingers vom 13. Dezember 1940, aaO.

287 Entwurf eines Schreibens mit Abg. Verm. des RMuChdRK'zlei an den RMdI
vom 27. Dezember 1940, GStA Rep. 335/11/322–NG 2610.

288 Schreiben des RMdI (gez.: Stuckart) an den RMuChdRK'zlei, GStA Rep. 335/
11/322–NG 2610.

289 Niederschrift über die Besprechung am 15. Januar 1941, betr. Ordnung der
Staatsangehörigkeitsverhältnisse im Großdeutschen Reich. GStA Rep. 335/
11/522–NG 300.

290 Entwurf einer VO über das Vermögen von Juden im Ausland, die die deutsche Staatsangehörigkeit verlieren. Ebenda.

291 Diese Bestimmung findet sich in der AV des RJM vom 27. Juni 1940
»Behandlung der im feindlichen Ausland internierten deutschen Staatsangehörigen«, DtJustiz, S. 732.

292 §§ 1 ff. der VO über die Behandlung von Vermögen der Angehörigen des
ehemaligen polnischen Staates vom 17. September 1940, RGBl I, S. 1270.

293 Gesetz vom 14. Juli 1933, RGBl I, S. 480.

294 RdErl des RSHA vom 24. Februar 1941, BA R 58/276.

295 Aktenvermerk des MRats Ficker/RK'zlei vom 30. Januar 1941, GStA Rep 335/11/522–NG 300.

296 Vertrauliches Schreiben des RMdI an den RMuChdRK'zlei vom 8. April 1941, betr. Entwurf einer 11. VO zum RBüG über die Staatenlosigkeit der Juden, BA R 11/446 a.

297 Der RMdI fügte allerdings an, der StdF habe angeregt, die Privilegierung fortbestehen zu lassen, sofern ein Sohn aus einer solchen Ehe im gegenwärtigen Krieg gefallen sei.

298 Hierzu zählten die Strafbestimmungen für Hoch- und Landesverrat, die den Staatsangehörigen schärfer trafen.

299 Der Vermögensverfall auf Grund des Gesetzes über die Beschlagnahme volks- und staatsfeindlichen Vermögens beteiligte beim Feststellungsverfahren das AA, den RFM, den RMdI und die Gestapo.

300 Aktenvermerk Fickers und Kritzingers vom 22. April 1941, GStA Rep 335/11/522–NG 299.

301 Siehe S. 191.

302 Aktenvermerk Fickers und Kritzingers vom 22. April 1941 GStA Rep 335/11/648–NG 1123.

303 Entwurf eines Schreibens des RMuChdRK'zlei mit Abg. Verm. vom 29. April 1941 an den RMdI ; GStA Rep 335/11/522–NG 299.

304 Schreiben des RJM an den RMdI vom 8. Mai 1941 betr. 2. DVO zur 11. VO zum RBüG; GStA Rep 335/11/648–NG 1123.

305 Begründung des Entwurfs der 2. DVO zur 11. VO zum RBüG.

306 Eine Strafmilderung sollte eintreten, wenn sich die strafbare Handlung eines Juden gegen einen Juden richtete.

307 Schreiben des RMdI (gez.: Stuckart) an, den RJM vom 6. Juni 1941, GStA Rep 335/11/522–NG 2618.

308 Vorlegungsverfügung Kritzingers an Lammers vom 11. Mai 1941, GStA Rep 335/11/648–NG 1123.

309 Ebenda.

310 Schreiben des RMuChdRK'zlei (gez.: Lammers) an den RMdI vom 7. Juni 1941, BA R 43 II/446 a (Fotokopie).

311 Entwurf eines persönlichen Schreibens Lammers' an Bormann vom 7. Juni 1941, GStA Rep 335/11/648–NG 1123.

312 Schreiben des RMdI vom 7. Juli 1941 an den RMuChdRK'zlei, den RK'zlei, das AA, das OKW, mit beigelegtem VO-Entwurf einer 11. VO zum RBüG. Eine Besprechung des Entwurfs sollte am 14. Juli 1941 stattfinden. GStA Rep 335/11/522–NG 2499.

313 Vermerk Fickers über die Besprechung am 14. Juli 1941, GStA Rep 335/11/521–NG 2499.

314 Ficker stellte bei Überprüfung des Entwurfs vom 22. Oktober fest, dass die Wünsche der RK'zlei hinsichtlich einer Ausnahmebehandlung der Mischehen und einer Härteklausel bezüglich des Unterhalts berücksichtigt worden waren. Aktenvermerk vom 26. Oktober 1941, aaO.

315 Schreiben des RMdI (gez.: Stuckart) an den RMuChdRK'zlei, aaO.

316 RGBl I, S. 722.

317 Vertrauliches Schreiben des RMdI an die Obersten Reichsbehörden, GStA

Rep 335/11/521–NG 2499, wiedergegeben bei Strecker, S. 123 f. Am 2. Juni 1942 teilte Stuckart den Obersten Reichsbehörden mit, dass für die nach Litzmannstadt (Lodz) abgeschobenen Juden die 11. VO zum RBüG nicht gelte, da Litzmannstadt im Inland liege, so dass das Vermögen dieser Versorgungsempfänger nach den einschlägigen Bestimmungen über die Einziehung volks- und staatsfeindlichen Vermögens eingezogen werden sollte. BA R II/424.

318 Die Sipo hatte schon längere Zeit vor Erlass der 11. VO damit begonnen, jüdisches Vermögen zugunsten des Staates einzuziehen (siehe S. 207 und Fauck: Vermögensbeschlagnahme jüdischen Eigentums vor Erlass der 11. DVO zum Reichsbürgergesetz. In: Gutachten, S. 25 f.). So griff der RFSS bei der Beschlagnahme jüdischen Vermögens auf zwei Gesetze wechselseitig zurück: einmal auf das »Gesetz über den Widerruf von Einbürgerungen und die Aberkennung der deutschen Staatsangehörigkeit«, (so ein Rdschrb. des RFM vom 8. Juli 1941, bei einem schwebenden Ausbürgerungsverfahren sofort die zuständige Stapo(leit)stelle auf deren Antrag die bei den Hauptzollämtern lagernden Güter der Juden zu überlassen, GStA Rep 335/11/521–NG 4906) und auf das »Gesetz über die Einziehung volks- und staatsfeindlichen Vermögens«, beide Gesetze aus dem Jahre 1933.

319 So ein Aktenvermerk eines Sachbearbeiters im RFM vom 13. Dezember 1941, GStA Rep 335/11/521–NG 5067.

320 Ein RdErl des RMdI vom 12. Dezember 1941 garantierte den Angehörigen im Fall des Todes eines jüdischen Versorgungsberechtigten weiterhin Unterhaltsbeiträge nach § 10 der 11. VO zum RBüG. Die nichtjüdische Ehefrau konnte Witwenhilfe in voller Höhe erhalten, die jüdische Ehefrau höchstens die Hälfte. RMBliV, S. 2197.

VII. Kapitel: Die »Wannsee-Konferenz« und die »Endlösung der Judenfrage«

1 Am 3. Juni 1940 ordnete das RMdI – HA Orpo – an, »strafvermerksfreie Führungszeugnisse vorzeitig nur zum Zweck der Auswanderung« zu erteilen (RMBliV, S. 1046). Das RWiM gestattete mit RdErl vom 8. August 1940 die Freigabe von Sperrkonten, wenn der Inhaber auswandern wollte. (RStBl, S. 743).

2 Der Alldeutsche Otto Bonhard hatte unter dem Pseudonym Otto Kernholt in seinem Buch »Deutschlands Schuld und Sühne. Geschichtliche Betrachtungen zur Entstehung und Lösung der Judenfrage«, Leipzig 1923, in dem Kapitel »Gedanken zur künftigen Judengesetzgebung« (S. 246–301) das Wort »Endziel« in einem ganz ähnlichen Sinn verwandt. Nach mehreren »vorbereitenden Maßnahmen« sollte eine »endgültige, gesetzliche Beschränkung« der Stellung der Juden erreicht werden.

3 Aufzeichnung des UStS Luther/AA vom 21. August 1941. R.M.W. Kempner: Eichmann und Komplicen. Zürich 1961. S. 266.

4 Hitlers Weisung Nr. 21 (Fall Barbarossa) datiert vom 18. Dezember 1940. Siehe Jacobsen, Weltkrieg, S. 107, und Hillgruber, S. 277.

5 Hitler nahm in dieser Rede ausdrücklich Bezug auf seine »Prophezeiung« vom 30. Januar 1939 (Siehe S. 164), datierte sie aber irrtümlich (?) auf den 1. September 1939. Domarus, Bd. 2, S. 1663.

6 Zur Entstehungsgeschichte des Kommissarbefehls siehe Hans Adolf Jacobsen: Kommissarbefehl und Massenerschießungen sowjetischer Kriegsgefangener. In: Anatomie, Bd. 2, S. 137 ff.

7 »Richtlinien auf Sondergebieten zur Weisung 21, Ziffer 2 b« vom 13. März 1941, Krausnick, Judenverfolgung, S. 137.

8 Kempner, Eichmann, S. 97.

9 Hierzu Schellenberg, S. 175; Krausnick, Judenverfolgung, S. 298 f.

10 Höhne, S. 328 f.

11 Siehe: Unsere Ehre heißt Treue. Kriegstagebuch des Kommandostabes RFSS. Tätigkeitsbericht der 1. und 2. SS-Inf. Brigade, der 1. SS-Kav. Brigade und von Sonderkommandos der SS (Zeitgeschichte in Dokumenten). Wien 1965, S. 95, 207, 214 ff., 220.

12 Die Geschichtsforschung geht nahezu einmütig davon aus, dass Hitlers Entschluss zur Vernichtung des europäischen Judentums in engstem zeitlichen und sachlichen Zusammenhang mit dem »Kommissarbefehl« gefallen ist. (Siehe: Krausnick, Judenverfolgung, S. 298; Bracher, Diktatur, S. 460; Höhne, S. 344; Reitlinger, S. 92; Hilberg, S. 177.) Als Beleg zu dieser These wird die Tätigkeit der Einsatzgruppen und der SS-Truppen herangezogen. Dem steht jedoch entgegen, dass diese auch bereits in Polen in Erscheinung getreten waren, ohne dass der 1. September 1939 von einem Historiker zum Fixpunkt der Ausrottung erklärt worden wäre. In allen Fällen wird auch niemals die Terminierung des Russlandkrieges berücksichtigt, obwohl dies in diesem Zusammenhang von entscheidender Bedeutung ist. Es erscheint wahrscheinlich, dass ein im September/Oktober 1941 besiegtes Russland zur Stätte organisierter Vernichtung vorgesehen war. Das Schicksal dieser Bevölkerung und sicherlich auch der Juden Europas wäre ein unbarmherziges Ausbeuten der Arbeitskraft gewesen. Siehe hierzu H. Krausnick: Himmlers Denkschrift über die Behandlung der Fremdvölkischen im Osten. In: VJhefteZG 5 (1957). S. 199 ff.

13 Die »Führer-Weisung Nr. 32« vom 11. Juni 1941 ging von der siegreichen Beendigung des Ostfeldzuges für den Spätherbst 1941 aus. Jacobsen, Weltkrieg S. 111; siehe auch die Eintragung Halders vom 3. Juli 1941, Bd. 3, S. 38 f.

14 Die Weisung Görings wurde weitergegeben durch Erl. des RSHA vom 20. Mai 1941. Krausnick, Judenverfolgung, S. 305 f. Ich teile dabei nicht die Ansicht Krausnicks, dass aus dem im Erl. ausgesprochenen Verbot der Auswanderung von Juden aus Frankreich und Belgien, sowie dem doppelten Hinweis auf die »zweifellos kommende Endlösung« zu schließen ist, dass Hitler die Vernichtung bereits beschlossen hatte.

15 IMT Bd. XXV, S. 302 ff., Dok. 212–PS. Die Richtlinien sind undatiert und ungezeichnet, ergingen aber mit einiger Wahrscheinlichkeit Anfang August 1941, da auf die Zuständigkeit des CdSuSD in der Behandlung der Judenfrage verwiesen wird, die Göring am 31. Juli 1941 erteilte.

16 IMT Bd. XXVII, S. 18 ff., Dok. 1138–PS. Nach Punkt 4 der »Vorläufigen Richt-
    linien« wurde den Juden nur der notdürftigste Teil ihres Hausrates belassen.
    Jedem Haushaltsangehörigen wurde nur ein Betrag von RM 0,20 pro Tag frei-
    gegeben. Nach Punkt V d durften Gettojuden nur soviel an Lebensmitteln
    erhalten, wie zur notdürftigen Ernährung unumgänglich.

17 Reitlinger, S. 87.

18 Aussage des SS-Hauptsturmführers Dieter Wisliceny, einer der engsten Mitar-
    beiter Eichmanns, Poliakov/Wulf, S. 49.

19 Tagebucheintragung Goebbels' vom 7. März 1942, Tagebuch, S. 114.

20 Reitlinger, S. 94.

21 »Aufzeichnung für Herrn Botschafter Abetz« vom 22. August 1941, Faschis-
    mus, S. 250 ff. Dok. 191.

22 Siehe S. 160.

23 IMT Bd. XXVI, S. 266 Dok. 710–PS. Das Schriftstück ist undatiert, jedoch
    ergibt sich aus Heydrichs Ausführungen während der »Wannsee-Konferenz
    als Erlassdatum der 31. Juli 1941. In einer Aufzeichnung des UStS Luther/AA
    vom 21. August 1941 findet sich der Hinweis, dass die Anordnung Görings
    auf einer ausdrücklichen Weisung Hitlers beruhte. Kempner, Eichmann,
    S. 227.

24 Immer wieder wird in einschlägigen Dokumentationen und Monographien
    hervorgehoben, dass diese Weisung den eigentlichen »Befehl zur Endlö-
    sung« darstellt. (Siehe Gerhard Schoenberner: Der Gelbe Stern. Die Juden-
    verfolgung in Europa. Gütersloh o. J. S. 103.) Dies ist sehr zweifelhaft, zumin-
    dest, was die Form des Erlasses betrifft. So ist es unverständlich, dass Hitler
    den Erlass über Göring laufen ließ und einen entsprechenden Befehl nicht
    im Zusammenhang mit dem Kommissar-Befehl ergehen ließ. Zweifelhaft ist
    auch der Passus über die Beteiligung »anderer Zentralinstanzen«, die bei der
    späteren Form der Vernichtung niemals eine Rolle spielten. Im übrigen ist es
    wenig wahrscheinlich, dass Göring die Vorlage eines »Gesamtentwurfes« in
    dem Sinne verstanden wissen wollte, dass ihm die SS detailliert und speziell
    auseinander setzte, wie, mit welchen Mitteln und in welchem Zeitraum sie
    sich die Tötung von acht Millionen europäischen Juden vorstellte. Siehe
    hierzu auch Anm. 51 dieses Kapitels.

25 Mitteilung Eichmanns auf einer Referentenbesprechung im RMdI am
    15. August 1941, Lösener, Rassereferent, S. 304.

26 Hierzu Krausnick, Judenverfolgung, S. 308.

27 Reitlinger, S. 94.

28 Serge Lang/Ernst v. Schenk: Portrait eines Menschheitsverbrechers. Aus den
    hinterlassenen Memoiren des ehemaligen Reichministers Alfred Rosenberg.
    St. Gallen 1947. S. 129; Kempner, Eichmann, S. 86.

29 Besprechung Frank-Rosenberg am 13. Oktober 1941, Faschismus, S. 252
    Dok. 192.

30 Nellessen, S. 247.

31 Krausnick Judenverfolgung, S. 307.

32 Ende August wurde Goebbels von Hitler unterrichtet, dass die deutsche
    Heeresführung die Stoßkraft und Ausrüstung der sowjetischen Armee unter-
    schätzt habe (Boelcke, Totaler Krieg, S. 185). Halder vermerkte bereits am

11. August: »In der gesamten Lage hebt sich immer deutlicher ab, daß der Koloß Rußland ... von uns unterschätzt worden ist«. (Halder, Bd. 3, S. 170).

33 Denkschrift des OKW vom 13. September 1941 über die strategische Lage Deutschlands, Ausgewählte Dokumente, Dok. vom 13. 10. 1941; Jacobsen, Weltkrieg, S. 110.

34 Reitlinger, S. 95 f.

35 Besprechung Rosenberg-Frank am 13. Oktober 1941, Faschismus, S. 252 Dok. 192.

36 Reitlingers Erklärung für die Unterschrift Dalueges, dieser habe sich nur halten können, weil er sich zu Heydrichs Werkzeug herabwürdigte, erklärt nichts und ist zudem unzutreffend. Heydrich, der seit September 1941 stellvertretender Reichsprotektor war, hielt sich im Oktober 1941 offensichtlich in Prag auf, so dass Daluege in diesem Fall in Vertretung des Chefs Sipo und SD zeichnete. (Endlösung, S. 97.)

37 Das Getto von Litzmannstadt war bereits überfüllt, die Züge kamen mit Verspätungen an und verstopften die Geleise, Vorbereitungen für die Ankunft der Deportierten waren von keiner Stelle getroffen. Siehe Faschismus, S. 96 ff.

38 Reitlinger, S. 101.

39 Persönliches Schreiben Bormanns – Streng vertraulich! – an Schirach vom 2. November 1941, BA R 43 II/597.

40 Reitlinger, S. 98 f.

41 Die Juden der Kreisstadt Hechingen durch Schreiben der Stapoleitstelle Stuttgart vom 18. November 1941, das laufende Eisenbahntransporte von Juden nach dem Reichskommissariat Ostland ankündigte. Abschrift bei StAnwHechingen KLs 23–27/47, Bd. 2.

42 Die Kenntnis dieses Massakers drang sogar bis zur Ministerialbürokratie, siehe Lösener, Rassereferent, S. 310.

43 Reitlinger, S. 103.

44 Die unter dem Decknamen T 4 ablaufende Aktion wurde in Zusammenarbeit mit der Kanzlei des Führers unter Philipp Bouhler und dem StS Dr. Leonardo Conti durchgeführt. Der Deckname bezeichnet den Sitz der Führerkanzlei, Berlin, Tiergartenstraße 4. Näheres bei Dörner, S. 144. Siehe auch Reitlinger, S. 140 ff.; Hähne, S. 344.

45 Reitlinger, S. 144.

46 Dörner, S. 144; Reitlinger, S. 148.

47 Dies ergibt ein Schreiben Greisers an Himmler vom 1. Mai 1942. Alexander Mitscherlich/Fred Mielke: Medizin ohne Menschlichkeit. Dokumente aus dem Nürnberger Ärzteprozess. 2. Aufl. Frankfurt/M. 1962. S. 142.

48 Regierungssitzung des GG am 16. Dezember 1941, Faschismus, S. 262 Dok. 198.

49 Dem ging eine Beschwerde des RSHA über das RMfdbesOstgeb voraus, das die Judenexekutionen in Libau untersagt hatte. Am 15. November 1941 informierte Lohse das Ministerium, er habe die Exekutionen untersagt, da sie in der Art ihrer Durchführung nicht zu verantworten seien. Weder aus der »Braunen Mappe« noch aus anderen Erlassen habe er ein solches Vorgehen gegen die Juden entnehmen können. Lang/v. Schenk, S. 130 f.

50 Aufzeichnung des LRats Rademacher/AA in einer Aufzeichnung vom 10. Februar 1942, Reitlinger, S. 89; Aufzeichnung des UStS Luther/AA vom 21. August 1942, Kempner, Eichmann, S. 225.

51 Himmlers Masseur Kersten notierte am 11. November 1941, der RFSS habe über die Kanzlei des Führers den Befehl zur »Endlösung« erhalten (Höhne, S. 298). Nach dem Krieg bestätigte Brack, dass man in einem Gespräch zwischen Himmler, Bouhler und ihm vereinbart habe, die T-4-Aktion zu anderen Aufgaben abzustellen (Reitlinger, S. 15 SS-Hauptsturmführer Wisliceny sagte im Januar 1946 in Preßburg aus, dass Eichmann ihm einen Befehl Himmlers gezeigt habe, wonach der RFSS diesen Befehl von Hitler persönlich erhalten habe (Kempner, Eichmann, S. 214). Wie der DGT überdies am 28. Oktober 1941 seinem Präsidenten mit FS übermittelte, waren die Deportationen von Hitler befohlen und die Bestimmungsorte von ihm selbst angegeben worden. AVfK DGT 1–2–6/1.

52 Persönliches Schreiben Heydrichs an den Leiter des RuSHA vom 29. November 1941, GStA Rep. 335/11/536 709–PS.

53 Schreiben Heydrichs an die Obersten Reichsbehörden vom 6. Dezember 1941, aaO.

54 Das Besprechungsprotokoll ist abgedruckt bei Kempner, Eichmann, S. 147.

55 Dass man wusste, um was es ging, zeigt die Bitte des StS Bühler/GG, man möchte mit der Endlösung im GG beginnen, die Mehrzahl der Fälle sei ohnehin arbeitsunfähig (Protokoll S. 15).

56 Aussage Eichmanns in Jerusalem, Nellessen, S. 157.

57 Anwesend waren: Gauamtsleiter Dr. Meyer, Reichsamtsleiter Dr. Leibbrandt (RMfdbesOstgeb) – StS Stuckart (RMdI) – StS Neumann (BVP) – StS Dr. Freisler (RJM) – StS Dr. Bühler (Amt des GG) – UStS Luther (AA) – SS-Oberführer Klopfer (RK'zlei) – MDir Kritzinger (RK'zlei) – SS-Gruppenführer Hofmann (RuSHA), SS-Gruppenführer Müller, SS-Obersturmbannführer Eichmann (RSHA) – SS-Oberführer Dr. Schöngarth (BdSuSD im GG) – SS-Sturmbannführer Lange (BdSuSD im Reichskommissariat Ostland).

58 Hierüber siehe den folgenden Abschnitt.

59 Siehe Reitlinger, S. 274 ff. Zur Person des Leiters dieser Aktion, Odilo Globocnik, Faschismus, S. 295, 300.

60 Tagebucheintragung Goebbels' vom 27. März 1942 (S. 143). Dies vermerkt er nach Kenntnis »eines barbarischen, nicht näher zu beschreibenden Verfahrens im Generalgouvernement«, wonach »von den Juden selbst nicht mehr viel übrigbleibt«.

61 So sprach Hitler vor seiner Tischrunde am 24. Juli 1942 von der Möglichkeit, den Juden nach dem Krieg Madagaskar zuzuweisen. Picker, S. 471.

62 Domarus, Bd. 2, S. 1828.

63 AaO, S. 1844.

64 Seiner Tischrunde wusste Hitler am 24. Juli 1942 zu berichten, dass nun auch Litauen »judenfrei« sei. Gleichzeitig machte er Andeutungen, die letzten anderthalbtausend würden bald aus München verschwinden. Goebbels notierte sich am 20. März 1943, wie glücklich Hitler gewesen sei, als ihm berichtet wurde, dass Berlin nun endgültig seine letzten Juden nach dem Osten deportiert habe. (Tagebuch, S. 287).

65 Domarus, Bd. 2, S. 1920.

66 Schreiben (Abschrift) der Gestapoleitstelle Stuttgart an den Landrat in Hechingen vom 18. November 1941, StAnwHechingen, KLs 23–27/47 Bd. 2.

67 Schreiben (Abschrift) der Gestapoleitstelle Stuttgart an den Landrat in Hechingen vom 25. März 1942, aaO.

68 Die »Sechste DVO zum Hebammengesetz« vom 16. September 1941 schloss auch »Mischlinge 1. und 2. Grades« von diesem Beruf aus (RGBl I, S. 561). Das OKW lehnte die Bearbeitung geheimer Patentangelegenheiten durch »jüdisch-versippte« Patentanwälte aus »abwehrmäßigen Bedenken« ab (Schreiben – Geheim – des OKW Amt Ausland/Abwehr (gez.: Canaris) an den RJM vom 7. April 1941, BA R 22/4283 fol. 1).

69 Die »VO zur Ergänzung der 1. VO zum BlSchG« vom 16. Februar 1940, RGBl I, S. 394, machte für das Verbrechen der Rassenschande nur noch den beteiligten männlichen Teil strafbar.

70 Schreiben (Abschrift) des RMuChdRK'zlei an den RMfEul. vom 10. April 1941, BA R 43 II/597.

71 Dass Hitler bei seinen Entscheidungen zur Mischlings- oder Judenfrage sehr oft nur von reinen Nützlichkeits- und Zweckmäßigkeitserwägungen ausging, zeigte seine Anordnung, kriegsausgezeichnete »Mischlinge« für deutsch zu erklären. S. 265.

72 Entwurf eines Schreibens des DGT vom 14. Oktober 1941 an Reichsleiter Fiehler, BA R 36/1022. Der Anstoß zu der beabsichtigten Regelung ging vom DGT aus, der den RMdI mit Schreiben vom 10. Juni 1941 einen entsprechenden Vorschlag unterbreitet hatte. (AaO).

73 Schreiben des RMdI an den DGT vom 20. Juli 1942, aaO.

74 MDirig Preiser/DGT vermerkte in dieser Angelegenheit am 9. Oktober 1941, zwar teile das RMdI die Auffassung des DGT, doch könne es nichts unternehmen, da eine Anordnung des RFSS in Aussicht stehe, wonach die öffentliche Wohlfahrtspflege bei »Mischehen« grundsätzlich eingreifen solle, auch wenn die Ehe nicht mehr bestand.

75 Schreiben des RMdI an den RMuChdRK'zlei vom 9. Juni 1942, bezugnehmend auf die Verfügung des OB von Berlin vom 23. Januar 1942, BA R 43 II/446 a.

76 Schreiben des OB der Reichshauptstadt Berlin an den RMdI vom 23. März 1942, aaO.

77 Die »Dritte Verordnung zur Durchführung des Gesetzes über die jüdischen Kultusvereinigungen« vom 25. März 1942, RGBl I, S. 161, machte den Austritt aus einer Kultusvereinigung von der Genehmigung des Reichsinnenministers abhängig.

78 »Fürsorge für hilfsbedürftige Juden «, RdErl des RMdI und des RAM vom 21. Dezember 1942, MBliV, S. 2377.

79 Die örtlichen Kultusvereinigungen hatten als Organe der Reichsvereinigung die verlangten Deportationsquoten durch die namentliche Nennung ihrer Mitglieder zu ergänzen und den organisatorischen Ablauf der Evakuierung sicherzustellen.

80 Dies war RRat Dr. Werner Feldscher, geb. 24. Juli 1908 und Mitglied der NSDAP seit 1931, BDC/Feldscher/NSDAP-Zentralkartei.

81 Lösener, Rassereferent, S. 297.
82 Entwurf eines Schreibens des RMdI (Referent: Lösener) an Lammers vom
    22. August (?) 1941, aaO, S. 306.
83 AaO, S. 298.
84 Das Institut wurde im März 1941 offiziell eröffnet. Generaldirektor war
    Rosenberg, Leiter des Instituts Wilhelm Grau, der gleichzeitig im »Reichsin-
    stitut für Geschichte des neuen Deutschland« der »Forschungsabteilung
    Judenfrage« vorstand. Robinson/Friedmann, S. 54. Siehe auch S. 78
    Anm. 103.
85 Walter Groß: Die rassenpolitischen Voraussetzungen zur Lösung der Juden-
    frage (Kleine Weltkampfbücherei Nr. 1 München 1943. S. 31.
86 Die weiteren Ausführungen von Groß lassen vermuten, dass er auf Madagas-
    kar anspielte.
87 Groß, Lösung der Judenfrage, S. 32.
88 Aktenvermerk Löseners vom 18. August 1941, Rassereferent, S. 304.
89 Persönliche Notiz von Groß vom 13. Oktober 1941 über ein Gespräch mit
    Lammers am 2. Oktober 1941, GStA Rep 335/11/522 NG 978.
90 Lammers hatte sich offensichtlich, entgegen der Aussage Kritzingers gegen-
    über Lösener am 16. August 1941, den stärkeren Bataillonen Bormanns
    angeschlossen oder er durfte vermuten, dass Hitler mit den Vorschlägen der
    Arbeitsgemeinschaft im Grunde doch einverstanden war.
91 FS Fiehlers vom 28. Oktober 1941 und Antwort des DGT mit FS vom
    31. Oktober 1941, AVfK DGT 1–2–6/1.
92 Besprechungsprotokoll bei Kempner, Eichmann, S. 142.
93 Diese Ausnahmen waren: a) Herkunft des Mischlings aus einer Mischlings-
    ehe, b) rassisch besonders ungünstiges Erscheinungsbild, c) besonders
    schlechte politische und polizeiliche Beurteilung des »Mischlings 2. Grades«.
94 Niederschrift der »Wannsee-Konferenz«, S. 14.
95 Schreiben des StS Schlegelberger/RJM an den Leiter der Parteikanzlei pp. vom
    5. April 1942, bezugnehmend auf ein Schreiben des RMdI vom 16. Februar
    1942, IMT Bd., S. 118 Dok. 4058–PS.
96 Besprechungsniederschrift einer am 6. März 1942 im RSHA stattgefundenen
    Besprechung über die Endlösung der Judenfrage, Faksimile bei Kempner.
    Eichmann, S. 170 ff. Anwesend waren: ORRat Carstensen, Dr. Schmid-Burgh
    (RMfVuP) – OLGRat Massfelder (richtig: Massfeller, RJM) – RRat Feldscher
    (RMdI) – ORRat Dr. Boley (RK'zlei) – AGRat Dr. Wetzel (RMfdbesOstgeb) –
    ORRat Reischauer, Ancker (RK'zlei) – Dr. Hammerl (Amt des GG) ORRat
    Dr. Bilfinger (RSHA) – AGRat Liegener, Notar Pegler (BVP) – SS-Hauptsturm-
    führer Preusch, SS-Obersturmführer Dr. Grohmann (RuSHA) – LRat Radema-
    cher (AA).
97 Besprechungsniederschrift, S. 3. Allerdings wurde bezweifelt, ob eine derart
    unbestimmte Formulierung als Rechtsgrundlage für eine Sterilisierung aus-
    reichend sei.
98 Einer der Besprechungsteilnehmer bemerkte, dass man für die Sterilisierung
    ein besonderes Gebiet oder eine besondere Stadt freimachen müsse, wenn
    der Führer aus »politischen Gründen« eine allgemeine Zwangssterilisierung
    für den geeigneten Weg halten würde (S. 5 der Niederschrift).

99 Es handelt sich mit großer Wahrscheinlichkeit um die von Groß geleitete Arbeitsgemeinschaft, die einen entsprechenden Vorschlag überdies gemacht hatte.

100 Zu diesem Punkt teilte mir Dr. Hans Globke mit, dass Stuckart mit dem Sterilisierungsvorschlag die Pläne zu Fall bringen wollte, die »Mischlinge« zu den Juden zu schlagen. Stuckart habe sich bei Conti vergewissert, dass die Durchführung wegen des Ärztemangels unmöglich sein werde. (Mitteilung an den Verf. vom 2. 2. 1970) Dies klingt logisch, erklärt aber nicht, weshalb Stuckart den verschärfenden Vorschlag der Zwangsscheidung in die Debatte brachte. Lösener, der erst nach Kriegsende von dem Sterilisierungsvorschlag Stuckarts gehört haben will – reichlich unwahrscheinlich, da sein Vertreter bei der Sitzung vom 6. März 1942 anwesend war – berichtet, dass der StS ihm im Herbst 1942 gegenüber erwähnte, die Durchführung könne aus technischen Gründen erst nach Kriegsende erfolgen. Rassereferent, S. 298.

101 Besprechungsniederschrift, S. 7.

102 Der Vertreter des RMfVuP wies auf die politischen Auswirkungen einer Stellungnahme des Vatikans hin und hielt aus grundsätzlichen rechtlichen Bedenken an einer Ehescheidung nur für den Einzelfall fest. Besprechungsniederschrift, S. 8.

103 Besprechungsniederschrift, S. 8.

104 RdErl des RMdI im Einvernehmen mit dem Leiter der Parteikanzlei vom 19. März 1942, MBliV, S. 606.

105 Derartige Anträge konnten von einem Juden auf Grund des »Gesetzes über die Verhütung erbkranken Nachwuchses« vom 14. Juli 1933, RGBl I, S. 589, gestellt werden.

106 Nach § 6 des »Gesetzes zum Schutze der Erbgesundheit des Deutschen Volkes« vom 18. Oktober 1935, RGBl I, S. 1246, mussten »Mischlinge 1. Grades«, sofern sie eine Ehe mit einem Juden eingehen wollten, eine »Eheunbedenklichkeitsbescheinigung« sowie ein »Ehetauglichkeitszeugnis« beibringen.

107 Persönliches Schreiben Schlegelbergers an Lammers vom 12. März 1942, IMT Bd. XXXIV, S. 117 Dok. 4055–PS.

108 Schreiben des RMdI (gez.: Stuckart) – Geheim – an den Leiter RK'zlei, den CdSuSD, den BVP, den RJM, das AA, den RMfdbesOstgeb, das RuSHA vom 16. März 1942, GStA Rep 335/11/523 NG 2586.

109 Lammers beantwortete das Schreiben Schlegelbergers am 18. März und stellte für Ende März eine Unterredung in Aussicht, GStA Rep 335/11/523 4055–PS.

110 Schreiben des RJM (gez.: Schlegelberger) – Geheime Reichssache an den Leiter RK'zlei, den CdSuSD, den BVP, das AA, den RMfdbesOstgeb, das RuSHA vom 5. April 1942, IMT Bd. XXXIV, S. 118 f. Dok. 4058–PS.

111 Schreiben Himmlers an Gottlob Berger, Chef des SS-Hauptamtes, vom 26. Juli 1942. Himmler bemerkt darin, dass die besetzten Ostgebiete »judenfrei« werden müssen und der Führer ihm diesen »sehr schweren Befehl« auferlegt habe. Faschismus, S. 296 Dok. 224.

112 Im Juli 1942 verbot der RMfWEuV die Zulassung der Mischlinge zum Schulbesuch in höheren Lehranstalten. RdErl vom 2. Juli 1942, MBlWEuV, S. 278.

113 Tischgespräch vom 1. Juli 1942, Picker, S. 425.

114 RdSchrb Nr. 91/42 betr. »Beurteilung jüdischer Mischlinge durch die Partei«, BA R 58/276.

115 Schreiben des RMuChdRK'zlei (gez.: Lammers) – Geheim – an die Obersten Reichsbehörden vom 20. Juli 1942, GStA Rep 335/11/648 NG 4819.

116 § 25 DBG vom 26. Januar 1937, RGBl I, S. 41: »Beamter kann nur werden, wer deutschen oder artverwandten Blutes ist ... Ist der Ehegatte Mischling 2. Grades kann eine Ausnahme zugelassen werden«.

117 RdErl des RMdI vom 11. August 1942, GStA Rep 90/2331.

118 RdErl des RMdI vom 17. August 1942, MBliV, S. 1711.

119 Siehe Anm. 112.

120 RdErl des RMfWEuV vom 9. September 1942, MBlWEuV, S. 358. Soweit »Mischlinge« an Haupt-, Mittel- oder Oberschulen aufgenommen worden waren, mussten sie an die Volksschule zurückverwiesen werden.

121 RdErl des RMfWEuV vom 21. November 1942, MBlWEuV, S. 451.

122 Erl. des OKW vom 15. September 1942, Absolon, Wehrdienst, S. 119.

123 Am 14. Dezember 1942 sah der RFSS in der Verheiratung einer Gastwirtin mit einem »Mischling« oder Juden einen absoluten Entziehungsgrund für die Konzession, selbst wenn die Ehe nicht mehr bestand. MBliV, S. 2330.

124 Schreiben des RMdI (gez.: Stuckart) an die Reichsstatthalter in den Reichsgauen vom 12. Oktober 1942, GStA Rep 90/2256.

125 Am 25. August 1942 richtete RRat Suhr aus dem Referat IV B 4 des RSHA an die Reichskanzlei die Bitte, zur Lösung der Mischlingsfrage eine Besprechung anzusetzen. Kempner, Eichmann, S. 266.

126 Original dieses Schreibens fehlt, der Entwurf Löseners ist undatiert. GStA Rep 335/11/523 NG 2982. Siehe auch Lösener, Rassereferent, S. 298 ff.

127 Hierzu: Hermann Graml: Zur Stellung der Mischlinge 1. Grades. In: Gutachten, S. 31 und Lösener, Rassereferent, S. 311.

128 Aktenvermerk Thieracks über eine Besprechung mit Goebbels am 26. Oktober 1942, BA R 22/4062.

129 Niederschrift der am 27. Oktober 1942 im RSHA, Referat IV B 4 stattgefundenen Besprechung über die Endlösung der Judenfrage, Poliakov/Wulf, S. 225.

130 Schreiben Himmlers an Bormann vom 22. Mai 1943, Helmut Heiber: Reichsführer! ... Briefe an und von Himmler, Stuttgart 1968, S. 213 Dok 235.

131 Schreiben des RMdI an den RMuChdRK'zlei vom 23. August 1943 mit dem Passus, dass eine Entscheidung des Führers über eventuelle Maßnahmen noch ausstehe. BA R 43 II/446 a.

132 Ein RdErl des RSHA vom 19. September 1942 griff den erwarteten Regelungen vor. »Mischlinge 1. Grades« konnten ausgebürgert werden, wenn eine »feindselige Haltung gegen das Deutsche Reich« zu erkennen war. »Mischlinge 2. Grades« wurden ausgebürgert bei einem geringen Verstoß gegenüber den »Pflichten für Volk und Reich«. Nichtjüdische Ehefrauen konnten ausgebürgert werden, wenn sie die Trennung vom jüdischen Ehemann ablehnten. Die Ausbürgerung bedeutete in allen Fällen die Deportation nach dem Osten. BA R 58/276.

133 Vermerk der Reichskanzlei betr. »Endlösung der Judenfrage« vom 6. Oktober 1943, BA R 43 II/446 a.

134 Vermerk der Reichskanzlei betr. »Scheidung deutsch-jüdischer Mischehen« vom 6. Oktober 1943, aaO.

135 Vermerk der Reichskanzlei vom 13. Januar 1944, aaO.

136 Aufzeichnung Himmlers über einen Vortrag bei Hitler am 19. Juni 1943, Krausnick, Judenverfolgung, S. 365.

137 Ein geheimes RdSchrb Bormanns, Nr. 33/43. teilte allen Parteidienststellen mit, dass Hitler bei der öffentlichen Behandlung der Judenfrage jede Erörterung einer künftigen Gesamtlösung untersagte. Steinert, S. 257.

138 Die Wendung des »so oder so« gehörte zu Hitlers bevorzugten Ausdrücken. Siehe v. Kotze/Krausnick, S. 8.

139 Die Geschichtsschreibung sollte sich zwar jeder spekulativen Deskription möglicher Entwicklungen enthalten, doch in diesem Zusammenhang wird die Vermutung anhand einiger empirischer Fakten belegt, dass bei längerer Kriegsdauer die »Mischlinge« letztlich den Rechtsstatus der Juden mit allen daraus resultierenden Folgen erhalten hätten.

140 Ein Erl. des RMfWEuV und des Leiters der RK'zlei vom 21. April 1943, MBlWEuV, S. 148, verbot »Mischlingen 1. Grades« den Besuch von Fachlehrgängen und Abendkursen. Im Oktober 1944 entfiel für diese Personen die Berufsschulpflicht, sowie das Recht, berufsbildende Schulen oder Fach- und Berufslehrgänge zu besuchen. Erl. vom 11. Oktober im Einvernehmen mit dem Leiter der RK'zlei und dem CdSuSD, MBlWEuV, S. 256.

141 »Eheschließung von Beamten«, RdErl des RMdI vom 15. Oktober 1943, MBliV, S. 1627: »Es ist mit der Achtung und dem Vertrauen, die dem Beamten entgegengebracht werden, nicht zu vereinbaren, dass er die Ehe mit einer Frau schließt, die mit einem Juden verheiratet war.«

142 »VO über die Wiederaufnahme rechtskräftig entschiedener Abstammungsklagen« vom 27. Januar 1944, RGBl I, S. 52.

143 Mit RdErl des RMdLuObdL vom 9. März 1944, MBliV, S. 276, wurden Juden, »jüdisch Versippte« und »Mischlinge« vom Luftschutzwarndienst ausgeschlossen. Die DAF erklärte am 1. April 1944 die Ausschließung aller »Mischlinge 1. Grades«, sowie aller mit Juden oder »Mischlingen« verheirateten Mitglieder. Amtliches Nachrichtenblatt der DAF vom 1. April 1944, S. 10, BA R 22/2078.

144 Verfügung des Gauarbeitsamtes Südwürttemberg vom 20. Juni 1944, darunter fielen auch Nachrichtenhelferinnen sowie Personal in der freien Krankenpflege. Dokumente über die Verfolgung, Bd. 2, S. 548.

145 Geheime Arbeitsrichtlinien des Chefs Heerespersonalamt vom 26. Oktober 1944, Absolon, Wehrdienst, S. 119.

146 Erl. der Präsidialkanzlei (gez.: Meißner) an die Obersten Reichsbehörden vom 4. September 1944, Dokumente über die Verfolgung, Bd. 2, S. 547 b.

147 Vorspruch im »Erlaß des Führers über die Bildung des Deutschen Volkssturms« vom 25. September 1944, RGBl I, S. 253.

148 Persönliches Schreiben Bormanns an Lammers vom 2. November 1944, BA R 43 II/603 b.

149 Die Obersten Reichsbehörden stellten die Betroffenen fest, fertigten Auflistungen an und meldeten der Reichskanzlei die festgestellten Fälle und getroffenen Maßnahmen. Alle Vorgänge in BA R 43 II/603 b.

150 So erging am 27. November 1944 ein Gemeinsamer RdErl des RMdI und des RJM über »Ermittlung der deutschblütigen Abstammung unehelicher Kinder«, DtJustiz 1945, S. 21.

151 Befehl des RFSS vom 26. Januar 1945, übermittelt durch die Stapoleitstelle Stuttgart. Dokumente über die Verfolgung, Bd. 2, S. 550.

152 Siehe Abschnitt VIII B.

153 Die »Zweite VO zur Ergänzung des Gesetzes über die Annahme an Kindes Statt« vom 7. März 1941, RGBl I, S. 125, untersagte Juden die Vermittlung von Kindesannahmeverträgen. Die einem atheistischen Bekenntnis verpflichteten Juden hatten statt »gottgläubig« die Bezeichnung »glaubenslos« zu führen. (Religiöses Bekenntnis der Juden, RdErl des RMdI zgl. i. N. des Leiters RK'zlei und des RMfdkirchlA vom 12. Juni 1941, RMBliV, S. 1053.) Die »VO über Kriegsschäden von Juden« vom 20. Juli 1941, RGBl I, S. 4371, ließ für Juden keinen Anspruch auf einen Kriegsschadensausgleich zu, ähnlich die »AO über die Personenschäden-VO auf Juden« vom 22. November 1941, RMBl, S. 277, nach der Juden keinen Anspruch auf Personenschäden auf Grund kriegerischer Einwirkungen geltend machen konnten, eine gewiss makabre Bestimmung, wenn sie auch nicht auf die Ausrottungsaktionen abzielte.

154 VO vom 1. September, veröffentlicht am 9. September 1941, RGBl I, S. 547.

155 Über die Furcht Hitlers vor dem Judentum als dem »inneren Feind« siehe: Mein Kampf, S. 343.

156 Siehe S. 178.

157 Der Islam verlangte von Christen und Juden gemeinsam als Unterscheidungsmerkmal zu den Mohammedanern das Tragen eines gelben Fleckes. Das Christentum übernahm diese Kennzeichnung im 4. Laterankonzil von 1215 und machte für Juden ein Abzeichen – einen gelben Fleck – an der Kleidung verbindlich. Sulzbach, S. 25; Grau, Judenfrage, S. 57.

158 Siehe S. 30. Der Vorschlag der Arbeitsgemeinschaft, Juden haben ihrem Namen ein »J« anzuhängen, ist dabei sicherlich als Versuch einer Kennzeichnung zu werten.

159 Siehe S. 147, 152.

160 Lösener, Rassereferent, S. 302.

161 Schreiben des RMdl an den RMuChdRK'zlei vom 14. August 1941, BA R 43 II/1326.

162 Ministerkonferenz vom 21. April 1941, Boelcke, Kriegspropaganda, S. 695.

163 Schreiben Franks an Lammers vom 30. Juni 1941, BA R 43 II/1326.

164 Schreiben des RMdI (gez.: Stuckart) an den RMuChdRK'zlei vom 14. August 1941, aaO.

165 Vorlegungsvermerk Löseners über eine Besprechung im RMfVuP am 15. August 1941, Rassereferent, S. 303.

166 Lösener, Rassereferent, S. 303. Die Vertreter des Generalbauinspekteurs hielten es für unsinnig, Judenwohnungen schon jetzt freizumachen und zu besetzen, da diese nach einer Entscheidung Hitlers in Friedenszeiten Abriss-

geschädigten zur Verfügung gestellt werden sollten, was sich aber jetzt noch nicht zahlenmäßig übersehen ließe.

167 Vorlegungsvermerk Löseners für Frick vom 18. August 1941, Rassereferent, S. 305.

168 Vorlegungsvermerk Löseners für Frick – Sofort! – vom 20. August 1941, BA R 18/3746 a (Fotokopie).

169 Hierzu Lösener, Rassereferent, S. 305.

170 Aktenverfügung Pfundtners mit dem Vermerk, der Minister habe zugestimmt. AaO.

171 Entwurf eines Schreibens des RMdI (Referent: Lösener) vom 23. August 1941 (?), Rassereferent, S. 305.

172 In einer vertraulichen Information – Geheim – vom 21. August 1941 wurde der Presse mitgeteilt, es bestehe ein Interesse daran, »daß alle jüdischen Äußerungen gegen Deutschland ... gut verzeichnet werden. Dieser Wunsch findet seine Begründung in eventuell zu erwartenden innerpolitischen Maßnahmen«. GStA Rep 335/11/434.

173 Lösener, Rassereferent, S. 307.

174 Ebenda.

175 Lösener, Rassereferent, S. 307.

176 Über die propagandistische Vorbereitung und Absicherung siehe Hagemann, S. 146 f. Anm. 73–80.

177 Schnellbrief des RMdI – Pol IV B 4 – an alle Stapoleitstellen – Sofort! Fristsache! Nicht zur Veröffentlichung geeignet! – vom 15. September 1941, Dokumente über die Verfolgung, Bd. 2, S. 424.

178 Schnellbrief des RVM an die Obersten Reichsbehörden vom 18. September 1941, Stecker, S. 210 f. Bei Fahrten über die Wohngemeinde hinaus hatten Juden eine polizeiliche Erlaubnis vorzulegen, doch war ihnen die Benutzung von Droschken, Mietwagen, Schlaf- und Speisewagen, Ausflugswagen und Schiffen nicht gestattet. Bei starkem Andrang der Verkehrsmittel durften Juden nicht zusteigen, in Eisenbahnen durften sie nur die 3. Klasse benutzen. Sitzplätze durften sie nur dann einnehmen, wenn diese nicht von »Deutschblütigen« benötigt wurden.

179 Juden wurden von allen Beförderungsmitteln der Post grundsätzlich ausgeschlossen. Ausnahmen galten nur für den Überlandverkehr. RdErl des RPM, wiedergegeben in Schnellbrief des RMdI vom 16. Oktober 1941, AVfK DGT 1–2–6/1.

180 RdErl des RVM vom 18. November 1941, Nachrichtendienst des DGT, 5. Ausgabe vom 5. März 1942, Nr. 237.

181 Vertraulicher Schnellbrief des RMdI – § IV B 4 – an die RStH und die Landesregierungen vom 16. Februar 1942, AVfK DGT 1–2–6/1.

182 Schnellbrief des CdSuSD (gez.: Heydrich) vom 13. März 1942, BA R 58/276.

183 Zur Benutzung eines Verkehrsmittels mussten Juden nun auch innerhalb der Wohngemeinde eine polizeiliche Genehmigung vorweisen, die auf ein bestimmtes Verkehrsmittel beschränkt war. Diese Genehmigungen erhielten nur Arbeiter, die bis zum Arbeitsplatz einen einfachen Weg von 7 km oder jüdische Schulkinder, die täglich mehr als 10 km zurückzulegen hatten. Schnellbrief des RMdI – Pol § IV B 4 – vom 24. März 1942, aaO.

184 Erlass des RVM vom 6. Juni 1942, BA R 58/276.
185 Die »Einkommensteuer-DVO« vom 7. Dezember 1941, RGBl I, S. 751, entzog Juden die Steuerermäßigung wegen einer außergewöhnlichen Belastung. Ab Februar 1942 fielen Juden grundsätzlich in die höchste Steuerstufe (»Einkommenssteuer-Richtlinien« vom 12. Februar 1942, RStBl, S. 321). Im Jahr 1943 wurden Juden sogar steuerlich noch ungünstiger gestellt als Polen und Zigeuner (»Einkommenssteuerliche Sonderbehandlung der Juden, Polen und Zigeuner«, RdErl des RFM vom 25. Juni 1943, RStBl, S. 529). Polen und Zigeuner konnten unter bestimmten Bedingungen in Steuergruppe II fallen, was Juden grundsätzlich verwehrt wurde. Die »DVO über das Eiserne Sparen« vom 10. November 1941, RGBl I, S. 705, nahm Juden von einem staatlich geförderten Sparsystem aus. Nach einem RdErl des RMdI und des RFM vom 25. Juli 1942, MBliV, S. 1567, hatten Juden keinen Anspruch auf Entschädigung bei Umquartierungen aus Gründen der Luftgefährdung.
186 So stoppte der RPM ab 1. September 1942 die Befreiung der Rundfunkgebühr für Juden (RdErl vom 6. August 1942, RPM Bl, S. 559). Allerdings waren die Rundfunkgeräte der Juden längst eingezogen (siehe S. 181 f.). Geradezu absurd war die Verfügung des RAM vom 10. Februar 1943, nach der die Juden in den besetzten Ostgebieten von den Bestimmungen der Sozialversicherung ausgenommen blieben. (RGBl I, S. 90) Sinnlos auch das Verbot der Erwerbung des Reichssportabzeichens durch Juden vom 18. November 1942, RMBl, S. 242. Siehe auch S. 110.
187 Juden durften nicht mehr Lehrer an gartenbaulichen Berufsschulen werden (RdErl des RMfWEuV vom 7. Januar 1942, RMinAmtsbl, S. 32), Der Beruf der Wochenpflegerin wurde gesperrt (VO v. 7. Februar 1943, RGBl I, S. 87).
188 Juden wurden nicht mehr in den Reichsluftschutzbund aufgenommen (VO vom 31. August 1943, RGBl I, S. 499) und von den Bestimmungen des Mutterschutzgesetzes ausgenommen (AVO v. 17. Mai 1942, RGBl I, S. 324).
189 Die Aktion wurde reichseinheitlich am 15. Januar 1942 durchgeführt. Erl. der Stapostelle Frankfurt vom 5. Januar 1942, Dokumente über die Verfolgung, Bd. 2, S. 429.
190 Verfügung der Stapostelle Frankfurt vom 28. Mai 1942, Dokumente Frankfurter Juden, S. 440 Dok. XII 8.
191 Ab der 42. Zuteilungsperiode (19. Oktober 1942) waren die Juden von der Vergabe von Fleischwaren, Weizenerzeugnissen und Milch ausgenommen. Jüdischen Kindern stand kein Kunsthonig und kein Kakaopulver zu. Sonderzuteilungen für Kranke und gebrechliche Personen, werdende und stillende Mütter und Wöchnerinnen wurden nicht gewährt, wenn die Betreffenden Juden waren. Lebensmittelsendungen aus dem Ausland wurden ihnen zudem voll auf ihre Rationen angerechnet. Für ihre Einkäufe hatten sie sich nach den festgesetzten Zeiten zu richten. RdSchrb des RmfEuL vom 18. September 1942, GstA Rep 335/11/523 NG 1292; IMT Bd. XXVII, S. 180 f.
192 AO des RJM (gez.: Freisler) vom 10. Januar 1942, BA R 22/46.
193 Erl. des RSHA vom 24. Oktober 1941, Dokumente über die Verfolgung, Bd. 2, Nr. 423.

194 Kennkarten wurden gemäß einer AO des RFSS vom 28. Oktober 1942 nur noch doppelt ausgefertigt. Bei Juden allerdings wurden weiterhin 3 Doppel angelegt. MBliV, S. 2075.

195 Erl. des RSHA vom 12. Mai 1942, Dokumente Frankfurter Juden, S. 439 Dok. XII 7.

196 Erl des RSHA vom 20. Mai 1942, Ausgewählte Dokumente, 20. V. 42.

197 Schnellbrief (Abschrift) des RSHA (gez.: Müller) an die Stapoleitstellen vom 1. Juli 1942, BA R 58/276.

198 Erl. des RSHA vom 26. Februar 1943, mitgeteilt von der Stapostelle Karlsruhe, Dokumente über die Verfolgung, Bd. 1, Nr. 32.

199 In der Pressekonferenz am 7. Februar 1942 bestimmte das RMfVuP, dass über die Judenfrage in den besetzten Ostgebieten nicht mehr berichtet werden durfte. Offensichtlich nach Weisung Hitlers (Siehe Anm. 137) wurde dann am 11. Juni 1942 ein generelles Verbot erlassen, über Maßnahmen gegen Juden weiterhin zu berichten. Hagemann, S. 224 Anm. 73 f.

200 Siehe die Sprachregelungen vom 3. und 25. Mai 1943 (AaO, S. 225 Anm. 85 f.) und die Weisung vom 7. März 1944: »Die antijüdische Kampagne muß noch stärker als bisher als wichtiger propagandistischer Faktor im Weltkampf in den Vordergrund gerückt werden (AaO, S. 226 Anm. 89).

201 Schreiben des RAM an die Landesregierungen vom 2. Dezember 1941, Dokumente über die Verfolgung, Bd. 1, Nr. 111 b.

202 Schreiben des württembergischen Wirtschaftsministers an den RMdI und den RFM vom 31. Januar 1942, aaO, Nr. 112 c.

203 Schreiben (Abschrift) des OB der Reichshauptstadt Berlin an den RMdI vom 23. März 1942, BA R II/446 a. Der OB handelte gewiss nicht ohne mehr oder minder sanften Druck der örtlichen Gauleitung. Am 15. November 1941 hatte Goebbels seinen wöchentlichen Leitartikel im »Reich« unter das Motto des jüdischen Weltkampfes gegen Deutschland gestellt und dabei die Übung angegriffen, emigrierten jüdischen Beamten noch Ruhegehälter und Versorgungsbezüge zu zahlen. Steinert, S. 245.

204 Schreiben des OB der Reichshauptstadt Berlin an den RMdI vom 23. März 1942, BA R 43 II/446 a.

205 Ebenda.

206 Schreiben des RMdI an den RMuChdRK'zlei vom 9. Juni 1942, BA R 43 II/446 a.

207 Ebenda.

208 Ebenda.

209 Aktenvermerk Killys vom 27. Juni 1942, er halte es für besser, die Frage nicht zu entscheiden, »da sie weit in das noch offene Gesamtproblem hineingreift«, BA R 43 II/446 a.

210 Entwurf eines Schreibens vom 27. Juni 1942, aaO.

211 Vermerk Lammers' vom 13. Juli über ein Gespräch mit Pfundtner am 11. Juli 1942, BA R 43 II/446 a.

212 Schreiben Bormanns an den RMuChdRK'zlei vom 2. August 1942, aaO.

213 Schreiben (Abschrift) des RMuChdRK'zlei an den RMdI vom 6. August 1942, aaO.

214 Schreiben des RMdI an den RMuChdRK'zlei vom 23. August 1943, aaO. Der

RMdI fügte an, dass die Rechtsvorschrift über die Entziehung der Versorgungsbezüge bei Realisierung des Scheidungsgesetzes entfallen könne.

215 Schreiben der Parteikanzlei an den RMuChdRK'zlei vom 7. Dezember 1943, aaO.

216 Aktenvermerk Kritzingers vom 13. Januar 1944, aaO.

217 Siehe hierzu S. 206 f..

218 Schnellbrief des RMdI an die Obersten Reichsbehörden vom 16. Juni 1941, BA R 43 II/137.

219 Aktenvermerk des MDirig Lutterloh/RJM vom 21. November 1942, GstA Rep 335/11/523 4055–PS.

220 Vermerk eines Sachbearbeiters im RJM vom 3. März 1942, BA R 22/4208.

221 Ebenda: »StS Schlegelberger hat die Sache mit Grünkreuz versehen«.

222 Schnellbrief des RJM vom 3. August 1942 an den RMdI, den RFSS, den RMfVuP, den Leiter RK'zlei, den RMuChdRK'zlei, BA R 43 II/1508 a.

223 Nach Führerinformation des RJM vom 30. Juli 1942, Nr. 95, war die Anregung von Goebbels ausgegangen. Siehe hierzu auch die bissigen Bemerkungen des Ministers über die Arbeit des RJM in seinem Tagebuch am 19. März 1942, S. 124.

224 Schnellbrief (Abschrift) des RMfVuP an den RJM vom 12. August 1942, BA R 43 II/1508 a.

225 Schnellbrief des RMdI (gez.: Stuckart) an den RJM vom 13. August 1942, aaO.

226 Schnellbrief (Abschrift) des RJM (gez.: Schlegelberger) an den RMfVuP vom 13. August 1942, aaO.

227 Entwurf eines Schreibens des RMuChdRK'zlei an den GBV vom 21. August 1942, GStA Rep 335/11/523 NG 151.

228 Schnellbrief (Abschrift) des RMfEuL an den RMdI vom 20. August 1942 und der Bitte den Ausdruck »Rechtsmittel« durch den formloseren Begriff »Rechtsbehelf« zu ersetzen, da sich damit eine größere Skala richterlich nachprüfbarer Entscheidungen fassen ließe. AaO.

229 Schnellbrief (Abschrift) des RMfVuP (gez.: Goebbels) an den RJM vom 21. August 1942, aaO.

230 Hierfür sehe ich auch den Grund, weshalb Lammers auf dem Schreiben Goebbels' vom 21. August vermerkte: »Wer ist denn jetzt eigentlich federführend?« Ich sehe darin nicht den Versuch der Reichskanzlei – wie Mommsen, Kritzinger, S. 329 – die Federführung in dieser Frage an sich zu ziehen.

231 Schnellbrief des RFSS an den RMuChdRK'zlei vom 25. August 1942, BA R 43 II/1508 a.

232 Zu diesem Punkt führte Bormann auf: Einsprüche gegen Strafbefehle, Anträge auf Wiederaufnahme des Verfahrens, Erinnerungen in Kosten- und Vollstreckungssachen.

233 Schreiben (Abschrift) Bormanns an den RJM vom 9. September 1942, BA R 43 II/1508 a.

234 Schreiben des OKW an den RMuChdRK'zlei vom 10. September 1942, GStA Rep 335/11/536 NG 151.

235 Schnellbrief des RFSS an den RMuChdRK'zlei vom 20. September 1942, aaO.

236 Schreiben des GBV (gez.: Stuckart) an die Obersten Reichsbehörden vom

29. September 1942, bezugnehmend auf die Besprechung vom 25. September, BA R 43 II/1508 a.

237 Aktenvermerk Kritzingers vom 3. Oktober 1942, aaO.

238 Entwurf eines Schreibens des RMuChdRK'zlei an den RMdI vom 3. Oktober 1942, BA R 43 II/1508 a.

239 »Änderung der AV über Mitteilungen in Vollzugssachen«, AV des RJM vom 20. November 1941, DtJustiz, S. 1091.

240 Vortrag Freislers vor den Generalstaatsanwälten und Oberlandesgerichtspräsidenten am 31. März 1941, Johe, S. 129.

241 So ist nicht ohne Berechtigung darauf hingewiesen worden, dass die richterliche Verurteilung eines Juden zu einer langjährigen Gefängnisstrafe das physische Überleben sichern konnte. Siehe Staff, S. 225.

242 Dieser Äußerung lag folgender Sachverhalt zugrunde: Mit Schreiben vom 1. Juni 1942 bat der CdSuSD den RJM um die Auslieferung des sowjetischen Staatsangehörigen Sym, da er gehängt werden sollte. Das RJM legte daraufhin ein Antwortschreiben vor, wonach für die Aburteilung strafbarer Handlungen »auch von Polen und Juden« einzig die Justiz zuständig sei, solange der Führer nichts anderes bestimmte.»Besprechungsnotiz für StS Freisler über Fragen, die er mit StS Schlegelberger zu besprechen hat« vom 1. Juni 1942, BA R 22/4208.

243 Polizeistrafen gegen Polen und Juden«, RdErl des RFSS vom 15. Juni 1942, MBliV, S. 1309.

244 Eigenhändig verbesserte Aufzeichnung Thieracks über eine Besprechung mit Himmler am 18. September 1942, BA R 22/4062.

245 Ebenda, laut hdschft. Randvermerk Thieracks mit Schreiben vom 22. und 23. September 1942.

246 Rede Thieracks vor den Chefpräsidenten und Generalstaatsanwälten am 28. September 1942 in Berlin, BA R 22/4199 a, sowie Aktenvermerk des RKRats Ficker/RK'zlei vom 25. November 1942 über eine Besprechung mit MRat Grau/RJM, BA R 43 II/1512.

247 Die Bedenken der Gauleiter von Oberschlesien, Ostpreußen, Danzig-Westpreußen und dem Wartheland richteten sich wohl in erster Linie gegen die unkontrollierte Machtausübung des RFSS in ihren Hoheitsgebieten. Das RSHA hatte bereits mit Schnellbrief vom 5. September die HSSPF angewiesen, dass »fremdvölkische Personen« insbesondere Polen, Juden und Zigeuner aus der Justiz heraus und in Polizeigewahrsam übernommen werden sollten. IMT Bd. XXXVIII, S. 98 Dok. 316-L.

248 Schreiben (Abschrift) Thieracks an Bormann vom 16. November 1942, BA R 43 II/1512.

249 Aktenvermerk des RKRat Ficker/RK'zlei vom 18. und 25. November 1942, BA R 43 II/1508 a.

250 Schnellbrief des RMdI an den RMuChdRK'zlei vom 4. August 1942, BA R 43 II/137.

251 Da es eine »Zwölfte Verordnung« noch nicht gab, muss es sich um einen Irrtum der Referenten oder der Registratur handeln.

252 Vermerk der Reichskanzlei über eine Besprechung im RMdI am 10. August 1942, BA R 43 II/137.

253 VO vom 2. November 1942, RGBl I, S. 637.

254 Schreiben des RMdI an den RMuChdRK'zlei vom 4. Januar 1943, BA R 43 II/137.

255 Gesundheitsabteilung unter Conti.

256 Die Einbeziehung der Zigeuner in die Bestimmungen der Verordnung war auf der Sitzung vom Vertreter der Parteikanzlei gefordert worden.

257 Niederschrift (Abschrift) über die Sitzung am 21. Januar 1943 im RMdI, BA R 43 II/137.

258 Schreiben des RMdI an die Reichskanzlei vom 6. Februar 1943, BA R 43 II/137.

259 Aktenvermerk des RKRat Ficker/RK'zlei über eine Mitteilung von MRat Grau/RJM vom 27. Februar 1943, BA R 43 II/1512.

260 Persönliches Schreiben Kaltenbrunners an Frick vom 8. März 1943, BA R 43 II/1508 a.

261 Ebenda.

262 Schreiben (Abschrift) des RMdI an den Leiter RK'zlei vom 22. März 1943. BA R 43 II/137.

263 Aktenvermerk des RKRat Ficker/RK'zlei vom 29. März 1943, BA R 43 II/137.

264 Aktenvermerk Fickers vom 3. April 1943 über eine Besprechung mit AGRat Klemm/RK'zlei, BA R 43 II/1508 a.

265 Schreiben des GBV an den RMuChdRK'zlei vom 3. April 1943, bezugnehmend auf eine Besprechung zwischen Stuckart und Kritzinger, aaO.

266 Aktenvermerk Kritzingers vom 6. April 1943, aaO.

267 Vermerk Kritzingers über eine Besprechung mit Klopfer am 6. April 1943, aaO.

268 Ebenda.

269 StS im RJM.

270 Aktenvermerk Kritzingers über eine Staatssekretärsbesprechung bei Stuckart am 21. April 1943, BA R 43 II/1508 a.

271 RGBl I, S. 268.

272 »VO über die Staatsangehörigkeit auf Widerruf« vom 25. April 1943, RGBl I, S. 269; »VO über die Schutzangehörigkeit im Deutschen Reich« vom 25. April 1943, RGBl I, S. 271.

273 VO vom 1. Juli 1943, RGBl I, S. 372.

274 Für die eingegliederten Ostgebiete bestimmte der RFSS mit RdErl vom 28. Dezember 1942 (MBliV 1943, S. 45), dass die Strafverfolgung gegen Juden einheitlich durch Überstellung in die nächstgelegene Polizeistelle »zur weiteren Veranlassung« zu vollziehen war. Am 11. März 1943 ordnete das RSHA an, die nach einer Verfügung des RJM vom 27. Januar 1943 aus den Vollzugsanstalten entlassenen Juden dem KZ Auschwitz oder Lublin zu überstellen. Das gleiche sollte für alle künftig entlassenen Juden gelten. Geheimes RDSchrb des RJM an die Generalstaatsanwälte vom 21. April 1943, BA R 22/4053.

275 RdErl des RFSSuChdDtPol im RMdI vom 3. Juli 1943, MBliV, S. 1085.

276 RdVfg des RJM vom 6. August 1943, BA R 22/41 a.

277 »DVO zur Dreizehnten Verordnung zum Reichsbürgergesetz« vom 1. September 1944, RGBl I, S. 201.

278 »Mitteilungen über die Sterbefälle von Juden«, RdErl des RMdI (gez.: Globke) vom 25. November 1944, MBliV, S. 1149.

279 Scheffler, Judenpolitik, S. 49.

Der totalitäre Staat und die Judenfrage im Regierungssystem des Dritten Reiches

1 Otto Stammer: Aspekte der Totalitarismus-Forschung. In: Soziale Welt 12 (1961). S. 97–111; neuerdings auch in: Wege der Totalitarismus-Forschung, S. 431.

2 Broszat, Staat Hitlers, S. 9 f.

3 Andreas Brunner: Rechtsstaat gegen Totalstaat. 2 Teile. Zürich 1948.

4 Ernst Fraenkel: The Dual State. A Contribution to the Theory of Dictatorship. New York 1941. Das von mir hinzugezogene deutschsprachige Manuskript trägt den Titel: »Der Doppelstaat. Ein Beitrag zur Staatslehre der deutschen Diktatur« und befindet sich im Otto Suhr-Institut in Berlin.

5 Fraenkel, S. XIII.

6 AaO., S. 37.

7 Broszat, Staat Hitlers, S. 424.

8 Dies mag als Entgegnung stehen auf die brillante Analyse des Dritten Reiches von Franz Neumann: Behemoth. The Structure and Practice of National Socialism. 2. Aufl. Toronto 1944. Die nationalsozialistische Herrschaft lässt sich gerade nicht i. S. Neumanns als eine modifizierte marxistische Klassentheorie darstellen, denn der Dualismus dieses Staates ist sicherlich nicht ausschließlich auf das Modell der Kämpfe zwischen der liberalen Konkurrenzgesellschaft und der Gesellschaft des Monopolkapitalismus reduzierbar.

9 Das Verdienst diese dem Nationalsozialismus eigentümliche Erscheinung der Totalitarismus-Forschung nutzbar gemacht zu haben, gebührt Siegmund Neumann: Permanent Revolution. The Total State in a World at War. New York 1942.

10 Ähnlich auch Karl A. Scheunes: The Twisted Road to Auschwitz. Nazi Policy against German Jews 1933–1939. Urbana 1970: »The Final Solution as it emerged in 1941 and 1942 was not the product of a grand design« (Einleitung) In diesem Sinne auch Broszat, Staat Hitlers, S. 437.

11 Hierzu siehe die Stufentheorien, S. 16.

12 Es ist die Überzeugung geäußert worden, dass unter Hitlers weltanschaulichen Grundgedanken der Antisemitismus den stabilsten Faktor darstellte, seine vielleicht einzige weltanschauliche Überzeugung, die nicht der opportunistischen Manipulation zugänglich war. (Broszat, Nationalsozialismus, S. 35) In dieser Untersuchung ist indessen hinreichend belegt worden, dass Hitler in seiner Rücksichtnahme auf Belange der Wirtschaft und der Außenpolitik außerordentlich weit ging. So lange es sich vermeiden ließ, griff er nicht persönlich und direkt in die Judenpolitik ein und scheute ebenso eine offene Kontroverse mit opponierenden Gruppen in der Ministerialbürokratie.

13 Dass Hitler tatsächlich darauf hoffte, letztlich würden die dynamisch-totalitären Kräfte die Judenfrage in seinem Sinne lösen, zeigt ein Schreiben Himmlers, der über die Reichskanzlei bei Hitler anfragte, ob er die Bayerischen Offiziers-Regiments-Vereine wegen ihrer noch bestehenden Bindungen an Juden auflösen solle. Am 11. Dezember 1934 erhielt er von Lammers ein Antwortschreiben, das für Hitlers Gedanken typisch ist: »Der Führer ... wünscht weder eine Aufforderung an die Vereine, die jüdischen Mitglieder sofort zu entlassen, noch [ist er] mit der Auflösung des Verbandes einverstanden. Der Führer ist der Auffassung, daß die Frage der jüdischen Mitglieder des Verbandes von selbst ihre Lösung finden wird«. K.J. Herrmann, Organisationen, S. 143.

14 Broszat, Staat Hitlers, S. 431.

15 Bollmus, S. 246, äußert die Ansicht, das Kompetenzen-Chaos gehe weniger auf eine einheitliche Konzeption, sondern eher auf eine irrationale psychische Disposition Hitlers zurück. Dem vermag sich der Verf. nur insoweit anzuschließen, als Hitler allein von seinem Arbeitsstil her kaum die Erfordernisse einer bürokratischen Apparatur verstand, ansonsten jedoch durchaus bewusst die für ihn positiven Möglichkeiten einer durch gegenseitige Hemmnisse geschwächten Institution begünstigte.

16 Broszat, Staat Hitlers, S. 439.

17 Arendt, Elemente, S. 539.

18 Gerhard Schulz: Der Begriff des Totalitarismus und der Nationalsozialismus. In: Soziale Welt 12 (1961), S. 112 ff. Neuerdings abgedruckt in: Wege der Totalitarismus-Forschung, S. 452 f.

19 Hierzu siehe Broszat, Staat Hitlers, S. 438; Arendt, Elemente, S. 629.

20 Schulz, Totalitarismus, Wege der Totalitarismus-Forschung, S. 445.

21 Mit dem Wort von der »deutschen Katastrophe« versuchte bereits Friedrich Meinecke kurz nach dem Zusammenbruch die »ungeheuerlichen Erlebnisse« zu erklären. (Die deutsche Katastrophe, 1. Aufl. Wiesbaden 1946) Die zeitgenössische israelische Geschichtsschreibung verwendet zur Epochisierung der Zeit zwischen 1933 und 1945 den Oberbegriff der »Period I Catastrophe«.

Literatur und Quellen

1 Vom Geheimen Staatsarchiv Berlin im Frühjahr 1969 an das Bundesarchiv abgegebene Bestände.

2 Vom Geheimen Staatsarchiv Berlin im Frühjahr 1969 an das Bundesarchiv abgegebene Bestände.

Erläuterungen

1. Zitierweise der Anmerkungen

Die Abkürzung »aaO« steht:
   bei gedruckten und ungedruckten Quellen und der sonstigen Literatur,
   sofern in einer Anmerkung auf einen vorher genannten Fundort oder
   eine vorher genannte Quelle verwiesen wird.

»Ebenda« steht grundsätzlich, wenn auf ein vorher genanntes Schriftstück
und die gleiche Seite Bezug genommen wird.

2. Abkürzungen

Nachdem die Ministerien des Reiches und Preußens, ausgenommen die
Finanzministerien, Realunionen geworden waren, führten die betreffenden
Ministerien ab 1. Januar 1935 die Bezeichnung »Reichs- und Preußisches
Ministerium...«; nach dem Anschluss Österreichs wurden diese Ministerien
gemäß einer Anordnung Hitlers nur noch als Reichsministerien bezeichnet.
Soweit die Abkürzungen schon im Dritten Reich gebräuchlich waren, ent-
sprechen sie den im Ministerialblatt des Reichsministers des Innern verwen-
deten Siglen.

AA	Auswärtiges Amt
ADAP	Akten zur Deutschen Auswärtigen Politik
AO	Anordnung
AONSDAP	Auslandsorganisation der NSDAP
AV	Allgemeine Verfügung
AVfK	Archiv des Vereins zur Pflege kommunalwissenschaft-licher Aufgaben e. V. Berlin
AVO	Ausführungsverordnung
BA	Bundesarchiv Koblenz
BayGVOBl	Gesetz- und Verordnungsblatt für den Freistaat Bayern
BayStAnz	Bayerischer Staatsanzeiger
BDC	Berlin Document Center
BlSchG	Gesetz zum Schutz des deutschen Blutes und der deut-schen Ehre vom 15. September 1935

BNSDJ	Bund Nationalsozialistischer Deutscher Juristen
BVerfGE	Entscheidungen des Bundesverfassungsgerichts
BVP	Der Beauftragte für den Vierjahresplan
CdSuSD	Der Chef der Sicherheitspolizei und des Sicherheitsdienstes
DAF	Deutsche Arbeitsfront
DBFP	Documents on British Foreign Policy
DGT	Deutscher Gemeindetag
DJZ	Deutsche Juristenzeitung
DNB	Deutsches Nachrichtenbüro
DNVP	Deutschnationale Volkspartei
Dok	Dokument
DStT	Deutscher Städtetag
DtJustiz	Deutsche Justiz
DtRecht	Deutsches Recht
DVO	Durchführungsverordnung
FS	Fernschreiben
GBV	Der Generalbevollmächtigte für die Reichsverwaltung
GBW	Der Generalbevollmächtigte für die Wirtschaft
GenFM	Generalfeldmarschall
Gestapa	Geheimes Staatspolizeiamt
Gestapo	Geheime Staatspolizei
GG	Generalgouverneur/Generalgouvernement
GGO II	Gemeinsame Geschäftsordnung der Reichsministerien Besonderer Teil
GStA	Geheimes Staatsarchiv der Stiftung Preußischer Kulturbesitz
GWBB	Gesetz zur Wiederherstellung des Berufsbeamtentums vom 7. April 1933
HA	Hauptamt
HSSPF	Höherer SS- und Polizeiführer
IMT	Internationales Militärtribunal. Der Prozess gegen die Hauptkriegsverbrecher vor dem Internationalen Militärgerichtshof in Nürnberg
JW	Juristische Wochenschrift
KdR	Kommissar des Reichs
LRat	Legationsrat
MBliV	Ministerialblatt für die preußische innere Verwaltung
MBlWEuV	Ministerialblatt des Ministers für Wissenschaft, Erziehung und Volksbildung
MDir	Ministerialdirektor
MDirig	Ministerialdirigent
MdR	Mitglied des Reichstages
MRat	Ministerialrat

MRfRV	Ministerrat für die Reichsverteidigung
MS	Manuskript/maschinenschriftlich
NSV	Nationalsozialistische Volkswohlfahrt
OB	Oberbürgermeister
OFPräs	Oberfinanzpräsident
OLGPräs	Oberlandesgerichtspräsident
Orpo	Ordnungspolizei
ORRat	Oberregierungsrat
PolAA	Politisches Archiv des Auswärtigen Amts
Präs	Präsident
PrFM	Preuß. Finanzminister(ium)
PrGS	Preußische Gesetzessammlung
PrJm	Preuß. Justizminister(ium)
PrJMBl	Ministerialblatt des Preuß. Justizministeriums
PrMdI	Preuß. Minister(ium) des Innern
PrMFwKuV	Preuß. Minister(ium) für Wissenschaft, Kunst und Volksbildung
PrMPräs	Preuß. Ministerpräsident
PrStM	Preuß. Staatsminister(ium)
RABl	Reichsarbeitsblatt
RAM	Reichsarbeitsminister(ium)
RAnz	Deutscher Reichs- und Preußischer Staatsanzeiger
RBüG	Reichsbürgergesetz vom 15. September 1935
RdErl	Runderlass
RdSchrb	Rundschreiben
RdVfg	Rundverfügung
RFM	Reichsfinanzminister(ium)
RFSSuChDtPol	Der Reichsführer-SS und Chef der Deutschen Polizei
RKF	Reichkommissar zur Festigung Deutschen Volkstums
RKMuObdW	Reichskriegsminister und Oberbefehlshaber der Wehrmacht
RKRat	Reichskabinettsrat
RLNSDAP	Reichsleitung der NSDAP
RMBl	Reichsministerialblatt
RMBliV	Ministerialblatt des Reichs- und Preußischen Ministeriums des Innern
RMdA	Reichsminister des Auswärtigen
RMdI	Reichsminininster(ium) des Innern
RMdLuObdL	Reichsminister der Luftfahrt und Oberbefehlshaber der Luftwaffe
RMfBuM	Reichsminister(ium) für Bewaffnung und Munition
RMfdbesOstgeb	Reichsminister(ium) für die besetzten Ostgebiete
RMfdkirchlA	Reichsminister(ium) für die kirchlichen Angelegenheiten
RMfEuL	Reichsminister(ium) für Ernährung und Landwirtschaft

RmfVuP	Reichsminister(ium) für Volksaufklärung und Propaganda
RMinAmtsbl	Deutsche Wissenschaft, Erziehung und Volksbildung. Amtsblatt des Reichs- und Preußischen Ministers für Wissenschaft, Erziehung und Volksbildung und der Unterrichtsverwaltung der anderen Länder
RMuChdRK'zlei	Der Reichsminister und Chef der Reichskanzlei
RPM	Reichspostminister(ium)
RPMBl	Ministerialblatt des Reichspostministeriums
RRat	Regierungsrat
RSHA	Reichssicherheitshauptamt
RStBl	Reichssteuerblatt
RStH	Reichsstatthalter
RStPO	Reichsstrafprozessordnung
RuSHA	Rasse- und Siedlungshauptamt
RVerwBl	Reichsverwaltungsblatt
RVM	Reichsverkehrsminister(ium)
RVR	Reichsverteidigungsrat
SächsGBl	Sächsisches Gesetzblatt
SD	Sicherheitsdienst des Reichsführers-SS
Sipo	Sicherheitspolizei
StANürnberg	Staatsarchiv Nürnberg
StAnwHechingen	Akten der Staatsanwaltschaft Hechingen
StdF	Stellvertreter des Führers
StMuChdPräsK'zlei	Der Staatsminister und Chef der Präsidialkanzlei
StS	Staatssekretär
ThürGS	Gesetzessammlung des Landes Thüringen
VerwArch	Verwaltungsarchiv
VJhefteZG	Vierteljahrshefte für Zeitgeschichte
VLRat	Vortragender Legationsrat
VOBlGG	Verordnungsblatt des Generalgouverneurs
VOBl/NSDAP	Verordnungsblatt der NSDAP
WRV	Verfassung des Deutschen Reichs vom 11. August 1919
ZAkDR	Zeitschrift der Akademie für Deutsches Recht
ZBl	Zentralblatt für die gesamte Unterrichtsverwaltung in Preußen
ZgesStW	Zeitschrift für die gesamte Staatswissenschaft

Personenverzeichnis

Pressestimmen
zur Originalausgabe

»Das Buch ist ein hervorragender Beitrag zur Geschichte
des Judentums und zur Geschichte des Dritten Reiches.
Es ist die erste komplette, gut gestraffte und sehr sorgsam
belegte Zusammenfassung des riesigen Gebietes...«
Robert M. W. Kempner −
Allgemeine jüdische Wochenzeitung

»Die Beschäftigung mit der deutschen Geschichte ...
kann sehr unheimlich sein.
Adams Untersuchung, unbestechlich geführt,
hält dem Leser dies Faktum schonungslos vor Augen.«
Walter Görlitz − Die Welt

Mahnung und Aufruf an alle Demokraten

Jüdischer Alltag in Deutschland 1933-1945.
Es gab ihn, trotz der Bedrohung, der Unterdrückung, der
Gewalt und sogar im Angesicht des Todes. Trotz des
menschenverachtenden Terrors unter legalem Mantel,
trotz Rassenwahn und Schmähungen und Schweigen rundum.
Viele suchten sich das Leben in Familien und Gemeinden,
auch unter dem schlimmsten Druck und größter
Drangsal als lebenswert zu erhalten. Trotz der Nürnberger
Gesetze von 1935 und der „Reichskristallnacht" von 1938,
trotz gelbem Stern und angesichts der „Endlösung der
Judenfrage". Und es gab Nachbarn, Freunde, die ihnen dabei
halfen. Wie lebten die deutschen jüdischen Mitbürger in Berlin
oder Hamburg, auf dem flachen Land oder in den kleinen
Städten des Deutschen Reiches, bis sie in die Emigration oder
in die Vernichtungslager getrieben wurden? Was widerfuhr den
jüdischen Nachbarn, wie fristeten sie ihren Lebensunterhalt?
Wie suchten sie das aufrechtzuerhalten, was sie als Bürger
einer Kulturnation in den letzten Jahrhunderten und
Jahrzehnten auf deutschem Boden mit geschaffen hatten?
Dieses Buch schildert mit einer Fülle von Dokumenten,
Fotos und Lebenszeugnissen den jüdischen Alltag im
Deutschland der Jahre 1933 bis 1945.

Günther B. Ginzel
Jüdischer Alltag in Deutschland 1933-1945

252 S. mit 277 Abb., gebunden
ISBN 3-7700-1002-7

Jüdisches Leben in Deutschland 1945 bis heute

Jüdische Gemeinden in der Bundesrepublik: nach der
Befreiung als Notgemeinschaften der Überlebenden gegründet,
Provisorien ohne Aussicht auf Zukunft. Und heute? Neue
Synagogen werden eingeweiht, Kindergärten und Schulen
errichtet. Das Dritte Reich somit eine überwundene Episode?
Die NS-Zeit, die Schoah, die Traumata von Auschwitz, ohne
Einfluss auf das heutige Leben? Juden in Deutschland,
ein Zeugnis der demokratischen Entwicklung. Liberalität und
Toleranz der Nachkriegsgesellschaft? Dieses Buch vermittelt
keine bequemen Antworten. Denn auch die jüngeren
Generationen jüdischer Menschen in Deutschland, die
„Stellvertreterkinder", leben „zwischen den Extremen"
(G.B. Ginzel). Hier die Entscheidung, in Deutschland zu leben.
Dort das Wissen: dies ist auch das „Land der Mörder".
Sie gründen Familien, planen ihre Zukunft in Deutschland auf
Dauer – und erfahren oft drastisch, wie lebendig die „Schatten
der Vergangenheit" sind. Und über allem die Frage,
kann, darf auf den Trümmern der vernichteten Welt des
deutschen Judentums, inmitten auch der Schweiger
und Ariseure von einst, überhaupt neues jüdisches Leben
aufgebaut werden?

Günther B. Ginzel (Hrsg.)
Der Anfang nach dem Ende
Jüdisches Leben in Deutschland 1945 bis heute

374 S. mit zahlreichen Abb., gebunden mit Schutzumschlag
ISBN 3-7700-1069-8

Eine deutsch-jüdische Familiengeschichte

Die Familiengeschichte der Jellineks spiegelt die Geschichte
des deutschen Judentums wider: Vom mährischen Ghetto über
das Wien der Jahrhundertwende bis zur „Heidelberger
Gelehrtenkultur" vor und nach der Nazi-Zeit.
Sei es als Journalist in der Revolution von 1848, als
Oberrabbiner in Wien, als Frauenrechtlerin oder als
Juraprofessor im Heidelberg Max Webers.
Die Generationen der Familie Jellinek prägten vom Beginn
der bürgerlichen Emanzipation des Judentums
das europäische Geistes- und Kulturleben mit.
Erst der Nationalsozialismus setzte mit Verfolgung, Deportation
und Mord der deutsch-jüdischen „Weggemeinschaft" ein
gewaltsames Ende − nur der letzte Spross der Familie,
der Verwaltungsrechtler Walter Jellinek, konnte nach 1945
am Neuanfang der Heidelberger Universität
und dem Wiederaufbau der Bundesrepublik mitarbeiten.

Klaus Kempter
Die Jellineks 1820-1955
Eine familienbiographische Studie zum
deutschjüdischen Bildungsbürgertum

Schriften des Bundesarchivs Bd. 52
VIII/631 S. mit 11 Abb., gebunden mit Schutzumschlag
ISBN 3-7700-1606-8

Deutsche Herrschaft in Weißrußland

Die Weißrussische Republik zwischen 1941 und 1944:
Eine multi-ethnische Gesellschaft in einem
bürgerkriegsähnlichen Zustand, in der unterschiedliche soziale
Gruppen von der deutschen Besatzungsmacht gegeneinander
ausgespielt wurden. Konflikte und Gegensätze zwischen
Weißrussen, Polen, Litauern und Ukrainern, die Mechanismen
der Kollaboration und vor allem die offene Ermordung der
weißrussischen Juden führten zu einer allgemeinen
Barbarisierung des Lebens. Vom deutschen Herrschafts- und
Vernichtungsapparat über die weißrussische
Selbstverwaltung bis zur Ebene der Dörfer und der
einheimischen Polizeiposten dokumentiert und beschreibt
die Studie Realität und Alltag unter der deutschen Besatzung –
aus der Sicht der Täter und Opfer.

Bernhard Chiari
Alltag hinter der Front
Besatzung, Kollaboration und Widerstand in
Weißrußland 1941-1944

Schriften des Bundesarchivs Bd. 53
XIII/3480 S. mit 37 Abb., gebunden mit Schutzumschlag
ISBN 3-7700-1607-6

Ein Standardwerk über die Geschichte der Gestapo

GESTAPO – diese drei Silben ließen 12 Jahre hindurch Deutschland und dann ganz Europa zittern. Neben der SS war die Geheime Staatspolizei das wichtigste Instrument des nationalsozialistischen Terrorsystems. Auf Initiative Görings im April 1933 entstanden, hatte sie offiziell die Aufgabe, alle staatsgefährdenden Bestrebungen im gesamten Staatsgebiet zu verfolgen und zu bekämpfen. Eng mit der Sicherheitspolizei und dem Sicherheitsdienst der SS verflochten, entstand ein umfassendes Netz zur Überwachung, Ausschaltung und bald auch Ermordung politischer und weltanschaulicher Gegner. Juden, Freimaurer, Homosexuelle und, im Krieg, „östliche Untermenschen" gehörten zu denen, die bespitzelt, denunziert, erpresst und schließlich ab September 1942 ohne Einschaltung der Gerichte durch ein abgestuftes System von Verfolgung, „Schutzhaft" und Einweisung in Konzentrationslager Opfer der verbrecherischen Organisation wurden. Die Namen Himmler, Heydrich und Adolf Eichmann stehen für die kalte, gnadenlose Rücksichtslosigkeit der Gestapo. Sie hatte, 1944, über 30.000 Angehörige. Die genaue Zahl ihrer Opfer ist unbekannt; ihr Anteil am Martyrium von Millionen wiegt gewaltig.

Jacques Delarue
Geschichte der Gestapo

380 Seiten, broschiert
ISBN 3-7610-7228-7

Ein Musikerleben im Vernichtungslager

Orchesteralltag in Auschwitz: Das war Freude über neue Instrumente – und das Wissen darum, dass sie das Erbe von denen waren, die eine Nacht vorher ins Gas gingen. Szymon Laks schildert keine Szenerie des Grauens und erzählt doch eine Geschichte, die den Leser verstört zurücklässt.
Schmissig ertönt „Berliner Luft", ein Geiger spielt im Freien Etüden, am Abend erklingt durch die geschlossenen Fenster Jazz, auf dem Akkordeon gespielt. Ein Musikerleben in den 40er Jahren. Ein Musikerleben im Konzentrationslager Auschwitz-Birkenau. Szymon Laks überlebte den Holocaust und hat seine Geschichte aufgeschrieben.
Eine Geschichte, die sich wegen ihrer oft so banalen Szenen sperrt, mit den Verbrechen des Holocaust in Verbindung gebracht zu werden, und doch den jahrelangen Alltag mitten im Grauen erzählt.

Szymon Laks
Musik in Auschwitz
(Originalausgabe: Gry oswiecimsjie)
Aus dem Polnischen von Teda Wellmer.
Mit einem Nachwort von Andreas Knapp.

160 Seiten, broschiert
ISBN 3-7700-1092-2

Eine Persönlichkeit des politischen und wissenschaftlichen Lebens

Der Historiker Gerhard Ritter gehört zu den bekanntesten Repräsentanten der politischen Geschichtsschreibung im Deutschland des 20. Jahrhunderts. Kaum ein Historiker hat ein derart weit gefächertes Oeuvre vorgelegt, das Themen vom späten Mittelalter bis in die Zeitgeschichte behandelt. Darüber hinaus ist er zu den Persönlichkeiten des politischen und wissenschaftlichen Lebens zu rechnen, vor allem dank seiner Mitwirkung am Widerstand des Freiburger Kreises im Nationalsozialismus und seiner politischen Beraterfunktion für die evangelische Kirche nach dem Zweiten Weltkrieg.

In den Jahren nach 1945 wuchs Ritter in die Rolle eines führenden nationalen und internationalen Wissenschafts-organisators hinein. Die Studie beleuchtet am Beispiel Ritters die wechselseitige Abhängigkeit der inhaltlichen und methodi-schen Positionen eines deutschen Historikers mit dessen politi-schen und gesellschaftlichen Erfahrungen. Sie beruht auf der Rekonstruktion von „Historikergesprächen", die sich wiederum in die Biografie des Protagonisten eingebettet finden. Unter Rückgriff auf ein breites archivalisches und gedrucktes Material wird das Phänomen einer „kommunizierenden Gesinnungsgemeinschaft" der deutschen Historiker im 20. Jahrhundert näher ergründet. Die Studie wurde mit dem Preis der Freunde und Förderer der Heinrich-Heine-Universität Düsseldorf für die beste Habilitationsschrift an der Philosophischen Fakultät (1997-2000) ausgezeichnet.

Christoph Cornelißen
Gerhard Ritter
Geschichtswissenschaft und Politik im 20. Jahrhundert

Schriften des Bundesarchivs Bd. 58
X/757 S. mit 11 Abb., gebunden mit Schutzumschlag
ISBN 3-7700-1612-2